ARCHIVES HISTORIQUES
DE LA GASCOGNE

FASCICULE VINGT-QUATRIÈME

AUDIJOS

LA GABELLE EN GASCOGNE

AUDIJOS

LA GABELLE EN GASCOGNE

DOCUMENTS INÉDITS

PUBLIÉS POUR LA SOCIÉTÉ HISTORIQUE DE GASCOGNE

PAR

A. COMMUNAY

PARIS
HONORÉ CHAMPION
ÉDITEUR
9, quai Voltaire, 9

AUCH
LÉONCE COCHARAUX
IMPRIMEUR
11, rue de Lorraine, 11

M DCCC XCIII

INTRODUCTION.

Parmi les nombreux impôts perçus sous la royauté, le plus onéreux et le plus vexatoire, celui qui de tout temps rencontra le plus d'opposition, fut sans contredit celui établi sur le *sel*. Connu sous le nom de *gabelle*, cet impôt avait été levé, tout d'abord, à titre de subside extraordinaire. Le roi Charles V l'unit le premier au domaine. Charles VII, et après lui François Ier, augmentèrent considérablement sa perception. Sous Henri IV, ce revenu était si productif que Sully considérait les *gabelles* comme la seconde source des finances de l'État.

Grâce à une multitude d'édits, de règlements, d'arrêts et de déclarations se contredisant, la levée de cet impôt était si mal établie, si peu équitable et équilibrée, qu'il paraissait odieux même aux partisans les plus fervents de sa perception. Nous ne rappellerons pas toutes les révoltes, toutes les émeutes qu'il occasionna : quoique sévèrement châtiées, sans cesse elles renaissaient, amenant les mêmes emportements, les mêmes répressions. La Bretagne, la Saintonge, la Guienne, le Périgord, l'Agenais, le Limousin, le Languedoc, le Roussillon, furent tour à tour le théâtre de scènes sanglantes, provoquées surtout par les exigences et les rigueurs des *fermiers*. Faites au profit d'un homme de paille, les adjudications, et leurs gros profits, appartenaient réellement à des financiers le plus souvent créanciers de l'État. Ces associés, « qua-« rante rois plébéiens qui tiennent à bail l'Empire, « et qui en rendent quelque chose au monarque », comme dit Voltaire dans la *Vision de Babouc*, ne prenaient individuellement que le titre *d'intéressé dans les fermes générales du Roi :* mais l'usage s'était introduit de leur donner communément le nom de *fermier général*, qu'il eut été juste de réserver au seul adjudicataire en titre [1]. Pour avoir promptement de l'argent, tout l'argent possible, les *fermiers* ne reculaient devant aucun expédient, aucune violence. La saisie, la vente forcée, la confiscation, tout leur paraissait bon. Aussi le mécontentement était-il général : il subsistait, malgré l'appui prêté par l'État, jusques en 1789. Tous les cahiers des députés aux États généraux demandaient sur ce point une prompte et légitime réforme.

L'inégalité de cet impôt provenait surtout de la division territoriale de la France. Il existait en effet des *pays de grande et de petite gabelle*, dans lesquels la consommation du sel était taxée de 9 à

---

[1] *Mémoires de Saint-Simon* (collection des *Grands écrivains de la France*), t. III, p. 140.

12 livres par tête; le prix variait entre 35 et 60 livres le quintal, ou cent livres. Le Poitou, l'Aunis, la Saintonge, l'Angoumois, le Limousin, l'Auvergne, le Périgord, la Gascogne, le comté de Foix, la Bigorre et le Comminges, ayant racheté l'impôt contre une forte somme, étaient considérés comme *pays rédimés* ou *eximés*. Dans ceux-ci le prix du sel variait entre 8 et 15 livres le quintal. Enfin les *pays francs*, c'est-à-dire le Béarn, le Labourd et la Soule, pouvaient se procurer le sel au prix de 6 à 8 livres.

Dès son arrivée au pouvoir, Colbert conçut le projet de faire du sel un des grands revenus de l'État. Pour cela il s'agissait d'imposer la gabelle d'une façon uniforme, en anéantissant peu à peu les privilèges ou franchises accordés aux pays réputés *eximés*. Semblable tentative avait été déjà essayée, d'abord par le cardinal de Richelieu, puis par son successeur au pouvoir, le cardinal Mazarin. Mais en présence des difficultés contre lesquelles on se heurta, l'exécution de ce projet avait été ajournée.

Colbert espéra être plus heureux. Sans prendre garde à l'excitation des esprits, il exigea l'application, stricte et rigoureuse, du bail des fermes consenti en 1662[1]. Cette mesure devait produire l'effet de la goutte d'eau faisant déborder un vase déjà trop empli. Jusqu'à ce moment, en effet, l'opposition n'avait été que partielle, sans unité comme sans direction, le plus souvent même spontanée. Mais du jour où l'on vit le fermier, d'accord avec l'intendant, procéder à main armée à l'installation des bureaux, l'entente générale

---

[1] La teneur de ce bail est rapportée à sa date, 9 janvier 1662.

se fit aussitôt dans le pays : le paysan, le bourgeois, le gentilhomme, tous entrèrent de plein cœur dans la coalition. Un chef expert et résolu manquait : *Audijos* se présenta : il fut aussitôt reconnu et acclamé.

On avait jusqu'à ce jour peu de détails sur Audijos. Suivant les uns, ce chef de parti était un vulgaire paysan, qui aurait puisé les goûts de lutte et de rébellion, qu'il sut si bien faire partager, dans les camps où il aurait vécu un assez long temps. D'autres avançaient qu'il était de grande naissance; que son père, *messire Jean de Bourdeaux d'Audigeos, seigneur de Benung* (?), appartenait à une très ancienne maison, originaire de la Guienne, successivement alliée aux Jourdain-de-l'Isle, aux d'Albret, aux de Batz, etc.... A la branche aînée de cette famille aurait appartenu Antoine Bourdeaux, sieur du Génitoy et de Néville, reçu maître des requêtes en 1642, président au grand Conseil en 1651, intendant des armées du Roi, ambassadeur en Angleterre, auprès de Cromwell, en décembre 1652, et enfin chancelier de la reine Anne d'Autriche, à son retour, en 1660[1]. Tombé en disgrâce par suite de la rébellion de son cousin d'Audijos (*rébellion qui ne devait cependant commencer que quatre années plus tard*), l'ambassadeur aurait résolu de quitter Paris et de vivre loin de la cour. « Mais, la « veille de son départ, il tomba si gravement malade « que les médecins perdirent bientôt tout espoir de le « sauver. *Ses inquiétudes au sujet d'Audigeos, et la*

---

[1] Voyez les *Historiettes* de Tallemand des Réaux, édition P. Paris, t. VII, pp. 197 et 200. Gatien des Courtilz de Sandras a publié de prétendus *Mémoires de M. de Bourdeaux*, père de l'ambassadeur, lequel fut surintendant des finances du duc d'Orléans en 1644 et intendant des finances en 1649.

« *douleur de se trouver impliqué dans cette rébellion,*
« aggravèrent tellement son état qu'il mourut le jour
« même de l'entrée du Roi à Paris, le 26 août 1660 [1]. »

Une similitude de nom a dû induire en erreur le brillant auteur de l'étude consacrée au diplomate Antoine de Bourdeaux [2], car il n'existait aucune parenté entre cet ambassadeur et l'instigateur de la révolte des Lannes. Nos recherches dans les anciens registres paroissiaux de la commune de Coudures nous ont permis d'établir d'une façon certaine l'état civil du célèbre *guerilla*. En voici le résumé, confirmé par les actes que l'on retrouvera à *l'Appendice*.

L'implacable adversaire de l'intendant Pellot, Bernard d'Audijos [3], naquit à Coudures, joli et riant village de la Chalosse, vers 1634 ou 1635. Son père, un pauvre petit gentilhomme, peu favorisé de la fortune, vivait modestement sur ses terres : sa mère, *une noble damoiselle*, Diane de Talazac Bahus, avait apporté en dot à son époux plus de quartiers de noblesse que de champs, de prés ou de vignes. La grande maison que cette famille possédait et habitait dans le bourg de Coudures, et qui porte encore son nom, n'a en effet rien de féodal, ni même de seigneu-

---

[1] P. Clément (*Lettres, instruct. et mémoires de Colbert*, t. I) place la mort de M. de Bordeaux (et non *Bourdeaux*) au 7 septembre 1660.

[2] Cette étude a été publiée par le vicomte H. de Gallard dans le tome VI de la *Revue d'Aquitaine*, année 1862, pp. 509 et 592.
Ce nom de Bourdeau (*alias* Bourdeaux et Bordeaux) est assez répandu dans notre Sud-Ouest. Au XVIIe siècle, il existait à Bordeaux une famille de ce nom, largement représentée et dont le chef remplissait les fonctions d'huissier près le parlement de cette ville. On trouve encore portant ce même nom, des tailleurs d'habits, des bourgeois et marchands, des maîtres-maçons, etc.

[3] Ce nom s'écrivait de façons différentes : AUDEYOS, AUDEJOS, AUDIGEOS, AUDIYOS et AUDIJOS. Notre héros signait D'AUDEYOS. Si nous avons adopté l'orthographe AUDIJOS c'est qu'elle nous a paru la plus répandue et la plus acceptée.

rial. Solidement édifiée, percée de peu d'ouvertures, adossée à un terrain placé en contre haut, elle aurait pu à la vérité soutenir un siège. Mais si le *Castérot*, sorte de petit camp retranché, qui la domine et en dépend, a, lui, sa légende particulière, rien ne rappelle que cette forte maison ait subi les rigueurs d'une attaque [1].

Par son aïeule maternelle, qui était de la maison de Foix Candale, Bernard d'Audijos était cousin, issu de germain, des barons de Foix Candale, Doazit et du Lau, des barons de Meriteins, Lagor et Gayrosse, des Marrenx-Sus, des Mesplès-Esquiule; il était allié très proche des vicomtes de Poudenx, des Peyré-Troisvilles, des Mont-Réal Moneins. Par son grand-père maternel et ses oncles du nom de Talazac, il tenait aux de Barry, aux Castelnau-Juppoy, aux de Lartigue, aux Saint-Christau, etc..., en un mot il était de cette caste, vaillante et bonne, qui avait fourni à Henri IV tant de braves compagnons d'armes [2].

---

[1] Un contemporain d'Audijos, fixé à quelques kilomètres de Coudures, a laissé un *journal*, qui a été édité il y a quelques années par le baron de Cauna. Nous aurons occasion de faire de fréquents emprunts à cette publication, car, témoin oculaire de la rébellion de la Chalosse, l'auteur entre dans de nombreux détails fort précis et fort intéressants. Cependant il ne dit que peu de mots sur Audijos. Après avoir constaté que celui-ci faisait partie des *imbisibles* qui attaquaient incessamment *les gens du comboi*, il ajoute : « Cet Audigeos, fils de la *maison Hareou*, de Coudures, estoit un capdet, lequel je n'ai ni bu ni connu : c'étoit
« un homme fort adret, je bous assure qu'il lui a bien servi, car premièrement
« il a esté cherché par tous les endroits depuis Saint-Sever jusqu'aux montagnes.
« Défendu de par le Roy par toutes les billes de ne lui aboir à bailler ni pain,
« ni bin, ni logement, ni munition. »

Toutes les personnes consultées lors de notre visite à Coudures n'ont pu nous fournir aucune indication sur cette *maison Hareou*. Ce nom est complètement inconnu ; il paraît même étranger au pays.

[2] Voyez à *l'Appendice* les deux tableaux représentant, l'un la généalogie des d'Audijos, l'autre les alliances et parentés de cette famille.

Après avoir servi une dizaine d'années sous les ordres de M. de Créqui, Bernard d'Audijos était rentré au logis paternel avec peut-être l'idée d'y faire à son tour souche nouvelle. C'était l'instant ou Pellot, appelé à l'intendance de Guienne, ambitionnait de conquérir, par un zèle productif, l'entière approbation de son illustre parent, le ministre Colbert. Sans étude préalable du passé, ni du milieu qu'il était appelé à gouverner, sans s'inquiéter des privilèges du pays, sans respect pour les conventions intervenues entre le gouvernement et les provinces dites *eximées*, Pellot n'eut plus qu'une pensée : faire strictement exécuter le bail consenti par son maître au fermier Gervaizot et exiger de celui-ci l'entier accomplissement de ses promesses. Pour cela, pensait l'intendant, il suffisait d'installer les bureaux de perception dans les Lannes, aux endroits les plus fréquentés : si quelque mécontentement se produisait, ne disposait-il pas de nombreuses troupes, bien aguerries et bien armées ?

Le peuple, qui avait payé pour être *rédimé*, s'opposa non seulement à cet établissement, mais lorsque les dragons se présentèrent pour faire exécuter les ordres de Pellot, il osa se soulever et repousser à main armée l'injuste agression. Audijos était déjà à la tête du mouvement. En soldat expérimenté, il avait promptement organisé une petite troupe de paysans dévoués et résolus; la connaissance qu'il avait d'un pays profondément accidenté, l'appui qu'il savait trouver aussi bien parmi ceux de sa classe que parmi le peuple, lui communiqua promptement une audace inouïe. Tacticien habile, Bernard d'Audijos, sut, pendant plus de deux années, résister à de nombreux régiments de troupes réglées. Ses adversaires cependant ne reculaient devant aucune mesure pour s'emparer de sa personne : tour à tour la surprise, la trahison, la promesse d'une prime exhorbitante furent par eux employées. Pour dépister ses adversaires, Audijos accomplissait de véritables tours de force. Tantôt on le voyait en Chalosse, le lendemain en Béarn, le surlendemain dans le Labourd ou le Lavedan : revenant aussitôt sur ses pas, il tombait au milieu de ses ennemis, payant largement de sa personne. *Officiellement*, les communautés menacées du fléau de la gabelle décrétaient contre lui, sur l'ordre de l'intendant, les mesures les plus rigoureuses. Villageois et citadins devaient courir sus au rebelle, et, en cas de résistance de sa part, *l'occire* lui et ses compagnons. Mais rentrés chez eux, ces mêmes magistrats, redevenus citoyens, prévenaient le rebelle des décisions prises contre lui, et lorsque le tocsin sonnait en signe d'alarme dans quelque paroisse, Audijos savait que pour lui le danger était là.

Un jour, poursuivi de fort près, il se réfugie, avec douze de ses compagnons, dans une maison isolée de La Bastide, *non flanquée ni fossoyée*. A peine a-t-il gagné cet abri qu'il est entouré par un parti de cent cinquante dragons, commandés par M. de Labaume, lieutenant de la compagnie colonelle. Le combat s'engage de part et d'autre : plusieurs dragons sont tués ou blessés. Effrayé de la responsabilité qui lui incombait, le commandant fait cesser le feu et donne ordre d'entourer la maison, persuadé qu'Audijos, ne pouvant forcer le cordon de troupes, reconnaîtrait la nécessité de se rendre. Mais dans la nuit celui-ci sort avec ses gens, fond l'épée à la main sur un corps-de-garde, tue tout ce qui lui résiste et gagne sain et sauf la forêt voisine.

Forcé de chercher un refuge à Salhen, sur la frontière, Audijos, malgré son éloignement, inquiète encore l'intendant. Celui-ci aurait désiré que le gouvernement espagnol remît entre ses mains cet affreux scélérat. N'ayant pu l'obtenir, il pousse l'audace jusqu'à faire entrer les troupes en Espagne, violant ainsi le territoire d'une puissance amie. Mais, comme tant d'autres, cette expédition ne réussit pas.

Honteux de soutenir une telle lutte et d'être ainsi joué par un insaisissable ennemi, Pellot redouble de rigueurs. Chaque jour il fait arrêter de nombreux complices d'Audijos : les uns sont condamnés à la roue, d'autres sont pendus, et parmi ceux-ci le prévôt du pays. Le corps des suppliciés, mutilé et sanglant, est exposé le long des routes, aux branches des arbres, et reste en cet état plusieurs jours. Une cinquantaine de malheureux sont envoyés aux galères. Enfin n'y tenant plus, exaspéré par l'inertie du marquis de Poyanne, par la soi-disante complicité de la ville de Bayonne et l'opposition du parlement de Navarre, l'intendant a alors recours au suprême remède. Chaque ville, chaque village, chaque communauté, chaque château devra recevoir une garnison, et comme ces troupes n'ont d'autres moyens, pour être nourries et payées, que les contributions levées sur les habitants, on peut juger de la misère qui accablera bientôt le pays. En même temps un autre expédient, la recherche des faux nobles, est mis en pratique. Pour se rendre l'intendant favorable, pour ne point encourir ses rigueurs, les gentilshommes landais sont promptement forcés de renoncer à soutenir la rébellion.

Abandonné, presque sans ressources, Audijos passe une seconde fois en Espagne. Caché pendant de longs mois dans les montagnes de l'Aragon, il essaie de reconstituer une petite troupe. Il rentre même à Coudures et organise un camp volant (*le casterot*) au-dessus de sa propre maison. Entouré de fossés, larges et profonds, dominant toutes les hauteurs voisines, appuyé sur des bois immenses, ce *casterot* devait offrir une retraite assurée aux rebelles : de ce point, Audijos se promettait de renouveler ses longues courses contre *les gens du convoi*. Mais, hélas ! l'enthousiasme a disparu ; l'adversaire de Pellot n'est plus, comme autrefois, suivi, entouré de partisans hardis et dévoués. Les armes, les munitions, lui font défaut. Il rentre alors en Espagne, et bientôt las, lui-même, de mener cette vie errante, de ne pouvoir se montrer au grand jour, craignant pour la vie de sa mère et de sa sœur, déjà arrêtées et indignement persécutées, il sollicite sa grâce, il offre de se soumettre. Injuste et rancuneux, l'intendant consent à lui faire accorder un passeport pour l'Amérique. Audijos refuse cette faveur, il attendra. Huit ans s'écoulent. Une course en Lavedan rappelle aussitôt au gouvernement l'audace de cet intraitable adversaire, qui, soutenu par les Espagnols, peut devenir un grave danger pour l'État. Le successeur de Pellot, l'intendant de Sève, moins autoritaire, plus clément, reçoit pouvoir d'amener Audijos à composition. Il parvient enfin à ce résultat[1]. Après une retraite de quelques jours dans un couvent, le coupable, évangélisé par un saint prélat[2], se présente devant le parlement de Bordeaux. Là, *teste nue et à genoux, les fers aux pieds, la main levée,* il fait amende honorable et jure de fidèlement servir son Roi. Des lettres de grâce lui sont expédiées.

Audijos, le rebelle, n'existe plus : à sa place on trouve un brillant officier, commandant à quatre compagnies de dragons, car Louis XIV, passionné pour les natures hardies et généreuses, a voulu conserver à la France un de ses plus vaillants enfants. Noblement, le Roi a délivré à l'ex-rebelle un brevet de colonel de cavalerie. Bien plus, il autorise celui-ci à recruter ses soldats parmi ses anciens compagnons d'armes, ces hardis paysans qui avaient si audacieusement résisté aux troupes royales. Et comme l'on connaît la bravoure du nouveau mestre de camp, que l'on compte surtout sur son ambition, on le dirige presque aussitôt sur l'armée du maréchal de Vivonne, occupé à défendre Messine contre les Espagnols. A peine lui donne-t-on le temps de traverser Coudures et d'y faire consacrer une union longtemps rêvée avec une petite cousine.

Audijos arriva devant Messine quelques jours

---

[1] Le baron de Cauna (*Armorial des Landes*, t. III, p. 551) écrit que *Audijos, rappelé d'Espagne, fit un traité de paix avec le Roi comme un autre souverain.* Cette assertion, faute de preuves, surprenait quelque peu. Elle est cependant pleinement justifiée par le brevet du 4 octobre 1676, qui démontre que l'adversaire du Roi Soleil fut appelé, aussitôt sa soumission ratifiée, au commandement d'un régiment de dragons.

[2] Jean-Louis de Fromentières, évêque d'Aire. Voyez la préface du *Recueil des sermons* prononcés par ce prélat, publié à Paris, en 1688, 3 vol. in-8º.

avant le sanglant combat livré par le maréchal, en avril 1676. Il prit part à cette affaire et ses paysans y soutinrent dignement la réputation du corps dont ils faisaient partie. Le maréchal s'étant embarqué le 28 mai afin de donner chasse à la flotte hispano-hollandaise, qu'il atteignit et défit à la hauteur de Palerme, Audijos fit partie des troupes qui devaient opérer sur les côtes pour en conserver l'accès libre. Au mois de septembre suivant il rejoignit le corps d'armée de M. de Vivonne, et continua sous ses ordres cette brillante et éphémère campagne. C'est ainsi qu'il contribua, durant l'année 1677, à la prise de Merilly, dans le Carlentino, à la réduction du château de Taormina et à la défaite du prince Cincinelli. Il combattit également sous les murs de Scaletta et de Saint-Alexis. Au combat de Saint-Placide, il donne l'ordre à ses dragons de monter à cheval, et, se plaçant à leur tête, il charge un corps de 1,200 hommes, le culbute dans les marais et sauve ainsi le quartier de sa brigade investi par des forces supérieures.

Le pays paraissait pacifié. Messine seule continuait à donner de l'inquiétude au maréchal. Ses espions l'ayant informé qu'un mouvement insurrectionnel était sur le point d'y éclater, le duc de Vivonne fait marcher dans cette direction une partie de ses troupes. Deux compagnies du régiment d'Audijos devaient éclairer cette pointe. Tombé au milieu d'une embuscade ennemie, Audijos essaie, mais en vain, de résister. Forcé, après une lutte acharnée, de rallier ses hommes, il s'apprêtait à rejoindre le gros de l'armée française, lorsqu'un coup de feu le précipita à bas de son cheval, mortellement blessé [1].

Son régiment, dont le Roi ne devait disposer que quelques mois plus tard, continua la campagne. Rentré en France avec Vivonne, en janvier 1678, il était dirigé sur les Flandres : c'est là qu'il passait sous les ordres du baron d'Asfeld [2].

L'épopée d'Audijos était connue dans ses grandes lignes [3]; cependant des faits très nombreux et d'une grande importance avaient été négligés ou omis. Nous nous sommes attaché à combler toutes les lacunes, à retracer au jour le jour les particularités de cette longue lutte contre le gouvernement, soutenue tour à tour par les habitants, les communautés et les villes.

Notre étude se divise en trois parties bien distinctes, quoique rattachées entre elles par le même lien et le même mobile.

La première, contient l'historique de la lutte soutenue par la ville de Bayonne, sous le ministère du

---

[1] *Bibliothèque de l'Arsenal*, à Paris : Ms., vol. 4883, 4522, 4524 et 5031. — *Archives nationales*, A^D 20 et suiv., et O¹ 912 ; — Pinard, *Chronologie historique et militaire*; — Lamoral Le Pipre de Neuville, *Abrégé chronologique de toutes les troupes de France*; — *Mercure françois* et *Gazette de France*, années 1676 et 1677 ; — Guignard, l'*École de Mars*; — Pascal, Brahaud et Sicard, *Histoire de l'armée et de tous les régiments*, etc....

[2] On trouvera à l'*Appendice* une notice détaillée sur le régiment AUDIJOS-DRAGONS.

[3] Nous ne citerons ici que les sources principales, ayant pris soin d'indiquer, au cours de notre travail, les emprunts faits à diverses publications :

Correspondance administrative sous le règne de Louis XIV, recueillie et mise en ordre par G.-B. Depping, Paris, 1850-1855, 4 vol. in-4º ;

Lettres, instructions et mémoires de Colbert, publiés par P. Clément et réimprimés à Paris en 1873, 7 vol. in-4º ;

Mémoires sur la vie publique et privée de Claude Pellot, par S. O'Reilly, Paris, 1881, 2 vol. gr. in-8º.

M. Tartière, archiviste du département des Landes, s'est également occupé d'Audijos. Voy. dans l'*Annuaire des Landes*, année 1881 : *Une insurrection en Chalosse à propos de la gabelle*.

cardinal de Richelieu, contre les nouveaux fermiers de la gabelle. Bayonne, ville eximée, prétendait ne pas devoir cet impôt.

La seconde, rappelle la tentative ordonnée par le cardinal Mazarin. Installation de divers bureaux dans les Lannes : sédition des habitants de cette province.

La troisième enfin, la plus longue et la plus sanglante, est celle à laquelle Audijos prit part. Mais à celle-ci viennent se joindre divers incidents : les tentatives d'annexion de la fontaine de Salies au domaine royal; la rébellion de Bayonne, si sévèrement réprimée; la complicité du Béarn et des vallées du Lavedan; le conflit entre l'intendant Pellot et le parlement de Navarre : les efforts de Pellot pour obtenir la réformation de la municipalité bayonnaise; la belle défense de cette ville, etc....

Si ce long travail offre à nos lecteurs un ensemble satisfaisant, le résultat en sera dû, c'est pour nous un devoir et un plaisir de le constater publiquement, au bienveillant concours de nombreux érudits. Avant tous, nous citerons M. Léon Hiriart, bibliothécaire-archiviste de la ville de Bayonne, dont l'amicale collaboration, sans cesse en éveil, nous a été des plus précieuses. Viennent ensuite M. P. Courtiades, payeur en chef de la trésorerie des armées en retraite, fixé aujourd'hui à Salies; M. J. Dupouy et M. P. Lacuquerain, l'un maire et l'autre instituteur de Coudures; M. L. Soulice, bibliothécaire-archiviste de la ville de Pau; M. L. Roborel de Climens, attaché aux Archives départementales de la Gironde; M. Raymond Céleste, bibliothécaire de la ville de Bordeaux, et plusieurs autres travailleurs dont nous n'oublions pas les services. Que tous veuillent bien recevoir ici l'expression de notre vive et profonde gratitude.

A. C.

AUDIJOS.

HISTOIRE DE LA GABELLE EN GASCOGNE.

PREMIÈRE PARTIE.

UNE RÉVOLTE A BAYONNE EN L'ANNÉE 1641.

I.

(Archives nationales, KK. 1215.)

MÉMOIRE CONCERNANT LE BUREAU DE BAYONNE.

Par le bail fait à Jean Gaillard en l'année 1628 de la ferme du convoy de Bourdeaux[1] et par arrest du 2 juillet 1631, le Roy ordonna qu'il seroit estably des bureaux à Dax, Tartas et Mont-

[1] A l'époque où l'armement naval était permis aux simples particuliers, les négociants français faisaient accompagner, ou mieux *convoyer*, leurs navires marchands par de nombreux vaisseaux de guerre ayant mission de protéger les équipages et la cargaison des premiers contre les innombrables pirates qui infestaient les mers. Plus tard, la faculté d'armer en guerre étant devenue l'un des privilèges de la couronne, les rois établirent un droit fixe sur toutes les marchandises exportées. En échange de cette taxe, permanente et progressive, l'État garantissait tacitement l'arrivée à bon port des marchandises ainsi assurées. La perception de cet impôt avait naturellement nécessité l'installation d'un certain nombre de bureaux dans les grandes villes maritimes, et la création de nombreux *comptables* ou receveurs. De là cette appellation de *droit de convoi et de comptablie*.

de-Marsan pour lever xxviii l. pour pipe de sel, montant par la rivière de La Doux[1], et lesdits establissements ne s'estant pas faicts pour quelques raisons particulières qui estoient lors, Sa Majesté diminua le prix dud. bail de 100^m l. par an, à commencer du premier d'octobre 1632.

En l'année 1638, Sa Majesté ayant, par la déclaration du seiziesme septembre, augmenté tous les droits de lad. ferme et voyant la grande diminution que le non establissement desd. bureaux y apportoit, ordonna, pour y remédier et pour la facilité du commerce, qu'il seroit seulement estably un bureau à Bayonne, où il ne se leveroit que xx l. au lieu desd. xxviii l. sur chaque pipe de sel, et mesme que la ville et banlieue de Bayonne seroient exemptes dud. droit.

Desquelles nouvelles impositions et augmentations, Sa Majesté ayant fait bail à M⁰ Claude Le Mire, fermier dudit convoy, le 28 septembre 1638, Elle promit par icelluy de faire faire ledit establissement à Bayonne dans le premier d'octobre suivant, sinon de faire diminuer audit Le Mire, sur le prix de son bail, 75,000 l. par an.

Pour parvenir a cest establissement et levée desdits droits Sa Majesté depescha aussitôt vers M. le comte de Gramont[2] et

---

[1] L'Adour, fleuve qui prend sa source dans les Hautes-Pyrénées, traverse les départements du Gers et des Landes, et vient se jeter dans l'Océan, entre Bayonne et le Boucau.

[2] Antoine II, comte de Gramont, de Louvigny et de Guiche, vicomte d'Aster, souverain de Bidache, baron d'Andouins et d'Hagetmau, chevalier des ordres, vice-roi de Navarre, gouverneur et maire perpétuel et héréditaire de Bayonne. Le 13 décembre 1643, « le Roi désirant gratifier le comte de Gramont, chevalier
« de ses ordres, gouverneur pour Sa Majesté et son lieutenant général en
« Navarre et Béarn, en la ville de Bayonne et pays circonvoisins, considérant
« aussi que ceux de sa maison ont possédé de très hautes charges auprès des
« rois de Navarre, la dignité de *rico-ombre*, qui se rapporte à celle de pair en
« France, ayant été cinq cents ans héréditaire en leur maison, Sa dite Majesté
« voulant faire passer à la postérité les marques de la satisfaction qu'Elle a des
« services dud. comte, par l'avis de la Reine régente, sa mère, a, par son brevet
« dud. jour, créé et érigé en sa faveur, en titre de duché et pairie de France,
« la terre de Gramont avec les lieux et paroisses de Bergoey, Villenave et Escos,
« situés en Basse-Navarre, le comté de Guiche, dans la Guyenne, et les baronies
« de Cames, Same, Leren, Saint-Pée, Bardos et Urt, pour en jouir par lui et ses
« successeurs mâles audit titre de duché ; à la charge que les justices unies
« audit duché ressortiront où elles avoient accoutume et qu'au défaut d'hoirs

les eschevins de Bayonne, avec commandement très exprès de le faire faire, lesquels, au lieu d'obéir, députèrent vers nos seigneurs du Conseil soubz prétexte de vouloir désintéresser Sa Majesté. Mais toutes leurs propositions s'estant trouvées sans fondement, Sa Majesté leur fist un second commandement d'establir led. bureau, et pour d'aultant plus les y obliger par arrest du septiesme juillet dernier (1640) réduisit les dictes xx l. à xvi l. par pipe de sel.

Neantmoins lesdits Bayonnais, mesprisans ceste grâce, aussy bien que les commandemens de Sa Majesté, ne tinrent compte d'establir ledit bureau; au contraire, usant de menasses contre ceux qui estoient dépputez à cest effect, empeschèrent l'execution de leur commission.

Ce qui donna lieu enfin à l'arrest du Conseil du xiie decembre 1640, par lequel est ordonné que, pour faire la lepvée desd. droicts, il sera establiy des vaisseaux à l'embouchure de ladicté rivière de l'Adoux, au dessous de la ville de Bayonne. Sur quoy Monseigneur le cardinal [1] ayant donné son attache et fait commandement au sieur Grenier, capitaine de marine, d'y satisfaire, il auroit aussy tost équipé en guerre un vaisseau et une patache, pour aller dans la dicte rivière de l'Adoux.

Chascun sçait combien cette vieille desobeyssance des Bayonnais porte prejudice aux affaires du Roy dans la province et particuliè-

---

« mâles cette pairie cessera et les femelles jouiront desdits lieux aux titres « qu'ils avoient avant cette création. » (*Gazette de France*, numéro du 9 janvier 1644.) — Dans la longue succession des seigneurs de Gramont, presque tous remarquables à divers titres, la physionomie du comte Antoine se signale par une originalité empreinte d'un grand cachet. Fils de la belle Corisande d'Andouins, il n'eut tenu qu'à lui d'être adopté par Henri IV. Il déclina cependant cet honneur, trouvant suffisante l'illustration de sa maison. Son caractère hautain et emporté, sa misanthropie, et aussi un événement domestique qui eut un certain retentissement, le tinrent presque continuellement à l'écart de la cour, aussi bien sous Henri IV que sous Louis XIII. Mais sa fidélité à ses princes resta inébranlable, et de même que sa mère avait armé 10,000 gascons pour soutenir son royal ami, de même le comte Antoine, à l'époque du mariage de Louis XIII, équipa une petite armée pour protéger le voyage du prince à travers les landes de Gascogne. Déclaré duc en 1643, il ne jouit pas longtemps de cette nouvelle faveur : il mourut au mois d'août 1644.

[1] Le cardinal duc de Richelieu, dont on trouvera une lettre quelques pages plus loin.

rement dans ladite ferme de Bourdeaux, puisque Sa Majesté a deja tenu compte audit fermier de 168,750 l. pour deux années et un quartier qui se sont écoulés depuis led. bail, outre un milion de livres durant les précédents baux, tant à cause du desdommagement que diminutions faites d'après lesd. fermes [1].

En effet il est certain que Bayonne a attiré presque tout le commerce qui se faisoit dans les rivieres de Garonne et Dordoigne, car les droits du Roy estant augmantez dans lad. ferme et n'estant point establis à Bayonne, les marchans ont pris ceste route, particulièrement tous ceux qui trafiquent en sel et en vin, et l'on justifiera que, depuis led. bail, ils ont fait monter une si grande quantité de sel que tout le pays en est fourny pour plus de quatre années, estant constant qu'en l'année 1639 il a pàssé jusqu'à *treize mille* pipes [2].

D'ailleurs l'on justifie nettement que le vin du haut païs, qui avait accoustume de dessendre entierement à Bourdeaux, et dont les droicts font la meilleure partie de lad. ferme, va maintenant à Bayonne, et, pour comble de mal, les chartiers qui le mènent au Mont-de-Marsan, pour de là le faire dessendre par eau à Bayonne, s'en retournent chargés de sel, qu'ils ont à bon marché, puis le vendent dans les lieux qui avoient accoustume de se fournir par la rivière de Bourdeaux.

Ce commerce et ce faux saunage [3] se font si ouvertement et avec tant d'audace que le plus souvent il y a des convoys de *trois*

---

[1] Cette somme de 84,375 liv., que nos économistes d'aujourd'hui dédaigneraient comme insignifiante, devait, déduite chaque année des recettes de l'État, causer de nombreux soucis au Roi et à son principal ministre, le cardinal de Richelieu. Nos lecteurs trouveront à l'*Appendice* la copie littérale du budget de la France pour l'année 1642. Ils verront avec quelles ressources précaires Richelieu devait faire face aux dépenses d'un grand royaume. Cette pièce a pour titre alléchant : *Année 1642. Bref estat des Recettes et Dépenses de l'année 1642, qui est la dernière du règne de Louis XIII, sous le ministère du cardinal de Richelieu, et la première de celui de Louis XIV.* Grâce à un emprunt de 8,000,000 liv., l'excédent, pour cette même année 1642, était de 6,131,400 liv., *laquelle somme reste en caisse, au Trésor Royal, pour estre employée à faire des préparatifs de guerre pour la campagne suivante.*

[2] Futaille dont la capacité variait suivant les provinces.

[3] L'excessive cherté du sel dans une contrée et le bon marché de cette même denrée dans une autre devaient naturellement provoquer la contrebande de cette marchandise : cette action était désignée sous le nom de *faux-saunage*.

à quatre cents charrettes, escortées de cinquante mousquets, conduits par des gentilshommes du païs, de sorte que tous les gardes que ledit fermier entretient à grands frais dans les landes de Bourdeaux, ne sont point capables d'empescher ce désordre, et comme ils s'y sont voulus opposer diverses fois, plusieurs desdits capitaines et gardes y ont esté tués, dont il y a eu de grandes informations et condamnations, qu'on n'a peu neanmoins faire executer.

Quant à la demande que font les habitans de Bayonne qu'il leur soit permis de faire entrer la mesme quantité de sel, franc et acquitté de tous droicts[1], autant qu'il en pouvoit monter par la rivière de Bourdeaux, XVI ou XVII mille pipes par an, avant

---

[1] De tout temps Bayonne avait prétendu être *port franc :* les revendications des habitants remontaient à l'époque même où la ville, cessant d'être anglaise, avait été unie au royaume de France. S'appuyant sur des privilèges dont ils jouissaient « de toute anciennetté », les Bayonnais refusèrent maintes fois de participer aux charges de l'État. Le 4 septembre 1490, le roi Charles VIII adressait d'Angers à M. de Gramont, conseiller et chambellan de S. M. et son sénéchal dans les Lannes, la lettre suivante :

« De par le Roy ; nostre amé et féal, nous avons este advertiz que les mannans
« et habitans de nostre ville de Bayonne, *soubz umbre de certains previlleges à*
« *eulx donnez en termes generaulx,* par lesquelz ils dient estre francs des vins et
« marchandises à eulx appartenant, ont puis naguères prins ung train nouveau
« de marchandise, et au lieu de charger et descharger au dict port dudict
« Bayonne, qui est le port acoustume et le vray entendement ou ilz doibvent
« estre francs de leurs marchandises sans fraude, se sont efforcez et efforcent
« chascun jour de transpourter grant nombre et quantité de vins et autres
« marchandises, tant des estrangiers comme d'eulx mesmes, à Fontarabie, Sainct
« Sebastien et ailleurs illec environ nostre royaulme, qu'ilz dient estre plus
« aisiez que le dict port de Bayonne, et les y veuellent vendre et distribuer et y
« faire l'estappe de marchandises, ainsy qu'ils faisoient d'anciennetté audict
« port de Bayonne ; tendens, par ce moyen, nous frustrer du droit et coustume
« de XXV solz tournoiz que nous avons acoustume de prandre sur chascun
« tonneau de vin, mesme hors le pays conqueste et autres droiz, et aussy de
« XII deniers tournoiz pour livre sur les autres marchandises qui entrent et
« saillent en et dehors ledict pays. Et pour ce que vous estes par de là pour noz
« affaires et que voulons provision y estre donnée, nous vous mandons bien
« expressement que vous faictes assavoir à tous marchans et autres, tant dudict
« lieu de Baionne que dailleurs ou il appartiendra, que doresnavant ilz ne
« mennent plus es portz de Fontarabie, Sainct-Sebastien, ni au port du Passaige
« aucuns vins ne autres marchandises, mais les mennent au dict port et havre
« de Bayonne et y acquitent en la manniere acoustumee, sinon touteffoiz qu'il
« soit, par vous et autres noz officiers de par de là, advisé que ce soit le bien de
« la marchandise et de la chose publicque de ainsi le faire, auquel cas voulons
« et entendons qu'ilz acquictent prealablement et avant tout euvre nos dicts

l'augmentation de l'impot, ce seroit donner lieu au plus grand abus du monde que de leur accorder cela. Car outre qu'il leur seroit impossible de leur faire observer cette reigle, c'est que cette quantité de sel qu'ils demandent suffiroit pour entretenir une partie de la province qui s'en fournit à Bourdeaux, pour ce que au temps auquel ils se veulent régler pour lad. entrée du sel; le commerce en estoit beaucoup plus grand et tous les navires qui se frettoient pour la pesche de Terre-Neuve prenoient leur sel à Bayonne pour saller leur poisson, dont il falloit grande quantité, et maintenant ils vont tous dans les isles de Brouage[1] et de Rhé[2] se fournir de sel, de sorte que cette grande quantité qu'il falloit pour lesd. navires et salaisons de poissons se consommeroit à present dans led. pays dont ceux de Bayonne retireroient grande utilité, au préjudice de la ferme du Roy, pour ce que ne payant aucun droit, ils le donneroient à meilleur marché que celuy qui monte à Bourdeaux; et voilà le but de leurs prétentions.

Sera mesme observé que le bureau de la Teste de Buche[3] quy ne s'est establi qu'avecq de grands fraiz et après le chatiement d'une sédition, demeurera tout à fait inutile, car n'estant qu'à dix huict lieues de Bayonne ou le sel ne paieroit rien, le commerce s'y fairoit entièrement pour espargner xxviii l. pour pipe, qui se

« droiz au prix acoustume, et, si aucuns y avoient ja passé, contraignez les a
« nous payer nos dictz droiz, et aussi que iceulx noz droiz n'en puissent estre
« retardez et gardez que en ce n'ait faute et ayez en tout appelez nos dictz
« officiers, si bon advis qu'il ne vous en adviengne dommaige ne inconvenient
« ainsi que en vous en avons nostre parfaicte et entière fiance.
« Donné à Angiers, le iiii° jour de septembre l'an mil iiii° iiiixx et dix.
« Ainsin signé, Charles, et plus bas Robineau. Et au dessus : A nostre amé et
« féal conseiller et chambellan, le s^r de Grantmont, senneschal des Lannes. »
(Bibl. nat., f. français, vol. 20432, f° 27.)

[1] Hameau et petit port de la Charente-Inférieure, sur un chenal, vis-à-vis de l'île d'Oléron.

[2] Ré ou Rhé, île de l'Océan Atlantique, à 4 kilomètres de la côte et à 20 kilomètres de la Rochelle. Les marais salants de Ré produisent environ chaque année 32,000,000 de kilog. de sel.

[3] La Teste de Buch, chef-lieu de canton du département de la Gironde, avec port sur le bassin d'Arcachon. Son commerce consistait principalement en résine, térébenthine, bois de chauffage et de construction : toutefois les expéditions de vin et de sel y étaient nombreuses, car en venant atterrir à ce petit port les navires étrangers évitaient ainsi le paiement de nombreux droits perçus par les fermiers à l'entrée de la Gironde.

payent aud. lieu de la Teste de Buch, aussi bien qu'à Bourdeaux.

Davantage sera consideré les grandes despenses qu'il a convenu faire pour équiper en guerre lesd. vaisseaux et patache, sur lesquels il y a plus de cent cinquante hommes qui ont commencé d'estre payés il y a trois mois, bien qu'ils ne soient arrivés à Bayonne que le x de may à cause des mauvais tems qui les a obligés de relascher en plusieurs havres, les voyages des huissiers du conseil et d'autres personnes et sur tout l'authorité du Roy qui demeureroit désormais sans aucun respect dans tout le pays, si la mutinerie des Bayonnais leur succédoit et demeuroit sans punition [1].

1641.

I.

(Archives nationales, KK. 1215.)

PROCÈS-VERBAUX DE CE QUI S'EST PASSÉ SUR LE SUBJECT DU VAISSEAU QUI ESTOIT A L'AMBOUCHURE DE LA RIVIÈRE DE L'ADOUR, DEVANT BAYONNE.

Nous, Thomas Bedacier, commis par le Roy à faire la recepte dans le vaisseau de guerre de S. M., envoyé dans la rivière de La Dour, au devant de la ville de Bayonne, commandé par le s^r capitaine Grenier, des droits que S. M. veult estre levez aud. Bayonne sur aucunes danrées et marchandises, conformément aux déclarations de S. M. des années 1637, et arrests de son conseil du XIIe décembre dernier et autres precedens,

Certifions que le 3me avril de la présente année 1641, ledit navire est parti du Havre de Grace et a pris sa route audit Bayonne, et le xe may en suyvant seroit entré en la rivière dudit Bayonne et peu après y auroit mouillé l'ancre, en lieu distant dudict Bayonne d'une demie lieue, devant la digue qui ferme le Boucault-Vieux, où, si tost que le canon dudit vaisseau eut salué

---

[1] Ce Mémoire, non signé, a sans doute été rédigé par le fermier du domaine alors titulaire.

la dite ville, fusmes visitez des s^{rs} du Sault[1] et de la Lande[2], habitans d'icelle, qui se firent porter à bord pour nous recognoistre, lesquels après plusieurs entretiens qu'ils eurent avecq nous se retirèrent.

Le lendemain matin, unziesme dudit mois, nous despeschasmes vers ledit Bayonne le pilote James Hondarast, natif de ladite ville, pour y porter à Monseigneur le comte de Gramont la despesche du Roy que ledit s^r Grenier, capitaine, avoit ordre de luy faire tenir après son arrivée, ou en son absence à celuy qui commandoit en lad. ville, lequel avons apris depuis estre M^r d'Artagnan[3]. L'absence de mon dit s^{gr} de Gramont et dud. s^r d'Artagnan obligea ledit pilote à présenter sa despeche au s^r Ribouil, que nous sceumes de luy, à son retour vers le soir de ce jour, estre de la maison de Mgr le comte de Gramont, lequel promit de faire tenir ladite depesche comme il a fait, ainsi que nous avons depuis apris. — Et, adjousta ledit pilote, avoir esté menacé dans Bayonne par le peuple, s'escriant contre luy qu'il estoit du vaisseau des *gabelleurs;* de quoy il n'auroit tenu compte.

Le mesme jour, au matin, vers les sept heures, le pilote gagé de la ville pour conduire les vaisseaux à l'entrée et issue de la barre, vint à bord avec charge (disoit-il) de Messieurs les Esche-

---

[1] Vraisemblablement Jean du Sault, bourgeois de Bayonne, nommé, l'année suivante, receveur de la coutume de Saint-Jean-de-Luz.

[2] Jacques de Lalande, conseiller du Roi et son procureur au sénéchal. Aux élections de 1641, il fut choisi pour remplir les fonctions de premier échevin. Il sera plus amplement question de lui.

[3] Henri de Montesquiou, seigneur d'Artagnan, lieutenant au gouvernement de la ville et château de Bayonne. Le 28 août 1667, le conseil de ville de Bayonne ayant appris que « le seigneur lieutenant du Roi venoit de rendre son « âme à Dieu dans le chasteau vieux de cette ville, les s^{rs} Dolives et Dubons, « jurats, furent nommés pour aler voir la dame sa vefve, de la part de la ville, « et tascher de la consoler de la perte qu'elle venoit de faire. Et le lendemain, « environ les onze heures du matin, le corps deffunct a esté porté de sa maison « au couvent des Pères Carmes, un drapt mortuaire estant porté devant par « quatre gentilshommes, et un deuxième drapt, qui couvroit le corps, par quatre « hommes d'armes; et parce qu'il n'y avoit pas personne qui portast le deuilh, « MM^{rs} les lieutenant général et particulier suivoient le corps, et après eux le « corps de ville en rang, avec leurs robbes noires, et les massiers qui mar- « choient devant lesd. sieurs du corps. » (Arch. de la ville de Bayonne, BB. 27, f° 951). — Lire, dans les *Documents inédits sur la fronde en Gascogne*, la notice consacrée à ce capitaine par l'abbé J. de Carsalade.

vins de ville de sçavoir quelle marchandise nous portions, et le subjet de notre arrivée. Sur quoy led. s^r capitaine Grenier repartit que son navire estoit chargé de canons et de poudres, comme estant navire de guerre pour le Roy, et qu'il rendroit raison de son arrivée à Mgr le comte de Gramont. Après quoy ledict pilote se retira.

Ce mesme jour, vers le midy, deux pescheurs, passans près du bord, nous crièrent en leur langage, que *nous venions mettre la gabelle et qu'on nous sçauroit bien tailler en pièces.*

Peu après, six gentilshommes, tant capitaines qu'officiers du régiment de Béarn, s'estans faits porter à bord, nous tesmoyguèrent l'esmotion que nostre arrivée causoit au païs, et particulièrement à Bayonne, et nous offrirent leur service et protection dans le St Esprit, ou ils s'estoient logez, s'estans esclaircis du subjet de nostre voyage, lequel nous ne voulions davantage dissimuler. Et sur ce ils se retirèrent.

Le lendemain, une heure après midy, le s^r d'Artagnan, arrivé de Paris le soir précédent à Bayonne, nous estant venu visiter avecq quelques gentilshommes du pays, nous dist que Messieurs de Bayonne se trouvoient estrangement surpris de l'arrivée de nostre vaisseau, dans l'espérance où ils estoient de voir bien tost accomoder au Conseil l'affaire qui nous amenoit, ou ils avoient deputé depuis deux mois en ça deux eschevins du corps de ville pour se libérer de l'establissement des droits, pour lequel nous estions envoyés de la part du Roy, et pour y proposer des moyens d'indemniser S. M.; que M^r le comte de Gramont estoit estonné de n'avoir esté salué de personne, sur le subjet de nostre arrivée, et de n'avoir point veu sur icelle aucune commission du Roy. — Sur quoy le s^r capitaine Grenier luy fit voir la sienne, en l'assurant qu'il en avoit envoyé le jour précédant copie collationnée à M^r le comte, avec celles des arrestz du XII décembre et XX mars derniers, et la depesche de S. M. sur ce subjet. Et là dessus ledit s^r d'Artagnan estant sur le point de se retirer, me convia, de la part de mon dit S^gr comte de Gramont, de surseoir la levée des droits, jusques a ce que l'on eust veu ou l'affaire aboutiroit audit Conseil. Mais luy ayant tesmoigné que cela n'estoit pas laissé à ma disposition, il se retira, nous disant que mon dit S^gr le comte s'en alloit de Bidache[1], où il estoit, à Saint-Jean-Pied-de-Port.

Le lendemain, XIIIe dudit mois de may, sur les sept heures, le pilote Hondarast, qui estoit retourné le jour précédent à Bayonne, suivant l'ordre que le s[r] Ribouil luy en avoit donné pour présenter sa depesche aux Eschevins, nous dist que ledit s[r] Ribouil n'avoit pas jugé à propos d'en parler auxdits Eschevins, ains qu'il la feroit tenir à mondit s[gr] de Gramont; et adjousta, ledit pilote, avoir esté frappé et maltraitté de quantité de canaille, à Bayonne, dont il s'estoit avec peine sauvé par la faveur de ses amis. Et à l'instant quitta le vaisseau, disant n'y vouloir plus retourner.

Ce mesme jour, vers l'heure de midy, une double chaloupe esquipée de quarente hommes ou plus, couverts d'une grande toille, parut arriver à nostre bord, et en effest s'y faisoit porter, si le capitaine Grenier, sortant aussi tost sur le tilhac, ne luy en eust de loing refusé l'entrée, commandant à mesme temps à son equipage de se présenter sur le pont en armes; ce qui obligea les gens de ladite chaloupe de tenir le large, et trois autres plus petites, qui filoient sur l'eau, de n'aprocher pas, si bien qu'elles deschargèrent leur monde à trois portées de mousquet de nostre bord, dont la plus grande partie, armée d'espées et de fusilz, se mirent à chasser. Aussi tost un matelot, montant à la hune, par le commandement du s[r] capitaine Grenier, descouvrit deux bandes de 12 à 15 hommes qui venoient, à couvert d'une pointe de sable, droit au vaisseau.

Quelques jours en suitte s'estans escoulés, trois barques, entrans

---

[1] Bidache, qui fait aujourd'hui partie de l'arrondissement de Bayonne, était, avant 1790, le siège d'une petite principauté appartenant à la maison de Gramont. « Enfermé dans un demi-cercle que formaient, d'une part, la Bidouze
« et l'Isauri, de l'autre, la forêt de Mixe, les marais et les bois de Bardos et de
« Guiche, ce domaine était situé pour ainsi dire dans un coin, entre la Navarre,
« le Béarn et la Gascogne. Son isolement facilita aux Gramont les moyens de
« s'y former une retraite, dont ils ne rendirent hommage à aucune des puissan-
« ces environnantes, en sorte que lorsque la tranquillité succéda à cette longue
« période de troubles qui avaient agité les pays voisins, Bidache se trouva indé-
« pendant entre la Navarre et le Béarn, et jouissant, sous les seigneurs de
« Gramont, des privilèges de la souveraineté. Maître Loiseau (*Traité des sei-
« gneuries souveraines*, chap. II, n° 95) dit, en parlant de cette circonstance :
« Ceux qui possèdent ces petits États, en terres souveraines, y usent du même
« pouvoir que les grands monarques dans leurs États. » (*Histoire et généalogie
de la maison de Gramont*, Paris, 1874, gr. in-8° de 500 p.)

dans la rivière, souffrirent la visite qu'en fit le commis à ladite visite, et une charge de bray[1] voulant sortir de Bayonne, je demandé le paiement des droits de cette marchandise au maître d'icelle, lequel n'y voulut entendre et ayma mieux descharger à terre ledit bray, en nostre présence et veue, que de commancer à paier lesdits droits.

Peu de temps apres, un maitre de barque de Sibour[2] me présenta de prétendus privillèges, accordez audit lieu, pour s'en servir à la descharge des droits. Mais luy aurions fait entendre qu'ils estoient révoquez en ce rencontre, par la déclaration du Roy et arrestz de son Conseil. Ce que voyant, ledit maître se retira fort mal content.

Le XXIIe dudit mois de may, les s^{rs} d'Artagnan et Robillard, secrétaire de Monseigneur de Gramont, nous vinrent voir à bord. Et ledit s^r Robillard présenta au s^r Grenier celle que mon dit s^{gr} de Gramont luy escrivoit en responce de la sienne, dont la teneur s'en suit :

« Monsieur,

« J'ay receu en ce lieu de Sain-Jean-Pied-de-Port, ou je suis
« retenu pour quelque temps pour le service du Roy, celle qu'il a
« pleu à S. M. me faire l'honneur de m'escrire par vous, et j'ay
« apris par la vostre du dix may vostre arrivée dans la rivière de
« Bayonne. Sur quoy je n'ay rien à vous dire, sinon que je ren-
« dray tousjours avec respect l'obeissance que je doibs à ses
« commandemens, et en mon particulier seray bien aise de vous
« tesmoigner que je suis,

« Monsieur,

« Vostre plus affectionné serviteur,

« GRAMONT.

« De Saint-Jean-Pied-de-Port, ce 16 may 1641. »

Et après led. s^r d'Artagnan et Robillard nous tesmoignèrent la grande rumeur qui continuoit à Bayonne, sur nostre demeure en

---

[1] Le brai est une sorte de goudron spécialement employé à calfater les navires.

[2] Ciboure, longtemps annexe d'Urrugne, avait été érigée en commune en 1603 ; elle fait maintenant partie du canton de Saint-Jean-de-Luz.

la rivière de lad. ville, et que le magistrat avoit peine à retenir la populace en son debvoir ; qu'elle estoit réduite à l'extrémité si on troubloit le commerce par le moïen duquel elle subcistoit ; que ladite populace avoit pensé assommer un homme qui vouloit venir à nostre bord, s'il ne l'eust sauvé en le mettant en prison ; qu'ils donnoient des pièces d'argent aux principaux de cette populace pour la manier à leur dévotion ; que Monseigneur de Gramont, avec eux et toutes les personnes d'honneur de la ville, aprehendans d'estre les premiers mal traitez dans une sédition, nous requéroient, pour l'empescher, de laisser en son entier la liberté du commerce en attendant responce de leurs députez, ou du moins d'accepter des cautions pour le paiement des droits, ou d'agréer que l'argent en fuct mis es mains de Messieurs les officiers de la coustume ; qu'aussi bien ne se feroit-il rien, si nous demeurions dans la rigueur de nos ordres ; et que sept barques, sur le point d'entrer en cette rivière, estoient allées faire leur descharge à Saint-Jean-de-Luz, par advis de Bayonne. Mais nous leur aurions représenté ne pouvoir avoir esgard à toutes leurs raisons et offres, ayans seulement à exécuter les ordres qui nous estoient donnez. Et à l'instant lesdits s^{rs} d'Artagnan et Robillard se retirèrent.

Le xxve dudit mois de may, la double chaloupe arriva dans ladite rivière, avec les s^{rs} Bonneau, Cherigny et Grihon, nommés par Me Claude Le Mire, fermier général des convoy et comptablie de Bourdeaux, pour faire la recette et controle desdits droits audit Bayonne. Et le s^r Destoret, capitaine, et son équipage qui estoit de 12 hommes.

Le IIIe jour de juin en suivant, lad. chaloupe me ramena à Busch, ou je serois arrivé le lendemain. Le tout faict en la présence dudit s^r Grenier, capitaine dudit vaisseau, son lieutenant, sergent et autres officiers.

Ainsi signé :

BEDACIER, et GRENIER DU HAMET.

II.

Et continuant le procès verbal cy dessus, par nous Pierre Bonneau et Jean de Cherigny, présentés par Me Claude Le Myre, fermier général du convoy et comptablie de Bourdeaux, pour faire la recepte des droits que S. M. veult et entend estre levez en la ville de Bayonne et lieux en dépendans, et ce dans le navire de guerre nommé l'*Espérance*, commandé par le s^r Grenier, capitaine, envoyé par S. M. dans la rivière de Bayonne, autrement nommée Ladoux, pour la levée desdits droits, en attendant que l'establissement d'un bureau soit faict audit Bayonne, conformément aux déclarations de S. M. et arrestz de son Conseil :

Led. Bedacier estant parti led. jour iiie dud. moys de juin, le lendemain iv dudit mois estans descendus à terre, environ une heure, de 9 à 10 heures du matin, avec ledit s^r Grenier et les sieurs Pierre Petit, sergent sur ledit navire, et Pierre Gronon, commis à faire les visittes, dans un village nommé le Boucault neuf, qui est situé à une portée de mousquet du lieu ou est ancré ledit navire, pour essayer à trouver personnes ausquels nous puissions confier les lettres qu'avions dessein d'escrire à nos Seigneurs du Conseil pour leur donner advis de ce qui se passoit dans ladite rivière, ne trouvans voye assurée pour les envoyer audit Bayonne, — où estans, aurions apperceu quantité d'hommes attroupez, en nombre de 2 à 300, armez de fuzils, espées et austres bastons, conduitz par les nommés Maynet, marchand bourgeois de Bayonne, et Saubat Danjou, pilotte gagé d'icelle ville pour conduire les vaisseaux à l'entrée et sortie de ladite rivière, demeurant dans ledit hameau. Laquelle troupe de gens aurions apris estre tous habitans de ladite ville de Bayonne, qui nous aïans apperceus, seroient accourus sur nous, et jurans et blasphémans le saint nom de Dieu, et crians : *Volleurs de gabelleurs! nous voullons avoir vos vies et en exterminer la race, afin que la mémoire en demeure à jamais esteinte!* Et en effect nous eussent tous tués et massacrés, n'eut esté la prompte retraite que nous fismes dans la chaloupe dud. navire, à la faveur de quelques coups de canons qui furent tirez du bord d'iceluy.

Et le v ͤ dud. mois de juin, ledit s ͬ d'Artagnan estant venu à bord, le s ͬ de Jouanies[1], premier eschevin de lad. ville de Bayonne, et sept à huit autres deputés, disant avoir pouvoir et charge de tout le corps de ville, nous auroient remonstré la grande rumeur qu'il y avoit dans lad. ville, causée par l'arrivée et séjour que faisoit ledit navire dans lad. rivière à cause du commerce qui estoit entièrement cessé. Cela estant, il leur estoit du tout impossible de pouvoir subsister et nourrir leurs familles, qui ne vivent que par le moïen dud. traficq, notamment le menu peuple qui en souffroit desja de grandes incommodités. Ce qui les obligeoit à nous faire une instante prière de nous retirer et nous absenter pour vingt à trente jours ; nous proposans pour retraicte assurée le Socoua[2], qui est distant dud. Bayonne de deux à trois lieues, pendant lequel temps ils espéroient que les deux députés du corps de ladite ville de Bayonne, qui sont de présent à Paris, pourroient faire quelques accomodements avec nos dits seigneurs du Conseil ; et que de leur costé ils feroient en sorte de ramener cette populace et les mettre dans un debvoir d'obéissance. — A quoy led. s ͬ Grenier leur auroit respondu qu'il ne partiroit dudit lieu sans expres commandement de sadite Majesté, désireux d'executter ponctuellement ses volontez. — Ce que voyant lesd. s ͬˢ et députés se seroient adressés à nous, s ͬˢ dits Bonneau et de Cherigny, et requis de vouloir surceoir la recepte desd. droits, nous représentant que ce seroit plustot desservir le Roy en refusant leur juste demande, qu'en leur accordant. Ce qu'ayans concerté avec led. s ͬ Grenier et jugés ne le pouvoir faire, n'ayans aucuns ordres pour cet effect, lesdits s ͬˢ d'Artagnan et députés se seroient retirez.

Et le lendemain, vi ͤ dudit mois de juin, environ l'heure de trois heures après midy, ledit s ᵍʳ comte de Gramont estant venu sur le bord de lad. rivière, proche led. navire, auroit envoyé aud. bord led. s ͬ d'Artagnan pour advertir ledit s ͬ Grenier et nous, que led. s ᵍʳ avoit désir de nous parler et qu'eussions à l'aller trouver en toute sureté. Ce qui fust au mesme instant fait, ou estans, nous fit entendre le grand désordre et rumeur qu'il y avoit entre lesdits

---

[1] Pierre Duvergier de Joanis, avocat et premier échevin de Bayonne.
[2] Hameau fortifié, dépendant de la commune de Ciboure.

habitants de Bayonne au sujet de l'empeschement que nous faisions de leur dit commerce par mer; qu'ils estoient résolus de périr ou de nous faire sortir de lad. rivière, ce qu'il ne pouvoit empescher n'ayant force pour ce faire, au moyen du reffus qu'ils luy avoient fait des portes de ladite ville de Bayonne, y voulant faire entrer ledit jour le régiment de Béarn, mesme à ses gardes ; qu'aucuns desd. principaux habitans leur aians voulu remoustrer que la violence et cruauté qu'ils se proposoient d'exercer contre nous ne pouvoit aporter qu'une perte entière, tant de lad. ville de Baïonne que lieux circonvoisins, s'en seroient directement pris à eux et essayé à les outrager, mesme fait brûler une ou deux de leurs maisons; qu'à suitte ils se seroient saisis de la maison de ville, mis hors les prisonniers, fors un nommé Urbans, soupçonné d'avoir eu intelligence avec nous, auxquels ils donnèrent la gesne [1] pour luy faire confesser et déclarer qui estoient les gabelleurs de Bayonne. Que Monsieur l'Evesque de Bayonne [2] s'estant transporté sur le lieu pour faire cesser ce désordre et empescher qu'ils ne tuassent led. Urban, un tailleur d'habitz, qui tesmoignoit estre des amys d'iceluy Urban, s'estant voulu mettre en debvoir de couper avec ses cizeaux la corde de laquelle ils le tenoient lié, sans aucun respect du caractère de mon dict seigneur l'evesque, tuèrent led. tailleur en sa présence. — Comme aussy ils avoient, la nuict précédente, rompu la chesne du havre qui se trouve dans l'enclos de lad. ville et par icelle fait entrer 4 à 500 hommes des lieux circonvoisins; qu'à suitte ils avoient pris de violence et s'estoient emparez du chasteau de la ville et de la tour de la Chesne [3], par où l'on va au St Esprit, ou ils demandoient que l'on leur portast les ordres; — fait sortir de ladite ville 6 pièces de canon, esquipé 4 grandes chaloupes ou brusleaux, et une patache de quatre vingt à cent tonneaux, en guerre, avec six ou sept

---

[1] *Gesne* et plus anciennement *gehenne* : torture appliquée aux criminels.

[2] François Fouquet. Voyez ci-après une lettre écrite par ce prélat et la note qui l'accompagne.

[3] La *tour des Chaines*, appuyée sur l'ancienne muraille de *Piémont*, occupait l'emplacement de la mairie actuelle. Démolie vers 1680, les fondations de la tour des Chaînes servirent de base au *bastion de la Bourse*, où se tinrent longtemps les bureaux de la Coutume. (*Les fortifications du vieux Bayonne*, par E. Ducéré, Bayonne, 1888, in-8º.)

pièces de canon, le tout à dessein de nous venir attaquer tant par eau que par terre. — Que veu tout ce que dessus, il jugeoit fort à propos que nous fissions nostre retraicte sans aucun délay pour esviter le peril éminant qui regardoit nos personnes et la perte infaillible tant dud. navire, ville de Bayonne, que de tout le pays circonvoisin qui estoit soubs les armes pour cet effect, et pour autres considérations tres pressantes qui regardoient directement le service du Roy. — De quoy led. s^r Grenier se seroit excusé, disant ne le pouvoir faire sans ordres exprès de S. M. ou dud. s^{gr} de Gramont, comme la représentant en qualité de gouverneur de la province; au moyen de quoy, icelluy s^{gr} de Gramont se seroit retiré audit Bayonne et nous dans le bord dud. navire.

Et le vendredi, sept^e dud. mois de juin, ledit seigneur de Gramont auroit de rechef envoyé led. s^{gr} d'Artagnan à bord dudit navire, entour l'heure de huit heures du matin, pour faire entendre aud. s^r Grenier les volontés dudit s^{gr}, contenues par la lettre à luy adressante, datée dudit jour VIIe juin, dont la teneur en suit. Suivant et au désir de laquelle led. s^r Grenier auroit levé l'ancre de son dit navire et faict voile entour l'heure de trois heures après midy, pour se rendre dans la rivière de Bourdeaux, où il a de présent mouillé l'ancre. Dont et de tout ce que dessus avons fait et dressé le présent procès verbal pour servir et valloir en temps et lieu, ce que de raison.

« Monsieur,

« Je feus hier parler à vous pour vous dire qu'il estoit important
« pour le service du Roy que vous quittasiez cette barre, et la
« sedition horrible que j'ay treuvée en cette ville. Maintenant je
« vous diray que le mal augmente et que tout le païs se révolte,
« qui me faict vous dire qu'il est nécessaire, mais que plus impor-
« tant, que vous sortiez de ce havre, sous peine de respondre, en
« ne le faisant pas, de tous les évenements, de la perte de cette
« place, de tout le pays, et mesme de vostre vaisseau, me rendant
« garand vers le Roy et Monseigneur le Cardinal de ce qui vous
« regarde. C'est pourquoy, comme gouverneur de cette place et du
« pays, je vous diré encore une fois qu'il est important, mais je dis
« très fort, pour le service du Roy, que vous sortiez cette marée.

« Et m'assurant que le ferez pour les considérations que je vous
« mande, je demeureray, Monsieur, vostre plus affectionné serviteur.

« GRAMONT. »

A Bayonne, ce 7ᵉ juin 1641.

*A Monsieur de Grenier, commandant pour le Roy le vaisseau qui est
à l'embouchure de la rivière de Bayonne.*

Ainsi signé au présent procès-verbal : BONNEAU, DE CHERIGNY, GRENIER DU HAMET, et GRENON.

Collationné sur l'original : JACQUES.

III.

1641. — 7 JUIN.

(Archives nationales, KK. 1215, f° 516.)

LES ÉCHEVINS DE BAYONNE A SON ÉMINENCE LE CARDINAL
DE RICHELIEU.

Monseigneur, comme il est tres important de faire entendre à Vostre Eminence les miseres et l'extremité en laquelle est réduite de nouveau ceste pauvre communaulté par la cessation de toute sorte de travail, nous avons supplié Monsieur nostre Evesque de prendre la peyne de les aller représenter au Roy et à Vostre Eminence comme tres scavant de tout ce qui sy passe. Nous vous demandons ceste grace, Monseigneur, d'y faire la considération telle que nous espérons de Vostre Eminence et que ce pauvre peuple a besoing de sa benignité, à laquelle nous supplions tres humblement d'avoir pitié de nous affin que tous les jours de nostre vie nous puissions dire que nous n'avons de subsistance que par la miséricorde de Vostre Eminence, que nous prierons le Ciel de conserver pour longues et heureuses années et de n'estre jamais que, Monseigneur, vos tres humbles et tres obeissans serviteurs,

Les eschevins, jurats et conseil de la ville de Bayonne.

Pour messʳˢ : DE HARRAN,

A Bayonne, le vıɪᵉ de juing, 1641.

IV.

1641. — 7 JUIN.

(Archives nationales, KK 1215, f° 520.)

M. DE GRAMONT A MONSEIGNEUR L'ÉMINENTISSIME CARDINAL DUC DE RICHELIEU.

Monseigneur, j'ay faict scavoir à Vostre Eminence, par une depesche que je luy ay faite du cinquiesme de ce mois, l'apprehension que j'avois d'un soulesvement de peuple dans la ville de Bayonne. Maintenant, Monseigneur, je vous diray qu'elle a esté telle qu'il ne s'en est jamais veu une pareille, que j'ay appaisé avecques grand peyne et péril par une voye que j'ay prié Monsieur de Bayonne de prendre la peyne de faire scavoir à vostre Eminence par sa présance, lequel a tres bien et tres dignement servi le Roy, exposant sa vie à la fureur de ce peuple à toutes les heures du jour, comme aussi les officiers de Sa Majesté, magistrats et bourgeoisie de la ville qui m'ont assisté de toutes les choses que je leur ay demandées, tant de leurs personnes que de tout le reste. J'ay prié Monsieur de Bayonne de représanter à vostre Eminance les mouvemens et les raisons quy m'ont porté à faire ce que j'ay faict et de croire, Monseigneur, que toute ma passion est de bien servir le Roy et d'estre jusques dans le tombeau, Monseigneur, vostre tres humble, tres obeissant et tres obligé serviteur.

GRAMONT.

A Bayonne, ce 7ᵉ juin 1641.

V.

1641. — 12 JUIN.

(Archives de la ville de Bayonne, CC 847, 83.)

MESSIEURS LES DÉPUTÉS DE BAYONNE A MM. LES ÉCHEVINS, JURATS ET CONSEIL DE LADITE VILLE.

Messieurs, ce matin Monsieur nostre Evesque est arrivé à Paris, quy nous a dict les choses quy se sont passées à Bayonne, ce quy nous a esté confirmé par celle qu'il vous a pleu nous escripre. Il s'en part demain matin en poste pour aller en cour vers Abbeville : nous le suivrons de pres pour y rendre vos lettres et y porter nos testes, résoleus de paroistre, jusques à la mort, bons serviteurs du Roy, et tous affectionnés à la liberté, bien et repos de la patrie. Nous vous prions de le croire et que nous sommes, Messieurs, vos tres humbles et obeissans serviteurs,

DACARRETTE [1], DETCHEVERRY [2], SEGURE.

Du despuis, monsieur de Segure, pour estre incomodé de sa personne, s'est excusé de faire le voiaige.

De Paris, le 12ᵉ de juin 1641.

VI.

1641. — 16 JUIN.

(Archives de la ville de Bayonne, CC 847, 87.)

M. DE SEGURE A MESSIEURS LES ÉCHEVINS, JURATS ET CONSEIL DE LA VILLE DE BAYONNE.

Messieurs, nous vous avons escrit mercredy dernier l'arrivée de Monseigneur de Baïonne en ceste ville. Il en partist avec Monsieur d'Aroue le lendemain matin en poste pour aller en cour et feust suivy de Messieurs de Cheverry et Daccarrette. Je ne me trouvay pas en estat de souffrir un si rude train que celluy là ; c'est pourquoy j'ay demeuré à Paris, où, le mesme jour de leur départ, j'ay rendu vos lettres à Messeigneurs les chancellier [3] et surintendant [4].

---

[1] Denis Daccarette, bourgeois de Bayonne, fut nommé en 1644 échevin de cette ville. (*Arch. de Bayonne*, AA 37 et CC 405.) En 1642, les sieurs Daccarette et Detcheverry obtinrent du Conseil de ville une indemnité de 3,420 livres pour le temps qu'ils avaient passé à Paris à solliciter des lettres d'abolition en faveur des habitants de Bayonne. (*Ibid.*, CC 408.)

[2] David Detcheverry, ou de Cheverry, dont il sera plus longuement question dans la IIIᵉ partie de ce travail.

[3] Pierre Seguier, chancelier de France, né en mai 1588, mort à Saint-Germain-en-Laye le 28 janvier 1672.

[4] Les fonctions de surintendant, ou plutôt de *superintendant* des finances, étaient alors remplies alternativement par MM. de Bullion et de Bouthilier. M. de Bullion étant mort en décembre 1641, M. de Bouthilier demeura seul jusqu'au moment de sa disgrâce, arrivée le 10 juin 1643.

Le premier n'avoit encore aucune connoissance des choses qui se sont passées à Baïonne, et lesquelles vous ont tant causé de risques et de peynes, et me dist simplement : *Nous verrons cela.* — Mais l'autre en estoit desja informé et me dist d'abord : *Vous avez fait de belles affaires ! Vous avés joué à vous perdre.* — Je luy ay respondu que Messieurs les magistrats, assistés de la bourgeoisie, ont véritablement fait une bonne affaire pour le service du Roy, s'estans, quoy qu'en nombre fort inesgal, exposés à la valleur d'un peuple irrité et eslevé en armes pour s'estre trouvé sans moïen d'avoir du bled pour sustenter eux et leurs familles, à cause que ceux qui avoient accoustume d'en aporter dans la ville avoient cessé commerce depuis l'arrivée des vaisseaux de guerre en la rivière de Baïonne, à quoy il me dist : *Bien, bien, nous examinerons ceste affaire.* Je croy qu'ils attendront le procès verbal du cappitaine du vaisseau, et estime, Messieurs, qu'il seroit à propos de nous envoier le vostre au plustost. — Je croy que Monseigneur de Baïonne et ces autres Messieurs pourroient estre de retour aujourd'hui ou demain, et que, par le prochain ordinaire, nous vous pourrons donner advis du succès de leur voïage : cependant je vous supplie me faire l'honneur de me croire, Messieurs, vostre tres humble et tres obeissant serviteur.

SEGURE [1].

De Paris, ce 16 juin 1641.

VII.

1641. — 16 JUIN.

(Archives de la ville de Bayonne, CC 847, 86.)

L'ÉVÊQUE DE BAYONNE A MM. LES ÉCHEVINS, JURATS ET CONSEIL DE LA VILLE DE BAYONNE.

Messieurs, ce mot que je vous escris à la haste, est pour vous doner advis que le Roy et S. E. sont extremement satisfaicts de

---

[1] Pierre de Segure, *l'aîné*, bourgeois et premier échevin de Bayonne en 1648. Il avait déjà été député en cour, avec le sieur Daccarette, en 1638 et 1639. (*Arch. de Bayonne*, AA 37 et BB 66.)

vostre procédé dans la rencontre que nous avons eu à Bayonne; l'un et l'autre me l'a tesmoigné et à M^rs vos députés. J'ai une lettre de S. E. qui vous affirmera [d'une façon] plus asseurée ce que je vous mande, mais je n'ai osé la doner à l'ordinaire. Je la mettrois entre les mains de M. d'Aroue¹ Je vas demain doner une letre de S. E. à M^rs les chancelier et surintendant en vostre faveur et me vas joindre avec vos M^rs en qualité de députés à poursuivre vos afaires. Je les recommande à vos prières et vous prie de croire que je suis, Messieurs, vostre tres affectionné serviteur.

FRANÇOIS, *Ev. de Bayonne* ².

Je ne fais que d'arriver d'Abbeville et crains que l'ordinaire ne soit parti; c'est pourquoi je vous en escris à la haste.

A Paris, ce 16 juin, à dix heures au soir, 1641.

VIII.

1641. — 16 JUIN.

(Archives de la ville de Bayonne, CC 847, 85.)

LE CARDINAL DUC DE RICHELIEU A MESSIEURS LES ÉCHEVINS, JURATS ET CONSEIL DE LA VILLE DE BAYONNE.

Messieurs, Monsr l'evesque de Bayonne ayant représenté au Roy l'affection et le zèle que vous avez tesmoigné à son service

---

[1] Valentin d'Aroue, vicomte de Saint-Martin, seigneur d'Angous, alcade et capitaine du pays d'Arberoue.

[2] François Fouquet, fils aîné de François III, vicomte de Vaux, et de Marie de Maupeou, né à Paris le 26 juillet 1611. Entré dans les ordres, il fut pourvu par le Roi de l'abbaye de Jovillers, au diocèse de Toul, dès l'année 1627. Membre du conseil souverain de Nancy en 1631, conseiller au parlement de Metz en 1633, il devint, vers la même époque, abbé de Saint-Sever, au diocèse de Coutances, en Normandie, puis prieur de Cossien, au diocèse de Bourges, et enfin fut appelé comme évêque au siège de Bayonne le 16 mai 1637. Consacré en 1639, dans l'église des Jésuites du faubourg Saint-Antoine, à Paris, il faisait son entrée solennelle dans sa ville épiscopale au mois de novembre de la même année. En 1643, il devenait évêque d'Agde et coadjuteur de l'archevêque de Narbonne, Claude de Rebé, auquel il succédait en 1659. Lorsque le surintendant, son frère, tomba en disgrâce, François Fouquet fut exilé à Alençon. Il mourut en cette ville le 6 novembre et fut enterré dans l'église des Franciscains. Son éloge funèbre, prononcé par le père Rapin, jésuite, a été imprimé et forme un petit vol. in-12.

dans la rencontre de la sédition qui est arrivée dans vostre ville, Sa Majesté en a esté si contente qu'elle n'y a pas fait peu de considération dans la résolution qu'elle a prise de pardonner à ceux qui se sont laissez aveugler jusques au point de commettre la faute dans laquelle ils sont tombez. Je m'asseure que le regret qu'ilz en ont est tel qu'ilz n'y retomberont jamais et qu'ilz se conduiront à l'avenir en sorte que le Roy ne pourra se plaindre de ceux qui se sont employez en leur faveur, comme j'ay fait. Je vous conjure d'y apporter ce qui déppend de vos soins et de vostre vigilence et de croire que je seray très aise que vous me donniés lieu de faire valoir vostre conduite à Sa Majesté, et de vous tesmoigner que je suis, Messieurs, vostre plus affectionné à vous servir,

Le card. DE RICHELIEU.

D'Abbeville, ce 16 juin 1641.

IX.

1641. — 19 JUIN.

(Archives de la ville de Bayonne, CC 847, 88.)

MESSIEURS LES DÉPUTÉS DE BAYONNE A MM. LES ÉCHEVINS, JURATS ET CONSEIL DE LADITE VILLE.

Messieurs, rendés grâces à Dieu! Point de gabelle! Nous feumes en cour : Monseig^r de Bayonne arriva le premier. Il fut très bien receu de Son Eminence quy admira son zèle et trouva le procédé de Monseigneur nostre gouverneur, dudict seigneur de Bayonne, de Monsieur le lieutenant général, de vous, Messieurs, et de nos bourgeois, quy ont travaillé a empescher le désordre, fort généreux, prudent et judicieux. Ceste conferance se feist l'aprés disnée du 15e juin, et le lendemain matin Son Eminance, partant de son hostel, au remontré à la salle des gardes, princt led. seigneur evesque par la main, et le menant, comme nous aprochions pour luy présanter vos despesches, il nous dict de les donner à Monsieur Charpantier[1], et que Monsieur Fouquet l'avoit si bien entretenu de

---

[1] L'un des secrétaires du cardinal de Richelieu.

nos affaires que nous n'avions pas necessitté de luy en parler; et estant descendu, il feist mettre le dict seigneur de Bayonne dans son carrosse pour le mesner chez le Roy, et le présenta à Sa Majesté, que Son Eminance entretinct tout au long de tout ce quy s'est passé à Bayonne, avec beaucoup d'éloges et d'honneur pour les personnes principalles qui s'y estoient employées; sy bien que Sa Majesté tesmoigna en avoir beaucoup de satisfaction, disant, en branlant la teste, que les partisans estoient autheurs de ce désordre, ainsy que ledict seigneur de Bayonne nous dict; lequel descendit tout à l'instant pour nous donner ceste bonne nouvelle, sans se donner la patiance d'attendre Son Eminance qui se retira peu après.

L'après dinée nous suivimes ledit seigneur evesque quy fut veoir Son Eminance, laquelle, sortant pour aller à la promenade, s'arresta pour nous dire que le Roy avoit prins telle créance audict seigneur evesque, qu'il avoit uzé de sa clemance en nostre endroict, et qu'en son particulier il avoit escript aud. seigneur nostre gouverneur [1], aud. s^r lieutenant général, à messieurs les officiers du seneschal et à vous, Messieurs, pour en rendre tesmoignage et vous assurer de son affection, et que d'ailleurs il escriroit à nos seigneurs les chancelier et surintendant pour nous donner en noz autres affaires tout aultant de soulagement que se pourra. Ce faict, les lettres feurent baillées aud. seigneur de Bayonne. Nous obmettions à vous dire qu'au premier abord Son Eminance dit audit seigneur de Bayonne qu'il luy avoit envoyé le jour devant à Paris, adressé à la dame sa mère [2], un brevet de Sa Majesté d'une abaye de 6,000 livres de rente et de 3,000 livres en argent pour payer ses bulles.

A l'instant, sur le seoir, nous partimes d'Abbeville et nous nous rendimes à Paris, le 17 dudit sur la nuit. Et le lendemain matin, qui fut le jour d'hier, ledit seigneur evesque, accompagné de Mon-

---

[1] Le comte de Gramont.

[2] Marie de Maupeou, fille de Gilles, seigneur d'Ableiges, contrôleur général des finances, et de Marie Morely. Elle avait épousé, en février 1610, François Fouquet, troisième du nom, vicomte de Vaux, conseiller au parlement de Bretagne dès 1608, maître des requêtes en 1615 et depuis ambassadeur en Suisse. Cette dame, qui, d'après Morery, était d'une piété singulière, mourut à Paris le 22 avril 1681.

sieur Fouquet[1], son frère, maistre des requestes et de nous, fut rendre sa visitte audict Seigneur chancellier, auquel il rendit la lettre de Son Eminance; et après audit seigneur surintendant, quy luy dict, en nostre presance, qu'il estoit bien marry de ceste sédition, par ce que cella luy hostoit le moïen de nous tesmoigner le bien qu'il estoit à la veille de nous faire, et jura, à la dampnation de son âme, qu'il nous vouloit bailler les octrois, parce que nous l'en avions sollicitté de fasson qu'il en restoit sàttisfaict, luy ayant predict avecq des larmes ce quy estoit arrivé.

Ce matin, estans chez ledict seigneur de Bayonne, quy n'estoit pas encore lepvé, le secrettaire dudict seigneur surintendant luy fist dire que l'apres disnée il se parleroit de nostre affaire à la petite direction, pour que nous feussions prestz avec noz mémoires. Ce qui nous occasionna de dresser celuy duquel vous envoïons copie et d'aller solliciter lesdits seigneurs chancelier et surintendant, et après, à l'antrée du conseil, de bailler ledit mémoire audit seigneur surintendant, quy le bailla à Monsr Tubuf, intendant de la province de Guienne[2], lequel nous promist de le veoir sur le seoir. Neantmoings nous treuvames à propos d'attandre, car sur la fin dudit conseil, ayant esté appelés, ledit seigneur chancellier nous dict en parolles : *Messieurs, le Roy et le conseil sont deuement informés de vostre fidelitté et des incommodittés que les nouvelles impositions eussent apporté en vostre ville. C'est pourquoi Sa Majesté oublie ce quy a esté faict et vous descharge des impositions.* — Neantmoings que les soixante quinze mil livres du desdomagement du fermier seront imposées sur le pays des Lannes, quoy qu'il s'y en soit autrefois lepvé cent mille pour mesme subject, et qu'on nous fera expédier nos octrois; et au regard de ce qu'est deub pour

---

[1] Nicolas Fouquet, marquis de Belle-Isle, vicomte de Vaux, né le 27 janvier 1615, successivement intendant de l'armée de Flandres, de celle du Dauphiné et de la généralité de Paris, commissaire du Roi en Lorraine et en Catalogne, conseiller au parlement de Metz en septembre 1633, maître des requêtes en février 1636, procureur général au parlement de Paris en novembre 1650, puis surintendant des finances, décédé au château de Pignerol le 23 mars 1680.

[2] Les députés bayonnais commettent ici une légère erreur. Jacques Tubeuf était alors intendant des finances en résidence à Paris. Le 17 novembre 1643, il fut pourvu d'une charge de président près la chambre des Comptes de cette ville. Il mourut, revêtu de ces fonctions, le 10 août 1670, âgé de soixante-quatre ans. (*Gazette de France*.)

les avances, qu'il faudra veoir, et que ce sera à nous à treuver quelque expediant aultre que celluy de l'avis de Monsr de Vertamon[1] sur la Guienne, assez chargée d'ailleurs; nous ferons en cella et autres affaires de nostre Mémoire ce qui se pourra et agirons avecq plus de liberté qu'auparavant.

Agreez, s'il vous plaist, Messieurs, que nous donnions quelque tesmoignage de nos ressentimens particuliers. Pendant que nous avons esté occupés avecq courage et passion pour la liberté publicque, on nous a faict passer à Bayonne pour *gabelleurs!* Mais, sachant que les personnes d'honneur n'ont pas esté capables de ces impressions, il nous sera facile de nous consoller par la satisfaction de nos consciences, que des esprits brouillons et imposteurs ne nous sauront hoster. Nos seigneurs du Conseil l'ont sceu et que la maison de l'un de nous avoit esté visittée nuictament et nous ont approuvé en nostre procédé, en telle sorte que ledict seigneur surintendant nous a donné des parolles sy avantageuses audit Conseil, que nous avons subject de nous en louer.

Nous avons adressé nostre despeche à Monsieur Dandaldeguy[2] pour la vous faire tenir avecq dilligence. Faictes nous la faveur, s'il vous plaist, de faire lecture de la présente en assemblée publicque pour la satisfaction des gens de bien et à la confusion des imposteurs et meschans, du nombre desquels nous ne serons jamais si Dieu nous conserve le sens, comme nous l'en prions de bon cueur, et de nous continuer les bons succès avecq la mesme affection que nous sommes, Messieurs, vos tres humbles et obeissans serviteurs.

DACCARRETTE, DETCHEVERRY, SEGURE.

De Paris, le 19e juin 1641.

---

[1] François de Verthamon, intendant en Guienne de 1630 à 1639.

[2] Gilles Dandaldeguy, originaire de Bayonne, reçu bourgeois de Bordeaux en 1639. Armateur et courtier maritime, il avait fondé en cette ville une maison de banque très importante dans ses rapports avec les établissements français de l'Amérique du Nord. Un membre de cette famille, passé en 1632 au Canada, lui servait de correspondant. (*Arch. départ. de la Gironde*. Minutes de Grenier, notaire.)

X.

1641. — 20 juin.

(Lett. instruct. et papiers d'État du cardinal de Richelieu, tome VI, p. 823 [1].)

LE CARDINAL DE RICHELIEU A M. DE GRAMONT.

Monsieur, j'adjouste ces trois mots à la lettre que je vous escripvis ces jours passés pour vous tesmoigner encore de nouveau le contentement que j'ay d'avoir aprins par M. l'evesque de Bayonne la façon avec laquelle vous vous estes comporté dans l'occasion de l'émotion qui arriva dernièrement dans vostre ville et le courage avec lequel vous vous estes employé pour empescher qu'elle n'eust aucune suitte. S. M., qui est extraordinairement satisfaite de vostre conduitte dans ce rencontre, se promet que vous scaurés mesnager de sorte les esprits de vos bourgeois qu'ils demeureront dans leur devoir à l'advenir, ce que je souhaite pour leur propre advantage. Vostre cher heritier se porte fort bien; il fait paroistre le courage des Gramonts au siège d'Aire, dont j'espère que nous aurons un heureux succez [2]. Assurez-vous de mon affection pour toujours et que je suis veritablement vostre affectionné à vous rendre service,

Le card. duc DE RICHELIEU.

A Abbeville, le 20ᵉ juin 1641.

---

[1] *Collection des documents inédits sur l'Histoire de France.*

[2] Antoine III de Gramont, comte de Guiche, né à Hagetmau en 1604, fils aîné du gouverneur de Bayonne. — Volontaire en 1621, il s'était fait remarquer au siège d'Antonin et l'année suivante à celui de Montpellier. Forcé de sortir du royaume à la suite d'une affaire d'honneur, il fut offrir ses services au duc de Mantoue, qui le nomma lieutenant général dans le Montferrat, et capitaine de ses gendarmes. Le comte défendit bravement Mantoue contre les Impériaux, se distingua en plusieurs occasions et reçut permission de rentrer en France en 1633. Richelieu, qui avait pour lui une très grande bienveillance, lui fit alors obtenir un important commandement dans l'armée du cardinal de la Valette, et en même temps lui accordait la main d'une de ses nièces. Maréchal de camp, en 1635, il se signalait à Bièvres, à Colmar, à Schlestadt, à Haguenau, à Vaudrevange, et surtout à la Capelle. Gouverneur de la Normandie, en 1638, mestre de camp du régiment des gardes françaises, en 1639, il faisait preuve, l'année

XI.

1641. — 19 JUILLET.

(Arch. nationales, KK 1215, f° 540.)

LES ÉCHEVINS DE BAYONNE A SON ÉMINENCE LE CARDINAL
DE RICHELIEU.

Monseigneur, l'abaissement de Vostre Éminence à nous honorer de ses escripts nous eust remply de honte et de confusion, si la langueur dans laquelle nous vivions, attendans nostre justification sur l'esmotion survenue en cette ville contre nos efforts et de beaucoup de nos concitoyens, dont Monsieur nostre Evesque a voulu prandre la peyne de rendre tesmoignage au Roy et à Vostre Éminence, ne les eust rendus autrement désirables. Monseigneur, nous en ferons, par recognoissance des biens et de l'honneur que vous avés faict à ceste communauté, le plus cher gaige et le plus parfaict ornement de ses archyves, aus fins que ceux de nos jours, et [ceux] qui viendront après, sçachent que non seulement nous avons l'obligation à Vostre Eminence d'avoir justiffié nos actions dans l'esprit de Sa Majesté, mais encore obtenu de sa

---

suivante, au siège d'Arras, de la plus grande bravoure. Créé lieutenant général des armées, le 10 avril 1641, il venait, au moment où le cardinal de Richelieu écrivait au gouverneur de Bayonne, de concourir à la prise d'Aire et de la Bassée. Enfin sa belle conduite à Bapaume lui obtenait le bâton de maréchal de France. En lui transmettant son brevet, le cardinal lui adressait l'admirable lettre que voici : « Comte, lui écrivait-il de Chaumes, le 24 septembre 1641, le Roy a
« beaucoup fait pour vous : reste que vous faites quelque chose d'extraordinaire
« et pour vous et pour son service. Le maréchal de la Meilleraye a pris Aire,
« puisqu'il commandoit seul les armées de S. M. quand cette place est tombée
« entre ses mains : reste au maréchal de Guiche à la conserver. Les roses se
« trouvent parmi les épines. Les grandes affaires ne se font point sans diffi-
« cultés. Au nom de Dieu, ne vous imaginés point impossible ce qui est difficile,
« et ne croyez pas que ceux qui ne mettent point la main à l'espée ne sachent
« pas juger ce que peuvent ou ne peuvent pas ceux qui s'en aydent. Les âmes
« relevées ne se repaissent que de choses grandes. Nous allons nous avancer
« vers vous pour vous faire faire quelque chose de bon, si vous avez du sang
« aux ongles. Mettez-vous devant les yeux la grandeur de vostre nom, qui vous
« élève par dessus les montagnes, et l'altitonance de celuy qui vous protège.
« Le cardinal DE RICHELIEU. » (*Hist. et généalogie de la maison de Gramont*, Paris, 1874, gr. in-8°.)

bonté la grace de ceux qui l'avoient irritée. Nous adjouterons, Monseigneur, à ceste petite recongnoissance la continuation de nos vœux vers le Ciel pour la conservation de Vostre Eminence, dont l'intherest estant plus public que de la nostre (pour laquelle néant moins Dieu ayant faict divers miracles, principallement en ceste occasion) nous donne lieu de croire qu'ils seront favorablement accueillis. Les députés, Monseigneur, que nous envoyons pour obtenir, par nos très humbles soubmissions et de ceux qui ont dignement servy dans l'esmotion, l'abolition de ceux qui ont failly, confirmeront à Vostre Eminance le zèle public et la passion particullière que nous avons d'estre, avec toute sorte de respect, Monseigneur, vos très humbles, très obéissans et très obligés serviteurs.

Les eschevins, jurats et conseil de la ville de Bayonne,
Pour mesd. s^{rs} : DE HARRAN, *greffier.*

A Bayonne, ce XIX juillet 1641.

XII.

1641. — AOUT.

(Archives départ. de la Gironde. Registres du Parlem., B 56, f° 240 [1].)

LETTRES D'ABOLITION SUR L'ÉMOTION POPULAIRE ARRIVÉE EN LA VILLE DE BAYONNE.

Louis, par la grace de Dieu, Roy de France et de Navarre, à tous présens et à venir, salut. Nos chers et bien amez les eschevins, jurats et conseil de nostre ville de Bayonne nous ont très humblement fait remonstrer par leurs députez que les fermiers des nouveaux droits sur le sel montant par les rivières de l'Adour et Vidouze [2], qui sont proches de ladicte ville, ayant faict entrer au mois de may dernier, suivant nos ordres, ung navire de guerre dans ladicte rivière de l'Adour pour favoriser la levée desdits

---

[1] Une copie informe de ces lettres se retrouve aux Archives de la ville de Bayonne, FF 518.
[2] La rivière La Bidouze prend sa source dans la forêt des Arbailles et se jette à Guiche, dans l'Adour.

droits, le séjour dudit navire en icelle durant cinq mois dissipa tellement le petit commerce qui fait subsister ladite ville que la plus part des habitans, par défaut des rafraichissemens qui leur arrivoient d'ordinaire par les dites rivières, se trouvèrent en telle extremité que plusieurs n'avoient aucun moyen de vivre, ce qui obligea lesdits eschevins de députer quelqu'un de leur corps vers le cappitaine qui commendoit ledit vaisseau pour lui représenter la misère et les incommoditez des habitans, et qu'enfin elles pourroient exciter des soulèvemens populaires et altérer le repos et seureté de ladite ville, ce qui néanmoins n'auroit pu disposer ledit cappitaine à retirer et faire sortir ledit vaisseau pour la crainte, comme il est à présupposer, qu'il avoit de contrevenir à nos ordres et commettre quelque faute contre son devoir; ce qu'étant venu à la connoissance du menu peuple, prévenu d'une faulce opinion que par le moyen dudit vaisseau qui n'étoit là que pour la levée desdits nouveaux droicts, on le voulut priver des moyens par lesquels il soutient sa vie et ses pauvres familles, seroit entré en telle fureur qu'il prit résolution d'aller mettre le feu audit navire, si lesdits magistrats n'y eussent vigoureusement résisté avec l'assistance des officiers du sénéchal et des plus considérables personnes et autres bons habitans de ladite ville, favorisez de la pieté très ardente de nostre amé et féal conseiller en nostre Conseil d'estat, le s^r Fouquet, evesque de ladite ville, et de la prudence et generosité de nostre cher et bien amé le s^r comte de Gramont, gouverneur et nostre lieutenant général en Béarn et gouverneur de ladite ville de Bayonne et pays circonvoisin ; neanmoins ils n'auroient pu si bien faire que l'animosité de cette troupe de mutins et factieuz ne soit venue jusqu'à cet excez de furie que de tuer ung pauvre habitant qui tachoit de s'opposer à leur mauvaise intention, à quoy, tant s'en faut, que le corps de ville, les magistrats et la plus saine partie desdits habitans ayent rien contribué, qu'au contraire ils ont fait tous bon devoir, mesmes exposé leurs vies pour arrester les suittes de ceste esmotion, tesmoignant avoir ung extreme et sensible desplaisir que telle action se soit passée en ladite ville, ainsi qu'il nous a esté certiffié par la relation dudit s^r evesque et par celle qui nous a esté faicte de la part dud. s^r comte de Gramont et lettres de nosdits officiers et magistrats, avecq asseurance que lesdits habitans nous ont faict donner de la ferme résolution qu'ils ont prinse de demeurer à l'advenir dans une fidelité inviolable et ne s'esloigner jamais plus de l'obeissance qui nous est deue; nous requerans à ceste occasion, lesdits depputés au nom desdits magistrats et de leurs concitoïens, d'oublier la faute commise par les aulteurs et coupables de lad. sédition et leur impartir nos lettres de grâce sur ce nécessaires; — Sçavoir faisons que Nous, pour ces causes et autres bonnes considérations à ce nous mouvans, inclinans à la supplication très humble qui nous a esté faicte en faveur desdits habitans, tant par lesdits s^{rs} evesque et comte de Gramont que par lesdits depputés, voullans, sellon la douceur et bonté de nostre naturel, préférer miséricorde à rigueur de justice, avons de nostre grace specialle, plaine puissance et authorité royalle, quité, remis et pardonné, estaint et aboly, et par ces présentes signées de nostre main, quictons, remetons, pardonnons, estaignons et abolyssons le crime d'émotion et souslevement populaire arrivé en ladite ville de Bayonne, au mois de juing dernier, et tout ce qui a esté faict et commis par ceux qui s'y sont trouvés et practiqués en quelque sorte et manière que la chose soit arrivée, encore qu'elle ne soit cy particulièrement exprimée, dont ne voulons estre faict aulcune recherche et punition, ores ny à l'advenir, pour quelque cause et occasion que ce soit, leur remectant toute peine, amande corporelle, criminelle et civile, en quoy, pour raison de ce, ils pourroient estre encoureus envers nous et justice; cassant et revoquant toutes procédures, informations, decrets, sentences, jugemens et arrests qui s'en pourroient estre ensuivis, imposans sur ce silence perpetuel à nos procureurs généraux, leurs substitus et tous autres, à la charge touttefois que lesdits habitans ne se porteront plus à l'advenir à semblables violances, au mespris de nostre aucthorité et de celle de nos magistrats de ladite ville, sous peine d'estre décheus de la presente grace et de faire revivre la mémoire de leurs crimes pour les en faire punir exemplairement, et, à ces fins, enjoignons à nos dits magistrats et eschevins de conserver les informations et procedures quy ont esté ou deub estre faictes de tout ce qui s'est passé en ladicte sedition pour, s'il y eschet, y avoir recours touttefois et quantes que besoing sera; — Sy donnons en mandement à

noz amez et feaux les gens tenans nostre Cour de parlement de
Bourdeaux et autres nos officiers et justissiers qu'il appartiendra,
chascuns en droit soy, que ces présentes nos lettres d'abolition ils
facent enregistrer et de tout le contenu en icelles, jouir et user les
habitants de nostre dite ville de Bayonne et autres accusés dudit
crime, sans permettre qu'il y soit contreveneu en quelque sorte
et manière que ce soit, cessant et faisant cesser tous troubles et
empeschemens au contraire sans qu'il soit besoing qu'aucun desdits accusés et coulpables dud. crime soit tenen se présanter en
personne pour l'entérinement desdites présentes, dont les avons
rellevés et dispansés, relevons et dispensons, car tel est nostre
plaisir, et, affin que ce soit chose ferme et stable à tousjours, nous y
avons fait mettre et apposer nostre scel, sauf en autre chose nostre
droict et l'autruy en toutes.

Donné à Amiens, au mois d'aoust, l'an de grace mil six cens
quarante ung et de nostre règne le trente deuxiesme.

Signé, LOUIS; sur le reply, par le Roy : PHILIPEAUX, et scellé
du grand sceau de cire verte sur lacqs de soye rouge.

Et encores sur le reply : Registré suivant l'arrest huy donné à
Bourdeaux, en Parlement, le seiziesme novembre mil six cens
quarante ung.

Signé : DU SAULT.

DEUXIÈME PARTIE.

RÉVOLTE DANS LES LANNES.

I.

1657. — 12 AVRIL.

(Archives départ. de la Gironde. Reg. de la Cour des Aides.)

EXTRAICT DES REGISTRES DU CONSEIL D'ESTAT.

Sur la requeste présentée au Roy en son Conseil par Me Robert de la Pérelle, fermier général du convoi et comptablie de Bourdeaux, que pour empescher le transport des selz et faux-sonages de Bajonne, Dax, Tartas, le Mont-de-Marsan dans toute l'étendue des landes dud. Bourdeaux[1], Sa Majesté auroit par plusieurs

[1] Trois ans après l'entier apaisement de la révolte de Bayonne, les fermiers du domaine essayèrent d'établir des bureaux dans les Lannes. Cette nouvelle tentative ne fut pas mieux accueillie que la précédente. Le 10 novembre 1644, M. de Lauson, intendant de Guienne, écrivait au chancelier Seguier : « ... Nous « apprenons qu'à Dax le bureau que l'on y veut establir pour empescher que le « sel ne se respande par Bayonne dans la Guyenne esmeut les esprits; mais le « soin de M. le duc d'Espernon et la présence de M. de Poyanne calmeront « toutes choses. Le fermier se pleint que le sel remontant par eau jusques au « Mont de Marsan, il va de là par terre jusques en Quercy, au lieu que les peu- « ples s'en doibvent fournir par la Dordogne et la Garonne..... » (*Archiv. histor. de la Gironde*, t. XIX, p. 139. Communication de M. Tamizey de Larroque.)
On trouve encore dans la même collection (t. IV, p. 253) une lettre de M. d'Épernon, en date du mois de novembre 1645, dans laquelle, après avoir informé le cardinal Mazarin qu'il ne croyait pas devoir accorder au fermier des gabelles l'établissement de contrôleurs dans plusieurs villes du Languedoc, le duc ajoute : « Je représenterois à V. Em. que les peuples de ce gouvernement

arrests particuliers des beaux précédents de ladite ferme, mesmes par l'article soixante dix sept du bailh faict aud. suppliant, ordonné qu'il seroit estably des gardes, tant à pied qu'à cheval, en telz lieux et endroictz qu'il jugeroit à propos, pour arrester le commerce dud. faulx sonage qui s'y faisoit par plusieurs gentilshommes desd. Landes et des lieux circonvoysins, ce commerce ayant esté si grand pendant les derniers mouvemens et continués jusques à présent, que led. La Perelle auroit esté obligé avoir des dépanses tres extraordinaires pour establir un plus grand nombre de gardes et d'augmenter leurs gages et appointemens pour répprimer ces désordres par la dilligence et fidelité desdits gardes, et par ce moyen empescher lesdits gentilshommes et autres de faire et continuer leur commerce ordinayre, lesquels, avecq le nommé Rival, demeurant ordinairement en la ville de Marsan, se sont advisés d'inthimider lesd. gardes par plusieurs menasses affin de les faire déserter de leurs brigades ou de quitter leurs postes. Ce mauvais dessaing n'ayant point reussy, ils ont resolleu d'enlever quelque brigade ou des cavaliers d'icelles pour donner de la terreur aux autres, ce qu'ils auroient faict le seizièsme du mois de mars dernier par l'enlevement d'un nommé La Garenne, garde de la brigade establye en la ville d'Ayre, en Chalosse, par les nom-

« sont tellement esmeus au seul nom de gabelle, quoyque cela ne les regardast « pas, ainsi que ceste affaire fait, qu'ils semblent estre hors d'eux mesmes « lorsqu'ils en entendent parler. Et il est arrivé qu'aiant esté fait autres fois un « pareil establissement près de vostre abbaie de Moissac, à Auvillar, qui est « une petite ville sur la frontière du costé du Languedoc, cela esmeut une « grande sédition en laquelle il y eust plusieurs meurtres : et defunct monsieur « le duc d'Espernon, mon père, eust ordre du Roy de faire retirer les officiers, « que l'on eust beaucoup de peine de garantir de la fureur du peuple. Il en « arriva une autre au Mont de Marsan pour ce mesme subject, d'où M. de « Verthamon, lors intendant en ceste province, qui s'y estoit transporté pour « faire l'establissement, fut contraint de se retirer. » Ces manifestations générales, qui auraient dû éclairer l'esprit des ministres, amenèrent un résultat tout opposé à celui qu'on pouvait espérer. On imagina de faire protéger les bureaux par d'anciens soldats, enrôlés *ad hoc*, et que l'on nomma *gardes du convoy*. Placés directement sous les ordres du fermier, ces malheureux gardes devaient s'opposer à toutes sortes de contrebande et de *faux-saunage* : autorisation leur était donnée d'arrêter et de fouiller toute personne suspecte. Alléchés par l'appât d'une augmentation de solde, ils déployèrent un zèle intempestif et se portèrent à des vexations continuelles et injurieuses. Bientôt la population ne vit plus dans ces gardes que des ennemis dont il fallait à tout prix se défaire. — De là, les innombrables assassinats commis dans les campagnes.

més Busset, Verdier, Turllan, Lescossan, de Projan frères, accompaignés de XXV cavalliers et de XV ou XX fuzilliers inconnus, et led. La Garene amené au château de Viellar, appartenant au sieur Doumeou, ou apprès l'avoir retenu quelque temps luy prirent son cheval, ses armes et l'obligèrent de paier quarante pistolles pour sa rançon. Ceste action ayant esté commise avecq tant de viollance et tant d'éclat et le peu de sureté qu'ont lesd. gardes du poste d'Ayre, que ceux-ci auroient esté obligés de le quitter pour se randre en la ville de Saint-Justin, distante de la ville d'Ayre de quinze lieues de France, dont ilz n'osent sortir pour executter leur commission [1], ainsin qu'appert par le procès verbal qui en a esté faict led. jour seizièsme mars dernier par lesd. gardes; et comme l'absance de lad. brigade de son poste ordinaire est tellement favorable à tous les faux sauniers pour le transport des selz qu'ils avoient en magasin le long de l'Adour et du costé d'Agemeau [2], il est très necessaire de remedier promptement au restablissement de lad. brigade en lad. ville d'Ayre et que toutes les seuretés soient données pour la conservation d'icelle et de tous

---

[1] En 1649, alors que Bordeaux était menacé par le duc d'Épernon et que la campagne était tenue par ses partisans, les gens du *convoy*, les premiers en tête, avaient abandonné leurs postes et principalement les bureaux établis à Bordeaux. Les *droits du Roy* n'étaient plus perçus. Cette absence des fermiers ayant permis *à un chacun de se dispenser de payer*, le parlement de Bordeaux s'assembla extraordinairement le 14 octobre de cette même année et décréta le rappel des commis fugitifs, leur enjoignant de continuer « là fonction de leur charge à « peine de 1,000 livres et d'y estre contraincts par corps; ordonne en outre (lad. « cour) que tous marchans estrangers, rignicoles et autres, et maistres des navi- « res, après la cargaison, par eux faite, des vins et autres marchandises et avant « pouvoir lever les ancres, payeront au bureau de ceste ville lesdits droits du « convoy et contablie du Roy, suivant le bail d'iceux droits et conformément « aux arrets de la cour »..... (*Arch. départ. de la Gironde. Arrêts du parlement.*) Ces *droits du Roy*, que le Parlement de Bordeaux mettait tant de soins à réclamer et surtout à percevoir, devaient (chose qui pourra paraître singulière) être employés à combattre le souverain au nom de qui ordonnait la Cour souveraine. Grâce à ces subsides, le Parlement édictait la création de plusieurs régiments, et choisissait, pour être mis à leur tête, des *colonels* pris dans son sein. C'est ainsi que l'on vit les conseillers Pichon, Bordes, d'Espagnet et plusieurs autres commander à des gens de guerre et « faire en ce nouveau mestier fort « bonne figure ». (Voy, les *Mouvements de Bordeaux*, par Fonteneil, les *Mémoires* de Lainé, *l'Ormée à Bordeaux*, etc....)

[2] Hagetmau, chef-lieu de canton du département des Landes. — La seigneurie d'Hagetman appartenait au duc de Gramont.

les gardes dans l'estandue desd. Landes par l'autorité de Sa Majesté, sans quoy elle souffrira de tres grandes pertes par une diminution des droits dud. convoy ; requeroit led. suppliant qu'il pleut à Sa Majesté d'y pourvoir ;

Veu la requete dud. de la Perelle ; un procès-verbal du xvi mars dernier, signé Blanchecoste, Decaston et autres gardes de la brigade d'Aire, par lequel est certiffié l'enlepvement dud. La Garenne et de ce que lad. brigade a esté obligée de se retirer de lad. ville d'Ayre ; plusieurs arrets du Conseil de Sa Majesté pour l'establissement des gardes dans lesd. Landes, portant deffances à toutes personnes de mesfaire ny mesdire auxd. gardes, sous paine de punition corporelle et deffances auxd. gentilshommes de faire ny faire faire le commerce du sel, ni donner retraite à ceux qui voitureront led. sel, à peine d'estre déchus du privilège de noblesse et déclarés roturier, et notamment l'arrest dud. Conseil du xvie novembre 1634 et plusieurs autres pièces attachées à la susd. requeste[1] ; — et ouy sur ce le rapport du s^r Bordier, commissaire à ce député et tout considéré :

Le Roy, en son Conseil, a ordonné et ordonne que le s^r de Maniban, conseiller de Sa Majesté en ses Conseils et président en sa cour des Aides de Guienne, se transportera incessamment auxd. villes de Sainct Justin et d'Ayre pour y restablir les gardes tant de pied que de cheval et en tels autres lieux qui sera necessaire pour empescher le faux saunage et le transport venant de Bayonne, Dax, Tartas et Mont-de-Marsan pour en fournir les pays de Bourdellois, Bazadois, d'Albret, d'Aubiract (?)[2], Bigorre, Armaignac, Condommois et Agenois, Rivière Verdun et Quercy, lesquels gardes Sa Majesté a prins en sa protection et sauvegarde ; a faict et faict deffance à toutes personnes de quelle quallité et condition

---

[1] Nous n'avons pu retrouver les pièces de procédure visées ci-dessus, et l'inventaire des Archives du département des Landes, si soigneusement dressé par M. Tartières, ne fait mention d'aucun document se rapportant à cette révolte. Il est à présumer que *les gentilshommes* qui s'étaient livrés au lucratif commerce du faux-saunage avaient été assez puissants, ou assez persuasifs, pour obtenir la destruction de tout ce qui pouvait perpétuer le souvenir d'un acte portant en résumé atteinte à l'autorité royale, et dont les conséquences auraient pu être funestes à leurs successeurs.

[2] Sans doute Auvillars, chef-lieu de canton du Tarn-et-Garonne.

qu'elles soient, sous paine de punition corporelle, de leur mesfaire uy mesdire; ordonne en outre aud. sʳ de Maniban d'informer du contenu aud. procès verbal du seizième mars dernier tant contre ceux y dénommés que tous autres qu'il appartiendra, pour lad. information faite et rapportée au Conseil, estre sur icelle ordonné ce que de raison; enjoint Sa Majesté à tous les officiers, maires et jurats, eschevins et scindicqs des villes et bourgs dans l'estandue de lad. ferme du convoy et à tous autres ses subjects de prester main forte à l'execution du present arrest sous paine de desobeyssance.

Faict au Conseil d'Estat du Roy, tenu à Paris le douzième jour d'apvril mil six cent cinquante sept.

Signé : CATELLAN, et collationné.

II.
1657. — 12 AVRIL.

COMMISSION DUDIT SIEUR DE MANIBAN [1].

Louis, par la grâce de Dieu, roy de France et de Navarre, à nostre amé et féal conseiller en nos Conseils, le sʳ de Maniban, president en nostre cour des Aydes de Guienne, salut. Suivant l'arrest dont l'extraict est cy attaché soubz le contre scel de nostre chancellerie ce jourd'huy donné en nostre Conseil d'Estat sur la requeste à nous présantée en icelluy par Mᵉ Robert de La Perelle, fermier général du convoy et comptablie de Bourdeaux, nous vous mandons et ordonnons de vous transporter incessamment aux villes de Saint-Justin et d'Ayre pour y establir les gardes de lad. ferme tant de pied que de cheval et en tels autres lieux qu'il sera necessaire pour empescher les faux saunages et transport des sels venans de Bayonne, Dax et Mont-de-Marsan pour en fournir les païs de Bourdelloys, d'Albret, d'Aubirac, Bigorre, Armaignac, Condommois, Agenois, Rivière Verdun et Quercy;

---

[1] Gui de Maniban, d'abord commissaire aux requêtes du parlement de Bordeaux, puis conseiller du Roi en ses Conseils et président en la cour des Aides et finances de Guienne.

informer du contenu au procès verbal du XVI mars dernier mentionné aud. arrest, tant contre ceux y dénommés que tous autres qu'il appartiendra pour, lad. information faicte et raportée en notre dit Conseil, estre sur icelle ordonné ce que de raison ; deffandons à toutes personnes de quelle qualité et conditions qu'elles soient de mesfaire ny mesdire auxd. gardes, lesquels nous avons pris en nostre protection et sauvegarde ; commandons au premier nostre huissier ou sergent sur ce requis de signiffier led. arrest à tous qu'il appartiendra, à ce qu'ils n'en pretandent cause d'ignorance et faire pour l'execution d'icelluy tous commandemens, sommations, défances sous les paines y contenues et aux actes et exploits necessaires sans autre permission ; enjoignons à tous nos officiers, maires, jurats, eschevins et sindicqs des villes et bourgs de l'estandue de lad. ferme et à tous autres nos subjects de prester main forte à l'execution dud. arrest, à payne de desobeyssance, et sera adjouté foy, comme aux originaux, aux coppies dud. arrest et du presant, collationnées par l'un de nos amés et féaux conseillers et secrétaires, car tel est nostre plaisir.

Donné à Paris, le douzièsme jour d'apvril l'an de grace 1657 et de nostre règne le quatorzièsme.

Signé : Par le Roy en son Conseil, CATELAN, et scellé du grand sceau.

Registré en la cour des Aides de Guienne pour estre executé suivant l'arrest d'icelle du XXIII may 1657.

TROISIÈME PARTIE.

RÉVOLTE EN CHALOSSE, LABOURD, BÉARN ET BIGORRE.

AUDIJOS.
1660-1676.

I.

1660. — 3 OCTOBRE.

(Archives de la ville de Bayonne, CC 852, 17.)

M. DE CHEVERRY A MESSIEURS LES ÉCHEVINS, JURATS ET CONSEIL DE BAYONNE [1].

Messieurs, je serois dans le comble de ma joye si je pouvois estre aussy utile à ma patrie comme vous voulés me persuader que je le puis estre au moyen de mes amys. Ce quy despend de moy,

---

[1] Nous voici arrivés au début de l'action dont Audijos devait être le principal personnage. La publication des documents qui précèdent n'a eu pour but que de montrer l'état *mental* des provinces où l'on avait résolu d'établir quand même la gabelle. L'insuccès des premières tentatives n'avait pas refroidi le zèle des ministres : ils comptaient que le temps apaiserait le vieil esprit de révolte de ces populations, et que, l'autorité du Roi s'affermissant tous les jours davantage, la perception de cet impôt arriverait à se faire sans de trop grandes difficultés. Les lettres d'abolition, accordées et publiées à son de trompe après chaque *émotion*, bien loin de faire bénir la clémence royale, paraissaient en réalité donner gain de causes aux rebelles : l'établissement de la gabelle, cause du conflit, étant sans cesse ajourné. Une tranquillité relative régna donc pendant quelques années dans les Lannes et le Labourd. Mais ce calme n'était qu'apparent : il ne devait pas tarder à être violemment rompu.

Messieurs, est de vous protester devant Dieu, que, ny la calomnie, ny la jalousie, que je sçay s'estre ouvertement déclarées contre les services que je luy ay rendus par le passé, ne sont pas capables de diminuer la passion naturelle que j'ay toujours eu de la servir. J'y ay d'ailleurs des parens, des amys et d'autres assés beaux engagemens.

Il ne me reste qu'à vous dire, Messieurs, que j'ay introduit M. Martenot[1] à parler et rendre vostre lettre à Monseigneur le Surintendant[2], quy l'a toute leue en nostre présence et escouté tout ce que nous avons eu à luy dire[3], nonobstant la grande foule qu'il y avoit dans sa sale. Je remets à mondit s^r Martenot à vous mander sa responce ; je suis fort certain que ledit seigneur traittera tousjours la ville aussy favorablement qu'il le pourra ; mais il est soubs un premier ministre. Je prendray la liberté de le supplier dans quelques jours que Mgr le Cardinal aura reçeu sa lettre d'avoir la bonté de luy en dire un mot.

Je suis, Messieurs, vostre tres humble et tres obeissant serviteur.

DE CHEVERRY[4].

De Paris, ce 3 octobre 1660.

---

[1] Avocat au parlement de Bordeaux, chargé d'affaires de la ville de Bayonne à Paris.

[2] Nicolas Fouquet.

[3] Il s'agissait, est-il besoin de le dire, de l'installation de nouveaux bureaux pour la perception de l'impôt sur le sel, et la ville de Bayonne avait été désignée comme devant en recevoir un. Afin d'en appuyer l'établissement, il avait d'abord été question d'envoyer dans le port de cette ville deux navires de guerre ; depuis, ordre avait été donné à deux régiments, qui casernaient en Roussillon, de se diriger à marches forcées vers la petite ville de Peyrehorade, pour de là envoyer des détachements dans un rayon déterminé.

Dès que les projets du ministre furent connus, la municipalité bayonnaise, dans une assemblée générale tenue secrète, mais dont le résultat est consigné sur le registre des délibérations de 1660, décida qu'on s'opposerait à leur exécution. Tout d'abord on ferait appel aux divers *protecteurs* de la cité, et, si ceux-ci ne réussissaient pas à éloigner *le fléau* dont elle était menacée, on ne devait accueillir les ordres du Roi qu'avec la plus grande passivité. On userait de tous les moyens dilatoires pour en retarder l'application. Cependant il fut déclaré que cette ligne de conduite ne serait tenue que pour la seule ville de Bayonne, la municipalité ne voulant ni d'une ligue, ni d'une entente qui pourrait faire croire à une rébellion raisonnée.

[4] David Detcheverry, d'Etcheverry ou de Cheverry (car il avait successivement adopté ces trois signatures) mériterait, par l'ardent patriotisme qu'il

II.

1660. — 17 OCTOBRE.

(Archives de la ville de Bayonne, CC 852, 21.)

A MESSIEURS LES ÉCHEVINS, JURATS ET CONSEIL DE BAYONNE.

Messieurs, il y a quelques jours que j'ay eu l'honneur de vous escrire qu'on avoit destiné d'envoyer deux vaisseaux dans vostre rivière avecq desseing que j'y expliquay, mais que l'on avoit doné

---

déploya à défendre toute sa vie les intérêts de Bayonne, sa ville natale, plus et mieux qu'une courte notice. Malheureusement les renseignements que nous avons pu recueillir laissent encore bien des points dans l'ombre. — Fils de Guillaume Detcheverry et de done Marie Naguille, David fut tenu sur les fonts baptismaux, le 12 mars 1606, par son aïeul maternel, David de Naguille, depuis premier échevin de Bayonne. De 1625 à 1627, on retrouve le jeune David à Bordeaux, étudiant le droit et fréquentant le palais; en 1628, il prête serment comme avocat. De retour dans sa ville natale, il prend aussitôt une part active aux affaires publiques, d'abord comme clerc de ville, puis comme jurat et échevin. Le 25 juin 1643, il obtenait, en raison de ses services et d'une mission sur la frontière espagnole, des lettres royales portant exemption de tout guet et garde des ports et murs de Bayonne, *sy ce n'est en cas de siège*. Le 2 mai 1656, Louis XIV confirmait ces lettres, voulant, ajoutait ce prince, « recompenser le « zèle montré par ledit sieur dans les mouvemens de Guienne, où il fut un des « députez de nostre ville de Bayonne pour nous porter, au péril de sa vie et « au travers des troupes ennemies, les assurances de la fidélité et affection « desdits habitans. » Quelques années après, David de Cheverry recevait un brevet de conseiller d'État et était gratifié d'une pension annuelle de 2,000 livres à prendre sur les revenus de la ville de Bayonne. Il se fixa alors à Paris et devint l'un des familiers du surintendant Fouquet. On le verra user très souvent de sa haute situation pour défendre les intérêts de Bayonne et même entrer en lutte ouverte avec Pellot. Cependant, rentré à Bayonne, il devint un instant le subdélégué de cet intendant : mais il abandonnait bientôt ces fonctions pour se livrer au desséchement des marais des Landes et à l'élevage, dans ces plaines, des moutons mérinos ; ces deux tentatives étaient vivement encouragées par Colbert. Enfin il décédait à Bayonne le 10 janvier 1676, et était enterré le lendemain dans le cloître de l'église cathédrale de cette ville. De son mariage avec demoiselle Anne de Beaujeu, il eut au moins un fils, Joseph de Cheverry, avocat au parlement de Bordeaux. Celui-ci recevait, en juin 1696, *en considération des longs et recommandables services de son père*, des lettres portant anoblissement du fief qu'il possédait à Anglet. Connu sous le nom de *de Bellay*, ce vaste et beau domaine a successivement appartenu à la famille Van-Duffel et à M. Ch. Lasserre, maire de Bayonne. Il est aujourd'hui la propriété des enfants de M. Ch. Chégaray, député sous Louis-Philippe, représentant à la Législative, avocat général, puis conseiller à la Cour de cassation. (*Archives de la ville de Bayonne*, GG 31 et 33, et CC 460 et 818 ; — *Archives départ. de la Gironde*, B 61, f° 147 et C 3847, f° 17 ; — Depping, t. IV, p. 63.)

ensuyte des ordres contraires, et comme j'ay jugé que je me rendois par cest advis un peu trop gareur des évenemens et qu'il se pourroit que l'on m'eust doné ceste dernière nouvelle pour veritable et qu'elle ne le feust pas, je me suis rendeu soigneux de m'en informer avec M. Matterel, secrétaire général de la marine[1], auquel l'ordre en avoit esté envoyé, quy m'a asseuré en avoir receu l'ordre, mais qu'on n'y a pas persisté et qu'il avoit creu que ce pouvoit estre pour establir le droit de cinquante sols pour thoneau de fret[2].

Quoy qu'il en soit, Messieurs, comme ces ordres peuvent estre reiterés de moment en moment, sans que je le sçache, vous ne feriés pas mal de faire sçavoir à vos pilotes et autres du voisinage, de ne s'engager pas légèrement à servir; car s'il arrivoit quelque malheur on le pourroit imputer à ceux du pays. Aussy ne pourra-t-on pas trouver mauvais qu'on ne se rende pas officieux à se procurer du mal.

Du costé de la terre je ne sçay rien de plus que ce que je vous ay mandé. Dieu veuille qu'il arrive un mesme changement qu'aux ordres de la mer.

Je suis, Messieurs, vostre tres humble et tres affectionné serviteur. DE CHEVERRY.

Ce 17 octobre 1660.

III.

1660. — 19 OCTOBRE.

(Archives de la ville de Bayonne, CC 852, 23.)

MESSIEURS LES ÉCHEVINS, JURATS ET CONSEIL DE BAYONNE
A M. DE CHEVERRY.

Monsieur, sy la funeste nouvelle que vous nous avez donné par vostre lettre du 10ᵉ de ce mois faict l'object d'une sensible afflic-

---

[1] Après avoir, pendant plusieurs années, rempli ce poste secondaire, le sieur Matharel fut appelé, vers 1670, aux fonctions d'intendant général de la marine du Levant, à Toulon.

[2] Il sera plus amplement parlé de ce nouvel impôt dans le bail du 9 janvier 1662.

tion, vostre employ vers Monseig^r le Surintendant, quy en a destourné le prejudice, faict la matière de nostre consolation. Il n'est pas que la route des troupes de Rossillon ne nous touche fortement, parce que l'establissement prétendeu au Mont de Marsan et volontiers dans la ville Dax nous est autant préjudiciable que s'il estoit faict parmy nous. Ceste taxe en ces endroits, tombant sur nous par reflects, par les raisons que vous n'ignorés pas, prinses de ce que le principal de nostre commerce consistant dans le négosse et transport du sel de ce costé là estant empesché par ceste voye, faict la ruyne absolue de plus de cent cinquante familles de cette ville.

Chose estrange, qu'une ville quy relefve en fidelité par-dessus toutes celles de l'Europe, et quy a rendu un nouveau tesmoignage de son zèle très singulier envers son prince par de notables despenses à l'honneur de son mariage[1], soit à la veille de se voir dans l'accablement pour toute récompense de sa fidelité extraordinaire. Il ne se peut pas, Monsieur, que le zèle quy vous possede n'oblige ledit seigneur et autres ministres d'Estat, de destourner ce fléau, non seullement de cette ville mais encore du haut pays; nous l'attendons de vostre employ et de celuy de vos amys. Et affin que vous les y puissiés inviter par nos supplications, joinctes aux vostres, nous vous confions six blancqs seings de la main de nostre greffier, avec autant de sceaux vollans, que vous employerés selon vostre prudence. Le premier, pour remercier ledit seigneur de la grace qu'il nous a faict par vostre considération et l'obliger de nous rendre l'obligation toute entière, pour raison de quoy et des termes du discours par lequel vous trouverés à propos de remplir lesdits blancqs seings nous nous remettons à vostre prudence, et baillons ordre à M. Martenot d'agir selon vos sentiments. Vous voyés bien l'estat que nous faisons de vostre amitié et l'obligation que nous conservons en vostre endroict de faire recherche de toutes

[1] Après un séjour de quelque durée à Bayonne (séjour que la ville avait rendu aussi attrayant que possible et dont toutes les dépenses avaient été laissées à sa charge), Louis XIV s'était dirigé vers Saint-Jean-de-Luz. Ce fut dans cette ville que les cérémonies de son mariage avec l'infante Marie-Thérèse furent célébrées, le 9 juin 1660, par Mgr d'Olce, évêque de Bayonne. (Voyez les *Mémoires de Daniel de Cosnac, archevêque d'Aix.* — Edit. de la Soc. de l'Hist. de France, tome I, pp. 284 et suiv.)

les occasions possibles de nous en acquitter et faire veoir que nous restons, Monsieur, vos tres humbles et obeissans serviteurs [1].

De Bayonne, le 19 octobre 1660.

IV.

1660. — 23 OCTOBRE.

(Archives de la ville de Bayonne, CC 852, 26.)

MESSIEURS LES ÉCHEVINS, JURATS ET CONSEIL DE BAYONNE
A M. DE CHEVERRY.

Monsieur, nous avons respondu à vostre lettre du 10e de ce mois par la nostre du 19e et avecq elle envoyé six blancqs seings et aultant de sceaux volans pour vous en servir à remercier Monseig^r le Surintendant du service qu'il nous a randu et suplier de destourner le surplus de l'orage pour qu'il ne tombe sur nous et afin d'obtenir la mesme chose des ministres d'Estat que vous jugerés à propos, au nombre desquels nous nous persuadons que vous aurés heu en veue nos seigneurs les ducqs d'Espernon et de Gramont, sur lesquels nous establissons le plus fort de nos espérances par le grand tesmoignage d'affection qu'ils nous ont randu sur la mesme affaire au lieu de Saint-Jean-de-Luz, et interest particulier que ledit seigneur de Gramont a pour la conservation du négosse qui périroit infailliblement, sy le malheureux bureau, duquel vous nous avés parlé par vostre dicte lettre, estoit establi en ceste ville et en celles de Dax et du Mont-de-Marsan. Son Excellence n'ignore pas ces conséquences. C'est pourquoy nous nous attandons que nos interests, meslés dans le sien, nous deslivreront de cette atteinte. Faictes-nous la grâce de nous procurer sa response et celle de Son Altesse et nous faire sçavoir ce qui sera le plus à faire de nostre part, et n'oublier pas l'autre affaire concernant nostre eschange de 20,000 livres, pour raison de quoy, n'ayant qu'à vous remettre à nos précédentes, nous finissons par la protestation que nous restons, Monsieur, vos tres humbles et obeissants serviteurs [2].

---

[1] Minute non signée.
[2] Cette pièce n'est pas signée.

Nous prions M. Martenot de randre nos lettres, si dans tous les cas vous le jugés à propos.

A Bayonne, ce 23ᵉ d'octobre 1660.

V.

1660. — OCTOBRE.

(Archives de la ville de Bayonne, CC 852, 32.)

LES MAIRE, JURATS ET ÉCHEVINS DE BAYONNE A MONSEIGNEUR LE MARÉCHAL DE GRAMONT [1].

Monseigneur, nous nous trouvons obligés de vous donner cognoissance que les fermiers du convoy de Bourdeaux ont obtenu de nouveaux ordres du Roy pour faire faire, par logement de gens de guerre, l'establissement des droits de sel que vous aviés eu la bonté de détourner, le Roy estant à Sainct Jean de Luz, de quoy M. de Cheverry nous a donné advis durant vostre absence et que de son chef il s'est employé affin que le mal ne descendit pas jusques à nous et que mesme il croyoit que les personnes quy l'ont favorablement escouté pour nos interests avoient considéré les vostres en ce qu'il a obtenu.

Et bien que, Monseigneur, par ceste grace accordée nous ne soïons pas destinés à sentir les plus grands maux, neanmoins nous

---

[1] Aux notes biographiques déjà données sur le duc de Gramont, nous ajouterons les lignes suivantes, tracées par un contemporain du maréchal : « C'étoit
« un seigneur d'un mérite extraordinaire, honneste, généreux, bon amy, bien
« fait de sa personne autant qu'on le peut estre, parlant agréablement, raillant
« de bonne grâce et pourvu de toutes les qualitez qui forment un véritable grand
« seigneur. C'étoit un de ces hommes qui font presque toujours plus d'honneur
« ou ils sont qu'il n'est possible de leur en faire. Comme il sçavoit toutes les
« langues de l'Europe, il donnoit aux étrangers une impression merveilleuse de
« notre nation, et l'on peut dire qu'il paroit luy seul toute la cour. Il étoit
« magnifique dans son train et dans son équipage, toujours propre et en bon
« ordre. Il donnoit des pensions à plusieurs gentilhommes et faisoit toutes
« choses en grand seigneur ; qualitez qui ont été connues de tout le monde et
« d'autant plus admirées qu'il n'est presque point venu de grand seigneur après
« luy qui en ait usé de la sorte. » (*Les Hommes illustres qui ont paru en France pendant ce siècle*, par M. Perrault, de l'Académie française, Paris 1702, 2 vol. gr. in-8°.)

sommes obligés, Monseigneur, de vous informer que quand mesme la levée desdits droits ne se feroit qu'au Mont de Marsan ou Dacqz, le comerce ne restera pas de s'affoiblir tout à faict. C'est pourquoy dans la passion ou nous sommes de le rendre le plus abondant et utille qu'il se pourra pour le notable interest que vous y avez et pour celuy aussy que nous y avons, nous vous supplions tres humblement, Monseigneur, avoir agréable d'employer vostre crédict affin qu'il ne se fasse pas d'innovation et qu'après que ce païs a tant souffert par la guerre et tout encor par la conclusion de la paix et de l'hureux mariage, il n'en reçoive pas une récompense et un fruict sy funestes.

Monseigneur, vous ne serés pas faché de sçavoir qu'en 1642 une semblable prétention a celle cy feust réglée au Conseil par le désinteressement que Sa Majesté eust agreable de prandre sur les senueschaussées de Dacqz, Saint Sever, Mont de Marsan et Tartas, par une imposition tous les ans de la somme de cent cinquante mil livres, et que présentement le desseing est d'assujettir vos gouvernemens de Navarre et Béarn à ces nouveaux droits par l'establissement des bureaux d'Acqz et Peirehourade et le rachapt du domaine de Salies.

Monseigneur, vous en voyés les conséquences qui sans faillir exciteront en vous des mouvemens de compassion pour les peuples quy ont l'honneur d'estre soubzmis à vostre authorité et notament pour ceux de cette ville quy avecq nous vous en seront infiniment redevables et dans un respect très parfaict, Monseigneur, vos tres humbles, tres obeissans et tres obligés serviteurs.

Les maire et juratz de Bayonne[1].

Monseigneur, nous vous supplions encore tres humblement de dire quelque chose de favorable à Son Eminence pour nous faire décharger des vingt mil livres; elle a veu les effortz que nous avons faictz durant son séjour en ce païs et pour les entrées de Leurs Majestés.

A Bayonne, ce   octobre 1660.

[1] Cette minute ne porte pas de signature, non plus que la suivante.

VI.

1660. — OCTOBRE.

(Archives de la ville de Bayonne, CC 852, 31.)

LES MAIRE, JURATS ET ÉCHEVINS DE BAYONNE A SON ALTESSE MONSEIGNEUR D'ÉPERNON [1].

Monseigneur, la bonté que Vostre Altesse [2] a tesmoigné en toutes occasions pour ceste communauté et tout nouvellement durant le voyage de Sainct Jean de Luz, l'ayant garantie de l'establissement des nouveaux droicts sur le sel, nous donne la confiance, Monseigneur, que Vostre Altesse ne se trouvera pas importunée que nous luy facions sçavoir estre advertis que les intéressés du convoy de Bourdeaux ont obtenu les ordres du Roy pour executer leur premier desseing, lequel ayant esté descouvert par une personne interessée dans nostre franchise, a trouvé le moyen de les faire modifier en faveur de la ville et du gouvernement.

Mais, Monseigneur, comme cette levée de droits quy se fera sans doubte au Mont de Marsan ou à Dacqz refleschit sur nos habitans quy font le commerce et singulierement sur ceux qui gaignent la vie à faire celuy du sel, nous en ressantirons le plus grand mal estant certain que plus de deux cens familles sont

---

[1] Bernard de Nogaret de la Valette et de Foix, duc d'Épernon et de la Valette, pair de France, comte de Candale, colonel général de l'infanterie française, gouverneur de Guienne, captal de Buch, comte de Montfort l'Amaury, d'Astarac, de Benauges et de Loches, vicomte de Castillon, baron de Cadillac, de Caumont et de Plassac, sire de Lesparre, chevalier de la Jarretière et des ordres du Roi, né à Angoulême en 1592, mort à Paris le 25 juillet 1661. Après avoir annoncé son décès, la *Gazette de France* (n° du 30 juillet) terminait ainsi son panégyrique : « Il était des plus anciens officiers de la couronne, ayant été pourvu « dès l'année 1610 de la charge de colonel général pour l'exercer avec le duc « d'Épernon, son père. Il avait été gouverneur de Metz et du pays Messin. « En 1621, il fut blessé d'un coup de mousquet au siège de Saint-Jean-« d'Angely. En 1622, au siège de Royan, il fut engagé dans une mine jusqu'à « la ceinture ; il força le Pas de Suze, en présence de Louis XIII. En 1637, il « défit un grand nombre de mutins en Périgord et dans l'Agenois. Il a toujours « montré une fidélité inviolable. »

[2] Comme représentant et héritier de la maison de Foix, le duc d'Épernon, depuis son mariage avec une fille de France, avait pris le titre d'*altesse*. Cette prétention n'avait pas été reconnue, mais simplement tolérée : c'était, comme devait l'écrire plus tard Saint-Simon, un *titre de politesse*.

capables de mourir de faim. C'est pourquoy nous ozons demander la protection de Vostre Altesse, pour ce quy reste à faire à celle quy a esté reglée en 1641 par arrest du Conseil, avec grande cognoissance de cause, suivant lequel Sa Majesté eust agréable de prendre son desinteressement pour le non establissement du bureau sur la rivière de l'Adour et de la Bidouse, par une imposition de la somme de cent cinquante mille livres, chascune année, sur les seneschaussées de d'Acqs, Saint Sever, Mont de Marsan et Tartas, que l'on avoit préseuposé estre celles quy, par l'usage qu'elles faisoient du sel montant par nostre rivière de l'Adour, pouvoient causer la diminution des droits dont les fermiers du convoy se plaignoient; et maintenant l'avidité de ces nouveaux faict revivre la pretention jà esteinte par lad. imposition.

Monseigneur, Votre Altesse, à laquelle apartient faire choses grandes et bonnes, en fera plusieurs en une seule foys, sy elle a agréable de s'employer à faire maintenir cest affaire en l'estat auquel elle a demuré jusques à présant. La justice et la charité s'y rancontreront en un seul point; le calme et le repos des peuples de la province s'y joindera, lequel leur inspirera continuelement la recognoissance envers un médiateur sy favorable auprès de Sa Majesté, et de ce bien faict, Monseigneur, nous souhaitons d'en prendre la meilleure part sur nous pour estre tousjours, dans un tres proffond respect et soubmission, de Vostre Altesse, Monseigneur, vostre tres humbles, tres obeissans et tres obligés serviteurs.

Les eschevins.

A Bayonne, ce   octobre 1660.

VII.

1660. — OCTOBRE.

(Archives de la ville de Bayonne, CC 852, 33.)

M. DE CHEVERRY A MESSIEURS LES ÉCHEVINS, JURATS ET CONSEIL DE BAYONNE.

Messieurs, j'ay tasché de m'esclaircir depuis ma dernière de la verité de ce quy se doibt faire pour la perception des nouveaux droits, et puis vous dire que Son Eminence, par la bonté que Monseigneur le surintendant a eu de luy ramener beaucoup de considerations en faveur de la ville de Bayonne, du nombre desquelles est sans doubte celle de Mgr le Mareschal, il ne sera point envoié de navires dans vostre rivière, et tout le gouvernement demeurera franc et en l'estat qu'il a tousjours esté.

Je souhaite, Messieurs, qu'il ne survienne rien quy face changer ceste résolution. Je serois prest de donner de mon sang pour qu'il n'y eust eu rien d'innover sur ce que nous avions fait résoudre au Conseil en 1641. Vous en avés l'arrest quy pourra servir contre les contestations de vos voisins. C'est asseurement une grande grace quy nous a esté faicte que l'authorite du Roy, à laquelle rien n'est impossible en ce temps icy, n'aye pas esté engagée à faire l'establissement du bureau dans nostre vile, comme estoit la première résolution. Je ne prétends pas me faire de feste en tout cela; je me contente de me dire, Messieurs, vostre tres humble et tres affectionné serviteur.

De Cheverry.

Si les autres amys de la ville peuvent mieux faire que cela, je me mettray avec vous dans l'obligation que toute la ville leur aura avec le pays.

VIII.

1660. — 20 NOVEMBRE.

(Archives de la ville de Bayonne, CC 852, 46.)

M. DE CHEVERRY A MM. LES ÉCHEVINS, JURATS ET CONSEIL DE BAYONNE.

Messieurs, il me semble que vous ne pouvés pas vous plaindre avec justice de ce que vous ne recevés pas tous les ordinaires de mes lettres. Vous debvés avoir assez bonne opinion de moy pour croire que je ne les espargnerais pas si je les jugeois necessaire, la derniere vous aïant mis l'esprit en repos pour l'affaire principale [1],

---

[1] L'appréhension des magistrats Bayonnais ne paraissait que trop fondée et malgré son scepticisme cherché, M. de Cheverry devait éprouver les mêmes

et M. Martenot vous rendant rayson fort ponctuellement, à ce qu'il m'a asseuré, de tout ce quy se passe en tout ce que vous avez icy à negotier, je croiois que vous n'auriez plus rien à souhaiter.

Je voudrais que ceux quy ont esté icy autrefois et d'autres quy n'y ont jamais eu employ peussent y estre sans faire des frais à la ville. Les premiers trouveroient tout changé par la paix et le mariage, quy font que personne n'est considéré. Les autres y seroient tombés des nues. Quand à moy quy y ay autant d'habitudes et plus faciles que quy que ce soit de la province, j'y trouve assés de difficultés.

On a escrit aux *grands*[1], que vous avés désignés par vos lettres : je ne pense pas qu'on les eust peu solliciter plus respectueusement, ny les obliger par de meilleures raysons à prendre vos intérêts en considération. Mais j'ay peur qu'il y aura cela à dire que, come les *grands* esvitent tant qu'ils peuvent de se comettre, ils ont ceste prudence de n'aporter point de chaleur aux choses mesmes qu'ils souhaitent avec plus d'affection. Joint aussy que chacun a des interets particuliers à mesnager. Et d'ailleurs quand on ne monstre pas une affection un peu chaude, ceux quy gouvernent ne croient pas desplaire en ne faisant pas ce quy leur est dit par manière d'acquit. M. Martenot m'a dit que l'on luy a demandé du temps pour pouvoir bien prendre l'occasion d'en parler. Et moy je vous asseure que je suis un peu téméraire à parler plus souvent que je ne debvrais ; et il me semble, par quelque parole quy me feust dite, que les ordres donés ralentissoient un peu.

Je ne puis pas tout escrire, et n'asseure rien en ce siècle si ce n'est que je suis, Messieurs, votre tres humble et affectionné serviteur.

DE CHEVERRY.

---

inquiétudes. Le surintendant avait bien consenti à faire grâce à la ville de Bayonne du bureau redouté : mais devant les réclamations des fermiers n'avait-il pas été contraint d'ordonner la perception des droits royaux à Mont-de-Marsan, Dax, Saint-Sever et Peyrehorade ? Ainsi ce qui était accordé d'une main était repris de l'autre, et, malgré la débonnaireté du ministre, les finances de la ville allaient être largement et gravement atteintes. Comment obtenir une nouvelle main-levée ? Quelle puissante intervention devait-on solliciter ? On verra, quelques lignes plus loin, ce que M. de Cheverry pensait de l'obligeance des *grands*, et combien peu il avait foi dans les bonnes dispositions du duc d'Épernon.

[1] C'est-à-dire à MM. de Gramont et d'Épernon.

Il n'a esté employé que deux blancs signés; l'un pour Monseigneur d'Espernon, l'autre pour Monseigneur de Gramont. Les autres ont esté tousjours au pouvoir de M. Martenot.

De Paris, ce 20 novembre 1660.

IX.

1660. — 19 DÉCEMBRE.

(Archives de la ville de Bayonne, CC 852, 65.)

M. DE CHEVERRY A MM. LES ÉCHEVINS, JURATS ET CONSEIL DE BAYONNE.

Messieurs, j'oserois quasi vous asseurer que l'affaire de la *gabele* s'esvanouira après nous avoir causé divers troubles, et que l'on rettirera les troupes au plustost, quy sont des graces toutes particulières du Ciel; après quoy je n'ay garde de me faire de feste, mais je luy raporte très humblement le peu que j'y ay contribué, en pardonant mesme ceux quy ont cerché à me perdre lorsque je jettois quasi des larmes pour obtenir le salut comun. Mon dessein est neant moins tousjours de faire jetter l'agravation, car j'ay prins le bon Dieu pour tesmoing et juge de ma conduite en ce quy a regardé l'interest de la vile et de tout le pays.

Messieurs, je n'ay peu executer la pensée que j'ay eu pour faire parler Son Eminence et luy faire voir un placet dont M. Martenot, qui l'a mis au net, m'a dit vous avoir envoyé copie[1]. Je ne suis pas de l'advis de ceux qui veulent employer Mgr d'Espernon pour demander une modération, cela estant dessoubs de ceste Altesse et n'est pas fort honorable pour la ville et de mon advis. Si Son Eminence, ayant sceu vos raysons, ne vous en fait pas descharger tout entièrement, j'aimerois mieux payer jusques au

---

[1] Sans égard pour les énormes dépenses que Bayonne avait eues à supporter à l'occasion du mariage de Louis XIV, la ville avait été avisée de fournir le *don gratuit* que chaque année elle versait dans les coffres du roi. Ce *présent*, devenu obligatoire, s'élevait à *vingt mille livres*. En raison des frais payés par elle, la ville demandait que cet impôt, si singulièrement dénommé, fut réduit des deux tiers. (Arch. de la ville de Bayonne, CC 852.)

dernier sol, si ce n'est que de luy mesme il fist dire que l'on en payast une partie, ou que de gré à gré on en composast de delà avec le s^r Piegnon (?), à la charge de fournir un arrest. Car encore un coup, je ne crois pas qu'il soit honeste de doner la peyne à Mgr le duc d'Espernon de demander une modération, à moins que luy mesme, pressé de travailler pour le tout, s'offrist de vous en faire quitter une partie. Il semble que tout cela est une mesme chose, mais à bien examiner les choses la reputation se mesnage bien mieux d'une sorte que de l'autre.

Je suis, Messieurs, vostre tres humble et obeissant serviteur.

DE CHEVERRY.

De Paris, ce 29 décembre 1660.

X.

1661. — 20 FÉVRIER.

(Archives de la ville de Bayonne, CC 852, 88.)

M. DE CHEVERRY A MM. LES ÉCHEVINS, JURATS ET CONSEIL DE BAYONNE.

Messieurs, despuis avoir envoyé à la poste un grand pacquet quy vous sera rendeu par mon nepveu de Peirelongue, quy est composé des nouvelles lettres d'octroy pour les susdits sept sols et demy pour barrique de vin, j'ay appris d'original que le Roy a faict expedier un ordre pour tirer les régimens qui sont à Peirehorade et autres lieux du gouvernement de Dacqx, quy y avoient esté envoyés pour favoriser l'establissement des nouveaux droicts, et de là il faut inférer que nous l'avons eschapée belle. Dieu en soyt loué! Je vous avois mandé dès le commencement qu'il faloit manier ceste affaire doucement et sans emportement. Je puis vous protester que si je m'estois plaint à qui vous a procuré le repos, la douceur se feust changée en indignation, puisqu'il eust recogneu que j'estois payé d'ingratitude d'un bien que je luy avois demandé avec des larmes. Je perds tout ressentiment. Mais souvenés vous, Messieurs, que si vous avés tant d'indulgence pour des extravagans en discours quy tendent à sédition vous aurés l'affliction de voir la ville devenir la plus abandonnée et la plus misérable du royaume [1].

Je suis, Messieurs, vostre tres humble et tres obeissant serviteur.

DE CHEVERRY.

De Paris, le 20 février 1661.

XI.

1661. — 2 MARS.

(Archives de la ville de Bayonne, CC 852, 90.)

M. DE CHEVERRY A MM. LES ÉCHEVINS, JURATS ET CONSEIL DE BAYONNE.

Messieurs, j'ay receu avec la lettre du 18 de fevrier que vous m'avés fait l'honneur de m'escrire l'arrest du Conseil et commission touchant l'affaire de la coustume. J'ay commencé de travailler à voir messieurs de la Chambre pour la verification quy me donnera de la peyne et des frais. Je supporteray doucement le tout come j'ay fait des traverses quy m'ont esté faites dans toutte la suyte de ceste affaire, qui n'a eu que des envieux et des démons contraires au véritable bien public, que personne que moy ne pouvoit espérer de faire réussir. Je le puis dire après ceux quy sont capables de ces sortes d'affaires.

Messieurs, depuis que je vous ay mandé que l'on ne parloit pas à Son Eminence des affaires des particuliers, à cause de sa maladie, il n'a pas peu estre en mon pouvoir de luy rien faire entendre de la vostre, touchant la taxe du don gratuit : et présentement qu'il est plus mal et ne parlant qu'aux médecins du corps et de l'âme, jugés si l'on le pourroit faire [2].

---

[1] M. de Cheverry, qui se piquait de si bien connaître la cour et les ministres, était-il de bonne foi en adressant les félicitations qu'on vient de lire à ses compatriotes ? C'est peu probable, car il ne devait pas ignorer que le gouvernement n'avait jamais renoncé à l'installation des bureaux, et encore moins à leur fonctionnement.

[2] Par une fantaisie de malade, que le Roi avait ratifiée, Mazarin s'était fait transporter depuis quelques jours à Vincennes. Il mourut en cette ville dans la nuit du 8 au 9 mars 1661.

Il faut, s'il vous plaist, qu'à l'exemple de beaucoup d'autres vous attendiés les événemens de ceste maladie : le pis sera de payer ou composer. Si l'attente vous ennuye, faites sçavoir si vous voulés que l'on face une lettre à vostre nom pour Mgr d'Espernon, affin qu'il luy plaise avoir la bonté d'estre l'arbitre de la composition pour vous, comme il l'a esté de ceux de Montauban. Je feray en tout cela ce que vous trouverés bon.

On me mande qu'il y a un tonnelier quy avoit formé le beau desseing de brusler ma maison; si vous trouvés, Messieurs, que le public peust dissimuler ces beaux desseings, et si vous attendés des preuves claires comme le jour pour le faire mettre dans une basse fosse, je jugeray plus avantageux d'estre fol et séditieux que d'estre home d'honeur et de service pour le public.

Je suis, Messieurs, vostre tres obeissant serviteur.

DE CHEVERRY.

De Paris, le 2 mars 1661.

XII.

1661. — 13 MARS.

(Archives de la ville de Bayonne, CC 852, 94.)

M. DE CHEVERRY A MM. LES ÉCHEVINS, JURATS ET CONSEIL DE BAYONNE.

Messieurs, je doibs responce à deux de vos lettres : sur la première, j'ay fait cognoistre à Mgr le surintendant la défférance que vous avez eu pour son seing, laquelle il a estimé. Mais il n'a pas entendu préjudicier aux droits quy vous sont deubs : il n'en faut pas uzer de mesme une austre fois, mais il faut réserver semblables defferances pour des choses justes qu'il pourroit vous demander. Mgr le mareschal de Gramont m'a dit qu'il a esté surprins en la mesme affaire et qu'il veult que l'on face payer toutes les marchandises quy passent ; faites en de mesme, si vous ne rettirés pas quelque avantage esgal en faisant semblables courtoisies.

Sur la deuxiesme, je vous rends mes tres humbles graces, Messieurs, de la faveur que vous m'avés fait de m'accorder la place vuide, dont je puis vous asseurer que j'ay un tiltre fort antien. Mais sans m'en vouloir servir je suis très satisffait de vous en avoir l'obligation. Vous en réglerés l'estendue come il vous plaira.

Je pense vous avoir escrit, ou à mon nepveu [1], le desseing que j'ay d'y bastir un peu spacieusement, pourveu que je n'incomode ny le public ny les particuliers, au gré desquels je seray bien ayse que tout se face.

M. le procureur général de la Chambre veult, avant me donner des conclusions sur l'enregistrement, que vous remettiés les dernières lettres de concession pour les six années dernières, et que vous en rendiés compte. Je l'ay veu trois fois pour cela, sans l'avoir peu fleschir. J'iray encor demain et vous écriray ensuyte.

Il est croyable que la mort de M^r le Cardinal aportera quelque adoucissement aux affaires des peuples, et que possible vous vous en sentirés pour le don gratuit. La pensée que j'ay tousjours eue de prolonger estoit fondée sur sa maladie. Je veilleray à cela comme j'ay fait pour le passé. Nous aurons neantmoins à combattre Mr Colbert quy est intendant des finances despuis deux jours à la place de M^r Le Tellier [2].

Je suis, Messieurs, vostre très humble et obeissant serviteur.

DE CHEVERRY.

De Paris, le 13 mars 1661.

XIII.

1661. — 9 JUIN.

(Archives de la ville de Bayonne, CC 852, 110.)

M. DE CHEVERRY A MM. LES ÉCHEVINS, JURATS ET CONSEIL DE BAYONNE.

Messieurs, M. Martenot m'a envoié de Paris la lettre que vous m'avés fait l'honneur de m'escrire despuis l'arrivée du s^r du Cas-

---

[1] Pierre de Peyrelongue, élu jurat de Bayonne en 1664.

[2] Le numéro du 16 mars 1661 de la *Gazette de France* contient la mention suivante : « Le s^r Colbert prend séance au Conseil en qualité d'intendant des « finances, de laquelle charge Sa Majesté a reconnu ses mérites et sa grande « capacité dans les affaires. »

son à Bayonne qui vous avoit porté les expeditions pour la liberté d'un de vos bourgeois et une modération de taxe à la moitié [1].

Je souhaiterois, Messieurs, avec autant de passion come si j'estois debiteur unicque du restant de lad. taxe, que la vile en feust entierement deschargée. Je vous ay desja mandé que je ne vous donneray pas conseil là dessus ; il n'y a pas neantmoins danger de faire une response respectueuse à la lettre de M. l'Intendant, en luy exposant que les dépenses que la vile a fait pour les entrées de Leurs Majestés vous ont mis dans une entière impuissance, ne vous estans jamais attendeus d'estre taxés pour une occasion en laquelle la vile s'est signalée pour l'honeur du Roy et de l'Estat au dessus de ses forces, et mesmes de toutes les villes les plus puissantes ; le suppliant très humblement en son particulier de vouloir avoir la bonté de contribuer à vostre entière descharge, à laquelle vous faites travailler de vostre costé auprès de Sa Majesté par des personnes affectionnées au bien et honeur de la vile.

Possible que le temps fera ce que l'on n'oseroit pas présentement espérer d'obtenir.

Messieurs, j'ay fait presenter au Roy, à vostre nom, une dousaine de jambons, par M. de Nyert [2], et à la Reine mère une autre

---

[1] La mort de Mazarin suspendit pendant un temps assez long l'expédition des affaires publiques. Malgré la hautaine parole du jeune Roi qui avait déclaré vouloir gouverner seul et par lui-même, l'hésitation et l'inquiétude, provoquées par le décès du premier ministre, persistèrent quelque temps. Mais les premiers actes de Colbert dissipèrent tous les soucis et firent promptement renaître l'espoir et la confiance.

[2] Pierre de Nyert, dont Tallemant des Réaux et Saint-Simon parlent souvent dans leurs *Mémoires*, et à qui, en 1677, le fabuliste La Fontaine adressait la délicieuse épître :

> Nyert qui, pour charmer le plus juste des rois,
> Inventa le bel art de conduire la voix......

Né à Bayonne vers 1596, de Nyert vint fort jeune à Paris, où il fut bien vite recherché à cause de son remarquable talent de musicien. Attaché d'abord à la personne du duc d'Épernon, ensuite à celle du duc de Créqui qu'il accompagna à Rome, Nyert profita de son séjour en Italie pour rendre sa méthode plus parfaite. Il avait une voix admirable et jouait du théorbe, sorte de luth à deux cordes, dans la perfection. D'après Saint-Évremont, Luigi *ne pouvoit souffrir que les Italiens chantassent ses airs, après les avoir ouy chanter à M. de Nyert*. Ayant su gagner les bonnes grâces de Louis XIII, alors que ce prince était occupé à forcer le

dousaine par Madame de Nyert, que Leurs Majestés ont receu fort agréablement, ainsy qu'il m'a esté dit[1]. Je n'ay pas vouleu me faire de feste de ceste action ; je me suis contenté de me servir d'un temps favorable pour remettre le nom et la gratitude de la ville dans le souvenir de Leurs Majestés. J'ay tousjours preferé l'intérêt public au mien : je ne reste pas de vous remercier de la

---

pas de Suze, de Nyert succéda, en 1638, à Vincent Roger, en qualité d'un des quatre valets de la garde-robe du Roi, et quelques années après il remplaça Laporte comme premier valet de chambre. A ces attributions, de Nyert joignait encore celle de maître d'hôtel du Roi. Fort bien en cour, de Nyert s'entremettait volontiers pour ses compatriotes ; M. de Cheverry cite de lui, dans ses lettres, de nombreux traits d'obligeance. Il mourut à Paris le 12 février 1682, âgé de quatre-vingt-six ans. Tallemant des Réaux, qui s'étend assez longuement sur Nyert, rapporte de curieuses anecdotes sur la femme de celui-ci, Jeanne de Falguerolles, femme de chambre d'Anne d'Autriche : « Madame de « Nyert, nous dit cet auteur, est fort adroitte et mesme un peu escroque, s'il « faut ainsy dire, car elle n'a jamais rien perdu faute de demander et elle a « obligé parfois telles gens à luy donner quy n'en avoient nulle envie ; d'ailleurs « elle est fort avare, luy est prodigue ; elle l'appelle *panier percé* et le ragotte « sans cesse sur sa despance. Il dit qu'une fois elle voulut avoir un carrosse ; la « nuict elle entendit du bruit dans l'escurie ; elle resveille son mary : « Ce sont « les cheveaux qui mangent. — Quoy ? reprit-elle, nourrir des animaux qui « mangent la nuit ; Dieu m'en garde ! » — Elle les vendit dez le lendemain. » — Leur fils aîné, François-Louis de Nyert, marquis de Gambais, obtint en 1652 la survivance de la charge de premier valet de chambre de la garde-robe. « Le Roy « tesmoigna assez de bonté en cette rencontre, car il se mit à genoux afin que « cet enfant, qui n'avoit que cinq ans, luy pust donner sa chemise pour entrer « en possession. Le pauvre de Nyert pleuroit de joye quand il racontoit cela. » — Cette branche parisienne de la famille de Nyert s'éteignit à la fin du siècle dernier. (Voy. la nouv. édit. des *Mémoires de Saint-Simon*, si savamment annotée par M. de Boislisle, et le *Diction. critiq.* de A Jal.)

[1] Il serait, croyons-nous, difficile d'établir le point de départ de la grande renommée des *jambons de Bayonne*, que Grimod de la Reynière déclarait être les plus estimés du monde et bien supérieurs à ceux de Mayence. En ne consultant que les Archives de Bayonne, cette réputation paraît solidement établie dès le commencement du XVIe siècle : mais elle doit être plus ancienne, car déjà à cette époque le don de quelques-uns de ces succulents jambons était reçu avec la plus extrême gratitude. Néanmoins la municipalité Bayonnaise hésitait encore entre un *gros morceau d'ambre gris* ou de *l'huile de baleine*. Mais à partir de 1600 les jambons furent décidément préférés. Les rois, les reines, les princes du sang, les ministres, les gouverneurs de la province, le chef suprême de la justice, en échange de simples faveurs ou de légères restitutions, recevaient des *tonneaux de jambons*, et cette prodigalité allait toujours croissant. Si l'on additionnait les victuailles de ce genre mentionnées sur les seuls registres de délibérations de Bayonne on arriverait à un total qu'on admettrait difficilement si la preuve n'en pouvait être fournie.

pensée que vous avés eu de me regaler en mon particulier desd. jambons.

Je feray mon possible pour vous faire recevoir à compter par estat à la Chambre; mais je doubte que mon crédit puisse parvenir jusques là, à cause de la grace que j'en receus en l'année 1643. Il me faudra aler à Paris pour cela, si l'on me le veult permettre.

Je suis, Messieurs, vostre tres humble et obeissant serviteur.

De Cheverry.

De Fontainebleau, le 9 juin 1661.

XIV.

1661. — 10 SEPTEMBRE.

(Archives de la ville de Bayonne, CC 852, p. 124.)

M. MARTENOT A MM. LES ÉCHEVINS ET JURATS DE BAYONNE.

Messieurs, mon absence de Paris est cause que vous n'avez point heu les gazettes, que je n'aurois pas manqué de vous faire tenir sans le sejour que j'ay esté et suis obligé de faire encores en ce lieu. Je ne scais si M. de Cheverry vous aura faict responce sur celle que vous luy avez naguières escrite au sujet du don gratuit. Il a esté au voyage de Nantes avec M^r le surintendant, mais je croy qu'il ne reviendra pas aveq luy, car led. sieur surintendant a esté arresté à Nantes mardi dernier[1], par ordre du Roy, et mené au château d'Angers, d'où on le conduit à la Bastille. En mesme temps le Roy a envoyé six compagnies de son regiment des gardes à Belle-Isle pour garder la place pour le service de Sa Majesté.

---

[1] Fouquet, on le sait, fut arrêté, le 5 septembre 1661, à Nantes, où le Roi avait désiré tenir les États de Bretagne, pour se trouver plus près de Belle-Ile. En même temps on s'emparait sans résistance de cette citadelle et on envoyait à Paris, à Vaux, à Saint-Mandé mettre les scellés dans toutes les maisons du surintendant. Consulter les *Mémoires sur la vie publique et privée de Fouquet, d'après ses lettres et des pièces inédites*, par A. Cheruel, Paris, Charpentier, 1682, 2 vol. in-12; — l'*Histoire de Colbert*, par P. Clément; — les *Mémoires sur Madame de Sévigné*, par M. Walkenaer; — les *Défenses de Nicolas Fouquet* (15 vol. in-18, La Haye, 1665-1668), et enfin le *Journal d'Olivier Lefèvre d'Ormesson*.

On a aussi arresté les s^rs Pelisson[1], Bruant[2], Boislève[3] et quelques autres commis dudit sieur surintendant. Le scellé fut hier matin apposé dans son appartement au chasteau de Vau[4] et en sa maison de Paris. On a mis garnison chez les Mounerot[5], Gourville[6] et autres traictants, un nommé Jacquier[7], ce qui apportera bien du changement dans les affaires. On parle de Monsieur le mareschal pour estre chef des finances. J'oubliois de vous dire que Madame la surintendante[8] a heu ordre de se retirer à Lymoges. On ne scait poinct le sujet de ceste disgrace, si ce n'est que l'on n'est pas satisfaict de sa conduite ny de son administration. Voila un estrange revers auquel il pensoit le moins. Le Roy arriva jeudy sur les deux heures après minuict, je veux dire la nuict du jeudy au vendredy, et a surpris les Reynes quy ne l'attendoient qu'aujourd'hui ou demain. Nous scaurons ce que deviendra ceste affaire et ne manqueray pas de vous en faire part. Je suis, Messieurs, vostre tres humble, tres obeissant et tres obligé serviteur.

MARTENOT.

A Fontainebleau, ce 10ᵉ septembre 1661.

Nous ne scavons ce que sera devenu M. de Cheverry[9]?

---

[1] Paul Pelisson Fontanier, le futur historiographe de Louis XIV.

[2] Louis Bruant des Carrières. D'après M. Clément (*Lett. instruct. et Mém. de Colbert*), ce principal commis de Fouquet parvint à échapper à toutes les recherches et put passer à l'étranger. Il fut condamné, par contumace, à être pendu. Pendant son séjour hors France, il rendit de nombreux services à Louis XIV, qui, en récompense, le nomma résident à Liège.

[3] Claude de Boislève, ancien intendant des finances et frère de l'évêque d'Avranches.

[4] Vaux-le-Vicomte, département de Seine-et-Marne.

[5] Il y avait deux financiers de ce nom. L'un d'eux, qui possédait une maison magnifique à Sèvres, fut forcé de la donner au Roi. Louis XIV, ayant vers cette époque décidé l'éloignement momentané des comtes de Guiche et de Louvigny, fils du maréchal de Gramont, « tascha d'adoucir le desplaisir du père « par le don de la maison de Mounerot, à la place de celle qu'il avoit proche du « Louvre. » (*Journal d'Olivier Lefèvre d'Ormesson*, tome II, p. 59.)

[6] Jean Hérault de Gourville, auteur de *Mémoires* relatifs à l'histoire de France, publiés en 1724.

[7] Ancien munitionnaire. Il fut enfermé au For-l'Evêque.

[8] Marie-Madeleine de Castille Ville-Mareuil, morte le 12 décembre 1716, âgée de plus de quatre-vingts ans.

[9] Il était l'un des familiers du surintendant, et l'avait suivi à Nantes. (Consulter la correspondance de Martenot, aux archives de Bayonne.)

XV.

1662. — 9 JANVIER.

(Arch. départ. de la Gironde, reg. de la Cour des Aides.)

LETTRES PATENTES PORTANT BAIL A FERME, EN FAVEUR DU SIEUR PIERRE GERVAIZOT, DES DROITS DE L'ANCIEN ET NOUVEAU CONVOI ET COMPTABLIE DE BORDEAUX, TRAITES DES CHARENTES ET MARANS ET AUTRES, Y COMPRIS ENCORE LES DROITS NOUVEAUX SUR LE SEL ET CEUX DU CONVOI A ÉTABLIR ÈS VILLES DE BAYONNE ET BOUCAU-VIEUX.

Louis, par la grâce de Dieu, roy de France et de Navarre à tous ceux qui ces présentes lettres verront, salut : Nous estans faict représanter en nostre Conseil d'Estat les beaux de nos fermes qui avoient esté faicts à commancer au premier jour de janvier 1660, et recogneu le préjudice qui nous a esté faict par iceux, nous avons jugé à propos de faire procéder à nouvelles adjudications desdictes fermes, espérant faire une augmentation très considérable de nos revenus et procurer en mesme temps quelque soullagement à nos subjects afin de leur faire résulter, attant efficacement que nous le souhaictions, les fruits de la paix[1]. A cette fin, nous avons ordonné,

---

[1] En arrivant au pouvoir, le premier soin de Colbert fut de vérifier attentivement le rendement des impôts et d'étudier les moyens les plus propres de faire bénéficier le trésor de la gestion des fermiers. Pour cela il lui parut nécessaire de remettre en adjudication les différentes *fermes* de France, après en avoir augmenté la plus-value en remettant en vigueur diverses ordonnances depuis longtemps négligées. Les innombrables impôts qui frappaient à cette époque le commerce de la France sont insuffisamment connus. Il nous a paru intéressant de rapporter en son entier le bail de la *comptablie de Bordeaux*, comme contenant en grande partie les charges que les marchands, propriétaires et autres, devaient acquitter entre les mains des *traitants*.

Il est reconnu que les révoltes continuelles des populations de nos contrées provenaient, non des lourdes charges qui pesaient sur elles, mais de la façon inégale et surtout illégale dont les impôts étaient perçus. La faute en incombait généralement aux fermiers du domaine et à leurs commis. Colbert, qui avait étudié particulièrement cette partie de son administration, avait eu tout d'abord le projet d'éviter au peuple ces vexations continuelles en supprimant les intermédiaires : de cette façon les fermes auraient fait bénéficier l'État des gains énormes que les traitants encaissaient. Mais la difficulté avec laquelle s'opérait le recouvrement des tailles, mises depuis longtemps en régie, engagea Colbert à écarter ce plan. Et ce fut seulement dans l'espérance d'augmenter les ressources du

par arrest de notre Conseil du 24° septembre dernier, que toutes
nos fermes seroient de nouveau publiées et mises aux enchères par
tout ou besoing seroict, en la manière accoustumée, pour en jouir,
par les adjudicataires, à commancer du premier jour du mois

trésor qu'il crut devoir suivre les errements de Sully, son illustre prédécesseur.
Dans un Mémoire, adressé au Roi vers 1680, — où il rendait compte de l'état des
finances de la France, — Colbert appréciait fort judicieusement les défauts et les
avantages de ce mode de perception : « La forme de donner les fermes au plus
« offrant et dernier enchérisseur, en éloignant tous monopoles, trafics, pensions,
« gratifications, accomodements et autres abus dont le retranchement finit par
« les divers règlements faits depuis 1661 jusqu'à présent, a produit, en partie,
« les augmentations prodigieuses qui se sont trouvées sur les fermes, et attiré
« aussy des inconvénients assez considérables, en ce que les sous fermiers se sont
« échauffés, ont poussé leurs sous fermes beaucoup au delà de leur juste valeur,
« ce qui donne lieu à deux désordres considérables : l'un, que tous ces sous fer-
« miers demandent toujours des diminutions, et l'autre qu'ils vexent beaucoup
« les peuples pour s'indemniser de l'excès des prix de leurs fermes. Le remède
« de remettre les adjudications des fermes ainsy qu'elles se faisaient cy devant,
« c'est à dire en choisissant les compagnies, leur donnant à vil prix, et les sous
« fermes de mesme, pourroit peut estre bien produire le soulagement des peu-
« ples; mais ce remède seroit assurément pire que le mal, en sorte qu'il seroit
« dangereux de changer de conduite. Il faut donc, si le Roy veut donner du
« soulagement à ses peuples sur les droits de ses fermes, les diminuer et punir
« sévèrement les sous fermiers qui demandent des diminutions. » (*Lettres
instruct. et Mémoires de Colbert*, t. II, p. 125.) La même année (1680), Colbert
élaborait un plan dans lequel il indiquait les *modifications à introduire dans le
régime de la ferme des entrées et sorties*. Parlant du convoi de Bordeaux, il ajoutait : « Les fermiers ont esté les maistres d'establir tel nombre de bureaux que
« bon leur a semblé; ce qui est d'une grande charge aux sujets du Roy. Il faut
« reduire ces bureaux à ceux qui seuls sont necessaires. — Les droits de ces
« fermes se lèvent sur la valeur des marchandises : les commis sont, en quelque
« façon, les maistres de cette valeur, en sorte qu'ils peuvent facilement tromper
« leurs maistres et estre fort à charge aux marchands. Il faut faire un tarif, à
« quoy on travaille. » (*Ibid.*, p. 122). — Cependant, malgré les bonnes dispositions du ministre et les désirs du Roi, le peuple était *foulé*, et cela par le seul
fait des traitants et des fermiers. Pour bien comprendre l'âpreté et la rapacité
proverbiale de ceux-ci, il importe de remarquer d'abord l'ascension extraordinaire du prix des fermes, ensuite le peu d'assurance que l'adjudicataire avait de
l'existence entière du bail par lui souscrit; partant, l'appréhension d'être dépos-
sédé et de perdre les immenses avances qu'il était obligé de faire au trésor. Le
dispositif de l'adjudication accordée au sieur Lemoine, prédécesseur du sieur
Gervaizot, expliquera d'une façon générale la situation équivoque des fermiers :
« Louis, etc. . . . . . salut. Les mouvemens arrivés dans la province de Guienne
« pendant les années 1651 et 1652 ayant interrompu la jouissance de nos
« fermes de l'antien et nouveau convoy et comtablerie de Bourdeaux, entrées
« des drogueries et espiceries, augmentation sur les Anglois, traictes et imposi-
« tions des Charentes et Marans et bureaux en dependans, ont obligé Me Pierre

d'octobre, nonobstant que les derniers baux ne feussent expirés, lesquels demeureroient résoleus au premier jour d'octobre, sans préjudice toutefois des advances qui se poureroient avoir esté faictes par les précédens fermiers et dont ils seront remboursés,

« Gueslain, qui estoit lors fermier, de les abandonner, nous en aurions, en l'an-
« née 1653, ordonné les publications en nos Conseils et ensuitte fait bail à
« M° Robert La Perelle, le 29 d'octobre, pour neuf années à commencer au
« premier janvier de l'année suivante 1654 pour finir le dernier jour de décem-
« bre 1662, moyennant le prix et somme de 1,820,000 livres par an, en l'estat
« qu'estoient les choses lors de lad. adjudication desd. fermes, — 2,120,000 livres
« en cas de paix entre les Anglois et les Hollandois, et de 2,220,000 livres,
« après la paix génerálle et aux autres conditions par led. bail. Incontinant
« après l'adjudication desd. fermes, les remonstrances des habitans de la ville
« de Bourdeaux et autres nos subjects de la province de Guienne, nous ayant
« obligé de leur accorder la révocation et suppression du nouveau droit de 3 li-
« vres pour thonneau de vin et second sol des droits desd. fermes attribué aux
« lieutenans des contrerolleurs conservateurs d'icelle, compris aud. bailh, nous
« aurions, par arrest de nostre Conseil du xiii° juillet 1654, deschargé le prix de
« nosd. fermes de 100,000 livres par chascune année à commancer dud. jour
« premier janvier 1654 ; laquelle diminution led. La Perelle, soubz pretexte des
« pertes par luy pretandeues souffertes dans les premières années de son bailh,
« causées par les mouvemens de la province de Guienne, ayant présenté sa
« sa requeste en nostre Conseil pour luy estre pourveu en diminution, il luy
« auroit esté accordé, par autre arrest de nostred. Conseil du 19 avril 1656, un
« desdommagement de 800,000 livres sur le prix des deux premières années de
« son bailh, bien que ces prétandus mouvemens feussent les mesmes qui agi-
« toient lad. province lors de l'adjudication à luy faicte de lad. ferme pour le
« prix modique de 1,820,000 livres. Ce que nous ayant esté représenté en nos
« Conseils, nous aurions recogneu que le prix du bailh faict aud. La Perelle
« estant changé au moien des reductions ordonnées et que les mouvemens de
« lad. province de Guienne, qui avoient donné lieu à lad. diminution, estant
« cessés, nous pourrions, avec toute sorte de justice, entandre aux propositions
« qui nous ont esté faictes d'augmenter considérablement lesd. fermes et parti-
« cullierement dans la conjoncture de la paix génerálle que nous estions prestz
« de procurer à nos subjectz. Et pour cest effect ayant examiné lesd. proposi-
« tions et entr'autres celle qui nous a esté faicte par M° Pierre Rivet, bourgeois
« de Paris, de joindre auxd. fermes le droict de cinquante sols pour thonneau,
« ordonné, par nostre declaration du 20 juin dernier, estre levé dans tous les
« ports et havres du royaume, à l'entrée ou à la sortie, sur tous les vaisseaux
« estrangers et non fabriqués en France, du port dont ils sont, pour avoir la
« faculté de s'affréter, charger et amener dans le royaume toutes sortes de
« marchandises, — nous aurions, par arrest de nostre Conseil du troisième juillet
« dernier, ordonné la publication desd. fermes et dud. droict de cinquante sols,
« conjointement, sur les offres dud. M° Pierre Rivet d'en porter le prix à *deux*
« *millions trois cent cinquante mille livres* par chascun an et d'en prendre la
« ferme pendant neuf années, à commencer dud. mois de juillet et aux mesmes
« charges et clauses par le bail dud. La Perelle.....» — En conséquence des

ainsy que par nous seroit ordonné, ensemble desd. frais par eux faicts pour l'expédition et enregistrement de leurs baux, à proportion du temps qui reste à expirer, et dont les nouveaux fermiers seroient d'autant deschargés sur les expéditions, frais et enregistremens de leurs baux nouveaux; — en execution duquel arrest nous aurions faict expédier et apposer des affiches en nostre chasteau de Fontenebleau et autres lieux accoutumés le XXVI dud. mois de septembre, par Olivier, un des huissiers de nostre d. Conseil, contenant que le mardy 27 et suivans, il seroit procédé en la salle de nostre d. Conseil, qui se tiendroit en nostre chasteau de Fontenebleau, aux publication, bail et adjudication, au plus offrant et dernier encherisseur, en la manière accoustumée, de la ferme convoy et contablerie de Bourdeaux, traittes de Charante-Marans

propositions faites par le sieur Rivet, il fut annoncé qu'une nouvelle adjudication des fermes dont jouissait le sieur La Perelle, serait tenue au château royal de Fontainebleau, le 10 juillet 1659, sur la mise à prix de 2,350,000 livres. Aucun enchérisseur ne s'étant présenté lors des deux premières vacations, et les réclamations du sieur de La Perelle ayant été écartées, l'adjudication définitive fut renvoyée au mois d'août suivant. L'audience ouverte, un des avocats du Conseil interpella le commissaire royal au sujet « de l'establissement des droicts « du convoy et contablerie ez villes de Bayonne et Boucau-Vieux, dont lesd. « precedents fermiers n'avoient point jouy et sur le restablissement des trente-« trois livres sur chascun muid de sel en Poitou et XV livres dans les bureaux « des traites des Charentes », ordonnés par divers arrêts et non encore perçus. Le commissaire répondit que le Roi avait décidé la perception immédiate de ces divers impôts, ainsi que le rétablissement de ceux supprimés peu d'années auparavant, à la prière des habitants de Bordeaux. Sur cette assurance, la mise aux enchères fut reprise et, après de longs débats, lesdites fermes furent adjugées au sieur Antoine Lemoyne, bourgeois de Paris, pour le prix de *trois millions quatre cent vingt mille livres* par an. Les lettres patentes furent expédiées le 9 janvier 1662. (Arch. départ. de la Gironde, *Reg. de la cour des Aides.*) — Ainsi les fermes des Charentes et de Bordeaux, qui ne donnaient, en 1656, que 1,620,000 livres, montèrent d'un seul coup à 3,420,000 livres; en 1662, elles furent adjugées 3,600,000 livres. Enfin, en 1668, le Roi, « mu par son grand désir « de soulager ses sujets, ne peut se défendre de faire examiner les offres consi-« dérables qui lui étaient faites sur le prix des anciennes fermes. » Cet examen produisit le résultat suivant. Le bail des *gabelles de France, entrées et sorties du royaume, douane de Lyon et Valence, patente de Languedoc, convoi et comptablie de Bourdeaux, entrées de Paris et Rouen, aydes de France et autres fermes royales unies*, fut consenti à Mᵉ François Le Gendre, bourgeois de Paris, pour six années, commencées au 1ᵉʳ octobre 1668, moyennant la somme de trente neuf millions cent mille livres pour la première année et pour chacune des suivantes, quarante millions cent mille livres, soit environ *deux cents millions* de nos jours. — Le bail de 1668 fut imprimé à Paris, en 1670, in-8º.

et autres fermes et droicts y joincts, suivant le bailh qui en a esté faict en nostre Conseil à M. François Lemoine, precedent adjudicataire, le xx⁰ janvier 1660, pour en jouir, par l'adjudicataire, durant neuf années qui ont commancé au premier jour du présent mois d'octobre 1661 et qui finiront au dernier septembre 1670, aux mesmes charges, clauses et conditions portées par les précédents beaux, estant de distribution du prix desd. fermes expédiées en conséquence et à la charge de rambourser par l'adjudicataire les advances qui se trouveront avoir esté faictes par le précédent fermier, suivant la liquidation qui sera faicte en nostre Conseil conformément aux arrests, et que toutes personnes bien cautionnées seroient receues à enchérir lesd. fermes sur la somme de *trois millions quatre cent soixante-dix mille livres*, par chascune desd. neuf années, payable de mois en mois et au premier de chascun d'iceux, dont le premier commencera aud. jour premier du présant mois d'octobre.

Auquel jour, 27ᵉ septembre, après midy, nous aurions en la salle de nostre d. Conseil, à huis ouverte, faict faire lecture de lad. affiche, à haute et intelligible voix, par led. Olivier, faict allumer des chandelles et réglé les enchères à trente mil livres ; sur quoi, Mᵉ Merlet, advocat au Conseil, se seroit présenté, lequel auroit enchéri lesd. fermes, aux conditions de l'affiche, à la somme de *trois millions cinq cens mil livres*; — lesd. chandelles estainctes et en ayant faict allumer d'autres sans que pendant leur feu aucun ayt enchéry, nous aurions remis la publicquation et adjudication desd. fermes au samedy, premier du présant mois, et ce pendant que les affiches seroient réapposées ausd. lieux et endroicts accoustumés.

Ce qu'ayant esté faict et d'autant que led. jour, premier du présant mois d'octobre et apprès midy, nous aurions faict de rechef lire les affiches et publier lesd. fermes sur la dernière enchère de trois millions cinq cens mil livres par led. Olivier, en la salle de nostred. Conseil, à huis ouverte, faict allumer plusieurs chandelles et convié les assistants d'enchérir, et ne s'estant présanté personne pendant et apprès le feu desd. chandelles, nous aurions encore remis la publication et adjudication desd. fermes en nostred. Conseil à ce jourd'huy judy, 6 du présent mois, et ordonné que lesd. affiches seroient remises auxd. lieux et endroits accoutumés.

Auquel jour, après midy, nous aurions, en la salle de nostre Conseil faict lire lesd. affiches, à huis ouverte, par led. Ollivier, après laquelle lecture le sieur Bonneau, intéressé aux baux cy devant faict de ladicte ferme, sous le nom de M⁰ Pierre Gueslain, fermier en 1652, auroit formé opposition à la publicquation desd. baux et nous auroit remonstré que lui estant deub et à ses associés la somme de 1,279,000 livres de principal, pour advances par luy faictes sur lad. ferme, par ordre de nostred. Conseil, dont ils doibvent estre remboursés sur le prix d'icelle, des années 1650, 1651, 1652, 1653 et 1654, et que ne l'ayant pas esté à cause des mouvemens survenus pendant aucunes desd. années et de leur enjoinction de lad. ferme adjugée à M⁰ Robert de la Perelle et despuis à M⁰ François Lemoyne, lors de laquelle adjudication il leur auroit esté promis de pourvoir au remboursement de leurs advances tant en principal qu'interests, lesquels seroient à cest effect employés dans les estats de distribution de leur ferme, ce que n'ayant esté executté, ils nous auroient très humblement supplié de voulloir ordonner que, préférable à toutes charges, luy et ses associés seroient remboursés par l'adjudicataire de ladite ferme de ladite somme de 1,279,000 livres d'avances et interests; à raison de l'ordonnance desquelles remonstrances et oppositions nous aurions donné acte audit Bonneau et ordonné qu'il serait passé outre à nostre dite publication. Apprès quoy, il nous auroit aussy esté remonstré par lesdites cautions dudit Lemoyne, dernier adjudicataire, qu'ils sont en advance de diverses sommes, notamment de deniers en nostre espargne, tant pour l'année présente 1661, que pour la prochaine 1662, et qu'ils ont payé leurs charges de l'année courante sans aucune interruption, dans l'esperance d'estre conservez en la jouissance de leur bailh, particulierement du present quartier d'octobre qui leur produit autant que les trois autres quartiers et qu'en cas de depocession il leur seroit deub un desdommagement tres considérable, outre leur remboursement; et nous auroient très humblement supplié d'ordonner la publication de lad. ferme à commancer au premier de janvier. — Nonobstant lesquelles remonstrances, nous aurions ordonné que lesd. publications seroient continuées sur la dernière enchère de trois millions cinq cens mille livres et faict allumer plusieurs chandelles, pendant le feu desquelles M⁶ Boudouin, advocat au Conseil, les auroit enchéris à *trois millions cinq cens quarante mil livres*, et M⁶ Chartier, aussi advocat, à *trois millions cinq cens soixante dix mille livres*, et led. Baudoin à *trois millions six cens mil livres*.

Sur laquelle enchère, les cautions dud. Lemoyne nous auroient encore remonstré le notable préjudice qu'ils souffroient, s'ils estoient de présent dépossedés sans jouir dud. quartier d'octobre [1], sur lequel ils avoient fondé toutes leurs espérances, ayant advancé près de *trois millions de livres* tant à nostre espargne qu'au payement des charges de la présente année, au sujet desquelles advances et depocession nous nous trouverions chargés de leur dedommagement, mais que s'il nous plaisoit leur adjuger la ferme, à commancer la jouissance au premier janvier seullement, pour lad. somme de *trois millions six cens mille livres* offerte, ils en payeroient les enchères des le premier jour du présant mois d'octobre, aux conditions de l'affiche, et ne serions tenus vers eux d'aucun desdommagement, de la demande duquel ils se départoient; lesquelles offres ils nous avoient très humblement supplié vouloir accepter.

Et sur icelles ne s'estant trouvé autre encherisseur, ny autre qui ayt fait nostre condition meilleure et plus advantageuse, l'affaire mise en délibération, nous aurions accepté lesd. offres et fait l'adjudication pure et simple de lad. ferme aux antiens fermiers cautions dud. Lemoyne, pour en jouir à commancer dud. jour premier de janvier prochain 1662 ; — lesquels nous auroient à l'instant déclaré que lesd. offres et adjudications estoient pour et au nom de M⁶ Pierre de Gervazot, bourgeois de Paris [2].

---

[1] D'après les privilèges accordés par le roi Louis XI en mars 1462, et sanctionnés par tous ses successeurs à leur avènement à la couronne, les vins du Haut-Pays et quantité d'autres denrées et marchandises ne pouvaient être admis sur les quais de Bordeaux qu'avant et après les fêtes de Noël. Le dernier trimestre de l'année était donc sans contredit le plus productif pour le trésor et pour les fermiers.

[2] Les minutes-arrêts du Parlement de Bordeaux (*Archiv. départment. de la Gironde*) indiquent comme associés directs de Pierre Gervaizot, les sieurs Oudart de Caumont, Georges Perissary, Sébastien Cazes et Samuel Menjot, conseillers-

A ces causes, de l'advis de nostre Conseil, nous avons aud. Gervazot, comme plus offrant et dernier encherisseur, fait et faisons bail, adjudication et delivrance de lad. ferme de l'ancien et nouveau convoi et contablerie de Bourdeaux, entrées des drogueries et espiceries, augmentation sur les Anglois et droits de six livres par thonneau de vin de ville, et des droits du convoi et contablerie qui seront establis ez villes de Bayonne et Boucau-Vieux[1], des traites et impositions des Charantes et Marans, dans tous les bureaux despandans de lad. ferme, de trente livres par muid de sel ordonnés estre lepvés dans le Poitou, aux lieux et dans tous les bureaux despandans de lad. ferme des traictes des Charentes, de deux sols pour livre de tous les susd. droits attribués aux controlleurs, conservateurs et leurs bien tenans et des douze deniers pour livre qui se lèvent seullement dans l'estandue de la ferme des traictes des Charantes, bureaux de Poytou et Aunis, en conséquence de nostre édict du mois de fevrier 1657, ensemble du droict de cinquante sols pour thonneau ordonné estre lepvé sur tous les vaisseaux estrangiers à nos fabricques de France, suivant et conformément aux edicts et déclarations de nostre d. règlement qui en ont establi et ordonné la lepvée, pour en jouir pendant neuf années qui commanceront aud. jour premier janvier prochain (1662) et finiront le dernier de decembre 1670, nonobstant que les publications de lad. ferme n'ayent esté faictes dans les bureaux généraux de nos fermes, ainsy qu'il estoit accoustumé, et toutes autres formalités dont nous l'avons dispansé et dispansons, pour jouir de l'effet du presant bailh aux conditions de lad. adjudication et autres qui en suivent :

secrétaires du Roi, maison et couronne de France. Pierre Gervaizot mourut dans les premiers jours de l'année 1668. Son successeur, cautionné des mêmes individus, fut aussitôt accepté par Colbert : il se nommait Jean Martineau.

[1] On a vu que, lors de l'adjudication consentie au sieur Lemoine en 1659, le Roi s'était engagé à l'établissement d'un convoi à Bayonne et au Boucau-Vieux. Vainement déjà, à deux diverses reprises, avait-on essayé l'application de cet impôt. Lorsqu'en 1664, sur les réclamations du fermier Gervaizot, M. Pellot voulut mettre à exécution la promesse du Roi, il reconnut que les bureaux de perception devaient, de préférence à Bayonne et au Boucau, être placés à Saint-Sever et au Mont-de-Marsan. Leur installation dans ces villes amena un soulèvement général.

PREMIÈREMENT.

Ledit Gervazot jouira de tous les droits de l'ancien et nouveau convoy et contablerie de Bourdeaux, entrée des drogueries et espiceries, augmentation des droits sur les Anglois et Irois[1], des six livres pour thonneau de vin de ville, des droicts du convoi et contablerie qui seront establis aux villes de Bayonne et Boucau-Vieux, des traictes et impositions des Charantes dans tous les bureaux depandans de ladite ferme, des trente livres pour muid de sel ordonné estre lepvé dans le Poitou, Aulnix et autres lieux et dans tous les bureaux dépandans de la susdite ferme, des traictes de Charante, des deux sols pour livres de tous les susdits droicts attribués aux contrerolleurs, conservateurs et leurs lieutenans, et des douze deniers pour livres qui se lèvent dans l'estendue de lad. ferme des traites des Charantes et bureaux de Poitou et Aunix seulement, en conséquence de nostre edict du mois de fevrier 1657, ensamble du droict de 50 sols pour thonneau ordonné estre lepvé sur tous les vaisseaux estrangers à nos fabriques en France, suivant et conformément aux édits et déclarations, arrests et règlements qui en ont estably et ordonné la lepvée et tout ainsy à l'esgard desdites fermes que M{cs} François Lemoyne, La Perelle et autres précédans fermiers en ont jouy et deub jouyr et des nouveaux droicts, suivant les déclarations, arrests et règlemens, lesquels nous voulons estre executés sellon leur forme et teneur et les droicts lepvés ainsy qu'il s'en suit, scavoir :

II.

De ladite ferme et comptablerie de Bourdeaux, dont les droicts seront prins et perçeus par ledit Gervaizot, ses commis et préposés, sur toutes et chascunes les marchandises qui y sont subjectes, suivant le reglement du xie may 1629 et autres arrests et reglemens interveneus en conséquence, lesquels nous voullons estre gardés et executtés pour et au proffit dudit Gervaizot et tout ainsy qu'ils l'ont esté ou dheub estre au profict desdicts La Perelle, Gueslain et autres précédens fermiers.

---

[1] Abréviation, souvent reproduite, du mot *Irlandais*.

III.

Et des droits et impositions de l'ancien et nouveau convoy, lesquels seront pareillement levés par ledit s^r Gervaizot et ses commis et preposés, sur toutes les marchandises et denrées qui y sont subjectes, montans et descendans par les rivières de Garonne et Dordoigne, nouvelle imposition et augmentation sur les Anglois et Irois et des deux sols pour livres d'iceux, en conséquance des susdits règlemens, lettres patantes, déclarations et arrests ainsy que les droicts sont cy-après plus particulièrement déclairés et speciffiés scavoir :

IIII.

Sur chascun thonneau de vin de Bourdellois, appelé *vin de ville*, chargé ez ports de Bourdeaux, Bourg, Blaye et Libourne, pour l'antien et nouveau convoye, sera payé six livres.

V.

Pour la nouvelle augmentation portée par les susdites déclarations de 1637, 1638 et 1640, sera aussi payé pour thonneau de vin bourdellois, appelé *vin de ville*, six livres[1], à l'exception des bourgeois de la ville de Blaye et habitans du territoire dudit lieu, qui payeront seuls, pour ladite augmentation, 3 livres pour thonneau de vin du cru dudict territoire, nonobstant l'examption que nous leur avons accordé par ladite déclaration, au lieu des dites six livres, suivant et conformément aux baux des 28 septembre 1638, 21 juillet 1640, 19 octobre 1653 et au bailh dudit Lemoyne.

VI.

Sera payé vingt sols pour chascun thonneau de vin pour la nouvelle augmentation ordonnée par le bail de l'année 1627 et de

---

[1] Ce nouvel impôt de 5 livres par tonneau de vin avait été établi en 1637, la ville de Bordeaux n'ayant pu payer la somme de 450,000 livres à laquelle elle avait été taxée. Il portait ainsi à environ 15 livres les droits à percevoir sur chaque tonneau. Continuée sous divers prétextes en 1638, 1640 et 1643, cette surtaxe de 6 livres, définitivement maintenue, fut de la part des bourgeois de Bordeaux l'objet d'un curieux *Mémoire* adressé au Roi en 1649; ce document, publié par M. Tamizey de Larroque, se trouve dans les *Arch. historiq. de la Gironde*, t. III; p. 347.

ceux de 1632 et 1638, 21 juillet 1640, 19 octobre 1653 et celluy dudit Lemoyne.

VII.

Sur chascun thonneau de *vin du hault païs*[1], descandant par les rivières de Garonne et Dordoigne, sera lepvé et payé pour l'entien et nouveau convoye, douze livres : sçavoir, huit livres de desante, et quatre livres de cargaison.

VIII.

Pour ladite nouvelle augmentation, suivant lesdites déclarations, sera payé, pour thonneau de vin, quarante sols.

IX.

Pour chascun thonneau de *vinaigre* sera payé d'antien droit six livres.

---

[1] Longtemps le vin du Haut-Pays fut frappé à Bordeaux d'une sorte d'interdiction : « Toute manière de vin de Haut-Païs, du creu de la Chalosse, Armagnac, Tursan, Gavardan et d'ailleurs, crus par dessus Sainte-Croix du Mont de Saint-Macaire, menez et conduits en lad. ville (de Bordeaux) de tout temps et d'ancienneté sont vinz prohibez entrer en icelle ville; ains doivent etre descendus, mis et retirez aux Chartreux et non ailleurs, à peine de perdition desdits vins, le vaisseau être deffoncé et brulé et le vin donné aux pauvres de l'hôpital. » — Cette prohibition fut confirmée par un arrêt du parlement de Bordeaux en date du 5 mai 1570 : « Et au paravant que tels vins prohibez puissent estre enchayez audit lieu des Chartreux, doivent être marquez de la double marque de la dite ville par chacun bout desdits vaisseaux et payer pour le droit de ladite marque à ladite ville, qui est pour chacun tonneau desdits vins, cinq sols bourdelois. — Et outre ce sera payé de chacun tonneau desdits vins, qui se vendront audit lieu des Chartreux, quatorze deniers tournois et maille pour livre à lad. ville. Et si lesd. vins estoient chargez au peril et fortune de ceux ausquels appartiendront, sans par eux estre vendus ni emparollez à personne, audit cas payeront seulement deux deniers et maille pour livre, au prix qu'ils pourront valoir et qu'ils seront estimez. — Les vins susdits qui doivent, avant que de les enchayer, estre marquez de double marque, par privilège ne peuvent estre vendus en taverne ni en détail es lieux qu'ils doivent estre retirez de tout temps et d'ancienneté. Et outre n'est permis à aucun en rabatant iceux vins changer et remuer les cercles des vaisseaux, si lesdits cercles n'étaient pourris ou rompus. » (*Anciens et nouveaux statuts de Bordeaux*, Bordeaux, M D CCI, in-4°, p. 193.) — A cette époque lointaine, Bordeaux prenait le plus grand soin d'écarter et de bannir toutes sortes de fraudes : on ne peut en dire autant aujourd'hui.

X.

Paur lad. nouvelle augmentation, sera payé 4 livres pour chascun thonneau.

XI.

Sur chascune barrique d'*eau de vie*, de la jeauge de cinquante verges [1], suivant le règlement pour ce faict par les thresoriers de France qui sera executté, sera payé à la cargaison huict livres d'ancien droict, conformement à l'arrest du Conseil du troisième octobre 1652, de quelque lieu qu'elle puisse venir et de quelque lieu qu'elle puisse estre extraicte, sans aucune distinction.

XII.

Pour ladicte nouvelle augmantation sera aussy payé sept livres pour chascune barrique.

XIII.

Sur chascune demye barrique de prunes, de la jauge portée par le règlement faict par les trésoriers de France en conséquence de l'arrest du Conseil du 7 octobre 1626, sera payé pour antien droict trois livres, sçavoir : 40 sols pour la décente, et 20 sols pour la carguaison.

XIIII.

Pour la nouvelle augmantation de chascune desdites demi-barriques de prunes, sera payé vingt solz.

XV.

Sur chascun thonneau de bled fromant qui sera chargé ez ports et havres des dites rivières de Garonne et Dordogne pour estre porté à l'estrangier, sera payé pour l'antien droict domanial,[2] six livres.

---

[1] *Verge, verguie*, ancienne mesure de capacité pour les liquides.
[2] C'est-à-dire du domaine de l'État ou de la couronne.

XVI.

Pour la nouvelle augmantation sur chascun thonneau de bled fromant sera payé trois livres.

XVII.

Sur chascun thonneau de bled fromant qui sera chargé ez ports et havres desdites rivières de Garonne et Dordoigne, pour estre porté en France, sera levé trois livres pour l'antien droict.

XVIII.

Pour la nouvelle augmantation pour chascun thonneau de bled porté en France, sera payé trente solz.

XIX.

Sur chascun thonneau de bled, meteil et seigle qui sera chargé pour porter à l'estrangier, sera payé quatre livres dix sols pour l'antien droict.

XX.

Pour la nouvelle augmentation sur chascun thonneau de bled, meteil et seigle, pour porter à l'estrangier, sera payé 45 sols.

XXI.

Sur chascun thonneau de meteil et seigle qui sera chargé pour porter en France sera lepvé pour l'antien droict quarante-cinq sols.

XXII.

Pour la nouvelle augmantation sur chascun thonneau de bled, meteil et seigle qui sera chargé pour estre porté en France, sera payé vingt-deux sols six deniers.

XXIII.

Sur chascun thonneau d'avoine, orge, légumes et autres graines chargées pour l'estranger, sera lepvé trois livres pour l'antien droict.

XXIIII.

Pour la nouvelle augmentation sur chascun thonneau d'avoine, orge, légumes et autres graines, chargées pour l'estranger, sera payé trente sols.

XXV.

Sur chascun thonneau d'avoine, orge, legumes et autres grains chargés pour estre portés en France, sera lepvé trente sols pour l'antien droict.

XXVI.

Pour la nouvelle augmentation sur chascun thonneau d'avoine, orge, legumes et autres grains, chargés pour estre portés en France, sera payé quinze sols.

XXVII.

Sur chascun thonneau de noix et chastaignes sera levé 40 sols pour l'antien droict.

XXVIII.

Sur chascun thonneau de miel sera lepvé six livres, suivant les arrests du Conseil du 27 octobre 1626, sçavoir : quatre livres pour la dessante, et quarante sols pour la carguaison[1].

XXIX.

Pour chascun thonneau de vin montant contremont la rivière de Garonne sera payé aux bureaux de Marmande, de La Magistère et pointe de Moissac[2], huit livres suivant lesdites déclarations de 1638 et 1640, au lieu de trois livres qu'ils doivent payer par le bail de Richier.

---

[1] Sur la provenance et l'expédition des diverses denrées et marchandises mentionnées ci-dessus et pour tout ce qui intéresse le commerce du Sud-Ouest, nos lecteurs trouveront de précieux détails principalement dans les ouvrages suivants, souvent cités dans cette étude : *Lettres, instructions et mémoires de Colbert*, publiés par P. Clément, Paris 1861-73, 7 vol. in-4°; — *Correspondance administrative du règne de Louis XIV* (Collection des documents inédits sur l'Histoire de France), recueillie par G.-B. Depping, 4 vol. in-4°. — *Histoire du commerce et de la navigation à Bordeaux*, par Francisque Michel, Bordeaux, 2 vol. in-8°; — *Histoire du commerce de Bordeaux, depuis les temps les plus reculés jusqu'à nos jours*, par L. Bachelier, Bordeaux, 1863, in-8°; etc., etc.

[2] La Magistère et Moissac, petites villes du département de Tarn-et-Garonne. Cette dernière avait anciennement avec Bordeaux de très grandes transactions, portant principalement sur les vins, les huiles, le safran et les laines.

XXX.

Jouira par ci devant ledit Gervaizot du droit de quatre pour cent d'entrée des drogueries et espiceries, ainsi qu'ils se levent à présent dans tous les ports, sans innovation, suivant le dernier edict d'évalluation d'icelluy, du mois de may 1581.

XXXI.

Pour chascune pipe de sel[1] entrant dans Bourdeaux, Bourg, Blaye et Libourne, pour y estre consommé, sera payé huict livres.

XXXII.

Pour chascune pipe de sel qui entrera ezdits ports pour estre porté hors des dictes villes et au-dessus d'icelles, soit par eau ou par terre, sera payé *vingt huict livres* pour pipe, sçavoir : pour l'entrée desdits ports *huict* livres, et pour l'issue *vingt* livres.

XXXIII.

Pour chascune pipe de sel qui entrera par La Teste de Buch et autres passages de la coste de Medoc et havre d'Arcachon sera payé vintg-huit livres pour pipe, mesure de Bourdeaux, ez bureaux qui seront establis ausd. ports et passages, conformément au bailh de Guillard et arrests du 11 juillet 1631.

XXXIIII.

Pour chascun thonneau de vin sortant par les ports de La Teste de Buch et havre d'Arcachon sera payé six livres.

XXXV.

Pour chascun thonneau de miel sortant par lesdits ports d'Arcachon sera payé six livres, comme au convoye de Bordeaux.

XXXVI.

Pour chascun cent pesant de cire sortant par lesdits lieux sera payé trois livres.

---

[1] Grande futaille d'une contenance d'un muid et demi.

XXXVII.

Pour chascun cent pesant de rousine[1] sera payé cinq solz.

XXXVIII.

Jouira pareillement ledit Gervaizot des droits ordonnés estre lepvés ez villes de Bayonne et Boucau-Vieux, ainsy qu'en ont jouy ou deub jouyr Mᵉ Pierre Gueslain et autres précédans fermiers, encore qu'ils ne soient exprimés dans le présent bail, lesquels droits nous serons tenus de faire establir à nos frais dans lesd. lieux, et en cas de non establissement, il en sera tenu compte aud. Gervaizot ainsy qu'aud. Lemoyne et suivant le résultat du 20 janvier 1660[2].

XXXIX.

Jouira pareilhement led. Gervaizot des traictes et impositions tant antiennes, domaniales, que nouvelles qui se lepvent sur toutes et chascunes les denrées et marchandises entrans et sortans par les rivières de Charente, Gironde, Seudre, Sèvre, et par les villes de Marans[3], La Rochelle, ports à chenaux[4] et havres estans sur icelles, comme Soubize, Royan, Talmon, Saint-Seurin[5],

---

[1] Avec le *brai*, la *résine* formait et forme encore l'un des grands revenus du département des Landes. On sait que l'on obtient les résines au moyen d'incisions pratiquées à l'écorce des arbres résinifères. Elles en découlent sous forme de térébenthines claires, en dissolution dans une huile essentielle, caractère qui les distingue des gommes résinées, avec lesquelles on les confond souvent, et qui sont laiteuses au moment de leur exsudation. Par le contact de l'air, le suc résineux se concrète. Ceux de ces sucs qui restent à l'état de demi-fluidité constituent les *térébenthines* ; ceux qui se solidifient sont appelés *baumes naturels*. (Voy. le *Diction. général de Chimie*, verbo résine.)

[2] Cet article se trouve répété en termes à peu près identiques dans le bail de 1658, dont nous avons déjà parlé. Mais jusques à cette époque les fermiers n'avaient pu établir d'une façon certaine, et encore moins régulière, la perception de ces droits.

[3] Petite ville, avec une belle rade foraine sur la Sèvre Niortaise, à 11 kil. en ligne directe de l'anse d'Aiguillon, et à 22 kil. de La Rochelle.

[4] Ports intérieurs, desservis par des canaux.

[5] Royan, Talmont et Saint-Seurin d'Uzet, petites villes bâties sur la rive de la Gironde, relevant aujourd'hui de l'arrondissement de Saintes.

Mortagne[1], Riberon, Maresmes[2], Brouages[3], l'Isle d'Oleron[4] et autres lieux des costes de Saintonge et Aulnix en dépendans, conformément à la déclaration de 1580 et aux baux des susdites impositions des Charantes faicts despuis 1584, 1599 et 1610, particulièrement de ceux faicts à Chasal, Morin, Guillard, Lemire, Gueslein et La Perelle en 1622, 1627, 1628, 1638, 21 juillet 1640, décembre 1644 et 29 octobre 1658; ensemble de toutes les impositions et augmentations desd. droits cy-dessus mentionnés par lesd. déclarations de septembre 1637 et 1638 et 24 juin 1640, et les deux sols pour livre de tous lesd. droicts au lieu des controleurs, conservateurs d'icelle ferme et leurs lieutenans supprimés, lesquels droicts et augmentations seront payés aud. Gervaizot, ses commis et préposés, tout ainsi que lesd. Morin, Guillard, Lemire, Gueslain, La Perelle, Lemoyne en ont bien ou dheub jouir, à sçavoir :

XL.

Pour chascun thonneau de vin qui dessandra par lad. rivière des Charentes, sera payé pour l'antien droict, douze livres.

XLI.

Pour la nouvelle augmentation ordonnée estre continuée par lesd. declarations et beaux-fermes, sera aussi payé par thonneau de vin, quarante sols.

XLII.

Pour chascun thonneau qui dessandra par la rivière de Boutonne[5], outre celluy de Coignac et Charante, et qui montera

---

[1] Mortagne-sur-Gironde, dans l'arrondissement de Saintes.

[2] A 6 kil. de l'Océan, entre le havre de Brouage et l'embouchure de la Seudre.

[3] Petite ville forte, située près du canal du même nom, vis-à-vis l'île d'Oleron, sur un chenal fermé par le flux et le reflux de l'Océan.

[4] Située à 5 kil. du continent, l'île d'Oleron, qui relève aujourd'hui du département de la Charente-Inférieure, comprend six communes divisées en deux cantons : le Château-d'Oleron, place forte de deuxième rang, et Saint-Pierre d'Oleron, au centre de l'île, dans une jolie vallée. Cette île continue à faire un grand commerce de sels, de vins et de tartres.

[5] Rivière qui prend sa source à Chef-Boutonne, département des Deux-Sèvres, et se jette dans la Charente, au port de Condé, non loin de Rochefort.

contremont lad. rivière de Charante au port de Thouny [1], sera payé pour l'antien droit, six livres.

XLIII.

Pour la nouvelle augmentation, sera payé cent sols.

XLIIII.

Pour chascun thonneau de vin qui dessandera par lesd. rivières de Gironde et Seudre sera payé, pour l'antien droit, six livres.

XLV.

Pour la nouvelle augmentation sera payé par thonneau, cent sols.

XLVI.

Seront aussi payés lesd. dix sols pour thonneau par les Francois et Flamands et lesdits 20 sols par les Anglois et Irois, en la manière accoustumée, sans diminution des 14 livres ci-dessus.

XLVII.

Pour chascun thonneau de vin de Xaintonge qui sera enlepvé par terre pour estre porté au lieu de La Tremblade, Marennes, Brouage, La Rochelle, Mornay, Saint-Romain, Pied-de-Louart et autres ports de la coste de lad. province de Xaintonge et Aunis, sera payé pour l'antien droict 6 livres, aux bureaux qui ont esté ou seront à cest effect establis es dits lieux.

XLVIII.

Pour la nouvelle augmentation sera payé par thonneau cent sols.

XLIX.

Pour chascune barrique d'eau-de-vie de la jauge ordinaire [2] qui dessandera par lesd. rivières de Charante, Boutonne, Seudre et

---

[1] Sans doute Tonnay-Charente, chef-lieu de canton du département de la Charente-Inférieure, sur la rive droite de la Charente.

[2] D'après un document, communiqué par M. Roborel de Climens, et publié dans les *Arch. Hist. de la Gironde* (t. XV, p. 317), la barrique *bordeloise* jaugeait en 1647 trente-deux verges, ou cent dix pots de vin, soit trois pots et demi par verge. — Bordeaux et la sénéchaussée de ce nom possédaient une mesure uniforme. « Mais ce païs n'ayant guières d'autres revenus que les vins (qui seroit « quelque chose, n'etoit l'abondance des voisins) et les vins Bourdelois estant

Gironde, ou qui sera transportée par terre hors la province de Xaintonge, sera payé pour l'antien droict 8 livres.

L.

Pour ladite nouvelle augmentation, sera payé par chascune desd. barriques, cent sols.

LI.

Pour chascun thonneau de vinaigre sortant par lesdites rivières et autres lieux qui avoient accoustumé de payer cy-devant pour l'antien droict un sol pour livre de la valleur et estimation, sera payé, au lieu d'iceluy, pour la nouvelle augmentation, 10 livres.

LII.

Pour chascun thonneau de bled froment qui se charge es ports et havres a chenaux et estiers estant d'un costé et d'autre desdites rivières de Charante, Boutonne, Gironde, Seudre et autres lieux et bureaux de la coste de Xaintonge, icelles dépendans desd. fermes, pour estre transporté a l'estrangier sera payé 6 livres pour l'antien droict de traicte domanialle, suivant l'edict de 1577 et declaration de 1580.

LIII.

Pour la nouvelle augmantation sera payé pour thonneau 3 livres.

LIIII.

Pour chascun thonneau de bled froment qui sera porté en France, tant par mer que par terre, sera payé 3 livres pour l'antien droict de traicte domanialle.

« fort en réputation parmi les estrangers, il importe, pour que lesd. vins ne soient
« pas descriez, que les autres païs aient une autre mesure que les Bourdelois. En
« conséquence la cour (de Bordeaux) fait très expresses inhibitions et deffenses
« à toute manière de gens, habitans ou bien tenans es villes de Bazas, la Réolle,
« Marmande, Bergerac, Sainte-Foy, Saint-Seurin de Mortaigne et senechaussée
« de Bazadois, Condomois, Agenois, Perigord, Saintonge, et tous autres lieux,
« *fors et exepté les biens tenans et habitans de la ville de Bourdeaux et de lad.*
« *senechaussée de Bourdelois*, de ne faire mettre leurs vins en barriques qui
« soient de la jauge de Bourdelois, ou conformes à icelles, soit en longueur,
« grosseur ou largeur, mais en la forme ancienne qui est différente, et ce à peine
« de mil écus contre les contrevenants et de la perte et confiscation de leurs vins
« qui seront trouvez dans lesdites barriques. . . . . . . » (Arrêt du Parl., en date
du 14 février 1597 ; *Anciens et nouv. statuts de Bordeaux*, p. 643).

LV.

Pour la nouvelle augmentation sera payé par thonneau 30 sols.

LVI.

Pour chascun thonneau de bled, meteil et seigle, qui sera chargé pour l'estranger par les susdits lieux, sera payé pour l'entien droict de traicte domanialle, 4 livres 10 sols.

LVII.

Pour la nouvelle augmentation sera payé par thonneau, 45 sols.

LVIII.

Pour chascun thonneau de bled, meteil, seigle, qui se charge pour ports de France par les susdits lieux, tant par mer que par terre, sera payé 45 sols.

LIX.

Pour la nouvelle augmentation aussy par thonneau sera payé 22 sols 6 deniers.

LX.

Pour chascun thonneau d'orge, avoine, legumes et autres graines portés à l'estranger par les susdits lieux sera payé 3 livres pour l'entien droict.

LXI.

Pour la nouvelle augmentation aussy par thonneau, 30 sols.

LXII.

Pour chascun thonneau d'orge, avoine, legumes et autres graines quy seront portés en France, tant par mer que par terre, sera payé pour l'entien droict 30 sols.

LXIII.

Pour la nouvelle augmentation, par thonneau sera payé 15 sols.

LXIIII.

Pour touttes les marchandises entrans et sortans par lesd. rivières des Charante, Boutonne, Seudre, Gironde, ports et havres de Brouage, Marennes, La Tremblade, Oleron, Saugeron, Mortaigne, Riberon, Saint-Seurin et autres ports et cheneaux dépendants des susd. rivières, sera seullement payé pour l'antien droict un sol pour livre de la valleur et estimation desd. marchandises, conformément aux precédens beaux desdits Chassal, Morin, Lemire, Gueslin, La Perelle et Lemoyne.

LXV.

Pour chascun muict de sel, mesure raze de Brouage, montant par lesd. rivières des Charante, Boutonne, Saint-Seurin, Mortaigne-sur-Gironde, Seudre, Sevre et Marans et autres ports et passaiges de Xaintonge, ou qui sera enlepvé par terre des marais salans de la province de Xaintonge, pays d'Aulnis, La Rochelle et autres lieux, sera payé 30 livres, faisant, avec les deux sols pour livre, les 33 livres portés par le bail dudit Lemoyne, suivant nos declarations des 16 septembre 1638, arrests de nostre Conseil du 19 janvier 1639 et 28 juin 1656, et autres déclarations et arrests de Conseil dud. juin 1659.

LXVI.

Il sera pareillement lepvé pour chacun muid de sel, mesure raze de Brouage, qui sera enlevé des marais salans de Poitou, tant par eau que par terre, ou qui sera amené dans lad. province de quelque endroict que se puisse estre, 30 livres, faisant avec les 2 sols pour livres, 33 livres portées par le bailh de Lemoyne, comme dans l'article précédent, et sera permis audit Gervaizot d'establir dans lad. province tel nombre de bureaux et gardes qu'il advisera bon estre, outre ceux desjà establis en conséquence de nostre déclaration du 16 septembre 1638, arrests du Conseil du 19 janvier 1639, 26 juin 1656 et 1659, et jouyra, ledit Gervaizot, de tous les susdits droicts en vertu du présent bailh et des arrets de nostre Conseil, comme ainsi qu'en a jouy ou dhub jouir ledit Lemoyne.

LXVII.

Pour chascun muid de sel, passant par le lieu et bureau de Mortagne, sur lad. rivière de Gironde, sera payé 30 livres, ainsy qu'il est accoustumé et suivant l'arrest du Conseil du mois de septembre 1651.

LXVIII.

Tous lesquels droicts et impositions, tant anciennes, domanialles que nouvelles augmentations ci-dessus, ensemble les deux sols pour livre d'iceux, et les douze deniers pour livres qui se lèvent dans l'estandue de la ferme des traictes des Charantes et bureaux de Poitou seullement, seront lepvés et perçeus par led. Gervaizot, ses procureurs et commis, le long des rivières de Garonne, de Dordogne, Ladoux[1], Midoux[2], Le Gave[3], Charante, Boutonne, Seudre[4], Sèvre[5] et le Lay[6], et autres lieux et bureaux establis tant sur lesd. rivières que par terre, pour la conservation desd. fermes et payés par toutes sortes de personnes, de quelques qualité et condition qu'elles soient, sans que nul s'en puisse dire exempt, soubs quelque pretexte que ce soit, encore que ce fust pour nostre service et pour la fourniture et provision de nos armées de terre et de mer, et constructions et avictuaillement de nos vaisseaux de guerre et garde costes, magazins et munitions des villes, forteresses et autres ; nonobstant touts privilèges de foires franches et examptions des bourgeois des villes de Bourdeaux, Bayonne, Saint-Jean-de-Luz et Siboure ; et nonobstant aussy les exemptions et privilèges que nous pourrions avoir accordés aux habitans de nostre d. ville de Bourg et tous passe-ports qui pourront avoir esté ou estre cy-après donnés par nous ou par les gouverneurs et lieutenans généraux de nos villes, provinces et armées, lesquels nous avons dès à présent, comme dès lors, revocqués et declairés nuls et de nul effect ; le tout suivant les susd. déclarations de 1637, 1638 et

---

[1] L'Adour.

[2] La Bidouze, rivière qui prend sa source dans les Pyrénées et se jette à Guiche, dans l'Adour.

[3] Les Gaves-réunis, formés du Gave de Pau, qui prend sa source à Gavarnie, (H.-P.), et du Gave d'Oloron ; la jonction des Gaves de Pau et d'Oloron s'accomplit à Peyrehorade, département des Landes.

[4] La Seudre traverse le département de la Charente-Inférieure et se jette dans l'Atlantique, un peu au-dessous de Marennes, vis-à-vis de l'île d'Oleron.

[5] La Sèvre prend sa source dans le département des Deux-Sèvres, coule à travers la Charente-Inférieure et se déverse dans l'Atlantique, par la rade d'Aiguillon, près la Rochelle.

[6] Le grand Lay, qui, au sortir de la Vendée, reçoit le petit Lay et vient se jeter dans l'Océan, au-dessous d'Aiguillon.

1640; et où nous accorderions cy-après aucunes exemptions desd. droits, ordonnons qu'il en sera tenu compte aud. Gervaizot sur le prix de son bail en vertu du presant article, sans qu'il soit besoing d'autre arrest de descharge, en rapportant seulement par led. Gervaizot coppie collationnée de lad. examption, ou passeport avecq le certifficat du porteur d'icelluy, de la quantité des denrées et marchandises qui auroient esté enlevées, passées et entrées sans payer lesd. droicts d'acquits et congés, ainsy qu'il est accoustumé.

LXIX.

Jouira pareillement led. Gervaizot, ses commis et préposés, de tous les droicts d'acquits, visittes et congés accoustumés, tout ainsy qu'ils ont esté payés à La Perelle, Lemoine et autres précédents fermiers, ou leurs commis et préposés, sans pouvoir en estre recherchés, pour n'avoir esté especifiés dans le présent bail ni les precedens.

LXX.

Les marchandises et denrées entrans dans nostre ville de Bourdeaux et autres où il y aura des bureaux establis pour les droicts des dites fermes, soict qu'elles appartiennent aux bourgeois de Bourdeaux ou non, seront apportées dans les magazins et bureaux establis en lad. ville, ainsy qu'il se pratique en nos villes de Paris, Rouen, Lyon, Calais, Amiens et ailleurs, pour y estre veues et visitées, prinses et estimées et les dits droits payés, sans qu'il se puisse faire aucun entrepost, soit aux faux-bourgs, hostelleries et maisons particullières, à peyne de confiscation, 500 livres d'amende contre chascun des contrevenans, nonobstant toutes permissions de faire lesd. entreposts soit par nous ou par sentances d'aucuns commissaires deputtés pour lesdits establissemens et arrests donnés par les Parlemens, lesquels nous n'entendons avoir lieu, ny estre executés pour l'advenir.

LXXI.

Et pour esviter aux abus qui se commettent par les marchans negocians en sel, venans des marais sallans de Medocq et lieux circonvoisins et par les rivières de l'Adoux, Midoux et le Gave, qui font furtivement passer des sels et fraudent les droicts desdites fermes, nous faisons deffanses à toutes sortes de personnes, de quelque qualité et condition qu'elles soient, de faire aucun magasin et entrepost de sels, despuis les marais de Sauillac[1], Teste de Buch et autres marais sallans de Medocq, jusques à lad. ville de Bourdeaux, et despuis Bayonne et le long des dites rivières de l'Adoux, Midoux, le Gave et autres y affluentes, excepté aux lieux ou les bureaux seront establis pour en percevoir lesdits droicts, à peine de punition exemplaire, confiscation desdits sels et de 500 livres d'amende[2]; permettant audit Gervaizot d'establir à cest effect tel nombre de bureaux et gardes, en tels lieux qu'il advisera, pour faire toutes visittes et recherches necessaires en l'estandue des dites fermes et pays circonvoisins, conformement à l'arrest du 10 juin 1654.

LXXII.

Si quelque navire, barque, chaloupe ou batteau passe de bout par lesdites rivières sans venir aux bureaux déclarer et acquitter les dicts droits, les cappitaines ou autres commandans pour nous en nos vaisseaux ou pattaches, que ledit Gervaizot équipera, pourront suivre et arrester lesdits navires, barques et chaloupes ou batteaux passans en fraude, ensemble les marchandises dont ils se trouveront chargés ; voulons que lesdits vaisseaux et toutes les marchan-

---

[1] Vraisemblablement Soulac, petite localité du Médoc, située aux pieds des dunes, non loin du Verdon et de la Pointe-de-Grave.

[2] Les peines encourues par les *faux sauniers* avaient longtemps varié et avaient été quelque peu abandonnées à l'arbitraire des Cours des Aides. L'ordonnance rendue à Saint-Germain, le 22 février 1667, réglementa la procédure à suivre. Tout faux saunier *à porte col*, surpris en flagrant délit, encourait pour la première fois une amende de 200 livres ; en cas de récidive, il était condamné à trois ans de galères et à une amende de 300 livres. Les faux sauniers qui opéraient à l'aide de *chevaux, harnois et bateaux sans armes*, étaient passibles, pour la première fois, de cinq ans de galères et de 300 livres d'amende, et pour la seconde, des galères perpétuelles. Enfin les faux sauniers, pris les armes à la main et autrefois irrévocablement punis de mort, bénéficiaient souvent de la clémence royale et voyaient leur peine échangée contre neuf ans de galères. — D'après l'ordonnance de 1680, les femmes et les filles coupables de faux saunage étaient condamnées, d'abord à cent livres d'amende, et ensuite à la prison. — Malgré la sévérité de ces peines, Saint-Simon nous apprend que vers cette même époque plus de cinq mille faux sauniers faisaient la contrebande *haut la main* en Champagne et en Picardie.

dises dont ils se trouveront chargez soient et demeurent acquises et confisquées.

LXXIII.

Permettons audit Gervaizot, ses commis et gardes de faire, tant par eau que par terre, toutes visittes et recherches necessaires pour la conservation et recouvrement des droicts de toutes les susdictes fermes, ensemble toutes saisies et arrests des choses qui se trouveront en fraude ou contrevention à la teneur du presant bail, directement ou indirectement, par supposition ou déguizement ; assigner les parties par devant les juges qui doivent cognoistre [1] ; executter les jugemens et arrestz qui interviendront sur lesdites saisies ou pour les choses dépendantes desdites fermes, sans qu'il soit besoing d'aucun ministère d'huissier ou sergeant, pourveu que lesdits commis et gardes ayent commission dudit Gervaizot, auxquels commis nous donnons aussy pouvoir de décerner leurs constraintes contre les redevables desdits droicts, lesquelles nous voulons estre executtées nonobstant oppositions ou appellations quelconques et sans prejudice d'icelles.

LXXIIII.

Et affin de pourvoir davantage à la conservation des susdits droicts et que ledit Gervaizot, ses procureurs et commis, les puissent lever en toute seuretté et empescher les fraudes qui se com-

---

[1] D'après la lettre suivante, il semblerait que les fermiers préféraient leur justice personnelle à celle qu'ils auraient pu obtenir des Parlements : « *M. de* « *Pontac, procureur général au parlement de Bordeaux, à M. Colbert.* Bordeaux, « ce 8 février 1644. — Monsieur, je me sens obligé de vous faire sçavoir que « dans les lieux qui dépendent du domaine de S. M. il est impossible d'obliger « ses receveurs ou ses fermiers de fournir aux frais qui sont necessaires pour « faire punir les criminels et les conduire dans leur appel. Ils disent qu'ils n'ont « point de fonds, si bien qu'il y a beaucoup de crimes énormes qui demeurent « impunis, ce qui est asseurément contraire aux intentions du Roy et à l'in- « clination que S. M. a de chastier les meschans et de faire rendre justice à tous « ses subjects. J'ai creu vous devoir donner cet advis, afin que par vostre pru- « dence et sage conduite il vous plaise d'aporter le remède necessaire à ce mal, « qui ne requiert pas moins qu'une authorité puissante et bienfaizante comme la « vostre. Cela mesme est cause que nous n'avons pas de condamnés aux galères « et il n'y en a présentement que cinq dans les prisons et deux à Sarlat. Honorez « moi, s'il vous plaît, de vos ordres, vous protestant, etc.... (*Signé* :) de Pontac. » (*Correspond. administ.*, t. II, p. 133.)

mettent par ceux qui font conduire, passer et dessandre les marchandises et denrées par les lieux *oblicques* et non accoustumés, *nous voullons que ledit Gervaizot puisse mettre et establir des bureaux, commis et gardes ez lieux et endroicts que bon luy semblera, mesmes ez villes de Dax, Tartas et Mont de Marsan, pour la perception et conservation des dicts droicts,* — lesquelles villes seront tenues de souffrir ledit establissement à peine, par les maire et jurats, de respondre, en leur propre et privé nom, de la valleur des dits droicts, et estre contraints solidairement au paiement d'iceux pour tous les sels qui pourront avoir passé par les dicts lieux, suivant l'estimation qui en sera faicte par les juges qui seront à ce commis, et ce, jusques à ce que l'establissement *paisible* desdits bureaux et commis aye esté faict ; — comme aussy pourra le dict fermier entretenir es dictes rivieres, entr'autres à la Teste de Buch et rivières de l'Adoux, Midoux et autres que bon lui semblera, des navires, barques et pattaches armées ; et lui, ses dits commis et gardes, porter armes et bastons, soit allans et venans, pour la seureté de leurs personnes et conservation des dits droicts, nonobstant nos deffances faictes et à faire pour ledit port d'armes, de la rigueur desquelles nous les avons dispensés, à la charge par ledit Gervaizot de respondre civillement desdits commis et gardes, sans que lesdits commis et gardes soient tenus de prester aucun serment en justice, ni de prendre aucune attache pour leur exercice [1].

LXXV.

Et parce que plusieurs maîtres de navires et barques, tant françaises qu'estrangères, chargées de denrées et marchandises et entr'autres de sel, pour soustraire les droicts des dites fermes, mouillent leurs ancres aux rades et entrées le long des rivières, en

---

[1] Cette clause, nous l'avons déjà dit, existait également dans le bail précédent : cependant elle n'avait jamais été mise à exécution. Lorsque le sieur Gervaizot, astreint à une plus forte redevance que ses prédécesseurs, voulut, aidé de l'intendant Pellot, établir des bureaux à Dax, Tartas et Mont-de-Marsan, les habitants de ces villes refusèrent énergiquement de consentir à leur installation. En présence de ces difficultés, le fermier en référa à l'intendant, qui crut tout aplanir en envoyant quelques troupes. L'arrivée des dragons du Roi fut le signal de la révolte générale dont Audijos devait prendre la direction, et dont les principaux épisodes, rappelés ci-après, forment le fond de cette étude.

sorte qu'avant que d'estre arrivés aux ports et lieux de leur descharge pour y acquitter les droicts, ils deschargent lesdites denrées et marchandises bord à bord desdites barques et vaisseaux dans d'autres navires, barques, chaloupes et batteaux, sans congé ni permission des officiers et commis desdits bureaux les plus proches, et fraudent, par cest article, lesdits droicts au mesprix de nos ordonnances et entr'autres de celle de 1581 sur le faict desdites entrées, — nous voullons que tous lesdits sels et autres denrées et marchandises qui se trouveront avoir esté ainsy chargés ou deschargés bord à bord desdits vaisseaux, navires, barques, chaloupes ou batteaux sans congé desdits officiers, commis et gardes desdits bureaux, soit de jour ou de nuit, soient saisis par lesdits commis et gardes, et lesdits sels, denrées, marchandises, vaisseaux, batteaux et chaloupes pareillement confisqués, et les marchans et maîtres de navires condamnés en 1,500 livres d'amande.

LXXVI.

Sy aucuns se trouvent chargeans ou avoir faict charger des sels sur lesdites rivières de Charente, Boutonne, Seudre et autres dependances desdites fermes, ou par terre, sur les marais de Poitou, Saintonge, Aunis, Medocq et autres endroicts, et les avoir faict conduire et amener en leurs maisons par voies oblicques, chargés par charriots à chevaux ou asnes, ou avoir vandu lesdits sels et servi directement ou indirectement à leur enlèvement, — nous voullons qu'ils soient contraints au payement desd. droicts et lesdites charrettes, chevaux et montures saisis et confisqués au proffict dud. fermier[1], suivant l'arrest du 5 aoust 1659 et chascun

---

[1] Les minutes des arrêts du parlement de Bordeaux contiennent de très nombreux exemples de saisies de bateaux ou barques avec *leurs appareaux*, de charrettes avec *leurs montures*, etc. Seule l'importance de l'amende à laquelle était soumis le délinquant variait suivant les circonstances : toutefois elle n'était jamais moindre de mille livres. — Le 17 avril 1664, la cour rend un jugement par lequel Bertrand Chicotehen, marchand du lieu de Charritte, en Soule, son associé Jean de Montet, habitant du lieu d'Argagnon, en Béarn, et leurs complices sont décrétés de prise de corps pour s'être soustraits au paiement de certains droits réclamés par les fermiers. L'arrêt porte que les contrevenants devront être conduits ès prisons de la conciergerie, ainsi que le troupeau (72 bœufs) qu'ils conduisaient, — pour, *illec, les tous respondre sur le contenu des charges et informations contre eux faictes. (Arch. départ. de la Gironde.)*

des contrevenants condamnés en 1,500 livres d'amande et en tous les despans, dommages et interests dudit Gervaizot ; et en cas que lesdits voituriers se trouvent n'avoir acquitté que pour une partye, et qu'en remesurant le sel il s'en trouve davantage, tous lesdits sels, chevaux, charettes et batteaux seront pareillement confisqués et lesdits voituriers condamnés à païer ladite somme de 1,500 liv. d'amande, suivant l'arrest ci-dessus.

LXXVII.

Et d'autant que plusieurs personnes qui font dessandre plusieurs marchandises par lesdites rivières pour esviter le paiement des droicts déclarent, dans les bureaux où ils passent, que lesd. marchandises sont pour le lieu ou est establi le dernier bureau, bien qu'elles soient effectivement pour estre portées ailleurs, ce qu'ils ne font que dans le dessain de frauder lesdits droicts, attandu que lesdits derniers bureaux sont à l'embouschure des rivières, lieux peu surs et de difficile garde, — nous ordonnons que lesd. droicts seront acquittés audit Gervaizot dans le premier bureau ou passeront lesdites marchandises, en cas qu'elles passent au-dellà du dernier bureau; et afin d'empescher l'abus, les marchands seront tenus de rapporter certifficat de lad. descharge ou consommation desd. marchandises aux lieux ou est establi led. dernier bureau, et, à faute de ce, payeront lesdits droicts dont ils feront leurs submissions au premier bureau où ils passeront.

LXXVIII.

Les bourgeois de la ville de Bourdeaux[1], de présent receus au tiltre de bourgeoisie, sans fraude ni deguisement, jouiront de leurs

---

[1] « Par ancienne ordonnance, écrite *au Livre des Bouillons*, feuillet cent un, « nul ne doit être receu bourgeois de la ville de Bourdeaux, sinon que premiè-« rement il tienne et possède maison en ladite ville à lui appartenant et qu'il « tienne feu et sa famille continuellement en icelle maison. » — « Les bourgeois « de lad. ville de Bordeaux sont francs, exempts et privilegiez, de ne payer à « lad. ville coutume ni autre subside des marchandises appartenans sans fraude, « comme est, qu'ils ne l'ayent vendue ni emparollée à aucun étranger, et que « leurs dites marchandises aillent et viennent des lieux ou elles seront achetées « pour être conduites en la présente ville ou dedans les limites, à leurs perils et « fortunes, et semblablement des marchandises qu'ils porteront ou envoyeront « hors ladite ville et ailleurs, à leurs périls et fortunes, comme dit est. » (*Anciens et nouveaux statuts de Bordeaux*, pp. 43 et 149.)

privilèges comme ils faisoient auparavant ledit bail dudit Lemire du 11 aout 1632 et declarations de 1637 et 1638, à la charge qu'il sera par eux remis au bureau de la recepte du convoy et contablerie de Bordeaux un tableau [1] contenant les noms et surnoms des vrais bourgeois, receus suivant les estatuts, lequel nombre ne pourra estre augmenté pendant le temps des neuf années du présent bail; et ou lesdits bourgeois se trouveront prester leurs noms, maisons et ministère pour esluder le paiement desd. droicts, nous voullons qu'ils demeurent privés de leurs privilèges et en outre condampnés en l'amande de 1,500 livres, et en tous les despans, dommages et interests dudit Gervaizot; et en cas que lesdits bourgeois soient associés avecq autres personnes, ils seront tenus de le déclarer et de paier les droicts pour la part de leurs associés sous les mesmes peines.

LXXIX.

Les prétandus bourgeois, receus au tiltre de bourgeoisie pendant les derniers mouvemens et autres qui pourroient avoir esté faictz par colusion [2] avecq les précédans fermiers et qui n'ont pas les qualités requises, seront rayés du registre et du tableau et ne pourront jouir dudit privilège. Ce faict, seront lesdits bourgeois tenus de représenter par devant le premier juge roïal sur ce requis,

---

[1] On devine combien ce droit de franchise, dont jouissaient les bourgeois de Bordeaux, devait exciter de fraudes. Aussi Colbert crut-il devoir prendre à l'encontre de ces privilégiés toutes sortes de précautions. Le 13 septembre 1663, il écrivait à M. Le Jay, intendant de cette ville, pour lui recommander de surveiller avec le plus grand soin et la plus sévère exactitude la confection de ce tableau et les inscriptions qui y seraient portées : « Vous connoistrez aysément, « ajoutait le ministre, par la suite de cette affaire, qu'il n'y a point de voye dont « ne se soyent servis ceux qui se sont faits bourgeois en fraude, pour se main-« tenir et se faire mettre dans le tableau, estimant que, sur une matière délicate « comme celle-cy, vous devez vous defier des gens du pays, mesme de vostre « subdélégué et jusques des fermiers du convoy, parce que j'apprends icy que « vostre subdélégué n'y apporte pas toute l'exactitude necessaire, et que lesd. « fermiers n'ont pas feint, dans le cours de leur bail, de reconnoistre et d'esta-« blir des bourgeois quand ils les ont dédommagés pour le temps de leur ferme. » (*Lettres, Instruct. et Mém. de Colbert*, t. II, 1re part. p. 15.)

[2] *Collusion*, c.-à.-d. intention évidente de tromper. — D'après les *Statuts de la ville de Bordeaux*, nul ne pouvait être reçu bourgeois s'il n'avait habité « aupa-« ravant par l'espace de deux ans continuels en icelle ville, ayant de plus les « qualitez requises à un bourgeois. »

à la première sommation qui leur en sera faicte par led. Gervaizot, leurs tiltres et actes de réception, pour estre iceulx veus et examinés et contestés par ledit Gervaizot ainsy qu'il verra bon estre.

IIII^{xx}.

Les jurats de ladite ville de Bordeaux seront tenus de fournir audit Gervaizot une échoppe, ou autre lieu, en chascune des portes de ladite ville, ou luy permettre d'en bastir et construire en tous lieux propres, pour mettre à couvert les gardes, billetiers et commis dudit Gervaizot, en sorte qu'ilz y puissent commodément escrire dans leurs registres et recepvoir les billets et acquitz des marchandises qui entrent et sortent de lad. ville, ainsy qu'il a esté tousjours practiqué.

IIII^{xx} I.

Les marchans negocians en sel ne se pourront servir des mesures particullières pour mesurer le sel qu'ils vendront et achepteront, soit en rentrant ou sortant de lad. ville de Bourdeaux, ains se serviront des mesures qui leur seront fournies par ledit Gervaizot, ses procureurs et commis, ainsi qu'il est accoustumé, lesquelles mesures seront estallonnées à l'estallon de la Maison de ville de Bourdeaux, marqués des armes d'icelle et contre marquées du sceau et armes dud. Gervaizot.

IIII^{xx} II.

Et pour rédimer (*remédier?*) à ce que plusieurs habitans des frontières de Xaintonge, pour soustraire le droict qu'ils avoient accoustume de paier en Charante pour les eaux de vie qu'ils avoient accoustume de faire passer, transportent leurs fourneaux de ladite frontière de Xaintonge en celle de Poitou et fournissent lesdits vaisseaux de vins gastés qu'ils tirent dud. païs de Saintonge dont ils refusent de payer les droits et portent par terre leurs eaux de vie à La Rochelle; et attendeu aussy qu'en la contrée d'Aigre[1], en Hault Poitou, il se fait quantité d'eaux de vie qui

---

[1] Contrée qui tire son nom de la petite ville d'Aigre, chef-lieu de canton du département de la Charente, dans laquelle se trouvent encore de nombreuses distilleries d'eau-de-vie de *cognac*.

avoient accoustume de se liberer et sortir par la Charante et qui se transportent à présent par charroi en lad. ville de La Rochelle, ce qui ne peut estre fait que passant par la Xainctonge, qui est une enclave dans le Poitou, ou lesd. habitans et marchans s'efforcent de passer sans en voulloir païer les droicts d'entrée et de sortie, nous voullons et ordonnons que lesd. vins gastés, qui sortiront comme dict est, payent les droits de sortie comme s'ils estoient bons, et que lesd. droicts soient pareillement payés sur les vins et eaux de vie passans en Xaintonge, suivant l'arrest du Conseil de 1654, et lesd. droits receus par les commis dudit Gervaizot dans les bureaux qui sont, ou qui seront, à cest effect establis, de mesme que s'ils passoient en Charante, faisant tres expresses défenses à toutes personnes d'en faire passer aucuns sans paier lesdits droits des dites fermes aux mesmes peyhes cy-dessus et autres portées par nostre édict, ordonnances et reglements.

IIII^{xx} III.

Et d'autant que pour les desseichements faicts à Marans de la plus grande partye des marais doux, qui environnent led. lieu, il a fallu faire plusieurs grands canaux, proffonds et larges, pour escouler les eaux en la mer qui conduisent en beaucoup de lieux, par lesquels plusieurs chalouppes et batteaux, moiens et petits, apprès avoir chargé du sel dans le pays d'Aulnix, ou de bord à bord des barques, quand elles arrivent à l'embouchure de la rivière et avant d'entrer en icelle, passent par lesd. canaux et se destournent du bureau pour s'exampter frauduleusement du paiement desd. droits et portent vendre et distribuer led. sel dans les bourgs et villages circonvoisins sans que l'on les en puisse empescher, de quelque nombre de gardes que se puisse servir pour cella le fermier, à cause de la trop grande quantité de canaux et que les marais sont trop grands et trop espacieux, — nous voullons que lesd. canaux soient, comme nous les declairons, chemins obliques, faux passages et détournés, et comme tels deffandus; permettons aud. Gervaizot de les faire planter de gros pieux es endroicts qu'il jugera à propos, en sorte qu'on ne puisse plus passer ni naviguer sur iceux, sans toutesfois que le cours de l'eau en puisse estre entrecoupé, comme encore d'establir es endroicts qu'il advisera des commis et gardes pour la garde desd. marais ; faisons tres expresses deffanses à tous batelliers et autres d'y plus passer aucun sel, et à tous propriétaires, locataires et habitans des maisons baties sur lesd. marais sallans et autres de les favoriser, ny receller aucuns selz dans leurs maisons ou autrement, en quelque sorte et manière que ce soit, aux peines d'estre chastié comme faux sauniers, confiscation des choses saisies et de quinze cens livres d'amande pour la première fois, et pour la seconde de punition corporelle, suivant les ordonnances de 1509 et de 1542.

IIII^{xx} IV.

Et d'autant que plusieurs gentilshommes, communautés et paroisses lèvent et exigent dans plusieurs ports et passages, et le long des rivières de l'estandue de nos fermes, des péages, contributions et autres droits, lesquels pour la plupart ils se sont arrogés sans aulcun titre[1], dont les marchands et voituriers souffrent de grandes incommodités, estans obligez d'arrester leurs gabarres, charrettes ou chevaux dans tous ces lieux, ce qui cause un grand retardement fort préjudiciable au commerce et à nos fermiers, — nous deffendons tres expressément à tous les seigneurs et particuliers, leurs fermiers et préposés, de lever lesdits droits, sans tiltres dheument vérifiés, à peine de concussion, de mil livres d'amande et de punition au cas applicable ; et, affin que nous en soïons informés, nous ordonnons qu'ils seront tenus de rapporter lesdits tiltres dans deux mois, par devant les commissaires qui seront par nous à ces fins depechés, à peine, ledit tems passé, d'estre dépossédés desdits péages ; et où il se trouvera aucun des dits péages ayant esté accordés moyennant finances, permettons audit Gervaizot d'en faire le remboursement, si bon lui semble, à moïenne année, et recepvoir lesd. droits à son proffict aux bureaux les plus commodes pour ce faire ; — et en cas qu'il se lève aucuns droits

---

[1] Cet impôt, destiné tout d'abord à l'entretien des routes et des ponts, était autrefois levé au nom du Roi. Mais peu à peu les seigneurs, les couvents et même les villes s'en étaient emparés et le temps avait consacré cette jouissance. L'art. 107 de l'ordonnance rendue à Orléans en 1561, remet en mémoire la destination réelle de cet impôt : « Peuvent les habitans voisins et passans contraindre « le seigneur qui prend droit de *péage* à la réparation des chemins, ponts, ports, « et passages. » (*Recueil des ordonnances*, t. III.)

sur les rivières despandantes desd. fermes sans tiltres valables ny finances, deffendons à toutes personnes de le recevoir sur les peines cy-dessus déclarées.

IIII^{xx} V.

Et comme nostre dessain est de faciliter le commerce desdites rivières et qu'il ne seroit pas juste que les propriétaires desd. péages, qui se font païer en sel, profitassent de l'augmentation qui se faira sur le prix dudit sel par le moïen de l'imposition des quinze livres pour muid en Charante, au prejudice des marchans et particuliers qui font monter des sels, — nous ordonnons qu'en attendant qu'il aye esté pourveu au remboursement desd. propriétaires, que les péages seront commuez en argent et estimez sur le pied de la valleur desd. sels avant ladite augmentation, ou que lesd. propriétaires remboursent ausdits marchans et particuliers les droits qu'ils auroient pris pour le sel qu'ils prendront en nature [1].

IIII^{xx} VI.

Les mesurages desd. sels transférés par les precedents fermiers de Taillebourg à Thonnay-Charente sera continué, sy bon semble, aud. Gervaizot, et la ferme de la mesure raze de Brouage gardée et observée, tant aud. lieu de Thonnay-Charente ou Taillebourg, qu'en ceux de Riberion, Mortaigne, La Rochelle, Marennes et passages du Bas Poitou en despandans, avec deffances à toutes personnes de se servir d'autres mesures si elles ne sont adjustées et estallonées avec celles gardées aud. Brouage ; — avons permis et permettons aud. Gervaizot, ses procureurs et commis, de commettre aud. mesurage des personnages de la dextérité et probité requises [2].

---

[1] Le 17 juillet 1668, le Roi fit en effet publier une déclaration qui fixait les droits des propriétaires maintenus dans leurs *péages*, et le montant de la redevance en argent qui seule leur était due. (*Arch. départ. de la Gironde.* — Reg. d'édits.)

[2] La ville de Bordeaux possédait *de toute ancienneté* une compagnie dite des mesureurs de sel, composée de quatorze membres jurés et établis par les magistrats de la cité. Le 28 mai 1662, étant réunie en assemblée générale dans la chapelle de Saint-Michel, cette compagnie déclara vouloir présenter ses statuts à l'homologation des maire et jurats, gouverneurs de Bordeaux, juges criminels et de police, *aux fins d'éviter les contestes qui pourroient survenir et pour lui*

IIII^{xx} VII.

Les procès verbaux de visittes, saisies et autres actes et exploicts qui seront faicts par les commis et gardes dud. Gervaizot seront, comme nous les déclairons, bons et valables et y sera adjousté foy, comme s'ils avoient esté faicts par nos officiers de justice, — et sur iceux faict droict par les juges quy en debvront cognoistre, ainsy qu'il appartiendra.

IIII^{xx} VIII.

S'il arrive quelque trouble ou empeschemen en la lepvée et perception desdits droictz desdites fermes et que, par force ou violence, on ne les peult recevoir, nous promettons les faire cesser à l'instant que nous en serons advertis par led. Gervaizot et de pourvoir à son desdommagement pour le temps que lesd. empeschemens auroient duré, en sorte qu'il ne souffrira aucune perte ou prejudice.

IIII^{xx} IX.

S'il arrive que les ports, passages ou embouscheures desdites rivières et sallans feussent empeschés et occupés et le commerce interrompeu par les ennemis, ou bien par quelque guerre civile ou estrangère, peste, famine, grelle ou gelée universelle dans lesd. provinces, par moïen desquelles ledit Gervaizot ne peult recevoir pour paier le prix du présent bail et supporter les frais qui luy conviendra faire pour la régie desd. fermes, il luy sera par nous pourveu d'un desdommagement raisonnable sur information bien et dheuement faicte desd. empeschemens, troubles et non jouissance, en présantant par luy requeste en nostre dit Conseil, sans qu'il puisse pour cela estre censé y avoir ouverture audit bail.

IIII^{xx} X.

Jouira ledit Gervaizot entièrement de toutes les amandes et confiscations qui seront adjugées et proviendront des contraven-

servir de règlement à l'avenir. Sur le rapport du procureur syndic, les maire et jurats déclarèrent approuver lesdits statuts, et jusqu'en 1790, cette institution fonctionna de la façon la plus régulière. A cette époque, un office de mesureur de sel juré de la ville de Bordeaux se vendait au prix moyen de 12,000 livres. (*Anciens et nouveaux statuts de Bordeaux.* — *Arch. départ. de la Gironde; minutes de Me Duprat, notaire.*)

tions à nosd. édicts, declarations, règlemens, jugemens et arrests rendeus sur la levée et perception de tous les droits mentionnés au présent bail, lesquelles amandes et confiscations nous luy avons ceddé, par ces présentes, pour en jouir et disposer ainsy que bon luy semblera, avec pouvoir de lever, traitter et composer d'icelles avecq les contrevenans, soit avant ou après les jugemens de condempnation interveneus, et en faire, comme de chose à lui appartenant, sans que nos procureurs généraux, leurs substituts ny autres puissent donner aucuns troubles ni empeschemens.

IIII^{xx} XI.

Pendant le tems desdites neuf années du présant bail, il ne sera faict aucune augmentation ni diminution des droicts sur les denrées et marchandises entrans et sortans par lesdites rivières et provinces despendantes de l'étendue desdites fermes, pour quelque cause et occasion que ce soit; et, où il en seroit faict aucune, il sera pourvu de diminution audit fermier en proportion de la perte qu'il souffrira, et sera l'execution de l'arrest obtenu par Michel de Ladienne, le 22 septembre 1643, pour les eaux-de-vie, sursise pendant ledit temps, ainsy qu'elle l'a esté pendant les baux desdits Lemire, Gueslain, Laperelle et Lemoyne, avec expresses deffenses audit Ladienne d'en poursuivre l'execution contre les marchans et autres, à peyne de 3,000 livres d'amande quy appartiendra audit Gervaizot.

IIII^{xx} XII.

Tous les redevables des droits desd. sommes et les commis dudit Gervaizot et autres qui auront fait la recepte et maniement des deniers en provenant seront constraints de les paier comme pour des deniers royaux en verteu de contrainctes qui seront pour ce dénoncées et délivrées par ledit Gervaizot, ses procureurs et commis généraux ou particuliers, sans qu'il soit besoing d'autre permission et les constraintes executoires par nos huissiers ou sergans et gardes desd. fermes, nonobstant oppositions ou appellations quelconques, et ne seront, les debiteurs et detempteurs desd. deniers recevables à faire cession et abandonnement de leurs biens; pour et à l'esgard desd. droits et debvoirs desd. sommes faisons deffanse à tous juges et officiers de les recepvoir à peine de respondre en leurs propres et privés noms, ensemble de dommages et interets envers ledit Gervaizot.

IIII^{xx} XIII.

Les procureurs, commis et gardes dudit Gervaizot, fermiers à la régie desdites fermes, dont sera faict estat et icelluy, comme dict est, mis au greffe du bureau desdits trésoriers de France audit Bourdeaux et autres lieux ou besoing sera, qui ne fairont traficq ou commerce et ne tiendront aucune ferme, ne seront subjects, pendant le tems de leur commission, à aucuns logemens de gens de guerre, guet, garde, commis des villes, paroisses et communautés, non plus qu'à aucune imposition ou autres charges publiques, tutelles et curatelles, comme aussy ne seront cottisés ni imposés aux tailles, synon qu'ils eussent des biens et héritages subjects auxdites tailles dans les lieux de leur establissement, ou qu'ils eussent estés cotizés avant leur commission, auquel cas ils ne pourront estre cotizés a plus grande somme en considération de leur emploi, sy ce n'est à proportion de l'augmentation de la taille, sur peine contre les contrevenans d'en respondre en leurs propres et privés noms de tous despens, dommages et interests que des sommes qu'ils auroient payés, à quoi faire ceux qui les auroient receus seroient constraints par les mesmes voies.

IIII^{xx} XIIII.

Sy pendant le temps des precedents baux il est intervenu quelque arret et reglemens par collusion avec les precédents fermiers, surprins ou autrement au prejudice des edits, ordonnances et arrets cy dessus, sur le faict de l'establissement et perception des droits desdites fermes, en presentant par ledit Gervaizot sa requeste en nostre dit Conseil, il y sera sur ce par nous pourveu, ensemble de tous les arrestz et reglements par lui requis et necessaires pour la conservation desd. droits.

IIII^{xx} XV.

Les baux des fermes faictes audits Morin et Gaillard en 1628 et 1629, audit Lemire en 1632, 1633 et 1640, audit Gaislain en 1643, audit Laperelle en 1653, et depuis audit Lemoine, ensemble tous les arrests, ordonnances et règlemens obtenus par lesd. precedens fermiers pour raison desdites fermes et qui ne sont point à présent revocqués, vaudront et seront, en ce qui concerne la levée et perception desdits droits, clauses et conditions du présent bail, exécutés selon leur forme et teneur, comme s'ils avoient esté obtenus par ledit Gervaizot en execution du présent bail.

IIII^{xx} XVI.

Jouira pareillement ledit Gervaizot du droit de cinquante sols par thonneau à prendre sur les vaisseaux et bastiments estrangers et non fabriqués en France du port dont ils seront, à l'entrée ou à la sortie des ports et havres du royaume, suivant l'arrest de nostre Conseil du 22ᵉ juin 1659, lequel droit sera payé pour une fois seule et à chaque voyage par tous les maîtres et capitaines desd. vaisseaux qui chargeront ou deschargeront des marchandises en tous les ports, havres, lieux et endroits de ce royaume, soit que lesd. marchandises soient portées aux pays estrangers, soit qu'elles viennent desd. lieux [1].

IIII^{xx} XVII.

Pourra led. Gervaizot establir en tous les ports et havres, lieux et endroicts du royaume que besoin sera, tel nombre de bureaux, commis et gardes qu'il jugera à propos pour la lepvée et perception dud. droict; — ausquels bureaux les maîtres de navires, qui viendront descharger des navires ou des marchandises, seront tenus, aussitôt leur arrivée, de faire leurs déclarations du port dont seront lesd. vaisseaux et assurer les droicts pour estre payés à la descharge

[1] Ce droit de cinquante sols souleva des protestations aussi nombreuses à l'intérieur qu'à l'extérieur. En France, toutes les villes maritimes présentèrent des placets au Roi. Les ambassadeurs étrangers, accrédités auprès de Louis XIV, se faisant l'écho de leurs gouvernements, insistèrent auprès du Roi pour la révocation de ce droit. Le 23 août 1663, Colbert écrivait au comte d'Estrades, vice-roi d'Amérique : « Je peux bien vous asseurer que toutes ces sollicitations « n'auront pas grand effet, S. M. estant bien prévenue qu'il est de son interest « de maintenir cette imposition, laquelle, entre vous et moy, il ne faut pas « espérer qu'elle révoque que lorsque le commerce commençant à se bien establir « dans le royaume, il y aura une asseurance presque certaine qu'il n'en pourra « plus estre diverty par les estrangers........ » (*Correspondance administrative*, etc., t. III, p. 340).

des marchandises; et à l'esgard des vaisseaux qui chargeront dans lesd. lieux, les maîtres desdits vaisseaux seront tenus de déclarer audit bureau que leurs vaisseaux sont chargés et d'acquitter les droits aussy tost qu'ils seront chargés.

IIII^{xx} XVIII.

Et pour la plus grande commodité des maistres des navires et des marchans, ledit Gervaizot pourra establir un commis pour la recepte dud. droit dans chacun bureau des cinq grosses fermes ou autres, establies pour la lepvée de nos droicts aux villes maritimes, auquel lieu lesdits maistres de navires pourront faire leurs declarations et acquitter lesd. droits, ce que nos dits fermiers seront tenus de souffrir à peine d'en respondre en propre et privé nom.

IIII^{xx} XVIIII.

Déffandons à tous maistres de navires estrangers de sortir de nosd. ports et havres sans avoir acquitté, comme il est dict ci-dessus, led. droit de cinquante sols pour thonneau, à peine de confiscation desd. vaisseaux et marchandises et de trois mil livres d'amandes.

C.

Moïennant le paiement dud. droict, nous permettons à tous maistres de navires estrangers de fretter et charger en ce royaume toutes sortes de marchandises et denrées licittes sur leurs vaisseaux et bastimens et y en advancer et descharger de quelque endroict que ce puisse estre de dedans ou dehors le royaume, mesmes le transporter de port en port, en quelque sorte et manière que ce soit, sans qu'ils soient tenus de prendre de nous autre permission que les acquits du paiement dud. droit, nonobstant nos ordonnances et règlemens à ce contraires, dont nous les avons dispensés et dispensons.

CI.

Lesdits estrangers pourront aussy jouir de la mesme faculté et liberté de fretter et charger en ce royaume et y amener toutes sortes de marchandises et denrées licittes sur des vaisseaux et bastiments construicts et fabriqués en France, à eux appartenans, en paiant le mesme droict de cinquante solz pour thonneau du port desd. vaisseaux.

CII.

Ledict droict ne sera lepvé, pour chascun voïage, qu'une seule fois comme dict est cy-dessus, dont il ne sera paié aucune chose par les maitres des navires françois qui traficquent sur des vaisseaux françois, bastiz et construicts en France, ni mesmes sur ceux qu'ils pourroient avoir acheptés des estrangers avant le mois de juillet 1659, ce qu'ils seront tenus de justiffier par contrats bons et valables, enregistrés au greffe des amirautés, et sans aussy que led. droict puisse estre levé sur toute sortes de vaisseaux qui sortiront et entreront vides dans nos ports.

CIII.

Nous promettons faire jouir ledit Gervaizot de tous les droits contenus dans le présent bail, et pour cest effect luy fournir tous arrestz et autres expéditions nécessaires.

CIIII.

En cas que ledit droict ne soit estably dans toutes les provinces du royaume ou il y a ports de mer, ou aucunes d'icelles, il sera tenu compte aud. Gervaizot de la valleur des lieux où il n'aura esté estably suivant l'évaluation qui en a esté faicte au Conseil.

CV.

Pourra ledit Gervaizot armer et équiper et entretenir tel nombre qu'il advisera de navires, barques, pataches pour empescher, dans l'estandue de lad. ferme et au long de nos costes ou ailleurs, le transport des marchandises et denrées à la sortie des vaisseaux estrangers sans avoir acquitté lesd. droicts convenus en ce présent bail; et pour aider à l'entretien desd. navires il sera laissé fond annuel de cinquante mil livres, comprins les trente six mille livres accoustumées d'estre employées dans l'estat de nos d. fermes, qui sera paié et distribué par led. Gervaizot aux cappitaines, matelots et soldats qui seront dans lesd. vaisseaux, et à lui passées en despance sur les acquits desd. cappitaines et rolles des matelots par eux arrêtés et signés.

CVI.

Ne sera ledit Gervaizot, ses cautions, intéressés, procureurs et commis tenus de comptes, à la Chambre des comptes de Paris ni ailleurs, du revenu et administration desd. fermes et droicts mentionnés au présent bail, ains seulement du prix d'icelluy ; — et à cest effect sera laissé fond suffisant pour les espèces, façon et rédition desd. comptes dans les estats qui seront expédiés pour chascune année.

CVII.

Pourra led. Gervaizot associer aud. présent bail telles personnes que bon luy semblera, tant nobles que nos officiers, sans que lesd. nobles et officiers en puissent être recherchés ny desrogent à leur noblesse et privilèges, dont nous les avons dispensé et dispensons nonobstant toutes les ordonnances et reglemens à ce contraires, ausquels nous avons pour ce regard desrogé et desrogeons par ces présentes [1].

CVIII.

Deffandons à tous nos gouverneurs des provinces, lieutenans généraux, gouverneurs des villes, chasteaux et places, cappitaines de gens de guerre et tous autres de quelque quallitté et condition qu'ils soient, de s'immiscer et entremettre en quelque sorte que ce soit, directement ou indirectement, au faict desd. fermes ; aider, favoriser ni assister, avecq armes ou autrement, aucuns marchans, maîtres conducteurs de navires, barques et autres vaisseaux, pour la sortie et entrée et transport des denrées, marchandises et vaisseaux estrangers et autres choses subjectes ausd. droicts, en fraude d'iceux, aux peines portées par nos ordonnances ; — leur enjoignant au contraire de prester main forte pour le paiement et conservation desd. droicts, toutes les fois qu'ils en seront requis

---

[1] Dès 1665, on voit dans de nombreux actes figurer comme associés du fermier Gervaizot les s^rs Oudart de Caumont, Georges Perissary, Sébastien Cazes et Samuel Menjot, qualifiés conseillers et secrétaires du Roi, Maison et couronne de France (*Arch. départ. de la Gironde. Minutes de Giron et Banchereau, notaires à Bordeaux.*) Le règlement du 11 juin 1680 restreignit considérablement la faculté accordée ci-dessus. D'après cette ordonnance, les seuls catholiques, apostoliques et romains étaient admis dans les fermes ; les avocats ne pouvaient, sous peine de perte de leurs charges, avoir un intérêt quelconque dans les fermes ou sous-fermes ; ces dernières devaient être données à l'adjudication, après annonces et en présence d'un commissaire nommé par le Roi ; aucun associé ne pouvait avoir de sous-associé, etc..... (*Ibid., Reg. des Édits.*)

par led. Gervaizot, ses commis et procureurs, aux peines ci-dessus et d'en respondre en leur propre et privé nom.

CVIIII.

S'il arrive quelques différans, oppositions et contestations concernant la perception des droits desd. fermes et contraventions aud. présant bail, édicts et règlemens sur ce faicts, des entrées, sorties et transports, tant desd. marchandises et denrées qui en sont faictes que desd. vaisseaux estrangers, led. Gervaizot, ses procureurs et commis se pourvoiront pour raison de ce pardevant le premier juge royal sur ce par lui requis en première instance et par appel en nostre d. Conseil, jusques à ce que led. présent bail et les susd. déclarations y mentionnées ayent esté, par ses soings, veriffiées et enregistrées en nostre Chambre des comptes de Paris et cour des Aides de Guienne; après lesquelles verifications et enregistrement pur et simple, les parties se pourvoiront sur lesd. appellations en la cour des Aides, sauf neantmoins lorsqu'il s'agira entre lesd. parties de l'establissement et levée desd. droicts, dans lequel cas nous nous sommes pour tousjours réservé et réservons à Nous et à nos Conseils la cognoissance, et icelle interditte à nos dits Parlemens, cour des Aides et tous autres juges, et seront les ordonnances, sentences et jugemens desd. premiers juges executées par provision, nonobstant oppositions ou appellations quelconques soubs les cautions qui seront fournies par led. Gervaizot au greffe de nostre d. Conseil en execution dud. présent bail.

CX.

Led. Gervaizot, ses intéressés, procureurs et commis ne pourront à l'advenir, pour quelque cause et occasion que ce soit concernant le faict desd. fermes, circonstances et dépendances, estre traduicts et assignés ailleurs qu'en nos d. Conseils, ou nous avons évocqué et evocquons lesd. causes pour y estre faict droit aux parties en cognoissance de cause, ainsi qu'il appartiendra par raison; — voullons et entendons pareillement qu'ils ne puissent estre comprins en la taxe de la Chambre de justice, ny autre quelle qu'elle soit, pour et à cause du présent bail, dont nous les avons, en tant que de besoing, dès à present deschargés et deschargeons, sans qu'ils ayent pour ce besoing d'autre arrest ou déclaration de nous que ces présentes.

CXI.

En cas que sur la vérification et enregistrement dud. présent bail esd. cours et perception des susd. droits, tant anciens que nouveaux, il y eust oppositions, empeschemens, restrictions ou modifications d'aucuns articles du présent bail, ou autrement en quelque sorte et manière que ce soit ou puisse estre, nous les fairons cesser, lever et oster aussitost, en estant advertis par led. Gervaizot, en sorte qu'il ne recoive aucune perte ni dommage et toutes lettres de jussion, arrets et autres expeditions à ce necessaires lui seront délivrés.

CXII.

Promettons, en foi et parolle de Roy, avoir agréable, ferme et stable à tousjours, le contenu au présent bail, mesmes icelluy faire registrer ez Chambre des comptes de Paris et cour des Aides de Bourdeaux.

CXIII.

Sy donnons en mandement à nos amés et feaux conseillers, les gens tenans nostre cour des Aides de Guienne, presidens et trésoriers de France à Bourdeaux et autres qu'il appartiendra, que les présentes ils facent registrer purement et simplement, et du contenu en icelle jouir et uzer plainement et paisiblement led. Gervaizot, sans permettre qu'il luy soit faict, mis ny donné aucuns troubles ni empeschemens, au contraire constraignant et faisant constraindre tous ceux qu'il appartiendra par toutes voyes et moyens raisonnables, nonobstant oppositions ou appellations quelconques, et sy aucunes y interviennent nous avons retenu et réservé la cognoissance en nostre Conseil et icelle interdicte à toutes nos cours et autres juges; mandons aussy à tous nos lieutenans généraux et gouverneurs de nos provinces et villes, intendans de justice, cappitaines de nos places et leurs lieutenans, tenir la main à l'execution du présent bailh et quand ils en seront requis par led. fermier, ses associés et commis, leur prester main forte et assistance, sy besoing est, car tel est nostre plaisir; et d'autant que de ces présentes on aura besoing en divers endroits, voullons que vidimus d'icelles dheument collationnés par l'un de nos amez et féaux conseillers et sur icelles foy soit adjoustée comme à l'original;

— en tesmoing de quoi nous avons faict mettre nostre scel à cesd. présentes.

Donné à Paris, le ix janvier, l'an de grace mil six cens soixante-deux et de nostre regne le dix-neuviesme.

Collationné et signé, par le Roy en son Conseil.

BOCHEREL.

XVI.

1663. — 26 JUIN.

(Archives de la ville de Bayonne, reg. BB 27, f° 82).

DÉLIBÉRATION DE LA COMMUNAUTÉ DE SAINT-SEVER PORTANT QU'IL SERA ENVOYÉ VERS MESSIEURS DE BAYONNE POUR LES SUPPLIER DE SE JOINDRE A ELLE AFIN D'OBTENIR DU ROI LA SUPPRESSION DU BUREAU DE LA GABELLE INSTALLÉ A MONT-DE-MARSAN.

Du vingt-sixiesme de juin 1663.

Estans assemblés dans la maison commune de la ville de Sainct-Sever, à la manière accoustumée, messieurs de Lespés, Bats, de Marsan, Laborde, Captan, Sort, jurat; Borry, jurat; B. Darriet, trésorier; Lartigue, sindic, etc...

A esté délibéré que messieurs de Lespés, lieutenant général criminel, de Borrit, second jurat, et de Labat, advocat, se transporteront dans la ville de Bayonne et sallueront de la part de messieurs les officiers du Roy de ceste ville messieurs les eschevins et magistrats de la ville de Bayonne, et leur représenteront l'extrême tort que cette province reçoit de ce que messieurs du Mont de Marsan ont accepté dans leur ville *un nouveau bureau de la gabelle*[1], sans aucun ordre du Roy, au prejudice mesme de la

---

[1] Une des sources à laquelle nous aurons fort souvent recours est le *Journal de Laborde-Péboué*, que M. le baron de Cauna a publié à la fin du tome III de l'*Armorial des Landes*, sous le titre : *Relation véritable des choses les plus mémorables passées en la Basse-Guienne depuis le siège de Fontarabie, qui fut en l'an 1638, et particulièrement des désordres et troubles arrivés aux sièges de Saint-Sever, Tartas, Ax ou Dax depuis ledit jour*, par Henry de Laborde-Péboué, de Doazit. — Après avoir été témoin oculaire des pilleries commises dans les Landes, aussi bien par les troupes du prince de Condé que par l'armée royale (1653), le chroniqueur devait également assister à la longue lutte d'Audijos, et

grace que nous avions receu de S. M. alors de son heureux mariaige, à la requeste desdits messieurs de Bayonne, qui ont esté tousjours sy zélés et sy vigilans à la conservation des privilèges de nos rivieres, que nous ne pouvons pas nier que tout le pays ne leur en soit beaucoup obligé; et lesdits sieurs depputés supplieront messieurs les eschevins et magistrats de la dite ville de ne vouloir en rien se relacher de cette amour qu'ils ont toujours tesmoigné pour le bien public et la liberté de nos rivières, et nous faire la faveur de s'unir à nous pour pourvoir aux remèdes les plus convenables pour ne deschoir pas de nos privilèges et de la grace que S. M. nous a faicte.

Signé : D'ARIET, *greffier*.

XVII.

1663. — 29 JUIN-16 JUILLET.
(Archives de Bayonne, reg. BB 27, f°s 79-81.)

CONSEIL EXTRAORDINAIRE TENU A BAYONNE EN APPRENANT LA CRÉATION D'UN BUREAU DE GABELLE A MONT-DE-MARSAN. — ENVOI A LA COUR D'UN DÉPUTÉ.

Du vendredy, XXIXe juin 1668.

Conseil tenu extraordinairement par Messieurs du Vergier de Joannis, premier eschevin; du Vergier, clerc assesseur; Wescomb et de Morassin, eschevins; d'Harriet, d'Ibusty, Daguerre et Daiherre, jurats.

Ledict jour sont venus en conseil, Messrs de Lespés, lieutenant-criminel au siège de Sainct-Sever; de Borry, jurat, et de Labat,

---

souffrir des désordres qu'elle entraîna avec elle. Son récit, sincère et naïf, nous fournira de très précieuses indications.

C'est au mois de mai 1661 que, pour la première fois, Laborde-Péboué constate, dans son journal, la venue des *gabaleurs* et les excès commis par eux : « Ils
« font des grandes courses en ce pays, tantôt au chemin de Hagetmau et autres
« fois au chemin de Dax, en plusieurs diverses fois, à la dérobée, et biennent à
« troupes par lesdits chemins, bien armés, et mis a mourt grande quantité de
« chevals et cabales et asnes, *de ceux qui portoient sel*, et plusieurs paires de
« bœufs, tellement qu'ils tuent tout le bétail qu'ils trubent *porter du sel.* » — En

avocat, depputés des officiers et communautés de Sainct-Sever, qui ont représenté que despuis que quelques particuliers de la ville du Mont de Marsan se sont portés à ceste extrémité de recevoir et establir dans leur ville le bureau de la gabelle, il en résulte un mal si général pour tout le pays que la ville de Sainct-Sever a trouvé à propos de venir demander l'union et l'assistance de cette ville pour empescher, s'il se peut, l'establissement dudit bureau; auxquelles fins il leur semble qu'il seroit important de députer de part et d'autre vers le Roy, affin de luy remonstrer le dommage et perte irréparable que cest establissement va causer par tout le pays, et pour cest effect lesdits sieurs depputés ont remis une délibération de leur communauté contenant l'ordre et le subject de leur depputation, et outre ce demandent une conférence entre eux et ceux quy seront trouvés à propos;

.Et sur ce a esté délibéré que les douze bourgeois et messieurs les officiers du Roy seront convoqués pour le premier juillet, à une heure, pour estre faict scavoir auxdicts sieurs depputés ce qui sera résolu avec eux.

Du premier juillet 1663.

Au conseil extraordinaire tenu ledit jour.....

Le sieur premier eschevin auroit faict entendre à la compagnie que le sujet de l'assemblée n'estoit antre que la depputation quy

---

1663, le fermier Gervaizot, invoquant la teneur de son bail, voulut procéder à l'installation définitive des bureaux de Mont-de-Marsan et de Saint-Sever. La première de ces villes fit peu d'opposition; mais les habitants de Saint-Sever, après avoir protesté publiquement contre cet établissement, prirent les armes pour chasser les agents. « On m'a assuré, écrit Laborde-Péboué, que, estant au « commencement de juillet 1663, que au Mont-de-Marsan, estoit arribé grand « nombre de cabaliers gabaleurs qui bouloient pouser la gabelle tant audit « Mont-de-Marsan qu'à Saint-Sever; mais ceux de Saint-Sever sourtirent en « beau nombre et les allèrent arrêter à l'Adou, et là firent quelques petits « désordres entr'eux, ce qui feut mal pour ceux de Saint-Sever. Car sur la fin « d'aoust 1663, à Saint-Sever, est arribé un grand nombre de cabaliers par ordre « du Roy et ont dit qu'ils ont obtenu prise de corps contre ceux de Saint-Sever « qui estoient sourtis contre les gabaleurs, tellement que ceux de Saint-Sever « sont en peine et une partie se cachent, et lesdits cabaliers demeurent audit « Saint-Sever et font de grands désordres. — La gabelle est déjà posée à Mont-« de-Marsan; je ne sais ce qui arribera audit Saint-Sever. »

venoit d'estre faicte vers le Corps des parts de messieurs les officiers du Roy, bourgeois et habitans de Sainct-Sever pour luy faire entendre le nouveau establissement qui a esté faict dans la ville du Mont de Marsan d'un nouveau bureau de gabelle, que quelques particuliers dudict Mont de Marsan ont appellé à eux, au grand préjudice de tout le pays, quy commence d'en recevoir notable préjudice et qu'à raison de ce il demande qu'on s'unisse avec eux et qu'on entre en conférance affin de chercher les moïens les plus prompts pour empescher la continuation dudict bureau et autres qu'on veut establir dans le voisinage, dont le malheur est inévitable autant pour eux que pour ceste ville quy s'en ressentira par contre coup;

Sur quoy et après que ceste affaire a esté mise en délibération et qu'il a esté faict lecture à l'assamblée de l'acte capitulaire de ladite ville de Sainct-Sever, ensemble d'un arrest du Conseil d'Estat donné sur pareil sujet le dixiesme juillet mil six cent quarante et un, et ouy le sieur de Hody, syndicq substitué, a esté resoleu, par pluralité de voix, qu'on tesmoignera ausdits sieurs dépputés de Sainct-Sever le sensible desplaisir que ceste ville a receu de l'establissement dudict bureau au Mont de Marsan, comme prejudiciable à tout le voisinage et qu'on leur assurera que cette ville contribuera en son particulier, autant qu'il luy sera possible, à obtenir la suppression dudict bureau, et qu'avant de venir aux conférances que lesdits sieurs déppputés souhaitent, on en demandera la permission à M. de Sainct-Luc, gouverneur de la province, ou, en son absence, à M. le premier président, suivant qu'il a esté observé en diverses rencontres, et qu'à ces fins il leur en sera escript et que lesdits sieurs depputés en seront avisés de mesmes en leur particulier;

Ce faict, lesdits sieurs officiers du Roy et bourgeois estant sortis et lesdits sieurs du Corps rentrés dans le petit parquet, les sieurs de Lalande de Luc, eschevin, et Daiherre, jurat, ont esté conviés peur rendre la responce et faire la délégation sus ecrite auxdits sieurs depputés de Saint-Sever, logés dans l'hostellerie de la *Croix-Blanche* de cette ville; — ce qui feut fait sur l'heure, de quoy le registre en est resté chargé.

Du mercredi 4ᵉ juillet 1663.

Au conseil tenu ledit jour....

Sur la remonstrance du sieur premier eschevin qui a dict que M. Martenot, advocat de la ville, ne cesse d'escrire et donner advis au Corps des poursuites qu'il faict au Conseil du Roy, soubs le nom du syndic de la ville, contre les partisans de la foraine au sujet du nouvel establissement des bureaux qu'ils ont faict dans les Landes et autres endroicts de la province au grand dommage et ruyne du commerce, et parce que cette affaire intéresse plus sensiblement cette ville que toute autre d'autant qu'elle ne subsiste que par le moïen du négosse et à raison de la situation d'icelle et de la stérilité du pays, il est tout à fait important de soustenir ceste affaire par la présence d'un député affin de représenter à S. M. le triste estat auquel cest establissement nous doit réduire et l'interruption qu'il commence d'apporter au négosse et mesme la notable diminution qu'il cause aux droits de la Coustume de cette ville et aux petits revenus d'icelle, et à ces fins a requis y estre pourveu par le Corps;

Et sur ce ayant esté meurement délibéré, a esté résolu qu'attandu l'importance et la nécessité de ceste affaire il sera depputé vers Paris et tout présentement procédé à la nomination de quelqu'un desdits sieurs du Corps, soubs ceste condition que le depputé quy sera nommé n'aura, ny ne pourra prétandre, que la somme de douze livres par jour durant le temps de sa depputation, outre la dépense de son voyage pour l'aller et le retour, et ce pour toutes journées, vaccations et dépenses;

Et tout à l'instant, en exécution de ce et par pluralité de voix, le sieur de Lalande de Luc, eschevin, a esté nommé pour depputé, et prié de se disposer à faire promptement le voïage, et qu'à ces fins on luy dressera et remettra mémoires et pièces necessaires au faict de la depputation, et que pour cest effect il luy sera expedié coppie de la présente délibération [1].

---

[1] Le député de La Lande de Luc, présenté à Colbert par le maréchal de Gramont, ne put obtenir du ministre que de vagues promesses. On lui fit entendre que Bayonne serait sans doute préservé de l'établissement d'un bureau de la gabelle, mais que l'État ne pouvait prendre aucun engagement touchant ceux de Mont-de-Marsan et de Saint-Sever.

Et au Conseil tenu le xviᵉ juillet ensuivant, après avoir délivré au sieur de Lalande de Luc la somme de trois cens livres, luy a esté également baillé six blancs seings pour s'en servir au besoing ainsy qu'il le trouvera à propos.

XVIII.

1663. — 9 JUILLET.
(Archives de la ville de Bayonne. — CC 853-39.)

M. LE PREMIER PRÉSIDENT DE PONTAC A MM. LES ÉCHEVINS, JURATS ET CONSEIL DE BAYONNE.

Messieurs, j'ay receu la lettre qu'il vous a plu de m'escrire sur le sujet du nouveau bureau qui a esté mis au Mont de Marsan, dans l'establissement duquel vous croyez que vostre ville et les quatre seneschaussées se trouvent extremement interessées ; ce qui a fait qu'elles vous prient de convenir d'un lieu pour s'assembler par deputtez. Sur quoy vous me demandez mes sentimens et ma permission, ce quy m'oblige de vous dire que je croy que dans cette occasion, qui est extraordinaire, il faudroit la permission du Roy pour s'assembler, et il me semble que tout ce que vous avez à faire est d'avoir recours à la grace et à la justice de Sa Majesté pour luy représenter vos interets, de la bonté de laquelle vous pouvés tout attendre. J'ay escrit à Monsieur de La Vrillière[1] que vous m'aviez tesmoigné par une de vos lettres que cet establissement causeroit la ruine de vostre ville et des pays circonvoisins. Je vous prie de croire que je seray tousjours bien aise de vous tesmoigner dans

---

Cet insuccès irrita fortement les habitants de la Chalosse, qui résolurent alors de se défendre par les armes. Après divers combats, plus ou moins meurtriers, une entente momentanée intervint entre les belligérants. Moyennant une somme de 36,000 livres, qui lui fut payée par les quatre sièges de Saint-Sever, Dax, Tartas et Mont-de-Marsan, le fermier s'engagea à suspendre entièrement l'installation des deux bureaux (*Journal de Laborde-Péboué*, p. 538). Mais, peu de mois après, ayant voulu procéder par la force à l'établissement de celui d'Hagetmau, les paysans, indignés d'une si grande mauvaise foi, se soulevèrent en masse et se ruèrent sur les *gabeleurs*. (Voir ci-après la lettre de l'intendant Pellot, du 26 mai 1664.)

[1] Louis Phelypeaux de la Vrillière, secrétaire d'État.

touttes les occasions que je suis, Messieurs, votre très affectionné serviteur,

De Pontac,
Prem. président[1].

A Bordeaux, ce 9 de juillet 1663.

XIX.

1664. — 31 mars.
(Biblioth. nat. Mélanges Colbert. — Vol. 119 *bis*, f° 1071.)

M. PELLOT, INTENDANT EN GUIENNE, A M. COLBERT.

Monsieur, les Estats de Bearn m'ont envoyé un député touchant la fontaine de Salies, qui m'a représenté que lesdits Estats ayant sceu l'arrest du Conseil, qui a esté donné, qui porte la réunion de ladite fontaine au domaine du Roy et me charge de cet establissement[2], ils ont envoyez des députés au Roy pour représenter leurs

---

[1] Arnaud de Pontac, premier président au Parlement de Bordeaux, démissionnaire en 1673, mort en 1681. Il avait, nous apprend la *Chronique Bourdeloise*, « une vertu solide, un grand désintéressement, une âme noble, affable surtout « aux pauvres qui venaient réclamer sa justice, laquelle il distribuait également, « à eux comme aux riches. Il était révéré des grands, aimé du peuple et fut « universellement regretté dans la province. »

[2] Ce projet d'annexion de la fontaine de Salies au domaine du Roi se trouvera répété maintes fois dans la correspondance de l'intendant : celui-ci renouvellera surtout sa proposition en 1665-66, alors qu'il verra dans cette réunion un moyen de punir le Béarn de sa complicité dans la révolte d'Audijos. Voici les motifs sur lesquels il basait sa proposition.
La petite ville de Salies, située aujourd'hui dans l'arrondissement d'Orthez, possédait et possède encore deux fontaines d'eau salée excessivement abondantes. D'après une charte concédée par les premiers vicomtes de Béarn, le sel provenant de ces sources était la propriété particulière des Salisiens, et moyennant une très minime redevance, liberté leur était donnée de trafiquer de ce produit. C'est ainsi que le Béarn, la Chalosse, la Bigorre et une grande partie des Lannes de Gascogne étaient approvisionnés de sel dans des conditions très favorables de bon marché. Le 11 novembre 1587, les habitants de Salies, assemblés au temple de Saint-Vincent, juraient de garder et observer fidèlement le nouveau règlement que les jurats de la ville venaient de soumettre à leur approbation. Par cet acte, il était déclaré que tout chef de famille, résidant à Salies, aurait une part égale d'eau salée, et afin qu'à l'avenir toute contestation fût écartée, on inscrivit sur un registre spécial les noms, d'abord de tous les propriétaires, ensuite de tous les locataires. Sauf quelques légères modifications, ce règlement est encore en vigueur aujourd'hui. Un chercheur érudit, M. P.

titres, lesquels ils prétendent ne pouvoir estre contestez, non plus qu'une possession de trois ou quatre cents ans, et qu'ainsy ils me prient de surseoir cet establissement jusques à ce qu'il en ayt esté autrement ordonné par S. M., puisqu'il seroit fascheux que j'esta-

Courtiades, qui à l'heure actuelle prépare un nouvel ouvrage, *Recherches historiques sur la ville de Salies*, a déjà publié des notes fort intéressantes sur la célèbre fontaine. (*Guide des baigneurs dans Salies et ses environs*, Dax, Justères, 1883, in-16.) « La part d'eau salée attribuée à chaque habitant, écrit « M. P. Courtiades, et que chacun devait prendre à son tour ou en disposer en « faveur d'un autre, ordinairement un fabricant (opération rendue facile au « moyen d'une billette qu'on pouvait céder), fut nommé *compte d'eau salée*. Il se « composait de vingt-six sameaux ou treynés, contenant chacun quarante-six « pots de deux litres, ce qui donnait un total de 2,392 litres. Ce chiffre ne fut « pas arrêté d'une manière arbitraire ; il représentait la moyenne de la quantité « d'eau que la source produisait pendant une heure, et, comme il n'y a rien « d'indifférent en histoire, ce détail nous apprend que depuis trois cents ans, le « débit de la source ne s'est aucunement modifié puisqu'elle donne aujourd'hui « la même quantité d'eau qu'en 1587. » Les *part prenants* formaient une corporation divisée en cinquantaines, ayant chacune son trésorier. « A un jour fixe, « la corportion se rendait sur la place où se trouvait la fontaine d'eau salée. Ces « deux cents membres avaient pour tout costume une chemise serrée autour de « la taille par une courroie et des bandelettes autour des jambes ; chacun portait « un seau à la main. Les jurats, les principaux seigneurs assistaient à cette « séance des plus curieuses. Le premier jurat montait sur un banc, s'adressait « aux membres de la corporation et leur faisait prêter le serment de ne prendre « que la part d'eau salée qui leur revenait, puis il levait en l'air une croix. A ce « signal, ces deux cents hommes se jetaient à l'eau, emplissaient leurs seaux, « couraient à travers les rues, les vidaient à la hâte dans leurs maisons, puis « revenaient les remplir au milieu d'un pêle-mêle de cris, de heurts, de bouscu- « lades. Dans ces scènes, qui duraient plusieurs heures, chacun prenait le plus « possible ; mais les forts oubliaient leur serment et prenaient toujours plus que « les faibles ; ceux qui demeuraient au loin avaient moins que les voisins de la « source. Aussi, plus tard, on accorda aux membres de la corporation qui « logeaient au loin le droit de placer des tonneaux au coin des rues, afin qu'ils « n'eussent pas à courir jusque chez eux. » (*E. Labroue.*) D'après le P. Boussingaut (*Théâtre de l'Europe*, 1re partie), il était permis de transporter le sel fabriqué à Salies et de le vendre jusqu'à la Garonne. On en débitait tous les jours plus de cent charges de cheval.

On comprend aisément pourquoi l'existence *libre* de cette fontaine (*La Houn*) fut si souvent menacée : presque tous les intendants du Béarn essayèrent de la rattacher au domaine ; mais grâce à de nombreux versements opérés dans le trésor royal, la corporation des *part-prenants* continua à bénéficier du règlement de 1587. Un dernier emprunt fait au travail de M. P. Courtiades fera connaître la situation actuelle des co-propriétaires Salisiens : « Après avoir été, pendant « des siècles, administrée par des jurats nommés par le Roi pour un temps « indéterminé, puis par des jurats élus, ensuite par un conseil composé de ces « magistrats auxquels l'élection populaire venait joindre des contrôleurs, et enfin « par des administrateurs choisis par l'autorité sur une liste composée d'un

blisse une affaire, laquelle peut-être ne subsisteroit pas, s'excusans de ce qu'ils n'ont pas représenté leurs titres devant moy sur les privilèges du pays, qui les dispensent de reconnoistre autre justice que celle du Roy. Sur. quoy je ne leur ay fait aucune réponse precise : mais, Monsieur, j'attendray vos ordres et j'estime qu'il ne faut point presser à présent cet establissement qu'après seulement que l'on aura vu leurs titres; car si l'on juge qu'il y a lieu de passer outre, nonobstant leurs raisons, cet establissement sera bien plus ferme et bien plus fort, au lieu que si l'on le vouloit faire maintenant, outre qu'il pourroit estre révoqué par le Conseil, c'est que l'on trouveroit beaucoup de difficultés et de traverses de la part du pays...

PELLOT[1].

A Bordeaux, ce 31ᵉ mars 1664.

« certain nombre de notables, la corporation s'est trouvée, par le décret du
« 18 décembre 1876, affranchie de toute tutelle administrative et mise en pleine
« possession de ses libertés. Dans le système actuel, les *part-prenants* sont
« appelés à nommer tous les cinq ans, au scrutin de liste, quarante notables.
« Ceux-ci choisissent, à leur tour, six administrateurs qui désignent les deux
« membres qui doivent remplir les fonctions de syndic et celles de receveur.
« Les anciens rapports de la corporation avec le gouvernement ne subsistent
« plus que par la présence, dans le conseil, du maire et des deux adjoints de la
« ville, qui sont de droit administrateurs; mais comme le maire et les deux
« adjoints, en leur qualité de membres du conseil municipal, relèvent de l'élec-
« tion populaire, on peut dire qu'aujourd'hui la corporation est entièrement
« maîtresse de ses destinées et que c'est de l'intelligence et du bon sens que les
« *part-prenants* mettront à bien choisir leurs représentants que dépendra la
« direction bonne ou mauvaise qui sera donnée à leurs affaires. — Primiti-
« vement, *La Houn* subvenait à toutes les dépenses locales; elle a acquitté
« longtemps même les impôts qui auraient dû frapper les propriétés ; elle a payé,
« et l'on sait pourquoi, des taxes de toutes sortes ; elle a complété jusqu'à nos
« jours le budget communal. Ces choses n'existent plus. Il y a encore beaucoup
« de liens communs entre la ville et la corporation, il y en aura longtemps encore,
« mais les fonds produits par la fontaine, qui est affermée 70,010 fr. par an, ne
« peuvent plus être affectés qu'à des œuvres appartenant à la corporation ou
« être distribués aux ayants droit, qui sont au nombre de 1,400 environ. » —
Voir encore sur ce même sujet les nombreuses publications des docteurs
O. Reveil et Henry fils (1860), du docteur Foix (1862), du docteur de Larroque
de Coustalé (1864); et la brochure si bien écrite et si intéressante d'Émile
Labroue (*Salies de Béarn : la ville et les environs, son historique, ses eaux*, 1885, in-8°.)

[1] Né à Lyon en 1619, Claude Pellot, successivement conseiller au Parlement de Rouen en 1641, maître des requêtes de l'hôtel en 1654, intendant du Dauphiné

XX.

1664. — 26 MAI.

(Biblioth. nation. Mélanges Colbert, vol. 120, f° 329.)

M. PELLOT A M. COLBERT.

Monsieur....., des gens atroupez d'Hagetmau et des environs ont chassé à main armée les commis et gardes du convoy de Bordeaux qui y avoient esté établis depuis quelque temps[1]. D'abord il y eut quelque résistance de la part desdicts gardes et commis dans deux attaques qui furent faittes à différentes reprises, où il y eut des gens de tuez et blessez de part et d'autre ; mais comme ils craignirent de ne pouvoir plus resister et que l'on ne les bruslast dans la maison où ils estoient, ce que les seditieux avoient tasché de faire par toutes sortes de moyens, dont ils n'avoient peu encore venir à bout, lesdicts gardes et commis se retirèrent dans

---

en 1656, du Poitou en 1659, fut appelé à l'administration de la Guyenne dans les premiers mois de l'année 1664. Son historiographe, M. E. O'Reilly (*Mémoires sur la vie publique et privée de Claude Pellot*, Paris, 1881, 2 vol. in-8°), le compare modestement à Colbert et affirme que, en 1676, alors que ce grand ministre était dangereusement malade, le roi Louis XIV songea à Pellot pour le remplacer. Sans dénier aucune des qualités administratives de celui-ci, cet éloge nous paraît bien exagéré. La conduite de Pellot en Dauphiné, Poitou et Guyenne, l'insatiable désir qu'il manifeste de plaire toujours au maître, les expédients dont il use pour arriver à ce résultat, tout, dans ses actes comme dans sa correspondance, démontre qu'une ambition froide et basse était le fond réel de son caractère. « On le verra, instrument tout dévoué à la cour, exécuter
« impitoyablement les ordres qui lui parviennent, et se vanter glorieusement
« dans ses depêches d'avoir fait rouer, pendre ou assommer de nombreux cou-
« pables. » (Depping.) — Nommé, en 1670, à la première présidence du Parlement de Rouen, Pellot mourut en cette ville, le 3 août 1683, à l'âge de 64 ans.

[1] C'est à ce moment que commence l'insurrection conduite par Audijos. Si celui-ci n'est pas désigné nominativement, il est déjà cependant reconnu comme chef des révoltés. L'intendant ne parle encore que des *invisibles;* bientôt il nommera leur chef. Laborde-Péboué enregistre, sous la date d'avril 1664, les premières escarmouches : « Les gabaleurs ne s'arrestent pas, car, au commencement
« de l'abril 1664, sont arribés à Hagetmau environ de 18 à 20 gabaleurs et y
« sont demeurés deux mois sans qu'ils aient osé poser la gabelle, et se sont reti-
« rés. Mais quelques-uns, tant des environs que de Hagetmau, sont esté accusés
« d'être du parti des gabaleurs, et même il y a eu quelque bruit de nuit, de
« sorte que deux hommes de Hagetmau sont esté tués, et ce par des *gens incon-
« nus et masqués :* les tués sont Labat, sa femme, son fils et leur maison boulée
« entièrement. » (*Ibid.*, p. 538.)

le temps que ces séditieux avoient paru dissipez; mais dans le dessein néanmoins de revenir une autre nuit à une nouvelle attaque. Comme on a pardonné à ces habitans d'Hagetmau d'autres révoltes qu'ils avoient faites pour ce mesme sujet, en consideration de M. le mareschal de Gramont, qui est leur seigneur[1], et qu'ils avoient promis de souffrir ces bureaux et d'obéir, ce qui a fait un effet contraire et les a rendus plus hardis et plus fascheux, je crois que l'on ne doibt pas dissimuler cette nouvelle sedition qui est allée trop avant pour ne la chastier pas comme il faut. Ainsi il est important que S. M. envoye au plus tost ses ordres pour faire aller dans ce lieu là les deux compagnies de dragons qui sont dans cette province, pour y demeurer jusques à ce que le procès soit fait aux coulpables et qu'ils soient punis.....

PELLOT.

A Bordeaux, ce 26 may 1664.

XXI.

1664. — 6 JUIN.

(Archives de la ville de Bayonne, CC 853, 78.)

LE ROI A SES TRÈS CHERS ET BIEN AMEZ LES MAIRE, JURATS, ESCHEVINS, CONSEIL ET HABITANS DE LA VILLE DE BAYONNE.

De par le Roy,

Chers et bien amez, par arrest de nostre Conseil d'Estat du XXIIIe du mois dernier, ayant, entre autres choses, réuny à nostre domaine la moitié de la coustume de nostre ville de Bayonne, et ordonné que vous rendrez compte des droits que vous en avez perçuz despuis vingt années par devant led. s^r Pellot, conseiller en nos Conseils, maistre des requêtes ordinaire de nostre hostel et

---

[1] La baronnie d'Hagetmau, qui comprenait le bourg de ce nom et les paroisses de Sainte-Colombe, La Bastide en Chalosse, Eyrès et Horsarrieu, faisait partie du comté de Louvigny, érigé en 1555, par Henri II, roi de France, en faveur de Paul d'Andoins. Ce comté était entré par mariage, en 1567, dans la maison de Gramont, en même temps que la baronnie d'Andoins et plusieurs autres seigneuries.

intendant de la justice, police et finances en nostre province de Guienne, nous vous faisons cette lettre pour vous mander et ordonner tres expressement, qu'incontinent après l'avoir receue, vous ayez à satisfaire aud. arrest, comme aussy à tenir la main à ce que la levée des droits de lad. coustume se fasse doresnavant à nostre profficit, et donner aux commis préposez pour cet effect par les fermiers toute la protection et l'assistance qui dépendra de vous, en sorte que nostre intention soit accomplie sans difficulté; et à ce ne faites faulte, car tel est nostre plaisir [1].

Donné à Fontainebleau le 6ᵉ jour de juin 1664,

Signé : Louis, — et plus bas : Phelypeaux.

XXII.

1664. — 14 juin.
(Archives de la ville de Bayonne, CC 853, f° 91.)

LES ÉCHEVINS, JURATS ET CONSEIL DE LA VILLE DE BAYONNE
A COLBERT.

Monseigneur, nous avons apris par des lettres qui nous sont venues de Fontainebleau, que le Roy y a faict donner arrest en son Conseil à vostre rapport, portant que S. M. réunit à son

---

[1] On a vu ci-dessus de quelle mission le député bayonnais de la Lande de Luc avait été chargé : à grand peine il avait obtenu de Colbert la promesse que la ville serait exempte du bureau de perception dont Pellot la menaçait. Mais il fallait une compensation au ministre, et bien vite Colbert songea à faire bénéficier le Trésor des droits de *coutume* que Bayonne percevait directement de temps immémorial.

La ville avait été informée dès le mois de février précédent de ce nouvel acte d'hostilité, dont, avec quelque raison, elle rendait responsable le nouvel intendant. Voulant gagner du temps, elle enjoignit aussitôt à son représentant à Paris, l'avocat Martenot, de s'opposer à la signification de tout acte intéressant directement cette affaire. En même temps, et pendant qu'elle informait le maréchal de Gramont de la décision royale, elle chargeait six de ses magistrats, les sieurs Wescomb, Duhalde, Naguille, Dayma, Dayherre et Dulivier de rechercher dans les archives de la ville tous les actes et titres intéressant cette jouissance. Plus particulièrement, le sieur Wescomb devait revoir les comptes municipaux depuis vingt années, et en faire faire des copies certifiées. (*Archiv. de la ville de Bayonne*, Reg. BB 27, fᵒˢ 172, 173, 204 et suiv.)

domaine la moitié de la coustume de ceste ville que nous présupposons estre nostre légitime patrimoine, selon les tiltres que nous en avons, confirmez par le roi Charles VII⁰ et les suivants, durant près de deux sciècles [1].

Et si bien, Monseigneur, nos ancestres en ont eu dans quelques occasions l'entier usufruit ou la meilleure partie soubs le nom d'octroy, cela ne peut point porter aucun prejudice au droict de propriété qui nous reste.

Nous scavons aussy que ledit arrest nouveau porte que nous rendrons compte de la jouissance que lad. ville en a eu pendant vingt ans.

Nous pourrions, Monseigneur, nous en excuser, soubz le respect que nous devons à S. M., par la rayson généralle que les Roys laissent aux particuliers la libre disposition de leurs biens, sans leur en demander aucun compte, et, s'il y avoit quelque choix à faire, ceste communauté mériteroit d'estre considérée au dessus de touts.

Neantmoins, Monseigneur, comme nous sommes de père en filz des sujetz tres obeissans et tres soumis pour tout ce qui porte le nom du Roy, et que d'ailleurs nous ne sommes pas marris que S. M. et nos seigneurs de son Conseil soient informez de la conduite qui a esté tenue pour la distribution de ces deniers, en laquelle la moitié de nous n'a esté en fonction qu'une année et demie, et l'autre moitié six mois, ce qui ne peut pas nous faire assez capables de rendre des comptes pour ceux qui nous ont précédés durant une si longue suite d'années, nous ne resterons pas pourtant de travailler incessamment à les mettre en estat de pouvoir estre renduz dans peu, par devers les personnes que S. M. aura agreable de nommer. Vous suppliant très humblement, Mon-

---

[1] Sauf pendant de très rares intervalles, Bayonne avait en effet toujours joui de la moitié des droits de la *grande coutume* levés dans la ville. Cet octroi, qui constituait le plus clair de son revenu annuel, pouvait s'élever à environ 40,000 liv. L'autre moitié avait été donnée, par lettres patentes du 26 septembre 1485, signées du roi Charles VIII, à Roger de Gramont, en compensation *provisoire* de l'abandon consenti par son père à la couronne des ville et château de Blaye. Cette donation fut confirmée par Henri IV, le 30 décembre 1598. Bayonne ayant été déclarée port franc en 1784, le duc de Gramont reçut promesse (art. XXI des lettres patentes) de toucher une indemnité égale à la portion dont il jouissait. Cet engagement ne reçut point d'exécution. (*Histoire et généalogie de la maison de Gramont*, Paris, 1874, in-8°, p. 148.)

seigneur, de ne vouloir pas dans le tempz que nous nous mettons en debvoir d'obéir (sans préjudice de noz droictz dans le fonds), rien innover en la perception du revenu, estant bien assurez que S. M. demeurera tres satisfaite de nostre manière d'agir, et que si vous nous faictes l'honneur de nous estre favorable en cela, vous pourrez connoistre que l'on se peut fier à nous comme en des plus obéissants, plus fidelles et plus condescendants sujets que le Roy aye.

A Bayonne, ce 14me juin 1664.

(*Minute non signée.*)

XXIII.

1664. — 28 JUIN.

(Archives de la ville de Bayonne. CC, 853, pièce 80.)

M. PELLOT A MM. LES ÉCHEVINS ET JURATS DE BAYONNE.

Messieurs, Sa Majesté ayant donné un arrest pour réunir à son domaine la moitié de la coustume de Bayonne, j'ay commis le sieur Dublet pour faire la perception dud. droit, auquel vous ne manquerez pas de donner toute l'assistance qu'il vous demandera[1]. Je suis, Messieurs, votre tres humble et tres affectionné serviteur,

PELLOT.

A Bordeaux, ce 28 juin 1664.

---

[1] Cette lettre arriva à Bayonne le 1er juillet. Le même jour, le premier échevin convoquait la municipalité et lui donnait lecture de cet ordre. Comme l'intendant devait être ménagé et que d'un autre côté on comptait sur la puissante protection du maréchal de Gramont, il fut décidé « qu'on obeyroit à la « volonté du Roy et que le commis, porteur de l'ordonnance du sieur intendant, « seroit installé dans la perception des droits de la *Coustume*, soubz la réserva- « tion des prétentions de la ville, et qu'un acte régulier de protestation seroit « signiffié audit commis. » (*Archiv. de la ville de Bayonne*, BB 27, f° 208.)

Réunie un instant au domaine, cette moitié de coutume devait bien vite être comprise dans le bail des *Gabelles de France, entrées et sorties du royaume*..... L'article CLVII du bail consenti le 1er octobre 1668 au fermier général Legendre, porte : « Jouira, ledit Legendre, des droictz de la moitié de la Coustume de « Bayonne et annexes d'icelle, réunis à nostre domaine par arrest du 24 may « 1664, sur toutes les denrées et marchandises sujettes à icelle, en tous lieux et « en la manière qu'ils ont cy-devant esté ou deu estre levez. »

XXIV.

1664. — 25 JUILLET.
(Biblioth. nat. Mélanges Colbert, vol. 122, f° 833.)

M. PELLOT A M. COLBERT.

Monsieur, je m'en iray d'icy demain ou après pour visiter le travail qui se fait à la rivière du Lot. De là, je prendray le chemin d'Hagetmau où cependant j'ai fait marcher les deux compagnies de dragons et donné les ordres pour faire le plus de prisonniers qu'il se pourra, afin de faire une justice exemplaire de ces séditieux.....

PELLOT.

A Agen, ce 25e juillet 1664.

XXV.

1664. — 6 AOUT.
(Biblioth. nat. Mélanges Colbert, vol. 123, f° 129.)

M. PELLOT A M. COLBERT.

Monsieur, j'arrivé hier en cette ville pour donner ordre à la sedition d'Hagetmau, après avoir visité le travail de la rivière du Lot, auquel on ne perd point de temps.

Cette sedition d'Hagetmau a esté assurement très grande et fort suivie. Les seditieux ne se sont pas contentez de chasser, comme vous avez sceu, à main armée les gardes du convoy, mais ils demeurèrent ensuite atroupez et ont commis force violences et assassinats et entre autres ont tué dans Hagetmau le père, la mère et le fils, à cause que c'étoient des gens du lieu affectionnez ausdicts gardes. Quand le s^r Debrussy, directeur du convoy, est venu audict Hagetmau, par mes ordres, pour y restablir lesdicts gardes, tascher d'arrester de ces seditieux et leur faire instruire le procez, afin que je les puisse juger ensuite, ces seditieux se sont trouvez barricadez, ont tiré sur luy et sur les gardes et dragons qui l'accompagnoient[1]. Ensuite ces séditieux s'estant sauvez, ils revinrent la nuit à la charge avec les habitans des parroisses voisines qui estoient de la partie, et firent forces descharges sur lesdicts gardes et dragons qui défendoient les barricades. Ils ont continué les attaques les nuits suivantes en assez grand nombre, marchant en en ordre et ayant des gens à leur teste. Ils sont demeurez sur les avenues d'Hagetmau, empeschant qu'on n'y pust aller et quand les gardes et dragons y ont passé, ils leur ont tendu des embuscades et tiré sur eux. Dans toutes ces rencontres il y a eu deux gardes du convoy tuez et quelques dragons blessez. A présent, comme les deux compagnies de dragons se sont jointes à Hagetmau, que l'on est sorti sur eux pour les chercher et les prendre et qu'ils ont seu que je m'approchais, ils se sont dissipez et ne paroissent plus. L'on prétend qu'il y a des gentils hommes du complot et trente ou quarante des paroisses voisines qui fournissoient des gens. La procédure que je fais contre six ou sept prisonniers qui sont en cette ville en pourra faire connoistre la vérité. L'*on*[2] pourra se plaindre que l'on a pillé le lieu d'Hagetmau, qu'on y a bruslé des maisons, qu'on a aussy pillé des maisons de gentilzhommes et des villages voisins; mais comme dans Hagetmau l'on y a entré par force, que les habitans avoient déserté, il a esté bien difficile d'empescher que les soldats ne se soient accomodés de ce qu'ils ont trouvé dans des maisons vuides et il a fallu se servir des vivres qui y ont esté,

---

[1] D'après Laborde-Péboué, au contraire (*Journal*, p. 539), les premiers torts incomberaient aux gardes du convoi. Le 20 juillet, une compagnie de ces gardes était arrivée à Hagetmau : apercevant sur la place du village un rassemblement assez considérable, elle aurait, sans provocation, fait usage de ses armes et tué trois ou quatre hommes ; puis, se dispersant, elle aurait pillé le bourg et les environs. Le 22, ces mêmes gardes, revenant en plus grand nombre, auraient mis le feu au château ; descendant ensuite au village, ils se seraient emparés de tout ce qu'ils auraient trouvé dans les maisons désertes ou abandonnées. En outre, ils auraient ramené à Hagetmau deux prisonniers de certaine importance, les sieurs de La Couture de Cerres et Julien Dutournier. Le chroniqueur ajoute : « Je bous
« dis encore que lesdits gabaleurs ont mis à feu deux ou trois maisons, au bout
« dudit bourg de Haget, et ont fait brûler grande quantité de meubles et
« entr'autres choses huit ou neuf cent barriques, et font tous les jours de grandes
« bouleries et prisonniers et *plusieurs morts*, tellement qu'il y a un très grand
« désordre au pays de Chalosse, à cause des gabaleurs et personne ne les con-
« tredit. *Je me crains qu'ils soient favorisés des grands!* » — L'intendant tenait le même langage sur les séditieux.

[2] Cet *on* signifie le maréchal duc de Gramont, seigneur d'Hagetmau.

pour les faire subsister. Pour les maisons bruslées, il est vray qu'il y en avoit une qui commandoit dans la barricade, de laquelle si les séditieux se fussent saisis, comme ils en approchoient continuellement, les troupes ne pouvoient demeurer dans ce lieu, ce qui obligea les officiers, pour leur seureté, de la faire brusler : et comme il faisoit vent, le feu suivit dans quatre ou cinq autres qui sont de peu de considération. A l'égard des villages voisins et des maisons des gentilzhommes, l'on n'y a fait aucun désordre, quoy qu'on y soit allé pour y prendre des prisonniers; mais l'on y a esté avec ordre et l'on a quasi trouvé tous ces villages déserts et barricadés, ce qui est une marque de leur rebellion et complicité.

J'iray demain à Hagetmau[1], et je verray encore de plus près les choses dont je ne manqueray pas de vous donner advis et de ce que je feray, ce qui aboutira à faire bonne justice des coupables, après quoy je feray retirer les deux compagnies de dragons dans leurs quartiers à Saint-Sever et à Tartas, qui en sont proches et où il n'y a pas de danger qu'elles demeurent encore quelque temps, afin de mettre ces peuples dans une entière obeissance.

Je suis, Monsieur, etc....

PELLOT.

Mont-de-Marsan, ce 6ᵉ d'aoust 1664.

XXVI.

1664. — 13 AOUT.
(Biblioth. nat. Mélanges Colbert, vol. 123, f° 409.)

M. PELLOT A M. COLBERT.

...... L'on instruit sans perte de temps l'affaire de ce lieu d'Hagetmeau et des circonvoisins : je crois qu'elle sera en estat dans cinq ou six jours, que je la pourrai juger et sortir de ce pays pour retourner à Agen. L'on ne peut pas voir une rebellion plus

---

[1] Laborde-Péboué écrit que « Pellot arriva le 7 à Hagetmau, suivi de deux « conseillers, de deux bourreaux et d'une grande troupe de cabaliers qui se « nomme dragons, mais qui sont hommes comme les autres. Je me crains, « ajoute-t-il, qu'ils veuillent pouser le bureau de la gabelle, qui sera une grande « charge pour le pauvre puble. » (*Ibid.*, p. 541.)

complette ni plus ouverte. Les habitans de ce lieu sont les plus coupables : ils ont esté les autheurs de tout le desordre et ont excité les autres. Il y a quelques preuves que des gentilshommes estoient de la partie, ausquels ont fait le procès par contumace et l'on faira exemple des prisonniers que l'on tient. Après quoy je ne fais pas de doubte que les affaires de la ferme du convoy ne demeurent bien establies en ces quartiers, en y laissant néanmoins encore quelque temps les deux compagnies de dragons pour les confirmer tout à fait....

PELLOT.

Hagetmau[1], ce 13ᵉ août 1664.

XXVII.

1664. — 20 AOUT.

(Biblioth. nat. Mélanges Colbert. — Vol. 123, fᵒ 426.)

M. PELLOT A M. COLBERT.

Monsieur, nous avons fait icy bonne justice des seditieux et avec tout l'esclat possible. Il y en a deux qui ont esté pendus et deux condamnés aux galères. Les principaux autheurs de la sedition ont esté condamnez a estre rouez par effigie et des gentilshommes, qui sont complices, à avoir la teste tranchée, et d'autres, accuzez de diverses peines, et tous les condamnez, ensemble les communautez qui estoient de la partie, aux dommages et interests

---

[1] La petite ville d'Hagetmau était, à cette époque, par sa situation et par le séjour que fort souvent le maréchal de Gramont y faisait, le rendez-vous de la noblesse de Chalosse. Les foires qui s'y tenaient attiraient également beaucoup de monde. Le château, écrit l'abbé Expilly, fort ancien et magnifique, avait reçu quantité d'embellissements considérables. En un mot la ville était fort agréable. (*Diction. géograph. historiq.*, vᵒ Hagetmau.)

Le double projet que Pellot annonçait vouloir mettre à exécution, — le procès des coupables et le logement des troupes dans la ville, — devait donner aux populations de ces contrées un allié des plus précieux. Sans combattre ouvertement les actes de l'intendant, le maréchal-duc devait en effet, depuis cet instant, se porter auprès du Roi le défenseur de ses administrés. La Chalosse, le Labourd, le Béarn, se ressentirent tour à tour de sa puissante protection, et si souvent Pellot vit échouer ses machinations les mieux combinées, il n'ignorait point à qui il était redevable de ces échecs.

du fermier et de ceux qui ont souffert[1]. Il y avoit complot formé entre les paroisses voisines, dont celle-cy estoit la plus coupable, la pluspart des gentilshommes et les plus considérables, entre la pluspart des juges et principaux habitans de ne souffrir point le bureau du convoy icy ni aux environs, ni les gardes, et de les chasser par toutes sortes de voies ; et pour cet effect ont excité les paysans et la canaille, qu'ils appelaient les *invisibles*, à la teste desquels il y avoit des gens qui avoient porté les armes. Si l'on en eust pu trouver davantage, l'on auroit plus fait de punition, comme le crime le méritoit assurément : mais ils se sont tous sauvez et dissipez à mon approche et à celle des troupes. J'espère que cet exemple les rendra plus sage à l'advenir : mais pour les confirmer entièrement dans l'obéissance, il est tout à fait important que les deux compagnies de dragons demeurent encore un couple de moys pour le moins à Saint-Sever ou à Tartas, ou autres lieux proches de celuy-cy[2]. Elles donneront moyen de pouvoir prendre les principaux accusez en faisant voir que l'on ne les oublie pas et qu'on ne leur pardonne pas si tost....

PELLOT.

Mont de Marsan, ce 20 aoust 1664.

[1] La répression dût être si cruelle que Laborde-Péboué écrit (p. 542) : « Je « bous assure que, du temps de ces désordres, moi-même, sans être criminel en « aucune façon, ni coupable, ni compris en aucun de ces désordres, j'abais « encore une grande peur parce qu'ils tuèrent du commencement tous ceux qu'ils « pubaient attraper : de sorte que durant quinze jours je n'osais pas demeurer « chez nous, à Péboué, mais je logeais dans les cabanes des vignes et dans de « paubres maisonnettes......... »

[2] On lit en marge, de la main de Colbert : BON. — Déjà, pendant les guerres de la Fronde, les Landes avaient eu à souffrir du logement des troupes, et les ruines que cet impôt avait laissées étaient encore vivantes. En renouvelant cette mesure, Pellot n'ignorait pas qu'il accablait le pays et le livrait à la plus grande désolation. Pour se faire une idée de ce que l'habitant souffrait des licences d'une soldatesque le plus souvent indisciplinée, voir *Les Guerres de la Fronde à Pontoux et dans les Landes*, par l'abbé Gabarra (*Revue de Gascogne*, mars et avril 1888), les *Documents inédits sur la Fronde en Gascogne*, par l'abbé J. de Carsalade du Pont (*Archiv. historiq. de la Gascogne*, fasc. 1er), et aussi le journal de Laborde-Péboué.

XXVIII.

1664. — 1er OCTOBRE.
(Biblioth. nat. Mélanges Colbert, vol. 124, f° 45.)

M. DE BOISSET, CAPITAINE COMMANDANT LES BRIGADES DES LANDES, A MESSIEURS LES INTÉRESSÉS DU CONVOI DE BORDEAUX A PARIS.

Despuis ma lettre escripte, j'ay apprins que le nombre des attroupés augmentoit toujours. Ils ont esté icy la nuict passée pour voir en quelle posture nous estions, et comme ils ne manquent point d'advis et que généralement tout le monde est contre nous, cella nous fatigue extremement d'ettre toujours sur nos gardes, logés dans deux maisons quy n'ont aucune deffence. Je suis pourtant fort résolu d'y périr plus tot que d'abandonner et de vous rendre cette dernière preuve de mon obeissance.

J'ay mandé qu'on m'envoyast dix dragons jusqu'à nouvel ordre, affin de ne déserter point entièrement les postes dans une saison particulièrement que la provision du sel se faict. Villery vient de mourir présentement et du Clos a esté enterré ce matin. Je vous advoue que j'ay bien de la douleur de voir périr des gens de ceste manière, et je ne doubte point que nous n'y périssions tous, sy l'on n'envoye des trouppes dans toutes ces paroisses qui donnent retraitte à ces factieux et pour lesquelles on a esté trop indulgent. Nous avons principalement besoing d'infanterie, le pays n'ettant nullement propre pour la cavalerie.

Je vous envoye le procès-verbal de ce qui s'est passé.

DE BOISSET.

A Hagetmau, ce 1er octobre 1664.

Procès-verbal dud. Boisset, capitaine commandant les brigades des Landes, de l'insulte faite aux cavaliers gardes pour le convoy, et assassinat et mort de deux dits cavaliers et blessures d'ung autre, dressé à Hagetmau le dernier septembre 1664.

L'an 1664 et le dernier jour de septembre, nous cappitaine commandant les brigades des Landes establyes pour la conservation des droictz deubs à S. M., estant de présent à Hagetmau, sur l'advis qu'on nous auroit donné que le nommé AUDIJOS, chef de la sédition et des attroupemens quy ont esté faictz en ces quartiers[1], avoit esté la nuict du 29, environ sur les dix ou onze heures, à la teste de dix huict ou vingt condamnés, piller et saccager entièrement la maison du chevalier de Prugues[2], habitant d'icelle, avec la résolution de luy couper la gorge s'il y eust esté, je serois monté à cheval sur les sept heures du matin avec ceste brigade, composée de 16 cavaliers, et serois allé du costé d'Urgons[3] ou j'aurois faict rencontre dudit s^r de Prugues et du s^r de Lartet[4], qui m'auroint appris le désordre que ces attroupez avoient faict, et m'auroient dict qu'ils avoient escript à M. le commandant des dragons de leur envoyer 15 ou 20 soldatz pour aller charger lesdits attroupez, qu'on leur avoit dict estre dans quelque maison; et après avoir fort long tems attendu lesd. dragons et voyant qu'il n'y avoit nulle apparence qu'ils deussent venir, je me serois retiré avec ladite brigade du costé d'Aubaignan[5], où j'aurois faict rencontre du baron de Brocas[6], devant le chasteau dudit Aubaignan, auquel j'aurois faict quelques plaintes de ce qu'il souffroit que ces factieux se retirassent dans sa paroisse, au préjudice de l'ordonnance de M. Pellot, et du commerce mesme qu'on l'accusoit d'avoir

---

[1] On aura sans doute remarqué que l'intendant n'avait pas encore appelé l'attention de Colbert sur le terrible chef des *Invisibles*. Mais depuis le procès-verbal du commandant Boisset, Audijos figurera dans toutes les dépêches de Pellot.

[2] Ancienne famille originaire de la ville de Mont-de-Marsan où, pendant deux siècles, elle occupa les plus hautes fonctions. En 1664, on trouve : Joseph de Prugue, lieutenant particulier au siège de Mont-de-Marsan ; Adam de Prugue, sieur de Micarrère et de Baquera, écuyer du Roi, maire de Mont-de-Marsan depuis 1662; Henri de Prugue, ancien lieutenant du colonel Balthazar et gouverneur pour les princes, en 1653, de Roquefort-de-Marsan. Consulter sur cette famille l'*Armorial des Landes*, par le baron de Cauna, t. I et II.

[3] Petite commune, sise aujourd'hui canton de Geaune, arrondissement de Saint-Sever.

[4] Guy Pierre de Ponsan, écuyer, seigneur de Lartet. (*Armorial des Landes*.)

[5] Aubagnan, arrondissement de Saint-Sever, canton d'Hagetmau. En 1664, la seigneurie d'Aubagnan était possédée par noble Jean du Vacquier, écuyer, seigneur d'Aubagnan, Brescadieu et Lartigue, allié à Marie de Castelnau-Brocas. (*Armorial des Landes*, tom. II, p. 409, et tom. III, p. 29.)

[6] Jean Charles de Castelnau, seigneur de Jupoy, baron de Brocas, d'une branche cadette de la maison de Castelnau-Castille. Le baron de Brocas avait épousé en 1662 Marguerite de Caupene d'Amou.

avec eux, à quoy il m'avoit répondu qu'il s'alloit retirer sur l'heure dans la lande, affin de ne se point rendre suspect. Et nous estant séparés, il m'auroit dict qu'il alloit joindre led. s^r de Lartet, duquel il me demanda des nouvelles; et moy j'aurois prins la route du costé d'Hagetmau, et estant à deux centz pas de là, au bas de la coste dud. Aubagnan, ou il y a un grand boys sur le bord du chemin, on nous auroit faict une descharge de plusieurs coups de fusil, dont les nommés du Clos et Villery auroient esté tués, l'un sur la place et l'autre seroit mort le lendemain, environ les deux heures après midy [1], et le nommé Larribaut blessé de trois coups au bras ; et parce que le lieu estoit inaccessible pour la cavalerie, je fus obligé de songer à la retraicte, après avoir retiré les morts et les blessés ; — pendant lequel temps, parust le nommé Audijos, Pilate et plusieurs autres sur le bord du fossé, *criant qu'ils nous extermineroint tous*. Après quoy nous aurions pris le chemin de Hagetmau, où nous avons faict visiter les morts et les blessés par un maître chirurgien, lequel nous a fourny son rapport, et avons dressé le procès verbal pour servir comme de raison.

Faict audit Hagetmau, le premier octobre 1664, que nous certifions estre veritable et en foy de quoy avons signé :

DE BOISSET, DE LAVARENNE, BEDOUST, LACAZE, DESSALLES, LAGARDE, FONTEBRIDE, LACOUR, DAUBARÈDE, FILHON, COSTODOAT, LARIBEAU.

Procès-verbal du chirurgien.

1er OCTOBRE 1664.

Je soubzsigné, Anthoine Lelievre, residant à Hagetmau, maître chirurgien juré au siège de Saint-Sever, certifie qu'à la prière et requisition de Monsieur de Boisset, capitaine général de messieurs du convoy, — que le mardy penultième jour du mois de septembre, environ les quatre heures apres midy, je me suis expres porté dans la justice dud. lieu ou je trouvé un corps mort qu'on m'a

---

[1] « On m'a dit aussi, écrit Laborde-Péboué (*Journal*, p. 543), que le premier « dudit octobre 1664, deux des gens du convoy ont esté tués à Aubagnan par « des gens inconnus. »

nommé Pierre du Clos, cavalié de messieurs du convoy, blessé au corps de quatre playes que je juge avoir esté faictes par coups de fusil, mousqueton ou instrumans semblables chargés de bales. La première blessure estoit placée à trois travers de doict aud. homme de l'ésèle[1] droite et partoit de l'autre costé, sortant directement sous l'ésèle gauche; l'austre blessure estoit située entre la quatrième et cinquième coste, mesme costé, à deux travers de doict des vertèbres, le long de l'espine, et sortoit sur l'estrenom[2], proche l'orifice de l'estomac, desquels coups la mort s'en est ensuyvie. — De plus, à mesme temps et heure, ay veu, visité, pensé et médicamenté Jean de Bilery, aussi cavalié desd. hommes, lequel dict homme blessé aussy de pareilles armes et blessé à la cuisse droite d'un coup de bale situé à deux travers de doict de la jointure de la hanche, qui va passant le long du bas ventre et . . . . et m'a fallu lui tirer la bale . . . . , auquel dit Bilery la mort s'en est ensuyvie, vinct heures après, nonobstant tous les soings et remèdes quy nous a esté possible de luy administrer; — comme aussy ay veu, visité, pensé et médicamenté Jean de Larivau, aussi cavalié desd. sieurs, lequel ay trouvé blessé d'un coup de *dragou*[3], situé sur la région de la partie supérieure de l'umerus[4], tout proche de la jointure de l'espaule droite; de plus un autre *dragou* au mesme bras, à trois travers de doict plus bas partie exterieure, comme aussy un autre coup de *dragou*, situé exterieurement, sur le doict *mediteun*, lesquelles blessures accompagnées de thumeurs, douleurs, esquimoses; — et d'aultant que le présent rapport contient verité, je l'ay escript et signé le premier jour d'octobre mil six cent soixante quatre.

LELIÈVRE.

[1] *Aisselle*, dessous du bras.
[2] *Sternum*, partie osseuse de la poitrine.
[3] En patois gascon et béarnais, *dragou* signifie la faux dont nos paysans se servent pour couper l'herbe des prés (*Dictionnaire béarnais*, par V. Lespy et P. Raymond), instrument terrible que l'on saisissait dans la campagne à la première alerte. Les trois blessures du cavalier Larribau, si minutieusement décrites par le chirurgien Lelièvre, feraient donc supposer un engagement livré corps à corps entre les *attroupés* et les soldats du convoi. M. de Boisset, dans son rapport, ne fait nullement mention d'une lutte de ce genre.
[4] *Humerus*, os du bras depuis l'épaule jusqu'au coude.

XXIX.

1664. — 3 OCTOBRE.
(Biblioth. nat. Mélanges Colbert, vol. 124, f° 49.)

M. PELLOT A M. COLBERT.

Monsieur, ... il y a encore quelques restes de desordres dans le pays d'Hagetmau. Le nommé Audijos, que j'ay condamné par contumace à estre roué, court le pays avec quinze ou vingt séditieux. Le jour, il va dans les maisons qui sont à l'escart et mesme dans les villages, qu'il pille et où il fait beaucoup de violences, et la nuit il se retire et couche dans les bois. Il a assassiné, dans la paroisse de Costure, le curé, à cause qu'il avoit publié une ordonnance qui faisoit deffenses de luy donner retraitte, comme au chef et aux autres condamnez par mon jugement[1]. Depuis trois ou quatre jours, il a dressé une ambuscade aux gardes du convoy, en a tué deux sur la place et blessé d'autres[2]. L'on fait ce que l'on peut pour l'attrapper, mais l'on n'en a pu encore venir à bout, parce que ce pays-là est fort fascheux et couvert et les gens à cheval n'y peuvent pas bien aller d'un costé et d'autre facilement, estant coupé de grandes et fortes hayes de bois touffus et de divers chemins creux, dont les bords sont fort eslevez, ce qui donne moyen à ces seditieux de tirer derrière des haies de haut en bas et ensuite se retirer dans les bois, et que l'on ne peut pas aller

---

[1] Laborde-Péboué, qui ne parle pas encore d'Audijos mais cite toujours les *inconnus*, constate le meurtre du curé de Coudures : « Je bous beux dire de plus « que ce mois de septembre 1664, M. Lacourt, curé de Coudure, et son bicaire « sont esté tués de nuit au lieu de Coudure en deux diverses nuits, et ce par des « gens incognus. — Et despuis avoir écrit, l'on m'a dit que ledit bicaire n'a pas « esté tué, mais bien oui ledit curé. » (*Journal*, p. 542). — Jusques à la fin de l'année 1664, les registres paroissiaux de Coudures sont signés : *Lacour, prebstre vicaire.* Brusquement un nouvel émargement apparaît : *Duplomb, prebstre vicaire.* Audijos aurait-il vraiment ordonné ou accompli lui-même le meurtre du curé Lacour? Ceci paraît bien difficile, pour ne pas dire impossible à vérifier. Le registre de délibérations de l'ancienne communauté de Coudures laisse deviner, dans plusieurs de ses séances, qu'il existait un violent antagonisme entre le curé et ses paroissiens. Le forfait imputé à Audijos ne pourrait-il avoir été accompli par un de ces mécontents, non affilié à l'association des *invisibles?*

[2] Voir ci-dessus le procès-verbal du commandant Boisset.

à eux. Outre cela, c'est que les habitants et gentilshommes leur prestent la main, ou par connivence ou par crainte, de sorte que pour couper racine entierement à ces désordres et purger le pays de ces canailles, il faut loger à Costure[1] la compagnie de Nogeant, du régiment de dragons, qui estoit à Tartas et qui estoit retournée à Monflanquin. Comme cette paroisse de Costure est le lieu où ledit Audijos vient le plus souvent[2] et ou il a le plus d'habitudes, ce sera le moyen pour le faire prendre, ou luy faire quitter le pays. Quand j'estois sur les lieux il s'estoit retiré en Béarn; depuis il est retourné.

Ce lieu de Costure est à M. le mareschal de Gramont[3], mais l'on ne scauroit empescher d'y faire ce logement; d'ailleurs l'on taschera à le soulager et de luy donner d'autres communautez pour aydes. Outre cela, il faudra encore laisser l'autre compagnie de dragons à Grenade, qui est à trois lieues de là. Ainsi l'on sera maistre de ce pays là et s'il se réfugie encore avec les autres seditieux l'on taschera de les y faire arrester, en vertu des ordres que j'ay receus pour ce sujet....

Je suis, etc.

PELLOT.

D'Agen, ce 3ᵉ d'octobre 1664.

---

[1] Coudures, qui est aujourd'hui une commune d'environ 900 habitants, est située dans l'arrondissement et canton de Saint-Sever, et distante de cette ville de 7 à 8 kilom.

[2] Nous rappelons qu'Audijos était né à Coudures et que toute sa famille habitait ce bourg, dans lequel, nous apprend l'abbé Expilly, on comptait au siècle dernier deux cent quatre-vingt-sept feux. « Situé dans une contrée assez « fertile, principalement en grains, en vins et en fruits, près du confluent des « rivières de Bas et de Gabas, ce bourg est à quatre lieues O. d'Aire et à sept « lieues E. de Dax. » (*Diction. géographique, historique*, etc., tome II.)

[3] De même que la baronnie d'Hagetmau et la seigneurie d'Audignon (haut et bas), Coudures relevait du comté de Louvigny, qui, nous l'avons déjà dit, appartenait à la maison de Gramont.

XXX.

1664. — 7 OCTOBRE.
(Biblioth. nat. Mélanges Colbert, vol. 124, f° 51.)

M. PELLOT A M. COLBERT.

Monsieur..., depuis que je vous ay mandé qu'un nommé Audijos est à la teste de quelques attroupés, vers Hagetmau, et qu'il avoit assassiné un curé et deux gardes du convoy; l'on m'a escrit que le nombre de ces séditieux augmente, et qu'il y a quelques paroisses qui donnent de l'argent et des gens, ce qui fait qu'attendant les ordres que je vous ay demandez pour mettre la compagnie de dragons de Nogeant à Costure, qui est au milieu desdites paroisses où il y a ces restes de desordres, j'ay envoyé, voiant que la chose pressoit, la compagnie colonelle de dragons dans ladite paroisse de Costure, qui n'en estoit qu'à trois lieues ; et quand j'aurois les ordres pour la compagnie de Nogeant, je renvoyerai dans son quartier ladite compagnie colonelle, et il est tout à fait important que lesdites deux compagnies de dragons demeurent dans ces quartiers là jusques à ce que l'on n'entende plus parler de ces désordres et de ces attroupemens.

Je jugerai demain un de ces principaux séditieux qui est icy, qui s'est trouvé dans tous les assassinats qui se sont faits. Quand il sera jugé, je l'envoyerai incontinent sur les lieux pour en faire un grand exemple, et qui donne la terreur aux autres. Enfin l'on n'obmettra rien de ce qu'il faudra faire pour esteindre entièrement ceste rebellion et bien establir dans ces quartiers les droits du convoy....

PELLOT.

Agen, le 7 octobre 1664.

XXXI.

1664. — 11 OCTOBRE.
(Biblioth. nat. Mélanges Colbert, vol. 124, f° 67.)

M. PELLOT A M. COLBERT.

Monsieur..., j'ay jugé icy le nommé Desbordes, un des chefs séditieux d'Hagetmau, et il a esté condamné à la roue. Je l'ay envoyé sur les lieux pour le faire executer, afin qu'il fasse plus d'exemple. C'est un boucher du lieu d'Hagetmau, homme hardi, qui a de l'esprit, qui parle et est fort propre pour esmouvoir le peuple et estre à sa teste. Il nous faut, s'il vous plaist, encore la compagnie de Nogeant de dragons pour estre quelque temps en ce pays-là, afin de dissiper entièrement ces attroupés et séditieux, et que l'on n'en parle plus. L'on n'obmettra rien pour faire arrester le nommé Audijos, qui en est le chef, et, lequel si on l'avoit, tous ces désordres finiroient. L'on m'a donné advis qu'ils s'estoient principalement attroupez afin d'empescher que l'on n'exécute pas ledit Desbordes et attendre ceux qui le mèneront, sur les chemins icy, qui fait que l'on a pris ses précautions pour la seureté de ceste execution....

PELLOT.

Agen, le 11ᵉ octobre 1664.

XXXII.

1664. — 31 OCTOBRE.
(Biblioth. nat. Mélanges Colbert, vol. 124, f° 602.)

M. PELLOT A M. COLBERT.

Monsieur..., les séditieux d'Hagetmau ont assassiné depuis peu le sʳ Boisset, commandant la compagnie des gardes du convoy, et un des gardes qui estoit avec luy. Ils ont fait cet assassinat comme il alloit d'Hagetmau à Saint-Girons[1], qui en est à un quart de lieue, accompagné de quatre gardes. Comme il passoit devant une maison, à cent pas d'Hagetmau, les sediteux, au nombre de quinze ou vingt, qui estoient cachez dans lad. maison, tirèrent sur luy, dont il tomba et le dit garde. Ils les achevèrent, estant par terre, à coups de poignards et les depouillèrent; les trois autres gardes se sauvèrent, dont il y en eut deux de fort blessez. Ensuite

---

[1] L'église collégiale d'Hagetmau était placée sous le vocable de Saint-Girons : le doyen portait le titre d'abbé et les chanoines avaient le droit de prendre, en tout temps, comme les évêques, le petit camail de soie. (Expilly, *ibid.*)

ces séditieux vinrent à Hagetmau, enfoncèrent quelques maisons et prirent des chevaux des gardes et ce qu'ils y trouvèrent [1].

Ce sont vingt ou vingt-cinq attroupez qui ont un nommé Audijos à leur teste, dont je vous ay desja parlé, qui font ces mauvoises actions. Ils se servent de l'advantage des lieux pour dresser des embuscades aux gardes et les tuer quand ils vont par le pays et ausquels ils en veulent particulièrement. Comme ces attroupez ont le pays favorable, qu'on leur donne vivres et retraitte, et que, quand ils se voient pressez ils s'en vont en Béarn, où l'on les souffre, l'on n'a pu encore les attraper. Ainsi, quand j'aurois les ordres pour faire aller encore dans ce pays-là la compagnie de dragons de Rangeuil, que commande Nogent, lesquels vous m'avez fait espérer et que j'attends, l'on lassera et fatiguera les communautez par logemens et l'on les obligera a contribuer à faire arrester ces attroupez et l'on n'en deslogera point les troupes que cela ne soit. Il faudra, outre cela, mettre un homme de service et vigoureux à la teste de ladite compagnie du convoy : car celuy qui a esté tué estoit peu de chose et il a manqué deux fois à prendre Audijos et les attroupez par son peu de vigueur et de résolution. Je luy en avois fait de grands reproches et j'estois d'advis qu'on le cassât. J'ay un homme en main, propre pour cet employ et qui s'en acquittera dignement, dont j'escris aux nouveaux fermiers, lesquels, quand ils seront une fois establis, les choses iront mieux : car ce changement fait que les gens employez agissent plus mollement. Cependant je donne tous les ordres necessaires et ne me lasserai point à chastier ces attroupez, quand ils me tombent entre les mains. L'on n'en entendroit plus parler si l'on avoit pu prendre cet Audijos, dont l'on fait à present si souvent mention. C'est homme est de la paroisse de Costure, qui a

---

[1] Le récit de Laborde-Péboué diffère quelque peu de celui de l'intendant : « Et advenant le 18 octobre, les gens du comboi, qui sont à Hagetmau, s'en « allèrent à la messe de Saint-Guirons ; mais à leur retour ils trubèrent, entre « Haget et Saint-Girons, une compagnie ou escadron de gens inconnus, de sorte « qu'ils attaquèrent auxdits gens dudit comboi et tuèrent le commandant Boisier « et un autre homme, de sorte que ces deux hommes du comboi demeurèrent « mourts sur la place et les *incognus* emportèrent leurs habits et de plus allèrent « au bourg de Haget prendre huit chebals de ceux du comboi et s'en allèrent je « ne sais en quelle part. » (*Journal*, p. 544.)

esté sept ou huit ans cavalier dans le regiment de Créquy : c'est un desesperé qui joue de son reste....

PELLOT.

A Agen, 31 octobre 1664.

XXXIII.

1664. — 3 NOVEMBRE.

(Biblioth. nation. Mélanges Colbert, vol. 125, f° 271.)

M. PELLOT A M. COLBERT.

Monsieur, j'ay receu les ordres pour faire loger à Costure la compagnie de Rangeuil de dragons, avec la colonelle qui y est desja. Je ne les laisserai pas toutes deux dans ce lieu là, mais seulement ladite colonelle et mettrait l'autre à Sault de Navaille [1], afin de tenir tout ce pays séditieux en bride et qu'elles puissent plus facilement courre sur ces attroupez et les dissiper quand ils paroistront. Je crois que vous estes bien d'advis d'y laisser quelque temps lesdites deux compagnies, et surtout depuis cet assassinat du sieur Boisset, commandant, et des deux gardes qui l'accompagnoient et qui fait grand bruit. Il faut asseurement lasser ce pays et le mortifier tout a fait par ce logement, afin de le faire revenir de l'obstination ou il paroist estre entièrement et l'obliger à ne favoriser plus, comme il fait, lesdits attroupez, mais plus tôt les abbandonner et les remettre comme la cause de leur malheur. Cependant je pourvoirai comme il faut, afin que ces logemens incommodent le moins qu'il se pourra lesd. paroisses, et ne les mettent pas hors d'estat de payer leur taille. L'on sème des bruits que ces attroupez veulent faire encore un plus grand coup, et qu'ils m'en veullent. J'ay reçu divers billets et divers advis de cela et qu'ils doivent m'aborder en pèlerins ou en gueux, quand j'entrerai ou sortirai de mon carrosse. Ils se disent désesperez, qu'ils ne s'en soucient pas de mourir et qu'ils sont martirs pour le bien public.

---

[1] Sault-de-Navailles, qui faisait partie de la subdélégation de Saint-Sever, est aujourd'hui situé dans le canton d'Orthez, Basses-Pyrénées.

Je ne négligerai point ces advis tout à fait et serai sur mes gardes; mais j'espère que je les mettrai bientost hors de pouvoir et de volonté de faire du mal. Comme ils se retirent en Béarn quand ils sont pressez, et que l'on les y recoit et que l'on y a de l'indulgence pour eux, parce que l'on croit qu'ils se sacrifient contre le fantosme de la gabelle, quoy que M. le marquis de Poyanne aye receu des ordres pour les faire arrester, il sera bon neanmoins que vous preniez la peine de lui escrire qu'il aye à s'employer de la bonne sorte pour les arrester, non pas seullement dans le Béarn, mais aussi dans Dax, s'ils s'y refugient, dont il est gouverneur, et où il a du pouvoir, et qu'il ne scauroit pas rendre un service plus considérable à S. M. et surtout s'il pouvoit faire attraper le nommé Audijos, qui est leur chef.

Les habitans de Bayonne ont envoyé des députez vers moy[1] pour me présenter leurs comptes, suivant un arrest du Conseil, depuis vingt et tant d'années, afin qu'ensuite vous envoyant mes advis et les despenses que la ville est obligée de supporter, S. M. leur fasse la grace de leur accorder quelque augmentation de revenu sur la moitié de leur coustume qu'elle leur a ostée. Comme j'ay sceu qu'ils n'estoient point entrez dans la Société des Indes Orientales[2], quoy que S. M. les y a invitez, et qu'ils n'y ont pas de la disposition, je leur ay fait connoistre qu'ils ne debvoient pas attendre des graces de S. M. s'ils ne tesmoignoient pas de la bonne

---

[1] Les sieurs de Naguille et Wescomb. — Voy. ci-dessus p. 113.

[2] Nos lecteurs savent que c'est à Colbert que l'on doit le plan de reconstitution de la compagnie française des Indes Orientales, sur le modèle de celles de la Hollande et de l'Angleterre. Malgré les avantages offerts par l'État, cette nouvelle compagnie ne put cependant être constituée qu'en l'imposant comme un devoir que tout le monde devait remplir, *sous peine du déplaisir du Roi*. A force d'injonctions et d'ordres sans cesse répétés, les Parlements, le clergé, la noblesse, la bourgeoisie consentirent enfin à entrer dans l'association. Mais aucun de ces obstacles ne parvint à décourager Colbert, qui savait que le commerce maritime ne pouvait se fonder dans l'espace de quelques années. Sa persistance devait être récompensée.

Grevée de dettes communales assez considérables, Bayonne, de même que presque toutes les grandes villes de France, montra peu d'empressement pour entrer dans la compagnie des Indes. Les efforts qu'elle fit pour plaire au Roi et à son ministre, consignés dans le reg. B.27, f°⁸ 282, 285, 286, 287 et 400, ne produisirent qu'un capital relativement minime, environ 30,000 livres. Plus tard, le haut négoce, revenant sur ces premières préventions, entra pour une forte somme dans la compagnie.

volonté dans cette occasion et ne se portoient à un dessein qu'elle affectionne tant et dont l'on ne scauroit doubter du succez. Lesditz députez m'ont asseuré qu'ils en escriroient et qu'ils me fairoient scavoir ce que lesdits habitans résoudroient....

PELLOT.

A Agen, ce 3ᵉ novembre 1664.

XXXIV.

1664. — 5 NOVEMBRE.

(Archives com^{les} de la ville de Salies. Copie informe [1]).

ARRÊT DU CONSEIL SUR LA PROPRIÉTÉ DE LA FONTAINE SALÉE DE SALIES.

Sur la requête présentée au Roy en son Conseil par les députés des habitans de la ville de Salies, en la souveraineté de Béarn, contenant que depuis plusieurs siècles ils sont possesseurs et propriétaires d'une fontaine salée, qui est en ladicte ville, communément appelée la fontaine salée de la ville de Salies, et y ont jouy paisiblement et disposé à leurs volontés, publiquement, au veu et au sceu des seigneurs souverains, Roys de France et de Navarre, non contredisans, ains donnant leur dit consentement et tant s'en faut d'avoir prétendu troubler lesdicts habitans en ladite possession que au contraire en plusieurs rencontres et divers siècles les y ont maintenus et confirmés par plusieurs arrests et jugemens confirmatifs l'un de l'autre et défense contradictoire avec de légitimes contradicteurs; néangmoins, quoyque cette possession paisible ne puisse recevoir aucune altération, lesdits

---

[1] Nous devons la copie de cet acte à M. Courtiade, de Salies, qui l'a lui-même transcrite sur un extrait informe appartenant aux Archives de cette ville. Quoiqu'il contienne beaucoup de lacunes, ce document a une grande importance, car il démontre combien vive fut l'attaque des intendants pour déposséder Salies de sa fontaine et de ses privilèges. Les États de Béarn durent intervenir, et le parlement de Navarre rendit à ce sujet de nombreux arrêts, dont le plus circonstancié est sans contredit celui du 12 novembre 1661 : *Arrêt... qui ordonne une informacion et qui permet aux charretiers faisant le commerce du sel de porter des armes à feu et marcher en troupe pour la défense de leurs personnes et bestiaux; enjoint de prêter main forte pour la liberté du commerce....*

habitants s'y trouvent aujourd'huy troublés par leurs ennemis, qui, sur de simples avis donnés à Sa Majesté, que lesdits habitans jouissoient depuis longues années de ladite fontaine, sans titres et par usurpation, sous pretexte de quelque redevance, et présuposant que tous les salins et minéraux appartenoient à Sadite Majesté par tout son royaume, ont eu l'adresse de surprendre trois différents arrests au Conseil royal, le premier, le onze octobre 1663, portant que lesdits habitans représenteront par devant le sieur Pelot, conseiller du Roy en ses Conseils et intendant des finances au département de la généralité de Montauban, les titres en vertu desquels ils jouissent de ladicte fontaine, pour en être, par luy, dressé procès verbal et iceluy envoyé au Conseil, estre ordonné ce que de raison; et le second, du 31 décembre audit an, portant que le précédent avoit esté signifié auxdits habitans qui ne s'estoient pas mis en debvoir d'y satisfaire, ce qui faisoit connoistre qu'ils n'avoient aucun titre, et que depuis ledit premier arrest Sadite Majesté ayant esté informée que, outre ladite fontaine en question, il y avoit, dans ladite ville, d'autres sources et puids salans dont le sieur de Gassion[1], comme engagiste, jouissoit, et que désirant, Sa dite Majesté, réunir à son domaine ladite fontaine prétendue usurpée et puids susdits pour en jouir comme de ses autres domaines, auroit reuni ladite fontaine et puids à son dit domaine; ordonné audit sieur Pellot se transporter pour en prendre la possession et pour estre pourvu aux remboursemens et desdommagemens dudit sieur de Gassion et de la communauté; ordonné qu'ils représenteroient, dans le mois, par devant les sieurs Daligre et de Séve, conseillers audit Conseil royal, et Colbert, aussi conseiller audit Conseil et intendant des finances, commis à cet effet, les titres et contrats en vertu desquels ils ont joui desdites fontaines et puids, et cependant descharger lesdits habitans des redevances et charges dont ils pouvoient estre tenus pour la jouissance des-

---

[1] Pierre, chevalier, marquis de Gassion, vicomte de Monboyer, baron de Camou, seigneur d'Audaux, Meritein, Arbus, Mourenx, Noguères, Orriule et autres places, président à mortier au parlement de Navarre et conseiller d'État par lettres du 30 janvier 1664. Le 20 août 1690, le marquis de Gassion épousait Madeleine Colbert du Terron, fille de Charles Colbert, marquis de Bourbonne, intendant de la Rochelle, et de Marie Hennequin. — Les Gassion possédaient d'immenses biens dans les environs de Salies.

dites eaux, auxquels habitans seroit délivré la quantité de sel qu'ils auroient besoin pour leur usage et provision ; et par le troisième arrest, du 4 fevrier 1664, sont portées les mesmes choses, et en outre que ladite possession seroit baillée à M⁰ François Dufourcq, fermier général du domaine ; lesquels arrests ne se peuvent sans support soustenir estre dans les formes régulières de la justice, estant rendus sans ouir lesdits habitans, par une prétendue coustume, sans avoir observé les principes de ladicte justice, ni donné délais compétens pour pouvoir représenter leurs exceptions, et contre les privilèges et libertés de la province de ne pouvoir estre distraite hors le droit d'icelle, sous pretexte de la justice temporelle ni spirituelle, à l'observation..... [1] privilèges, Sadite Majesté s'est obligée par serment entre..... [2] États généraux, l'an 1660, par lesquels privilèges..... [3] l'exemple de ses prédécesseurs de faire rendre la justice..... [4] par les officiers d'icelle et d'approuver leurs jugemens et partant lesdits habitans de Salies ont eu raison de ne comparoitre par devant ledit sieur Pellot, ne pouvant renoncer à leurs dits privilèges non plus que approuver la signification dudit premier arrest, sans visa ni paréatif du Parlement, contre lesdits privilèges et règlemens qui le défendent à peine de nullité et cassation, auxquels privilèges tant s'en faut que Sa dite Majesté ait voulu déroger, que, au contraire, elle les a confirmés par l'Édit d'*Union* de l'année 1620 [5], par sa déclaration de l'année 1625, et par un arrêt du Conseil de l'an 1633 en faveur des habitans de la vallée d'Ossau, en la province de Béarn :

Vu l'Édit d'Union de l'an 1620 et déclaration de l'an 1625, par lesquels Sa Majesté s'est obligée de maintenir lesdits habitans de ladite province en leurs fors, coutumes, règlemens et privilèges ;

---

[1] Papier déchiré.
[2] D°
[3] D°
[4] D°
[5] L'édit réunissant le Béarn à la France. — Décidée depuis 1616, l'*union* ne fut officiellement proclamée qu'en 1620. Il se trouve une copie authentique et scellée de l'*Édit d'union*, f° 282, vol° f. français n° 16,958 de la Bibliothèque nationale. En marge, on lit l'observation suivante : *La disgrâce de M. Mangot, garde des sceaux, empescha l'execution de cet édict, qui fut diféree en l'année 1620 que M. du Vair, garde des sceaux, fit expédier d'autres lettres de même substance, quoyque de paroles différentes.*

les arrets de ladite année 1633 donnés au Conseil de Sa Majesté en faveur desdits habitans d'Oussau ; les articles du for, règlemens et privilèges ; autre requête, présentée par le sieur baron de Jasses [1], deputé des gens des trois Estats dudit pays de Béarn, aux fins et que, pour les causes y contenues, et attendu qu'il s'agissoit de la ruine et désolation entière d'une province, il plaise à Sa dite Majesté maintenir et garder lesdits habitans de la ville de Salies en la possession et jouissance de ladite fontaine d'eau salée, pour y user ainsy qu'ils ont accoustumé, et ledit pays de Béarn en ses us, fors, coutumes et privilèges, ladite requête signée dudit de Jasses, député ; — Ouï, le rapport du sieur Colbert, conseiller ordinaire au Conseil royal et intendant des finances,

Le Roy estant en son Conseil, a maintenu et gardé, maintient et garde les habitants de ladite ville de Salies en la faculté de prendre l'eau salée de ladite fontaine comme auparavant [2]; rapporte les arrets du Conseil des 11 octobre et 31 décembre 1663, et celuy de 1664, sans qu'ils puissent prétendre aucuns nouveaux droits en conséquence du present arret ; ordonne en outre, Sa dite Majesté, que lesdits habitants représenteront dans trois mois audit Conseil les titres en vertu desquels ils prétendent avoir le droit de débiter ledit sel dans les pays de Bigorre et comtés d'Armagnac et de Marsan ; cependant Sa Majesté leur fait défenses de continuer de vendre le sel dans lesdits pays et comtés jusqu'à ce qu'après la représentation desdits titres il en ait été ordonné autrement ; enjoint Sa Majesté aux fermiers de la ferme du convoi de Bordeaux d'établir des bureaux, commis et gardes, ès lieux limitrophes desdits pays de Bigorre et comtés d'Armagnac et de Marsan, pour

---

[1] Jean de Casamajor, baron de Jasses et de Nabas, seigneur d'Araux et autres lieux, conseiller au parlement de Navarre, mort à Pau le 16 avril 1685.

[2] La source d'eau salée, *la Houn*, se trouve dans le vieux quartier de Salies, au milieu d'une place appelée Béda-Bayaa : de là le nom de *Béda* donné assez souvent à la source saline par plusieurs écrivains. Autrefois à ciel ouvert et simplement entourée d'une grille, cette source a été captée il y a environ vingt-cinq ans et les eaux dirigées sur l'établissement balnéaire. Le trou d'où jaillit l'eau, *l'œil*, est maintenant entouré de plaques fermées par des portes en fer, qui ne s'ouvrent que lorsqu'il y a nécessité absolue. Une machine à vapeur aspire par des conduits souterrains l'eau de la source et la refoule dans un local particulier où se fabrique le sel. Durant la saison d'été, ces mêmes conduits alimentent les réservoirs destinés aux bains et aux douches.

empescher la vente et débit du sel de ladite fontaine dans iceux.

Fait au Conseil d'Estat du Roy, Sa Majesté y estant, tenu à Paris le cinquiesme jour de novembre 1664.

Signé : GUENEGAUD.

Collationné à l'original par moy conseiller secrétaire du Roy, maison, couronne de France et de ses finances du collège ancien.

Signé : CLAUSEL.

XXXV.

1664. — 17 NOVEMBRE.

(Biblioth. nation. Mélanges Colbert, vol. 125, f° 468.)

M. PELLOT A M. COLBERT [1].

J'ay reçu, Monsieur, votre lettre du 9 de ce mois que vous m'avez fait l'honneur de m'escrire. J'iray aujourd'huy, avec le sieur Desjardins [2], visiter les travaux qui ont été faits sur le Lot [3], afin que nous resolvions ensemble ce qui se peut faire de mieux dans ce qui reste à faire. Je verray en mesme temps combien ils pourront revenir à peu près et quand ils pourront estre achevez.

Devant cela je scauray faire en ceste ville l'essay du *charbon de terre* [4], que j'ay fait venir dans ces quartiers là. L'on scaura dire à

---

[1] On nous pardonnera de reproduire à peu près dans son entier cette longue dépêche de l'intendant, où l'échauffourée des Landes n'est rappelée qu'incidemment. Mais Pellot y découvre si nettement son caractère, qu'elle nous a paru nécessaire à notre étude. Investi d'un pouvoir aussi absolu que mal défini, chargé d'affaires multiples dont le résultat apparaissait fort problématique et opposé aux intérêts des populations, l'intendant ne pouvait rencontrer sur sa route qu'inertie et opposition. Son caractère autoritaire le poussant à la violence, on le verra, pour réduire ces difficultés, émettre les projets les plus variés qu'un mot du maître faisait évanouir presque aussitôt.

[2] Après avoir été ordonnateur des travaux sur le Lot, Desjardins fut appelé à Bordeaux pour diriger les réparations du château Trompette. Il était, paraît-il, d'humeur difficile et désagréable. A la suite de nombreux démêlés avec le chevalier de Clerville, commissaire général des fortifications, Desjardins fut destitué de son emploi par Colbert (*Lettres, instruct. et mémoires de Colbert*, par P. Clément, t. V, pp. 11, 12).

[3] Sur les travaux entrepris pour rendre navigable la rivière du Lot, consulter Depping, *Correspondance administrative sous le règne de Louis XIV*, tome IV, pp. 4 et suiv.

[4] Le charbon de terre, extrait des mines découvertes dans les montagnes de Cransac, pouvait, d'après Pellot, donner lieu à un commerce considérable. (Depping, *ibid.*, tome IV, pp. 8 et suiv.)

ce propos s'il est aussi bon que celui d'Angleterre et ce qu'il
pourra couster estant rendu en ceste ville; et de tout je ne manqueray pas de vous en donner advis. Ensuite ledit sieur Desjardins
pourra aller visiter la rivière de l'Isle en Perigord, et examinera
s'il arrivera grande utilité au peuple de la rendre navigable.
Mais il y a un autre travail qui sera pire de despence et ne sera
pas moins important : c'est de rendre pareillement navigable la
rivière de Baïse[1], qui passe à Condom, depuis ladite ville jusqu'à
Viane, qui est à une lieue au-dessous de Nérac. Il se trouve que
de là elle porte basteau jusqu'à la rivière de Garonne, où elle se
descharge. Il n'y aura du reste de cette manière de travail que
pour rendre quatre lieues de ladite rivière navigables, ce qui sera
facile n'y ayant pas de grands obstacles, et l'on donnera par ce
moyen le débit aux vins du pays de Condomois et de l'Armagnac,
qui en ont quantités et en sont chargés le plus souvent. Je pourray obliger ledit sieur Desjardins d'y aller faire un tour, et mesmes
le sieur Bourgneuf[2], quand il sera revenu du Languedoc, où il est
présentement.

Comme j'ay vu que ma présence eschauffoit les gens en ceste
ville pour la société des Indes Orientales, j'ay cru qu'il estoit
necessaire de donner encore deux ou trois jours à cette affaire, et
ne debvoir pas partir que je ne la visse en bon estat : je partiray
neantmoins mercredy sans plus de remise. Le Parlement s'assembla samedy sur ce sujet. Les présidents résolurent de fort bonne
grace d'entrer dans ladite société pour mille livres chacun, et
M. le Premier Président[3] pour deux mille. MM. les présidents
Montesquieu[4], Salomon[5] et Grimard[6], qui vous ont escrit, et

[1] La canalisation de la Baïse, dans l'arrondissement de Nérac, fut une des
grandes préoccupations de Colbert. Voy. Depping, *ibid.*, et P. Clément, t. IV,
pp. 360, 537, 549, et t. VII, p. 249.

[2] Hector de Boutheroue, sieur de Bourgneuf (ou Bourneuf), intéressé au
canal de Briare et l'un des experts commis en 1665 pour la visite du canal du
Languedoc.

[3] Arnaud de Pontac. Voy. *le Parlement de Bordeaux : notes biographiques sur
ses principaux officiers.*

[4] Jean-Baptiste de Secondat, baron de Montesquieu.

[5] Sur ce magistrat, membre de l'Académie française, consulter l'étude publiée
par M. René Kerviler dans la *Revue de Gascogne*, année 1876 : *Henri François
de Salomon de Virelade et sa correspondance inédite.*

[6] Louis de Grimard, mort en 1700. Voy. l'*Ormée à Bordeaux.*

Pichon[1], quoyqu'il aye été autrefois frondeur, tesmoignent à l'envy des uns des autres beaucoup d'affection pour ce que S. M. paroit souhaiter. Pour M. le Premier Président, il a fait paroistre tout le zèle et l'empressement possible dans cette occasion. Les conseillers ne se sont pas encore déterminés sur ce qu'ils feront, mais on croit qu'ils pourront donner quasi trois mille francs chascun. C'est beaucoup assurément pour eux, car ils ne sont pas riches et se ressentent beaucoup des guerres, et ceste année ils n'ont pas vendu leurs vins. Le Parlement pourra ainsi aller à cent mille livres, suivant que je vous l'ay mandé. La Cour des Aydes suivra son exemple à proportion[2], et les bourgeois et marchands tesmoignent beaucoup de bonne volonté dont l'on verra les effaicts dans une assemblée générale qu'ils doivent faire demain. Enfin dans peu de jours l'on sera éclairé de qu'ils auront fait, et, quand ils auront signé, chaque compagnie vous donnera advis, et à M. Berryer[3], de ce qu'elle aura arresté, pour ensuite scavoir ce qu'il faudra faire.

. . . .

Comme il est de conséquence pour les affaires du convoy de faire prendre, s'il se peut, le nommé Audijos, chef des séditieux d'Hagetmau, aussi l'on n'obmet rien de tout ce qu'il se peut pour ce sujet. Mais, comme alors qu'il se trouvera poursuivi, il pourra peut-estre partir et se retirer en Espagne, je croys qu'il faudra

[1] L'un des héros de la *Fronde Bordelaise*, Bernard de Pichon, seigneur de Longueville. Consulter les *Archives historiq. de la Gironde*, tome IV, p. 554, et l'*Ormée à Bordeaux*.

[2] S'il faut en croire M. de Saint-Luc, la Cour des Aides de Guienne ne consentit pas à se montrer aussi généreuse que le Parlement de Bordeaux : « Je ne « puis refuser, écrivait ce dernier à M. Colbert, de vous rendre tesmoignage de « la chaleur avec laquelle un chacun se dispose à Bordeaux d'entrer dans la « société des Indes. Il n'y a que le clergé qui s'en veut dispanser et la Cour des « Aydes qui ne fait pas, s'il me semble, tout ce qu'elle pourroit. Ce premier « corps dict que ce seroit contre son ministère, et l'autre assurément n'a pas de « raison de ne pas faire un plus grand effort. Elle ne prétend donner que « 24,000 livres et ils sont quarante officiers plus accommodés à proportion que « ceux du Parlement. Je croy, Monsieur, qu'une de vos semonces leur faira « prendre d'autres résolutions... » (*Biblioth. nation., mélanges Colbert*, vol. 126, f° 121.)

[3] Louis Berryer, conseiller d'État, secrétaire et confident de Colbert. Voyez les *Lettres de madame de Sévigné* (Collection des grands écrivains de la France), tome I, pp. 448, 470 et 471, et tome V, pp. 92, 381 et 382.

tâscher de l'y faire arrester, et pour cet effet, si S. M. l'agréé, qu'elle donne un ordre à monsieur le marquis de Saint-Luc[1] de le demander de sa part aux gouverneurs des frontières d'Espagne, ainsi qu'il se pratique dans des rencontres de ceste nature, car il seroit de grande importance que l'on vit et que l'on sceut qu'un homme qui s'est attaché avec tant d'animosité à tuer à différentes reprises les gardes du convoy et enfin celuy qui les commandoit, et ainsi à commettre des crimes de ceste énormité contre l'authorité et le service du Roy, ne trouvat point de seureté en quelque endroit qu'il put aller.

Je suis avec respect, etc.....

PELLOT.

A Bordeaux, ce 17 novembre 1664.

XXXVI.

1664. — 2 DÉCEMBRE.

(Biblioth. nation. Mélanges Colbert, vol, 126, f° 28.)

M. PELLOT A M. COLBERT.

Monsieur....., les deux compagnies de dragons sont à présent du costé d'Hagetmau, suivant les ordres que j'ay receus. De plus, sur ce que j'ay représenté aux fermiers du convoy qu'il falloit un homme de service à la teste de la compagnie des gardes du convoy, ils ont donné cette place, à ma prière, au sieur La Palisse, qui est un vieux officier de cavalerie, fort entendu dans le mestier, qui a passé tousjours pour un des meilleurs partisans de l'armée et qui ne laissera pas un séditieux en repos. Ainsy tous les ordres necessaires sont donnés pour les dissiper et chastier comme il faut, et l'on n'obmettra rien de ce qu'il se pourra pour cet effect. Les ordres exprez outre cela que l'on a envoyez à M. le marquis de

---

[1] François d'Espinay, marquis de Saint-Luc, comte d'Estelan. Lieutenant général et commandant de la Basse-Guyenne après le maréchal, son père (novembre 1644), il remplit ces fonctions jusqu'à sa mort, arrivée en avril 1670. Il fut alors remplacé par le comte de Montaigu. (*Archiv. départ. de la Gironde*, reg. B 57, f° 112, et B 64, f° 110). — On trouvera, dans la suite, de très nombreuses lettres de ce petit-fils du brave Saint-Luc, l'ami de Henri IV.

Poyanne[1] pour les arrester en Béarn et à Dax, et la lettre de M. le mareschal de Gramont que vous m'avez adressée, serviront aussi beaucoup, comme je crois, pour ce dessein.....

PELLOT.

A Montauban, ce 2ᵉ décembre 1664.

XXXVII.
1664. — 29 DÉCEMBRE.
(Biblioth. nation. Mélanges Colbert, vol. 126, f° 461.)

M. PELLOT A M. COLBERT.

Monsieur, les désordres contre les gardes du convoy ne cessent point vers Hagetmau. Audijos depuis peu a esté avec ses gens attroupez à une maison d'un brigadier desdits gardes, l'a pillée et bruslée, et emmena ledit brigadier, qu'il poignarda dans un bois[2].

Dans la ville de Mont-de-Marsan, les habitans menacent tous les jours qu'ils ne souffriront plus le bureau que jusqu'à la fin de l'année et qu'ils chasseront les commis et gardes dans ce temps-là, parce qu'ils prétendent qu'un accommodement qu'ils ont fait avec les fermiers du convoy doibt finir avec la ferme, quoyque par cet accommodement lesdits fermiers donnent auxdits habitans 12,000 livres par an pour souffrir ledit bureau et les indemniser en quelque façon. Lesdits habitans ont mêsmes obligé d'eslargir un séditieux que le sieur La Palisse, commandant lesdits gardes, avoit pris et emmené dans les prisons.

Les deux compagnies de dragons qui sont sur les lieux ne font pas grand effet, ou parce qu'elles sont faibles à cause que l'on en a détaché pour faire la taille dans les eslections de la généralité de Bordeaux, ou plutost, comme j'apprens, parce que les officiers

---

[1] Henry de Baylens, marquis de Poyanne, lieutenant général des armées du Roi, sénéchal des Lannes, gouverneur des villes de Dax, Saint-Sever et Navarrens, et lieutenant du Roi en Béarn et Navarre, mort en mars 1667. Pellot accusa longtemps ce gentilhomme de favoriser les menées d'Audijos.

[2] C'est sans doute à cette affaire que Laborde-Péboué fait allusion quand il écrit : « Le 8 décembre 1664, les gens incognus et invisibles sont allés de nuit « au dessus de la bille d'Ayre, et ont tué un lieutenant des gens du comboi, « nommé Casanche, et ont bruslé et pillé la maison. » (*Journal*, p. 546.)

n'agissent pas avec vigueur; ayant esté asseuré qu'ils ont esté bien advertis qu'Audijos et les séditieux ont esté diverses fois proches de leurs quartiers et qu'ils ne sont point allez pour les attaquer, quoyqu'ils en eussent les ordres, comme aussi de prendre des principaux séditieux qu'on leur avoit indiquez, ce qu'ils n'ont pas exécuté, dont je n'ay pas pu sçavoir s'ils se peuvent bien excuser[1].

M. le mareschal de Gramont a bien escrit de la bonne manière à ses gens pour ayder à dissiper cette canaille, et mesme a envoyé pour cet effet un gentilhomme sur les lieux et pour assembler les gens de ses terres et des paroisses voisines et courir sus aux attroupez; mais je ne sçay si ces dernières lettres serviront plus que les premières, et je doubte que ces peuples, qui sont très mal intentionnez, quand ils seront assemblez, aillent d'un bon pied.

Ainsi, Monsieur, comme lesdits gardes sont alarmez à présent, que tout le pays est contre eux, qu'ils n'osent aller en campagne, que les séditieux sont encouragez par tant d'assassinats qu'ils ont fait et qui leur ont réussy, qu'enfin les affaires du convoy vont mal en ces quartiers là et empireroient si l'on n'y mettoit ordre, j'estime qu'il faut leur donner un plus grand secours et envoyer plus de troupes.

Il seroit bien nécessaire, à mon advis, d'y faire aller quinze ou vingt compagnies d'infanterie, qui sera plus propre que la cavalerie pour ces pays là qui sont couverts. Outre cela néantmoins il seroit besoin de deux compagnies de cavalerie. L'on mettra ces troupes principalement au Mont-de-Marsan, Saint-Sever et Orteis en Béarn[2], dans lequel dernier lieu l'on a retiré diverses fois ledit Audijos avec ses gens et surtout après qu'il eut assassiné le commandant desdits gardes du convoy, où il alla avec ordre, fit faire garde devant sa maison et fut receu comme ayant fait une belle action. Si l'on veut davantage eslargir les troupes qu'on envoyera, l'on pourra les distribuer à Dax, Grenade[3] et Tartas, qui sont

---

[1] Voir la lettre ci-après de M. de Saint-Luc au commandant des dragons en Chalosse.

[2] Orthez, chef-lieu d'arrondissement du département des Basses-Pyrénées.

[3] Grenade-sur-l'Adour, aujourd'hui chef-lieu de canton, dans l'arrondissement de Mont-de-Marsan, à 16 kilomètres de cette ville.

lieux esgalement mal disposez pour les droits du convoy, et de bons quartiers où elles pourront passer tout l'hyver sans incommoder, et se rafraischir. Quand ces troupes y seront, je m'y rendray pour faire encore de plus grands exemples et il faudra leur donner des ordres pour faire ce que je leur diray pour le service de S. M.

Alors je casseray, si on l'agrée, cet accommodement qui a esté fait par les fermiers du convoy avec le Mont de Marsan, que je trouve préjudiciable à l'authorité du Roy, de mauvois exemple et criminel en quelque façon pour les habitans, puisqu'ils font voir qu'il faut achepter leur obéissance. En même temps aussi, si le Roy le résolvoit ainsi, il pourroit se rendre maistre de la fontaine de Salies, en Béarn, et estendre encore davantage les buraux pour le plus grand avantage de la ferme; à quoy les habitans ont donné sujet par leur complicité avec ces séditieux, quand l'on n'auroit pas d'autres raisons que l'on a.....

Je suis avec respect, Monsieur, etc.....

PELLOT.

Montauban, ce 29 décembre 1664.

XXXVIII.

1665. — 3 JANVIER.

(Biblioth. nation. Mélanges Colbert, vol. 127, f° 59.)

M. DE SAINT-LUC AU COMMANDANT DES DRAGONS, EN CHALOSSE.

Monsieur, je suis obligé de vous donner advis qu'on a fait de grandes plaintes au Roy du peu de soin que vous apportés à à réprimer les courses et voleries d'Audijeos, aussy bien que les assassinats qu'il a fait de plusieurs officiers et cavaliers du convoy. Je seray constraint, sy vous n'entreprenés rien contre luy, en estant sy proche, de m'en plaindre, je suis fort certain que cella vous attireroit une fort meschante affaire. A la cour l'on m'a mandé qu'on vouloit vous rappeler et mettre d'autres trouppes en vostre place. Il vous est fort important, par quelque entreprise vigoureuse, d'effacer ces bruits. Je scauray bien faire valoir le service que vous aurés rendu en cette rencontre que vous devés rechercher avec empressement.

Je suis, Monsieur, vostre tres affectionné serviteur.

SAINCT-LUC.

A Bordeaux, le 3ᵉ janvier 1665.

XXXIX.
1665. — 9 JANVIER.
(Biblioth. nation. Mélanges Colbert, vol. 127, f° 100.)

M. DE SAINT-LUC A M. COLBERT.

Monsieur, je receus avant hier les ordres de Sa Majesté, que M. le marquis de Louvoy [1] m'a adressés pour la marche des troupes que Sa Majesté envoye du costé d'Hagetmau. Dans le mesme temps j'ay despeché un courrier à M. Pellot pour prendre de concert les résolutions nécessaires à l'execution des ordres de Sa Majesté. J'ay eu l'honneur de vous mander par ma précédente l'ordonnance que j'ay donnée [2], qui asseurément produira un bon effect contre ces vagabonds. Tous les bourgs pourroient estre remplis de gens de guerre qu'ils ne les prendront pas. L'artifice est plus nécessaire en ceste rencontre que la force, parce que sans doubte se retirant en des forets et dans les Pyrénées et ne s'assemblant que lorsqu'ils veulent entreprendre quelque méschante action, en marchant de nuit, ils demeureront séparés, attendant que les troupes se soient retirées. Il est vray que la nouvelle de ceste marche, mettant tout le pays dans la consternation, faira prendre aux gentilshommes et aux communautés des résolutions vigoureuses contre Audijos et ses complices, et qu'ils se chargeront volontiers de la seureté des bureaux et des gardes. Et si l'on faict

---

[1] François Michel Le Tellier, marquis de Louvois, secrétaire d'État au ministère de la guerre depuis 1654.

[2] Sans doute *l'ordonnance* dont M. de Saint-Luc reparle dans sa dépêche du 14 janvier, laquelle portait injonction aux habitants des Landes et de Béarn de *se saisir du sieur Audijos mort ou vif*. Nous n'avons pu retrouver le texte de cette ordonnance.

ces propositions à M. Pellot et à moy, comme je le croy, je vous supplie très humblement de me prescrire ce que nous devrons faire sur ce subjet et sy nous devons nous en contenter sans y envoyer toutes les troupes, desquelles pourtant je suis d'advis qu'on en laisse pendant quelque temps quelques destachemens dans les lieux les plus suspects.

Vos lettres, Monsieur, ont remis les esprits de nos marchans et redonné le calme dans les familles, espérant qu'ils ne perdront pas leurs marchandises ny leurs denrées en Angleterre, comme ils l'avoient appréhendé.

Quelques petits chagrins que la jalousie du service du Roy touchant la société des Indes Orientales a faict naistre entre les jurats et les juges et consuls de la Bourse, ont empesché que vous n'ayez receu par cest ordinaire le destail de ce qui s'est faict icy[1]. Ma présence a finy leurs divisions et demain les uns et les autres doivent venir me trouver pour achever cette affaire. Il n'y en a point ou je ne paroisse avec respect et attachement, Monsieur, votre très humble et très obéissant serviteur.

SAINCT-LUC.

A Bordeaux, le 9º de janvier 1665.

XL.

1665. — 14 JANVIER.

(Biblioth. nation. Mélanges Colbert, vol. 127, fº 158.)

M. PELLOT A M. COLBERT.

..... Je m'estois donné l'honneur de vous mander que j'estimois a propos de faire loger des troupes dans Orteis, en Béarn, qui est un bourg à deux ou trois lieues d'Hagetmau et le plus coupable de tous, ayant receu Audijos diverses fois, attroupé et armé, et

[1] La *Chronique Bordeloise* de Ponthelier constate qu'à la date du 29 novembre 1664, « il se fit une assemblée des Cent-Trente dans laquelle il fut résolu « que tous les corps s'assembleroient dans huictaine pour faire leur déclaration « de ce que chacun voudroit contribuer à la compagnie des Indes Orientales, et « la rapporter à Messieurs les jurats, pour estre ensuite envoyée au Roy. »

principalement après qu'il eut assassiné le commandant des gardes du convoy. Il seroit fort nécessaire, et d'exemple pour tout le Béarn, que l'on vit que ce lieu qui a participé à tous ces crimes ne ne demeure pas sans punition. Aussy comme il n'est pas du gouvernement de M. le marquis de Saint-Luc et qu'il ne peut pas donner ses ordres pour y faire loger des troupes, si Sa Majesté l'agrée ainsy, elle fera expédier les siens pour y envoyer deux compagnies de dragons.....

PELLOT.

De Montauban, le 14 janvier 1665.

XLI.

1665. — 16 JANVIER.

(Biblioth. nation. Mélanges Colbert, vol. 127, f° 183.)

M. DE SAINT-LUC A M. COLBERT.

Monsieur, j'ay trouvé que l'advis de M. Pellot estoit conforme aux sentimens que j'avois eu l'honneur de vous escrire par cy devant touchant les violances d'Audijos contre les commis du convoy. Nous avons trouvé à propos de ne nous servir point de l'infanterie qui avoit esté destinée pour aller contre ces vagabons, y estant absolument inutile, ils ne demeurent pas la moitié d'un jour dans chaque lieu et ne marchent que de nuit et de plus on m'a asseuré qu'il s'étoit sauvé en Espagne, depuis la publication de ma dernière ordonnance qui portoit de le prendre mort ou vif. Toutes ces raisons m'ont empesché d'y aller, ny ayant aucune résistance de la part des peuples, ny de la noblesse (estant tout à fait prest d'y marcher, Monsieur, si vous le jugés à propos). Cependant, pour tenir tout dans l'obéissance, suivant l'advis de M. Pellot, j'envoye une compagnie de dragons dans Saint-Sever, une dans Grenade, une dans le Mont-de-Marsan, et une, avec la compagnie de Lorges, dans la ville d'Aqcs, attendant que vous envoyés des ordres pour faire aller ces deux dernières dans le Béarn, dans Oloron, et dans les vallées des Pyrénées, ou Audijos a trouvé sa retraite la plus asseurée. Les autres deux compagnies de dragons demeureront dans Coutures et Saux de Navailles[1]. J'ay donné plusieurs ordres particuliers dans les vallées de Bigorre, où il sera infailliblement pris, s'il y paroist, et envoyeray des destachements de toutes garnisons dans les paroisses contre les coulpables, sy c'est nécessaire. Je croys, Monsieur, que toutes ces precautions vont deraciner cette trouppe de criminels de cette province. Je n'y oubliray rien de ma part.

J'ay apris par le sieur Le Maigre[2] la continuation de vos bontés en ce qui regarde mes appointemens. Je vous supplie très humblement, Monsieur, d'être persuadé de ma recognoissance et d'avoir pour agréable que ledit sieur Le Maigre vous entretienne d'une omission qui a esté faicte les deux années dernières. Il vous protestera, Monsieur, qu'il fault que j'aye recours à mes amys pour suppléer à la despance que je suis obligé de supporter en ceste province. J'attends tout de l'honneur de vostre protection et que vous me fairés celuy de me croire avec respect et fidelité, Monsieur, vostre très humble et très obeissant serviteur.

SAINCT-LUC.

Bordeaux, 16 janvier 1665.

XLII.

1665. — 19 JANVIER.

(Biblioth. nation. Mélanges Colbert, vol. 127, f° 209.)

M. DE SAINT-LUC A M. COLBERT.

Monsieur, ayant apris qu'un garde sel avoit esté assassiné dans les environs de Coutures[3], j'ay creu avec M. Pellot qu'il estoit nécessaire d'envoyer davantage des troupes que nous n'avions résolu. Pour cest effect, je fairay marcher les compagnies qui sont détachées des garnisons de Blaye, du Chasteau-Trompette, Navarreins et Saint-Jean de Pied de Port, pour aller dans les

---

[1] Sault-de-Navailles, canton d'Orthez.
[2] Receveur général des finances en la généralité de Bordeaux.
[3] Laborde-Péboué ne fait aucune mention de ce meurtre.

lieux de Saint-Sever, Mont de Marsan, Grenade et d'Acqs, avec les dragons. De ce dernier lieu, j'en tireray la compagnie de Lorges pour la mettre à Samadet[1], quy est entre Coutures et Saux de Navailles, afin que leur voisinage donne quelque jalousie aux dragons de mieux faire que par le passé. Il ne sera rien oublié pour la punition des coupables et la seureté des bureaux.

M. Pellot m'ayant donné advis que ceux de Montauban avoient refusé de s'intéresser en la société des Indes, suivant son advis je leur escris les disgraces qui leur arriveront de refuser une occasion sy favorable de tesmoigner leur bonne volonté au bien de l'Estat. Je m'asseure que ma lettre leur faira prendre d'autres sentimens. Les miens seront d'estre tousjours avec respect et fidélité, Monsieur, vostre très humble et tres obeissant serviteur,

SAINCT-LUC.

Bordeaux, 19 janvier 1665.

XLIII.

1665. — 21 JANVIER.

(Biblioth. nation. Mélanges Colbert, vol. 127, f° 239.)

M. PELLOT A M. COLBERT.

A Montauban, ce 21 janvier 1665.

J'ay reçu, Monsieur, vos lettres des 4° et 9° de ce mois, que vous m'avez fait l'honneur de m'escrire. L'on ne perd pas un moment de temps pour obliger de s'interesser dans la société des Indes Orientales ceux qui sont en estat de le faire; l'on les prend pour cela par différens moyens. Ayant temoigné, il y a quelque temps, aux habitans de Bayonne, qui demandoient que j'examinasse leurs comptes pour en donner advis ensuite au Roy en vertu d'un arrest du Conseil, qu'ils ne devoient pas espérer que l'on leur fit grand grace puisqu'ils n'avoient point pris part dans ladite société, ils me sont venus trouver icy depuis quelques jours et m'ont asseuré qu'ils y ont pris interêt pour trente mille livres.

---

[1] Commune du canton de Saint-Sever, située à quelques kilomètres de Coudures.

Les marchands et bourgeois de ceste ville, dont il y en a beaucoup d'accommodez, sont fort froids et fort mal disposez sur ce sujet : ce qui fait que je les presse fortement et les menace de les taxer pour l'industrie à la descharge des fonds, ainsy qu'il se pratique dans les pays de taille réelle, et qu'il s'est fait autrefois icy, s'ils ne font pas paroistre plus de bonne volonté [1]. Nous verrons ce que cette crainte produira ; mais s'il y avoit quelqu'un qui voulut aller se plaindre au Conseil pour cette cause, il faudroit, s'il vous plaist, me le renvoyer.

Je me serviray aussy de l'arrest du Conseil contre les habitans de Bordeaux pour voir leurs tiltres, afin de leur faire faire plus d'efforts, s'il se peut. J'employe pareillement contre quelques-uns, dont la noblesse est douteuse, la crainte de la recherche [2], et j'excite les véritables gentilshommes par les raisons qui les peuvent toucher. Enfin, Monsieur, nous vous donnerons advis bientôt de ce que tous ces moyens auront produit ; au moins l'on aura la satisfaction de n'avoir rien oublié, et ceux qui auront signé les obligations nous les obligerons de porter leur argent à Bordeaux, au sieur Saint-Jean, marchand, ainsi que vous me le marquez.

Je dois encore adjouster pourtant la manière dont en a usé M. de Fontrailles [3]. Je l'ay autrefois fort connu, mais comme je scay qu'il n'aime pas les intendants, nous ne nous sommes point faict de civilités depuis que je suis dans la province. Neantmoins j'ay eu le soin que l'on traitta bien les lieux qui lui appartiennent. Maintenant que j'ay eu ordre de S. M. d'inviter les principaux

---

[1] Pellot avait vraiment tort de se plaindre. Le 26 décembre précédent, le premier président, Arnaud de Pontac, lui écrivait : « Les juratz et le juge de la « Bourse travaillent tous les jours à recueillir les sings de tous ceux qui ont la « pensée de s'intéresser dans la compagnie, et je puis vous dire que, dès à présent, « les bourgeois *ont signé pour 100,000 francs*. Je ne scay pas de combien cette « somme se pourra augmenter ; mais c'est sans y comprendre la cour des Aydes, « ni les trésoriers.... » (*Biblioth. nation. Mélanges Colbert*, vol. 126 *bis*, f° 801.)

[2] On voit que l'intendant ne reculait devant aucun moyen ni aucune menace pour forcer toutes les classes de la société à participer aux entreprises commerciales imaginées par Colbert.

[3] Louis d'Astarac, vicomte de Fontrailles, que Blot traitait de *gourmet, libertin* et *mécréant accompli*. « Il est de bonne maison et a 22,000 livres de « rentes en fonds de terre, sans un sou de dettes.... Il estoit des esprits forts du « Marais.... » Voy. Tallemant des Réaux, *Historiettes*, édition Monmerqué et P. Paris, tome II, pp. 57 et suivantes.

gentilhommes d'entrer dans ladite société, j'ay cru devoir lui escrire comme aux autres, et d'autant plus qu'il est sénéchal d'Armagnac, ce que j'ai fait fort civilement ; à quoy il m'a fait responce, comme vous pourrez voir, Monsieur, avec beaucoup de chagrin ; ce que j'ay estimé devoir ne pas rester sans resplique, dont vous trouverez les copies ci-jointes [1].

L'homme de Monsieur le mareschal de Gramont, qui a escrit la lettre contre les gardes du convoy, m'est venu trouver en ceste ville avec un duplicata de l'ordre du Roy touchant Hagetmau, dont je vous ay envoyé copie et vous ay desjà escrit, et prétend, en vertu dudit ordre, qu'il doit informer contre les gardes du convoy, en présence des officiers de M. le mareschal, et que lesdits gardes doivent déloger, non pas seulement du chasteau d'Hagetmau, mais que l'on oste le bureau de la paroisse d'Hagetmau, que l'on en face déloger lesdits gardes, comme aussy des paroisses qui sont en ce pays là dont M. le mareschal de Gramont est seigneur [2], et

---

[1] Nous ne rapporterons, à titre de curiosité, que la lettre de M. de Fontrailles. La réponse de l'intendant fut ce qu'elle devait être : l'excuse invoquée paraissait mauvaise ; seule la bonne volonté faisait défaut.

« *A M. Pellot, intendant de Guyenne.*

« A Castillon, 11 janvier 1665.

« Monsieur, personne ne sait mieux que vous la misère de nostre province et
« particulièrement de la noblesse à laquelle, avec une rigueur non jamais ouye
« ny pratiquée, vous avez eu bien de la peine de faire payer ce qu'elle devoit au
« Roy ; et comme j'ay l'honneur d'estre de ce corps, je vous assure aussy,
« Monsieur, que je ne suis pas moins misérable que les autres. La passion et le
« zèle pour le service du Roy ne nous manqueront jamais, à l'imitation de ceux
« qui m'ont devancé : j'exposeray mon honneur, ma vie et le peu de biens qui
« me reste, pour en donner des preuves. Mais, d'entrer dans une compagnie de
« négoce, je crois qu'un misérable comme moy s'en peut excuser sans manquer
« à ce qui est dû à S. M. Pour l'exemple que vous m'alléguez de vous, de M. de
« Sainct-Luc et de M. de Marin, je voudrois de tout mon cœur avoir autant
« d'argent que vous en retirez tous trois du Roy chaque année, et je vous assure
« que je ne ferois pas de difficulté d'y mettre aussi grande somme que vous avez
« fait.

« En toutes choses je vous tesmoigneray que je suis, Monsieur.....

« FONTRAILLES. »

(*Biblioth. nation. Mélanges Colbert*, vol. 127, f° 110.)

[2] La maison de Gramont possédait dans les sénéchaussées d'Aire et de Saint-Sever de nombreuses terres et seigneuries :

1° Le vicomté de Louvigny, composé du bourg du même nom et des paroisses de Beyrie, Fichous, Lonçon, Mialos, Séby, Méracq, Coublucq, Pouliacq, Malaussanne, Filhoudé et Cabidos ;

qu'ils n'y doivent plus venir pour faire la visite ou autrement, parce que dans ledit ordre du Roy il est porté que lesdits gardes desloderont du chasteau d'Hagetmau et lieux appartenans à M. le mareschal de Gramont. Ainsy, Monsieur, il est important qu'il plaise à S. M. d'expliquer si Elle l'entend de cette manière, suivant que je me suis donné l'honneur de vous le mander en vous faisant connoistre la conséquence, car si cela estoit il ne faudroit plus parler de gardes ni de bureaux en tout ce pays là, et les fermiers demanderoient pour ce sujet de grandes diminutions, outre qu'il seroit de mauvais exemple pour toute la province que l'on vit que la rebellion produisit ces advantages.

Je fais cependant deloger lesdits gardes du chasteau d'Hagetmau et feray faire la visite du chasteau en présence des gens de M. le mareschal pour voir le dommage qui a esté fait afin de le faire réparer, lequel je ne crois pas avoir esté causé par lesdits gardes à dessein. Si d'ailleurs il y a eu hommes coupables de ces désordres et voleries, dont ladite lettre parle, je tascheray d'en descouvrir la vérité afin qu'ils soient chastiez, en distinguant les plaintes qui sont suspectes et ne les recevant pas indifféremment contre eux.

Pour cet effet et pour l'execution des autres ordres de S. M. contre les séditieux de ce pays là, je m'y achemineray aussitôt que les troupes y seront arrivées, et pour m'avancer de ce costé là, je partiray demain sans faute pour aller à Agen, ou j'attendray vos ordres.

Vostre tres humble, etc.....

PELLOT.

2° La baronnie d'Hagetmau, comprenant le bourg de ce nom et les paroisses de Sainte-Colombe, La Bastide en Chalosse, Eyres, Horsarrieu, Audignon (haut et bas) et Coudures ;

3° La baronnie d'Arzacq, avec droits de justice haute, moyenne et basse ;

4° La baronnie de Tilh, composée de la paroisse de ce nom et des quartiers d'Arsague et de Saint-Girons. Mais ces quartiers avaient des seigneurs particuliers et ne dépendaient de Tilh que pour le spirituel. Les ducs de Gramont n'étaient seigneurs haut justiciers que pour Tilh ;

5° La seigneurie d'Arthez, avec droits de moyenne et basse justice dans ledit bourg et les paroisses dépendantes : Arracq, Cagnez, Caubin, Pujet, N'Haux et Mesplède.

XLIV.
1665. — 26 JANVIER.
(Biblioth. nation. Mélanges Colbert, vol. 127, f° 309.)

M. DE SAINT-LUC A M. COLBERT.

Monsieur, je ne manqueray pas de vous faire sçavoir par le prochain ordinaire ce que les négotiants de cette ville auront résoleu sur le subject de leur caissier, et comme vos sentimens leur doivent estre des loix, je m'asseure qu'ils ne s'en esloigneront pas, à quoy j'ay desja commancé de travailler[1].

Je vous envoye un contrôle de la marche des troupes et des lieux où M. Pellot et moy les avons jugé nécessaires, attendant que nous soyons sur les lieux pour cet effet. Je l'attans dans quelques jours pour y aller ensemble, y faire punir les coulpables et y restablir l'authorité du Roy. Cependant j'ay donné mes ordres aux commandans des troupes d'envoyer toutes les nuits, à trois ou quatre lieues autour de leurs quartiers, des partis sy secrètement qu'il se pourra pour se saisir de toutes les personnes qu'ils trouveront armées à la campagne. Cette précaution faira qu'on surprendra quelques coupables. Faites moy l'honneur de me croire toujours, avec respect et fidélité, Monsieur, vostre tres humble et tres obeissant serviteur.

SAINCT-LUC.

A Bordeaux, ce 26 janvier 1665.

---

[1] Le 16 février suivant, le premier président, Arnaud de Pontac, écrivait à Colbert : « Le caissier (du bureau de la Compagnie des Indes Orientales) a esté « nommé par les bourgeois, et je ne doute pas qu'au premier jour on ne com- « mence à payer le premier pacte ; l'on fera toutes les diligences pour y obliger « les intéressés. » (*Biblioth. nation. Mélanges Colbert*, vol. 127 bis, f° 311.)

XLV.

1665. — 26 JANVIER.

(Biblioth. nation. Mélanges Colbert, vol. 127, f° 307.)

CONTROOLLE DES TROUPES QUI MARCHENT EN CHALOSSE, DES LIEUX DE LEURS GARNIZONS ET DE LEURS ROUTES.

Infanterie.

La compagnie de Navailles, du régiment de Piémont[1], venant de Navarreins (l'ordre a esté donné le 19 janvier 1665) :

Elle ira loger : à Belloc, à Daqes.

La compagnie de Brion, dud. régiment, sortant du Chasteau-Trompette (l'ordre a esté donné le 19) :

Elle ira loger : à Castres, à Preignac, à Bazas, à Roquefort, au Mont de Marsan.

La compagnie de Bouillac, du régiment de la Marine[2], sortant de Blaye (l'ordre a esté donné le 19) :

Elle ira loger : à Sainct-André, au Carbon-Blanc, à Créon, à Saint-Macaire, à Bazas, à Roquefort, au Mont de Marsan, à Grenade.

La compagnie de Durocq, du régiment Royal[3], sortant de Saint-Jean de Pied de Port (l'ordre a esté donné le 19) :

Elle ira loger : à Brassempouy, à Saint-Sever.

---

[1] Le régiment de *Piémont*, qui avait alors pour mestre de camp le marquis de Chavigny, se composait, comme tous les *vieux corps*, de quarante compagnies. En 1664, dix-huit de ces compagnies avaient fait partie de la petite armée envoyée par Louis XIV au secours de l'empereur menacé par les Turcs : elles assistèrent à la fameuse bataille de Saint-Gothard. En 1665, cinq autres compagnies, conduites par leur colonel, prirent part au siège de Lockhein, en Hollande. Le reste du régiment se trouvait disséminé dans diverses villes de l'Ouest et du Sud-Ouest.

[2] L'année précédente, dix-sept compagnies de la *Marine* avaient fait, sous les ordres du lieutenant-colonel, la campagne d'Italie terminée par le traité de Pise. Les vingt-trois autres, restées en France avec le mestre de camp Philippe-Julien Mancini, duc de Nevers, tenaient garnison partie dans le Nord, partie dans les Charentes. Le gros du corps était à Hesdin.

[3] Considéré comme *vieux corps*, quoique de création récente, ce régiment était aussi de quarante compagnies. Les vingt plus anciennes avaient suivi en 1664 le duc de Beaufort en Afrique, et à leur rentrée en France avaient été casernées dans diverses villes du Midi. *Royal* avait pour mestre de camp Louis, duc d'Arpajon.

Cavalerie.

La compagnie de Lorges, partant de Saint-Emilion (l'ordre a esté donné le 15) :

Elle ira loger : à La Sauve, à Barsac, à Capcieux, à Roquefort, au Mont de Marsan, à Tartas, à Montault.

Dragons.

La compagnie de Givry, partant de Villeneufve de Rouergue (l'ordre a esté donné le 23) :

Elle ira loger : à Caylus, à Montauban, à Moyssac, à La Plume, à Condom, à Eauze, à Grenade.

La compagnie de Tristan, venant de Figeac (l'ordre est du 23) :

Elle ira loger : à Cahors, à Castelsagrat, à Leyrac, à Condom, à Gabarret, à Villeneufve de Marsan, à Tartas, à Dacqs.

La compagnie La Forest, venant de Périgueux (l'ordre est du 19) :

Elle ira loger : à Bergerac, à Villeréal, à Acyrac, à Gabarret, au Mont de Marsan.

La compagnie du Doyet, venant de Villefranche de Perigord (l'ordre est du 22) :

Elle ira loger : à Villeneufve d'Agenois, au Port Sainte Marie, à Condom, à Eauze, à Saint-Sever [1].

---

[1] Le contrôle ci-dessus fait mention de quatre compagnies d'infanterie et de cinq compagnies de cavalerie, en outre des six qui déjà avaient leur cantonnement en Chalosse. D'après Pellot, Saint-Luc et Laborde-Péboué, Audijos se trouvait à la tête d'environ cinquante ou soixante séditieux, plus ou moins bien armés. En calculant chaque compagnie d'infanterie, cavalerie et dragons d'après l'ordonnance de 1662, on envoyait donc mille ou douze cents hommes de troupes réglées pour s'emparer de soixante misérables.

XLVI.

1665. — 30 JANVIER.

(Biblioth. nation. Mélanges Colbert, vol. 127, f° 379.)

M. PELLOT A M. COLBERT.

A Agen, ce 30 janvier 1665.

Monsieur....., Monsieur l'evesque de Conserans[1] et moy vous avons souvent informez du bon effet de la garnison sur le château de La Cour pour maintenir les habitans du pays de Conzerans dans leurs debvoirs. Je suis persuadé de la necessité qu'il y a de leur laisser encore cette bride pendant quelque temps. Cependant le vicomte de Conzerans[2], à qui appartient ce chasteau, presse d'en estre deschargé, ou en tout cas demande un dédommagement qu'il fait monter fort haut. Monsieur l'evesque d'Aire, qui est son proche allié[3], me fait souvent des instances sur ce sujet; je crois, Monsieur, qu'il seroit content si S. M. vouloit donner quelque lieutenance dans un vieux corps au chevalier de Conzerans, son frère[4], qui a été des petits mousquetaires. Ce sont des gentilshommes d'une des meilleures et des plus anciennes maisons de la province, qui tascheront de mériter leur employ par leurs services[5].

---

[1] Bernard de Marmiesse, mort le 22 janvier 1680. — Le Conserans fait aujourd'hui partie du département de l'Ariège. — Sa ville principale était Saint-Lizier.

[2] Paul Gabriel de Mauléon de Foix, vicomte de Conserans, seigneur baron de Montegut, La Cour, Oust et Puydaniel.

[3] Bertrand de Sariac, dont le frère aîné, Jean-Denis, gouverneur de la ville de Perpignan et du pays de Roussillon, avait épousé en 1648 Françoise de Mauléon de Foix, sœur du vicomte de Conserans.

[4] Fançois Denis de Mauléon de Foix, dit le chevalier de Conserans, mort sans alliance en 1710.

[5] Pellot plaidait déjà *pro domo sua*. Le 9 juin 1666, sa fille cadette épousait en grande pompe, à Agen, le vicomte de Conserans. De cette union, qui semble n'avoir pas été très heureuse, naquit une fille unique bientôt considérée comme une des plus riches héritières de France et digne d'épouser les plus grands partis. Mais son grand-père et tuteur, l'ex-intendant Pellot, « gouverna si mal « ses affaires qu'il ne songea qu'à la marier à quelqu'un qui lui donnât quittance « du compte de tutelle et le laissât tranquille ». Consulter, sur cette curieuse affaire, l'ouvrage déjà cité de M. O'Reilly (*Mémoires sur la vie publique et privée de C. Pellot*, tome I, p. 585, et tome II, pp. 198 et 696, et les *Mémoires du duc de Luynes*, tome XIV, p. 17 et suiv.).

Ils ont un frère[1] qui est desja en voye de cela, lequel est officier, je crois, dans le régiment de Picardie, et qui est à Gigeré.

M. de la Vrillière[2] prit la peine de m'escrire, il y a quelque temps, pour sçavoir mon sentiment sur une demande qu'avoit faite à S. M. le sieur Castelmore[3] pour M. d'Artaignan[4], lieutenant des mousquetaires, pour annoblir des biens taillables qu'il possède dans la généralité de Montauban. Je fis response alors et en représentai la conséquence : je vous envoye copie de ma lettre. Depuis j'ay appris que ledit sieur de Castelmore a obtenu une déclaration de S. M. pour ce subjet, dont vous trouverez une copie cy-jointe, qu'il prétend bientôt faire vérifier à la Cour des Aydes. Il est absolument de la dernière importance pour le service du Roy de ne donner point atteinte à la réalité de la taille en ce pays, car si cette affaire passe, d'autres, qui auront de la faveur, prétendront la mesme chose et la taille pourroit tomber enfin sur les misérables au grand prejudice des deniers du Roy. Il vauldroit mieux que S. M. fit des grâces de bien plus grande valeur à ceux qu'elle veut honorer que d'en accorder qui ont ainsy de la suite et vont contre ses intérêts et contre la loy générale ; car pour l'indemnité que l'on donne aux communautés elle n'est qu'en apparence et n'est jamais reelle, outre que ces indemnités sont assez ordinairement dans tous les pays de tailles réelles[5].....

Je sçay, Monsieur, particulièrement que M. le mareschal de Gramout est fort en colère et piqué contre moy, quoyque je n'ay

---

[1] Alexandre de Mauléon de Foix et de Conserans.

[2] Louis Phélypeaux, marquis puis duc de la Vrillière, secrétaire d'État, mort en 1681.

[3] Jean de Batz-Castelmore.

[4] Charles de Batz-Castelmore d'Artagnan.

[5] Etre soumis à la taille passait alors pour un signe de roture. Aussi usait-on de toutes sortes de subterfuges pour s'y soustraire. Un mot, une ligne du Roi suffisaient pour cela. Mais « l'odieux de ce privilége, c'était de faire retomber le « fardeau des tailles sur le reste de la population, en sorte que plus le nombre « des privilégiés augmentait, plus leurs concitoyens, qui n'avaient à faire valoir « aucun titre à l'exemption, étaient accablés d'impôts. En effet, la répartition « des tailles étant faite sur le nombre des feux d'une paroisse et fixée d'une « manière permanente, il fallait que le montant de la somme, à laquelle la « paroisse était taxée, fut acquitté n'importe par cinquante ou par cent familles : « tant pis pour la paroisse si elle comptait peu de taillables et beaucoup de pri-« vilégiés ! » (Depping, *ibid.*, tome III, introduction.)

rien fait ou dit qui puisse luy desplaire, que j'ay au contraire espargné ses officiers, qui estoient les plus coupables, que j'ay deschargé quasi de la moitié de la taille la paroisse de Hagetmau et celle de Coudures, qui luy appartiennent, et que je luy ay fait parler et offrir ce qu'il dépendoit de moy. Car je ne suis pas cause si Hagetmau, par sa rebellion obstinée, s'est attirée le malheur ou elle est. J'ay fait ce que j'ay pu pour l'en relever.

Ainsy, Monsieur, je vous prie de renouveller votre protection en mon endroit, et je ne laisseray pas néantmoins de continuer, dans les rencontres, à faire ce que je pourray pour la satisfaction de M. le mareschal et pour avoir ses bonnes graces.

Je partirai dans peu de jours pour aller à Bordeaux et de là à Hagetmau avec M. le marquis de Saint-Luc. Quand j'y serai, je profiteray de l'occasion pour aller en Béarn, quy est joignant, y prendre connaissance des affaires de ceux de la R. P. R., suivant les ordres de S. M. Si vous nous y adressez vos lettres, nous les exécuterons.

Vostre tres humble et tres obeissant serviteur.

PELLOT.

XLVII.

1665. — 5 FÉVRIER.

(Biblioth. nation. Mélanges Colbert, vol. 127 *bis*, f° 102.)

M. PELLOT A M. COLBERT.

Monsieur, j'ay examiné les comptes, suivant les ordres du Conseil, des eschevins et jurats de Bayonne ; j'en ai dressé mon procès-verbal et apostillé lesdits comptes, lesquels j'ai remis à un de leurs deputez et vous doivent estre présentez avec une lettre que je me donne l'honneur de vous escrire. Ils ne justifient point quasi toute leur despense et disent que, quoyque elle aye esté faite, estans la pluspart pour bastimens et fortifications qui se voient, qu'ils ne les peuvent pas prouver par pièces et qu'ils s'en remettent à l'estimation, si l'on souhaite qu'elle soit faite. Ainsi j'ay sursis d'allouer ces articles et beaucoup d'autres qui ne sont point prouvez jusques à ce que, par S. M., il en soit ordonné. Ce qu'ils prétendent principalement par la reddition de leurs comptes, c'est de faire voir qu'ils n'ont, à présent que la moitié de la coustume leur a esté ostée, que 30 ou 35,000 livres de revenu, qui n'est pas suffisant pour la despense à laquelle ils sont obligez, qui va bien au delà, sans compter les intérêts de leurs debtes qui vont à plus de 20,000 livres par an, qu'ils ont faictes pour le service de S. M. et qu'ainsi, par ces considérations, ils espèrent que S. M. leur fera la grace de leur rendre ladite coustume, ou bien leur accordera un octroy considérable sur icelle.

Mais, Monsieur, comme cette affaire est d'une nature que l'on les peut embarrasser sur ces comptes, si l'on veut, ou les traiter favorablement, la pensée m'est venue de prendre cette occasion d'establir ces bureaux du convoy à Bayonne, ce que l'on n'a pu faire jusques à présent, et ce qui seroit un grand advantage et une augmentation pour la ferme. Si l'on approuvoit ce dessein, il y a de l'apparence que les habitans y consentiroient de bonne grace, ayant tousjours esté bien disposez à recevoir les ordres du Roy et à les executer, et surtout quand l'on leur tesmoigneroit que, par ce moyen, l'on leur rendroit la moitié de la coustume et que l'on ne fairoit pas de difficulté sur leurs comptes[1]. S. M. tireroit du

---

[1] « On est embarrassé, écrit M. P. Raymond dans son aperçu sur *l'Intendance
« de Béarn et Navarre*, pour préciser ce qu'étaient les fonctions des intendants,
« car ils s'immisçaient dans toutes les affaires. Dans la justice, en assistant aux
« séances du Parlement, en surveillant l'exécution des édits royaux et des ordres
« du chancelier de France ; ils connaissaient de certains crimes, pouvaient en
« faire pendre les auteurs, ou servir le Roi en ses galères. — Dans la police
« (comme on l'entendait autrefois, c'est-à-dire dans l'administration intérieure),
« en siégeant aux États provinciaux, qu'ils régentaient même assez souvent ;
« en donnant leurs ordres aux maires, consuls, échevins ou jurats ; en faisant
« exécuter les travaux publics, routes, ponts, etc...; enfin en fournissant sur le
« personnel judiciaire ou autre des renseignements confidentiels. — Dans les
« finances ; ils recevaient les aveux et dénombrements des biens nobles et des
« communes ; ils répartissaient certaines impositions, ordonnançaient les
« dépenses, vérifiaient les comptes des trésoriers. — Dans les affaires de reli-
« gion, en convertissant, à leur manière, les protestants ; au besoin ils dirigeaient
« des missions et rétablissaient le bon ordre dans les monastères. Dans les faits
« de guerre, on les voit conduire la noblesse et accompagner les généraux
« d'armée. Les enrôlements, l'entretien et les frais de passage des troupes, tout
« cela était de leur ressort. Enfin les intendants, malgré leur grand pouvoir, ne
« prêtaient aucun serment et ne faisaient enregistrer nulle part leur commission. »

profit de cet establissement, à cette condition; car les droits de la ferme du convoy augmenteroient beaucoup et récompenseroient bien par de là la perte qu'elle feroit en abandonnant la moitié de ladite coustume, outre qu'il ne faudroit plus de bureaux et de gardes vers Hagetmau et dans le pays de Chalosse, où il y aura tousjours de la peine à les maintenir. Mais pour cela il faudroit réunir la fontaine de Salies, qui est en Béarn, dont les habitans tirent du sel et en pourroient fournir aux lieux voisins. L'on ne scait pas s'ils ont de bons tiltres pour jouir de ce privilège: ils ont esté portez au Conseil et examinez. Mais en tout cas la complicité qu'ils ont eue avec les séditieux d'Hagetmau en leur donnant rettraite et assistance donneroit sujet de les en priver, outre que quand cela ne seroit pas, le bien des affaires du Roy pourroit faire prendre cette résolution, et afin de prévenir ces meurtres des gardes et les désordres si souvent arrivez dans le pays de Chalosse et que l'on aura peut-estre peine d'empescher encore à l'advenir quoy qu'on fasse si les bureaux y demeurent.

Vous ferez, Monsieur, les considérations que vous jugerez necessaires sur cette proposition et me ferez scavoir vos ordres, lesquels nous pourrions executter, M. le marquis de Saint-Luc et moy, quand nous serons sur les lieux, ce qui sera bientost....

PELLOT.

A Agen, ce 7 février 1665.

XLVIII.

1665. — 27 FÉVRIER.

(Biblioth. nation. Mélanges Colbert, vol. 127 *bis*, f° 715.)

M. DE SAINT-LUC A M. COLBERT.

Monsieur, ayant apris qu'il avoit pleu au Roy de donner l'abbaye du Becq à un de Messieurs vos enfans[1], j'ay creu que je

---

[1] Jacques-Nicolas Colbert, second fils du ministre. Il devint successivement, archevêque de Rouen, docteur de la maison et société de Sorbonne, abbé du Bec, prieur et seigneur spirituel et temporel de la Charité-sur-Loire et membre de l'Académie française. C'était, nous dit Moreri, un prélat d'un mérite singulier. Il mourut à Paris, le 10 décembre 1707, dans sa cinquante-troisième année.

devois à l'attachement que je faicts profession d'avoir à tous vos interêts vous tesmoigner la joye que j'en ay ressenty. Cette marque de la bonté de S. M. faict cognoistre combien vos services luy sont agréables et importants à l'Estat. Je souhaitte, Monsieur, qu'ilz soient entièrement recogneus.

Mon approche en ce pays a donné la fuyte à Audijos. J'attants des nouvelles d'une course que j'ay envoyé faire dans la vallée du Lavedan, du costé des montaignes de Bigorre, où il s'est sauvé avec sa troupe, dont je vous rendray conte. Je va faire un voyage du costé de Bayonne, et cependant M. Pellot faira continuer les procédures contre divers prisonniers contre lesquelz il y a peine à trouver des preuves, tant l'intelligence est estroitte parmy les peuples de ceste contrée.

J'ay envoyé à M. de La Vrillière un acte aussi emporté que ridicule faict par M. de Fontraille[1] à un de mes gardes qui executoit un ordre du Roy que j'avois receu quelques jours auparavant, pour appuyer un acte de justice en faveur de Madame sa sœur[2]; quoiqu'apparament on ne doive pas espérer qu'il change sa conduite et qu'elle ne soit pas à craindre, neantmoins il est assés important que le reste de la noblesse voye en cette province (ou toutes choses font conséquence) qu'on ne souffre pas impunément ceste façon d'agir que j'aurois chastiée sy je n'avois creu devoir attendre les intentions de S. M. Les miennes seront tousjours toutes plaines de respect pour vos ordres, et serai toute ma vie, avec attachement, Monsieur, vostre tres humble et tres obeissant serviteur.

Sainct-Luc.

Au Mont-de-Marsan, le 27 de février 1665.

[1] Louis d'Astarac, vicomte de Fontrailles. Voir ci-dessus.
[2] Paule d'Astarac, qui, veuve en premières noces du lieutenant général comte d'Espenan, s'était remariée à Louis-Félix de Nogaret, marquis de La Valette. En 1665, elle plaidait contre son frère qu'elle vouloit faire déclarer fou, afin p'avoir toute sa fortune. (*Lettres de Bussy-Rabutin.*)

XLIX.

1665. — 28 FÉVRIER.

(Biblioth. nation. Mélanges Colbert, vol. 128, f° 162.)

L'ÉVÊQUE DE TARBES A M. DE BRAQUE, SURINTENDANT
DE MADAME DOUAIRIÈRE D'ORLÉANS.

Monsieur, je trouve vostre dernière lettre du 14ᵉ de ce mois si obligeante en tous ses points que je voudrois estre en estat de les suivre, afin de vous remarquer agréablement de ma part, comme vous le faites de la vostre, la conformité qui a esté tousjours entre nous en tant d'evenemans différans que nous avons préveus par nos lettres. En voicy un nouveau et terrible qui nous arrive, duquel je ne puis augurer que le sac de toute cette petite province.

Je crois vous avoir dit quelque chose d'un chef de party, nommé Audijos, qui a paru despuis sept ou huict mois ou un an en Chalausse contre les officiers de gabelle, establis en ce païs là et aux environs par le convoy de Bordeaux. Il y a quantité de gens inconnus et de toutes conditions qui l'ont soutenu partout, mesme des villes en sont accusées. Pendant le dernier esté, il a tenu les bois avec trente ou quarante hommes et a mis sur le carreau une trentaine de ces archers de gabelle et de ses principaux officiers; quand l'hyver est venu et que les arbres ont esté dépouillés de leurs feuilles, cette bande et son chef se sont approchés du costé de Béarn, des Basques et des Pyrenées, pour s'y sauver en cas qu'ils fussent poursuivis des troupes du Roy. Ils ont couru le païs en plusieurs lieux et villes de ces costés là, ou ils ont esté receus; la faveur des peuples a esté telle pour eux qu'ils n'ont point manqué d'argent et il est certain qu'on leur a porté des sommes considérables. Comme le long temps qu'ils ont rodé en ces quartiers a faict connaistre à M. l'intendant qu'ils y estoint, cela les a poussés aux frontières du Béarn, du costé de la Bigorre; comme j'ay veu par conséquent que cest homme alloit envisager nos montaignes, je n'ay pas manqué d'y faire donner tous les avis nécessaires, tant à leurs scindics par moy mesme, qu'aux peuples par mes curés et ecclésiastiques, qu'ils prissent bien garde en donnant retraitte à ces gens là ches eux d'y attirer les armes du Roy et les effects de son indignation et de sa colère. Enfin Audijos, avec sa trouppe, commença d'endommager quelques villes et lieux de mon diocèse qui bordent la montaigne, demeurant en l'un trois ou quatre jours, en un autre autant, retournant en Béarn et puis revenant dans mon diocèse. Tous ces circuits de ces gens ont estés portés à la Cour, ou S. M. en est entré en une telle colère qu'elle envoya des ordres à M. de Saint-Luc et à M. l'intendant pour mener cinq à six mille hommes en Béarn, pour chastier les peuples des villes et lieux qui ont receu Audijos, dont M. le mareschal de Gramont ayant eu avis, il a eu assez de crédit à la cour pour détourner cet orage de dessus son gouvernement, qui a tombé sur nous et depuis quatré jours tout le régiment de dragons est arrivé à Lorde [1], qui est la clef de nos vallées, lesquelles brutalement se sont mises sous les armes et descendues à deux cents pas de lad. ville, ou led. régiment est barricadé. Estant un faict d'armes qui ne regarde pas mes soins et qui m'oblige plus tost à des prières, j'ay donné ordre à nos scindics d'en avertir M. d'Antin [2], qui est séneschal du pays, affin aussy qu'il ne se plaignist point, comme il faict tousjours, que j'entreprends sur sa charge ; je ne délaissay pas pourtant d'envoyer auparavant lesd. scindics à M. de La Forest, qui commande ce corps, pour veoir avec luy si estant

---

[1] Lourdes, capitale des vallées du Lavedan. Son vieux château-fort est classé parmi les monuments historiques. Voy. *Chronique de la ville et du château de Lourdes*, par G.-H. de Lagrèze, Pau, 1845, in-8°.

[2] Germain d'Antin, seigneur d'Ourout, Domec et Vieuzac. Après avoir servi quelque temps sous les ordres du baron de Poyanne, lieutenant du Roi en Béarn, il entra dans l'armée active en qualité de capitaine. En 1649, il succéda à son père dans les charges de lieutenant du séneschal de Bigorre dans les vallées de Lavedan et de gouverneur des ville et citadelle de Lourdes. Le 12 février 1650, la noblesse de Bigorre faisait choix de lui pour son syndic.

Germain d'Antin a laissé des *Petits Mémoires*, qui, précédés d'une *Étude historique sur les seigneurs d'Ourout*, ont été publiés par l'abbé J. de Carsalade du Pont (Paris, Champion, 1884, in-8° de 76 p.). Ces *Mémoires* contiennent de nombreux détails sur le passage d'Audijos en Lavedan et sur la révolte des habitants de ces vallées : ils concordent de tous points (et nos lecteurs pourront en juger par les extraits que nous en donnerons) avec la correspondance de Pellot et de Saint-Luc. Cette double leçon rectifie donc le récit de MM. Davezac-Macaya et de Lagrèze qui ont écrit à tort, le premier dans ses *Essais sur la Bigorre* (tome II, p. 268), le second dans la *Chronique de la ville et du château de Lourdes* (p. 89), qu'Audijos fut fait prisonnier par Germain d'Antin.

officier du pays, il ne jugeroit point à propos qu'ils demandassent quelques conférences à ces peuples. Ce qu'il approuva fort, et ils se transportèrent, avec le curé de Lorde et cinq ou six des habitans, hors les portes, et ayant faict connoistre qu'ils vouloient parlementer, il se destacha quelques gens qui vinrent à eux, qui exposèrent l'ordre qu'avoit M. de la Forest, le commandant, de leur demander Audijos, *vif ou mort*, et en cas qu'ils le rendissent il deslogeroit avec les dragons une heure après. Ces gens de montaigne respondirent qu'ils ne pouvoient donner leur responce qu'après avoir assemblé les scindics de toutes les vallées, et avoient promis de renvoyer lad. responce par escript le jour ensuyvant, dont je n'ay point encore de nouvelles, mais bien qu'un de mes archiprêtres d'un lieu appelé Juncalas[1] avec un autre prestre, estoient à la teste de ces rebelles; dont je fus tres surpris, car je croyois le premier un tres bon ecclésiastique et aussy sage et advisé qu'il a d'esprit. Je luy avois envoyé un autre ecclésiastique, il n'y a pas six jours, pour le prier de s'employer avec ses amis à réduire ces peuples, comme j'avois faict dans d'autres vallées; mais parmy les ecclésiastiques de ces quartiers de montaignes il se trouve de la brutalité comme parmy les peuples, et il est vray que j'ay reconnu dans nos divisions de la plaine avec la montaigne qu'ils avoient assez prevariqué dans ce devoir que leur imposoit leur caractère de les porter à la paix, et si par les verbaux qui seront envoyés à M. l'intendant, et ensuitte à la Cour, et autres informations qu'on pourra faire, il s'en trouve d'autres, avec ces deux, convaincus d'avoir trempé dans leurs rebellions, je ne manqueray pas incontinent de declarer leurs bénéfices vacquans et y envoyer de meilleurs curés. Comme il y a une multitude de peuples dans ces sept vallées, je ne doubte point que la confusion ne se jette incontinent parmi eux, et que Audijos n'ayt de la peine à se sauver. Mais estant tousjours accompagné de sa bande, composée de bons

---

[1] Petite commune de l'arrondissement d'Argelès, canton de Lourdes.

M. de Carsalade du Pont (*Petits Mémoires*, p. 56) fait remarquer avec beaucoup de raison que dans le Lavedan, aussi bien qu'en Chalosse et en Béarn, le clergé prit le parti d'Audijos. — Germain d'Antin, qui cite le curé de Juncalas, ajoute que les desservants d'Arrens et de Marsous participèrent à l'insurrection des vallées et furent compris dans les poursuites ordonnées par l'intendant.

soldats et aguerris, il y arrivera assurement du massacre de part et d'autre.

Voyla ce qui se passe, qui ne nous promet que du malheur et la ruyne de nostre plaine aussy bien que de la montaigne, si ces peuples ne mettent bas les armes et ne se soumettent. Si vous jugez à propos de faire veoir à M. Colbert cette lettre[1], je m'en remets à vous. Je ne luy escris point, craignant d'interrompre ses grandes occupations. Je n'apprends point que M. d'Antin se soit encore présenté là quoiqu'il y ayt desja deux jours qu'il soit adverti. Nous luy avons faict demander une assemblée d'estats pour empescher que les dragons ne manquent point de fourrages, qui sont rares au voysinage de la montaigne à cause des bestiaux. Je tiendray la main que le Roy soit servy, qui est ce que je puis en ceste occasion, puisque ma prevoyance et mes soins n'ont pu leur sauver ce grand malheur. Il est vray que les moins coupables sont les plus punis, car il s'est bien passé d'autres choses dans le Béarn, qui est couvert de la *cappe*[2] de Monsieur le mareschal de Gramont. S'il y a quelque chose à vous dire d'avantage, je vous le feray escrire par votre frère. Celle cy estant sy longue, je finis en vous assurant que je seray tousjours, Monsieur, vostre très humble et très fidèle serviteur.

CLAUDE, évêq. de Tarbes[3].

A Tarbes, ce dernier février 1665.

---

[1] C'est sans doute parce que cette dépêche contenait des renseignements précis et nouveaux que le destinataire la transmit à Colbert; elle se trouve classée aujourd'hui dans la correspondance adressée au ministre.

[2] Et aussi quelque peu de son *épée*.

[3] Claude Malier du Houssay, fils d'un intendant des finances et frère de l'évêque de Troyes. Connu d'abord sous le nom de Monherville-Malier, il fut nommé, jeune encore, maître des requêtes, conseiller d'État et intendant des finances (1643). Après la mort de sa femme, M. du Houssay prit l'habit ecclésiastique et fut nommé aumônier de la duchesse douairière d'Orléans. Sacré évêque de Tarbes, il occupa ce siège jusqu'en 1668, époque à laquelle son fils, Marc, qui était déjà son coadjuteur, fut autorisé à le remplacer. Ce dernier étant mort à Auch le 3 mai 1675, Claude du Houssay fit tous ses efforts pour recouvrer l'évêché. Les États de Bigorre écrivirent en sa faveur au roi Louis XIV, mais ce prince avait déjà pourvu à la vacance. Claude du Houssay mourut à Paris, âgé de quatre-vingt-un ans, le 21 septembre 1681. (*Gazette de France.*)

L.

1665. — 1ᵉʳ MARS.

(Biblioth. nation. Mélanges Colbert, vol. 128, fº 56.)

M. PELLOT A M. COLBERT.

Du Mont de Marsan, le 1ᵉʳ mars 1665.

Le régiment de dragons est allé vers les montagnes de Tarbes, qui sont du pays de Bigorre, suivant les ordres dont je vous ay fait part dans ma dernière lettre. Mais ledit régiment ayant trouvé les gens desdites montagnes en armes, qu'Audijos a soulevez soubs le prétexte de la gabelle[1], et qu'ils gardent tous les passages, il s'est contenté de se saisir du bourg de Lourdes, qui est à l'entrée desdites montagnes, où il s'est barricadé et mis hors d'insulte, et M. le marquis de Saint-Luc et moy marchons présentement avec ce que nous avons ici de troupes qui sont quatre compagnies d'infanterie et une de cavallerie. Il a donné ordre aux autres troupes de la province de marcher incessamment, lesquelles consistent dans les compagnies de Dehan et de Mainsonville infanterie, et dans celle de cavalerie de Saint-Martin. Quand nous serons sur les lieux nous prendrons nostre parti, dont je ne manquerai pas, Monsieur, de vous donner advis. Cependant je fais continuer les procédures contre les coupables de ce pays, afin de pouvoir faire des exemples, et j'attends la résolution de S. M. sur la proposition d'établir les bureaux à Bayonne et à Dax.

---

[1] « Le sel, écrit l'abbé de Carsalade (*Petits Mémoires de G. d'Antin*, p. 52), « faisant la principale ressource des habitants de ces montagnes, on comprend « combien dut leur paraître odieux l'impôt que le gouvernement se proposait « d'établir sur cette matière première. Le grand maître des eaux et forêts, de « Froidour, qui se trouvait dans le Lavedan au moment de cette insurrection, « essaya inutilement quelques représentations auprès de ces terribles monta- « gnards : « Ils me dirent naïvement, rapporte-t-il dans son *Mémoire*, qu'ils ne « subsistaient que par le bétail, que leur bétail ne subsistait que par le sel, et que « leur ôtant le sel c'était leur ôter la vie : qu'ils aimaient beaucoup mieux mou- « rir les armes à la main, en défendant leurs franchises, que de mourir de faim « et de misère. » (*Mémoire historique sur la Bigorre*, par de Froidour ; manuscrit de la Bibliothèque de Toulouse.) — Froidour ajoute qu'Audijos était soutenu *par six ou sept mille bons hommes, qui ne parlaient que d'aller massacrer tous les gabeleurs.*

J'ay reçu vostre lettre du 13ᵉ du passé que vous m'avez fait l'honneur de m'escrire.

Vostre tres humble.... PELLOT².

Le pays de Béarn a beaucoup d'obligation à M. le mareschal de Gramont, car il méritoit bien d'estre chastié par logement de troupes, estant instruit particulièrement comme depuis les ordres du Roy, qui estoient du 20 septembre dernier, qui enjoignoient d'amener dans ledit pays Audijos et ses complices, qui par moy estoient condamnez, et lesquels je fis tenir incontinent par homme exprès et ont du estre connus.

Neantmoins ledit Audijos, avec ses gens, a esté receu dans Orteis, Marsan et autres lieux du pays comme le libérateur, et cela après le meurtre de Boisset, commandant desdits gardes, qui fut fait sur la fin d'octobre et divulgué autrefois. Je ne sais si, à présent que nous l'avons poussé, ledit pays en usera mieux. Je vous donneray advis de tout : c'est ceste retraite en partie et l'approbation qu'on luy a donnée qui luy a fait naistre l'audace de tout entreprendre.

LI.
1665. — 5 MARS.
(Biblioth. nation. Mélanges Colbert, vol. 128, f° 156.)

M. DE SAINT-LUC A M. COLBERT.

Monsieur, estant venue avec M. Pellot dans le pays de Chalosse

[1] Après avoir dépeint le pillage et les dégâts commis par les gardes du convoi et les troupes royales dans toutes les paroisses où l'on avait placé des garnisons, Horsarrieu, Segarreigt, Momuy, Cazalon, Coudures, Doazit, Monget, Montaut, Serreslous, Sault de Navailles, Saint-Cricq, Dax et Saint-Sever ; constaté que, même avant la venue de l'intendant, plus de soixante pauvres gens avaient été arrêtés et que plusieurs d'eux étaient morts dans les prisons, Laborde-Péboué, épouvanté par l'arrivée de Pellot à Mont-de-Marsan, s'écrie : « Et moi-même, « voyant tous ces désordres et me craignant d'estre prisonnier sans avoir fait « aucun mal, et entendant les mauvais traitements qu'on fait aux prisonniers, « moi, comme estant vieux, âgé de soixante-trois ans et tout incommodé, et « jugeant que si j'étais prins je serais ou fatigué, ou mal couché, ou mal nourri, « alors je m'en suis allé en Béarn, devers Mʳ mon frère le curé de Lanneplan... » (*Journal*, p. 549.)

pour y faire chastier la rebellion d'Audijos et de ses complices, j'ay trouvé qu'il s'estoit jetté avec sa troupe dans les vallées de Lavedan, qui sont les plus remplies de peuple et dont les avenues sont les plus difficiles de toutes les Pyrenées. Je l'ay suivy en diligence et à l'approche du régiment des dragons, Audijos y a fait prendre les armes jusques au nombre de six mille hommes, qui se sont saisis de toutes les entrées de la montaigne [1]. Ma presance n'y a pas esté inutile pour empescher que la sédition ne s'estendit plus avant; j'attants deux cens hommes d'infanterie pour tacher de forcer ces rebelles qui se sont engagés dans ce crime, par les assurances qu'Audijos leur a donné qu'on devoit establir la gabelle dans leur pays. Ses intelligences sont grandes en toute cette frontière; il a receu de l'argent depuis peu, dont il s'est servi pour engager plus fortement les principaux de ces peuples dans sa faction. M. Pellot et moy faisons ce que nous pouvons pour descouvrir ceux qui favorisent cette sedition et qui la fomentent, dont je vous rendray compte et vous tesmoigneray en toutes occasions que je suis avec respect et attachement, Monsieur, vostre tres humble et tres obeissant serviteur.

SAINCT-LUC.

A Tarbe, pres les Pyrenées, le 5ᵉ de mars 1665.

LII.

1665. — 13 MARS.

(Biblioth. nation. Mélanges Colbert, vol. 128, f⁰ 342.)

M. PELLOT A M. COLBERT.

De Lourdes, ce 13 mars 1665.

Pour respondre à vostre lettre du 22 du mois passé, je vous diray que je n'ay guéré rien à adjouster sur l'establissement des bureaux du convoy à Bayonne et à ce que j'ay eu l'honneur de

---

[1] D'après Germain d'Antin (*Petits Mémoires*, p. 51), six compagnies de dragons, placées sous les ordres de M. de la Forest, étaient arrivées à Lourdes, le 24 février; dès le lendemain, l'on commença à fortifier la ville. « Les vallées « du Lavedan, cependant, avaient pris les armes et paressær à Lourdes, par le

vous mander par mes précédentes, si ce n'est que, si S. M. l'agrée, j'en feray la proposition aux habitans de Bayonne et tascheray de traitter ces choses avec eux. En ce cas je pourrois, Monsieur, me conduire de cette manière-cy : je manderay aux habitans de Bayonne de m'envoyer des députez, auxquels je représenteray que S. M. juge estre de la dernière importance, pour la conservation du droit de la ferme après les désordres qui sont arrivez, de faire cet establissement dans leur ville ; que, s'ils y donnent la main de la bonne sorte, l'on leur accordera des conditions bonnes et advantageuses, lesquelles pourront estre entr'autres que l'on leur donnera la moitié de la coutume ; que l'on leur arrestera leurs comptes, comme ils le souhaitent ; que l'on prendra le droit du convoy seulement sur le sel, et point sur les autres denrées et marchandises, et que l'on leur donnera le sel pour la fourniture de leur ville au prix du marchand et exempt de droit. Je leur représenteray en mesme temps que s'ils ne veulent point consentir a cet establissement, que, dans la difficulté qu'il y a de le faire, S. M. prendra sans doubte d'autres mesures qui ne leur seront point advantageuses et trouvera des moyens pour assurer ses bureaux. Outre cela, suivant, Monsieur, que j'ay pris la liberté de vous l'écrire, il faudra que S. M. se mette en possession de la fontaine de Salies, ou bien la faire miner ; et la complicité de ceux du Béarn avec les séditieux de ce pays leur ayant donné toutes sortes d'assistance et de retraite donneroit lieu a les faire deschoir de ce droit de possession, quand ils seroient bien fondés à le prétendre. Outre qu'il semble qu'il y auroit quelque justice que S. M. tira ainsi quelques secours d'un pays qui en est tout à fait soulagé. Cet establissement se faisant ainsy, la ferme du convoy en augmenteroit beaucoup, car il faudroit que le Bearn, la Chalosse, le Bigorre et autres pays prissent le sel du convoy, il ne pourroit plus y avoir de faux saunage et les bureaux, commis et gardes seroient en sureté.

« coté du Gave, tant que le mauvais temps lur pouvet permettre, et mesme
« quelques insolents s'avenssèrent au-dessus du Pont vieux pour tiré avec des
« cris insolens : et fut ouy qu'il y en avét qui dirent : *Vive le Roi et Audijos!*
« De l'autre coté ils firent mine de sortir à la plêne, et deux ou trois cens
« hommes paressant il lur fut tiré quatre volées de canon du chateau, et se
« retirèrent sans faire plus de mine à venir de ce coté là. »

Si l'on trouve trop de difficultés dans cet establissement et que l'on en craigne les suites, j'estime qu'on ne peut pas laisser les choses en l'estat où elles sont et qu'il n'y a pas d'apparence que les commis et gardes demeurent ainsi exposés à de continuelles menaces d'assassinat, et il faut avancer, suivant que je vous l'ay mandé, les bureaux à Dax, à quoy il n'y aura pas tant de difficultés et les habitans ne pourront guerres l'empescher. Par ce moyen, les gardes et commis seront plus en sureté, estans dans une ville et n'ayant pas tant de pays fascheux à garder, et les droits de la ferme augmenteroient toujours, quoique ce ne soit point où ils pourroient aller si l'establissement se faisoit à Bayonne. Car, de prendre l'expédient de reculer les bureaux pour éviter les désordres qui sont arrivez, outre la diminution du droit de S. M., il seroit fascheux et de mauvaise conséquence que les rebellions eussent produit cet effet.

J'ay reçu vos lettres des 26 et 29 du mois passé, que vous m'avez fait l'honneur de m'escrire, et l'arrest du Conseil touchant les debtes des communautés. J'auray correspondance avec le commissaire qui a cette province afin de régler mon travail sur ce qu'il me mandera. Je continueray d'exciter la bourgeoisie de Bordeaux à bastir plustot des vaisseaux, dans l'advantage qu'ils en pourroient tirer, et qu'ils frettent des vaisseaux françois plutot que de se servir, pour le transport de leurs marchandises, de ceux de Lubeck et de Hambourg.

Je ne perdray point d'occasion, ainsy que j'ay fait par le passé, pour avoir le plus qu'il se pourra de gens pour les galères : la chaine[1] que j'ay envoyé est de quarante forcats, qui sont bons hommes et vigoureux[2].

L'on n'a obmis jusqu'à présent aucun moyen pour faire attraper Audijos, et si l'on n'y a pas réussi, c'est un malheur qu'il a tout le pays pour luy, qui lui donne des advis, qu'il demeure peu dans

---

[1] Sur la *formation* et le *départ de la chaîne*, l'organisation des galères et leur service dans la marine royale, voyez Depping, *ibid.*, tome III ; P. Clément, *ibid.*, tomes III et IV, et principalement l'*Histoire de la marine française*, par Eug. Sue.

[2] En marge, de la main de Pellot : *Je croyais qu'il y en avoit davantage, mais il s'en est sauvé des prisons de Toulouse.*

un endroit, va d'un coté et d'autre, et se déguise souvent. L'on parle difficilement du lieu où il est ; les uns disent qu'il est en Chalosse, d'autres qu'il est dans des bois voisins d'icy ; l'on continuera à faire ce qui se pourra pour cela.

M. Le Camus[1], mon beau-frère, qui a été surintendant des batimens, se trouve fortement incommodé de la famille de M. Le Camus, à cause de beaucoup de mauvaises affaires qu'il a eues, et il aura de la peine de payer sa part des taxes qui sont faites sur la succession de feu M. Le Camus si, Monsieur, vous ne le protegez afin qu'il aye quelque grâce. Il demande que l'on prenne, en compensation, de l'argent qui lui est dû pour des prests qu'il a faits au Roy, ou de ses appointements qui lui sont dus de sa charge. Comme il est tres honneste homme et que j'ay pour luy une considération toute particulière, je vous auray grande obligation si ma recommandation luy pouvoit estre utile en cette occasion.

Je suis avec respect, Monsieur, etc.....

PELLOT.

LIII.

1665. — 16 MARS.

(Biblioth. nation. Mélanges Colbert, vol. 128, f° 399.)

M. PELLOT A M. COLBERT.

De Lourdes, ce 16e mars, sur les six heures du soir.

Comme ces séditieux ont vu que les troupes qu'attendoit M. le marquis de Saint-Luc estoient arrivées et qu'il avoit donné les ordres pour les attaquer, ils ont promis de se soumettre et, pour cet effect, d'aplanir et ouvrir tous les passages qu'on voudroit. Ils doivent travailler à cela demain, et mercredy M. de Saint-Luc, avec les troupes, entrera dans les vallées.

---

[1] Étienne Le Camus, d'abord maître des comptes à Grenoble, puis surintendant des bâtiments, mort le 29 juin 1673.
Sa veuve, Madeleine Colbert, devait épouser en secondes noces Claude Pellot, qui, de son premier mariage avec Claude Le Camus, avait eu onze enfants. Claude Le Camus était fille du conseiller d'État Nicolas Le Camus et de Marie Colbert, tante germaine du ministre.

L'on ne doubte point qu'on ne les eut forcez, quoique beaucoup de gens faisoient ce dessein impossible, et mesme l'on auroit parlé de faire quelque accommodement platré, qui auroit prejudicié à l'authorité et auroit rendu ces peuples factieux encore davantage : mais je m'y suis tousjours fortement opposé et M. de Saint-Luc m'a fait la grâce de me croire, quoyque j'eusse la pluspart du monde contraire. Néantmoins, bien que ces séditieux paroissent entièrement disposés à l'obeyssance, l'on ne s'y fie pas, ayant diverses fois manqué de parole; ainsi l'on se met tousjours en estat, comme si l'on les devoit attaquer et c'est ce qui les a fait parler : ce qu'ils n'ont fait qu'à l'extremité la plus grande.

L'on espère de bien restablir l'authorité du Roy dans ce canton.

PELLOT.

LIV.

1665. — 20 MARS.

(Biblioth. nation. Mélanges Colbert, vol. 128, f° 475.)

M. DE SAINT-LUC A M. COLBERT.

Monsieur, suivant ce que j'ay eu l'honneur de vous escrire par mes précédentes, je me suis rendeu en ce lieu, où la seule présance des armées du Roy a soubmis la rébellion des vallées du Lavedan, quoyqu'elles pareussent inaccessibles de touts costés. Ainsy que j'ay l'honneur de l'escrire à S. M. par ce gentilhomme[1], ils ont députe à M. le comte de Toulonjon[2] un religieux de

---

[1] Henri de Prugue, capitaine des gardes de M. de Saint-Luc. Voir la dépêche de Pellot, en date du 24 mars.

[2] Henri de Gramont, comte de Toulongeon, frère cadet du maréchal-duc. Né en 1619, du second mariage du comte Antoine et de Claude de Montmorency, il fut d'abord destiné à l'Église et reçut même la tonsure. Mais à l'âge de vingt et un ans, il embrassa la carrière des armes, partit pour l'armée de Flandres, se distingua au combat de Guétari, à l'assaut de Poligny, aux sièges d'Arras et de Cosni, et fut nommé, le 19 décembre 1645, au gouvernement de Bayonne, du pays et bailliage de Labourt, baronnie de Gosse, Seignans, Capbreton, pays de Boucau, Sordes, Hastingues et vicomté d'Orthe, demeuré vacant par la mort de son père. Le 9 juillet 1646 il recevait successivement les brevets de conseiller d'état et de maréchal de camp. Lieutenant général à l'armée de Guienne (1652), sénéchal de Bigorre (1654), lieutenant pour le roi en Basse-Navarre et gouver-

l'abbaye de Saint-Savin[1] pour le supplier d'obtenir de moy qu'il leur feust permis de m'envoyer leurs deputés. Je creus qu'il estoit avantageux au service de S. M. de recepvoir sans aucune condition les soubmissions de ces peuples. A cet effect, vingt-cinq de leurs habitans sont veneus se jetter à mes pieds, implorer la clémence de S. M. et me prier d'interceder auprès d'elle pour obtenir leur grace. J'ay marché le lendemain au milieu de leur pays, avec les troupes et deux cents gentilshommes de qualité de ceste contrée, sans y avoir trouvé une marque de rébellion : ceux qui l'avoient fomentée se sont retirés en Espagne, à la réserve d'Audijos, qui a passé en Béarn par le col de Beterram[2], sur l'advis qu'il eust que le peuple vouloit le remettre entre mes mains. J'ay faict arrester six deputés, quoyque tres peu coulpables, qui estoint veneus me trouver, attendant les ordres du Roy, pour leur faire cognoistre qu'ils ne devoient attendre de protection ni de seureté que de la seule misericorde de S. M. Je la supplie très humblement d'accorder grâce à tous, en considération de la fidelité qu'ils ont inviolablement gardée en tous tems contre les Espagnols et surtout dans ceste dernière occasion qu'ils leur avoint envoyé un gentilhomme voysin de leur frontiere, nommé dom Miquel Joan, pour

---

neur du pays de Soule (1667), il obtint la même année l'érection en marquisat de la terre de Séméac qu'il avait reçue en partage. De même que plusieurs autres cadets de grande maison, appartenant à la fois à l'armée et à l'Église, le comte de Toulongeon, voué pour cette dernière cause au célibat, jouissait de nombreux bénéfices ecclésiastiques, notamment d'une pension de 3,000 livres sur l'évêché d'Oloron (brevet du 28 février 1658), et d'une autre de même somme sur l'évêché de Lescar (brevet du 28 juin 1658). D'un caractère hautain et emporté, le comte de Toulongeon aimait passionnément son pays natal. Si les habitants des vallées du Lavedan durent leur grâce à sa noble intervention, les Basques et les Labourdins éprouvèrent de leur côté, quelques années après, à la suite d'une émeute provoquée par l'engagement forcé de matelots, les marques les plus certaines de son humanité. Le comte de Toulongeon mourut le 1er septembre 1679, laissant sa fortune, qui était considérable, à sa sœur Charlotte-Catherine, marquise de Saint-Chamond. (*Histoire généalogique de la maison de Gramont*, p. 238.)

[1] Célèbre abbaye de bénédictins, dans le bourg de ce nom, à deux kilomètres d'Argelès. — Sur la vallée de Lavedan, sa description, ses vicomtes, ses habitants, voir le fascicule XIV des *Archives historiques de la Gascogne : Sommaire description du païs et comté de Bigorre*, par G. Mauran, publiée et annotée par M. G. Balencie.

[2] Betharam, commune de Lestelle, département des Basses-Pyrénées.

leur offrir argent et munitions. Ils l'en ont refusé avec toute la fermeté que de fidèles subjects doivent avoir en de pareilles conjonctures. Il est d'autant plus important de les maintenir dans ces bons sentimens que leurs passages seront toujours tres faciles aux Espagnols, lorsque ces peuples y donneront la main.

Attendant les ordres du Roi, j'ay laissé une compagnie du régiment royal, qui est en très bon estat, dans le chasteau de Lourdes, avec des munitions de guerre et de bouche, pour empescher que ces peuples ne se laissassent de nouveau porter en quelque autre désordre : la presance d'une garnison les tiendra dans une continuelle crainte, estant obligés de venir chercher toutes les sepmaines leurs vivres dans ce bourg et n'en pouvant tirer d'ailleurs que de cette plaine ou d'Espagne.

Je renvoye l'infanterie dans ses garnisons et dans ses employs, et garde le régiment de dragons avec la compagnie de Lorges, que M. Pellot m'a prié de faire demeurer encore quelques jours dans le pays de Chalosse pour y appuyer la justice exemplaire qui doit estre faicte des complices d'Audijos. J'iray cependant du costé de Bayonne et Sainct-Jean de Luz, où les malintentionnés et le bruit de la rebellion des vallées avoit donné de mauvaises impressions. Je vous supplie très humblement, Monsieur, de faire valoir auprès de S. M. mon zèle et ma fidelité. Je l'attands de l'honneur de vostre protection et que vous me fairés celuy de me croire tousjours, avec respect et attachement, Monsieur, vostre tres humble et tres obeissant serviteur.

Sainct-Luc.

A Lourdes, le 20ᵉ de mars 1665.

LV.

1665. — 20 MARS.

(Biblioth. nation. Mélanges Colbert, vol. 128, f° 501.)

M. PELLOT A M. COLBERT.

A Lourde, ce 20 mars 1665, à neuf heures du soir.

Ces gens de ces vallées de Lavedan vinrent le 19 icy, comme ils l'avoyent promis, et trouvèrent M. de Saint-Luc sur la place, où ils se mirent à genoux et demandèrent pardon de leur rébellion. Monsieur de Saint-Luc leur dit qu'il eussent à aplanir les passages, à oster toutes les marques de leur rebellion, de façon qu'il peut aller partout avec ses troupes, et qu'il verroit ce qu'il y auroit à faire pour le service du Roy. Ils me vinrent trouver aussi et m'asseurèrent de leur soumission entière. Le lendemain, M. de Saint-Luc fut dans les vallées avec les troupes qu'il fit marcher en bataille tant qu'il peut, et logea dans Argelès, le principal lieu, où elles couchèrent une nuit, estant soubs les armes, et le lendemain M. de Saint-Luc s'en revint à Lourde. Il a fait arrester six habitans des vallées, dont il y en a quelques-uns qui sont assez coupables. Il en devoit faire prendre un bien plus grand nombre, et autant qu'il eut voulu et de bien plus criminels, mais ils ont cru debvoir se contenter de cela en considération de M. le comte de Toulongeon, qui s'estoit entremis pour porter ces peuples à se remettre dans l'obeyssance, et qu'il ne falloit pas les traitter tout à fait rigoureusement, à cause qu'ils ont la garde de la frontière et qu'ils ont esté assez fidèles au Roy par le passé : encores ne les fit-il arrester que sur les fortes prières et continuelles instances que je lui fis que si l'on ne faisoit quelque punition, ou que l'on ne se mit en estat de cela, que tout ce qu'il faisoit ne passeroit que pour un jeu, et que, si une rebellion si insolente que celle la demeuroit impunie [1], l'authorité du Roy s'y trouveroit blessée;

---

[1] En regard de la lettre du marquis de Saint-Luc et de celle de Pellot, datées toutes deux du 20 mars, nous placerons le récit écrit sans artifice par Germain d'Antin. Nos lecteurs pourront ainsi apprécier et juger la conduite de l'intendant, ainsi que les sentiments qui l'animaient dans la relation, pleine de dépit et de colère, que, quatre jours après, il adressait par voie particulière au ministre Colbert (voyez la pièce qui suit immédiatement) :

« Les 3, 4 et 6 mars arrivèrent à Lourdes plusieurs compagnies d'infanterie,
« et le 7 arrivèrent mesdits seigneurs de Saint-Luc et intendant, avec cent
« cinquante gentilshommes et une compagnie de cavalerie et quelque infanterie.
« Avec cela donnèrent ordre aux villes d'envoyer quelques milisses et on en fit
« venir plus de trois cents, tellement qu'il pouvet y avoir en tout quinze cents
« hommes, que le mauvais temps empêchet d'agir, comme s'estet le sentiment
« desdits seigneurs. Dans ces intervalles du coté des troupes, on feset ce qu'on
« pouvet pour atraper quelqu'un de ces révoltés, mais il fut impossible. Plusieurs
« s'entremirent de faire soumettre ces gens et leur faire quitter les armes, mais
« M. le comte de Toulonjon s'en estant mêlé une fois, fut rebuté et se retira, et
« quoyque d'autres se voulussent entremettre on ne les voulut escouter. Le
« temps continuet toujours tres mauvais et tout couvert de neige, on fut obligé

quoyque j'eus tout le monde quasi contraire et opposé, M. de Saint-Luc n'a pas laissé de me croire, mais à condition pourtant qu'on ne les jugeroit point qu'on n'eut des ordres plus particuliers du Roy. En y allant, nous vismes et jugeames, avec les gens entendus dans la guerre, qu'on les pouvoit forcer facilement dans leurs passages avec ce que nous avions de troupes, et que la chose estoit encore plus aisée qu'on ne l'auroit creu. M. de Saint-Luc depesche le sieur Prugue, capitaine de ses gardes, à S. M. pour luy porter ceste nouvelle, par lequel je me donne l'honneur de vous escrire, et je crois que vous ne recevrez pas sitost cette lettre que celle que je vous envoye par l'ordinaire. M. de Saint-Luc m'a prié d'escrire en faveur de ces vallées afin de leur faire avoir grâce et mesme pour ceux qui sont arrestés, et je crois qu'il faut prendre pour cela M.....(?), faire justice de quelques uns et donner entière abolition aux autres, en exceptant néanmoins quelques uns des principaux autheurs. L'on fait dans quelques jours revenir les troupes d'icy : s'il l'on voie ces vallées entièrement en repos, d'icy je m'acheminerai à Pau et de là j'irai en Chalosse juger les autres séditieux d'Hagetmau, et l'on taschera aussi de restablir ces peuples dans l'obeissance.

Je suis avec respect, Monsieur, etc.

PELLOT.

« de faire prier le seigneur comte de Toulonjon de revenir prendre et continuer
« son négoce. Il arriva le 16 mars et fut incontinent trouvé les vallées, qui
« l'attendet, et lur ayant représenté l'estat ou ils estoient et comme les troupes
« allet donné s'ils ne se soumettet et quittet les armes, sur quoy les vallées se
« voyant harassées, et qui commenset à se vouloir divisé, se donnèrent audit
« seigneur comte de Toulonjon et le prièrent d'assurer M. de Saint-Luc de leur
« fidelité envers le Roy, et envers luy obeyssence à faire tout ce qu'il voudret.
« Ledit seigneur comte, le mesme jour 16, revint à Lourde trouvé M. de Saint-
« Luc et l'intendant, auxquels il fit le raport susdit : et entre eux ils firent
« convention, tellement que le lendemain 17 il arriva quatre députés des vallées,
« que mon dit sieur comte alla prendre au bout de la lande de Lourde et les
« mena à la grande place, ou tous à genoux devant mon dit seigneur de Saint-
« Luc, accompagné de M. l'intendant, firent la soumission par la bouche de mon
« seigneur comte de Toulonjon. Ledit seigneur de Saint-Luc leur dit : *Retirés-
« vous, abattés et comblés vos travaux faits, que je puisse passer avec les troupes
« sans incommodité ; quittés les armes et je tacherets de tout mon cœur à obtenir
« du Roy vostre absolution.* Après cela Monsieur l'intendant s'estant retiré, tous
« les députés furent chez lui le complimenté. Le lendemain 18, mesdits seigneurs
« de Saint-Luc et intendant avec les troupes marchèrent vers Argellès, et mon
« dit seigneur de Toulonjon aussi..... »

Monsieur de Saint-Luc laisse une garnison dans le chasteau de Lourdes, et l'on peut dire avec vérité qu'il n'a pas perdu un moment de temps à faire ce qu'il faut dans cette occasion, qui estoit assurément importante.

LVI.

1665. — 24 MARS.

(Biblioth. nation. Mélanges Colbert, vol. 128, f° 548.)

M. PELLOT A M. COLBERT.

Je me suis donné l'honneur, Monsieur, de vous faire scavoir ce qui s'est passé à Lourdes par une lettre dont s'est chargé le sieur Prugue, capitaine des gardes de M. de Saint-Luc, qu'il a depesché en Cour, à laquelle j'ay joint la copie de la lettre que j'avois escrite à M. le marquis de Louvois, et vous mandai en mesme temps des choses particulières par une lettre que je vous escrivis de ma main, que je vous envoyais par l'ordinaire. Mais il s'est passé des circonstances dans ceste affaire qu'il est bon que vous sachiez encore[1].

Comme nous receusmes les nouvelles au Mont-de-Marsan que le régiment de dragons n'avoit pu entrer dans Argelès, qui est la capitale des Vallées, et que les habitans avoient pris les armes pour l'empescher, M. de Saint-Luc faisoit difficulté d'y aller qu'il n'eust plus de troupes, mais je l'y portois et il s'y résolut.

En chemin faisant, il receut une lettre de M. le comte de Toulongeon qui le prioit pour agréer ses soins, à laquelle M. de Saint-Luc fit responce et l'excita, comme il se disoit voisin de ces vallées, de disposer les habitans à se soumettre, de remettre Audijos et que l'on les traiteroit favorablement.

---

[1] En lisant les dépêches de Pellot, on se demande qui, de lui ou de M. de Saint-Luc, était le chef de l'expédition militaire dirigée contre Audijos. Si le lieutenant du Roi en Guienne parle en brave et loyal soldat, l'intendant s'exprime et agit en procureur retors, désireux de se faire valoir par n'importe quel moyen. On le verra bientôt lutter à la fois et contre les Parlements et contre les autorités municipales, dénonçant l'un et l'autre de ces corps, frappant à tort et à travers et bien souvent forcé de rétracter des ordres trop arbitraires.

Quant nous fusmes à Tarbe, nous y trouvames M. de Toulongeon qui nous dit que ces séditieux avoient encore Audijos, mais qu'ils n'estoient pas disposés de le remettre ni de se ranger à leur debvoir, par leur folie et brutalité, quoyqu'il leur eut pu représenter, et fit l'affaire fort difficile de les réduire par la force, par suite de leurs passages difficiles, leur nombre, leur ordre et leur hardiesse. Il disoit outre cela, soubs main, à tous les gens de M. de Saint-Luc qui avoient plus de pouvoir sur luy, qu'il s'étoit engagé dans une affaire dont il ne sortiroit pas à son honneur, mais qu'il falloit trouver quelques expediens pour envoyer les gardes de M. de Saint-Luc chercher dans les vallées Audijos, et que l'on rameneroit ainsi l'autorité du Roy. M. de Saint-Luc fut ébranlé de ces discours et me parla d'accepter quelques-uns de ces expediens, ou bien de demander au Roy plus de troupes que celles qui estoint dans la province et que l'on faisoit marcher. Je luy dis que jamais je ne consentirois à un accomodement honteux, qu'il n'estoit point en danger, qu'il avoit onze cents hommes de pied et cent chevaux de bonnes troupes, et ainsi plus qu'il n'en falloit pour réduire cette canaille; mais que s'il croyoit qu'il n'en eut pas assés, quoyque ce ne fut pas mon advis, il valloit mieux en demander que de faire un accommodement dont il auroit du blasme infailliblement : mais que peut estre si l'on envoyoit plus de troupes, l'on donneroit un autre homme pour les commander. Sur ces discours, il se résolut de venir à Lourde et de mander à S. M. qu'il attaqueroit les séditieux quand toutes les troupes de la province qu'il attendoit seroint arrivées.

Estant à Lourde, je lui proposois de se rendre maistre du chasteau, auquel l'on ne se pouvoit pas fier puisqu'il n'y avoit que huit ou dix coquins du pays. Il approuva toutefois cette proposition, l'envahit d'abord et s'assura du chasteau en y mettant une compagnie en garnison.

Je lui proposois aussi qu'il debvoit attaquer ces séditieux avec ce qu'il avoit de troupes, qui consistoint au régiment de dragons de quatre cents hommes, à quatre compagnies d'infanterie et à celle de cavalerie de Lorges, et qu'il en avoit assés sans attendre les autres troupes de la province qui marchoint, qu'il ne falloit pas donner tems à ces seditieux de se fortifier davantage et de se reconnoistre; qu'en attendant, si nous avions plus de troupes aussi, ces séditieux seroint plus assurés, qu'il falloit se servir de la crainte que donnoit sa présence et faire d'abord quelque effet. Neanmoins, il trouva à propos d'attendre les troupes : je me randgois de cet advis comme plus asseuré et puis qu'il n'y avoit que dix ou douze jours à attendre.

M. de Toulonjeon s'entremit encore de parler à ces séditieux, mais il nous rapporta qu'ils estoint tousjours dans une grande obstination.

Les troupes estant arrivées, M. de Saint-Luc donna ses ordres pour attaquer ces séditieux : comme ils virent que c'estoit tout de bon et que leur perte estoit infaillible, ils envoyèrent à M. de Toulonjeon, qui nous rapporta que ces seditieux se soumettoint sans aucune condition, ce qui fut executé comme vous avez seu.

Mais comme M. de Toulonjeon et tous ceux qui avoient parlé à ces séditieux tesmoignoint qu'ils ne craignoint que moy et que quand on iroit dans leurs valées qu'ils se cacheroint tous dans les rochers et dans les montagnes reculées et que l'on n'en verroit point, affin de ne les effaroucher pas et affin d'en avoir pour faire exemple, ce qui estoit le principal, je me radoucis fort quelques jours sur leur subject, en sorte que quand nous entrasmes dans leurs valées avec les troupes, nous les trouvasmes dans leurs maisons et dans les chemins et qu'aucun ne s'estoit sauvé.

Voyant que ce que j'avois projetté avoit si heureusement réussi, en chemin faisant je dis en propres termes à M. de Saint-Luc qu'il pourroit faire une fort belle action, fort esclatante pour l'authorité du Roy et qui seroit très agréable à S. M.; qu'il n'y eust jamais rebellion sans punition, qu'on n'en pouvoit pas voir une plus insolente que celle-cy, qu'il falloit arrêter les chefs de la sedition et cinquante ou soixante indifféremment, qu'il n'y auroit rien de si facile, que je m'en chargeais s'il le trouvoit bon ; que sans cela il donnoit un spectacle à ces coquins, que c'estoit une montre de troupes qu'il faisoit, que tout ce qui avoit esté fait estoit inutile, que ces peuples en seroint plus insolens et fiers, et quoyque son ami et son serviteur je ne pourois pas m'empescher, en rendant compte à S. M., de lui faire connoistre qu'il avoit manqué dans l'important, que quoiqu'il eut pu faire arrester nombreux de ces séditieux, que je lui eusse fortement parlé, qu'il ne l'avoit pas voulu faire. Il me respondit que, quoyqu'il n'eust donné aucune parole à M. de Toulonjeon, il n'agiroit pas cependant autrement qu'il l'avoit résolu, que quoique traitant avec des seditieux, qu'il auroit de la peine à les faire punir; qu'il connoissoit l'humeur de M. de Toulonjeon et de M. le mareschal de Gramont, qu'ils ne manqueroint pas de protester et de faire passer ceste action comme une espèce de trahison, en disant qu'il estoit bien facile à M. de Saint-Luc de pendre des gens qu'on luy avoit remis désarmés et qui estoint dans la croyance d'un bon traitement et qu'il ne pourroit s'y résoudre. Je lui répondis que puisqu'il n'avoit point donné de parole qu'il n'estoit engagé à rien; que de bons traitemens n'empeschoint pas la punition de quelques-uns; qu'il debvoit plus au Roy et à son debvoir qu'à M. de Toulonjeon et à M. le mareschal de Gramont. Je luy fis encore de fortes instances, tant à Argelès, ou nous couchasmes avec les troupes, que sur les chemins. Enfin, je ne pus obtenir autre chose de luy, si ce n'est que quand il seroit de retour à Lourde, que les députés des vallées le viendroint voir pour recevoir quelques ordres de luy, que j'en pourrois faire arrester quelques-uns.

Les députés estant arrivés à Lourde et estant chés luy, je les vouleus faire tous arreter, au nombre de quatorzé ou quinze qu'ils estoint; mais tout ce que je pus obtenir de luy, ce fut qu'il m'en remit six, et encore après de grands combats et après avoir tiré parole positive de moy que je ne les jugerois point que je n'eusse des ordres nouveaux de S. M. Vous connaissez le reste [1].....

PELLOT.

A Pau, ce 24 mars 1665.

---

[1] Quelques jours après, M. Pellot, qui avait toujours sur le cœur la *fausse* générosité de M. de Saint-Luc, renouvelait ses efforts pour engager le ministre à plus de sévérité. Le 7 avril, il écrivait à Colbert : « Le commandant de la « garnizon qui est à présent dans le chasteau de Lourde m'a donné advis que « quelques habitans des vallées du Lavedan sont venus à Lourde avec des fuzils « et qu'ils ont eu mesme quelque querelle avec ses soldats. Aussi, je crois qu'il « sera à propos que S. M. donne une ordonnance qui fist deffense aux dictz « habitans des vallées de porter aucunes armes, à peine contre les contre-venans « d'estre envoyez en galères, *sans aucune forme ny figure de procez*, et attachez

LVII.

1665. — 1ᵉʳ AVRIL.

(Biblioth. nation. Mélanges Colbert, vol. 128 *bis*, f⁰ 769.)

M. PELLOT A M. COLBERT.

A Saint-Sever, ce 1ᵉʳ avril 1665.

Monsieur, en venant de Pau en cette ville, où j'arrivai hier, j'ay passé à Hagetmau, ou j'ay faict un procez-verbal des désordres et dégatz que l'on prétend avoir esté faictz au chasteau de M. le mareschal de Grammont, qui ne sont pas si grands ny faicts à dessein, comme l'on s'est plainct. J'envoyerai à M. Le Tellier, par le prochain ordinaire, les procez-verbal, et vous en recevrez, Monsieur, une copie en mesme temps.

Je ne quitteray point icy que je n'aye fait tous mes efforts pour déraciner et estouffer cette rebellion et qu'elle ne renaisse pas, s'il se peut; elle est plus grande et plus concertée que l'on ne le s'est pu imaginer. Tous les gentilshommes et principaux du pays en sont[1]. Audijos, et ses complices, sont païez et comme soudoïez à leurs despens, et cela estoit bien à croire car il ne dureroit pas tant sans ce soutien. Ils ont cru qu'à force d'assassiner les gardes du convoy ils se deschargeroient des bureaux, ils ont persuadé aux peuples que, tant qu'Audijos subsisteroit, ils n'auroient point la

---

« à la première chaisne qui passera, et qui enjoigne audit commandant la
« garnison à tenir la main à l'exécution de ladite ordonnance..... Comme ces
« peuples ne sont pas tout à fait mortifiez et chastiez ainsi qu'ils le méritent, si
« S. M. avoit des troupes dans les provinces voisines qui ne lui fussent pas
« utiles, l'on pourroit les envoyer dans lesdites vallées, y passer un couple de
« moys de cet été..... » (*Mélanges*, vol. 128 *bis*, f⁰ 813.)

[1] Cette affirmation paraît quelque peu exagérée. Il est cependant certain que la rébellion aurait eu moins de durée sans l'appui secret, mais très efficace, que lui prêtaient certains grands personnages, entre autres le duc de Gramont et le marquis de Poyanne. Le premier ne pardonna jamais à Pellot le pillage d'Hagetmau et l'envahissement de ses autres terres : le second, qui appartenait aussi à la noblesse féodale, voyait sans doute avec déplaisir l'arrivée au pouvoir de ces financiers, auxquels cependant l'on était tenu d'obéir au nom du Roi.

gabelle, appelant le droit du convoy de ce nom. Le chapelet commence à se défiler; nous tenons les principaux prisonniers qui descouvriront beaucoup de choses, dont nous nous doubtions bien, mais dont nous n'avions pas la certitude, ny des preuves, mais il faut du temps pour aprofondir et esclaircir cette affaire et y remédier comme il est nécessaire.

Audijos, en sortant des montagnes du Lavedan, passa à Nay et à Lescar, villes du Béarn, ainsi, Monsieur, que je me suis donner l'honneur de vous le mander. L'on le voioit d'un costé et l'on coûroit de l'autre, sans le vouloir attraper. Il passa ensuite à Estissac [1], lieu appartenant à Monsieur le mareschal de Grammont, à Geaune, qui est à Monsieur le marquis de Poyanne, et à Cotures, qui est encore à Monsieur le mareschal, où il pilla une maison, et ensuite, luy et ses gens, dans deux rencontres, assassinèrent deux des gardes du convoy, ainsi que vous en avez esté adverty. Ils menacent, que, quand les feuilles seront venues, ils recommenceront à faire bonne guerre auxdits gardes, qui sont intimidez avec quelque raison, et d'en assassiner à tous les coings de hayes, et qui n'osent ainsy faire leurs charges. Nous tascherons à prévenir ces maux et empescher le mauvois effect qu'ils causeroient aux droits du convoy et aux autres affaires de S. M.

M. de Saint-Luc est allé du costé de Bayonne [2] et de là il doit retourner à Bordeaux. Il me laisse faire et espère que cela n'ira pas plus avant. Je vous rendrai compte de tout le particulier qui se faira, ainsy que je l'ay faict de ce qui s'est passer à Lourdes, dont vous estes plainement instruit à présent.

J'ay receu, soubs vostre enveloppe, une requete et des pièces pour les anciens fermiers du Convoy, qui demandent quelque dédommagement. Je m'informeray s'il y a lieu et vous en manderay mes sentimens. J'ay receu aussy, tousjours sous vos enveloppes, l'édit pour la Chambre de l'Édit de Guienne, accompagné des lettres de S. M. touchant la Société des Indes Orientales, et une lettre du Roy pour les conseillers du pays de Labourt. Je ne

---

[1] Probablement Estirac, petit village situé dans le canton de Maubourguet (Hautes-Pyrénées).

[2] Le reg. BB 27 indique, f° 411, qu'il arriva en cette ville le 2 avril. (*Archives de Bayonne.*)

manqueray pas de la leur envoyer afin qu'elle fasse au plus tot l'effect que l'on en peut attendre.....

Vostre très humble et très obéissant serviteur.

PELLOT.

LVIII.

1665. — 4 AVRIL.

(Biblioth. nation. Mélanges Colbert, vol. 128 *bis*, p. 795.)

M. DE SAINT-LUC A M. COLBERT.

Monsieur, je suis veneu en cette frontière fort à propos pour détromper les peuples de l'alarme ou ils estoient de la gabelle depuis la faction d'Audijos. J'ay eu peine de les en dissuáder. Chascun desja songeoit à suivre tous les emportemens qu'on leur eust inspiré pour resister à cest establissement, syl eust esté véritable, le nom d'Audijos y estant en quelque vénération, et vous scavés, Monsieur, qu'il n'est pas difficile de porter au désordre les esprits de cette frontière. Le ville de Bayonne croioit desja sa perte fort asseurée par l'imposition de ce subside qu'on luy faisoit inévitable. J'ay fait revenir les uns et les autres de toutes ces appréhensions par la confiance qu'ils ont à ce que je leur dis. Je puis vous asseurer, Monsieur, que mon arrivée y a fait revenir le calme et la joie. Les Espagnols leur font débiter cent mechantes nouvelles sur ces matières. La tour d'Endaye [1] est un subjet continuel de

---

[1] On sait que la rivière la Bidassoa, qui prend sa source dans la Navarre, sur le versant méridional des Pyrénées et se jette dans le golfe de Biscaye après avoir formé, dans sa partie inférieure, l'île des Faisans où fut signé en 1659 le traité des Pyrénées, sépare la France de la province de Guipuscoa. De tous temps les habitants d'Hendaye et de Fontarabie avaient été en contestation sur la propriété de cette rivière : les Espagnols poussaient même leurs prétentions jusqu'à contester à leurs voisins les droits de pêche et d'ancrage dans la Bidassoa. Afin de protéger les habitants d'Hendaye, il avait été élevé une sorte de tour qui, munie d'armes défensives, devait assurer la sécurité des pêcheurs français. Mais faute d'un entretien suivi, ce bâtiment était tombé peu à peu en ruine et ne remplissait plus le but qu'on s'était proposé.

Le 25 mai 1663, Colbert adressait la lettre suivante au sieur Poupart, ingénieur, déjà chargé de diriger les travaux du Château-Trompette, à Bordeaux :
« Comme vous aurez appris dans la province les différents qui sont entre les

leur artifice, leur faisant entendre que ce ne peut estre contre eux, estant sy peu de chose, et que ce n'est que pour y donner retraite asseurée à ceux qui lèveront les impots qu'on leur destine. Ces discours avoient tellement eschauffé ceux d'Endaye que la communauté a esté sur le point de déclarer qu'elle ne vouloit point se servir de leur ancien privilège de la pesche, dont les Espagnols les privoient depuis longtemps avec violence. Le sieur de Saint-Martin Barés[1] a eu peine à detourner ce coup et à leur faire cognoistre le

« habitans d'Endaye et ceux de Fontarabie, pour l'accomodement desquels le
« Roy a nommé MM. d'Artagnan et de Saint-Martin de Barrez qui sont sur les
« lieux avec les commissaires d'Espagne, pour cet effet; et S. M. estimant, soit
« que ces différents s'accomodent, soit qu'ils ne s'accomodent point, qu'il pour-
« roit estre necessaire pour le bien de son service de restablir une tour qui estoit
« autrefois aud. bourg d'Hendaye, pour la seureté de la navigation de la rivière
« de la Bidassoa contre les habitans de Fontarabie et autres sujets du Roy catho-
« lique, elle m'a commandé de vous faire scavoir que son intention est que vous
« vous transportiez en diligence près des sieurs d'Artagnan et de Saint-Martin-
« Barrez pour lever le plan de cette tour et pour examiner ce qui se pourroit
« pratiquer, soit pour la restablir, soit pour construire d'autres ouvrages que
« vous croirez pouvoir produire le mesme effet, dont il sera bon que vous me
« donniez avis. Vous voyés bien, par ce que je vous mande, qu'il n'est pas
« question de faire un projet d'une grande dépense, puisqu'il s'agit simplement
« d'establir la securité des barques françaises qui pourront naviguer sur ladite
« rivière.... » — Un mois après, le ministre informait le sieur Poupart que le Roi avait accepté les plans et devis que cet ingénieur lui avait adressés et qu'il pouvait faire commencer les travaux, en prenant bien soin que la plate forme basse fût capable de recevoir quatre canons, au lieu de deux qu'il avait marqué. — Le 16 juillet de la même année, Colbert adressait à cet ingénieur une troisième lettre : « Les precautions, lui disait-il, que vous avez prises de n'envoyer
« pas jusqu'au bourg d'Hendaye les materiaux qui vous sont necessaires, sont
« fort judicieuses, car si ceux de Fontarabie, comme vous le remarquez fort
« bien, arrestoient les barques, cela engageroit encore plus fortement la contes-
« tation qui est entre les commissaires des deux couronnes pour cette rivière. »
Peu de temps après, le ministre mandait au chevalier de Clerville, ingénieur, de se rendre à Hendaye, pour inspecter les travaux de la tour que le Roi y faisait élever. (*Lettres, instruct. et Mémoires de Colbert*, tome V). — Enfin on trouve, tome IV de la même collection, un fort intéressant *Mémoire sur le différend entre la France et l'Espagne pour raison de la souveraineté de la rivière de Bidassoa.*

[1] Quoique le sieur de Saint-Martin-Barrez ait joué à cette époque un certain rôle et que l'on retrouve fréquemment des documents émanant de lui, soit à la Bibliothèque nationale (*Mélanges Colbert*), soit aux Archives de la ville de Bayonne, la personnalité de ce fondé de pouvoir du Roi de France est peu connue. La pièce suivante mettra en lumière les nombreux services que M. de Saint-Martin rendit à son pays : — « Nous, duc de Noailles, pair de France, etc...
« commissaire député par le Roy, pour faire la révision des preuves et titres de
« noblesse des cent chevaliers de l'ordre de Saint-Michel retenus et réservés par

but de leurs voisins. Je puis rendre témoignage qu'il sert le Roy fort utilement et qu'il estoit necessaire d'y maintenir un jurat qu'il

« l'Estat...., certiffions au Roy.... que nous avons veu, leu et examiné les titres
« de messire Daniel de Barez, sieur de Saint-Martin, abbé de la Caze-Dieu et
« aumosnier de la Reine, scavoir : Un brevet du Roy du 15 aout 1657 de la
« charge de mareschal de camp ez armées de S. M. à luy accordé ; — Passeport
« de S. M. du 20 octobre 1660, par lequel il se voit qu'il auroit esté envoyé en
« lad. année en Suede, pour le service de S. M. ; — Autre brevet du 2 juin 1661,
« par lequel lad. Majesté l'auroit fait secrétaire de l'ambassade en Espagne ; —
« Lettres patentes de la Reyne, du 2 juillet 1662, par lesquelles S. M. l'auroit
« pourveu de la charge de l'un de ses aumoniers ordinaires ; — Deux passeports
« du Roy à lui donnés en qualité de secrétaire de l'ambassade d'Espagne, s'en
« retournant à Madrid par ordre de S. M. et pour affaires concernant son service,
« des 9 juillet et 26 septembre 1662 ; — Lettres patentes en forme de commis-
« sion à luy donnée par S. M., du 24 septembre 1662, conjointement avec le
« sieur d'Artagnan, lieutenant de S. M. au gouvernement de Bayonne, et les
« commissaires du Roy d'Espagne, pour décider et terminer les différends des
« habitants d'Hendaye et de Fontarabie ; — Autre commission plus ample à luy
« donnée et aud. sieur d'Artagnan à mesme fin et pour terminer avec lesd.
« commissaires du Roy d'Espagne, tous différens concernant la propriété de la
« rivière de Bidassoa et autres sur cette frontière, du 11 avril 1663, par laquelle
« il est qualifié chevalier de l'ordre de Saint-Michel ; — Certificat du sieur
« marquis de Sourdis, chevalier des ordres du Roy et commissaire général de
« S. M. pour son ordre de Saint-Michel, du 7 aout 1664, qu'il a veu la commis-
« sion de S. M., en vertu de laquelle il a esté receu dans led. ordre de Saint-
« Michel ; — Lettres patentes de S. M. de confirmation du sieur de Saint-Martin
« de Barrez aud. ordre de Saint-Michel, du 28 avril 1665 ; — Brevet du Roy, du
« 27 juillet 1666, par lequel S. M. luy auroit accordé l'abbaye de la Caze-Dieu
« en consideration de ses services ; — Nouvelle commission de S. M., du
« 9 aout 1666, à luy donnée et aud. sieur d'Artagnan, pour, avec les commis-
« saires du nouveau Roy d'Espagne, terminer tous les différends concernant la
« rivière de Bidassoa et toute cette frontière, mesme en cas de refus et delay-
« mens desd. commissaires du Roy d'Espagne de proceder avec eux, informer
« séparément et sans lesd. commissaires des droits de S. M. et de ses sujets, sur
« lesd. différents et sur le tout donner jugement le plus équitable qu'ils pour-
« roient ; — Jugement desd. sieurs d'Artagnan et de Saint-Martin de Barets,
« donné dans l'isle des Faisans, située au milieu de lad. rivière de Bidassoa,
« le 26 février 1667, par lequel, en l'absence et au reffus desd. commissaires du
« Roy d'Espagne de procéder avec eux, ils auroient, suivant le pouvoir à eux
« donné par S. M. par la dernière desd. commissions, décidé et jugé seuls lesd.
« différents ; led. jugement ratiffié et approuvé par S. M., à Saint-Germain-en-
« Laye, le 25 janvier 1668 ; — Le tout à nous produit et représenté par led. sieur
« de Saint-Martin de Barets au raport du sieur Catignon de Chauvry, conseiller
« du Roy en ses conseils, premier président en la Cour des Monnoyes et genea-
« logiste des ordres de S. M., et qu'il y a lieu, s'il plaist à S. M., de conserver et
« retenir led. sieur de Saint-Martin de Barez au nombre des cent chevaliers dud.
« ordre de Saint-Michel, réglé par led. estat, en consideration de ses services. —
« En foy de quoy etc... à Paris, ce... 1668. » (Biblioth. nat., *Coll. Clerembault.*,
vol. 1245, f° 3829.)

a proposé, estant un homme fort zélé aux intérêts de Sa Majesté, haïssant beaucoup les Espagnols dont il a esté maltraité en plusieurs rencontres, en telle mesure qu'il n'oseroit avoir à passer dans leurs terres. Je lui ay fort promis la protection de Sa Majesté et luy ay recommandé de conserver les intelligences qu'il a en cette frontière, qui ne seront pas inutiles en cas de besoin. La proposition quy a esté faite de faire revenir le canal de la rivière du costé de deça est très avantageuse aux subjects de Sa Majesté et tres prejudiciable à ceux de Sa Majesté catholique, qui seront de cette sorte entièrement privés de la pesche dont ils tiroient de si grands profits que toute leur frontière vivoit de cette industrie. Je ne vous dis rien de l'estat de la tour. M. Pellot quy y feust l'année dernière en a rendu conte. C'est un ouvrage qui ne doit pas estre consideré pour resister a une forte attaque et qui ne peut servir qu'a empescher en ce temps les mauvois traitemens que ceux de Fontarabie faisoient à ceux d'Endaye et des environs. Le sieur de Lisle, qui y commande, y fait son devoir et se comporte avec prudance parmi ces peuples.

Les divisions de plusieurs communautés du pays du Labour troubloient le commerce et leur repos depuis long tems. Je les ay mis en estat de terminer leurs différens par la voye de la douceur, et finir celles de faict, dont ils se servoient en plusieurs rencontres.

J'ay disposé ceux de Saint-Jean-de-Luz et d'Endaye d'entrer dans la compagnie des Indes[1]. Il y a quelques particuliers qui fairont effort d'y prendre part. Le sieur de Saint-Martin prendra soin d'executer la chose suivant l'instruction que M. Pellot luy en a donné. Ceux de Bayonne fairont dix mille escus de leur costé.

J'ay remarqué, par les discours des principaux de cette contrée, qu'il seroit important d'employer dans les voyages que les compa-

---

[1] Le 15 juillet 1664, le bayle et les jurats de Saint-Jean-de-Luz et de Sibourre informaient Colbert que, malgré leurs sollicitations, les habitants de ces deux localités avaient déclaré ne pouvoir s'associer aux avantages qu'offrait la compagnie des Indes-Orientales. Le motif de ce refus provenait de leur extrême pauvreté : le peu qu'ils possédaient avait été employé à l'équipement des navires expédiés à Terre-Neuve et à la pêche des baleines, « par le retour « desquelz ils n'ont pas subject d'espérer aucun amandement en leurs affaires, « à cause des empeschemens qu'on leur faict dans le royaume à débiter les « huilles de balleine et fanons ». (*Correspondance administrative*, t. III, p. 354.)

gnies des Indes envoyeront faire les pilotes et matelots de ce pays, qui le désirent beaucoup. Il en arriveroit deux avantages, qu'ils s'accoutumeront à cette navigation et ne serviront plus les Espagnols, où ils vont chercher leur vie, n'ayant pas de quoy la gagner en France dont le service leur soit plus agréable.

Je continue ma route du costé du Mont de Marsan, où je retrouveray M. Pellot. Nous verrons ensemble ce qui sera nécessaire pour le pays de Chalosse, dont je vous rendray conte, et vous témoigneray partout que je suis avec respect, Monsieur, vostre tres humble et tres obeissant serviteur.

Sainct-Luc.

De Saint-Jean-de-Luz, le 4 avril 1665.

LIX.

1665. — 8-13 AVRIL.

(Archives de la ville de Bayonne. Reg. BB 27, f°s 413-416.)

DÉLIBÉRATION DU CONSEIL DE VILLE DE BAYONNE TOUCHANT L'ORDONNANCE DE M. DE SAINCT-LUC ENJOIGNANT A TOUT UN CHACUN DE DIRE ET RÉVÉLER LA OU AUDIJEOS ET SES ADHÉRENTS SE TROUVENT.

Du mercredy, huict avril 1665.

Conseil tenu en la ville et cité de Bayonne par Messieurs Duvergier, sieur de Belay, premier eschevin ; de Larrieu, clerc assesseur ; de Naguille, de Jougla, de Jupin et Laborde, eschevins ; Duhalde, Darriague et Ladmirat, jurats ; et de Castelnau, syndic.

Ledit sieur premier eschevin a représenté une ordonnance qui luy a esté baillée par M. de Sainct-Luc pour la faire publier et proclamer contre le nommé Daudijos et ses adhérens, aux fins de se saisir de leurs personnes là où ils pourront estre trouvés dans ledit lieu de la ville et jurisdiction d'icelle ; laquelle publication sera faicte suivant la résolution prinse par le corps.

Ledit sieur premier eschevin a encore raporté que Monseigneur de Sainct-Luc luy a fait des offres et asseurances de servir la ville et qu'en toutes occasions quy s'offriront il n'en perdra les rencontres, luy ayant prié d'en assuré la ville. Et ensuite ledit sieur premier eschevin a remonstré qu'il est important de recognoistre Monseigneur de Sainct-Luc comme estant lieutenant général pour le Roy au gouvernement de Guienne [1], de même qu'on a pratiqué de tous tems de faire à tous les gouverneurs de la province de leur faire présent d'un beau cheval d'Espagne, d'autant plus que ledict seigneur de Sainct-Luc fait paroistre son témoignage d'affection envers la ville en toutes occasions; — sur quoy, le corps a déliberé qu'il sera faict recherche d'un beau cheval d'Espagne pour en estre faict présent audict seigneur de Sainct-Luc, de mesmes qu'il en a esté faict aux gouverneurs lors de leurs premières entrées en ceste ville. Et, pour cest effect, ont esté commis les sieurs de Harriague et de Lamirat, jurats.

Du vendredy, 10me avril.

Au conseil tenu par les susdits:

Leue la délibération touchant l'ordonnance faicte par Monseigneur de Sainct-Luc contre Daudijos et ses adhérans, laquelle ne faict pas mention d'aucung ordre à la ville pour la faire publier, mais que seulement icelle ordonnance ayant esté donnée audict sieur premier eschevin, il a raporté qu'il en a escrit au secrétaire dudict seigneur pour donner un ordre particulier au corps afin d'en faire la publication, ou bien ce qu'il désire qu'il soit faict [2].

A esté délibéré qu'on attendra l'ordre dudict seigneur de Sainct-Luc.

---

[1] Cette reconnaissance était vraiment un peu tardive, car les lettres patentes accordant à M. de Sainct-Luc la charge de lieutenant du Roi en Basse-Guienne, en remplacement du maréchal son père, portent la date du 30 novembre 1644. (*Arch. départ. de la Gironde*, reg. B 57, f° 112.)

[2] Après être resté quelques jours à Salhen (*alias* Sallent et Salient), petit village de la frontière espagnole, sis au milieu des montagnes, dans la maison du gentilhomme don Miquel Joan, que M. de Sainct-Luc désigne dans une de ses lettres comme le principal instigateur de la révolte des vallées du Lavedan, Audijos reprenait bientôt le chemin de la Chalosse. Pellot, qui était alors à Saint-Sever, en fut aussitôt informé par ses espions. Ordre fut alors donné à toutes les communautés de la province de courir sus contre le rebelle et de proclamer en tous lieux que ses partisans, coupables du crime de lèse-majesté, devaient être arrêtés comme tels et menés aux prisons.

Du lundy, 13me avril.

Au conseil tenu par les susdits :

Lecture ayant esté faicte de l'ordonnance de Monseigneur de Sainct-Luc, ledit sieur premier eschevin a raporté l'ordre dudict seigneur par la voye du sieur de Combabessouze, son secrétaire[1], lequel ordre porte que, de l'authorité du corps de cette ville, il sera enjoinct à tous habitans, par publication quy sera faicte à son de trompe, que chascung aye à venir dire et déclarer par devant le commissaire à ce commis, sy le nommé Daudijos, ou aucun de sa troupe, sont entrés dans la ville ou faux bourgs, et dans quelle maison de la ville ou jurisdiction il a esté ou peut estre à présent, et en cas que ledit Daudijos se présenta en aucun desdicts lieux, d'en advertir ledit sieur premier eschevin, ou ledict sieur commissaire, ou autres du corps, et ce à peyne de la vie, laquelle publication a esté exécutée le mesme jour par le sergent ordinaire et le trompette.

S'en suit la teneur de ladicte ordonnance :

Ordonnance des eschevins de Bayonne qui enjoint à un chacun de dire et révéler là ou Audijos loge, à peyne de la vie.

De par Messieurs les échevins, jurats et Conseil de la présente ville et citté de Bayonne, juges criminelz et de police.

Lesdits sieurs, ensuyvant l'ordonnance de Monseigneur de Sainct-Lucq, lieutenant du Roy au gouvernement de la province, randue en ceste ville le sixiesme du présant mois d'avril (portant commandement de se saisir du nommé Daudijos et de ceux de sa trouppe, condempnés à mort pour divers crimes par eux commis), ont enjoinct à tous habitans de ladite ville, de quelque condition et quallité qu'ils soient, de leur reveller sy ledit Daudijos, où quelqu'un de sa trouppe, sera entré dans ladite ville et leur indiquer, ou à quelqu'un desdits sieurs, la maison où ils sauront qu'il se sera retiré, et ce à peyne de la vye contre ceux qui feront fraude à ladite ordonnance, laquelle sera publiée à son de trompe par tous

---

[1] M. de Combabessouse remplit plus tard les mêmes fonctions auprès du maréchal d'Albret, gouverneur de Guienne.

les coins et carrefours accoustumés de ladite ville, pour que personne ne puisse l'ignorer.

Fait à Bayonne, en Conseil, le 13ᵉ d'avril 1665.

(Signé :) Duvergier, premier eschevin.

Par mandement de mesdits sieurs : Dordoy, *greffier*.

Le xivme du mois d'apvril 1665, l'ordonnance cy dessus a esté publiée à son de trompe et cry publicq par les cantons de la ville, presans à ce Jean Lannes et Pierre Sainct-Martin, tesmoins, et moy.

Cassenave, trompette.

LX.

1665. -- 12 AVRIL.

(Archives de la ville de Saint-Sever. Reg. BB 4.)

DÉLIBÉRATION DES OFFICIERS DU SIÉGE DE SAINCT-SEVER ENJOIGNANT AUX HABITANTS DE LA SENECHAUSSÉE DE COURRE SUR AUDIJOS ET SES COMPLICES.

Le dimanche, douziesme apvril mil six cens soixante. cinq, s'estant réunis dans la maison commune de la presente ville de Sainct-Sever, en assemblée générale et à la manière accoustumée :

Sur ce qui a esté représenté par Messieurs les jurats et scindicq du païs, que le nommé Audijos et ses complices pourroient estre dans led. siège pour continuer les murtres, volleries, assassinats et incendies, il est expedient, pour en empescher la continuation, d'establir quelque bon ordre, tant pour obeyr aux ordres de Monseigneur le gouverneur que pour la securité publicque ;

A esté délibéré que le scindicq du pays s'en ira dans toutes les parroisses dud. siège pour voir, admonester et charger les jurats et principaux habitans d'iceluy, de courre sur Audijos et ses complices, et iceux prendre et capturer, conformément aux ordres de mondit seigneur le gouverneur, ainsi que jà a esté publié cela dans lesd. paroisses ; — et en cas qu'ils ne se trouveront pas assez forts pour les arrester, faire sonner le beffroy sur eux et appeller les paroisses voisines à leur secours et en donner advis aux trouppes du Roy qui se trouveront dans ledit siège; — ensemble aussy aux sieurs jurats de la présente ville et syndicq et les advertir des lieux ou ledit Audijos et ses complices fairont leur retraicte, ainsi que des routes qu'ils prendront, et ce avec toute sorte de fidelité et diligence affin qu'ils ne puissent ainsi se sauver à tems et le pays purgé de telle sorte de gens. — Et led. sieur scindicq donnera advis à la noblesse dudit siège de la présente délibération, affin qu'elle donne la main a l'execution de ce que dessus.

(Suivent les signatures.)

LXI.

1665. — 15 AVRIL.

(Biblioth. nation. Mélanges Colbert, vol. 128 *bis*, f° 875.)

M. PELLOT A M. COLBERT.

A Sainct-Sever, ce 15 avril 1665.

Je continue les procédures contre les séditieux de Chalosse, et dans peu j'espère de les juger et de trouver des moyens pour asseurer les bureaux et les gardes dans ce pays, à quoy en tous cas je me retranche si S. M. n'approuve pas le dessein de les pousser plus avant et jusques à Bayonne mesmes en se rendant maistre de la fontaine de Sallies; ce qui seroit ainsi, je crois, le plus seur comme le plus advantageux pour la France, dont le sieur de Loyac et moy avons dressé un mémoire que je vous envoye, et qui n'est guères autre chose que ce que je vous ay mandé par mes précédentes. Sur quoy, Monsieur, j'attendrai vos ordres; cependant j'ay disposé les trouppes de telle manière en ce pays qu'elles pourront subsister aisément.

M. le marquis de Saint-Luc demande qu'il plaise à S. M. de luy restablir une partie des 2,000 livres pour ses frais inopinez, qu'on luy a retranchée depuis 1663. Il est obligé de faire grande despence dans une province comme celle-cy pour beaucoup de sujets et dans divers voyages qu'il faut qu'il face, et il mérite asseurément, et par cette raison et par l'affection particulière et l'attachement qu'il a pour le service de S. M., d'estre distingué des autres. Il est à présent à Bordeaux. Pour moy je ne quitterai point ce pays qu'après avoir jugé ces séditieux et laissé les affaires du Roy en bon estat.

Je suis avec respect, etc....

PELLOT.

Si S. M. fait la grâce à M. de Saint-Luc de luy restablir sa partie, il sera bon qu'il paroisse que c'est par mes offices, afin qu'il continue, comme il fait, à me croire pendant que je seray dans cet employ.

LXII.

1665. — 28 AVRIL, 4 MAI.

(Archives de la ville de Bayonne. Reg. BB 27, f⁰ˢ 425-431.)

ARRESTATION A BAYONNE, SUR L'ORDRE DE M. PELLOT, D'UN SOI-DISANT COMPLICE D'AUDIJOS. — SOULÈVEMENT RÉPRIMÉ PAR LA MUNICIPALITÉ DE CETTE VILLE.

Du mardy 28ᵐᵉ avril 1665.

Conseil tenu extraordinairement par MM. Duvergier, sieur de Belay, premier eschevin; de Naguilhe, de Jougla, de Jupin, de Rol et Laborde, eschevins; de Peyrelongue, Detchenique et Lamirat, jurats, et de Castelnau, syndic, et de Messieurs les bourgeois convoqués, Messieurs les officiers du Roy, M. le lieutenant général et M. le procureur du Roy, MM. de Gestas, de Romatet, Duvergier de Joannis, Mathieu Duvergier, advocat, Anthoine David de Naguille, de Cadroy, Jean Deyma, de Lalande de Gayon, Michel Dayherre et Jean Wescomb[1]:

Ledict sieur premier eschevin a raporté à l'Assemblée que M. Pellot, intendant de la justice en Guienne, a envoyé un hocquetton du Roy et un officier de dragons en ceste ville pour se saisir de certaines personnes quy sont en ceste ville, adhérans au

---

[1] M. O'Reilly (*Mémoires sur Claude Pellot*) a publié une partie de ce document. Nous le donnons *in extenso*, d'après le registre des délibérations de la ville de Bayonne.

nommé Daudijos; lequel hocqueton s'est adressé à luy, le jour d'hyer, pour lui donner main-forte, suivant le commandement dudit sieur intendant : auquel hocqueton il a donné des gardes pour l'escorter avec le capitaine du guet, et que conduisant dans les prisons ordinaires de la ville un garcon tailleur qu'on disoit estre valet dudit Daudijos, et, estant arrivés à la place, faisant leur chemin vers lesdites prisons, des femmes et gens sans adveu se seroient souslevés et auroient osté ledit garçon d'entre les mains dudict hocqueton et gardes, en sorte qu'il falut que la pluspart du corps de ville s'y portat affin de tirer ledict hocqueton hor du danger dudict souslèvement; — A quoy l'assemblée est priée de vouloir résoudre, attandu, mesmes que pour la conservation dudict hocqueton et officier des dragons, le corps de ville a esté obligé de les mettre en sauvegarde au Chasteau-vieux de ceste ville, et prier Monsieur d'Artagnan de vouloir y souffrir leur résidance jusques à ce qu'il y soit pourveu autrement.

Sur quoy, ouy le sindic de la ville, quy a demandé permission d'informer desdits excès et souslèvemens et qu'il en soit dressé procès verbal du tout, a esté deliberé :

Qu'il sera faict procès verbal sur la totalle verité de ce quy s'est passé, quy sera dressé par Messieurs de Naguilhe, eschevin; de Romatet, advocat, avec Monsieur le premier eschevin et quelques autres du corps; qu'il sera escrit au sieur Pellot, intendant, et à Monsieur de Saint-Luc, lieutenant général pour le Roy en Guienne, auquel il sera prié de vouloir adoucir ledit sieur Pellot au cas qu'il soit en cholère sur ce sujet; et qu'on leur asseurera qu'on fera sortir en toutte la seureté quy se pourra lesdits hocquetton et officier des dragons à la sortie dudit chasteau et de la ville et conduire en d'autres endroits qu'ils demanderont; et qu'au plus tost on tiendra adverti les patrons et *claviers*[1] des compagnies de la ville d'assembler chascun leurs compagnies affin que, par cy après, il ne soit faict aucun souslèvement parmy eux;

---

[1] Dans l'ancien français, ce mot signifiait celui qui portait les clefs. (*Diction. de Littré.*) En patois béarnais, *clabet*, veut dire trésorier : *lo viscompte ..... ha en Aspa claver :* « le vicomte (de Béarn) a dans (la vallée d')Aspe un trésorier. » (*Diction. béarnais.*) Nous supposons que ce mot, très usité dans les anciens documents, désigne le *sindic* ou le *trésorier* de la corporation.

qu'il sera faict perquisition de ce qu'est devenu le valet Daudijos despuis avoit esté faict prisonnier et qu'y fust blessé lors de sa capture par ledict hocquetton; qu'il sera aussi commandé à tous les cabaretiers de la ville de bailler toutes les nuyts le role de leurs hostes avec leurs noms, cognoms et lieux d'ou ils sont, lesquels roles ils remettront entre les mains dudict sieur premier eschevin; que ledit sieur premier eschevin verra lesdits sieurs hocquetton et aussi officier de dragons, qui sont au chasteau, auxquels il fera de rechef offre que, s'yls désirent executter leur ordre sur quy que ce soit, ou dudit d'Audijos ou de ses adhérans, qu'ils croient estre en ceste ville, qu'il est tout prest de leur bailler main forte et de les assister avec toutes les forces de la ville.

De quoy a esté deliberé que le procès verbal demeure chargé de tout ce dessus et qu'il sera remis au plustost par lesdits sieurs commissaires pour demeurer dans les archives.

Du mercredy, 29ᵐᵉ avril.

Au conseil tenu, ledict sieur premier eschevin a faict scavoir aux sieurs conseillers magistrats la résolution qui fust prise le jour d'hier à l'assemblée de Messieurs les bourgeois et leur a faict connoistre le resultat de l'action violente et tumultueuse arrivée lundy dernier; dans laquelle assemblée desdicts sieurs bourgeois a esté résoleu que lesdicts sieurs conseillers magistrats en auront cognoissance affin qu'ils tiennent la main de leur costé à ce qu'yl n'arrive aucun désordre par cy après dans la ville, leur ayant remonstré les suittes et conséquences qui infailliblement y arriveroient si on continuoit lesdites violences et désordres; qu'il est nécessaire que les officiers qui sont au Chasteau soient retirés de là et envoyés aux lieux de leurs postes, ce qu'il ne se peut faire sans quelque crainte de danger; à quoy il est necessaire de remédier;

A esté deliberé qu'on fera assembler les compagnies et mestiers de la ville ez lieux et endroicts ou elles ont accoustume de s'assembler, pour demain à six heures du matin, auxquelles on fera cognoistre l'importance de cette action et l'obeyssance qu'on doibt au Roy; pour ce faict, adviser au plustost à la voye qu'on doibt tenir à la sortie desdicts sieurs hocquetton et officiers quy sont au Chasteau. Et sont commis pour cest effect, scavoir :

Pour ceux qui ont accoustume de s'assembler au couvent des Carmes, M. de Naguille, eschevin; M. Peyrelongue, jurat; Duprat et Duhart, conseillers magistrats;

Au couvent des Augustins, M. de Jougla, eschevin; Duhalde, jurat, et de Carrère, conseiller magistrat;

Aux Cordeliers, les sieurs de Rol, eschevin; de Lamirat, jurat, et Dubrocq, conseiller magistrat;

Aux Jacoppins (*sic*), les sieurs de Jupin, eschevin; Detchenique, jurat, et de Lane, conseiller magistrat;

A Nostre-Dame, les sieurs de Laborde, eschevin, et de Laborde, conseiller magistrat.

Et advenant le lendemain, jour du jeudy dernier d'avril, audit an 1665, environ les huict heures du matin, estant assemblés extraordinairement dans l'Hostel de Ville, lesdits susnommés, et MM. les officiers du Roy, advocats et bourgeois quy ont porté charge de magistrats, M. le lieutenant général et autres dits sieurs;

Ledict premier eschevin a fait scavoir à l'assemblée le role que Messieurs les commissaires ont faict à l'assemblée des mestiers et compagnies de la ville, lesquels dicts sieurs commissaires, un chascun d'eux en particulier, luy ont raporté que le peuble est désabusé de l'opinion qu'il avoit et qu'ils se sont tous soubmis à suivre les ordres du Corps et faire sa volonté, mesme de l'obeir en tout et pour tout; que comme aussy ledict premier eschevin a dict qu'une partie du procès verbal a esté dressé sans qu'il ait peu estre achevé; que néanmoings le sieur de Nogent et autres officiers et le hocqueton du Roy sont dans le Chasteau et qu'il est besoing de pourvoir à leur retraitte et qu'ils puissent sortir en asseurance, et a prié l'assemblée de résoudre ce qu'il y a lieu de faire en cette rencontre qui est tres importante, et qu'affin que personne ne put escrire, il a faict arrester le messager;

A esté résoleu que les hocquetton et officiers, quy sont au Chasteau, seront conduicts depuis la sortie d'icelluy et escortés en asseurance en la ville de Dax, ou autre endroit qu'ils voudront, soubs la conduite d'un eschevin, d'un jurat et d'un conseiller magistrat; que le sieur eschevin, qui sera nommé a cet effect, sera muny du verbal et continuera sa route pour l'aller présenter à M. Pellot, intendant, et qu'on rendra imbeu le peuple du besoing et de la necessité qu'il y a de se saisir du prisonnier qui feust faict par ces dits officiers, s'il est trouvé en ville, affin qu'il soit remis entre les mains du dict sieur intendant, et pour l'escorte des dits officiers sortant du Chasteau sont commis Messieurs de Rol, eschevin.; de Lamirat, jurat, et de Carrère, conseiller magistrat.

Et advenant le lendemain vendredy, premier de may, environ les sept heures du matin, les dits sieurs estant extraordinairement assemblés au Conseil, ledit sieur premier eschevin a raporté que les officiers qui estoient dans le Chasteau sont partis tous seuls, à la poste courante, sans qu'ils ayent vouleu attendre aucune escorte que le Corps avoit résoleu de leur bailler, ainsy qu'il avoit esté arresté; et qu'à leur arrivée auprès de M. l'intendant ils pourroient faire des raports quy seroient préjudiciables à la ville, à quoy il est important de résoudre pour enlever audit sieur intendant toute l'animosité qu'il en pourroit avoir ;

A esté délibéré qu'en toute diligence le capitaine du guet, appelé Bonicart, sera envoyé vers ledit sieur intendant avec une lettre qui contiendra la verité de ce qui s'est passé, et que dans brief délay on luy envoyera le procès-verbal par un de messieurs du Corps.

Ce quy a esté fait à l'instant.

Au Conseil tenu le lundi, ivme de may, le premier eschevin a raporté au Corps comme le sieur Nojan et ceux de sa compagnie se voulans retirer du chasteau, ou ils estoient, pour se rendre à leur poste, sur la minuit du vendredy dernier, il avoit faict advertir les galupiers [1] pour les conduire par la rivière vers la ville de Dax, ce quy leur fut impossible parce que lesdits galupiers disoient ne pouvoir avoir du monde pour tirer la rame, à cause qu'ils estoient menacés par certains malintantionnés, ce qui causa du retardement à ce que lesdits Nojan et ceux de sa suitte ne pussent s'en partir

---

[1] *Galupe*, bateau plat servant au chargement et déchargement des navires. De là, les noms de *galuperie*, pour désigner le quai sur lequel s'opérait cette opération, et *galupiers*, les gens employés pour ce travail. (*Diction. béarnais.*)

par ladite voye; que neantmoings le jour du lendemain, sur les trois à quatre heures du matin, il fut advertit par un soldat du guet, que ledit sieur Nojan et ceux de sa suitte estoient à cheval pour s'en partir à leur inseu, ce qui l'obligea de se porter à l'hostellerie de *la Croix blanche*, où lesdits sieurs estoient logés, pour les prier d'attendre et ne s'exposer pas à aucun danger, et que il leur seroit baillé escorte suffisante; mais eux n'ayant voulen attendre, il leur bailla le capitaine du guet, appelé Bonicart;

A esté délibéré qu'il sera travaillé au verbal incessamment, dans la vray vérité, par ledit sieur de Naguille, eschevin.

Et le mesme jour, advenant les trois heures d'après midy, au conseil général et extraordinaire, ont esté leues diverses lettres envoyées par Messieurs de Sainct-Luc et Pelot, intendant, et aussi la deliberation et résolution prinse le matin aux fins de la sortie des sieurs Nojan et de ceux de sa suitte;

A esté immédiatement délibéré, par ladite assemblée, qu'il sera deputté vers Monsieur Pelot, intendant, auquel on rendra le procès verbal dans la verité des choses quy sont survenues, lequel sieur députté fera entendre audit sieur intendant la prudence et conduite que le magistrat a porté en ceste rencontre, que l'information sera suivie jusques à ce que on' aye nouvelles de la Cour; — et tost après, a esté procédé à la nomination desdits deputtés, par ladite assemblée, des personnes des sieurs de Rol, eschevin, et de Gestas, advocat, lesquels sont priés de partir au plustost[1].

LXIII.
1665. — 2 MAI.
(Archives de la ville de Bayonne, FF 584, pièce 106.)

M. PELLOT A MESSIEURS LES ESCHEVINS ET JURATS DE LA VILLE DE BAYONNE.

A Sainct-Sever, le 2º de may 1665.

Messieurs, Il auroit esté à souhaiter que vous eussiez eu assez d'authorité pour estre maistres de la canaille et faire executter les

---

[1] Les sieurs de Rol et de Gestas n'ayant pu, pour affaires privées, accepter cette mission, le sieur de Peyrelongue, neveu de M. de Cheverry, fut choisi à l'unanimité. Voir plus loin le récit de ce voyage.

ordres du Roy dans vostre ville. Cela est de facheuse conséquence pour le service de S. M. Je ne manqueray pas de luy en donner advis, et si en mesme temps l'on pouvoit luy mander que la chose fut réparée, ce seroit vostre descharge et vostre advantage.

Je suis, Messieurs,....

PELLOT.

LXIV.

1665. — 2 MAI.

(Archives de la ville de Bayonne, FF 584, pièce 107.)

M. DE SAINCT-LUC A MM. LES ESCHEVINS DE BAYONNE.

Messieurs, Vous ne devés pas doubter qu'on ne vous blasme beaucoup dans l'occasion qui s'est passée en vostre ville et dont vous m'avés écrit. Au paravant d'en rien juger, j'attans les procès verbaux qui auront esté faicts sur ceste violance. Vous croyés bien qu'il est de conséquance au service du Roy que ses officiers ayent la liberté de faire justice, et surtout contre les coulpables d'Estat, comme sont Audijos et ses complices. Il vous est important de chercher cet accusé et de le reprendre. Je ne vous en dis pas les raisons, parce que vous les cognoissés. J'en escrits plus amplement à M. d'Artaignan, avec qui vous pourrés en converser.

Je suis tousjours, Messieurs, vostre tres affectionné serviteur.

SAINCT-LUC.

A Bordeaux, le 2me de may 1665.

LXV.

1665. — 3 MAI.

(Bibliothèque nation. Mélanges Colbert, vol. 129, f° 110.)

M. PELLOT A M. COLBERT.

Monsieur, Je donnay hier mon jugement contre les séditieux de ce pays de Chalosse. Le nommé Borrit, prevost du pays[1], fut

---

[1] Noble Pierre de Borrit, prévôt royal de la ville de Saint-Sever (*Armorial des Landes*, par le baron de Cauna, tome III, p. 106).
Le prévôt, ou *juge royal*, dont les appels ressortissaient aux bailliages ou aux

condamné a estre pendu et fut executé[1]. Il étoit convaincu d'avoir donné retraitte et assistance à Audijos et ses complices depuis les meurtres par eux commis et les défenses faites. Il estoit d'autant plus criminel que sa charge, qui est comme de viguier et de premier juge, l'obligeoit d'en user autrement. D'autres accusés, présens ou contumax, ont esté condamnez en différentes peines, suivant la différence de leurs crimes. J'ay mis quelques clauses dans mon jugement qui peuvent paroistre n'estre pas bien ordinaires. Il y en a une qui porte qu'en cas qu'il se fasse quelque assassinat des commis ou gardes du convoy, que les gentils-hommes-officiers demeurans dans led. pays et principaux habitans en seront solidairement responsables ; et une autre par laquelle je fais défenses à toutes personnes de recevoir et donner retraite à Audijos et ses complices par moy condamnez, à peine de rasement de leurs chasteaux et maisons. Mais, Monsieur, ces clauses peuvent estre expliquées par la complicité et l'obstination dud. pays, qui est très justifiée par le procez, et à cause de la quantité de meurtres et autres crimes énormes qui ont été commis, jugeant qu'à des maux extraordinaires il faut des remedes de mesure. J'envoye mon dit jugement à M. de La Vrillière et je lui mande que j'estime qu'il est bien à propos que si Sa Majesté l'aggrée ainsi, qu'elle confirme mon jugement par un de ses ordres et que lesdites clauses portées par mon dit jugement y soient répétées.

Les gens de ce pays m'avoient proposé, il y a quelques jours, et mesme M. l'evesque d'Aire[2], qui est icy, me parlant pour eux,

---

sénéchaussées, portait encore, suivant les provinces, le titre de *vicomte* ou de *viguier*. Le *Prévôt de Paris*, qui était le chef de la juridiction du Châtelet et avait son sceau particulier, était en même temps le premier juge ordinaire, civil et politique de cette ville. Il sortait accompagné de douze gardes ou *hoquetons*. Dans les grandes cérémonies du Châtelet, il était chargé de représenter le Roi régnant.

[1] « Durant ce temps, M. l'intendant en a condamné à mourt plusieurs et sont « estés pendus à Sainct-Sever et d'autres roués et d'autres condamnés aux « galères et d'autres ont estés eslargis : mais entr'autres un nommé M. Bourit a « esté pendu ; c'estoit le prevost de la ville de Sainct-Seber. » (*Journal de Laborde-Péboué*, p. 550.)

[2] Bertrand de Sariac, dont nous avons déjà parlé dans une note précédente. Ce prélat était d'une générosité sans bornes : il dépensa en bonnes œuvres toute la fortune de la branche aînée de sa maison.

que si je voulois tesmoigner ce que je souhaitois pour le service du Roy, qu'ils le feroient entièrement dans le dessein qu'ils avoient d'obeir et d'obtenir du soulagement et la descharge des troupes, et que pour cet effet je leur donnasse permission de s'assembler ; ce que leur ayant accordé, et tous les jurats et principaux estant venus en cette ville, je leur fis connoistre que comme ils avoient tesmoigné une resistence entière aux volontez de S. M. pour l'establissement des bureaux dans ce pays, il estoit à propos qu'ils fissent paroistre des sentimens contraires et qu'ils signassent un acte par lequel ils se soumissent aux droits du convoy et à l'establissement des bureaux et brigades et qu'ils promissent de faire leur devoir comme il faut pour la seureté des gardes, le tout en cas que S. M. ne voulut pas avoir esgard aux remontrances qu'ils feroient pour estre maintenus dans leurs prétendus privilèges. Ce qui estoit tout à fait raisonnable, s'il me semble, et à quoy ils ne debvoient point faire de difficulté. Mais après avoir déliberé beaucoup de jours sur cette proposition, ils me firent responce que S. M. feroit tout ce qu'elle voudroit et qu'ils souffriroient plustot toutes choses que de signer un pareil acte, en un mot que d'obeir sur ce poinct.

L'on leur a représanté tout ce que l'on a pu pour les faire revenir et les porter à leur debvoir; mais ils ont toujours persisté dans cette résolution, laquelle fait bien voir leur complicité et obstination et qu'elle dure toujours. Mais je crois que quand ils auront été plus fatiguez encore et chastiez par les troupes et autrement, qu'ils pourront changer de sentiments [1].

Sur l'advis que j'avois eu qu'Audijos estoit à Montaner [2], en Béarn, j'y envoyay des dragons avec mes ordres et un pareatis du Parlement de Pau pour l'arrester ; mais aussi tost qu'on les vist dans led. pays l'on sonna le tocsin de tous costez. Les peuples s'assemblèrent, de sorte qu'Audijos ayant esté adverty, il eut le

---

[1] Ces malheureux, comme Pellot lui-même les désignait, ne refusaient point d'obéir aux ordres de l'intendant : de tous temps ils s'étaient montrés fidèles serviteurs des représentants de la royauté. Mais ils ne pouvaient se décider à renoncer à leurs privilèges et à aliéner ce qu'ils considéraient comme leurs dernières libertés.

[2] Petit village construit sur le Lys, à 36 kil. de Pau, aujourd'hui chef-lieu de canton des Basses-Pyrénées.

temps de se sauver, et les dragons ne purent prendre que l'hoste qui l'avoit receu et quelques autres de ces gens attroupez, lesquels après avoir esté ouys, ont esté relaschez et l'on n'a gardé que ledit hoste. Comme il[1] marche la nuit et que le jour il se repose dans les lieux qu'il croit asseurez, cela est cause qu'on ne creut pas debvoir aller la nuit pour le surprendre. L'on m'a asseuré que depuis il est allé a Taise[2], en Béarn, et qu'il y a esté très bien receu par les jurats et par le peuple. J'en scauray dans peu la vérité et vous la manderay ; mais il est certain que depuis quinze jours ou trois semaines il a esté dans divers endroits de Béarn. Les gens dud. pays prétendent neantmoins se plaindre beaucoup que je fais arrester de leurs habitans, et leur fais le procez contre leur for et coustume, et l'on m'a dit qu'ils doivent députer vers S. M. pour cela. Mais outre que je ne l'ay fait qu'en vertu des ordres du Roy et d'une commission particulière, et que mesme j'ai un pareatis du Parlement de Pau[3], c'est qu'ils doivent plustost se reprocher de ce qu'ils exécutent si mal les ordres du Roy, et je crois que l'on ne manquera pas de leur faire bien connoistre leur faute, s'ils paroissent à la Cour. C'est une verité constante, et nous en avons mille preuves par le procez que nous avons jugé, qu'aussi tost qu'Audijos a fait quelque assassinat, ou autre meschante action dans ce pays, il s'est retiré incontinent en Béarn, ou il a cru tousjours avoir toute seureté, ou parce qu'il a vu qu'on n'y alloit pas, ou bien connoissant la bonne volonté dud. pays et que tout le monde y veille pour luy.

M. Letellier m'a mandé, il y a quelque temps, de m'informer d'un advis que M. le marquis de Saint-Luc avoit donné à Sa Majesté que, pendant la rebellion des vallées de Lavedan, Michel Joan, gentilhomme espagnol, leur voisin, leur avoit offert secours

[1] Il, c'est-à-dire Audijos.
[2] Sans doute Thèze, chef-lieu de canton dans l'arrondissement de Pau.
[3] On donnait le nom de *pareatis* à certaines lettres de chancellerie par lesquelles le Roi ordonnait l'exécution d'un jugement hors du ressort où il avait été rendu. Ces lettres étaient de deux sortes : ainsi il fallait un pareatis du grand sceau pour rendre exécutoire, dans la juridiction d'un Parlement, un arrêt rendu par une autre Cour souveraine ; et un pareatis du petit sceau pour faire mettre à exécution une sentence hors du ressort du tribunal où elle avait été prononcée.

de troupes et d'argent. Pendant que j'estois dans lesdites vallées, j'eus cet advis : mais je ne le mandais pas, parce que je ne le tins pas bien asseuré, et mesmes m'en estant esclaircy des habitans et des prisonniers que nous arrestasmes, ils me dirent que ce bruit avoit couru mais sans fondement et que cela ne pouvoit pas estre, à cause que les passages d'Espagne estoient alors bouchez par les neiges. Depuis j'ay envoyé un homme intelligent sur les lieux, qui n'a pu descouvrir autre chose des scindics et principaux habitans et a sceu seulement de quelques autres que ce bruit avoit couru : mais il a trouvé une lettre dudit Michel Joan du IXe du passé, qu'il escrit à un de ses amis des vallées, par laquelle il marque qu'Audijos a esté quinze jours dans son lieu[1] et luy demande des nouvelles desdits prisonniers que nous avions arrestez, et qui n'estoient pas encore relaschez. Il faut que ledit Audijos, ayant quitté l'Espagne, soit venu en Béarn, ce qui s'ajuste tout à fait avec les advis que j'ay eus qu'il est en Béarn depuis quinze jours ou trois semaines. Ledit Michel Joan demeure proche les vallées de Lavedan, riche de 10 ou 12,000 livres de rentes, qui a du pouvoir dans le pays et mesme quelque charge qui luy donne la justice, a grande correspondance avec lesdites vallées et les sert quand il peut. Ledit homme que j'ay envoyé m'a rapporté aussi que dans lesdites vallées les scindics ont donné un ordre portant que chaque habitant se pourvoira d'un fusil et d'une gispe, qui est un grand poignard qu'ils portent ordinairement[2] ; qu'ils paroissent neantmoins estre dans la soumission et d'estre bien aise que Sa Majesté leur aye fait grâce. Ils avoient résoleu de m'envoyer des députez pour me remercier de ce que j'avois escrit en leur faveur : mais ayant appris que j'avois envoyé des troupes en Béarn pour y prendre des seditieux, ils ont changé de dessein.

D'autre coté, estant bien certainement informé que les principaux complices d'Audijos, et ceux qui luy servent pour le conseil et pour l'execution, estoient à Bayonne, et qu'en les luy ostant l'on le rendoit inutile, j'y envoyai, pour les y faire arrester, le sieur de

---

[1] A Salhen, sur la frontière espagnole. *Voy.* ci-dessus, p. 186.

[2] Pellot donnera lui-même quelques pages plus loin une explication plus exacte de cette arme.

Nogeant, lieutenant d'une compagnie de dragons, Tonnelier, archer de la grande prévoté et un garde du convoy qui les connoissoit ; et comme je scay de quelle manière se gouverne cette ville, je les chargeai de ne rien entreprendre que de concert avec le premier eschevin, auquel j'escrivis dans les termes du monde les plus forts pour prester main forte à cette capture et qu'il ne pouvoit pas rendre un service plus important à Sa Majesté et qui fust plus glorieux et plus advantageux à la ville. L'on ne pouvoit pas prandre de plus grandes précautions. Mes gens executèrent bien ce que je leur avois ordonné, mais il furent mal secondez. Le premier eschevin, par maniere d'acquit, leur donna un ou deux de ses gardes pour aller avec eux. Ils arrestèrent deux desd. complices, estant asseurés d'en pouvoir prendre trois autres : mais incontinent le peuple ayant fait quelque rumeur, un se sauva de leurs mains. Ils menèrent pourtant l'autre chez le premier eschevin, ou l'on le croioit asseuré, puisqu'il a une garde ordinaire. Mais quand ils y furent, il leur dit que sa maison n'estoit pas une prison et qu'ils debvoient le mettre dans les prisons de la ville. Quoiqu'ils vissent bien le danger, ne pouvant pas neautmoins faire autrement, ils sortirent de ladite maison avec ledit prisonnier, et aussitost qu'ils furent dans les rues le peuple s'esmeut de tous costez avec grande violence. Il crie que des gabelleurs vouloient emmener des gens d'Audijos. Il attaque mes gens ; l'on leur oste lesdits prisonniers et ensuite l'on les poursuit dans des maisons ou ils se réfugient, ou l'on les assiège ; et ils n'auroient pas eschappé à la furie du peuple si les eschevins ne luy eussent fait croire qu'ils les menoient en prison pour les punir. Il ne laissa pas pourtant de les suivre à grands coups, dont ils furent tous blessez [1].

L'on ne peut pas bien convaincre les magistrats de lad. ville de n'avoir pas fait ce qu'ils devoient ; car en tout cas ils ont sauvé les

---

[1] Pellot néglige de dire que ces sbires avaient frappé d'un coup d'épée dans le bas ventre l'un de ces soi-disant complices d'Audijos, et que, malgré cette affreuse blessure, ils le traînaient à leur suite. Ce fut la vue d'un traitement aussi cruel qui ameuta la foule contre les émissaires de l'intendant. Pris de pitié, quelques habitants de Bayonne arrachèrent ce malheureux de leurs mains pendant que d'autres, plus ardents, les forçaient à fuir vers la maison de ville. — Voir ci-après la lettre de M. de Cheverry du 21 mai 1665.

apparences. Mais il est fascheux qu'ils ne soient pas maistres du peuple dans une ville de cette importance, et que des meurtriers et assassins des gens employez aux affaires du Roy, et coupables de tant de crimes énormes, trouvent ainsi une retraitte et un azile asseuré contre les deffences et ordres du Roy, qui sont tres connus ausd. habitans. S'il n'y a pas de punition de cette rébellion, je crains pour la seureté des droits du convoy en ce pays et les autres affaires de S. M. en pourront souffrir. Il n'y a plus que Bayonne en France ou les ordres du Roy ne sont pas bien reconnus ; partout son autorité est entière et j'estime que l'occasion et le temps sont fort propres pour l'establir tout à fait dans lad. ville comme ailleurs. Cela estant, tout ce pays sera soumis et il n'y aura plus guère d'affaires de cette nature. Les magistrats mesmes qui paroissent assez bien disposez seront bien aises apparemment d'estre, par ce moyen, authorisez contre la canaille et le peuple et pourront mieux servir dans les occasions. Si Sa Majesté est dans ce dessein, il faudra y envoyer les troupes necessaires qui y seront quelque temps et plutost de l'infanterie que de la cavalerie, et l'on fera chastiement de quelques-uns de ces mutins. Pendant ce temps l'on pourra faire l'establissement des bureaux à Bayonne ou à Dax, en se rendant maistre de la fontaine de Sallies. De cette manière l'on affermira cet establissement et l'on estouffera pour une bonne fois tout cet esprit de rebellion dans ce pays. Mais si Sa Majesté, par des raisons que je ne connois pas, veut mesnager la ville de Bayonne et considère les suittes qui peuvent arriver en y envoyant des troupes, il faudra ordonner aux eschevins de faire la punition de cette rébellion, lesquels m'ont mandé que pourvu que l'on leur donne un peu de temps ils en viendront à bout. Mais je ne scay s'ils pourront ou voudront bien executer ce qu'ils promettent, et cela sera moins convenable à la manière juste et ferme avec laquelle Sa Majesté gouverne.

Je suis, Monsieur, etc.

PELLOT.

A Sainct-Sever, ce 3ᵉ de may 1665.

LXVI.

1665. — 6 MAI.

(Biblioth. nation. Mélanges Colbert, vol. 129, f° 196.)

M. PELLOT A M. COLBERT.

Monsieur, J'ay receu les ordres pour l'establissement d'un bureau à Dax, à l'execution desquels je crois devoir surseoir, attendu la disposition ou vous voyez qu'est ce pays. Car Bayonne ayant commis une grande rebellion pour ce sujet, le Béarn donnant tous les jours des marques d'estre mal intentionné, ce pays de Chalosse ne l'estant pas moins et faisant connoistre qu'il n'obéit que par force, vous jugerez comme moy qu'il n'y a pas d'apparence de donner sujet à de nouveaux désordres sans avoir remédié aux premiers. La justice que l'on fait icy n'est que des moindres criminels; elle ne serviroit guères si l'on voyoit que l'on espargne les plus considérables et elle irriteroit plus tost les rebelles qu'elle ne les tiendroit. Mais quand l'on aura un peu chastié Bayonne [1], que les peuples de Béarn seront punis, l'establissement de Dax sera ferme et stable; autrement quand bien l'on le feroit à présent avec facilité, il seroit bien chancellant et de peu de durée. Si S. M. est dans cette résolution, il faudra envoyer deux mille hommes d'infanterie à Bayonne, avec les troupes qui sont desja en ce pays, donner ordre à monsieur le marquis de Saint-Luc d'y aller et mesme augmenter son pouvoir pour le Béarn, afin d'y faire arrester Audijos et ses complices, s'ils y sont, et chastier mesme par logemens, ainsi qu'il advisera bon estre, les lieux qui les ont receus. Je suis persuadé qu'estant avec luy et les choses se faisant de concert, qu'elles se termineront bien et heureusement pour le service de Sa Majesté. L'on a suivy le mal; l'on l'a descouvert: il s'agit d'y apporter le remede necessaire. C'est un feu caché, qui paroit de temps en temps, qui est asseurément à craindre, qu'il faut estouffer de la

---

[1] On a vu quel soin Bayonne mettait à satisfaire toutes les exigences de l'intendant. N'augurant aucun bon résultat d'une démarche qu'il avait été décidé que l'on tenterait auprès de lui, les habitants résolurent, dans une seconde assemblée générale, de porter leurs doléances aux pieds du ministre. Voyez la lettre suivante.

bonne sorte. Je suis tousjours dans le sentiment que le Béarn, par sa complicité continuelle, mérite d'estre privé de la fontaine de Sallies : mais quand l'on voudroit faire grace audit pays, il sera toujours à propos que le Roy se rende maistre de ladite fontaine, en donnant au Béarn sa provision de sel; car ce ne seroit faire que les choses à demy d'establir les bureaux à Bayonne ou à Dax si l'on ne pourvoyoit à ladite fontaine, puisque le sel estant plus cher, elle en feroit de grandes fournitures et elle est capable d'en donner à partie de la Guyenne.

Je verray si je feray rendre la lettre de M. le marquis de Poyanne pour venir à la suite de Sa Majesté et je me détermineray, après avoir connu les intentions de Sa Majesté sur l'estat présent de ce pays et que j'auray mieux remarqué s'il ne change point de conduite[1]. J'ay de la peine à escrire peu favorablement contre un homme de son merite, de son service et de son employ; mais il est certain qu'il a eu grande complaisance pour l'honneur du pays et qu'il a eu grande nonchalance pour l'execution des ordres dans cette occasion. L'on a receu Audijos dans les principales communautez du Béarn depuis les deffenses, et l'on l'y reçoit encores. Quand l'on luy en a donné advis, il a tesmoigné de ne s'en mettre pas beaucoup en peine. Il a donné sa commission de le faire chercher au vicomte de Poudens, qui a esté du complot de toute cette desobeissance. Il s'excuse et dit qu'il fait tout ce qu'il peut, et allègue pour sa défense qu'Audijos a bien esté en Guyenne diverses fois quoyqu'on n'ayt rien obmis pour le prendre et pour l'en chasser. Mais il y a grande différence et l'on peut bien plus tost estre maistre d'un petit pays que l'on tient sous sa main, qui est fort uny, que non pas d'une grande province comme la Guyenne. Enfin nous attendrons les ordres plus particuliers de Sa Majesté que nous executerons ponctuellement.:...

PELLOT.

A Sainct-Sever, le 6 may 1665.

---

[1] Par l'intermédiaire de Colbert, Pellot avait obtenu une lettre du Roi invitant le marquis de Poyanne à se rendre auprès de sa personne pour fournir des explications sur sa conduite. L'intendant gardait entre ses mains cette lettre comme une arme dont il pourrait user à volonté.

LXVII.

1665. — 9 MAY.

(Biblioth. nation. Mélanges Colbert, vol. 129, f° 291.)

MM. LES ÉCHEVINS DE BAYONNE A M. COLBERT.

A Bayonne, le 9° de may 1665.

Monseigneur, Nous voulons bien nous persuader que ce n'est pas par cette lettre que Vostre Grandeur apprendra la première nouvelle d'une espèce d'émotion qui se fist en ceste ville le 27° du moys passé. Mais elle l'eust asseurement sceue incontinant par nous mesmes, sans l'espérance que nous avions de réparer d'abord l'injure qui fust faitte dans cette rencontre à l'authorité de Monsieur l'intendant de cette province et de lui remettre un prisonnier qui fust enlevé des mains d'un archer de la garde du corps et d'un autre officier qu'il avoit envoyé pour le prendre. Mais enfin, Monseigneur, il n'a pas esté en nostre pouvoir d'en venir à bout, et de là nous jugeons bien qu'on n'aura pas manqué de marquer cette action comme criminelle, et peut estre que ces officiers, qui eurent un peu peur, auront sceu l'exagérer au désadvantage de la vigueur avec laquelle nous empeschasmes qu'il ne leur fust point fait de mal. C'est, Monseigneur, ce qui nous donne lieu d'envoyer à Vostre Grandeur le verbal de tout ce qui s'est passé dans cette action, et, dans ses suittes et ses circonstances [1]; la vérité y paroist toute nue, et si mondit sieur l'intendant eust veu la chose, nous sommes bien asseurez qu'il n'y seroit rien adjousté de sa part, et que le Roy verroit en mesme temps qu'il n'y a rien de reprochable dans nostre conduitte. C'est, Monseigneur, l'impression favorable que nous vous supplions très humblement de vouloir donner à S. M. Vous avez esté nostre protecteur en toutes occasions, et nous osons bien espérer qu'en cella Vostre Grandeur nous fera la grace de

---

[1] Nous avons donné, pages 190 et suiv., la minute de ce verbal dont une copie, faite à l'intention de Pellot, fut remise à l'intendant par un député spécial, le sieur de Peyrelongue. Voir ci-après (pièce LXXI) le compte rendu de la mission de cet envoyé. De leur côté, le duc de Gramont, le marquis de Saint-Luc et le sieur de Cheverry reçurent une expédition en règle de cet acte. (Pièces LXIX, LXXIII et LXXIV.)

nous continuer ses bontés, puisque nous n'avons jamais fait bresche à la fidelité, ny à l'obeissance que nous devons à S. M., non plus qu'au respect avec lequel nous prenons la liberté de nous dire tousjours, Monseigneur, vos très humbles et tres obeissans serviteurs.

Les eschevins, jurats et conseillers de la ville de Bayonne,
DORDOY, secrétaire.

LXVIII.

1665. — 9 MAI.
(Biblioth. nation. Mélanges Colbert, vol. 129, f° 293.)

M. PELLOT A M. COLBERT.

A Sainct-Sever, le 9 may 1665.

Monsieur,..... J'estime que l'on ne scauroit pas s'empescher de chastier la rebellion de la ville de Bayonne, car l'on n'a jamais guères laissé, quand l'on l'a pu faire, semblables séditions impunies..... Si l'on dissimule celle-ci, je crois qu'il ne faut pas parler de l'establissement d'un bureau à Dacqs; il seroit peu ferme et stable; mais si on les punit, je suis persuadé qu'il subsistera sans plus de contestation à l'advenir, aussi bien que les autres de ce pays; car adjoustant à la punition du pays de Chalosse celle de Bayonne, les peuples ne trouveront plus de ressources à faire les fous. Si le Roy se rendoit maistre de la fontaine de Salies, ainsy que je vous l'ay mandé, il y auroit moins à craindre pour les commis et gardes, et plus d'advantage pour la ferme. Mais si S. M. n'approuve pas ce dessein et veut laisser le Béarn dans cette possession, afin que cette fontaine ne redouble pas les fournitures de sel dans la Guyenne, l'on bordera le Béarn de brigades de gardes.

En partant du pays de Chalosse, j'ay envoyé des gens de guerre dans les maisons des principaux condamnez par mon jugement, et entre autres chez le lieutenant général de Saint-Sever [1] et le lieu-

---

[1] Noble Louis de Barry, écuyer, seigneur baron de Batz, Toujun et autres places. Il avait été pourvu de la charge de conseiller du roi, lieutenant général au siège de Saint-Sever par lettres patentes de 1662, en conséquence, y est-il dit, des services rendus à l'État par Daniel et Jean-Pierre de Barry, ses père et

tenant criminel[1], qui n'ont pas fait leur debvoir, un jugement estant inutile s'il n'est executé, et estant très juste que tant d'enfans et femmes des gens du convoy qui ont esté assassinez dans ces désordres, le fermier et autres qui ont souffert de grandes pertes et fait de grands frais, soient desdommagez. Ainsy, Monsieur, si ces condamnez se plaignoient vous serez préparé à faire la response qu'il faut.

Je vous ay mandé que les scindics des vallées du Lavedan avoient ordonné à chacun de leurs habitans d'avoir un fusil et une gispe et cela est vrai. Mais je me suis mescompté quand j'ay dit qu'une gispe est un grand poignard, car c'est une espèce de carabine, à la mode de Catalogne[2], dont l'on se sert ordinairement dans ces quartiers là, et que l'on tient plus seure encore que les fusils. Ils peuvent s'excuser de cet ordre, puisque, gardant la frontière, ils doivent estre armez.

Je vous avois escrit aussi que l'on m'avoit donné advis qu'Audijos avoit esté receu depuis peu de jours à Taise[3], en Béarn, par les jurats, mais que je vous esclaircirois encore plus particulierement sur cet advis. Depuis j'ay esté informé certainement qu'Audijos n'y a pas esté, mais bien deux de ses principaux complices qui l'ont assisté dans toutes ses mauvaises actions; qu'ils ont esté amis des jurats, et qu'ils les ont fait retirer sans les arrester, après les avoir laissez camper une nuit proche leur ville.....

L'on dit que ceux du pays de Chalosse doivent député M. l'evesque d'Aire à S. M. Je l'ay trouvé qui a toujours flatté ces peuples dans leur humeur, et luy ay dit souvent qu'il ne leur représentoit pas assez ce qu'il faut pour les porter dans leur debvoir. Je ne scai s'il n'est pas bien aise d'avoir sujet de faire un voyage à Paris, n'ayant peu estre député du clergé. Quand nous apprendrons quelque chose de plus particulier, nous ne manquerons pas de vous en donner advis.....

PELLOT.

aïeul, dans ces mêmes fonctions. (*Armorial des Landes*, par le baron de Cauna, t. III, p. 70.)

[1] Pierre de Coudroy (1659-1667).

[2] *Chispa*, en Espagnol, et *gispa*, en Catalan, signifie *étincelle*. On disait autrefois, *fusil à chispa*, c'est-à-dire fusil à pierre.

[3] Thèze (Basses-Pyrénées).

LXIX.

1665. — 10 MAI.

(Archives de la ville de Bayonne. FF 584, pièce 110.)

LE DUC DE GRAMONT A MM. LES ESCHEVINS DE BAYONNE.

Messieurs, J'ay receu ce matin la lettre que vous m'avez escrite sur le sujet du désordre qui est arrivé à Bayonne pour un prisonnier decretté par Monsieur Pellot. Il y avoit desja quatre jours que Monsieur Dartaignan[1] m'en avoit escrit et que j'avois fait voir sa lettre à Sa Majesté, sur quoy je puis vous dire que le corps de ville en a uzé comme il a tousjours fait en toutes sortes de rencontres, c'est-à-dire avec beacoup de zèle et d'affection pour le service de Sa Majesté. Mais il est tousjours fascheux que cela soit arrivé. De mon coté je vous prie de vous attendre à tous les services qui dépendront de moy. Vous cognoissés mon ancienne affection et je vous assure que mon esloignement l'augmentera au lieu de la diminuer et que je seray toujours esgalement, Messieurs, vostre tres affectionné serviteur.

Duc de GRAMONT.

A Sainct-Germain, le 10e may 1665.

LXX.

1665. — 10 MAI.

(Biblioth. nation. Mélanges Colbert, vol. 129, f° 295.)

M. PELLOT A M. COLBERT.

A Sainct-Sever, le 10 may 1665.

Monsieur,..... Des députez de Bayonne me sont venus trouver icy, et demeurent d'accord qu'il est important pour le service du Roy que les magistrats soient les maistres et la canaille chastiée, et que, pour cet effet, l'on y envoye quelques troupes; qu'autrement ils ne peuvent pas respondre dans les occasions de faire

---

[1] Henri de Montesquiou d'Artagnan, lieutenant au gouvernement de la ville et château de Bayonne.

exécuter les ordres et volontez de S. M. Ils disent aussi que pour cela il est besoin de changer l'ordre de la maison de ville, afin que le peuple n'y ayt pas d'entrée[1]. Ils me doivent envoyer des mémoires pour cela, dont je vous feray part, afin que sur iceux l'on aye des ordres du Roy, et que, quand l'on ira à Bayonne, si S. M. l'ordonne, l'on puisse en mesme temps les faire exécuter. Ils asseurent aussi que ces principaux complices d'Audijos estoient à Bayonne, et qu'ils ont esté aux environs et dans le pays de Labourt, pour esmouvoir le peuple en faisant courir mille faux bruits et seditieux. Ils asseurent aussi que certains habitans se sont cottisez pour donner de l'argent à cette canaille. Je ne fais pas de doubte que Bayonne estant chastiée, à quoy les principaux habitans donnent les mains, que toute la rébellion ne cesse, et que l'establissement ne se fasse paisiblement à Dacqs et n'y subsiste ; et si le Roy ne juge pas à propos de se rendre maistre de fontaine de Salies, l'on bordera le Béarn de brigades de gardes ; ainsi l'on mettra la ferme dans le meilleur estat qu'elle n'a jamais esté. Je continue mon chemin pour me rendre à Agen, où j'attendrai vos ordres.

PELLOT.

LXXI.

1665. — 15 MAI.

(Archives de la ville de Bayonne, BB 27, f° 440.)

DE RETOUR DE SA DÉPUTATION, LE SIEUR DE PEYRELONGUE, JURAT DE BAYONNE, PRÉSENTE SON RAPPORT AU CORPS DE CETTE VILLE.

Du mercredy, 13° de may 1665.

Conseil tenu extraordinairement par MM. Duvergier, sieur de Belay, premier eschevin ; de Jougla, de Jupin, de Laborde, eschevins ; les sieurs jurats, syndic, les bourgeois convoqués, messieurs les officiers du Roy et autres :

---

[1] Ce document est à noter soigneusement, car la mauvaise foi de l'intendant s'y fait jour à chaque mot. Voir, quelques pages plus loin, le *rapport* présenté par le sieur de Peyrelongue au Conseil de ville de Bayonne.

Le sieur premier eschevin a representé que ladite convocation a esté faicte afin qu'ils ouyssent le rapport du voyage que le sieur de Peyrelongue, jurat, a fait vers Monsieur Pelot, intendant, pour le prier d'avoir en considération ceste ville, et luy remettre le procès verbal fait sur le désordre arrivé lors de la capture du garson tailleur qui a servi le nommé Daudijos.

Lequel sieur de Peyrelongue ayant fait son récit[1], a dit qu'il auroit rencontré le seigneur intendant à Sainct-Justin[2], auquel il auroit d'abord randu la lettre de créance du corps avec le procez-verbal; lequel seigneur intendant n'a eu loisir de le pouvoir lire d'abord, à cause qu'il estoit au propre d'entrer à son carrosse pour aller vers Agen, le sieur intandant luy avoit dit qu'il avoit esté obligé d'envoyer son rapport à la Cour, ce qui fait craindre que, par le raport qui peut luy avoir esté fait par les dragons venus en ceste ville pour la capture du garçon tailleur, ce seul motif ne porte S. M. à envoyer quelque garnison en ceste ville; que neantmoings le sieur intandant luy avoit promis de faire ses efforts pour adoucir l'esprit du Roy et que cela se pouvoit d'autant mieux faire si on pouvoit se saisir des complices dudit Daudijos, ou du moings, s'il vient ez environ de la ville aucun de ses complices, de s'en saisir et d'en empescher les atteintes;

Ouï ce récit, a esté résoleu que les compagnies de chaque mestier seront convoquées demain matin jeudi, comme aussy celles des vignerons des quatre portes, dimanche prochain; et à chascune desdites compagnies sera fait rapport par messieurs du corps du résultat rendeu par le sieur de Peyrelongue, et du bon dessaing que le sieur Pelot, intendant, a pour ceste ville; que le Roy n'a nulle volonté d'instaler aucun droit, ny bureau, ny garnison; mais de nous laisser au mesme estat que la ville estoit auparavant[3], et de porter chaque compagnie à se

---

[1] Voir ci-dessus la lettre de Pellot écrite de Saint-Sever, le 10 mai 1665.

[2] Bourg sis dans le canton de Roquefort, arrondissement de Mont-de-Marsan (Landes).

[3] De cette délibération il résulte que pour calmer les appréhensions populaires et enlever tout motif à émotions, les magistrats bayonnais célaient à leurs concitoyens les mauvaises dispositions dont Pellot était animé vis-à-vis de la ville. Ils espéraient que leur autorité suffirait pour éviter une intervention armée et une action directe de l'intendant.

tenir en l'obeyssance du Roy et des magistrats, et qu'il sera informé contre ceux qui ont suscitté le peuple à faire eschapper et esvader le garçon tailleur, complice de Daudijos, prins et capturé en ville par les envoyez dudit sieur intandant : a esté aussi résoleu qu'il sera publié et affiché une *Ordonnance*, portant deffances à toutes sortes de personnes de crier par la ville *vive Daudijos*, et de chanter sa chanson ; que aussy deffances seront faites à tous cabaretiers de recevoir en leurs maisons le plus haut de huit à dix personnes, mais de les avoir à congédier dès que les huict heures du soir auront sonné ; qu'en outre ordre sera donné à tous bourgeois et habitants qui auront des estrangers chez eux, de jour ou de nuict, d'avoir à porter à M. le premier eschevin un billet contenant les noms, cognoms, calittés et lieux d'ou ils sont, a peyne de de mil livres et de prison.

Ce qui a esté publié et affiché.

LXXII.

1665. — 15 MAI.

(Archives de la ville de Bayonne. FF 514, p. 17.)

ORDONNANCE DE MESSIEURS DE LA VILLE DE BAYONNE FAISANT DÉFENSES AUX CABARETIERS DE RECEVOIR ENSEMBLE PLUS DE DIX A DOUZE PERSONNES ET DE LAISSER CHANTER LA CHANSON D'AUDIJOS, CRIMINEL DE LÉZE MAJESTÉ.

De part Messieurs les eschevins, jurats et Conseil de la ville de Bayonne, juges civils et de police.

Lesd. sieurs, sur ce que le procureur scindicq de lad. ville a démontré qu'il est adverty qu'au prejudice des ordonnances sy souvent réitterées plusieurs cabarettiers et hostes de lad. ville donnent incessamment à manger et boire à toutes sortes de personnes, non sullement à un nombre en quelque façon dereglé et dans des hures prohibées, mais qu'ils souffrent que des vingt-cinq et trante hommes ensamble, et quelquefois davantage, passent presque des nuits entières dans leurs logis à la desbauche, ou il ne se peut que la gloire de Dieu, l'honnesteté publique, le bien et l'honneur du prochain ne soict offancés, comme aussi qu'outre lesd. cabarets il se fait ailleurs, dedans et aux environs de lad. ville, divers attroupemens dont les dessaings ne peuvent estre que mauvais ; que mesme, au grand scandale des gens de bien, *il se chante publiquement certaine chanson du nommé Audijos*, que tout le monde scait estre accusé de plusieurs crimes et criminel de laize majesté, — lesd. sieurs, ce requérant led. sciudicq, ont faict comme autres fois et font tres expresses inhibitions et deffances à tous hostes, patissiers, cuisiniers, cabaretiers de lad. ville de donner à manger et boire à aucune personne de quelque qualité et condition qu'elle soit precisemant après les huit heures de la nuit, ny souffrir dans leur dit logis plus haut de dix ou douze personnes dans un mesme temps, et ce à peine de mille livres pour la première fois et de punition corporelle pour la duxiesme, leur enjoignant à mesmes peines, tant à eux qu'à tous autres habitans de lad. ville, de ne retirer dans leurs logis aucuns estrangers incognus, dont ils ne portent d'abord par mémoire à Monsieur le premier eschevin le nom et le lieu d'ou il vient et d'ou il est ; — comme aussi ont fait pareilles prohibitions et deffances à tous lesd. habitans et autres, à peine de la vie, de ne s'assambler et atrouper soubz quelque cause et prétexte que ce soit, autres que des assemblées ordinaires de maistrises, sans leur permission, et à toutes personnes, hommes, femmes et enfans, à mesme peine de mil livres et de punition corporelle, les peres et meres répondant pour leurs enfans et domestiques, de chanter, en quelque façon et manière que ce soit, la chanson dud. Audijos ; et en suivant l'ordonnance de Monseigneur le marquis de Sainct-Luc, lieutenant pour S. M. au gouvernement de la province, lesd. sieurs ont encore fait tres expresses inhibitions, reitroatives deffanses, aussi à peine de la vie, à tous habitans de retirer led. Audijos, ny pas un de ses complices, ains leur ont enjoint de s'en saisir et leur dénoncer a l'un d'eux le lieu de leur retraitte pour y estre pourveu suivant l'ordonnance dud. seigneur, et pour que personne ne l'ignore ont ordonné que la presante ordonnance sera lue et publiée et affichée par les cantons et carrefours de lad. ville et lieux accoustumés, à son de trompe et cry publicq[1].

Fait à Bayonne, en conseil, le 15ᵉ du mois de may 1665.

Signé : DUVERGIER, premier eschevin.
Par mandement de mesdits sieurs : DE MONHO, greffier.

Le 16ᵐᵉ jour du mois de may 1665, par moy soubsigné, l'ordonnance a esté publiée à son de trompe et cry publicq par tous les cantons et carrefours de la ville ayant en ma compagnie Pierre Dargain, trompette ordinaire d'icelle, aux fins que personne n'en pretande cause d'ignorance. Presens : Arnaud de Botere, Jean de Lanne et plusieurs autres habitans dud. Bayonne, témoins et moy.

CASSENAVE.

LXXIII.

1665. — 13 MAI.

(Archives de la ville de Bayonne, FF 584, f° 111.)

M. DE SAINT-LUC A MM. LES ÉCHEVINS DE BAYONNE.

Messieurs, J'ay desja rendu conte au Roy de vostre conduite particulière en cette fascheuse rencontre, et par le dernier ordinaire j'ay envoyé à Monsieur de la Vrillière vostre procès-verbal pour en donner cognoissance à Sa Majesté, dont j'attans les ordres pour vous les faire scavoir. Cependant faictes vos efforts de reprendre cest accusé pour le remettre ainsy que je vous le fairay scavoir.

---

[1] Sous la date du 18 mai 1665 (Archiv. de Bayonne, BB 27, p. 444) se trouve le procès-verbal suivant : « Led. jour, le sieur de Rol, eschevin, a représenté
« qu'il a esté avec led. sieur Detchenique, jurat, et de Larrère, conseiller magistrat,
« par les cabarets qui sont hors la porte Mousserolle, et a interpellé, moyennant
« seremant, les cabaretiers de dire et scavoir si aucun de la suitte de Daudigeos,
« ou Daudigos mesme, n'ont esté dans leurs maisons, soit de nuit, soit de jour,
« pour y manger ou boire, ou conférer aveq aucuns de ceste ville ; — et que
« lesdits cabaretiers leur avoient affirmé, moyennant leurd. serement, que non.
« Ils leur enjoignirent, au cas qu'aucun d'eux y vincent, d'en advertir le corps et
« les ont fait deffanses tres expresses de n'avoir à souffrir qu'on chante la
« chanson d'Audigeos, à peine d'estre severement punis par la justice. »

Regardés cette affaire comme très importante à vostre communauté[1].

Je suis tousjours, Messieurs, vostre tres affectionné serviteur.

Sainct-Luc.

A Bordeaux, le 13me de may 1665.

LXXIV.

1665. — 17 MAI.

(Archives de la ville de Bayonne, FF 584, f° 114.)

M. DE CHEVERRY A MM. LES ÉCHEVINS DE BAYONNE.

Messieurs, Je receus hyer par les mains de M. Martenot le pacquet que vous m'avés envoyé dans lequel j'ay trouvé une de vos lettres par laquelle vous me faites cognoistre le besoing que vous avés que je revoye M. Colbert sur des affaires qui vous sont survenues, quoyque j'eusse prins congé de luy. Messieurs, vous ne devés pas doubter que je n'eusse satisfait à vostre desir, si ma santé me l'eust peu permettre. Mais à ce deffaut j'ay envoyé la lettre que vous luy escrivés avec le verbal quy estoient dans mon pacquet, et luy ay escrit avec toute la tendresse dont je suis capable pour les interests de ma patrie[2]. Je luy ay faict valoir autant qu'il m'a esté possible la vigeur et l'affection avec lesquelles

---

[1] Le même jour, M. de Combabessouse, secrétaire de M. de Saint-Luc, adressait aux échevins la lettre suivante : « Messieurs, je vous asseure que je ressens « le mesme desplaisir de ce qui est arrivé que le plus zélé de vos compatriotes. « Treuvés bon que je vous die que cette affaire est de plus grande conséquence « que beaucoup de gens ne croyent pas. Vous avez un intérêt tres considerable « de recouvrer ce malheureux qui vous cause cet embarras. Je ne vous dis pas le « chagrin que Mgr en a receu, le tems vous le faira asses cognoistre : les interêts « de vostre communauté luy estant fort chers, il sera tousjours fort disposé à « vous procurer le repos.... » (Archiv. de la ville de Bayonne, FF 84, 113.)

[2] Si Pellot avait pour lui l'oreille du ministre, Bayonne, en revanche, avait, pour défendre sa cause, deux hommes doués d'un rare mérite : le maréchal de Gramont et David d'Etcheverry. Cette rivalité, ou pour mieux dire cette lutte, dont nous avons déjà vu la première phase, dissimulait peut-être un intérêt personnel ; mais comme la ville et le pays devaient surtout bénéficier de ce dévouement, il importe peu, croyons-nous, d'en rechercher le véritable mobile.

vous agissés en particulier dans les interêts du Roy. Je souhaite de tout mon cœur qu'il ne survienne aucune chose fascheuse, quoyque à vous dire vray, Messieurs, il semble que nos peuples s'ennuient de jouir du plus grand repos que l'on puisse avoir dans la vie et que c'est un grand malheur quand les plus habiles et bien intentionnés pour la liberté publique ne sont pas les maistres du gouvernement, et encore bien pis lorsqu'ils sont obligés de recevoir la loy des sots et des misérables quy n'ont ny honeur ny biens à perdre. Je ne saurois pas m'empescher de vous exprimer en ceste sorte mes sentimens, m'imaginant bien que ce sont les vostres mesmes. J'excuserois en quelque façon ces sortes d'emportemens s'il s'agissoit de s'empescher de tomber dans les derniers malheurs. Mais quand le Roy nous donne des marques de sa bonté et que nous sommes asseurés de n'estre point pressés, pouvons-nous estre plus misérables que de recercher nous-mesmes et de gayeté de cœur les occasions de nostre perte? Et quelque desgoust que je doive avoir de travailler pour un peuple ingrat et oublieus des divers biens que je luy ay procuré depuis vingt-cinq ans que j'ay eu grande part aux affaires publicques, j'appelle Dieu à tesmoing si je ne suis pas encore dans ma première ferveur de le servir en ceste occasion. Je n'ose pas me promettre le mesme bonheur, parce que les temps sont tout à fait dissemblables.

Je suis constament, Messieurs, vostre tres humble et tres obeissant serviteur.

De Cheverry.

A Paris, le 17 may 1665.

LXXV.

1665. — 20 MAI.

(Biblioth. nation. Mélanges Colbert, vol. 129 *bis*, f° 648.)

M. PELLOT A M. COLBERT.

Mont de Marsan, le 20 may 1665.

Monsieur, ... Nous ne manquons pas de preuves contre ces gentilshommes que je vous ay marquez, non plus que contre le premier d'office d'Hagetmau, pour faire voir qu'ils sont complices de la rebellion de la Chalosse..... Il est bon que l'on voie, après tant et de si fréquentes récidives, que l'on n'espargne personne et que l'on ne se radoucit point, afin que l'on puisse vaincre l'obstination de ces peuples, et que l'on les soumette, comme il faut, aux ordres du Roy, ne manquant pas de leur faire connoistre dans les occasions que, quand ils fairont paroistre par les effets autant de disposition à l'execution des volontez de S. M. qu'ils ont eu de résistance, l'on aura de l'indulgence pour eux.

L'on m'a asseuré que les gens dudit pays se sont assemblez à Pajols[1], paroisse appartenant à M. le marquis de Poyanne, et qu'ils ont résoleu d'envoyer pour députez vers S. M. M. l'evesque d'Aire et M. le lieutenant général de Saint-Sever[2], afin d'estre maintenus dans leurs prétendus privilèges et d'estre deschargez des bureaux et brigades du convoy. Je ne scay pas comme ils l'entendent; mais je crois qu'ils ne debvoient pas se charger de pareille commission, qui tend à vouloir qu'un pays aye récompense d'une rebellion obstinée, et de tant de meurtres des gens du Roy et des crimes atroces qui ont esté commis depuis deux ou trois années, et qu'enfin Audijos l'emporte sur le Roy[3].

J'ay de grandes conjectures que ledit sieur evesque et ledit lieutenant général ont empesché que ledit pays ne se soumist aux volontés du Roy pour lesdits bureaux, ainsi que la pluspart me l'avoient promis; et cette deputation, si elle se trouve véritable, me confirme dans cette opinion. Ils ont voulu faire cette tentative, et estre asseurés de la volonté de S. M. par sa bouche mesme; semblable néanmoins depputation donne de l'espérance à ces peuples et les maintient dans la désobeissance. Pour les abattre et pour leur oster le courage, je pourray bien envoyer la lettre du Roy à M. de Poyanne, dont je ne manquerai pas de vous donner advis incontinent, et en mesme temps il n'y auroit point de dan-

---

[1] Sans doute Puyol-Cazalets, dans le canton de Geaune, arrondissement de Saint-Sever.

[2] Louis de Barry, baron de Batz.

[3] Suivant son habitude, Pellot exagère les faits et dénature les intentions les plus honnêtes. Cette députation avait pour but de solliciter, non une récompense, mais la justice due à tous. Ce projet fut abandonné par suite des nombreuses entraves que l'intendant se plut à soulever.

ger, si S. M. l'agrée, qu'elle donne un ordre audit sieur evesque de demeurer dans son diocèse. Pour ledit lieutenant général, je crois qu'il n'aura pas grande envie, cela estant, de quitter le pays; il est riche de 25 ou 30,000 livres de rente, et comme tel, j'ay mis garnison chez luy, aussy bien que chez d'autres principaux habitans de Saint-Sever, pour les obliger à payer les domages intérêts ausquelz il sont solidairement condamnez, avec grand fondement, estant les principaux autheurs de tous les désordres, et ayant particulièrement empesché ladite soumission aux bureaux, le reste du pays y estant entièrement disposé.

Les habitans du Mont de Marsan n'en ont pas fait, car quand j'y passai, ils signèrent, en ma présence, de fort bonne grâce, dans leur maison de ville, la soumission auxdits bureaux, quoyqu'ils soient en mesme condition que ceux du pays de Chalosse.....

PELLOT.

LXXVI.

1665. — 21 MAI.

(Archives de la ville de Bayonne, FF 584, pièce 116.)

M. DE CHEVERRY A MM. LES ÉCHEVINS DE BAYONNE.

Messieurs, Je vous fis scavoir dimanche dernier l'envoy que j'avois fait à M. Colbert de vostre lettre et proces verbal, qui me fist dire par le s^r du Mé, l'un de ses commis, le lundy ensuivant, qu'il avoit quelque chose à me dire avant mon départ. Le mardy matin M. le maréchal de Gramont m'envoya son secrétaire, sans autre affaire, pour me dire la necessité qu'il y avoit de l'aler trouver à Saint-Germain où il estoit. Et quoyque j'attendisse mon cirurgien pour me faire seigner une seconde fois pour apaiser une esbulition de sang qui me fait craindre pour l'œil droit, je ne restay pas de partir avec led. s^r secrétaire. M. le mareschal me confirma ce que l'on m'avoit deja dit, qui estoit la resolution prise au Conseil de faire marcher deux vieux régimens, qui sont du costé du Dauphiné, avec quelques compagnies de dragons, pour se rendre au plus tost à Baïonne. Je luy dis que j'avois occasion de voir M. Colbert, quy peut-estre me mettroit en voye de luy dire mes raisons sur ce subject ; et s'il ne le faisoit pas, que j'en ferois moimesme l'ouverture, ce quy fust approuvé.

Il estoit bien pres d'unze heures de la nuict, Messieurs, que sans avoir mangé que fort peu le matin avant partir de Paris ; M. Colbert, quy estoit enfermé depuis les huict heures avec M. le duc Mazarin [1] et les députés de Bretagne, maïant veu parmy plusieurs personnes qui l'attendoient comme moi, me fist l'honneur de me choisir pour me demander ce que j'avois à luy dire. Je luy remis en mémoire ce qui m'avoit esté dit de sa part ; il me fist entrer dans son cabinet pour me parler de trois ou quatre choses particulières, et comme son secrétaire luy presentoit des lettres à signer, il me dit les mots suivants : *M. de Cheverry, la ville de Baïonne se plaist à s'attirer de mauvaises affaires!* Je luy respondis que je n'avois jamais cogneu cela. — *Qu'appelez-vous donc*, me dit-il, *la rebellion qu'elle a fait depuis peu contre les ordres du Roy et de ses officiers, quy ont receu une grande quantité de coups de baston et de caillou?* — Je donay tout le tort ausd. officiers d'avoir mal executté les ordres de M. Pellot ; et d'avoir par leur inhumanité excité la compassion de quelques femmes envers un misérable qu'ils avoient blessé d'un coup d'espée dans le petit ventre et fit valoir autant qu'il étoit possible la prudence et le courage des magistrats et des habitans qui les avoient secondés pour appaiser les désordres et pour empescher qu'il ne leur feust rien faict. — M. Colbert relesva tout mon dire par des paroles qu'il ne faut pas vous cacher, quy sont que Baïonne estoit une des villes du roïaume qui tant mieux elles estoient troitées en abusoit ; et que le Roy estoit un prince en estat et en volonté de se faire obeir et ne laisser pas tomber son authorité à terre ; voir ou estoint les diligences

---

[1] Fils du duc et maréchal de la Meilleraye, Armand-Charles de la Porte était devenu, en 1661, duc de Mazarin par suite de son mariage avec Hortense Mancini, nièce du cardinal-ministre. Lieutenant général de la province de Bretagne dès 1643, il devint depuis gouverneur de l'Alsace, de Brisach et de Philipsbourg, grand bailli d'Haguenau, gouverneur de la Fère, du château de Vincennes, etc. Il mourut en 1713, à l'âge de 82 ans.

de ses officiers a faire chastier et pendre les coupables. — Je luy répondis que le Roy ne les avoit pas fait souverains et qu'en qualité de subalternes ils ne pouvoient que juger au cas d'appel, et que pour tout cela il faloit bien du temps. Il en demeura d'accord et moy tres satisfait (d'avoir mis à couvert des personnes quy m'ont donné, et à mes proches, bien des preuves de leur mauvaise volonté. La chose me tient au cœur ; je n'ay peu m'empescher de la marquer, mais ce n'est qu'en leur rendant cet office). — Enfin le discours se termina parce que M. Colbert me fist l'honneur de me dire que ce desordre de Baïonne tenoit toute la province en rhumeur et qu'il estoit necessaire de faire quelque grand exemple et que Sa Majesté s'attendoit à voir comment la ville se porteroit à satisfaire son authorité et sa justice. Je lui répondis que cela mesme qu'il me faisoit la grace de me dire feroit juger à Sa Majesté que la douceur et la bonté envers des peuples cogneus fidèles estoient plus necessaires que la foudre et justice. Il s'est dit d'autres paroles à mesme son que je ne rediray pas.

Reste, Messieurs, à prendre par vous une résolution sur tout ce dessus. Je sens mon cœur tout contraire aux executions violantes que l'on demande, et je ne doubte pas que vous n'ayez une mesme tendresse. Neantmoins il est besoing de sacrifier quelque chose pour sauver le tout. Je vous conseillerois de faire comprendre aux bourgeois et bons habitans, que, ayant de la canaille dans la ville quy ne luy est qu'à grande charge, que l'on debvroit l'avoir chassé il y a longtemps par une bonne police. Comme je l'ay dit quelques fois, ce seroit le vray temps d'en faire sortir avec esclat une dousaine de familles, comme si c'estoit en punition de la dernière action : par ce moyen vous purgerés un peu la ville, donnerés quelque frayeur à cette canaille et sans doubte quelque satisfaction au Roy. Et cela le plus promptement que vous pourrés. Vos meilleurs et plus antiens artisans, parmy lesquels je sais qu'il y en a de séditieux, demeureront conservés : nous esviterons l'indignation du Roy et toutes les nouveautés. Je vous dresseray, d'icy à l'autre ordinaire, si je ne suis pas malade, une minutte d'un petit procès verbal et de quelques lettres à envoyer en ces quartiers, n'aïant pas de plus forte passion au monde que de continuer tousjours mes soings pour la conservation de ma patrie et pour vous tesmoigner que je suis de tout mon cœur, Messieurs, vostre très humble et obeissant serviteur.

De Cheverry.

De Paris, le 21ᵉ de may 1665.

LXXVII.

1665. — 23 mai.

(Archives de la ville de Bayonne, FF 584, p. 117.)

M. DE COMBABESSOUSE A MM. LES ÉCHEVINS DE BAYONNE.

Messieurs, Je crois que vous serés bien aises d'apprendre que le Roy a 'esté satisfait de vostre conduite particulière et que Sa Majesté est persuadée que les magistrats n'ont de rien contribué à la violence qui a esté commise contre l'officier qui executoit ses ordres. Je puis vous asseurer que Mgr [1] a rendeu tout le tesmoignage que vous pouviés souhaitter de vos bonnes intentions. Les miennes seront de vous tesmoigner en toute sorte de rencontres combien je suis, Messieurs, vostre tres humble et tres obeissant serviteur.

Combabessouse.

A Bordeaux, le 23ᵉ de mai 1665.

LXXVIII.

1665. — 27 mai.

(Archives communales de Saint-Sever. Reg. BB 4, fº 9 vº.)

ASSEMBLÉE GÉNÉRALE DES PRINCIPAUX HABITANS DE LA VILLE DE SAINCT-SEVER, PAR LAQUELLE IL EST DÉCIDÉ QUE, POUR APAISER L'IRE DE DIEU, LES COURSES DE TAUREAUX, EXISTANTES DE TOUS TEMS EN LA DITE CITÉ, DEMEURERONT A JAMAIS SUPPRIMÉES.

Du vingt-septiesme de may 1665, estant assemblés au lieu accoustumé.

Sur ce quy a esté représenté par Messieurs les jurats que,

---

[1] Le marquis de Saint-Luc, lieutenant général en Basse-Guienne.

n'ayant pu trouver la cauze apparente des afflictions dont la présente ville est assaillie despuis deux ans sans aucun motif veritable à l'esgard du général, ny recogneu dans le particulier, pour debvoir estre punye aussy durement ou meriter un traictement aussy rigoureux que celuy quy a esté ordonné par un arrest de la Cour des Aydes, obtenu par deffault[1], et un jugement souverain de Mgr Pellot, intendant de la province, qui flétrissent la ville de honte et d'opprobre et l'accablent d'admandes et de domages interests, estimans qu'il n'est point d'habitans qui n'ayt sa conscience aussy nette que celle du général de la ville, des ruynes, rebellion, sedition et assassinats dont on les a voulleus charger, sans les en avoir peu convaincre juridicquement, ayant tousjours esté tres fidelles au service du Roy, voire mesmes, dans les derniers mouvemens de la province, presque les seuls fidelles et fermes dans son obeyssance, et n'ayant jamais excité aucune sedition contre quy que ce soit, reffusé aucun ordre de S. M., ny adhéré, directement ny indirectement, à ceux qui ont fait des viollances dans le pays de Chalosse, ils se croyent obligés de chercher plus hault l'origine de leurs maux et de recognoistre ingénuement que si on les punit si rigoureusement d'un crime de complicité et de connivence imaginaire dont ils ne sont aucunement coupables, ce n'est que par une juste permission de Dieu pour estre tombés dans une véritable connivence et complicité formelles sur un aultre crime dont ils ne sont ny punis ny recherchés dans la justice des hommes, car il fault advouer qu'il y a plus de trente ans les seigneurs evesques du présent diocèze ont fait tous leurs efforts pour abollir la *course des taureaux*[2] (vieille coutume qui est, ce semble, demeurée en ce pays comme un reste du paganisme), ayant, pour cest effect, par leurs soins paternels, exhorté en publicq et parti-

---

[1] Nous avons vainement recherché la minute de cet arrêt. Les Archives départementales de la Gironde ne possèdent presque pas de pièces se rapportant à l'insurrection de la Chalosse, pays qui cependant relevait du parlement de Bordeaux.

[2] Déjà, en juillet 1648, par lettres patentes enregistrées au greffe de la cour de Bordeaux, le Roi avait formellement prohibé les courses de taureaux qui avaient lieu en la ville d'Aire et autres communautés des Landes. Mais cette défense, respectée durant quelques mois, était bientôt tombée en désuétude. (*Archives départ. de la Gironde*, Reg. B 57, f° 262.)

culier tout le monde à faire cesser un abus qui s'estoit authorisé par le tems et par l'impunité, et voyant que leurs exhortations n'avoient pas heu le succès qu'ils s'estoient attendus, ils auroient ensuitte uzé de censures ecclesiastiques contre tous ceux qui prendroient ou favoriseroient un divertissement si criminel, en telle sorte qu'il y a près de trente ans qu'elles ont esté de tems en tems reyterées, mais sans succès, quoyque les magistrats ayent souvent promis de faire leurs efforts et prester leur ministère pour extirper ceste vieille erreur, qu'ils ayent mesmes faict semblant de s'y porter avec zelle, sy est-ce qu'ils favorisoient en effet ce qu'ils faisoient semblant de désaprouver et contribuoient mesmes aux frais de ceste course, fommentant, par ce moyen, l'esprit de la jeunesse à maintenir ce qu'ils debvoient tacher d'abollir par leur authorité;

Ces considerations ont meus lesdits habitans a promouvoir une assemblée générale de Messieurs les officiers du Roy, de la ville, bourgeois et principaux habitans d'icelle, affin que d'un commun accord et d'un concert universel ceste coustume soit abolie, — laquelle apparemment est la source funeste de toutes leurs misères, et que apaisant l'ire de Dieu par ceste voye, ils puissent fléchir avec plus d'efficasse la justice du Roy et trouver une ouverture plus ayzée auprès de S. M. pour y faire voir leur innocence, ainsin qu'ils sont sur le train de le requérir et qu'ils espèrent de sa bonté, qui est la vraye asille de ses subjects viollantés en leurs personnes et en leurs privilèges, oppressés de gens de guerre et executtés d'une manière non encore pratiquée par des logemens et par des peynes pécuniaires et enfin réduits à la dernière extremité;

Pour toutes ces causes, et specialement pour tesmoigner à Monseigneur nostre Evesque[1] le respect que nous avons pour luy et l'obeyssance filiale que nous désirons luy rendre, la recognoissance que nous avons de la compassion qu'il a eu de nos maux, qu'il a pleurés comme les siens propres, le souvenir perpétuel que nous conserverons tousjours de ce qu'il s'est exposé pour nous, qu'il nous a consollés par sa présence dans le plus fort de nos afflictions, qu'il s'est rendu caution de toutes les asseurances que

---

[1] Bertrand de Sariac.

nous avons donnés de plus tost mourir que de nous despartir jamais des service et obeyssance que nous debvons au Roy, et que nous prettendons enchérir sur la fidelité inviolable de nos predecesseurs, et pour tout dire nous avons veu qu'en imittant le zèle des plus grands évesques du siècle passé il s'est vouleu livrer pour nous et se rendre ostage ;

A esté déliberé que la course de taureaux, et toutes les suittes de cette malheureuse couthume, du consantement universel de tous nos magistrats, de tous les notables, et de tout ce peuple, sera à jamais abolie, esteinte et supprimée; que ceux qui entreprendrerons de la réveilher, soubz quelque pretexte que ce soit, seront censés réputés ennemis de la ville, perturbateurs du repos public et dénoncés à toutes les puissances qui auront droit de les réprimer et de les punir, et que pour répparer en quelque façon l'injure qui a esté faicte à l'Esglise par le mespris de tant d'excommunications, il sera dépputé vers mon dit seigneur l'Évesque des personnes les plus considérables pour luy porter coppie de la présente délibération et le prier de nous obtenir de Rome des indulgences pleinières pour le jour de Sainct Jehan Baptiste.

Signés au registre : Batz, Marsan, de Chèze, Laborde, Coudroy, Laroque, Captan, Thauzin, Labat, Marsan, Darcet, Pausader, du Poy, de Basquiat, Laborde, d'Estoupignan, de Cloche, Cabanes, Lavie, de Cloche, Laborde, Poysegur, etc....

LXXIX.

1665. — 29 MAI.

(Biblioth. nation. Mélanges Colbert, vol. 129 *bis*, f° 1003.)

M. PELLOT A M. COLBERT.

Saint-Sever, le 29 may 1665.

Monsieur,.... Sur les advis que j'ay eu qu'Audijos et ses complices estoient souvent en Bearn et dans les pays voisins, j'ay donné différentes commissions à des prévosts et à d'autres gens pour se mettre à leurs trousses, ayant néantmoins, pour plus grande précaution, prins le *pareatis* du Parlement de Pau. Comme j'apprends qu'ils ont fait diverses courses, et qu'ils ont trouvé de la résistance en quelques endroits, ils ont esté obligez d'employer la force. Ainsy, Monsieur, si l'on en porte des plaintes à S. M., ils rendront bon compte de ce qu'ils ont fait. Cependant voyant que ces courses n'ont pas eu beaucoup de succez, je les arresteray, et mande qu'on n'en fasse qu'avec toute la modération possible et que quand l'on aura l'asseurance entière de pouvoir arrester quelqu'un des principaux coupables.....

PELLOT.

LXXX.

1665. — 31 MAI.

(Imp. Armorial des Landes, par le baron de Cauna, t. III, p. 552.)

ORDRE DU ROY AU VICOMTE DE POUDENX DE S'ASSURER POUR SA MAJESTÉ DU NOMMÉ AUDIJOS ET DE SES COMPLICES REBELLES.

Monsieur le vicomte de Poudenx[1], Désirant m'assurer de la personne du nommé Audijos et de ses complices, accusés du soulèvement excité dans le pays de Chalosse et de s'estre opposés à l'establissement des bureaux de mes fermes dans ledit pays et lieux voisins, et, scachant que luy et ses complices pour la plus part sont présentement en mon pays de Béarn et que personne ne peut s'employer avec plus de succes que vous a l'arret de leurs personnes, par le pouvoir et le crédit que vous avez parmy la noblesse et dans le pays, que pour l'affection que vous avez pour mon service et aux choses qui regardent le maintien de mon autorité, je vous adresse un ordre que j'ay faict expedier pour arrester ledit Audijos et ses complices ou quelque part qu'ils se trouvent, et j'ay bien voulu l'accompagner de ceste lettre pour

[1]. Bernard de Poudenx, chevalier, vicomte de Poudenx, baron de Saint-Cricq, d'abord capitaine dans le régiment de Louis de Poudenx, son oncle, puis guidon de la compagnie de gendarmes du duc d'Épernon, et syndic de la noblesse des États de Béarn.

On trouvera plus loin, sous la date du 30 juillet 1665, la réponse du vicomte de Poudenx.

vous dire que mon intention est que vous ayez à jetter les yeux sur un prevost des marechaux ou à un officier de robe courte que vous cognoistrez fidelle et le plus capable de bien exécuter ledict ordre, que vous remplissiez son nom dans le blanc que j'y faict laisser, et que vos amis l'appuyent pour ceste fin, en sorte qu'il n'y rencontre aucune difficulté, vous recommandant de me donner compte de ce que vous aurez faict en execution de ce qui est en cela de ma volonté et vous asseurant que vous ne scauriez me rendre ung service ny me donner des marques de votre affection en chose que j'aye plus à cœur.

Sur ce, je prie Dieu qu'il vous aye, Monsieur le vicomte de Poudenx, en sa sainte garde.

LOUIS.

Et plus bas : LE TELLIER.

Escrit à Saint-Germain-en-Laye, le xxxie may 1665.

LXXXI.

1665. — 6 JUIN.

(Archives de la ville de Bayonne, cart. GG 233 *bis*.)

LES ÉCHEVINS, JURATS ET CONSEIL DE LA VILLE ET CITÉ DE BAYONNE A M. DE CHEVERRY, CONSEILLER DU ROY EN SES CONSEILS, EN COUR.

De Bayonne, ce 6e juin 1665.

Monsieur, vous avez veu par nos précédentes le juste motif qui nous a obligé de ne rien bouger sur vos advis jusques après la feste[1], pendant lequel tems vous n'ignorez pas en quel estat se trouvent noz habitans, sans qu'il faille vous l'expliquer davantage. Nous voulons maintenant vous faire scavoir qu'ayant convocqué ce matin messieurs les officiers du Roy avec nos notables bourgeois, la première chose qui a esté proposée dans l'assemblée a esté la lecture des lettres que vous nous avés escrit et de la minutte du verbal que vous avez prins la peine de dresser de ce

[1] La fête de la Pentecôte.

qu'il nous semble que nous devons faire pour apaiser la cholère du Roy. La chose y a esté trouvée tres bonne, et vos sentiments tellement judicieux qu'ils ont esté hautement approuvés de toute la compagnie, en sorte qu'elle vous remercie très humblement du soing que vous prenez en l'affaire et vous demande la grâce de continuer à vostre patrie, et avec vostre vigueur ordinaire, toutes vos assistances dans une conjoncture de ceste importance qui nous met tous dans la dernière consternation. La compagnie, qui s'est elle mesme recogneue trop nombreuse pour le secret necessaire dans les résolutions à prendre, ayant remis la conduite du tout à un plus petit nombre [1], scavoir, desdits sieurs officiers du Roy [2], du premier et du second eschevin, d'un jurat, de deux conseillers magistrats et de quatre bourgeois, ce petit conseil, resoleu avec nous (comme nous avons dit), de tout hasarder pour venir à bout de ce qu'il délibérera, a d'abord jugé à propos de donner cognoissance de l'estat des choses à toute la bourgeoisie, a ceux quy ont esté conseillers magistrats et à toutes les compagnies en particulier, avec desseing d'y assister nous mesmes avec lesdits sieurs officiers du Roy, affin que tout le monde estant plainement instruit de l'indignation de Sa Majesté, nous puissions, avec moins de danger, executer nos desseings, desquels pourtant nous ne voulons leur

[1] Voici la teneur de ce procès-verbal : « Du sabmedy 6me juin. Le sieur
« premier eschevin a remonstré que dans la conjoncture des affaires, la ville se
« trouve menassée tant en Conseil que devant M. Pellot, intendant, à cause des
« actions passées qui ont faict impression ; à quoy il est important de faire
« reflection, affin de nous empescher de l'outrage des gens de guerre que nous
« sommes menacés sy, par quelque bonne conduite, il n'y est promptement
« remedié : il a prié l'assemblée de tenir les affaires tellement secrettes que nous
« n'en puissions estre reprochés, et qu'aucun mal-intentionné de la ville ne s'en
« puisse prévaloir. — A esté délibéré que la conduite des affaires touchant
« ladicte conjoncture sera réduite à la direction d'un *comité secret*, composé d'un
« tout petit nombre, affin que par eux il soit résoleu ce qu'il conviendra néces-
« saire d'estre faict le plus secrettement qu'il se pourra pour satisfaire Sa
« Majesté et ledict sieur intendant.
« Et au mesme instant, le sieur premier eschevin estant sorti auroit faict
« scavoir à tous les sieurs bourgeois la nomination dudict *conseil secret;* et les
« sieurs nommés pour former ledict conseil secret, au nombre de *onze*, ont
« entr'eux déliberé de s'assembler deux fois le jour, a commencer de ce jour-
« d'huy, à une heure après midy, et le matin entre sept et huit heures. »
(*Archiv. de la ville de Bayonne*, BB 28, f° 450.)

[2] Le lieutenant général et le procureur du Roi au siège de Bayonne.

rien dire jusques au moment qu'ils en verront les effects. Mais, Monsieur, comme nous espérons de reussir assez heureusement, grâce à l'effect de vostre verbal, et que nous doubtons aussi que ce ne sera peut-estre pas un moïen trop satisfaisant cependant, Messieurs les officiers ont résoleu d'informer incessamment contre les coupables et de les juger mesmes, ou en ordinaire ou en nombre, ce qui n'a pas encore esté arresté. Il vous semblera d'abord, Monsieur, et nous le voïons bien aussy, que tout cecy va en trop de longueur. Mais remettés vous, s'il vous plaist, en memoire ce que nous avons à faire; nos lettres precedentes vous ont assez faict cognoistre les malheureuses impressions que ceux de cette bande Daudijos ont faict dans l'esprit de quelques-uns de noz habitans. Jugés donc s'il vous plaist avec quelle peyne et quelles précautions il faut agir avec eux pour les gaigner et les reduire à la raison : outre cela, comme noz armes ne nous ont point encore esté rendues par les compagnies, vous voyez bien qu'il y a de la prudance à ne rien entreprendre que cela ne soit faict, ce qui ce fera cependant demain et après. Après quoy, sur les advis que cette bande en quelque endroit qu'elle soit s'augmente de plus en plus et qu'il en est mesme quelques-uns qui ne cessent de rondoyer à nos environs, pour prévenir les malheurs que pourroient nous causer leurs intrigues, on a resoleu de doubler les gardes de la ville, de tenir mesme un corps de garde dans l'hostel commun soubz le commandemant du magistrat pour estre plus prest à nous opposer à tous les mauvais desseings et tenir par ce moien un peu le monde en bride.

C'est, Monsieur, tout ce que nous avons peu faire jusques asture[1]; vous scaurez par le prochain la suite de toutes les choses, à quoy vous pouvez imaginer qu'estant l'affaire la plus épineuse que nous ayons jamais traitée, puisqu'il semble que nostre salut commun en depend, nous porterons toutes les diligences possibles et que nous n'oublierons rien pour éviter ce coup de foudre qui nous menace de sy près. Nous vous envoyons une lettre pour Monsieur le Mareschal, que nous vous prions de luy rendre. Vous en verrez la theneur ; nous avons aussy escrit en un sens pareil à

---

[1] ....à cette heure.

Mes^rs de Saint-Luc et de Pelot. Faictes-nous s'il vous plaist la justice de croire que nous nous sentons infiniment obligé du zèle et de l'affection avec laquelle vous vous portez au service de vostre patrie : elle vous en doit des remerciemens bien grands, et par avance nous vous protestons que nous sommes tres parfaictement, Monsieur, vostre tres humble et tres obeissans serviteurs.

Les eschevins, jurats et conseils de la ville et cité de Baionne,
Signé : Pour mesd. seigneurs : DORDOY.

LXXXII.

1665. — 8 JUIN.

(Archives de la ville de Bayonne, FF 584, p. 119.)

M. DE SAINT-LUC A MM. LES ÉCHEVINS DE BAYONNE.

Messieurs, j'ay veu par celle que vous m'aves escrit du 6e de ce mois, les soins que vous prenés pour contenir le peuple de Bayonne dans l'obeissance et pour le chastiement des coulpables de la sedition arrivée le 27me d'avril : c'est le meilleur parti que vous puissiés prendre dans cette malheureuse rencontre. Appliqués-vous fortement et avec vigueur à vous saizir de ces factieux dont il est necessaire pour le service de Sa Majesté et pour l'authorité des magistrats, aussy bien que pour plusieurs autres raisons, de faire une justice exemplaire. Menagés les choses par vostre zele et prudance, en telle sorte que les seditieux ne se rendent pas les maistres de vostre communauté. Tenes-moy adverty avec exactitude de tout ce qui regardera le service du Roy et vostre repos, afin que de ma part je puisse vous tesmoigner en cette rencontre et en toute autre combien je suis, Messieurs, vostre tres affectionné serviteur.

SAINCT-LUC.

A Bordeaux, le 8e de juin 1651.

LXXXIII.
1665. — 12 JUIN.
(Biblioth. nation. Mélanges Colbert, vol. 130, f° 191.)

M. PELLOT A M. COLBERT.

De Montauban, ce 12° juin 1665.

J'ay reçu deux de vos lettres du 29 du passé que vous m'avez fait l'honneur de m'escrire. J'aurai un soing particulier que les troupes qui viennent en ce pays vivent dans l'ordre et ne donnent point de sujet de plainte : j'ay déjà donné des ordres pour cela. Je ne manqueray pas aussi de publier qu'il en vient grand nombre, afin que les peuples soient par là plus retenus dans l'obeissance.

Les eschevins de Bayonne me tesmoignent qu'ils feront tous leurs efforts pour donner les moyens que les séditieux soient chastiez, et demeurent d'accord qu'ils ont besoin d'estre authorisez et aydez. Mais, par l'affection qu'ils ont pour leur ville, ils voudroient bien qu'elle fut exempte de logement de troupes. Je doute que, sans ce secours, ils puissent executer leurs bons desseins. Quoy qu'il en soit je les fortifie autant que je peux. Au surplus, je me remets, Monsieur, à ce que je vous ay escrit amplement par ma lettre du 10 sur l'estat des affaires de ces pays-là; sur quoy, S. M. prendra les résolutions nécessaires pour l'establissement des bureaux à Bayonne et la fontaine de Salies.

J'attendray les ordres à Bordeaux, ou je m'en iray dans peu de jours, après avoir résolu ce qu'il faut pour mettre la commission du tarif dans sa perfection, qui sera dans peu achevée, et après avoir mis en bon chemin celle de la vérification des debtes. Quand je seray à Bordeaux, je tesmoigneray la satisfaction qu'a S. M. des habitans de ce qu'ils se portent comme ils font au commerce, et de ce qu'ils en donnent des marques par leurs compagnies d'asseurances et par les vaisseaux qu'ils ont en mer, et je les solliciteray affin qu'ils payent au plus tost le premier tiers pour la Société des Indes-Orientales, à quoy ceux de ces quartiers commencent à satisfaire.

Je suis avec respect, etc.

PELLOT.

LXXXIV.

1665. — 15 JUIN.

(Biblioth. nation. Mélanges Colbert, vol. 130, f° 204.)

M. DE SAINT-LUC A M. COLBERT.

Monsieur, l'advis ayant esté donné au subdelégué de M. Pelot, à Saint-Sever, que Audijos estoit reveneu dans les environs de Hagetmau et qu'il estoit avec sa troupe dans un bois, les dragons ont levé les quartiers et sont allés dans ce lieu, dont ils ont trouvé que les vagabonds s'estoient retirés ; et comme ceux-ci ont sceu que les troupes estoient reveneues dans leurs quartiers, ils se sont divisés en deux brigades, l'une commandée par Audijos et l'autre par un nommé Pilate, son lieutenant, et, battans l'estrade, ils ont surpris deux dragons. L'absence de ces deux soldats ayant donné l'alarme au quartier le plus proche de Hagetmau, ou commande Nogent, lieutenant de Rangeuil, cest officier a fait monter à cheval et ayant eu advis que la troupe de Pilate estoit dans un bois, il a esté l'attaquer fort vigoureusement. Ces seditieux, de leur part, se sont deffandeus et ont perdeu six des leurs, dont quatre ont demeuré sur la place et deux ont resté en vie, blessés, qu'on tient prisonniers, par le moyen desquels on aura beaucoup de lumières de leurs cabales. Il y a un dragon tué. Ils trouvèrent qu'ils en tenoient un, qu'ils faisoient prier Dieu pour estre ensuite passé par les armes ; ce que la troupe d'Audijos a faict à un autre soldat de la mesme compagnie. D'un autre costé on m'a escrit qu'un homme qui a servy dans les troupes et qui est de la Basse-Navarre est veneu joindre, avec quarante autres, ces seditieux qui, à la faveur des bois dont toute la Chalosse est couverte, fairont cent assassinats. Ils n'espargnent pas non plus les gens du pays : Audijos a enlepvé une pauvre vefve avec ses deux filles qu'il a faict poignarder, et dont il avoit, quelques jours auparavant, faict tuer les deux fils parce qu'ils avoient déposé contre luy. Il a de plus faict brusler un des bons paysans de Chalosse, ses maisons et bestiaux, l'accusant d'avoir adverty Nogent de son retour.

Voila des violances extremes qui rendant haïssable ce perturbateur du repos public dans l'esprit de ce peuple, l'obligera de chercher les moyens de le livrer.

Je suis avec toute sorte de respect, Monsieur, vostre tres humble et tres obeissant serviteur.

SAINCT-LUC.

Depuis ma lettre escrite j'en ay receu une des échevins de Bayonne, dont j'ay envoyé l'original à M. de La Vrillère qui vous fera voir l'estat de cette ville et la conduite des magistrats.

De Bordeaux, 15 juin 1665.

LXXXV.
1665. — 20 JUIN.
(Archives de la ville de Bayonne, FF 584, f° 123.)

LE CORPS DE VILLE DE BAYONNE A COLBERT [1].

Monseigneur, Comme M^{rs} les officiers du Roy de ceste ville estoient sur le point de juger avec sept gradués les deux prisonniers que nous leur avons remis, accusés d'avoir eu le plus de part à l'esvasion du compagnon tailleur complice du nommé Audios, M. Pellot nous a escrit du 12 de Montauban de nous asseurer des plus seditieux et de rassembler les meilleures preuves pour qu'il peust les venir juger. Sa lettre nous parle aussy des grandes troupes doit il se doibt faire accompagner.

Monseigneur, nous n'avons pas été surprins d'entendre qu'elles debvoient descendre dans la province; mais rien ne nous a peu persuader que ce feust jusques à nous, quy n'en avons aucun besoing pour faire chastier ceux qui se trouveront coupables. Lesd. sieurs officiers ont fait choix du sieur procureur du Roy pour faire scavoir à M. Pellot l'estat de la procedure, à laquelle il ne manque que le jugement, et nous luy avons deputé le sieur de Naguile,

---

[1] Cette lettre, dont la minute est de la main de M. de Cheverry, fut-elle vraiment adressée à Colbert? Nous ne le pensons pas, car rien dans le registre de délibérations BB 27 ne laisse supposer cet envoi, et l'original ne se retrouve pas dans les papiers du ministre. Au surplus, M. de Cheverry reprocha maintes fois au Corps de ville de n'avoir pas suivi ses indications, dont il espérait, affirmait-il, un grand bien pour Bayonne.

second escheviu, pour luy faire scavoir ce que la ville a résoleu de faire de son chef, qui est de bannir une douzaine de familles entieres. Nous avons subject d'espérer que le jugement quy interviendra avec led. bannissement repareront abondament ce quy peust avoir despleu au Roy. Et si, Monseigneur, nous paraissions en cela un peu indulgens et ne porter pas la sinceritè jusques au comble, nous sommes fort excusables nous croïant obligés de faire quelque compensation de ces excès avec les grandes veilles et fatigues, joint l'inviolable fidelité de ces misérables, quy avec les nostres ont conservé ceste place au service de Sa Majesté.

Vous jugerés bien, Monseigneur, que nous ne pouvons que rester inconsolables à jamais si, soubs le pretexte de chastier ceux qui le peuvent estre sans un si grand appareil, on venoit pour changer la face de ceste ville et y mettre toutes les nouveautés dont elle est menacée despuis si longtemps et nous priver par ce moyen des priviléges et des conditions soubs lesquelles nous sommes deveneus heureusement les subjects de Sa Majesté. Nous scavons que le bonheur ou le malheur de toute ceste frontière, quy est en grande rhumeur, despend de vous; faites un choix digne de vostre prudence et de vostre justice à faire chastier les coulpables contre l'estat et de conserver ceux quy, sans en tirer vanité, méritent beaucoup de luy, et qui sont avec respect, Monseigneur, vos tres humbles et tres obeissants serviteurs.

Les échevins, jurats et conseil de la ville de Baïone.
Par mandement de mesd. s^{rs} :
DORDOY, *secrétaire greffier.*

A Baïone, le 20 juin 1665.

LXXXVI.

1665. — 24 JUIN.

(Archives com. de Saint-Sever. Registre BB 4, f° 14.)

VŒU SOLENNEL FAIT PAR LES HABITANTS DE SAINT-SEVER, AFIN D'IMPLORER LA MISÉRICORDE DE DIEU.

Le 24me du mois de juin 1665, sur ce qui a esté représanté en l'assemblée générale de Messieurs les officiers du Roy de ladite ville, bourgeois et principaux habitans, par Messieurs les jurats qu'ils estiment important et nécessaire, pour tascher de faire cesser les maux et accablemens dont la présente ville est assaillie despuis deux ans par des procédures criminelles instruites contre la communauté, des condamnations rigoureuses et infamantes, et des executions très violantes faites en suitte, qui réduisent les habitans dans la dernière misère et flétrissent l'honneur qu'ils ont acquis, aussi bien que leurs predecesseurs, d'estre tres fidelles subjects du Roy, de ne s'adresser pas seulement à Sa Majesté, ainsi qu'ils ont faict par leurs députtés, pour luy faire cognoistre leur innocence, les faire descharger de la rigueur de tels supplices et obtenir quelque soulagement aux foules dont ils sont accablés, mais encore de recourir avec humilité par leurs prières à la misericorde infinie de Dieu, qui connoit le fonds de leur cœur et qui scait bien, s'ils ont esté coupables envers sa Divine Majesté, que du moins ils n'ont jamais eu de pensées criminelles contre l'authorité et service du Roy, dans la sacrée personne duquel ils révèrent sa plus parfaicte et sa plus vive image, pour tascher d'apaiser sa colère et d'impétrer, par quelques dévotions et vœu solennel, le secours de sa main favorable pour sortir de ce labyrinthe de malheurs, et afin qu'il luy plaise nous remettre principalement en sa grace et puis en celle du Roy;

A esté deliberé qu'il sera faict un vœu solennel par Messieurs les officiers du Roy et jurats de la présente ville, au nom de tous les habitans, tant pour eux que pour leurs successeurs à l'avenir, par lequel ils s'obligeront de faire célébrer une messe solennelle à l'église des Révérends Pères Bénédictins de la présente ville[1], annuellement, à perpetuité et à jamais le vint et cinquiesme du mois de juin, et ensuitte une procession generale à laquelle lesdits six officiers du Roy et de la ville, bourgeois et habitans assisteront en corps, et ce en l'honneur du *Mystère adorable de l'Enfant Jésus*, auquel toute la ville se vouera d'une dévotion particulière, et qu'on taschera d'obtenir une bulle de Sa Sainteté pour en establir une *Confrérie* soubs ce mesme nom et tiltre de *l'Enfant sacré de Jésus*, dans l'église des Révérends Pères Dominicains de la présente

---

[1] Aujourd'hui église paroissiale. Le bâtiment actuel de la mairie était une dépendance de l'ancien couvent des RR. PP. Bénédictins.

ville[1], et que, pour faire lesdites actions avec plus de fruict, tous les habitans seront exhortés d'assister à ceste solennité et cerémonie le 25ᵐᵉ du present mois de juin, avec le plus de dévotion qui se pourra.

> *Signés sur le registre :* BATZ, MARSAN, de CHÈZE, LABORDE, LESPÈS, TAUSIN, CAPTAN, COUDROY, jurat, LAROQUE, jurat, LASSERRE, scindic, ONNÈS, scindic, LABAT, LABORDE, MARRAINH, CABANES, MARSAN, LARHEDE, LA HOUSE, JUGE, FORT, LABORDE, CAMPET, d'ESTOUPIGNAN, DARCET, CAPTAN, etc....

Extrait du vœu faict en conséquence de ladite déliberation, et prononcé devant l'autel Nostre-Dame de l'église Sainct-Benoist, par Messieurs de Batz, lieutenant particulier, et de Coudroy, premier jurat, le 25ᵐᵉ juin audit an.

Nous, les officiers du Roy et de ladite ville de Sainct-Sever, après une mure deliberation et acquiescement de tout le corps de ville, promettons à Dieu, tant pour nous que pour nos successeurs dans les mesmes charges que nous exerçons presantement, d'assister tous les ans en corps, sauf légitime empeschement, à une messe solempnelle qui se célébrera chaque année, à perpetuité, en pareil jour qu'aujourd'huy, qui est le xxvᵐᵉ juin 1665, dans la presante église et monastère Sainct-Benoist, à l'honneur de l'Enfant Jésus, et à la procession qui se faira le mesme jour, immédiatement après vespres ; — lequel vœu nous déclarons avoir faict suivant le désir publicq de toute la ville et d'un commun consantement, pour mettre nos personnes et nos biens présens et à venir soubz la protection de *l'Enfant Jésus*, et pour implorer son assistance contre les maux qui nous accablent despuis ung long tems, soit pour ceux qui nous menassent au tems présent et pour tous ceux qui pourroint traverser nostre repos à l'advenir, avec ceste condition neanmoins que le present vœu ne sera d'obligation que pour le corps des officiers du Roy et de la ville seulement, et qu'aucun particulier ne sera obligé de l'observer que par dévotion.

[Signé :] BATZ, *lieutenant.*
COUDROY, *jurat.*

---

[1] Le collège de la ville occupe maintenant ce local.

LXXXVII.

1665. — 2 JUILLET.

(Archives de la ville de Bayonne, FF 584, p. 126.)

M. DE CHEVERRY A MM. LES ÉCHEVINS DE BAYONNE.

Messieurs, J'eus l'honneur d'entretenir M. Colbert le jour de la feste Sainct-Pierre, sur les affaires de Baïonne, au lieu de luy rendre le blanc signé[1] que j'avois remply. Ce ne feust que pour luy dire encore plus fortement les choses qu'elles n'estoient contenues dans led. blanc. Mond. sieur me dit que puisque vous aviés prins le canal de M. Pellot, que vous vissiés ce qu'il y avoit à faire ; qu'aussy bien le Roy estoit trop esloigné pour scavoir ce qui se passe sur les lieux et mettre un ordre convenable.

Il est certain, Messieurs, que la Cour est remplie du bruit de la marche des troupes pour Baïone. Je ne puis m'empescher de vous dire que si vous m'eussies envoié le verbal à temps vous n'en seriés pas peut estre aux termes ou vous estes. J'en auray un éternel regret.

J'attendray encor icy quelques jours pour observer ce quy se passera et feray les choses qui despendront de moy, quy suis de tout mon cœur, Messieurs, vostre tres humble et tres obeissant serviteur.

DE CHEVERRY.

De Sainct-Germain-en-Laye, le 2 juillet 1665.

LXXXVIII.

1665. — 2 JUILLET.

(Biblioth. nation. Mélanges Colbert, vol. 130 *bis*, f° 565.)

M. PELLOT A M. COLBERT.

A Cadilhac, ce 2° juillet 1665.

J'ay passé par icy en allant à Bordeaux pour voir M. le marquis de Sainct-Luc, qui y est depuis quelques jours. Nous n'avons point

---

[1] Blanc-seing. Ne pouvant prévoir tous les obstacles, la municipalité Bayonnaise avait l'habitude de remettre ou d'envoyer à ses représentants officiels une

encore d'advis que les régimens de Normandie et de Navarre soient arrivez dans la province : aussitost que cela sera, l'on les faira aller dans les lieux ou ils doivent attendre les ordres de M. de Sainct-Luc, suivant ceux qu'ils ont de S. M. ; mais comme elle n'a point encore fait scavoir positivement à M. de Sainct-Luc ce qu'il doibt faire, il n'entreprendra rien qu'il n'aye les ordres de S. M. ; ainsy elle lui fera scavoir, s'il luy plaist, par des ordres particuliers, si elle veut qu'il aille avec les troupes à Bayonne pour appuier la justice que S. M. tesmoigne vouloir estre faite de la rebellion qui y a esté commise, et ensuitte si elle souhaitte qu'il envoye des troupes dans les lieux du Béarn et autres, où peut estre Audijos et ses complices, et qui sont coupables de leur avoir donné retraitte et assistance ; car M. de Sainct-Luc ne peut pas envoyer des troupes dans une ville comme Bayonne sans un ordre exprès, ni aussi les faire aller dans lesdites provinces qui ne sont pas de son gouvernement[1] ; et je crois que, pour le service du Roy, l'un est autant nécessaire que l'autre ; car il ne serviroit guères de chastier des séditieux en Guyenne, s'ils estoient impunément receus en Béarn, lequel est plus coupable que la Guyenne, et est cause de ce que ces desordres durent si longtemps. Si S. M. est dans cette résolution, elle m'envoyera aussi, s'il luy plaist, un ordre pour juger les séditieux de Bayonne, du Béarn et des autres endroits qui auront trempé dans cette rebellion.

Les habitans de Bayonne m'ont envoyé deux députez pour m'asseurer de la soumission de leur ville, et qu'ils ont arresté deux coupables qu'ils n'ont pas voulu juger, leur ayant demandé de ne le pas faire. J'ay dit aux dits deputés de demeurer auprès de moy, de mander que l'on prit encore plus de coupables, dont je leur en ay indiqué quelques-uns, et les ay chargé de n'en laisser juger aucuns qu'ils n'eussent pour cela les ordres du Roy. Je crois que, afin que S. M. y soit mieux servie et plus authorisée, il faut

certaine quantité de mandats en blanc, au bas desquels figurait la signature du greffier de la ville.

[1] Le maréchal de Gramont était gouverneur de la Navarre et du Béarn. En son absence, le marquis de Poyanne, lieutenant général audit gouvernement, avait seul droit de commander en ces provinces. Aussi M. de Saint-Luc ne se montrait-il pas très désireux d'accompagner les troupes si vivement réclamées par Pellot : il redoutait avec juste raison un conflit d'autorité.

apporter du changement dans leur Maison de ville, et mettre une garnison d'une ou deux compagnies dans le chasteau au lieu de la morte-paye qui y est[1]. J'estime encore, Monsieur, ainsy que je vous l'ay mandé souvent, que pour asseurer les droits du convoy en ce pays-là, il faut mettre les bureaux à Bayonne et ruiner la fontaine de Salies. Cela estant, il ne sera plus nécessaire qu'il y aye des gardes qui battent la campagne : autrement je ne scai pas comme l'on pourra pourveoir à leur seureté dans l'acharnement que l'on a contre eux. Depuis peu de jours l'on en a assassiné encore un dans la Chalosse. Si l'on en tue tous les jours y ayant des troupes, que ne fera-t-on pas quand il n'y en aura plus ? Sans cette raison, qui est quasi de necessité, la rebellion de Bayonne et du Béarn peut donner un juste prétexte à S. M. pour prendre cette résolution. Je me donnerai encore l'honneur de vous escrire plus particulièrement par le premier ordinaire sur tous ces chefs.

J'envoyerai à M. Colbert de Terron, ainsi que vous me le mandez par vostre dernière, des jeunes gens qui scauront bien escrire, qui ne manqueront pas de bonne volonté et d'intelligence pour bien faire la fonction de scribes dans les maisons du Roy.

Touchant le recouvrement des denrées revenans-bons, dont vous avez pris aussy la peine de m'escrire, j'auray un soing particulier que les traittans ne fassent rien qu'avec connoissance de cause, qu'ils ne vexent personne et qu'ils ne contraignent point les receveurs qu'après vous en avoir donné advis.

Je suis toujours avec respect, Monsieur,....

PELLOT.

LXXXIX.

1665. — 3 JUILLET.

(Biblioth. nation. Mélanges Colbert, vol. 130 *bis*, f° 588.)

M. DE CHEVERRY A M. COLBERT.

Monseigneur, Le billet que vous m'avés fait l'honneur de m'escrire à Paris ne m'ayant esté rendeu sinon le jour après que je

[1] On appelait *morte-payes* les soldats vétérans chargés de la garde de certaines places. Un édit de 1661 avait supprimé les morte-payes qui avaient la

vous parlay d'occasion des affaires de Baïone, semble m'ordonner de ne vous rien cacher de ce que j'en avois conceu : je m'expliqueray d'un esprit plein du service et de la gloire du Roy et de vostre plus grande reputation, sans y faire entrer quoy que ce soit de l'amour de ma patrie.

La pensée que Monsr Pellot s'est déclaré avoir, par les lettres qu'il a escrit à Baïone (dont j'ay les copies), de vouloir s'y rendre avec beaucoup de troupes, affin d'y juger quelques misérables qui, sans un si grand appareil et sans plus fouler les peuples innocens, peuvent estre chastiés par la justice ordinaire quy a instruict leurs procès, a donné un grand soubçon à lad. ville, aux Basques et à toute la frontière, que c'est plus tost pour establir de nouveaux droits contraires aux conditions soubs lesquelles ils sont devenus heureusement subjects de Sa Majesté [1].

Vous jugerés bien mieux que personne, Monseigneur, que ceste frontière, laquelle tous les rois successivement se sont efforcés de faire peupler en accordant des graces, est pour devenir bientost déserte, et celle des Espagnols voisins bien fortifiée par le passage de nos gens espouvantés, qui, sans doubte, y seront merveilleusement accueillis. C'est le plus respectueux party que les meilleurs subjects, sentant leurs courages et leurs forces, puissent prendre pour ne tomber pas dans cet excès de malheur de resister aux ordres de Sa Majesté, portés par des troupes qui marquent son indignation.

J'ay veu les Basques, en l'année 1636, reffuser de la part du

garde du fort de Vincennes. A Bayonne, douze hommes d'armes, appelés généralement *morte-payes*, étaient chargés de la garde spéciale de chacun des châteaux ; ils étaient nommés par le gouverneur.

[1] Bayonne, la dernière ville possédée par les Anglais en Guyenne, ouvrit ses portes aux Français le 20 août 1451. Si cette soumission valut aux habitants la confirmation de quelques-uns de leurs privilèges, le plus important de tous, le choix de leur maire, leur fut enlevé par Charles VII. Le roi Louis XI agit de même, et si d'une main il se montrait prodigue de faveurs sans importance, il retenait opiniâtrement de l'autre. En 1472, à la mort de son frère, le duc de Guienne, il écrivit aux Bayonnais une lettre très amicale, chef-d'œuvre de fourberie pateline, les priant de se saisir des deux châteaux de leur ville et de lui renvoyer les compagnons d'armes de son frère, leur promettant exemption de nouvelles charges et confirmation des anciens privilèges. Les Bayonnais obéirent aussitôt : mais c'est en vain qu'ils réclamèrent le rétablissement de leurs précieuses libertés.

Roy d'Espagne (lequel en ce temps-là fist entrer en France trois armées, la première par Corbie, qui causa l'effroy que tout le monde scait ; la seconde par Leucate, et la troisieme par Sainct-Jean-de-Lus), les propositions qu'il leur fist proposer avant et après l'entrée de ses troupes, qui estoient telles que pourveu qu'ils ne prissent pas les armes et vouleussent demeurer dans leurs maisons, il les y maintiendroit paisibles et en tous leurs biens qui estoient en ce temps-là de grande valeur par le retour d'une quantité de vaisseaux chargés de morues et baleines, et leur permettroit de plus le commerce des Indes. Et quoy que le déffunt roy Louis XIII eust fait dire ausdits Basques de ne quitter leurs biens, aiant sceu qu'ils avoient fait leur debvoir, à l'entrée des ennemis, ils préferèrent d'aller vivre malheureux dans la province à jouir de tous leurs biens soubs un autre prince que le leur.

Lesdits Basques, qui estoient dans la terre[1], voyant Sainct-Jean-de-Lus, le fort et le port de Soccoua[2] occupés par les ennemis, firent une redoubte, et soubs la conduite du sieur d'Amou[3], leur baillif, la conservèrent durant une année entière contre divers efforts des ennemis et les fatiguèrent si fort de jour et de nuit par la prinse de leurs convois et les continuelles alarmes qu'ils leur donnoient et par quantité d'autres stratagèmes, qu'à la fin ils furent contraints de quitter les lieux qu'ils possédoient dans la

---

[1] C'est-à-dire dans l'intérieur des terres.

[2] Lire dans *Bayonne, vues historiques et descriptives*, par J. Morel, un intéressant tableau de Saint-Jean-de-Luz et du fort de Socoa, en 1845.

[3] « Jean d'Amou, seigneur et baron dudit lieu, de Saint-Pée et autres places, « bailli du pays de Labourd, capitaine de mille hommes de pied pour le service « du Roy... Les affaires du royaume ne pouvant fournir une armée pour résister « à l'ennemi, ledit seigneur, avec les mille hommes de pied qu'il commandait en « la dite qualité de bailli, fit une généreuse resistance et estait si redouté que « les ennemis, quoique puissants, n'osèrent entreprendre à faire des incursions « dans le pays de Labourt. On voulut tenter sa fidélité pour le gagner : il s'en « défendit par la force des armes, demeurant ferme et inviolable au service de « la France... » (*Armorial des Landes*, tome III, p. 225.) — « La famille de « Caupenne d'Amou, écrit de son côté le généalogiste Clairembault, a pris son « nom d'un bourg situé au diocèse de Dax. Son ancienneté, ses alliances et les « places qu'elle a occupées, tant dans les armées que dans le gouvernement de « l'Aquitaine sous les Rois d'Angleterre et de France, lui donnent un rang « distingué parmi les races les plus relevées de la Gascogne. » (*Biblioth. nation. Cabinet des titres*, vol. 934, f° 109.)

frontière, les régimens de Guienne et de Tonneins, quy se tenoient à Ustaris[1], quy fait le centre du Basque, n'ayant rien contribué aux scarmouches[2].

Lesdits Basques sont de ces sortes de gens qui vivent de la sueur de leur front et du jour à la journée et la plus grande partie de la seule industrie dependant du hasard, comme est la pesche des morues et des baleines : et, quand elle leur produiroit des biens en quelques saisons, ils ne sont pas fort asseurés d'en jouir, puisqu'ils sont en péril continuel de les perdre par des mouvemens semblables à ceux de 1636 et par le naufrage de leurs vaisseaux ou les mauvaises pesches ou ventes. La preuve de tout cela est évidente en ce que jamais Basque n'a sceu se tirer d'affaire avec 2,000 livres de rente, et que tout ce qui a fleury autrefois n'est plus rien. La morgue les eslève pour un temps, les abime à la fin, parcequ'ils donnent tout au hasard. Que doibt-on s'attendre de ces personnes qui n'ont quasi rien à perdre qu'une honneste liberté, qu'ils trouveront partout, s'apercevans que les bones actions passées ne leur sont contées pour rien.

J'aurois, Monseigneur, beaucoup de choses fort glorieuses à dire de la fidelité et de l'amour des habitans de Baïone pour la personne et les interests du Roy, sans crainte de passer pour suspect, bien que je sois un de ceux-là. Je me contenteray de dire que la ville a eu bien des *amoureux*, mais qu'elle n'a peu estre esbranlée par qui que ce soit, ny soubmise par ceux quy, à force ouverte, l'ont attacquée, s'estant acquise à juste tiltre la devise dont ses armes sont environnées (*nunquam polluta*)[3], sa conduite toute

---

[1] Ustarits, chef-lieu du baillage de Labourd. Non loin du bourg, sur un mamelon boisé, se tenaient les états administratifs du Labourd connus sous le nom de *Bilcar*.

[2] Les archives de la ville de Bayonne possèdent de très nombreux documents sur l'invasion espagnole de 1636. Ils ont été analysés en grande partie dans le travail de M. Duceré : *Les correspondants militaires de la ville de Bayonne*, 1884, in-8°. On peut encore consulter : *La Chronique de Bayonne*, par Compaigne ; *Histoire des peuples et des Etats pyrénéens*, par Cénac-Moncaut, tome IV, p. 400 et suiv. ; la *Nouvelle chronique de la ville de Bayonne*, p. 165 ; *Bayonne, vues historiques et descriptives*, par F. Morel, etc. Tous ces ouvrages relatent la belle conduite des Basques pendant les années 1636-1638.

[3] Sur cette fière devise, consulter la *Nouvelle chronique de la ville de Bayonne*, p. 104.

miraculeuse en l'année 1636, n'aïant rien espargné pour sa deffense et celle de la frontière. Les comptes de la dépense, veriffiés et arrestés, selon les ordres du Roy, par M. de Vertamon[1], conseiller d'Estat ordinaire et lors maitre des requetes et intendant de la province, present à tout, avec son advis mis au pied d'iceux aux fins de remboursement[2], monstrent la verité des choses. Je puis y adjouster qu'estant aud. temps scindic de la ville, je n'espargnay ny ma personne ny mes biens, non plus que plusieurs autres principaux et tres hônnestes bourgeois de la vile, quy, volontairement, nous constituasmes cautions des emprunts qu'elle faisoit pour fournir aux frais dont on est encor en arrière de la somme de 197 mille livres, qui nous attirent des executions sur nos biens propres, qui ne sont interrompues qu'à force d'arrets du Conseil qui les suspendent.

Et vous scavés, Monseigneur avec quelle obeyssance et modération la vile souffre la privation de ses biens patrimoniaux, qui consistent aux droits de la coustume, et vous pouvés estre persuadé du mauvais estat auxquels sont réduits les ouvrages publics, dont la cheute est capable de ruiner tous les projets que vous faites pour y voir fleurir le comerce et la navigation! J'eus l'honeur de vous en parler fort expressément lorsque je prins congé de vous.

Je ne doibs pas obmettre de vous dire fort somairement ce que la ville a fait pendant tout le temps des derniers troubles, que j'estois de son conseil secret, jamais n'y ayant en rien de si fidèle, de si vigoureux et intrépide. Le Roy, quy n'ignore quoy que ce soit, se souvient sans doute qu'il a sceu, durant tout son voyage de Guyenne, les desseins les plus cachés de ses ennemis par le moyen des pacquets que les magistrats de ce temps là faisoient intercepter dedans et dehors le royaume, sans que ceux qui les recevoient s'en peussent apercevoir, quoyqu'on les ouvrist tous, et que dans une

---

[1] François de Verthamon, chevalier, baron, puis marquis de Masnœuvre, conseiller du Roi en tous ses conseils, maître des requêtes, intendant à La Rochelle et en Guienne, 1630-1638, conseiller d'État, 1643, etc. — Il a été déjà question de lui dans la seconde partie de ce travail, voy. p. 25, note 1.

[2] En 1681, Bayonne n'était pas encore rentrée dans ses avances. Elle en poursuivait alors le remboursement devant le Conseil d'Etat. (*Archives de la ville.*)

nuict on en tirast des copies, sur lesquelles le Conseil de Sa Majesté prenoit ses mesures ; que les vaisseaux et les pinasses [1] bien esquipées et armées que la ville envoya à Sa Majesté, estant à Libournes, ne contribuerent pas peu à le rendre maistre de la rivière de Bourdeaux et à soubmettre les factieux [2]. Et que ladite vile seule, sans aucunes troupes réglées, a esté la barrière quy a empesché les armées d'Espagne et de France, qui estoient en Guyenne contre Sa Majesté, de se joindre, d'ou dépendoit le bonheur ou le malheur de la France. Si après cela tous nos services demeurent estouffés, et nous avec toute la frontière somes assé malheureux pour n'avoir pas quelque avantage sur les autres peuples, et si encore peut estre nous sommes moins bien traictés que les factieux, n'aurons nous pas grand subject d'estre inconsolables à jamais?

Vous me permettrés, Monseigneur, en considération du zèle que j'ay tousjours eu, et doibs avoir asture plus que jamais pour le bien de l'Estat, de vous dire mon imagination présente, quy est que les Espagnols vont se consoler de toutes leurs pertes entendant les troubles que les troupes causeront à la frontière, eux quy espèrent tousjours de pescher en eau trouble. Et les Flamans, chez lesquels on se propose vraisemblablement de faire des conquestes, prenant exemple sur ce qu'une frontière aussy considérable que la nostre n'est pas espargnée, s'opiniastreront sans faiblir à une très forte deffense.

S'il m'estoit permis de dire mes sentimens sur les moïens praticables en ceste matière, je dirois, soubs le respect que je veux garder toute ma vie pour vous, Monseigneur, que pour ne rien mettre en péril, il faudroit se contenter pour encor des bureaux qui sont paisiblement au Mont du Marsan et à Heugas [3], ainsy

---

[1] « Petit bâtiment à poupe quarrée, long, étroit et léger, qui va à voiles et à « rames, et propre à des débarquements de troupes. » (*Diction. de Trévoux.*) — Sur la pinasse de guerre bayonnaise, son armement, son équipement, consulter les *Documents pour servir à l'histoire de la marine basque, bayonnaise et gasconne*, publiés par M. E. Duceré, dans le *Bulletin de la Société des sciences et arts de Bayonne*, année 1882.

[2] *Les Ormistes.* Voyez *l'Ormée à Bordeaux, d'après le Journal inédit de Jacques de Filhot*, Bordeaux, 1887, in-8°.

[3] Village situé à dix kilomètres de Dax.

que m'en escrit M. de Borda, president au presidial de la ville de d'Acqz, duquel, comme mieux instruit que moy en ces affaires, je vous supplie très humblement permettre de joindre la lettre à cet escrit[1] : son zèle et la disposition des habitans de ladite ville pour obeir aux ordres de Sa Majesté y paroissent.

Pour moy, Monseigneur, je repouds de ma vie que ceux de Baione et du pays de Basque auront une fidelité inviolable pour le service de Sa Majesté et que rien au monde n'est pas capable de les corrompre. Mais come la douceur, la confiance et la bonté des Roys et de leur conseil les ont tousjours retenus dans leur debvoir, ils esperent que Sa Majesté ne voudra pas praticquer de nouvelles voyes pour les priver du fruit de leurs fidèles services et des conditions faites et accordées de bone foy à leurs predecesseurs. Je me crois obligé de vous dire ce que je scais de science certaine, puisque vous me l'avez ordonné ; le desguisement que je puis y avoir aporté est que j'y parois un peu moins emporté que nos peuples ne le sont naturellement.

Je suis, Monseigneur.....   De Cheverry.

De St-Germain, le 3e juillet 1665.

XC.

1665. — 24 JUIN-3 JUILLET.

(Biblioth. nation. Mélanges Colbert, vol. 130 *bis*, f° 590.)

M. DE BORDA A M. DE CHEVERRY.

Monsieur, M. de Maqueron[2] me mande que vous estes après pour dresser des mémoires contenant les raisons qui s'opposent à

---

[1] M. Depping (*Corresp. administ.*, t. III, p. 137) a déjà publié le document ci-dessus, ainsi que la lettre de M. de Borda, mais en datant inexactement cette dernière (1664 au lieu de 1665). De même que nous avons reproduit et complété tous les documents utilisés par MM. Depping et O'Reilly, de même nous rapportons en leur entier ces deux pièces qui offrent un grand intérêt historique. On trouvera quelques pages plus loin un second plaidoyer du président au presidial de Dax, dans lequel ce magistrat développe, avec une nouvelle et patriotique éloquence, les arguments invoqués dans sa lettre à M. de Cheverry.

[2] Ancien secrétaire du chancelier Le Tellier et intendant en Roussillon jusqu'en mars 1672, M. Macqueron fut obligé de recourir, durant son administration, aux mesures les plus énergiques pour réprimer en Valespir plusieurs révoltes occasionnées par la gabelle et par le recouvrement des impôts concédés

l'establissement des bureaux en ces quartiers. En verité, Monsieur, rien n'y est plus contraire à l'interest du Roy et du public; s'il y a aucune sorte de gabelle, les peuples sont dans l'impuissance de payer les tailles à Sa Majesté, car vous scavés que nous ne pouvons subsister icy sans le commerce et que nous n'en faisons point d'autre que celluy que nous exerçons avec les Bayonnois, lesquels le font de ceste facon. Ils portent le sel sur nostre sablar[1], qu'ils vendent tous les samedys, et de l'argent qu'ils retirent de la vente de leur sel, ils acheptent toutes nos denrées, si bien que si l'on met les bureaux à Dax, ny à Bayonne, ny à Tartas, ny à Sainct-Sever, c'est une necessité que le commerce cesse, et que, par conséquent, nous soyons reduits à la misère et le Roy hors d'estat de toucher un denier de tailles. De plus les traittans ne savent ce qu'ils demandent. Je vous promets ma foy que les frais se monteront plus hault que le profit qu'ils pourront faire. Le bureau du Mont de Marsan ne leur a valleu, durant toute l'année 1664, que 31,000 livres, et en consciance il leur en coute le double de despance, outre les desplaisirs et les soings qu'ils ont receu et qu'ils ont causé. En effet, tous nos désordres ne viennent que de là et du bureau de Hagetmau. Je vous jure devant Dieu, avant que celuy du Mont de Marsan et de Hagetmau fussent establis, il y en avoit un au Heugas qui leur rendoit beaucoup plus et qui leur causoit moins de frais, et leur advantage seroit qu'ils remissent ce mesme bureau au Houga[2] et qu'ils levassent les autres. De grace,

---

à Riquet pour l'établissement du canal du Languedoc. Voyez la *Correspondance administrative*, t. III, pp. 26, 29 et 176, et *Lettres,. Instructions et Mémoires de Colbert*, t. IV, pp. 318 et suiv.

[1] *Sabla, sablat*, lieu couvert de sable. (*Diction. Béarnais.*) — « Le *sabla*, » lit-on dans le *Diction. d'Expilly*, « est un fauxbourg de Dax, qui n'est séparé
« de la ville que par la rivière l'Adour, que l'on passe en cet endroit sur un pont
« de pierre assez beau et fort élevé. Dans ce fauxbourg se trouvent l'Hôtel-Dieu
« et un couvent de capucins qui possède une horloge fort curieuse. On y admire
« une aiguille à deux pointes, dont l'une marque tous les signes du zodiaque, les
« degrés de la lune, les mois et les fêtes principales de l'année. Cette aiguille
« a son mouvement par une roue qui ne fait qu'un tour chaque année. Il se
« tient au *Sabla*, tous les samedis, un des plus beaux marchés de France. A ce
« marché, qui n'est point franc, il se vend du bray, de la résine, des planches,
« du froment, des vins, des eaux-de-vie et autres marchandises et denrées, dont
« les marchands de Bayonne particulièrement et les habitants de la Biscaye
« françoise en lèvent chaque fois pour la valeur de plus de *cinquante mille écus*. »

[2] On écrivait alors indistinctement *Heuga, Heugas, Heugars* et même *Houga*.

Monsieur, voyés si vous pouvés faire réussir cest expediant qui seroit certainement le meilleur pour le bien et l'advantage du Roy, des peuples et des traittans. J'en ay moy mesme parlé a ces derniers et principalement à M. Pollart; mais ni luy, ni la pluspart des autres, tombent dans mon sens. Il est vray qu'ils m'ont dit qu'ils ont remis tous leurs interests entre les mains de M. de Sainct-Luc et de M. l'intendant; mais ils asseurent à tout le monde que si leurs sentiments estoient suivis, le bureau du Houga seroit rétabli et on ne parleroit plus d'entretenir les autres ny d'en mettre de nouveaux; c'est à quoy je vous supplie de tout mon cœur de vouloir travailler.

M. le procureur du Roy de Bayonne et M. de Naguille, second eschevin, partirent avant hier au matin de cette ville pour aller trouver M. l'intendant, qui est encore à Montauban pour six ou sept jours[1]. Le sujet de leur dépputation est que M. l'intendant escrivit ces jours passés à M^{rs} les échevins de Bayonne et leur manda d'instruire incessamment les procédures contre les coulpables des derniers désordres arrivés depuis peu dans la ville, mais qu'il les prioit de sursoir le jugement contre les deux prisonniers qu'ils ont faict. Ils estoient sur le poinct de les juger samedy dernier[2] et ils m'ont asseuré que l'execution s'en fut faitte le mesme jour sans l'ordre de M. l'intendant qui leur a tesmoigné qu'il sera bien ayse d'estre dans le pays lorsqu'on rendra le jugement. Vous voyés bien, Monsieur, qu'il a desseing de prendre cognoissance de cette affaire, de voir la procedure et d'examiner s'il y trouve des coulpables qui soient des premiers et des principaux de Bayonne. C'est à vous, s'il vous plaist, d'y mettre l'ordre que vous jugerez le plus necessaire; vous scavez mieux que moy ce qui se peut faire; je ne vous en dis pas davantage.

[1] Le *Livre de délibérations de la ville de Bayonne*, BB 27, ne contient pas la date du départ de cette députation.

[2] Le corps de ville de Bayonne jugeait en première instance tous les délits, civils et criminels, commis dans l'étendue de la ville ou de la banlieue, par toutes sortes de personnes, excepté par les ecclésiastiques ou les gentilshommes. L'appel des sentences était porté d'abord au sénéchal de la ville, puis au Parlement de Bordeaux. Par arrêt du Conseil, en date du 23 janvier 1679, Louis XIV accorda au sénéchal de Bayonne le droit de juger en dernier ressort sur tous les cas prévotaux : ce même tribunal était autorisé à recevoir et à entériner directement toutes les lettres de grâce des crimes commis dans son ressort.

Nous avons tousjours nos dragons, et bien loing de nous souslager on nous envoye encore dix compagnies de pied jusques à nouvel ordre; il y en doit avoir autant à Tartas, autant à Sainct-Sever et pareil nombre au Mont de Marsan. Le bruit court icy que toutes ces troupes, après s'estre rafraîchies dans nos villes durant un mois, iront dans le Béar; d'autres asseurent qu'elles sont destinées pour Bayonne; j'aurois plus de douleur du dernier que du premier; car, quoyque nous soyons presque egallement voisins l'un de l'autre, néanmoins nous sommes si fort attachés d'interest et d'affection avec les Bayonnois, que nous sommes obligés de partager nos biens et nos maux avec eux : ce qui m'oblige à vous supplier de travailler esgallement pour eux et pour nous, pour l'exemption des bureaux et des troupes qui nous vont tomber dessus. Vous scavés mieux que nous ce qu'il faut faire pour cest effect et les expedians qui se peuvent prandre. Tout ce que je puis vous dire est que nous tascherons par la fidelité inviolable que nous conserverons pour le service du Roy, de meriter ces graces de sa bonté et que les deux villes d'Ax et de Bayonne demeureront tousjours fermes dans l'obeissance qu'elles doibvent à Sa Majesté.

On nous asseure qu'il y descend six mille hommes de pied et douze cents chevaux; en verité si ces troupes sont longtemps dans le pays, il est absolument ruiné : mais surtout espargnés Dax et Bayonne, et le reste, s'il vous est possible.

Je suis, Monsieur,.... DE BORDA [1].

A Dax, ce 24 juin 1665.

---

[1] Bertrand de Borda, écuyer, seigneur de Josse, Sort, Montpribat, Brutails et Sanguinet, avocat au Parlement de Bordeaux, maître ès arts de Paris et conseiller du Roi, président et lieutenant général au siège présidial de la ville de Dax, suivant provisions datées du 11 décembre 1649. (*Archiv. départ. de la Gironde*, reg. B 61, f° 63.) — Jacques-François de Borda, frère cadet du précédent, remplissait les fonctions de maire royal et perpétuel de Dax.

Consulter sur cette famille, dont le nom évoque le souvenir de braves marins et de savants illustres, *l'Armorial des Landes*, par le baron de Cauna. Depuis 1840, le nom de *Borda* est resté attaché au vaisseau-école, pépinière des officiers de la flotte française.

ARCHIVES HISTORIQUES
DE LA GASCOGNE

FASCICULE VINGT-CINQUIÈME

AUDIJOS

LA GABELLE EN GASCOGNE

AUDIJOS

LA GABELLE EN GASCOGNE

DOCUMENTS INÉDITS

PUBLIÉS POUR LA SOCIÉTÉ HISTORIQUE DE GASCOGNE

PAR

A. COMMUNAY

PARIS	AUCH
HONORÉ CHAMPION	LÉONCE COCHARAUX
ÉDITEUR	IMPRIMEUR
9, quai Voltaire, 9	11, rue de Lorraine, 11

M DCCC XCIV

XCI.
1665. — 6 JUILLET.
(Biblioth. nation. Mélanges Colbert, vol. 138 *bis*, f° 616.)

M. PELLOT A M. COLBERT.

A Bordeaux, ce 6 juillet 1665.

Je répondrai, Monsieur, à vos lettres des 26 et 28 du moys passé, que vous m'avez fait l'honneur de m'escrire. J'ay donné de bons ordres pour le travail de la rivière du Lot; ainsi il s'avance autant qu'il se peut, suivant que je vous l'ay mandé.

J'ay advis que les troupes sont arrivées dans la province; cela estant, elles seront bientot aux environs de Bayonne. Tout le monde croit qu'il y a plus de quatre ou cinq mille hommes, et cela ne fait pas un mauvais effet. L'on dira dans la suite que, comme l'on a vu l'obeyssance du pays, l'on l'a voulu soulager et l'on en a renvoyé.

S. M. ne peut pas prendre, s'il me semble, une autre résolution pour la seureté des droits du convoy que d'establir les bureaux à Bayonne et reunir en mesme temps la fontaine de Salies. La conjoncture y est fort propre et les ordres qu'elle m'a envoyés pour faire cesser la morte-paye des chasteaux de ceste ville là et y mettre, aussi bien qu'à Dacqs, des compagnies et garnisons, serviront tout à fait à l'affermissement de cet establissement. Je ne crois pas neanmoins de faire executter lesdits ordres que je ne sois à Bayonne, et, pour dédommager la ville de cet establissement et la bien traitter, je crois que je pourrois luy faire espérer que l'on luy rendra la moitié de la coustume, et que l'on luy donnera le sel pour faire sa provision au prix du marchand. Vous me fairez scavoir, s'il vous plaist, Monsieur, sur cela les sentimens de S. M. Pour le Béarn l'on a plus de preuves qu'il ne faut de sa complicité entière pour le priver du privilège de cette fontaine[1].

---

[1] Pellot était, nous l'avons déjà dit, d'une violence de procédés extraordinaire : son biographe, M. O'Reilly, en convient volontiers. Par deux fois, alors qu'il était intendant en Dauphiné, le Parlement de Grenoble l'avait mis en

M. de Poyanne s'est un peu réveillé ; il a esté à Ortez, en Béarn, où il eut advis qu'Audijos, avec vingt et deux hommes de sa troupe, estoit à une lieue seulement de luy, et l'advis estoit bon, car nous le scavions d'ailleurs. Mais il ne fit pas, s'il me semble, ce qu'il pouvoit, car il debvoit aller à luy avec ses gens et prendre du monde à Orthez tant qu'il eut voulu, qui peut bien donner cinq cens fusillers. Au lieu de cela, il envoya quérir les dragons, qui estoient à deux ou trois grandes lieues de luy, ne leur fit trouver aucun guide, comme il l'avoit promis, de sorte qu'ils s'escartèrent, et, après avoir bien couru d'un costé et d'autre, ils furent obligez de se retirer sans rien faire[1]. Ce que vous pourrez voir plus particulièrement par le procès-verbal du sieur Nogent et par une petite carte, que je vous envoye, qui marque les lieux ou les uns et les autres estoient.

Des commissaires du Parlement de Pau[2] ont esté dans quelques paroisses, où ils disent qu'ils ont trouvé une soumission entière, et ont pris mesmes quelques prisonniers ; mais l'on scait bien que les séditieux de ce pays-là n'en veulent pas aux conseillers : ils les espargnent trop. Mais quand ils peuvent, ils ne manquent pas d'assommer tous les jours les gens qui travaillent aux affaires du Roy, et cela impunément. Pour les prisonniers qu'ils ont pris, ce sont quelques misérables : ce ne sont pas de ceux qui sont bien coupables. Ils n'en prendront jamais comme je pense ; ils n'ont

interdit et contraint de quitter cette ville. A la suite d'un troisième arrêt, cette Cour poursuivit directement l'intendant pour avoir fait exécuter, malgré sa déclaration de grossesse, une femme, qui, selon le Parlement, avait été injustement condamnée par Pellot. Ce fut à la suite de cette triste affaire que l'intendance de Poitiers et de Limoges lui fut donnée.

[1] Il est bien difficile d'apprécier exactement la conduite du marquis de Poyanne pendant les dernières années de sa vie. D'après *l'Armorial des Landes*, le marquis, qui mourut à Saint-Sever le 3 février 1667, s'était retiré depuis plusieurs années déjà, sans prendre congé de la cour, pour n'avoir pas obtenu un régiment que le Roi destinait au vicomte de Turenne. Lorsqu'il eut cessé de bouder, il sollicita la permission de retourner. Le Roi lui fit dire qu'il pouvait rester là où il était. Les fonctions de lieutenant en Béarn et Navarre, ainsi que la charge de sénéchal des Lannes, mettaient M. de Poyanne dans l'obligation de soutenir les actes de l'intendant, mais en la circonstance cet appui était plus apparent que réel et Audijos savait fort bien qu'il n'avait rien à redouter du marquis.

[2] On trouvera ci-après plusieurs lettres de M. de Lavie, premier président du Parlement de Navarre.

garde de le faire : ils diroient trop de choses. Partant, S. M. doit estre confirmée dans le sentiment où elle est de faire aller ses troupes en Béarn, après ce que l'on aura fait ce qu'il faut à Bayonne, et de leur donner un officier principal qui aye les qualités necessaires pour les commander soubs l'authorité de M. de Saint-Luc, et en son absence, et les faire marcher par tout où il sera nécessaire pour le service du Roy.

L'on taschera de trouver des preuves de la mauvaise conduite du sieur de La Beaume, lieutenant de la colonelle du régiment de dragons, ce qui sera assez difficile néanmoins, car, quoyque les officiers ne facent pas ce qu'ils doibvent, il y a assez de peine de les convaincre; mais il se pourra faire que le peu de satisfaction que je luy ay fait connoistre que l'on a de luy et la crainte d'estre cassé le facent mieux agir à l'advenir.

Les ordres pour faire couper les bois de Chalosse ne seront guères plus nécessaires si l'on establit les bureaux à Bayonne et ruine la fontaine de Salies : mais il sera toujours bon de les envoyer pour intimider davantage ledit pays et luy faire voir que l'on le veut ainsi dégrader, et l'on s'en servira au moins pour les couper dans les endroits ou les embuscades ont été dressées et où l'on a fait tant d'assassinats des gens du convoy et autres que l'on a cru estre affectionnez au service du Roy.

M. le mareschal d'Albret fait grande instance à ce que j'appuye pour faire oster du chasteau de Lourdes la compagnie que l'on y a mise en garnison depuis ces derniers désordres[1]; mais j'estime que S. M. ne le doibt pas faire, car il n'y a pas en tous ces pays, s'il me semble, une place dont il soit plus nécessaire que S. M. soit asseurée, car, outre qu'elle est d'une très forte et bonne assiette, c'est qu'elle est à l'entrée des vallées de Lavedan et les commande aussi bien que la plaine de Bigorre et est sur un passage d'Espagne.

---

[1] Ce Miossens aux maris si terrible,
Ce Miossens à l'amour si sensible...

César-Phébus d'Albret, sire de Pons et de Miossens, grand-maître de la garde-robe et maréchal de France en 1653, époque à laquelle il prit le titre de maréchal d'Albret, possédait, parmi ses nombreux gouvernements, la capitainerie du château de Lourdes. Voy. les *Lettres de Madame de Sévigné* et les *Mémoires de Saint-Simon*.

Quand j'ay pris la liberté de vous mander que l'on pourroit laisser aux Cours des Aydes de Guyenne la recherche des faux nobles [1], ce n'est pas que je n'y puisse vacquer, estant secouru par des subdéléguez comme je le suis, et que je n'aye creu, aussi bien que les traittans, que cette recherche se fairoit mieux et plus advantageusement pour le Roy par mon moyen, mais c'est que j'estimois que l'on vouloit laisser cet employ aux Cours des Aydes qui se plaignent qu'elles ne font quasi rien, car j'ay bien desjà préparé les matières et j'ay un grand nombre d'instances prestes a estre jugées et qui l'auroient esté sans l'arrêt de sursis. Je peux dire que l'affaire sera fort bonne en ces pays [2], estant conduite avec ordre et méthode et estant universellement quasi agreée, les veritables gentilshommes donnant des lumières et esclaircissemens autant qu'ils peuvent et estant bien aises pour se distinguer entr'eux [3], et les peuples voïant avec plaisir abaisser et chastier

---

[1] Dès leur création, les Cours des Aides prétendirent avoir le droit de juger des affaires touchant la noblesse des personnes, surtout de celles qui, ayant été imposées à la taille, soutenaient en devoir être exemptes par suite de leur naissance. Les Parlements de leur côté élevaient les mêmes prétentions. De là des discussions sans trêve ni relâche et qui formeraient un curieux chapitre à ajouter à l'histoire des anciens tribunaux supérieurs.

[2] C'est-à-dire fort productive.

[3] Cette poursuite des faux nobles et des usurpateurs de titres était impérieusement réclamée depuis plusieurs années, non seulement par le peuple, mais encore par toute la véritable noblesse du royaume. Parmi les nombreuses preuves que nous pourrions fournir, en voici une qui concerne spécialement notre contrée :

6 juillet 1651. — « Par-devant moy notaire royal à Bordeaux et en Guienne...
« ont esté présens en leurs personnes : haults et puissants seigneurs messire
« Charles *de Lannes*, marquis de la Roche; Gédéon *de Martel*, comte de
« Marennes; François *de Bazillac*, chevalier, marquis dudit lieu, lieutenant des
« gendarmes de Monseigneur le Prince; François *de Cosnac*, seigneur et baron
« dudit lieu et d'Aignac, députée de la noblesse du Bas-Limousin; Hector *de la*
« *Mothe-Fouquet*, seigneur, baron de Saint-Sernin; Henry *de la Croix-d'Anglude*,
« *dit d'Ussel*, seigneur baron d'Anglade; Jean *de Belhade de Thodias*, chevalier
« de Saint-Jean de Hierusalem et gouverneur, pour Monseigneur le Prince, de la
« duché de Fronsac et de Coutras; François *de Laur*, chevalier, sieur de Per-
« chède; Jacques *de Monlezun*, seigneur de Saint-Lary, députée et scindic de la
« noblesse d'Armagnac, et Geoffroy *de Monlezun*, seigneur de Baratnau, aussi
« scindic de la noblesse d'Armagnac; Claude *de Mirandol*, sieur de Cacarès;
« Nicolas *Maron*, seigneur de la Croix-Maron et Braye; Moize *Saulnier*, escuyer,
« sieur du Mas; Jean *de Géres*, escuyer, sieur de Gaxies; Jacques *de Paty*,
« escuyer, sieur de Cleyrac, mareschal de bataille des armées du Roy; Bernard
« *de Luppé*, escuyer sieur de la Mothe et Bonnefon; N... *Chambon*, escuyer,
« sieur dudit lieu; François *de Loppes*, escuyer, seigneur de Loubens et du

des gens qui d'eux-mesmes vouloient ainsi s'élever sur eux. Ce n'est pas que quand il plaira à S. M. d'envóyer un jeune maistre de requestes dans cette province je ne luy donne, et sur ce point et sur tous les autres, avec une entière sincérité et ouverture, toutes les lumières et instructions que je pourrai : mais, Monsieur, pour le bien du service, cet employ ne veut point estre partagé. Il faut choisir un homme pour le soustenir et qui aye assez de force. C'est le plus grand employ de cette nature qui soit dans le royaume : ainsy celuy que l'on y destinera doibt avoir surtout beaucoup de fermeté et de desinteressement, et ces qualités se trouvent plus ordinairement dans les gens de condition et qui ont du bien. Il ne manquera pas de trouver des gens dans ce pays pour le soulager et qui s'en acquitteront bien, pourveu qu'ils soient un peu veillez et observez. Dans deux ou trois moys au plus qu'il

---

« Castera ; Alexandre *de Biaudos*, escuyer, seigneur dudit lieu ; Gratian *de Sous-*
« *tras*, escuyer, sieur de Bédorède ; Carbon *de Brux*, escuyer, seigneur dudit
« lieu, et Guy-Pierre *de Ponsan*, escuyer, seigneur de Lartet, faisans tant pour
« eux que pour les autres seigneurs gentilzhommes de la Province de Guienne,
« adhérans ou adhérer voulans, lesquels scachans combien contraires sont aux
« droits attribués par nos Roys à la véritable noblesse, tant par les Cahiers
« accordés à l'ordre d'icelle que par les ordonnances faites à la postulation des
« États généraux du royaume, quelques entreprises et usurpations que font
« plusieurs particuliers qui, soubz le prétexte des offices et charges qu'ils exer-
« cent ; prennent et uzurpent la qualité *d'escuyer* et mesme celle de *chevalier*, ce
« qui cause un très grand désordre et confusion dans les conditions des per-
« sonnes et trouble toute la société civile ; estant d'ailleurs bien instruictz
« que c'est un des abus dont doibvent estre chargés les mémoires des plaintes
« des députés pour les Estats généraux prochains, et ayans aprins aussy qu'il y
« a à present divers procès pendans au Grand-Conseil et en diverses Cours
« souveraines de France sur le mesme subject, — de leurs bon gré et vollonté
« ont faict et constitué leur procureur général et spécial, par ces présentes,
« scavoir est messire...., auquel ont donné plain pouvoir, puissance de, pour et
« au nom desdits seigneurs constituans, intervenir auxdits procès, prendre
« communication et cognoissance d'iceux et requérir qu'inhibitions et deffenses
« soient faictes à toutes sortes de personnes, s'ils ne sont de naissance et extrac-
« tion noble suivant lesd. ordonnances, de prendre et uzurper lesdites quallités
« de chevalier et ecuyer et telles propres que de droict ; promettant lesd.
« seigneurs constituans avoir pour agréable, ferme et stable, tout ce que par
« leur dit procureur constitué sera ainsy faict.... » (*Suivent les signatures.*)
(*Archiv. départ. de la Gironde*, Dugadouneys, notaire, liasse de 1651,
f° 270.) — Au f° 371, on trouve une protestation rédigée en termes à peu
près semblables de M**re** Louis de Rochechouart, comte de Maure et grand sénéchal de Guienne.

sera avec moy, il se pourra fortifier et esclairer, en voiant comme l'on agit; pendant lequel temps j'estime qu'il sera bon, *pour l'honneur de l'emploi*, qu'il n'y ayé que moy seul qui ordonne. Après quoy je seray prest de recevoir et suivre vos ordres, laissant cette province dans le meilleur estat qu'elle aye esté et les plus importantes et les plus difficiles affaires achevées ou fort défrichées.

Comme j'ay esté accablé de visites ces jours que j'ay esté icy, je n'ay pas pu encore dresser les memoires pour réformer la maison de ville de Bayonne que je vous avois promis : ce sera, comme j'espère, pour le premier ordinaire. Je n'ay pas laissé pourtant, depuis que je suis en cette ville, d'asseurer les negotians de la satisfaction que S. M. a d'eux de ce qu'ils s'intéressent comme ils font dans le commerce de la mer; mais ils se plaignent tout-à-fait de ce que les Anglois arrestent et prennent leurs vaisseaux, quoyqu'ils soient à eux, chargez d'un équipage françois, qu'ils aillent du costé de Dunkerque et qu'ils ne puissent pas ainsi avoir de prétexte qu'ils prennent la route de Hollande[1]. Ils se sont donnés l'honneur de vous en escrire, et vous jugerez bien, Monsieur, qu'il est bien important que S. M. leur face avoir justice et les protége, afin qu'ils ne soient pas menacés dans leur negoce et ne perdent pas la bonne volonté qu'ils ont.

J'ay aussi disposé les Pères Carmes deschaussez à souffrir que l'on commence d'avancer le travail du Chasteau-Trompette dans leur maison, afin qu'il ne soit pas retardé, les ayant asseuré que soubs le bon plaisir de S. M. je réglerai incessamment leur dédommagement.

Je serai tousjours avec respect, Monsieur, etc.

PELLOT.

Il me restoit à vous remercier très humblement, Monsieur, comme je fais, de la protection que vous voulez donner à mon nepveu pour avoir dispense pour la charge de lieutenant criminel de Lyon. Il ne luy manque que deux ou trois années, mais non pas la capacité et la prudence nécessaires.

[1] L'Angleterre était alors en guerre avec la Hollande, et comme la majeure partie des navires équipés à Bordeaux étaient la propriété des Hollandais, les Anglais prenaient prétexte de cette situation pour capturer les bâtiments sortis de ce port.

XCII.

1665. — 6 JUILLET.
(Archives de la ville de Bayonne, FF 584, p. 127.)

M. DE CHEVERRY A MM. LES ÉCHEVINS DE BAYONNE.

Messieurs, Quand je n'aurois pas eu du naturel pour ma patrie ny du zèle autant que j'en ay pour vous servir, je puis vous asseurer que l'obligeante lettre du 27 juin, que vous m'avés fait l'honneur de m'escrire, me feroit tout ozer. Mais come je n'ay rien obmis jusques asture de ce que j'ay jugé pouvoir faire pour vous procurer tout le repos que vous merités, avec le grand nombre d'honestes persones que je cognois et chéris dans la vile, je puis vous protester vivement que je n'en demeureray pas à ce quy est faict, et que je présenteray ce jourd'huy à M. Colbert un mémoire, que j'avois fait il y a trois jours sur toutes ces affaires, duquel je n'ay pas le temps de vous faire faire une copie mais que vous recevrés par le prochain ordinaire. Je l'avois refondu, attendant toujours quelque chose de ce que je vous avois demandé, à quoy je ne m'attends plus puisque les deux dernières lettres de Mgr Pellot vous lient les mains, et qui semblent bien vous oster toute l'espérance qu'il veuille vous laisser travailler seuls au jugement des miserables.

Quelles que soient, Messieurs, les réponses que vous aporteront Messieurs vos députés, il est de necessité de vous bien mesnager, surtout avec Mgr l'Intendant, *qui seul en est creu de deça;* et, par des manières tres respectueuses pour le Roy et douces pour luy, tirer le plus de longueur que vous pourrés. Le temps est plus fort que toutes les troupes du monde[1]. Il est bon de paroistre avec son cœur ordinaire, sans passer à rien d'irreparable; mon imagination est tousjours frapée que nous avons grand subject de nous confier en la justice du Roy, que nous avons servy au delà de tout ce que les peuples les plus fidèles et les plus aguerris eussent et deu ny peu faire. Ainsy nous debvons espérer de la bonté divine, plus que

---

[1] Un contemporain de M. de Cheverry, l'illustre fabuliste La Fontaine, écrivait à peu près vers la même époque :

> Patience et longueur de temps. . . .

de tous les secours humains quy, jusques à ceste heure, ont esté inutiles et que je tiens infiniment au dessoubs des autres, qu'Elle travaillera sur l'esprit de Sa Majesté, *que tout le monde dit estre tres difficile à dissuader.*

Je crois que vos blancs me seront inutiles, n'y aiant icy personne à mesnager pour ces sortes de choses que le Roy et la personne à quy je m'adresse. Il faut estre sur les lieux pour en bien juger. Ne doubtés pas que pour nostre commun repos et mon honeur particulier je ne mette toutes pièces en usage. Si l'on vous pressoit de recevoir des troupes, je crois que vous pourriés faire scavoir aux puissances[1] qu'il n'y a rien que vous ne fissiés pour leur donner des marques de vostre obeissance. Mais que s'agissant de changer entièrement la face d'une ville qui vist depuis divers sciècles soubs des règlemens donnés par les Roys avec grande cognoissance de cause, vous les supliés tres humblement de vous donner le temps d'en informer plainement Sa Majesté pour vous disculper envers elle de ce que vous pourriés avoir consenty sans avoir des ordres exprès. Neantmoins vous qui estes sages et qui debvés respondre de ce que vous ferés, ne vous attardés pas à aucun de mes sentimens et ne faites que ce que les occasions présentes vous suggèreront pour le plus grand repos de la ville. Considérant s'il vaudroit mieux en cas que vous soyés ainsy pressés de respondre que le Roy estant le maistre, il fera de sa ville ce qu'il luy plairra, et en ce cas taschés de contenir tout le monde. Ceste obeissance, qu'il me semble qu'on ne peust pas esviter de rendre en telle extremité, rendra nostre droit meilleur pour toutes les choses quy peuvent estre traictées ensuyte. Je vous dis du fond de mon cœur et dans le peu de temps que j'ay de faire de longues reflexions, estant pressé d'envoier mon home à Paris avec mes lettres, que si la moitié de la vie que je doibs espérer pouvoit nous rédimer des maux quy nous menacent, j'en souffrirois le retranchement avec plaisir.

Je suis parfaitement, Messieurs, vostre très humble et tres obeissant serviteur. DE CHEVERRY.

De Saint-Germain en Laye, le 6 juillet 1665.

---

[1] Sans doute au ministre et à l'intendant.

XCIII.

1665. — 7 JUILLET.

(Archives de la ville de Bayonne, FF 584, f° 12.)

M. PELLOT A MESSIEURS LES ÉCHEVINS ET JURATS DE LA VILLE DE BAYONNE.

A Bordeaux, ce 7° juillet 1665.

Messieurs, Je vous envoie des imprimés d'un arrest du Conseil touchant les faux bruits que l'on a semés sur la gabelle. Vous tiendrez la main à l'execution d'iceluy et qu'il soit publié dans vostre ville et autres endroits ou il sera necessaire [1].

Je suis, Messieurs,.....

PELLOT.

XCIV.

1665. — 10 JUILLET.

(Biblioth. nation. Mélanges Colbert, vol. 130 *bis*, f° 630.)

M. PELLOT A M. COLBERT.

A Bordeaux, ce 10° juillet 1665.

Je vous envoye un mémoire touchant la ville de Bayonne et un projet d'arrest pour réformer le gouvernement de ladite ville. Je

---

[1] Cette lettre, arrivée à Bayonne le 10 juillet, provoqua aussitôt une réunion extraordinaire du *Conseil secret*. Le registre des délibérations, BB 27, contient à ce sujet la mention suivante : « Du vendredi x° juillet. Au Conseil tenu extraor-
« dinairement..... Le sieur premier eschevin a représenté une lettre qui a esté
« envoyée le 7° de ce mois de la part de M. Pellot, intendant, laquelle faict men-
« tion qu'il envoye à la ville un arrest du Conseil privé portant deffances à
« toutes personnes de dire que le Roy aye aucun desaing d'establir aucun droit
« de nouvel impôt ni gabelle à Bayonne, sur peyne d'estre déclarés criminels de
« lèze-majesté, et enjoint de faire publier ledit arrest par tous les endroictz
« accoustumez de la ville, ce qui a esté faict par le sergent ordinaire... » Ainsi
M. de Cheverry l'emportait sur l'intendant. Battu sur ce premier point, celui-ci
ne devait pas tarder à attaquer vivement un autre privilège de Bayonne. On le
verra, le 22 de ce même mois de juillet, annoncer à la ville, par une lettre où
l'on sent déborder la plus entière satisfaction, que les troupes du Roi entreront
incessamment dans Bayonne pour y tenir garnison.

les ay dressez sur des advis qui m'ont esté donnez par des principaux et des mieux intentionnez. Je crois, Monsieur, que vous les trouverez dans l'ordre, car c'est pour oster les cabales de cette ville là, et pour la mettre sur le pied des autres bonnes villes du royaume. Si vous le jugez à propos, vous les pourrez faire voir à M. Cheverry pour y adjouster ou diminuer, s'il est nécessaire.

Les habitans de Bayonne envoyent un député à S. M. pour tesmoigner leur soumission entière. Il m'est venu voir en passant par cette ville. Ils ont fait arrester un des principaux séditieux sur l'indication que je leur en ay faite : je leur manderai d'en prendre encore quelques autres. Je ne fais pas de doubte que S. M. n'y face ce qu'elle souhaittera à présent, quand elle aura fait sçavoir ses résolutions. Cependant je garde tousjours leurs députez auprès de moy, parce qu'il se présente beaucoup de choses à leur communiquer. Les troupes marchent aux environs de Bayonne; elles y seront dans peu de jours. Aussi tost l'on y faira marcher les trois compagnies qui sont destinées pour les deux chasteaux. En attendant je fais préparer les lits qui leur sont nécessaires: Ainsi c'est une chose qui est seue à présent, et les habitans recoivent bien cette nouvelle.

L'on dit que M. le marquis de Poyanne va à la Cour, et qu'il doibt passer par cette ville aujourd'huy ou demain. Je n'en scay rien que par le bruit commun. Je règle icy le plus que je peux d'affaires, attendant vos ordres pour Bayonne et le Béarn.

Vostre très humble et très obéissant serviteur,

PELLOT.

XCV.

1665. — 10 JUILLET.

(Biblioth. nation. Mélanges Colbert, vol. 130 *bis*, f° 669.)

M. DE SAINT-LUC A M. COLBERT.

A Bordeaux, le 10 de juillet 1665.

Monsieur, Je viens de recevoir tout présentement advis qu'Audijos étoit assiégé dans un chasteau en Béarn, appelé La Bastide, par deux cens dragons, et que les autres quartiers s'assembloient incessamment pour y aller. L'on m'escrit mesme que son lieutenant, nommé Pilate, estoit pris ; je vous rendray un conte plus exact par le prochain ordinaire[1]. Je n'ay pas manqué de faire scavoir au sieur Nogent ce que vous aviés eu la bonté de m'escrire sur son subjet, et je ne doubte point que luy mesme et les autres officiers n'ayent esté par là excités à faire mieux leur debvoir que par le passé.

Ceux de Bayonne font tout ce qu'ils peuvent pour éviter le logement des troupes. Pour cet effect, ils envoyent un député à la Cour pour demander au Roy qu'il plaise à S. M. de leur ordonner ce que bon luy semblera, qu'ils l'executeront aveuglément sans qu'il faille employer les gens de guerre pour les forcer. M. Pellot a fait entendre aux députés qui sont icy que j'avois ordre de faire licencier la vieille paye (morte), et d'y envoyer une nouvelle garnison et qu'il faloit disposer les chasteaux pour loger les soldats, ce que j'executeray dès que les troupes seront arrivées : ils ont receu la chose avec tout le respect imaginable. J'ay creu que je devois vous tesmoigner l'estat de ce peuple. Faites moy l'honneur, Monsieur, de me faire scavoir vos intentions : je m'y conformerai avec toutes sortes d'exactitude.

Les marchands de cette ville continuent de se plaindre de la violence des Anglois, et à vous dire, Monsieur, ce qui se passe sur ce subjet, ils ont ruinez la plus part des negotiants et des plus accommodés : la compagnie qui s'estoit faite icy pour les asseurances veust se séparer, ne pouvant soustenir de sy grandes pertes. Ils ont eu ce matin des advis que les Anglois avoient pris trois vaisseaux françois qui revenoient de la pesche de la morue pour le compte des Rochellois, ce qui leur donne une alarme furieuse pour ceux qu'eux mesmes attendent ; et ce qui le leur fait le plus apprehender, c'est que les marchands anglois qui sont icy depuis dix à douze jours commencent à denaturer leurs effects.

Je suis toujours avec respect, Monsieur, etc.....

SAINCT-LUC.

[1] Voyez la lettre de Pellot, portant la date du 12 juillet.

XCVI.

1665. — 12 JUILLET.
(Archives de la ville de Bayonne, FF 584, p. 129.)

M. DE CHEVERRY A MM. LES ÉCHEVINS DE BAYONNE.

Messieurs, Il est venu divers courriers sans me porter aucune de vos lettres. Je partiray demain ou après pour St-Germain. J'estois party de là jeudy dernier dans l'espérance que j'aprendrois par vos lettres quelque bon effect de la députation que vous aviés faict vers M. Pellot.

Je me vois donc réduit, Messieurs, n'aïant rien à dire de vostre part, de demander ce qu'il a pleu au Roy de résoudre sur les raysonemens que j'ay fait sous la forme d'un grand billet. Si j'avois peu dire que vous aviés fait quelque chose, je puis vous asseurer que j'eusse eu quelque satisfaction, car pour avoir dit que vous estiés à la veille de banir douze familles, sans les lettres que M. Pellot vous a escrit, M. Colbert me dit que la ville faisoit à ceste heure bien son devoir. Je luy repartis tout ce que je debvois.

Je ne puis pas croire que les troupes se présentent brusquement à vos portes, et estime que l'on vous fera entendre la volonté du Roi. Je scay que l'on ne se peust pas dispenser d'y obeir. Mais il me semble que vous ne pourriés pas estre blamés de demander un temps raysonnable pour pouvoir faire représenter à Sa Majesté que vous avés creu de vostre debvoir de ne laisser pas entrer des troupes dans une ville que Sa Majesté vous a confié, sans un ordre tres exprès de la remettre, par lequel vous puissiez vous défendre de la calomnie que tout le monde vous donnera d'avoir doner lieu, par une mauvaise conduite, à ce que Sa Majesté aye retiré sa confiance ; et comme l'on a esté chargé de la garde d'icelle par declarations signées et scellées du grand sceau de Sa Majesté, il luy plaise avoir la bonté de vous en descharger par les mesmes voyes. Je ne puis m'empescher de vous dire mes sentiments. Neantmoins je les soumets tout à fait aux vostres, quy doibvent faire le bonheur ou le malheur de la ville et dont vous estes particulierement responsables. Surtout rendés aux puissances toute sorte de respect et les supliés de vouloir intercéder pour la ville, affin que Sa Majesté reçoive en bonne part vos responces, quy partent des cœurs absolument portés à l'obeissance de Sa Majesté, quy n'est pas incompatible avec l'honeur et la bonne reputation que la ville veult conserver dans les siècles à venir comme elle a fait dans les passés.

Si vous trouvés une meilleure et plus courte voye pour plairre au Roy et aux puissances, ne m'escoutés en rien de ce que je dis cy dessus. Je souhaite plus que vivre que la ville se conserve dans l'honeur des bonnes graces du Roy, par son obeissance prompte aux ordres de Sa Majesté, laquelle estant bien informée de toutes choses et voïant une prompte soubmission à ses ordres, il ne se peust qu'elle ne vous remette au premier estat.

Je suis de tout mon cœur, Messsieurs, vostre tres humble et tres obeissant serviteur.

DE CHEVERRY.

De Paris, le 12 juillet 1665.

XCVII.

1665. — 12 JUILLET.

(Biblioth. nation. Mélanges Colbert, vol. 130 bis, f° 711.)

M. PELLOT A M. COLBERT.

A Bordeaux, ce 12 juillet 1665.

Le bruit avoit desjà couru, lors du dernier ordinaire, que les dragons avoient attaqué, dans une maison, Audijos avec ses complices, et qu'il y en avoit quelques-uns de pris : mais comme la nouvelle n'estoit pas confirmée, je ne voulus pas vous la mander. Du despuis des officiers qui estoient présens à l'action m'ont fait raport comme elle s'estoit passée, et il y a lieu de s'estonner comme l'on a manqué Audijos ceste foys-cy.

J'avois envoyé sur les lieux un nommé Marassé, qui a esté mareschal-des-logis et qui avoit des intelligences, pour suivre avec adresse Audijos, scavoir ou il pouvoit estre et en donner advis incontinent aux trouppes. Ce qu'il fit avec tout le succez possible, car, estant assuré qu'il estoit à une maison seule, à un quart de lieue de La Bastide[1], qui est un bourg à l'entrée de la Basse-Navarre et joignant le Béarn[2], il le fit scavoir aux quartiers les plus proches ou il y avoit des dragons, lesquels, ayant ordre de moy de faire ce qu'il leur diroit, ils furent, le huictiesme, à la pointe du jour, à Ortès en Béarn, suivant qu'il estoit convenu entre eux. Ils faisoient bien cent cinquante maistres, avec quelques gardes du convoy qui les joignirent, commandez par le sieur La Baume, lieutenant de la colonelle, dont je vous ay escrit cy-devant. Ils traversèrent le Béarn en diligence, passèrent un gué à une rivière que ledit Marassé scavoit, ce qui les avança beaucoup, et dix ou douze gardes du convoy, qui estoient devant et mieux montez, rencontrèrent Audijos, avec ses gens, qui estoit à vingt pas de ladite maison, couché sur le ventre. Ils firent des decharges de part et d'autre; après quoy, Audijos se retira dans ladite maison. Le reste de troupes qui suivoient arrivèrent entre onze heures et midy et investirent incontinent la dite maison. C'est une maison basse, point flanquée ny fossoyée, où il y a une grande porte à charrette, et deux autres petites portes[3], et à cinquante pas de la forest de Miche[4], qui a deux ou trois lieues de long, où, si ces séditieux s'estoient retirez, il estoit tres difficile de les pouvoir prendre. La Baume commanda d'abord quelques dragons pour forcer la grande porte; mais comme il y en eut un de tué et quelques-uns de blessez, il quitta alors le dessin d'attaquer la maison par force, qui estoit le bon parti, songea de faire venir davantage de monde, et posa divers corps de garde aux

---

[1] La Bastide-Villefranche ou La Bastide-de-Béarn, arrondissement d'Orthez, canton de Salies. C'était, d'après M. Raymond (*Diction. topog. du départ. des B.-P.*), le chef-lieu d'une notairie où ressortissaient Saint-Dos, Caresse, Castagnède et Cassaber. Sur la partie orientale du bourg se dresse une tour carrée, de plus de dix mètres d'élévation, construite, dit-on, sous le règne de Gaston Phébus, afin d'opposer une barrière aux incursions trop fréquentes que faisaient les Basques sur le territoire Béarnais. (Courtiades, *Guide des baigneurs dans Salies*.)

[2] Gaston IV, vicomte de Béarn, avait étendu les limites du Béarn jusqu'au bois de Mixe.

[3] Cette maison était connue sous le nom de *Boëren* ou *Gouëren*. — Voir ci-après, à la date du 28 novembre 1665, *l'ordonnance* du marquis de Poyanne enjoignant le *rasement* de cette maison.

[4] La forêt de Mixe se trouvait dans le petit pays de ce nom et faisait partie du royaume de Navarre.

environs de ladite maison, quoyque Marassé et d'autres officiers luy eussent représenté qu'il ne faloit point attendre, que si la nuit venoit l'on ne pourroit empescher Audijos de se sauver et de gagner les bois en forçant avec ses gens quelque corps de garde. Néantmoins il persista dans cette résolution, apparemment pour espargner du monde. Audijos ne manqua pas de faire ce que l'on avoit prévu, car, deux heures avant le jour, il sortit avec ses gens par une des petites portes, força un corps de garde et s'enfuit dans le bois, et, de quatorze qu'ils estoient seulement, l'on n'en peut tuer que un, en prendre trois, et Audijos se sauva ainsi, luy dixiesme. S. M. jugera si La Baume a fait ce qu'il debvoit, car il semble qu'avec cent cinquante bons hommes il en pouvoit forcer quatorze seulement, qui estoient dans une maison basse, seule et point fortifiée, ou il y avoit trois portes, et surtout ayant dix heures de jour et proche d'un bourg dont il pouvait tirer du secours, sans attendre la nuit, où il debvoit bien prévoir, quand l'on ne luy auroit pas dit, ce qui est arrivé.

Parmi ceux qui ont esté pris, il y a le nommé Pilate, qui est le lieutenant d'Audijos, son Conseil à ce que l'on dit, et aussy résolu que luy, mais qui a plus d'esprit. Il se trouve asses blessé à la cuisse; l'on croit néantmoins que la blessure n'est pas mortelle: ils pourront dire beaucoup de choses. J'ay mandé qu'on les interrogea sans perdre de temps. Des dragons, il n'y en a qu'un de tué et dix ou douze de blessés, dont il n'y en a que deux ou trois qui le soient beaucoup; le reste le sont fort légèrement, aussi bien que La Baume qui l'est un peu à la main, à ce qu'il dit. Audijos avoit encore une troupe de dix hommes qui estoit éloignée du lieu ou il estoit, mais l'on n'en fut pas adverty. L'on les poursuivra tous sans cesse, ayant beaucoup de gens que j'ay envoyé sur les lieux pour en scavoir des nouvelles, n'espargnant rien pour cela, car il ne faut pas espérer grand secours du pays, s'il ne change.

M. Paudervitz, maistre de camp du régiment de dragons, est arrivé icy, qui témoigne estre plein de bonne volonté, bien contristé de la dernière action, et fort disposé de faire mieux agir son régiment, qu'il va trouver présentement. Je ne manqueray pas de luy adresser les gens que j'ay sur les lieux, pour lui donner des advis.

M. de Poyanne est arrivé en cette ville : il va à la Cour. Je ne l'ay point vu à cause qu'il croit que je n'ay pas escrit favorablement pour luy. M. le Premier Président du Parlement de Pau me mande, sur son sujet, que leur compagnie n'a pu donner que des arrests, mais qu'elle n'a pas la main assez forte pour empescher qu'Audijos et ses complices ne se promenasssnt, comme ils ont fait familièrement, par le Béarn, depuis un an.

J'ay reçu l'arrest du Conseil qui confirme mon jugement contre les séditieux de Chalosse, aussy bien que celui qui oblige M. de Poyanne de représenter ses tiltres pour les droits qu'il lève sur la rivière de l'Adour[1]. Il ne reste, Monsieur, quant à présent, qu'à m'envoyer, s'il vous plaist, des rapels à banc[2] pour trois que j'ay condamné aux gallères par mon jugement, qui ont rendu quelque service, et qui n'ont pas le corps propre pour servir. J'attendray vos ordres sur le reste qui se doibt faire à Bayonne et en Béarn. Le party, à présent, est fort esbranlé, et ne durera, je crois, plus guères ; de tous costez l'on tesmoigne plus de soumission que l'on n'a fait et que l'on est disposé à faire ce que S. M. voudra : l'approche des troupes d'infanterie, qui ne sont pas éloignées de leurs quartiers vers Bayonne, et ces deux rencontres que l'on a eu avec ces séditieux, produisent un bon effet. Il ne faut pas perdre l'occasion.

J'excite la Cour des Aydes de ceste ville et les Trésoriers de France de payer le terme qu'ils doibvent pour la Société des Indes Orientales. Je crois que dans peu ils s'en acquiteront. Ce qui arrestoit la Cour des Aydes c'est que l'on luy a tesmoigné qu'on n'estoit pas content des XXIII[M] livres qu'elle avoit offert ; mais je l'ay assurée que je ferois en sorte que l'on en seroit satisfoit. L'on presse incessamment tous les autres interessez de ceste ville et de la province, et je donne aux directeurs d'icy tous les seings que j'ay desdits interessés afin qu'ils facent leurs diligences contre eux et je leur donneray tout l'appuy qu'ils souhaiteront.

Vostre tres humble, etc.   Pellot.

---

[1] En qualité de seigneur riverain.
[2] Rappel de bannissement, lettre de grâce.

Je vous renvoye, Monsieur, un extrait de mon jugement touchant les trois condamnez aux galères pour lesquels l'on demande des lettres de rapel à banc, en cas que le premier que vous avez reçu se fut égaré.

L'on a réformé la compagnie de Pelou (?), et je l'ay réduite à six vingt hommes, à cause que la taille se lève à présent plus facilement et que l'on n'a gueres plus besoing que de dix ou quinze soldats dans chaque eslection ; et afin de ne perdre pas ces soldats que l'on a congediez, qui sont de fort bons hommes, l'on leur fait prendre parti dans ces régiments qui sont dans la province. J'ay retranché aussy le nombre des porteurs de contraintes, de sorte qu'il n'y en a plus que deux ou trois tout au plus dans chaque eslection, auxquels l'on ne donne que 40 sols par jour et leur nourriture.

XCVIII.

1665. — 13 JUILLET.

(Biblioth. nation. Mélanges Colbert, vol. 130 *bis*, f° 727.)

M. DE SAINT-LUC A M. COLBERT.

Monsieur, Ayant reçu le destail de ce qui s'est passé contre Audijos dans cette dernière occasion, je n'ay pas voulen manquer de vous en rendre compte.

Le sieur La Baume, lieutenant de la colonelle des dragons, ayant avec luy cent cinquante soldats et conduit par des personnes que M. Pellot et moy avons employé pour découvrir les retraictes de ces factieux, feust investir à midy une maison de paysan, entre La Bastide en Béarn et la forest de Minsse [1], où Audijos s'estoit jetté avec quatorze des siens. Il se fist quelques descharges de part et d'autre ; mais comme les officiers ne prirent aucune résolution de les attaquer, attandant un plus grand secours, la nuict estant venue, Audijos tenta de sortir avec ses gens. Il feust repoussé la première fois, et la seconde il feust plus heureux, força deux corps

---

[1] Mixe, en Basse-Navarre.

de garde l'espée à la main, et se sauva dans la forest avec la pluspart de son monde, à la réserve de quatre, dont l'un feust tué et les autres blessés, du nombre desquels est Pilate. J'ay eu desplaisir extreme de la mauvaise conduite des officiers qui commandoient ce party. Le sieur de La Baume y a esté blessé à la main, deux dragons de tués et dix ou douze de blessés. La prise de Pilate n'est pas de moindre conséquence que seroit celle d'Audijos, celuy-ci n'agissant que par les conseils de l'autre, et il est fort constant que cette cabale n'a esté faite qu'avec luy. Audijos n'ayant aucune prudence, son nom faira plus de mal que ses actions. On sçaura présantement le secret de cette affaire, sur quoi on pourra mieux se précautionner que par le passé [1].

Les régiments de Navarre et de Normandie sont arrivés dans la province et seront dans peu de jours du costé de Chalosse, où je me dispose d'aller, si vous me l'ordonnez, pour y executer les ordres du Roy et les vostres.

Je suis avec respect, Monsieur,...

SAINCT-LUC.

A Bordeaux, le 13e de juillet 1665.

XCIX.

1665. — 14 JUILLET.

(Archives communales de Coudures; Reg. des délibérations, 1621-1763, f° 437.)

DÉLIBÉRATION DE LA COMMUNAULTÉ DE CODURES, TOUCHANT LES DESPENSES ET DESGATS COMMIS PAR LES DRAGONS ET AUTRES TROUPES ROYALES.

Le quatorziesme jour de juillet 1665, au dessoubz la halle du lieu de Codures, ont esté assemblés en corps de jurade et comunaulté Me Arnault Dupoy, notaire royal, et Ramond de Mibielle, m^e flandier, jurats dudit lieu de Codures; Me Bernard Dumartin,

---

[1] M. de Saint-Luc, de même que Pellot, se berçait de douces illusions. La prise de Pilate dut certainement être sensible à Audijos, mais elle n'affaiblit en rien son parti : le véritable chef de l'insurrection était bien Audijos. Son habileté devait déjouer toutes les ruses de l'intendant.

juge de ville, sindicq de la communaulté; Me Bernard de Laporterie, Jean Dubarat, marchand; autre Ramond de Mibielle, aussy marchand; Ramonet Dumartin, dit de Marqueze; Arnault de Lafargue, m^e chirurgien, et Guirault Duplantier, maistre tailheur, prud'hommes et gens du conseilh; Jean de Lameignère dit Cabilot; Me Bernard de Labat, praticien; Ramonet Dubarat, marchand; Ramonet de Palasso, Me Jean Destenave, commis greffier au présent lieu; Bertrand Marsan, maistre régent; Jacques Duvignau, maître chirurgien, et Ramond Duplantier, marchand, principaux habitans dudit lieu de Codures, faisant la plus saine partie desdits habitans, et tant pour eux que les autres absents, quy ont dict s'estre assemblés en corps pour advizer et délibérer de quelle manière ils doibvent agir pour l'interest de la communaulté sur la requisition et demande que le sieur Brat, sindicq général du pays, a faicte auxdits sieurs juratz, prudhommes et habitans de le munir dudit verbal et déclaration des foules et despanses que ladicte communaulté du présant lieu a souffertes et endurées depuis peu de tems par logemens de gens de guerre, logement de brigades et autres foules extraordinaires et payement de sommes exigées, lequel verbal et déclaration, après meure délibération et la vérité de toutes choses bien examinée, a esté d'un commun accord fait et dressé de la teneur suivante[1]:

A scavoir, que la compaignie colonelle des dragons du Roy, commandée par M. Labaume, lieutenant de la dicte compaignie, feut loger dans le present lieu de Codures le 9e d'octobre dernier 1664, par ordre de Monseig^r de Pellot, intendant de la province, lequel ordre portoit que les jurats et habitans dudict lieu de Codures fourniroient à la dicte compaignie les vibres et fourrages en payant de gré à gré;

Neaultmoings les officiers et dragons de ladicte compaignie, qui séjourna audict lieu de Codures despuis ledict jour 9e d'octobre

---

[1] Le document ci-dessus est le seul que l'on trouve se rapportant à l'établissement de la gabelle à Coudures. Le registre des délibérations, auquel nous l'empruntons, garde le silence sur tous les mouvements d'Audijos. Mais le souvenir de ce dernier existe encore parmi les habitants de la commune, et bien souvent l'on rappelle avec une pointe d'orgueil les hauts faits des *Invisibles* et de leur brave chef.

1664 jusques au vingtiesme febvrier, au présent 1665, qui est quatre mois entiers et douze jours, se firent tousjours norrir par rigueur, à leur fantaisie et voulonté, aux propres despans desd. habitans, lesquels fournirent aussy par entier, comme constrainctz, les fourrages, tant foing que aboyne, despuis l'entrée du logement jusques au septiesme décembre suyvant, quy est deux mois moins deux jours. Lequel jour septiesme décembre. ledict seigneur intendant bailha des aydes audict lieu de Codures pour le foing seulement; et au regard de l'aboyne les dicts habitans feurent encores tousjours constraincts de la fournir jusques au vingt huictiesme jour de janvier de la présente année 1665, et lors iceux habitans cessèrent par pure impuissance d'en fournir dadvantage. Mais pour la despance et entretien desdicts officiers et dragons de ladicte compaignie, lesdicts habitans la fournirent et suportarent tousjours jusques au deslogement, auquel temps le sieur Labaume, commandant, exigea (sans rien payer) de deux ou trois vieilhards, qu'il trouva dans le lieu, une quitance et desclaration comme il avoit logé et vescu avecq sa compaignie, dans ledict lieu de Codures, suyvant et conformément aux ordres du Roy et sans avoir donné lieu à aucun subject de plainte ; laquelle quitance et desclaration lesdicts deux ou troys vieilhards luy signarent contre leur gré et volonté et par la seule apréhansion des menaces que ledict sieur Labaume leur faizoit de les faire accabler encores du logement d'une autre compaignie de dragons, et sans leur avoir mesmes voulen laisser coppie de l'ordre de son logement;

Oultre toute laquelle despanse supportée par lesdicts habitans ils payarent audict sieur Labaume, sur le commencement du logement, soubz pretexte d'un traicté exigé par surprinse, 21 pistolles, faisant 220 livres, et feurent obligés de luy promettre encore 20 pistolles [1];

---

[1] De 1662 à 1665 il fut publié plusieurs règlements pour l'armée, où les abus étaient encore nombreux. Ces règlements intéressaient aussi bien les troupes à pied que celles à cheval. La rapacité des capitaines plaçait les soldats dans une situation déplorable : ils étaient souvent sans souliers, souvent aussi sans habits : la vermine les dévorait, par le manque de linge. Réduit à faire la guerre presque nu, le soldat mourait plus souvent frappé par la maladie que par le fer de l'ennemi. Il existait des compagnies de quinze à dix-huit hommes, alors que le chiffre officiel était de soixante. Le trésor n'en fournissait pas moins les

Il est ,vray que le mesme sieur Labaume, quelque temps avant ledict logement, se fit bailher à quelques uns des prudhommes et principaux habitans du lieu, un acquit de 548 livres pour tenir lieu de payement de partie de la despance dudict logement, tant au moyen de ce qu'il acquittoit la communaulté des vingt pistolles qu'il s'estoit faict promettre, que de ce qu'il compta 338 livres, qui estoit restituer les 21 pistolles qu'il avoit retiré en pur argent de ladicte communaulté, et bailher du sien seulement 128 livres, qui est tout ce que ledict sieur Labaume et ses dragons ont payé pour toute la despense du susdict logement de quatre moys et douze jours, n'ayant ilz jamais bailhé aucun denier auxd. habitans au delà des dites 138 livres, jaçoit qu'il soit véritable que la despance, frais et desordres dudict logement reviennent, en pure perte et domage auxdicts habitans dudict Codures, à plus de 15,000 livres. Cette despance allant à sy hault pied à cause mesmes de la grande cherté des foings et aboynes qu'ils feurent constraincts d'achapter apres que tout ce quy se trouvoit de fourrages dans le lieu fut espuizé ; lesquelles 338 livres le susdict sieur Dumartin, sindicq, print et retira devers soy pour les employer au proffict de la communaulté ;

Oultre quoy lesdits habitans de Codures ont souffert et supporté par deux diverses fois le logement du passage d'une autre compaignie de dragons, commandée par M. de Nogean, et ce les dix

---

sommes nécessaires au bon entretien du corps; mais les fonds devenaient la proie des officiers, qui s'enrichissaient ainsi des dépouilles du soldat. Il n'y avait ni ordre, ni discipline : à la veille d'une bataille, les généraux ignoraient sur quel nombre d'hommes ils pouvaient compter. Mais le jour des revues des commissaires, tout le monde se trouvait à son poste : les compagnies paraissaient au grand complet. Le lendemain le drapeau était déserté, les officiers, afin de profiter des vivres et de la solde, accordaient les permissions demandées. Ces *revenans bons* expliquent à la fois l'état misérable du soldat et le prix excessif auquel se vendaient les compagnies et les régiments.

Ces abus persistèrent jusqu'en 1670, époque à laquelle le maréchal duc de Gramont, dont il est si souvent question dans ce travail, obtint du Roi que de très sérieuses améliorations seraient apportées dans l'armée. Dès lors les régiments furent uniformément habillés : la discipline devint plus sévère : le maniement du mousquet fut déterminé par des règles et des commandements spéciaux ; les piques disparurent et furent remplacées par la baïonnette ; enfin l'ordonnance et la bonne administration des compagnies devinrent l'objet d'une surveillance toute particulière.

neufviesme et vingt sixiesme novembre de ladicte année 1664, sans que lesdicts habitans ayent jamais retirés un denier de payement dudict sieur de Nogeant, quelques déclarations du contraire qu'il ait exigé des jurats et de quelque autre petit nombre des habitans ;

Lesdicts habitans dudict Codures ont encore esté constraincts de payer les sommes de mil livres d'un costé, et 463 livres d'autre, pour de prétandues advances qu'on faizoit entendre leur communaulté avoir esté condempnée par deux jugemens dudict seigneur intendant, bien que ladicte communaulté ayt tousjours esté dans la soubmission et obeyssance vers Sa Majesté ;

Ladicte communaulté a esté encore affligée du logement d'une brigade d'autres dragons durant six jours, soubs prétexte que ladicte communaulté estoit en demeure de quelque petite somme pour reste des termes escheus des deniers des tailhes de cette année 1665, jaçoit que ladicte communaulté soit des plus soigneuses et diligentes à payer tels deniers à quelque prix que ce soit, n'estant pas mesmes en demeure d'aulcuns arrérages des années précédentes, bien qu'elle soit extraordinairement chargée à la taxe des départements des tailhes ; — les dragons de laquelle brigade, au nombre de six, ont exigé et faict despance durant lesdicts six jours jusques à plus de 55 escus, tout bien vérifié et y comprins leurs journées qu'ils se faisoient payer par force à trente sols par jour chascun, et exigeoient encore dadvantage par coups et menasses [1] ;

De manière que par ces grandes foulles et immenses despanses et sommes que ladicte communaulté de Codures a esté constraincte de souffrir et supporter en sy peu de temps, icelle communaulté (qui a son estendue des plus petites du siège) reste ruynée et accablée jusques à l'extrémité, la plus part des familles n'ayant

---

[1] La conduite des troupes fut aussi âpre, aussi rigoureuse dans tous les bourgs ou Pellot avait mis garnison. Laborde-Péboué rapporte que dans la commune de Doazit les dragons « empourtèrent, tant en dépenses qu'en argent, « plus de 10,000 livres. Et si les habitants manquaient de pourter chacun « matin leurs coutises (*cotisation*), les dragons allaient par les billages et « emportaient tout ce qu'ils trubaient de bon dans les maisons... Aussi le paubre « monde est-il à la faim ! » (*Journal*, p. 553 et suiv.)

plus un morceau à manger[1], et une partie des terres dudict Codures restent mesmes incultes et sans travailh par la pure pauvretté et impuissance desdits habitans, qui restent encore, oultre leur dicte pauvretté, oberés de debtes de grandes et notables sommes qu'ils ont esté constraincts d'emprunter dans le Béarn, à l'intérest du denier douze, pour subvenir auxdictes foules et despendances desdicts logemens et amandes;

Et aux fins que foy et croyance soient adjoustées à la présente délibération et desclaration, les susdicts sieurs jurats, sindicq, prudhommes et habitans l'ont signée et faicte signer avec eux à Messieurs Duplomb et Destenave, prebstre-vicaire et prébandier du présent lieu, comme ayant ils, de mesme que les autres de l'assemblée, une plaine cognoissance des choses susdites, et ont aussy les tous signés à une copie de ladicte presente délibération pour estre remize dès aujourd'huy, par le soing desdicts sieurs jurats, ez mains dudict sieur de Brat, sindicq, pour servir à l'interest de la communaulté et du général du pays à ce qu'il appartiendra.

Signés : Duplomb, prebstre vicaire; Destenave, prébandier; Dupoy, jurat; de Mibielle, jurat; Dumartin, sindicq; Labat; Laporterie; Duplantier; de Mibielle; Delafargue; Delafargue; Dubarat; de Lamaignère; Duplantier; Duvignau; de Mibielle; Duvignau; Dubarat; Destenave; Dumartin; Marsan, et de Palasso.

---

[1] Les divers produits de la terre avaient en effet subi une forte augmentation. D'après le registre de Coudures, et prenant la mesure usitée en ce lieu :

Le *quartau* de *froment,* qui valait, en 1650, 26 sols, se vendait, en 1665, 33 sols;
 —   *seigle,* —   22 sols, —   25 sols;
 —   *millet,* —   19 sols, —   23 sols;
 —   *panis,* —   16 sols, —   22 sols, etc.

Les prix indiqués par Laborde-Péboué sont encore plus élevés.

C.

1665. — 15 JUILLET.

(Archives de la ville de Bayonne, CC 853, f° 108.)

M. DE CHEVERRY A MM. LES ÉCHEVINS, JURATS ET CONSEIL DE BAYONNE.

Messieurs, Quoique je n'aye pas receu par l'ordinaire de ce jour, non plus que par celuy quy l'a précédé, aucune de vos lettres, je ne reste pas d'entretenir la correspondance qui est fort necessaire aux affaires dont nous sommes chargés.

Sy ce que deux de mes amys me vindrent dire hyer est véritable, le mémoire que j'avois doné le 6 de ce mois, soubs le tiltre d'un billet, a esté leu dans deux conseils, si je suis aussi hureux qu'ils me l'ont voulcu persuader. Je suis bien marry que vous ayés exposé la santé de M. de Romatet[1] à un voïage si long et si pénible; j'auray neantmoins bien de la joye de l'embrasser et de luy dire ce que j'ay fait icy pour le bien et le soulagement de la patrie. Et si l'on m'a dit vray, les troupes ne tomberont pas sur nous, et n'aurons non plus de nouveaux droits dans le gouvernement[2]. Je ne vous done pas tout cela pour tres certain que je n'aye eu l'honeur de voir la persone quy m'avoit fait espérer de lire le billet au Roy.

Je partiray demain matin pour St-Germain; aussy bien M. le mareschal m'a fait dire par Madame qu'il souhaite de m'y voir.

Messieurs, j'avois dressé un placet dans le desseing de vous l'envoier, pour que vous l'eussiez signé, les blancs que j'ay ne pouvant pas servir à cest uzage par des raisons que je vous diray en quelqu'autre occasion. Mais si les troupes ne marchent pas

---

[1] Zacharie de Romatet, avocat et bourgeois de Bayonne. Il fut choisi pour remplir les fonctions de premier échevin de Bayonne aux élections municipales de 1673.

[2] M. de Cheverry avait-il donc oublié ce que, le 6 du même mois, il écrivait aux échevins de Bayonne : « Il est de necessité de vous bien mesnager, « surtout avec M. l'intendant, *qui seul en est creu de deça.* » Les belles promesses qu'il recueillait ne devaient pas être toutes tenues fidèlement. Mais si Pellot obtenait l'entrée des troupes dans Bayonne, M. de Cheverry devait de son côté obtenir que la ville garderait le droit de châtier les coupables.

vers Baïonne, on n'a rien plus à souhaiter, bien moins de venir demander de deça. Il a esté besoing que j'aye teneu une autre conduite. Je ne vous en dirai pas dadvantage quant à présent.

Je suis, Messieurs, vostre tres humble et obeissant serviteur.

DE CHEVERRY.

De Paris, le 15 juillet 1665.

CI.
1665. — 22 JUILLET.
(Archives de la ville de Bayonne, EE 93, f° 18.)

M. PELLOT A MESSIEURS LES ÉCHEVINS ET JURATS DE BAYONNE.

A Bordeaux, ce 22e juillet 1665.

Messieurs, S. M. envoyant trois compagnies d'infanterie dans les chasteaux de Bayonne, et m'ayant ordonné de faire les lits, j'envoye le sieur Esmale, commis de l'extraordinaire, sur les lieux pour ce sujet, auquel vous donnerez, s'il vous plaist, les advis et assistance qui dépenderont de vous [1].

Je suis, Messieurs,...

PELLOT.

[1] L'ordre était formel : Bayonne n'avait plus qu'à obéir et à remettre aux mains de qui de droit la garde de la ville et les clefs de ses portes : « Du lundy, « 3me d'aoust. — Au conseil tenu, le sieur premier eschevin a représenté que trois « compagnies doibvent arriver demain ; il luy semble qu'avant de souffrir leur « entrée, on doibt résoudre ce qu'il doibt faire, afin que la ville soit maintenue « dans ses priviléges. Jaçoit qu'aux affaires de telle nature on aye remis l'exe- « cution des ordres au Conseil secret, neantmoins s'agissant de l'interest du « corps et des priviléges de la ville, tous ont délibéré de laisser entrer lesdites « compagnies en ville, en faisant apparoir par elles de l'ordre du Roy et de « l'attache de M. de Sainct-Luc... » (*Archives de Bayonne*, BB 27, folio 470). Un député ayant déjà été envoyé à Paris, pour y conférer avec M. de Cheverry de la conduite à tenir et tenter une démarche suprême auprès de Colbert, il fut encore décidé qu'on attendrait le résultat de ces tentatives désespérées avant de prendre une détermination définitive sur la remise des clefs et le droit de donner le mot d'ordre.

CII.

1665. — 26 JUILLET.

(Archives de la ville de Bayonne, FF 584, p. 130.)

M. DE CHEVERRY A MM. LES ÉCHEVINS DE BAYONNE.

Messieurs, J'arrivay hier de St-Germain ou je laissay les affaires de la ville en bonne disposition pour ce quy regarde les troupes quy n'y marcheront point et les bureaux quy n'y seront pas establis. Je crois, et je ne scaurois m'empescher de vous le dire, que s'il n'y avoit pas eu tant d'alées et de venues, que tout auroit demeuré au premier et ancien estat. Le fondement de ma raison, je ne le puis pas escrire; il despend de ce que j'ay penetré icy. Mais ce quy paroist à tout le monde est que si on s'est retenu de pousser les principaux chefs on n'eust pas seulement pensé au reste quy n'est qu'une bagatelle quy ne restera pas de nous fascher.

Je veux de tout mon cœur, Messieurs, rester en ces lieux tout autant de temps que je me cognoistray propre à faire quelque chose pour vostre satisfaction. Si vous avés desja donné les mains à l'entrée des compagnies[1], je ne scaurois pas aller contre cela. Mais il faut retarder autant que l'on pourra à faire cognoistre que vous voulés un règlement pour le mot; car ce seroit tacitement approuver que vous donnés les mains a ceste nouveauté, à laquelle je n'eusse pas esté plus porté qu'à toutes les autres, ne les croïant pas necessaires pour le service du Roy.

Je seray tousjours, Messieurs, vostre tres humble et tres obeissant serviteur.

DE CHEVERRY.

De Paris, le dimanche 26 juillet 1665.

Envoyés, s'il vous plaist, les reglements faits pour la garde de la ville.

---

[1] Les troupes n'entrèrent dans Bayonne que le vendredi 7 août.

CIII.

1665. — 26 JUILLET.

(Biblioth. nation. Mélanges Colbert, vol. 130 *bis*, f° 975.)

M. PELLOT A M. COLBERT.

A Bordeaux, ce 20° juillet 1665.

Je vois que par vostre lettre du 29 de ce moys, que vous m'avez faite, Monsieur, l'honneur de m'escrire, que S. M. souhaitte que m'en allant à Bayonne, pour chastier les coupables de la dernière sédition, je face seulement l'establissement des bureaux à Dacqs, et que pour le Béarn Elle n'a rien encore déterminé. Sur quoy je prendrais la liberté de vous répéter ce que je vous ay desjà mandé, que je ne crois pas que S. M. souhaitte que j'aille à Bayonne sans troupes, quoyqu'il y paroisse à présent beaucoup de soumission, et que M. de Sainct-Luc ne les y fera pas marcher s'il n'a vu un ordre particulier du Roy, n'en ayant point eu encore pour cela et seulement de faire ce qu'il jugera à propos pour le service de S. M. Ainsi si S. M. est dans ce dessein, il luy plaira envoyer à M. de Sainct-Luc un ordre exprès pour cela, et quand il l'aura nous nous y acheminerons incontinent, et y ferons aller plus ou moins de troupes pour appuïer la justice qui s'y fera suivant la disposition des choses, et alors je fairai l'establissement des bureaux à Dacqs. Cependant M. Podevits[1] va commander les troupes et les faira agir

---

[1] Nos lecteurs n'ont pas été sans remarquer que les différents combats soutenus par Audijos avaient été seulement livrés contre les dragons envoyés pour appuyer l'installation des bureaux de la gabelle. Quelques mots expliqueront cet antagonisme qui peut paraître singulier.

Les trois régiments de dragons alors existant en France étaient d'origine étrangère et servaient notre pays à ce titre. Le plus ancien de tous, celui qui précisément bivouaquait en 1665 dans nos contrées, avait pour mestre de camp ou colonel Henri, comte de Podewilz, et était entré au service de la France en 1651. Attaché à l'armée de Turenne, il avait pris part en 1652 aux combats de Blesneau, d'Etampes et de Saint-Antoine. Les années suivantes il s'était fait remarquer à Stenai, au secours d'Arras, aux sièges de Condé et de Valenciennes, à la prise de Montmédy, à la bataille des Dunes et encore aux sièges de Dunkerque et de Bergues en 1658. Licencié en 1661, sauf la compagnie mestre de camp destinée à tenir garnison sur la frontière, le régiment avait été reconstitué en 1664 et dirigé sur la Hongrie, où il s'était signalé à la bataille de Saint-

comme il faut, et taschera de nettoïer le pays de ces séditieux et de les trouver. L'on en a encore pris quelques-uns, et, de tous ceux que l'on tiendra, l'on en faira un chastiment bien exemplaire, alors que je serai sur les lieux.

Pilate est mort de ses blessures [1], quelque soing que l'on en aye pu avoir. L'on l'a fort interrogé devant sa mort, à diverses reprises. Je vous envoye un de ces interrogatoires [2], lequel, quoyque grand, n'est qu'une petite partie de ceux que l'on a de luy. Vous trouverez un extraict dudict interrogatoire pour ce qui regarde seulement la complicité du Béarn, par lequel vous connaîterez comme Audijos et ses complices ont esté diverses fois dans les principaux lieux de Béarn, au nombre de dix, douze et quatorze, armez, l'espace de trois, quatre et cinq jours, dans des cabarets, où les habitants les alloient voir. Ainsi l'on ne peut pas doubter, Monsieur, que ce ne soit au vu et sceu de tout le pays, qui le vouloit bien ainsy, et S. M., sur cela, prendra telle résolution qu'elle jugera à propos pour le chastier ou pour luy faire grâce. Seulement je crains que si l'on luy laisse la fontaine de Salies, et que l'on soit obligé de border le Béarn de gardes pour empescher l'espanchement du sel, que l'on ne soit tousjours en inquiétude pour leur sureté.

Je vous ay escrit par le dernier ordinaire touchant le desdommagement des Carmes, et je suis tombé dans vos sentimens a peu près : par le prochain, je vous envoyerai les projets des expéditions nécessaires pour ce sujet [3].

Gothard. A sa rentrée en France, les deux seules compagnies maintenues sur pied avaient été envoyées dans les Landes.

Les Allemands et les Lorrains qui composaient le régiment de Podewilz traitaient donc nos campagnes comme ils avaient l'habitude de traiter tous les pays conquis les armes à la main. Leurs brigandages et leurs vols avaient amenté les paysans contre eux, et Audijos, qui se considérait comme un justicier et un vengeur, n'avait pour eux aucun ménagement. De là cette lutte restreinte, toute faite de surprises et de guet-apens, mais essentiellement meurtrière.

[1] Laborde-Péboué, qui enregistre la mort du lieutenant d'Audijos, ajoute que, *quoique mourt, Pilate fut estranglé* sur la place publique d'Hagetmau, environ quinze jours après la constatation de son décès.

[2] Cette pièce ne se trouve pas dans la collection connue sous le nom de *Mélanges Colbert*.

[3] Le couvent des Carmes déchaussés de Bordeaux s'élevait non loin du Château-Trompette : ses communs s'étendaient jusqu'aux fossés du fort. Les

Je presse incessamment les principaux de cette ville pour prendre la résolution de faire faire un quay le long du Chasteau-Trompette, et trouver un fonds pour cela. Ils paroissent un peu esbranlez; mais la despense, quoyque utile, les estonne; elle n'ira guères à moins de 30,000 livres, à ce que écrit le sieur Desjardins [1], mais asseurément il ne se pouroit rien voir de plus beau, ny de plus commode pour la ville et pour le chasteau : ce travail asseurera les bastions du costé de la rivière, et rendra en cet endroit la place bien meilleure et plus forte.

Ledit sieur Desjardins a vu les réparations qui sont nécessaires de faire tant au chasteau de Blaye [2]; que celles qui concernent les cazernes pour les soldatz, que pour d'autres subjects dont l'on ne peut se dispenser. Il m'a apporté son procès verbal, et dit que la dépense ira à 18,000 livres : vous me fairez scavoir, Monsieur, s'il s'il vous plaist, si vous l'aggréez.

Je suis, avec respect, etc... PELLOT.

Je vous envoye, Monsieur, le mémoire des preuves qu'il y a contre les trois condamnez aux galères, afin que l'on expédie les lettres de rapel de ban que je vous ay demandées.

J'oubliais de vous mander que les autres prisonniers n'en disent pas moins contre le Béarn que Pilate. M. le président de Pau fait ce

---

projets d'agrandissement du château, indiqués par Colbert, englobaient une grande partie des dépendances du couvent.

[1] A la date du 13 août 1665, la *Chronique Bourdeloise* contient la mention suivante : « Ce jour, se fit une assemblée des cent et trente au sujet de la cons-« truction du quay que le Roy permettoit aux habitans de faire à leurs dépens, « pour avoir la communication de la ville avec les Chartreux (Chartrons), dans « laquelle il fut résolu qu'on députeroit vers M. l'Intendant pour luy représenter « la misère des habitans qui ne se trouvoient pas en estat de fournir à cette « dépense. »

[2] Ce château, qui porte aujourd'hui le nom de citadelle, et dont la construction remonte, paraît-il, au XIIe siècle, a subi de nombreuses transformations. En 1814, des préparatifs de défense contre l'invasion étrangère nécessitèrent la destruction d'un tiers environ des bâtiments, sur la hauteur. Vers 1820, on effectua, sans nécessité aucune, de nouvelles démolitions qui ont réduit considérablement l'étendue de ce respectable monument. (*Compte rendu des travaux de la Commission des monuments et documents historiques de la Gironde.*) — Ce fut dans ce vieux château, ainsi transformé en citadelle, que durant de longs mois fut enfermée la duchesse de Berry.

qu'il peut pour faire rechercher et arrester ces séditieux. Le Parlement a donné pour ce sujet un arrest qui est fort; si l'on s'y estoit pris de bonne heure, comme l'on a fait à présent, le mal n'auroit pas tant duré. L'on dit qu'Audijos s'est retiré et a congedié sa troupe, et leur a enjoint de n'attaquer plus les gardes du convoy. L'on m'a fait pressentir, si je lui voulais faire donner quelqu'argent, qu'il s'en iroit en Espagne : j'ay fait connaistre que j'en donnerois pour le faire arrester.

CIV.

1665. — 28 JUILLET.

(Archiv. communales de Saint-Sever, reg. BB 4, f° 13 v°.)

ASSEMBLÉE GÉNÉRALE DES HABITANTS DE SAINCT-SEVER, AFIN DE DÉCIDER LES MESURES A PRENDRE POUR S'EMPARER DES « INVISIBLES », AUTREMENT DIT DES PARTISANS D'AUDIJOS.

Le xxviiie juillet 1665, estant assemblés dans la maison commune de la ville de Sainct-Sever, à la manière accoustumée : Messieurs de Batz, lieutenant particulier; de Marsan, lieutenant particulier assesseur annuel; de Chèze, conseiller du Roy; de Captan, lieutenant en la ville et prévoté; Coudroy, jurat; La Roque, jurat; Larhède, thrésorier; de Marrainh, Fort, de Cloche et autres bourgeois, et ez présence de Monsieur le procureur du Roy;

Sur ce quy a esté représanté par le sieur Debrat[1], un des scindicqz du pays, que Mons. de Carreton, commissaire subdélégué par Monsr l'intendant, ayant tesmoigné estre necessaire de faire venir en la présente ville à ce jourd'huy les jurats de certaines paroisses du présent siège dans lesquelles il avoit heu cognoissance que les perturbateurs du repos publicq, qu'on appelle *Invisibles*, prenoient ordinairement leurs routes pour venir exercer leurs actions detestables, ou chercher les voyes pour leur retraicte, affin de les instruire de nouveau des moyens qu'ils doibvent tenir pour

---

[1] De 1580 à 1700, la notairie d'Amou (arrondiss. de Saint-Sever) était aux mains de la famille Debrat ou de Brat. (*Armorial des Landes.*)

arrester telle sorte de gens, et les admonester et exorter par l'exemple de ce qui a esté fait naguières du costé de Saincte-Colombe [1], d'agir avec la mesme dilligence et fidelité es executions des ordonnances de Monseigneur de Sainct-Luc, quy ont esté publiées, — il auroit adverty lesdits jurats desdites paroisses de se trouver aujourd'huy en la présente ville, comme ils ont faict. Mais, s'estant trouvé que ledit commissaire aye esté obligé d'aller au Mont de Marsan, dont il est encore de retour, et que se foisant desjà tard, lesdits jurats, qui sont des paroisses de Samadet, Serres, Mant, Monsegur, Arzac, Coudures, Poudenx, Sault, Morgans, Peyre et Labadie, la pluspart desquelles sont des extremités du siège, veulent se retirer et que cependant il est besoing de faire veoir des soins dilligens;

A esté déliberé que ledit scindicq fera entendre auxdits jurats le dessain dudit sieur Carreton, les exortera de veiller à leur possible à la descouverte des perdus qui courrent le siège et comettent les actions détestables quy causent la ruyne de tout le pays; de les courir, estant descouverts, les capturer, s'il est en leur pouvoir, donner les advis nécessaires à ceux qu'ils croyront leur pouvoir donner du secours, et procéder par toutes les autres voyes portées par l'ordonnance de Mgr de Sainct-Luc du 6me juing dernier, pour reussir dans ce dessaing, ainsy qu'ont faict naguières ceux de Saincte-Colombe, l'exemple desquels il leur proposera;

Et peu après ledit scindicq, revenu dans l'assemblée, auroit raporté avoir admonesté lesdits jurats et exorté à son possible de travailler à l'execution de ladite ordonnance, et auroit tasché à faire cognoistre la necessité qu'il y auroit de le faire pour procurer le bien et soulagement du pays. De quoy nous auroit requis la présante délibération pour sa descharge.

Signé : Batz, Marsan, de Chèze, Lespes,
Coudroy, Captan, de Marrainh,
Laroque, Tuquoy, Larhede, Fort
et Larhède.

[1] Petite commune sise non loin de Coudures. Au mois de juin 1665, raconte Laborde-Péboué, « il se fist rencontre entre les gens de guerre et gens incognus « à Ste-Colombe et à Cerre de dessus, et se sont battus et en y est mourt de « chaque cousté cinq ou six et plusieurs de blessés. » (*Journal*, p. 550.)

CV.

1665. — 30 JUILLET.

(Biblioth. nation. Mélanges Colbert, vol. 130 *bis*, f° 1059.)

M. DE POUDENX A M. COLBERT.

Monseigneur, J'aves receu il y a quelque tamps un ordre du Roy pour prandre Audijos, à quoy je me suis appliqué avec tous les soings qui ont peu depandre de moy. Vous pourrais voir, Monseigneur, par la procédure que j'anveyée à Sa Majesté la conduite que j'ay tenue pour l'execution de ses commandemans. Si le succes n'a pas respondu à ses desirs et à la passion que j'aures eu de luy donner des marques essantielles de mon obeissance, je man estime le plus malhurus homme du monde. C'est de quoy, Monseigneur, je vous supplie tres humblement d'estre persuadé et me faire la grâce d'assurer le Roy que si ma proposition luy revient, la sincerité de mes intantions luy sera fort connue, quel soing que prenne M. le premier presidant de Navarre de les faire mal interpréter. Sur quoy, Monseigneur, je vous conjure, avec le respect que je doibs, de faire une petite reflection sur ce qu'il antreprand contre moy dans le tamps que je suis encore en quelque espérance de faire ce que le Roy désire de moy[1], n'ayant rien de plus cher au monde après mon salut que ceste obeissance que j'ay vouée à Sa Majesté. Je vous demande, Monseigneur, de ne m'abandoner pas en ceste occasion, vous assurant que j'ay fairay toute ma vie gloire de dépandre de vostre volonté et de paroistre en toutes occasions, avec le respect que je doibs, Monseigneur, votre très humble et tres obeissant serviteur.

POUDENX.

A Poudenx, le 30 de juillet 1665.

---

[1] Voir ci-après les lettres de M. de Lavie.

CVI.

1665. — 30 JUILLET.
(Archives de la ville de Bayonne, FF 584, p. 132.)

M. DE CHEVERRY A MM. LES ÉCHEVINS DE BAYONNE.

Messieurs, Je ne vous escriray pas désormais ce quy pourra se passer en ce pays au subject de vos affaires parce que j'affirme qu'elles ont prins fin, et que selon toutes les apparances le Roy a envoyé ses ordres en Guyenne. De vous dire quels ils sont, je n'oserois pas les asseurer. Mais à les juger par les conjectures, toute la frontière et particulièrement la ville et les particuliers auront subject d'estre contens, à la réserve de ceux quy ont notablement failly.

Messieurs, Monsieur de Romatet a tout à fait bien réussy au compliment qu'il a fait de vostre part à M. Colbert, quy l'a fort favorablement reçeu. Je n'ay peu reffuser à M. de Romatet de rester encor quelques jours avec luy pour nous tenir dans l'occasion de penetrer quelque chose de plus exprès que nous ne scavons des ordres que je presupose estre envoiés par ce mesme ordinaire. Il vous en rendra raison et je seray tousjours, Messieurs, vostre tres humble et tres obeissant serviteur.

DE CHEVERRY.

De St-Germain-en-Laye, le 30 juillet 1665.

CVII.

1665. — 31 JUILLET.
(Biblioth. nation. Mélanges Colbert, vol. 130 *bis*, f° 1087.)

M. PELLOT A M. COLBERT.

A Bordeaux, ce 31° juillet 1665.

Je vous envoye, Monsieur, mon procès verbal de la visite et estimation de la maison des Pères Carmes de cette ville, un plan de leur maison et de ce que les fortifications du Château-Trompette en emporteront, un projet d'arrest pour leur remboursement et un mémoire des fonds sur lesquels l'on l'assignera[1]. Comme l'on ne perd pas un moment de temps pour avancer les fortifications, que l'on abat desja de leur logement, et qu'ils sont à la veille d'estre deslogez, il vous plaira, afin de les satisfaire un peu, de m'envoyer au plus tost des billets de l'espargne pour les 30,000 livres qu'ils doivent recevoir cette année, et un arrest du Conseil conforme audit projet. Il restera beaucoup de places à S. M., après lesdites fortiffications faites, lesquelles places elle pourra employer à ce qu'elle jugera à propos, et l'on juge, ainsi que vous l'a mandé M. le Chevalier, que l'on pourra y faire de beaux et grands magasins pour la marine, qui seront dans un lieu bien commode, estans joignans la rivière.

Les habitans de cette ville s'assemblent, en leur manière ordinaire, sur la proposition que je leur ay faite pour construire un quay le long du Chasteau-Trompette. La chose va en longueur, mais il faut attendre leur délibération, après laquelle, si elle n'est raisonnable, je tascherai de trouver les moyens pour leur faire prendre une résolution advantageuse pour eux mesmes. Il faut les ayder dans le peu d'affection et d'union qu'ils ont pour leur bien. Ils ne peuvent pas entreprendre un ouvrage qui soit plus beau, plus nécessaire et plus utile.

Le vicomte de Poudenx, dont je vous ay escrit par mes dernières, m'a donné advis comme il avoit donné la chasse à Audijos, dans le Béarn, que l'on l'avoit poursuivi, mais qu'il s'estoit sauvé, luy septiesme, en Espagne, le 22ᵉ de ce moys, par la vallée d'Ossau[2], qui est en Béarn.

---

[1] Il existait à cette époque, à Bordeaux, deux couvents de cet ordre : l'un sur le cours des Fossés, connu sous le nom de *Carmes biels* ou des *Grands Carmes;* l'autre dans le quartier des Chartrons et côtoyant le Château-Trompette, appelé couvent des *Carmes déchaussés*. Dom Devienne (*Histoire de l'église de Bordeaux*, p. 132) a donné le récit de l'installation des *Carmes déchaussés*, installation due en grande partie à la générosité du cardinal de Sourdis. Le même auteur rapporte encore que lorsque en 1665 on voulut étendre les fortifications du Château-Trompette, on fut obligé de démolir le couvent de ces RR. PP. et qu'ils obtinrent une indemnité de 100,000 livres pour acheter un autre emplacement.

[2] La vallée d'Ossau, comprise aujourd'hui dans l'arrondissement d'Oloron, commence à la frontière d'Espagne et finit à Oloron. Elle est bornée à l'est par le département des Hautes-Pyrénées, et à l'ouest par la vallée d'Aspe. (P. Raymond, *Diction. topog. des B.-P.*)

Ledit vicomte de Poudenx témoigne bien à présent de faire tout ce qu'il peut, ayant receu un ordre particulier de S. M. pour arrester Audijos, et souhaittant apparemment, par une action de cette nature, de se justifier de ce dont il est accusé ; mais il peut n'estre pas bien servi, et l'on aura de la peine à croire que les gens du pays agissent bien que quand ils auront effectivement arresté ce criminel, lequel est à présent à Salhen, premier lieu d'Espagne dans les montagnes frontières d'Aragon et de Béarn. Il est chez Michel Joan, homme de ce pays là, qui est riche et a de la considération, et chez lequel il se retira et fut quinze jours quand il sortit des vallées du Lavedan. L'on luy a offert de luy donner de l'argent s'il vouloit le remettre, estant connu pour homme intéressé : mais il a respondu qu'il luy estoit trop recommandé. L'on ne cessera de le faire espier et de le faire prendre d'une manière ou d'autre, si l'on peut.

Despuis qu'il fut manqué par les dragons vers La Bastide, qui fut le 7ᵉ de ce mois, il a tousjours rodé en Béarn jusques audit jour 22ᵉ qu'il entra en Espagne. Ainsy il y a esté quinze jours, et ils ont eu bien du temps pour le prendre. Ledit vicomte de Poudenx envoyera sans doubte son procez-verbal à S. M. de tout ce qui s'est passé ; au moins je luy ay mandé de le faire.

Vostre tres humble et très obeissant serviteur.

PELLOT.

Comme Monsieur le marquis de Sainct-Luc et moy, vous jugerez estre necessaire, pour le service de S. M., de conserver une compagnie en garnison dans le chasteau de Lourdes, par les raisons que j'ay eu l'honneur de vous escrire tout au long cy-devant. Si S. M. est dans ce sentiment, il luy plaira de donner les ordres pour luy faire faire des lits et pour l'entretien du bois et de la chandelle des corps de garde. J'en escris par cet ordinaire à M. le marquis de Louvois.

CVIII.

1665. — 2 AOUT.

(Archives de la ville de Bayonne, FF 584, f° 133.)

M. DE ROMATET A MM. LES ÉCHEVINS DE BAYONNE.

Messieurs, Je suis obligé de vous rendre compte de la suitte de ma negotiation [1] et vous dire que je vis hier pour la deuxième fois Monsieur Colbert dans son cabinet, où, de mesme que la première, je fus introduit par Monsieur de Cheverry. Ce fut pour luy dire que comme j'avois eu l'honneur de luy parler des affaires de la ville de Bayonne en quallitté de depputté, j'avois creu que je debvois me présanter encore devant luy pour voir s'il auroit quelque chose à me commander, soit en ceste mesme quallité ou en mon particullier, luy protestant que j'executterois et ferois executter ses commandemens avecq toutte sorte de fidellité et de ponctualité.

Monsieur Colbert me respondit qu'il avoit informé le Roy de tout ce quy se passoit à Bayonne; que Sa Majesté avoit, par le dernier courrier, baillé ses ordres à Monsieur Pellot et qu'il n'avoit pas presantement autre chose à me dire.

Sur quoy Monsieur de Cheverry ayant voullu faire instance affin de faire expliquer ces ordres et representer à Monsieur Colbert que la ville auroit grand sattisfaction d'apprendre quelque chose de sa part par mon organe, il luy repartit qu'il avoit rendu bon tesmoignage de touttes choses au Roy; qu'il suffisoit que les ordres feussent donnés et que pour moy je pouvois rester icy quelques jours pour voir sy Sa Majesté auroit quelque autre chose à m'ordonner.

Je juge neanmoins, Messieurs, que les ordres donnés à Monsieur Pellot nous sont assez favorables et ma pensée est fondée sur des raisons que je ne puis pas vous expliquer à cause du sceau du secret; mais il fault nous tenir pour dit que le Roy attandra l'effect de l'engagement ou vous et moy sommes entrés, quy est de faire exemple des coupables de l'action du mois d'avril, d'entretenir

---

[1] On a vu ci-dessus que M. de Romatet avait été choisi par ses compatriotes pour présenter au Roi les doléances du corps de ville de Bayonne.

égallement et vigoureusement l'union, la tranquillité et la fidelité dans la ville et surtout de la purger de vostre chef de quelque canaille, affin d'oster à l'advenir l'ombrage de semblables actions. Il faudra vacquer dilligemment à tout cella dès que vous en aurés receu les ordres que Monsieur Pellot vous donnera, ou qu'il vous a desja vraysemblablement donnés. Je seray cependant icy comme un hostage de vostre conduitte et resterai tousjours, Messieurs, vostre tres humble et obeissant serviteur.

De Romatet.

A St-Germain-en-Laye, ce 2e aoust 1665.

CIX.

1665. — 3 AOUT.

(Biblioth. nation. Mélanges Colbert, vol. 131, f° 137.)

M. PELLOT A M. COLBERT.

Bordeaux, le 3e d'aoust 1665.

Monsieur, Je vous ay escrit cy-devant pour régler la Maison de ville de Bayonne et que j'estimois qu'il falloit faire revivre la charge de maire, qui seroit exercée deux ans, et dont S. M. se réserveroit la nomination. J'adjoutay encore que M. Cheverry, qui est à Paris, seroit tres propre pour cet employ, mais qu'il auroit peut-estre de la peine à se résoudre de rompre la glace. Il faudroit tascher de l'y disposer, car il s'en acquitteroit mieux qu'aucun autre[1]. Si S. M. veut prendre quelque résolution sur ce subjet, elle le doibt faire bientost : car dans le moys de septembre l'on fait à Bayonne la nomination des eschevins et jurats.

L'on m'a donné advis qu'il y a à Paris deux hommes, nommés Lasse et Poyagut, agents des négotiants de Bordeaux et de

---

[1] L'office de maire ne fut rétabli dans Bayonne qu'en 1690.
Pellot n'ayant pu acheter la neutralité de M. de Cheverry au moyen d'une charge dont la création ne paraissait pas opportune, offrit, quelques années après, à celui qu'il considérait comme son principal adversaire, les fonctions de subdélégué de l'intendance de Guienne à Bayonne et pays de Labourd. La vérité nous oblige de dire que cette proposition fut acceptée avec empressement.

Bayonne, qui escrivent à Bayonne des lettres séditieuses qui ont esté veues, portant que l'on doibt tenir ferme à ne recevoir point de nouveaux droits, asseurant que, si Bayonne résiste, les autres villes en feront de mesme et n'attendent que ce à quoy elle se déterminera. Ainsi, Monsieur, si S. M. le juge à propos, elle les pourra faire arrester. Ils ont principalement commerce et correspondance avec un nommé Loutras, de Bayonne, lequel doibt estre arresté suyvant les ordres que j'ay donnez. Ils se sont rasseurez à Bayonne et beaucoup de séditieux qui s'estoient retirez sont revenus, et mesme ceux qui avoient donné retraitte et assistance à Audijos, dans l'espérance qu'on leur a donné du costé de Paris que l'affaire s'accomodoit et que l'on n'y enverroit point de troupes.

M. de Lavie, premier président de Pau, agit très bien en Béarn depuis qu'il y a l'authorité et que M. de Poyanne n'y est plus. Il a fait donner des arrests du Parlement pour courre sus Audijos et ses complices. Il a commandé les milices pour les arrester dans les passages : il en a fait prendre deux, l'un desquels avoit esté blessé en la dernière attaque d'Audijos par La Baume, et l'autre s'appelle le cappitaine Cirgos, qui est un des principaux de la suite d'Audijos et à qui il avoit le plus de confiance. Enfin il leur a fait donner la chasse de tous costés en sorte qu'ils sont dispersés et n'osent plus paroistre, et a plus fait depuis dix ou douze jours que l'on n'avoit fait depuis un an que ces desordres durent. Ainsy j'estime qu'il sera bien à propos que vous preniez la peine de luy escrire que S. M. est bien satisfaitte de ses soings et de ses services. Le Parlement tesmoigne vouloir juger ces deux prisonniers qu'il tient; mais je luy ay mandé de me les remettre, suivant les ordres du Roy, et comme nous avions fait toute la procédure, qu'aussy nous scavions les charges qu'il y avoit contre eux et pouvions mieux tirer les esclaircissemens d'eux que d'autres juges, afin de descouvrir toute la caballe.

Audijos est toujours à Salhen, dans la frontière d'Espagne, chez Michel Joan, suivant que je vous l'ay mandé par ma dernière. Il se tient là asseurément pour rentrer en France, quand il trouvera l'occasion, et faire quelque course. Aussy j'ay mandé à M. Podevits que si l'on le pouvoit enlever de quelque manière que ce fust, sans qu'il parust néanmoins que ce fust par les troupes du

Roy, que l'on rendroit un service à S. M., et l'on pourra prendre des mesures pour cela : mais l'on ne fera point de tentative si l'on ne croit pouvoir reussir [1].

Le vicomte de Poudenx agit de son costé comme scindic du pays de Bearn, et, suivant un ordre du Roy qu'il a, il a fait force courses qui n'ont pas produit grand effet. Il y a eu quelque mésintelligence entre luy et M. le premier président de Pau, à cause que le vicomte de Poudenx ne luy a pas fait voir cet ordre, et ledit premier président soubçonne que ledit vicomte ne va pas de bon pied. Il se peut faire qu'un peu de jalousie le fait parler ainsy : l'on approfondira la chose [2]. Quoy qu'il en soit, ce parti d'Audijos est fort malmené tous les jours : l'on taschera de prendre quelqu'un de ses gens et quand l'on les aura exterminés la pluspart, il aura de la peine d'en trouver d'autres, et de faire grand mal quand il sera tout seul.

Je suis, Monsieur, etc.... PELLOT.

---

[1] On trouvera quelques pages plus loin la relation de cette tentative. Comme toutes celles imaginées ou dirigées par l'esprit *militaire* de l'intendant, elle eut un insuccès complet.

[2] On comprend combien ces compétitions étaient favorables à Audijos et à son parti.

« Entre le gouverneur, l'intendant et le lieutenant du Roi, écrit M. L. Lacaze, « (*Les Libertés provinciales en Béarn*, Paris 1865), la province ne respirait plus. « Ces deux premiers pouvoirs, mal limités dans leurs attributions respectives, se « portaient réciproquement ombrage : unis dans leur soumission aux ordres de « Versailles, ils étaient en lutte pour tout le reste, comme les principes dont ils « étaient les représentants. L'intendant représentait les temps nouveaux : le « droit; le gouverneur, les temps anciens : le bon plaisir et la grâce. Le « premier était un homme nouveau, un fonctionnaire peu soucieux de popularité « dans un pays qu'il traversait, dédaigneux de traditions locales qu'il ne connais- « sait pas. Il recevait un traitement régulier, payé par la province, et le Roi lui « interdisait d'accepter des cadeaux. Le second ne touchait qu'une gratification, « un don gratuit, comme le Roi lui-même. — *Mille livres à M. de Gramont pour* « *l'affection qu'il porte à la province; douze mille livres pour les services ordinaires* « *qu'il lui a rendus; deux mille livres pour le supplier d'intercéder auprès du Roi* « *à l'occasion des édits; deux mille livres à Mme la duchesse, à l'occasion de la* « *naissance d'un fils*, etc... Ossau lui envoie le linge, et Aspe les fromages : il est « l'homme du pays, par l'illustration de son nom ; les privilèges du pays sont les « siens. Vivant à Paris, il intercède auprès des ministres, négocie, ménage les « personnes, expose les besoins du Béarn, donne audience aux gens d'affaires « entretenus dans la capitale pour *travailler utilement au bien du pays;* il est « l'intermédiaire officieux de toutes les doléances et de toutes les faveurs. Deux

CX.

1665. — 5 AOÛT.

(Biblioth. nation. Mélanges Colbert, vol. 131, f° 165.)

M. DE POUDENX A M. COLBERT.

Monseigneur, Il m'est tombé en main une lettre que M. le premier président de Navarre escrit aux jurats d'Oloron après avoir anvoyé mon verbal au Roy, laquelle je vous supplie tres humblement de vouloir faire voir à Sa Majesté, où elle pourra connoistre, et vous aussi, Monseigneur, le bon mouvement de M. le Présidant. L'effect que cela pourra faire est que le puble n'aura plus de créance en moy, et par conséquent je me trouverés inutile au service du Roy : c'est ce que je vous suplie, Monseigneur, de representar à Sa Majesté affin que je ne trouve pas de difficulté dans l'execution de ses ordres. J'ay faict scavoir mesme chose à Monsieur de Pellot, à quoy ne puis rien adjouster que l'asseurance d'estre toujours, avec tout le respect possible, Monseigneur, vostre tres humble et tres obeissant serviteur.

POUDENX.

A Poudenx, le 5e aoust 1665.

---

*Copie de la lettre de M. de Lavie à M. de Junca,
avocat en Parlement et jurat à Oloron.*

Monsieur, Je suis fort surpris de la revue de ces personnes imaginaires et qu'on y ait plus déféré qu'aux ordres legitimes et naturels donnés par la Cour pour la capture d'Audejos. M. de Poudenx a si bonne borse et ses ordres sont assés accompagnés de

« puissances aussi opposées ne pouvaient manquer de se combattre ; l'une suppor-
« tant impatiemment ce nouveau venu qui venait le supplanter dans son privi-
« lège de parler au nom du Roi; l'autre, cette influence insaisissable qu'il
« rencontrait dans toutes les affaires. Avec le temps, cependant, l'intendant
« devait avoir le dessus. » — Le tableau des luttes, dont chaque province était
alors le théâtre, n'est-il pas tracé de main de maître ?

finance pour défrayer l'armement qu'il a ordonné[1]. La cour a rendu un arrest pour faire arrester Audijos, à quoy il fault mieux obeir qu'à son message ; je ne m'en prends pas à Oloron et aux vallées de ce costé là, mais à Messieurs d'Ossau et j'ay peur qu'en cela ils soint plus malheureux et non pas plus coupables que les autres valées qui n'estoint guères mieux en estat, ay-je peur, que celle-là. Je vous exhorte tous à donner au Roy quelque effect, non consistant en paroles, pour luy tesmoigner vostre zèle. Puisqu'on se mesle d'avoir des milices dans le Béarn, faudra-t-il pas que tout fut executé sans nouvelle despence et que tous les mois cela fust revue, chasque communauté entretenant ses soldats à cinq sols par jour de marche : les gardes du Roy n'en ont pas davantage.

Vous ne scauriez vous imaginer l'extremité ou je suis réduit par la privation des nouvelles de Monsieur d'Oloron[2]. Je vous conjure d'y aller, la présente recue, pour m'en pouvoir donner ; celles de M. de Lurbe[3] et de ses soins pour le clergé me pressent bien moins, infiniment moins.

Je salue tous Mrs vos collègues et suis de tout mon cœur, Monsieur, vostre tres assuré serviteur.

LAVIE.

A Pau, ce 27 juillet 1665.

[1] Ces deux lettres donnent la clef du différend survenu entre le syndic de la noblesse de Béarn et le premier président du Parlement de Navarre, et dont Pellot entretenait le ministre dans la lettre précédente.

[2] Arnaud-François de Maytie, sacré Évêque d'Oloron, le 27 avril 1661, mort sur ce siége, le 2 juillet 1681. Ce prélat, remarquable par sa piété austère et son inépuisable charité, avait, quelques années auparavant, grandement contribué à apaiser une sédition organisée en Soule par Bernard Goyenetche, curé de Moncayolle, surnommé *Matelas*. Voyez la *Chronique du diocèse et du pays d'Oloron*, par l'abbé Menjoulet, tome II, pp. 277 et suiv.

[3] Le chanoine Clément de Lurbe remplissait les fonctions *d'official* du diocèse d'Oloron pendant l'épiscopat d'Arnaud-François de Maytie.

CXI.

1665. — 5 AOUT.

(Archiv. de la ville de Bagnères. Registres consulaires, G, p. 351[1].)

DÉLIBÉRATION DES CONSULS ET PRINCIPAUX HABITANTS DE BAGNÈ-RES-DE-BIGORRE ORDONNANT L'ARMEMENT IMMÉDIAT D'UNE COMPAGNIE, AFIN DE COURIR SUS A AUDIJEOS, RÉFUGIÉ DANS LES MONTAGNES.

L'an mil six cens soixante-cinq et le cinquiesme aoust, estant assemblés dans la maison de ville de Baignères, Mess. Caubous, Demont, Ducom, Theas et Rousse, consuls; Mess. Dumoret, Berot, Bourgella, Arrodet, Labat, Manse, Lafont-Grasset, Lanne, Monpesat et Bosc;

Suivant l'ordre de Monseigneur le mareschal et la delibération de Mess. des Estats du trentiesme juilhet dernier, il nous est ordonné aux Messrs consuls et habitans de la ville de Baignères et carteronage d'icelle [2], de composer une compenie de cinquante hommes pour aller à la montaigne pour chasser Audigos, criminel de lese-majesté et perturbateur du repos publicq; et à cest effaict a esté deliberé par l'assemblée [qu']il sera prins vingt hommes des meilheurs et plus aparens de la ville, avec le reste de ceulx du carteron, commandés par le sieur de Caubous, consul, et les autres officiers qu'il trouvera à propos, pour la subcistance, desquels luy sera advancé ce qu'il sera necessere pour la subcistance des officiers et souldatz par les sieur[s] consuls, et le tout remis à la conduitte dudit sieur Caubous, sur l'estat duquel il sera verifié la despence par les Messieurs du Conseil, pour, apres ladite verifica-

---

[1] La copie de cette pièce, et de quelques autres appartenant au même fonds, nous a été transmise par le regretté M. Durier, archiviste du département des Hautes-Pyrénées.

[2] La plaine de Bigorre était partagée en cinq *carterons* (ou *cantons*), savoir: les carterons de *Tarbe*, de *Lourde*, de *Bagnères*, de *Vic* et de *Rabastens*.
Celui de Bagnères comprenait, outre Bagnères, les communautés suivantes: Campan, Asté, Gerde, Pouzac, Ourdizan, Argelès, Merilheu, Baudéan, Montgaillard, Labassère, Escots. *(Note communiquée par M. Bourdette.)*

tion faicte de ce qu'il sera fourny et advancé par lesdits sieurs et leur sera alloué à leur compte qu'ils en renderont à la ville.

(*Suivent les signatures.*)

CXII.

1665. — 6 AOUT.

(Archives de la ville de Bayonne, EE 93, 20.)

M. DE CHEVERRY A MM. LES ÉCHEVINS, JURATS ET CONSEIL DE BAYONNE.

Messieurs, J'ay veu, par vostre lettre du 29 juillet et par la copie de celle que M^{rs} du corps de ville d'Acqx[1] vous ont escrit, la passion que vous avés tous que je m'employe à faire sortir les troupes quy sont en lad. ville, et à ce qu'il n'y soit pas fait un establissement de nouveaux bureaux. Je puis vous asseurer qu'outre

---

[1] Voici la lettre à laquelle fait allusion M. de Cheverry, et qui avait été adressée au Conseil de ville de Bayonne par les maire et jurats de Dax : « Dacqz, « ce 27 juillet 1665. — Messieurs, Comme les foulles des gens de guerre que « nous souffrons deppuis six mois et dont nous avons depuis peu deux grands « surcroits par l'arrivée et le logement effectif de dix compagnies du régiment « de Normandie et de quatre de Navarre, nous font pencer que c'est pour « quelque establissement nouveau que le Roy a dessein de faire dans vostre ville « ou dans la nostre dont les interests se trouvent communs en ce rencontre et « également blessez, nous vous conjurons, Messieurs, de vouloir escrire à « Monsieur Detcheberry et à vos autres deputez quy sont en cour, pour divertir « cest orage de dessus vostre ville, de vouloir leur recommander de travailler « aussy pour en garantir la nostre puisqu'aussy bien voz habitans ne perdroient « pas moins à cest establissement s'il estoit faict à Dax que s'il estoit faict à « Bayonne. Nous avons apris avec joye que Sa Majesté avoit gousté voz raisons « et ne songeoit plus à innover quoy que ce soit dans Bayonne. Pour l'amour de « Dieu, Messieurs, faictes que vos deputez achèvent leur ouvrage et qu'ils « obstiennent nostre liberation comme ilz ont faict la vostre, et s'il se peult « encore nous descharger au plus tost des troupes quy nous accablent. Monsieur « le marquis de Poyanne et Monsr l'Evesque d'Acqz nous ont promis tout leur « crédit pour cela, et nous espérons, Messieurs, de vous et d'eux toute l'assis- « tance et tout le fruict que nous pourrons attendre d'ailleurs ; vous obligerés « par ce moyen, et nos habitans et nous, d'estre encore plus estroitement, « Messieurs, vos tres humbles et tres obeissans serviteurs, *Les maires et jurats de* « *la ville d'Acqz.* Par mandement de mesd. sieurs, signé : Desperriers, *greffier.* »
(*Les correspondants militaires de la ville de Bayonne*, par E. Ducéré, p. 136.)

ce que vous avés veu que j'en ay escrit à Mgr de Colbert et que je luy ay mesme envoyé une lettre que M. le president Borda m'avoit escrit, j'en ay parlé en un autre rencontre. J'ay outre cela travaillé à un mémoire pour la ville de Sainct-Sever et pays de Chalosse, quy a esté présenté par les députés desd. lieux, lequel sert à la ville d'Acqx.

J'approuve fort, Messieurs, l'affection que vous avés pour vos voisins, et je scay depuis longtemps qu'ils ne peuvent pas avoir du mal que nous n'y entrions en part. Mais si vous consideriés combien est grand le bonheur que vous avés d'avoir esvité une garnison, ou du moins l'entrée des troupes dans la ville, l'establissement des nouveaux bureaux sur le sel, et le transport de M^r l'intendant pour juger les coupables et beaucoup d'autres choses, vous jugeriés que plus tost de travailler pour les autres, vous debvriés estre un peu plus confirmés dans le bien quy vous a esté procuré, d'une manière que l'on ne peust pas vous escrire et que des deputés n'oseroint tenter. Les methodes du présent sont bien différentes du passé.

Je verray, Messieurs, si je puis trouver jour, en uzant de la mesme conduite que j'ay teneu pour vous, de faire quelque chose pour M^{rs} nos voisins. Je vous proteste que je n'y obmettray pas quoy que soit. M. de Borda a l'esprit si poly et si propre pour ce pays, que s'il y a quelque chose à espérer pour eux, il l'emportera : du moins me semble-t-il qu'il y doibt un voiage. Mais les raisons qu'il employe dans la lettre qu'il a escrite à M^r le premier eschevin et que M. de Romatet vient de m'envoier de St-Germain, ont besoing d'estre fortifiées de quelques autres qu'il trouvera dans le memoire de Mrs de Saint-Sever.

Je suis, Messieurs, vostre tres humble et obeissant serviteur.

DE CHEVERRY.

De Paris, le 6 aoust 1665.

Je me ravise de doner aucun advis à M. de Borda, puisque M. le marquis de Poïanne est icy, quy scait mieux ce qu'il y a à faire que non pas moy.

CXIII.

1665. — 6 AOUT.

(Archives de la ville de Bayonne, FF 584, p. 134.)

M. DE ROMATET A MM. LES ÉCHEVINS DE BAYONNE.

Messieurs, Vous avez veu par ma précédente que Monsieur Colbert a voullu que je restasse icy pour recevoir quelque ordre du Roy, quoy qu'il m'eust précédemment assuré que Sa Majesté avoit escrit de touttes choses à Monsieur Pellot. Despuis, le lundi matin, 3me de ce mois, monsieur le mareschal[1] escrivit de sa main un billet à Mons. de Cheverry, avecq ordre de me le faire voir, par lequel il luy disoit que le jour précédent les affaires de Baïonne avoient este resolues devant Sa Majesté et que la résolution portoit qu'il n'y entreroit point de trouppes dans la ville[2], qu'il n'y seroit point estably de bureau de gabelle et que Messieurs les officiers feroyent et parfairoyent le proces aux coulpables de l'action du mois d'avril. Je pus en mesme temps voir M^r le mareschal, quy me confirma la chose et adjousta qu'il ne seroit rien innové à Baïonne et qu'on ne toucheroit pas mesme au Bear. Il me conseilla ensuitte de voir Monsieur Colbert, sans luy faire cognoistre qu'il m'eust parlé; ce que je fis incontinant. Mais toutte la responce qu'il fit à un compliment qu'il receust de moy fut que le lendemain, qui estoit mardy, il rapporteroit au Roy dans le conseil les choses que je luy avois dites, et que peu appres je pourrois le revoir.

[1] Le maréchal de Gramont.

[2] MM. de Romatet et de Cheverry s'abandonnaient, nous l'avons déjà dit, à de fausses espérances. Ce même jour 6 août, les troupes royales campaient aux portes de Bayonne et pénétraient dans la ville le surlendemain 8. La veille, les *morte-payes*, forcés d'abandonner la garde des châteaux, faisaient consigner une énergique protestation sur le Registre des délibérations de la ville (BB 27, f° 470). Le 8, les officiers du roi ayant refusé de reconnaître, en l'absence du gouverneur, l'autorité du premier échevin, le Corps de ville se transportait immédiatement chez M. d'Artagnan, le suppliant d'interposer son autorité afin que les *morte-payes* fussent autorisés à continuer leur service habituel, c'est-à-dire à procéder à la fermeture des portes de la ville et à la remise des clefs entre les mains du premier magistrat de la cité. (*Ibid.*, f° 471.)

Le mesme jour de mardy, il y eust trois divers conseils, dans la chambre du Roy, à la porte de laquelle je demeuray toutte la journée pour me faire voir à Monsieur Colbert, lequel m'envisagea tousjours à l'entrée et à la sortie et particullierement à celle du dernier conseil, qui estoit secret et composé du Roy, de luy et de Messieurs Le Tellier[1] et de Lyonne[2] ; mais il ne me dit pas un mot et je ne voullus pas l'aborder, parce que le matin Monsieur le mareschal, quy luy avoit parlé de moy, me dit que je fairois bien de ne le pas presser.

Hier, Monsieur Colbert s'en alla à Paris pour revenir ce matin. Je tacheray de le voir sur le soir et s'il me dit quelque chose quy doive vous estre escripte, je l'adjousteray au bas de ceste lettre. Ma pensée est qu'il veut me tenir au fillet[3] jusqu'à ce qu'il voye de quelle manière les ordres du Roy seront executtés de della. Cependant au lieu du *pesame* que tout le monde me faisoit icy à mon arrivée de ce qu'on nous croyoit absolument perdus, on me fait le *parabien*[4] et nos voisins ont quelques jalousies de nostre bonheur parce qu'ilz apprehendent qu'il augmente leur misère et que les trouppes, n'ayant pas la liberté de s'aller *saouller*[5] chez nous, achèvent leur ruine ; je n'assure neanmoins quoy que ce soit jusqu'à ce que Monsieur Colbert se soit expliqué à moy. C'est le seul quy scait absollument les choses dont j'ay descouvert une partie par des voyes qui ne se disent pas et autres que celle de Monsieur le mareschal. Cependant vous les apprendrez peut-estre mieux parce que Monsieur de Pellot vous en mandera, s'il ne l'a desja fait.

La Reyne mère a esté tres mal depuis dimanche au soir jusqu'au lendemain à midy et toutte sa maison estoit dans les

---

[1] Michel Le Tellier, secrétaire d'État, chargé du département de la guerre de 1643 à 1666, chancelier en 1677, mort en 1685.

[2] Hugues de Lionne, secrétaire d'État au ministère des affaires étrangères depuis 1661, mort en 1671.

[3] Terme de vénerie, qui signifie : avoir sous la main.

[4] *Pesame* (*pesar*, affliger, contrarier), et parabien (*parar*, apprêter, embellir) sont deux vieilles expressions, aujourd'hui entièrement inusitées et qu'on peut ainsi traduire : *mine affligée, visage souriant*.

[5] S'enivrer, se gorger.

pleurs[1]. Mais elle est présantement mieux et on parle mesme d'aller à Paris la sepmaine prochaine.

Comme je voulois achever ceste lettre, j'ay receu vostre despeche du 29me du passé qui me donne occasion de vous dire que Mr de Cheverry est à Paris depuis lundy et que pour moy il seroit tres mal conseillé si au lieu de poursuivre l'entiere conclusion de nos affaires et le moyen de me retirer bien tost avecq quelque sattisfaction, j'entreprennois de m'embarrasser pour autruy. Je scay bien qu'il y a quelque liaison de nos interestz avec ceux de Dacqz; mais il me faudroit bien du temps pour le faire comprendre au Roy et il en faudroit encore davantage pour obtenir les choses qu'on demande. Monsieur de Poyanne, à qui je parle tous les jours, et Monsieur de Mugron[2], quy a de bonnes habitudes à la cour, ont receu des lettres de Monsieur le president de Dacqz[3], quy sont bien plus touchantes que celles quy vous ont esté escriptes : mais je les vois l'un et l'autre en estat de n'oser pas pousser les plaintes quy se peuvent faire là dessus. Je ne laisseray pas pourtant d'adviser avec eux et avecq monsieur de Cheverry quelle figure je dois faire. Mais, à vous dire vray, ces messieurs de Dacqz debvoient d'abord députer comme vous avés faict et comme ont fait aussy la ville de St Sever et le païs de Chalosse, car chascun a assés de besougne taillée pour soy.

Je reste tousjours, Messieurs, vostre tres humble et tres obeissant serviteur.

De Romatet.

A St Germain en Laye, le 6e aoust 1665.

---

[1] La reine Anne d'Autriche, atteinte à la fois d'un cancer et d'un abcès au bras. Cette princesse était, depuis mai 1665, en proie à des douleurs aigues et continuelles. Elle mourut au Louvre, le 20 janvier 1666. Voyez, à l'année 1665, les *Mémoires de Madame de Motteville* et le *Journal d'Olivier Lefévre d'Ormesson*.

[2] La seigneurie de Mugron, sise à quelque distance de Saint-Sever, appartenait à la maison de Montault-Navailles.

[3] Bertrand de Borda.

CXIV.

1665. — 6 AOUT.

(Biblioth. nation. Mélanges Colbert, vol. 131, f° 199.)

LE PREMIER PRÉSIDENT DE LAVIE A M. COLBERT.

Monsieur, L'affaire d'Audejos a fait trop d'esclat et est trop importante au service du Roy pour qu'on se puisse dispenser, dans le rang que vous tenés près de S. M., de vous en rendre conte. C'est dans cet esprit, Monsieur, que le Parlement, où j'ay l'honneur de présider, m'a chargé de vous demander ses bons offices envers S. M. pour luy faire agréer les services que nous travaillons à luy rendre en cette occasion et dont il a pleu à Dieu de bénir les intentions par des succès asses considérables dont vous aves desja esté informé. Nous avons chassé Audejos du royaume et dissipé sa troupe criminelle, et l'eussions prins, à mon advis, si, comme je le soubconne, des gents qui se couvrent de quelques ordres du Roy n'avoient faict un faux personnage[1]. Le temps nous descouvrira cette vérité. Cependant, continuant nos soins et nos fatigues, nous avons arresté deux ou trois de ces bandits et celui qu'on tenait pour un des principaux chefs, nommé Sirgos[2]. Nous avons recherché la preuve de ces crimes, et sur le point de

---

[1] Le premier Président fait allusion à l'ordre envoyé directement par le Roi au vicomte de Poudenx, et que celui-ci s'était refusé de soumettre au visa de M. de Lavie.

[2] L'abbaye laïque de Sirgos, située au diocèse de Lescar, appartenait alors à une branche de la maison de Navailles, où ce fief était entré par suite du mariage contracté le 1er février 1652 entre Madeleine de Poeydarrer, héritière de la seigneurie de Sirgos, avec noble Pierre de Navailles, écuyer, cadet du rameau d'Angais. Ce Pierre de Navailles avait servi durant 22 campagnes en qualité de capitaine dans le régiment de La Mothe : à la bataille de Lérida il avait eu la main droite coupée. Nous ne pensons pas que M. de Lavie veuille désigner ce brave mutilé.

Dans sa lettre du 3 août, on a vu combien Pellot louait la conduite du président Lavie. Ces bonnes dispositions ne pouvaient longtemps durer. Dès le 10 août, l'intendant change de ton ; il adresse au ministre un véritable réquisitoire contre le parlement de Navarre. Cette compagnie, écrira-t-il, refuse non seulement de lui livrer les prisonniers qui ont été faits, et cela malgré les ordres du Roi et les arrêts du conseil qui lui défèrent la direction de toutes les procédures, mais encore elle vient de rendre un arrêt qui annule toutes les ordonnances prises par son subdélégué. Le 20, il renouvellera ses plaintes.

les jugier une rencontre fatale à nostre satisfaction nous peust oster la gloire de consommer nostre ouvrage par leur condemnation. M. Pellot, intendant en Guyenne, des bontés duquel j'ay, Monsieur, mille occasions de me louer, est entré dans cete pensée qu'il importe que ces prisoniers luy soient remys pour en tirer des esclaircissemens pour descouvrir le fond de la cabale, et quoyque je convienne que c'est là le solide de l'affaire, je suis en cela différent de ces sentimens que j'estime que nous pourrons plus que personne utilement travailler à ce dessein par les advantages que nous donnent les suites de la qualité de juges naturels et résidants sur les lieux, où mille rencontres nous descouvrent à tous moments des choses que des mois entiers ne luy fairoit pas trouver. Nous espérons, Monsieur, que cete jalousie entre rivaux d'une mesme gloire de pouvoir plaire au Roy et servir Sa Majesté, ne luy sera pas désagréable et qu'elle ne vous faschera pas. Nous invitons fort Monsieur Pellot à venir assister luy mesme à ce jugement et nous ayder de ses lumières, et nous ayderons asseurément beaucoup à ses bons desseins. Nous faisons plus, et le mal de son absence nous a faict condescendre à des expédiens moins séants à un parlement qui est de prier un magistrat présidial de Montauban, subdélégué de Monsieur l'intendant, de venir luy mesme interroger ces criminels, de nous ayder de ses mémoires et de ses procedures, luy offrant reciproquement de l'ayder des nostres pour ses prisonniers. Nous avons accepté dans une conférence avec Monsieur de Podevits la proposition de faire mener les prisonniers respectivement sur l'entremise[1] de nostre ressort pour les confronter les uns aux autres; il ne tiendra pas à nous que tout cela ne s'exécute, après quoy nous espérons, Monsieur, que Sa Majesté agréera que nous poussions nostre pointe et que nous donnions au public l'exemple qu'il attand de la condemnation de ces coupables. C'est en quoy, et dans toute la suite de l'affaire,

---

Il tient d'une façon toute particulière à infliger de fortes amendes aux communautés de Béarn, et comme il espère qu'elles ne pourront se libérer immédiatement, il réclame à l'avance le logement des troupes. En flattant Colbert, qui avait un penchant marqué vers l'autorité sans contrôle, Pellot espérait arriver à ses fins.

[1] Ancien mot signifiant : limite, frontière,... (*Diction. du vieux langage françois.*)

que nous vous demandons votre approbation et l'appuy de vostre faveur auprès de Sa Majesté. Dans le mesme temps il a paru une multitude d'exploits à toutes les communautés presque de ce ressort, à comparoir devant ce subdélégué, qui a beaucoup troublé le repos de cete province et le cours mesme de nos procédures. J'en fis connoistre les mauvois effets et à Monsieur de Podevits et au s^r de Carratan, quy est ce subdélégué, et ils convindrent d'y donner quelque surséance. C'est la matière des plaintes que vous receves de la part des Estats du pays par leur sindic et leur secrétaire que vous aves de delà, et je n'ay pour respondre, Monsieur, que la pluspart de ces communautés sont tout à fait innocentes; que celles qui ont failli, ont pesché par foiblesse, par ignorance ou pour ne pouvoir scavoir se défendre de quelque curiosité populaire de voir et laisser passer un estranger dont le crime et la personne leur estoient inconnus. S'il y a quelque chose de pis en quelque communauté, il y en a asseurément fort peu de cet ordre et cela s'examinera à loysir : les communautés ne fuiront pas.

Excuses, s'il vous plaist, cete trop longue lettre et receves la comme une marque du tres humble respect de, Monsieur, vostre tres humble et tres obeissant serviteur.

LAVIE [1].

A Pau, ce 6 aoust 1665.

---

[1] Thibaud de Lavie, fils de Bernard de Lavie, premier président au parlement de Navarre, et de dame Antoinette de Camain. Neveu par sa mère de l'illustre Michel de Montaigne, Thibaud de Lavie débuta dans la magistrature comme avocat au parlement de Pau : en 1635, il fut pourvu d'une charge d'avocat général en la cour de Bordeaux. *Orateur éloquent, politique remarquable, citoyen dévoué aux intérêts de la Patrie*, M. de Lavie joua un rôle considérable sous la Fronde et, durant cette période de troubles politiques, *son âme ferme, toujours attachée à la meilleure cause, sut poursuivre avec énergie et persévérance les desseins les plus patriotiques.* (*Le Parlement de Bordeaux et l'avocat général Thibaud de Lavie, sous la Fronde*, par Th. Bazot). — Nommé en 1643 premier président à Pau et conseiller d'État l'année suivante, Thibaud de Lavie ne fut appelé à remplir les fonctions de président au parlement de Navarre qu'après la mort de son père, arrivée le 6 octobre 1655. Par lettres patentes du 13 mai 1662, le Roi lui accorda une pension annuelle de 4,000 francs, en récompense des éminents services qu'il avait rendus à l'État *tant en l'exercice de sa charge que durant les mouvemens des guerres civiles*. Malgré les multiples soucis de ses hautes fonctions, M. de Lavie sut trouver le temps de composer quelques

CXV.

1665. — 7 AOUT.

(Archives de la ville de Bayonne, FF 584, p. 135.)

M. PELLOT A MM. LES ÉCHEVINS DE BAYONNE.

Messieurs, Comme Sa Majesté m'a ordonné d'examiner si le chastiment des coupables de la sedition qui est arrivée en vostre ville se feroit bien par vos officiers, je vous diray qu'ayant vu que vous avez fait ce que l'on a pu souhaitter de vous dans cette occasion, que je suis dans le sentiment de vous rendre maistres de ce chastiment[1]. Mais je dois adjouster que vous debvez vous servir de ceste occasion pour ranger la populasse dans son devoir et l'obliger de reconnoistre mieux le magistrat, afin qu'elle ne tombe plus dans de semblables fautes. Pour cet effect vous purgerez vostre ville de genz portez au désordre et à la mutinerie, dont l'on m'a assuré qu'il y en a beaucoup encore maintenant qui se promènent la teste levée dans vos rues et croient d'y estre avec impunité. Pour concourir à la résolution que vous debvez prendre je vous envoye une liste de ceux qui sont chargez, parmy lesquels, et ceux que vous connoissez d'ailleurs, vous en choisirez des plus coupables pour un exemple présent, et vous condamnerez les autres aux galères dont Sa Majesté a besoin. Vous instruirez le proces incessamment : mais vous ne les jugerez pas neantmoins que vous ne m'ayez fait scavoir ce que vous avez fait et que vous n'ayez receu de mes nouvelles, vous exhortant à bien user de la grace que Sa Majesté est disposé de vous faire, afin que l'on ne soit pas obligé de réparer ce que vous n'auriez pas bien fait. Et

---

ouvrages d'une réelle valeur. Enfin, après trente années d'une présidence remarquable, Thibaud de Lavie décéda, âgé de 76 ans, dans sa maison de Pessac, près Bordeaux, le 29 septembre 1684. — M. Tamizey de Larroque s'est beaucoup occupé de ce magistrat et a publié sur lui de nombreux documents, soit dans la *Revue de Gascogne*, soit dans les *Archives historiques de la Gironde*. — On peut encore consulter : *le Parlement de Bordeaux : notes biographiques sur ses principaux officiers*.

[1] Cette reconnaissance du pouvoir judiciaire de ses administrés devait paraître bien dure à M. l'intendant. Il avait fallu cependant s'incliner, le ministre s'étant refusé à innover une procédure particulière.

me remettant du surplus à ce que vous diront de ma part voz deputés que j'ay renvoyés, je suis, Messieurs, etc.

PELLOT.

A Bordeaux, ce 7ᵉ aoust 1665.

CXVI.

1665. — 8 AOUT.

(Biblioth. nation. Mélanges Colbert, vol. 131, f° 171.)

M. PELLOT A M. COLBERT.

Bordeaux, ce 3ᵉ d'aoust 1665.

Monsieur, Je viens encore de recevoir des nouvelles des principaux de Bayonne qui me mandent que le changement de magistrature, ainsy que je vous l'ay proposé, seroit fort nécessaire; que S. M. en exclut le peuple et que l'on fit maire M. de Cheverry, qui l'accepteroit sans doubte si l'on tesmoignoit le souhaitter, ce que j'ay creu estre obligé de vous mander : S. M. fera sur cela les reflexions et considerations qu'elle trouvera à propos.

Je partiray sans faute mardy ou mercredy qui vient; j'iray au Mont de Marsan, où je jugeray les complices d'Audijos, et l'on en fera grand exemple. De là je m'en irai à Dacqs pour y faire les establissemens des bureaux. Cependant j'apprends que M. Podevits fait ce qu'il se peut pour attraper Audijos en quel endroit qu'il puisse estre, et arrester le reste des scélérats de sa suite qui se pourront trouver dans le pays, lequel estant dans toute une autre disposition qu'il n'a esté, et se trouvant beaucoup chargé des troupes, S. M. pourra, quand il luy plaira, envoyer ses ordres pour les eslargir dans les bonnes villes de la province, en cas qu'elle veuille qu'elles y demeurent toutes, et nous nous servirons de ces ordres quand l'on verra une obeissance parfaite de tous costés et dont l'on ne pourra doubter; et l'on ne laissera pas pourtant, quoy qu'il en soit, de faire demeurer dans le pays de Chalosse deux ou trois compagnies, pour l'affermir tout à fait et oster toutes les sortes de désordres.....

PELLOT.

CXVII.

1665. — 10 AOUT.

(Biblioth. nation. Mélanges Colbert, vol. 131, f° 246.)

M. PELLOT A M. COLBERT.

Bordeaux, ce 10e d'aoust 1665.

Monsieur..., Le Parlement de Pau n'a pas voulu remettre le cappitaine Cirgos et deux autres complices d'Audijos qu'il détient, quoy qu'il en ayt esté requis suivant les ordres du Roy et la connoissance qui m'en est attribuée par les arrests du Conseil et que mesme il n'y ait que moy qui puisse bien faire cette instruction et tirer de ces coupables les esclaircissemens nécessaires pour le service du Roy, puisque j'ay toutes procédures en main. Ledit Parlement a fait encore davantage, car il a deffendu par un arrest de reconnoistre les ordonnances de mon subdélégué qui fait des procédures contre des habitans de Béarn [1]. Ainsy, pour couper chemin à la jalousie de jurisdiction et empescher le meschant effet qu'elle pourroit faire pour le service du Roy, si S. M. le juge à propos, elle donnera un arrest conforme au projet cy-joint, et vous prendrez la peine de me l'envoyer sans perte de temps....

PELLOT.

---

[1] Ennemis nés des intendants, qui étaient venus diminuer leur autorité et leur prestige, les Parlements se refusèrent au début à favoriser les vues de Colbert. Mais leur opposition n'intimidait plus. Louis XIV, de son côté, se plaisait à humilier la magistrature en faisant longuement attendre ses chefs dans ses antichambres. Bientôt on dépouilla ces corps du titre de *Compagnies souveraines* pour les réduire à celui de *Compagnies supérieures*. Enfin le Parlement de Paris lui-même fut bientôt forcé d'enregistrer les édits du Roi, dans un silence dont souvent il s'indignait. (Voy. le *Journal d'Olivier Lefèvre d'Ormesson*.)

CXVIII.

1665. — 12 AOUT.

(Biblioth. nation. Mélanges Colbert, vol. 131, f° 447.)

M. DE POUDENX AU MARQUIS DE SAINT-LUC.

Monsieur, Je m'aquiterois plus souvent de mon devoir de vous escrire sy je trouvois quelque chose qui feust digne de vous estre mandé. Jusques à cete heure je ne fais rien autre chose que de m'occuper de l'affair d'Audijos; il y a trois jours que j'envoyay le s^r de Nogeant, avec vingt dragons, pour l'enlever à Salins ou il se tient encore. M. le premier proesident de Pau et moy creumes que la chose estoit fort fesable de le prendre par force; mais le sieur de Nogeant, qui s'estoit avancé jusques dans la vallée d'Osseau, en revint hier et m'a raporté que la chose estoit impossible, d'autant qu'on ne pouvoit pas passer dans cette valée, sans que Audijos ne feust adverti, et qu'il y avoit cinq grandes lieues du dernier village de France jusques à Sallins, un bourg où il y avoit deux cents habitans armés, et que la maison de Michel Johan, son cousin, ches qui il demeuroit, estoit au milieu du bourg, forte de murailles, de sorte qu'il n'y avoit pas moyen de le prendre là sans venir aux mains avec les Espagnols, ce qui fairoit trop d'esclat; si bien que puisque cette affaire n'a pas réussy, il faudra chercher d'autres voyes et se servir des intrigues. Il y a plusieurs gens de ce pays-ci, et mesme des bandits de la montaigne, avec lesquels j'ay traicté, qui m'ont promis de me le livrer moyennant une somme d'argent que je leur ay promis. Quelle præcaution qu'on porte à cette affaire et quel secret qu'on y garde, il ne laisse pas d'estre adverty de tout ce qui se passe, car la plus grande partie des peuples de ce pays-ci sont ses espions et on ne scauroit rien faire qu'il n'en aye aussistot advis; leur zèle indiscret est sy grand pour ce malheureux qu'ilz l'assistent encore touts les jours sous main de l'argent. J'ay beaucoup de chagrin de la longueur et du retardement de sa prise. Je m'asseure, Monsieur, que vous me faires la justice d'estre persuadé que je fais toutes les choses imaginables pour executer vos ordres et terminer cette affaire le plus promptement qu'il me sera possible. J'attants avec impatience M. l'intendant pour juger les criminels qu'on tient prisonniers et de me dégager de ma parole que j'ay esté obligé de donner à Messieurs du Parlement de Pau pour vous délivrer leurs prisonniers et en différer l'execution. Cependant, Monsieur, je vous supplie tres humblement de me faire l'honneur de croire que je n'ay point de plus grande ambition au monde que de voir, avec quelle passion et quelle verité, je suis, Monsieur, vostre très humble et tres obeissant serviteur.

PODENX.

St-Sever, le 12 d'aout 1665.

CXIX.

1665. — 13 AOUT.
(Archives de la ville de Bayonne, FF 584, p. 134.)

M. DE CHEVERRY A MM. LES ÉCHEVINS DE BAYONNE.

Messieurs, La lettre du 5 que vous m'avés fait l'honneur de m'escrire me remet devant les yeux ce que je vous ay mandé par mes premières lettres, quy a esté qu'il vous importoit beaucoup de bien mesnager les puissances du pays et surtout M. l'intandant. Vous avez cogneu par les sujets que j'estois fort informé de son crédit en ceste Cour : mais comme j'avois bonne opinion de vostre prudence, je n'avois garde de doubter que vous ne scussiez bien juger jusques où on se doibt abandonner.

Ceste matière n'est point de lettre; il en faut, s'il vous plaist, demeurer là, ainsy que je vous en avois prié par une réponse que j'ay fait cy-devant à une des vostres. Ce que je puis vous dire clairement et ce qui sera toujours véritable, c'est que si vous aviés envoié le procès-verbal dont je vous avoit fait la minutte avec les lettres qui debvoient l'accompagner, et que vous eussiez un peu plus considéré les termes de la lettre que je vous escrivois par le mesme ordinaire, vous auriez sans doubte mieux réussy que vous n'avés pas fait. Vous avés donné lieu, par le temporisement, à ce que M. l'intendant vous a lié les mains, et aux troupes de descendre. Dieu veuille qu'on en demeure là!

Messieurs, avant que j'eusse receu vostre lettre du 5, j'avois parlé à M. Colbert, dans l'occasion qui m'estoit survenue de retourner à Sainct-Germain, sur le contenu d'une lettre de M. le premier eschevin touchant l'ordre à donner en la ville, en l'absence de M. d'Artaignan. Je luy fis entendre la possession du corps de ville. Il se dit beaucoup de choses de part et d'autre; finalement mon dit sieur me dit qu'il faloit parler à M. le mareschal, afin qu'il pourveut à ce que M. d'Artaignan ne quittat pas la ville jusqu'à ce que ceste contestation fut vuidée. J'en ay parlé à M. le mareschal, qui m'a donné ce matin une lettre pour M. d'Artaignan, de quoy j'ay rendu compte une heure après à M. Colbert, qui en a paru satisfait. Mais comme je cognois que sa méthode est d'avancer tousjours les affaires du Roy, lorsqu'il y void le moindre jour et qu'il y trouve le foible, je ne scay plus qu'en dire.

Je partirais dans quelques jours de ceste ville pour me retirer ches moy, où, et partout ailleurs, je seray tousjours, Messieurs.....

De Cheverry.

De Paris, le 13ᵉ aoust 1665.

M. Colbert me dit, la dernière fois que j'ay eu l'honneur de parler à luy à Sainct-Germain, que, sur le bruit qui s'estoit répandu dans Baïonne que les choses estoient accommodées, les plus coupables, qui s'en estoient enfuys, estoient reveneus. Je luy dis que je n'avois pas de vos nouvelles et d'autres choses fort rassurantes. Je crains que cela aye donné occasion de prendre d'autres mesures que l'on n'avoit pas fait. Il est facheux et dangereux de travailler quand il n'y a pas secret et fidelité, et crois que nous nous perdons nous mesmes.

CXX.
1665. — 13 AOUT.
(Archives de la ville de Bayonne, FF 584, p. 143.)

M. DE ROMATET A MM. LES ÉCHEVINS DE BAYONNE.

Messieurs, Vous aviez raison de me dire par vostre lettre du 5ᵐᵉ de ce mois que vous vous estes flatés en ce que vous n'avés pas creu qu'il feust rien changé dans les chatteaux, puisque M. le premier eschevin scavoit, bien avant mon départ, et moy aussy, que c'estoit une chose tout à fait arrestée à la cour et que Monsr de Sainct-Luc et Monsieur Pellot me firent assez cognoistre en présence de M. le procureur du Roy et de M. de Naguille que nous ne devions pas songer à nous plaindre de ce changement auquel on alloit incontinent mettre la main, de maniere qu'il y a grande apparence que lorsqu'on a prins les résolutions pour Bayonne en présence du Roy on n'a point touché ce point et qu'on l'a distingué des interets de la ville.

Pour ce quy est du rencontre que vous prevoyez pour le mot[1], il semble que vous ne scauriez manquer en demeurant ferme dans la resolution de vous maintenir dans vostre droit et executtant les ordres que vous avés prins pour cella; cependant je suivray icy ceux que vous me donnez et faieray valloir autant qu'il se pourra les pièces que vous m'aves fournies; mais il faut vous dire en passant que celle de l'an 1602 ne decide rien pour le mot et ne parle que de la garde des clefs et de l'ouverture et fermure des portes. Et quand à celle de l'an 1626, sy elle nous est d'un costé favorable, elle pourroit d'un autre nous nuire sy nous la représentions, parce qu'elle nous oblige à pourvoir les chatteaux de bled, sur quoy on ne manqueroit point d'incidenter.

Après avoir passé huit jours dans l'attente que Monsr Colbert me dit quelque chose et m'expliquast les ordres du Roy, je suis allé à luy et l'ay prié de me donner lieu de vous mander quelque chose de positif touchant les intentions de Sa Majesté et vous marquer les effets de sa protection. A quoy il m'a répondu que quoyqu'il eust de nouveau entretenu le Roy de nos affaires, il n'avoit pourtant rien à adjouster à ce qu'il m'avoit dit precedamment, scavoir que les ordres ont esté donnés pour toutes choses à M. Pellot, et bien que j'aye fait grande instance pour apprendre de sa bouche en quoy consistent ces ordres et que je luy aye remonstré que je ne

---

[1] De tout temps, le maire, et à son défaut le premier échevin de Bayonne, avait joui du privilège de donner le mot d'ordre et d'avoir la garde des clefs, en l'absence du gouverneur ou du lieutenant du Roi. Ce privilège, confirmé par Louis XIII, le fut plus tard par Louis XIV et Louis XV. (*Archives de la ville de Bayonne* AA 9, AA 15, AA 18).

pouvois passer dans vostre esprit que pour un fort mal habille homme en ne vous escrivant que ce qu'il venoit de me dire et ne vous rendant pas un compte plus exact de ma negociation, je n'ay neanmoins peu l'obliger à me dire autre chose.

Monsr de Cheverry ayant le mesme jour esté obligé de voir Monsr Colbert pour une affaire qui regarde Monsieur le mareschal, il se servit de l'occasion pour luy parler du rencontre que vous pourrés avoir avecq les commandans de la garnison des chatteaux et le prépara pour ce regard à vous faire justice.

Pour le reste, Messieurs, il nous reste ceste satisfaction que nous scavons en quoy consistent les résolutions qu'on a prins, mais il faut voir comme quoy elles seront executtées de dellà; c'est pourquoy M. le mareschal est d'advis que je reste encore icy pour me plaindre s'il arrive quelque chose qui face brèche à ces mesmes résolutions qui sont telles que je vous ay mandé par mes precedentes.

Peut-être, Messieurs, que comme nous avons prêché à Mr Pellot la profonde soubmission de nostre peuple, il fera pied là-dessus pour nous humillier davantage. Mais il faut, en faisant valloir nostre fidellité et nostre obeissance dans ces rencontres, tesmoigner aussy avec resolution que nous scavons bien sur quoy consistent nos droicts, que nous ne prettendons pas nous en despartir et que nous scavons bien encore que ce n'est pas l'intention du Roy de les brècher : ce sera le moyen d'esquiver et en gaignant du temps gaigner tout. Ceci s'entend en cas qu'on nous veuille entamer en quelque partie que ce soit, au prejudice de nostre droit et de nostre possession.

M. de Cheverry veut se retirer et il m'en reste de la doulleur parce que vous serez privé d'un fort appuy et moy pareillement, outre que je voudrois le suivre. Obligés moy, Messieurs, de le trouver bon et de me donner par la responce que vous feres à celle-cy la liberté de sortir d'un lieu ou je ne scaurois vous rendre que bien peu de service, au lieu que je ne vous seray peut-estre pas inutille de dellà, en cas de quelque persecution. Il est vray pourtant que lorsque vous aures M. de Cheverry auprès de vous il vous tiendra trop fort, tant pour les choses qu'il y aura à faire de dellà que pour ce qu'il faudra escripre à la cour.

Je ne veux pas finir ceste lettre sans vous marquer un deffaut quy vous faict grand tort. C'est, Messieurs, qu'au lieu de proffiter des choses qu'on vous escript vous les divulguez trop. Je dis que quelqu'un les divulgue et qu'ensuitte elles sont redittes et escriptes avec des additions et des commentaires. Uzez-en, au nom de Dieu, avec toutte la prudence que vous scavez prattiquer, et puisque vous avez un conseil secret, faites les affaires importantes secrètement. Vous avés assurémment dans la ville ou des mauvais habitans ou des espions, car il ne s'y passe quoy que ce soit quy ne se scache par tout. Dieu veuille que la liberté avec laquelle je vous mande toutes choses ne me soit pas reprochée. Je seray tousjours quoiqu'il en soit, Messieurs, vostre très humble et tres obeissant serviteur.

DE ROMATET.

A Paris, ce 13ᵉ aoust 1665.

Je n'ai pas d'autre nouvelle à vous donner, sy ce n'est que la cour est icy despuis deux jours et que la Royne mère s'est trouvée un peu mal la nuit passée.

CXXI.

1665. — 14 AOUT.

(Biblioth. de la ville de Bayonne, Reg. GG 27, p. 473.)

EXÉCUTION A BAYONNE DE DEUX SOI-DISANS COMPLICES D'AUDIJOS.

Du vendredy, 14ᵉ d'aoust 1665.

Au conseil tenu extraordinairement es présences de M. Du Vergier, sieur de Belay, premier eschevin; du clerc assesseur; de MM. de Jougla, de Jupin et de Laborde, eschevins, ensemble des sieurs jurats et scindic;

Ledit sieur premier eschevin a raporté que, le jour d'hier, a esté faicte l'execution de Jean de La Lanne, jadis soldat du guet, et de Jannot du Fourcq, chapeletier[1]; que la ville en doit porter les

---

[1] Sur cette exécution, voir ci-après la lettre de M. de Saint-Luc, en date du 19 août, et celle de M. de Cheverry, du 23 du même mois.

frais, sauf à estre repettés sur les droits du domaine du Roy; qu'il convient à payer lesdits frais à l'executeur des hautes œuvres et au poutancier pour avoir fait la poutance;

A esté délibéré que ledict sieur premier eschevin parlera à M. le lieutenant général affin qu'il soict par luy décerné une ordonnance sur le fermier dudict domaine.

CXXII.
1665. — 15 AOUT.
(Biblioth. nation. Mélanges Colbert, vol. 131, f° 392.)

M. DE BORDA A M. COLBERT.

Monseigneur, Il y a desja long temps que j'avois formé le desseing de donner advis à Vostre Grandeur des affaires de ce pays. Mais la crainte que j'ay eu de prendre trop de liberté et de vous estre importun en a tousjours suspendu l'execution. Neanmoins, après avoir faict souvent cette réflexion qu'ayant l'honneur d'exercer la charge dont il a pleu au Roy de me pourvoir je trahirois peut-estre ses intérets, pour lesquels j'ay toute l'attache que je dois, et que d'ailleurs je pourrois justement mériter vos reproches dans les employs importans et relevés ou vous estes si je gardois le silence dans une occasion si importante, je me suis enfin résolu de le rompre, Monseigneur, pour représenter à Vostre Grandeur les raisons qui s'opposent à l'establissement des nouveaux droits que M^{rs} du convoy de Bordeaux veulent faire dans cette ville et aux environs. Cette nouveauté est si préjudiciable aux affaires du Roy qu'elle les ruine absolument dans toute cette contrée. Elle réduit les peuples à ce point qu'elle destruit tous leurs privilèges et qu'en leur otant toute sorte de commerce elle les met dans une entiere désolation.

Je ne doute pas, Monseigneur, que le zèle qui vous anime si fort pour la gloire de la couronne et pour le service de Sa Majesté ne vous face considérer les tailles[1] comme le moyen le plus propre

---

[1] Le nom de *taille* était donné à l'impôt levé sur les roturiers. Quoique proportionné aux biens et aux revenus possédés, cet impôt était des plus arbitraires, car non seulement la noblesse et le clergé en étaient exempts, mais

pour faire subsister l'estat, à l'élévation duquel Vostre Grandeur travaille heureusement avec tant de soings et de fatigues. Il est neanmoins constant qu'elles se perdront en ces quartiers par les nouveaux establissemens, par cette raison qu'ils[1] y fairont necessairement cesser le commerce. Cette verité est cognue de tous ceux qui cognoissent ce recoing de province et qui scavent que nous n'avons point d'autre commerce que celuy que nous exerçons avec les Bayonnois, parce qu'ils portent le sel au faubourg de cette ville, de la vante duquel ils acheptent nos vins, nos bleds, en un mot toutes nos denrées, lesquelles nous demeureront infailliblement sur les bras si les gens du convoy prennent des droits sur le sel, car les Bayonnois seront par ce moyen privés du traficq, parce que l'argent que nous avons tombera entre les mains des commis du convoy par le sel qu'ils nous vendront, et nous, par conséquent, estant chargés de nos fruitz, nous resterons dans l'impuissance de payer les tailles au Roy. Ce raisonnement est si puissant, Monseigneur, que feu Monseigneur le cardinal de Richelieu en demeura convaincu l'an 1640, et feu Monseigneur le cardinal de Mazarin l'an 1644. Ces deux grands ministres, ayant esté informez de la sterilité de ce pays par les députez qui feurent envoyés en cour, aymèrent mieux renoncer aux bureaux qu'aux tailles. En effet, quoiqu'il semble que ces deux sources, jointes ensemble, doivent apporter un plus grand fonds dans les coffres du Roy, il est pourtant certain que le pays est trop misérable par lui-même pour supporter de si grandes charges, et Vostre Grandeur jugera sans doute elle-mesme que sy rien peut destruire les tailles en ces quartiers icy, c'est sans doute l'establissement des bureaux. Neanmoins Sa Majesté retire beaucoup plus de secours de ceste première source qu'elle ne fera de la seconde. Ceste élec-

---

encore les fonctionnaires et les plus riches propriétaires. Cette inégalité de perception avait vivement frappé Colbert, et, dès 1664, de nouvelles instructions étaient adressées aux maîtres des requêtes envoyés dans les provinces. Le désir du ministre était de diminuer la *taille* et d'augmenter les *aides*. Malheureusement ses successeurs ne partagèrent pas ses vues, et jusqu'à la Révolution cet impôt continua à être levé sur le peuple d'une façon exagérée. (Voy. P. Clément et le *Diction. historiq. des institutions, mœurs et coutumes de la France*, de A. Chéruel, aux mots *impôts, tailles*, etc.)

[1] C'est-à-dire les gens du convoi.

tion paye annuellement cinquante ou soixante mille escus [1], et je puis vous protester que les bureaux ne vaudront jamais trente mille livres, tous frais faicts, sans parler des chagrins et des despances que ceux du Mont de Marsan et de Hagetmau ont causé jusqu'à present. Ils ne vaudront jamais la peine qu'ils ont donné [2].

Vostre Grandeur peut scavoir ceste verité de Monsieur de Vertamont, intendant de la province de Guyenne, l'an 1630 [3]. Il pourra vous assurer qu'il receut ordre du Roy, dans ce temps là, de faire dans ce pays le mesme establissement qu'on y veut faire aujourd'huy et qu'ayant représenté à Monseigneur le mareschal Deffiat [4], qui estoit pour lors surintendant des finances, que Sa Majesté n'en pouvoit retirer aucun advantage, on convertit cest establissement en une imposition de cent mille livres sur les élections qui jouissent de cette exemption.

Vous pouvez encor scavoir, Monseigneur, ce qui se passa l'an 1640, lorsqu'on envoya une frégate à Bayonne pour prendre les nouveaux droits [5]. Vostre Grandeur me dispansera, s'il luy plaist, de luy dire ce qu'il se passa dans cette ville-là. Mais il me suffit de luy faire scavoir qu'on trouva plus à propos d'imposer sur les élections d'Armagnac et de Cominges, ensemble sur les quatre sièges Dax, Bayonne, Tartas et Sainct-Sever une somme de cinquante mille livres par an que de faire des establissemens si ruineux. Et ceste somme s'est tousjours levée depuis ce temps là

---

[1] D'après P. Clément, *l'écu blanc ou d'argent* ayant cours de 1648 à 1683 représentait une valeur actuelle de dix-huit francs. Les tailles, dans la seule élection de Dax, auraient donc rapporté annuellement environ neuf cent mille francs. Nous pensons qu'il y a exagération dans l'évaluation donnée par M. Clément à l'écu d'argent.

[2] Dans sa lettre à M. de Cheverry (voir ci-dessus, page 243) M. de Borda était encore plus précis. « Les traittants ne savent ce qu'ils demandent, disait-il. Je « vous promets ma foy que les frais se monteront plus hault que le profit qu'ils « pourront faire. Le bureau du Mont de Marsan ne leur a valleu, durant toute « l'année 1664, que 31,000 francs, et en consciance il leur en coute le double de « despance, outre les desplaisirs et les soings qu'ils ont receu et qu'ils ont « causé. »

[3] Voir les notes qui accompagnent la IIe partie de cette étude.

[4] Messire Antoine Ruzé, seigneur d'Effiat, « qui fut fait quelque temps après « mareschal de France et mourut en Allemagne, commandant l'armée du Roy. » (*Mémoires d'Ormesson*.)

[5] Les détails de cette émeute sont consignés dans la première partie de ce récit.

et se lève encore présentement, laquelle est confondue avec la taille par les départemens. Je ne puis obmettre de vous représenter, Monseigneur, que le havre de Bayonne est si difficile et si dangereux pour les vaisseaux qu'il n'y a que la seule exemption des droits qui les engage dans ce péril, de sorte que si on les prand en ce pays-cy, comme on faict ailleurs, les marchans, qui ne cherchent que le profict, n'ont garde de s'exposer au danger qu'il y a à l'entrée de la rivière de Bayonne et par conséquent nous demeurerons privés de toutes sortes de commerce, la cessation duquel nous mettra en moins d'un an dans l'impuissance de payer les tailles, et nous voyons mesmes que cette année icy nous sommes réduicts à la dernière nécessité pour n'avoir pas vendu nos vins aux Hollandois, à cause de la guerre qu'ils ont avec l'Angleterre.

Je me persuade, Monseigneur, qu'estant animé du mesme esprit et de la mesme vertu de ces grands hommes, vous vous laisseres sans doute toucher aux mesmes raisons et que ce misérable pays ne sera pas plus malheureux soubs vostre sage conduite que soubs la leur. Ils ont tousjours conservé ces peuples icy dans les privilèges qu'il a pleu aux Roys de leur accorder. Ils ont consideré ces privilèges comme les ouvrages sacrés de nos monarques auxquels ils n'ont jamais voulu faire brèche lorsque ces peuples se sont heureusement soustraits de la domination des Anglois pour se donner à la France. Charles VII leur accorda des conditions et des privilèges qui ont tousjours demeuré dans leur force jusques à présant; ils ont tousjours esté confirmés de règne en règne, et Sa Majesté a voulleu elle-mesme y donner son approbation en ordonnant à Monseigneur le chancelier de les sceller.

On pourra peut estre dire à Vostre Grandeur que ces mesmes peuples, qui ont eu la faveur de tant de Roys, s'en sont rendus indignes par les désordres qui ont esté excités depuis quelque temps dans ce canton. Je ne prétans pas vous déguiser le mal, Monseigneur; il y en a eu, en effet, mais à la verité il n'est pas si grand qu'on le publie. Comme il se lève souvant des orages sur les mers les plus calmes et que les pilotes les plus experimentés ne scauroient empescher que leurs vaisseaux ne soient agités de la tempeste, M. Pellot, intendant de ceste province, n'a peu esviter qu'elle n'ayt esté troublée en quelques endroictz; mais il y a eu des esprits de feu qui lui ont faict de faux rapports et qui ont taiché de luy persuader qu'il y a eu des nuages dans les lieux ou le ciel a tousjours esté le plus serain. Sa prudence ne luy a pourtant point permis de suivre les sentimens de ces ardens, et le zèle avec lequel il soutient les interests de Sa Majesté l'a obligé de faire une exacte recherche des coupables pour les punir[1].

Ce n'est pas à moi de parler de sa conduite, qui n'a jamais eu d'autre but que le bien et la gloire de l'État. Mais vous me permettres, s'il vous plaist, Monseigneur, de vous représenter le malheur dans lequel se trouve la ville de Dax. Elle ne s'est jamais laissée corrompre par le mauvois exemple des villes voysines, qui ont tousjours faict sa disgrâce. Je ne prétans pas vous entretenir de la rebellion de Tartas pendant les guerres civiles[2]. Je me contenterai de vous dire qu'elle seroit aujourd'huy heureuse si les mouvemens de Bayonne et les désordres du siège de St-Sever ne lui avoient attiré des gens de guerre qui l'ont réduite à l'extremité. La compagnie des dragons du sieur Tristan y a demeuré durant six mois, ou elle a vescu à discrétion, et le mesme jour qu'ils sortirent de ce lieu il y entra treize compagnies de pied des régimens de Navarre et de Normandie que nous sommes obligés de norrir depuis un mois ou davantage, qui ont contraint une partie de nos habitans à déserter. Il est constant que les autres abandonneront bientost, si Vostre Grandeur n'a pitié d'une ville qui est aussi accablée qu'elle est fidèle.

C'est une joie bien grande pour nous qu'il ayt pleu au Roy de faire grâce à Mrs de Bayonne. Nous ne porterons jamais envie à leur fortune ny ne suivrons mesme leurs traces en cette occasion. Nous aymons mieux demeurer tousjours en l'obeissance en supportant les *foules* que nous avons que d'en estre exempts en nous escartant de nostre devoir. Il n'est rien de plus glorieux ny de plus satisfaisant pour des sujets que de conserver dans toutes les rencontres une entiere fidelité pour le Prince légitime, et je ne puis pas comprendre comme on se peut esloigner des soumissions qu'on

---

[1] M. de Borda ne pouvait, de façon plus voilée et en même temps plus juste, signaler au ministre les exagérations de l'administration de M. Pellot.

[2] Voir, sur la rébellion de Tartas et ses conséquences, le savant travail de M. l'abbé de Carsalade : *Documents inédits sur la Fronde en Gascogne.*

doit avoir pour le véritable maistre. Je ne me contenteray pas de demeurer tousjours ferme dans cette résolution ; j'y confirmeray encor tous ceux sur lesquels le Roy m'a donné quelque autorité.

Mais je m'appercois, Monseigneur, que je vous suis trop ennuyeux en vous obligeant de lire une si longue lettre. Il est temps que je la finisse. Néanmoins, avant que d'en venir là, permettes-moy, s'il vous plaist, de vous demander par les misères du peuple l'exemption des bureaux pour la ville Dax et pour les quatre sièges, avec le deslogement des troupes qui nous accablent. Je vous supplie tres humblement, Monseigneur, de représenter toutes ces raisons à Sa Majesté : elles auront sans doute plus de force quand vous aurés la bonté de les appuyer. Je ne doute pas que vos lumières extraordinaires ne vous facent encor voir d'autres motifs qui ne se présentent point à la faiblesse de mon esprit, qui produiront des effets favorables pour nous et qui nous attireront les graces que nous attendons de la clémence du Roy par vostre entremise. Il me semble que rien ne s'y oppose présentement, puisque la rebellion est entièrement étouffée dans tous les endroits où elle a paru, et que ceux qui l'ont excitée sont dans les prisons pour espier leur crime par une punition exemplaire que la justice en doit faire au premier jour, ou fugitifs dans les royaumes estrangers. Je vous avoue, Monseigneur, qu'avant que les choses feussent dans cest estat, je n'ay osé entreprendre de mettre la main à la plume pour vous entretenir de nos misères. Mais aujourd'huy que je croy l'autorité du Roy au plus haut point qu'on la puisse considérer, et ses sujets dans une parfaite obeissance, je prans la hardiesse de vous demander vostre secours et à mesme temps la grace de me croyre, avec tout le respect possible, de Vostre Grandeur, Monseigneur, le tres humble et tres obeissant serviteur.

De Borda,
Président et lieutenant général au siège presidial Dax.

À Dax, ce 15 aoust 1665.

CXXIII.

1665. — 19 AOUT.

(Biblioth. de la ville de Bayonne, carton FF 584, n° 138.)

M. DE SAINT-LUC A MM. LES ÉCHEVINS, JURATS ET CONSEIL DE LA VILLE DE BAYONNE.

A Bourdeaux, ce xixe d'août 1665.

Messieurs, J'ay appris avec beaucoup de joye la justice qui a esté faicte dans vostre ville des autheurs de la violence arrivée au mois d'avril; j'avois ordre du Roy d'y envoyer plusieurs troupes. Je suis bien aise que la continuation de vostre zèle et de vostre fidelité, dont j'ay donné des asseurances à S. M., me donnent occasion de ne me servir pas de cette voye rigoureuse, inévitable à ceux qui sortent de leur debvoir. Soyés persuadés qu'en toutes occasions vous recognoistrés que je suis veritablement, Messieurs, vostre tres affectionné serviteur.

SAINCT-LUC.

CXXIV.

1665. — 20 AOUT.

(Biblioth. nation. Mélanges Colbert, vol. 131, f° 513.)

M. PELLOT A M. COLBERT.

Du Mont de Marsan, le 20e aoust 1665.

Monsieur, Je commenceray demain à voir le procès des prisonniers que nous tenons, et je ne perdray point de temps pour les juger bientost.

Le Parlement de Pau ne m'a pas voulu remettre ceux qu'il tient, quoy qu'ils fussent tout à fait nécessaires pour avoir les esclaircissemens entiers de cette rebellion. Je luy ay escrit de ne les point juger qu'il n'aye sur cela les ordres du Roy. Je ne scay ce qu'il fera : s'il sursoit, l'arrest du conseil, que je vous ay demandé, pourroit venir cependant, j'auray grand fondement pour condamner les communautés de Béarn, quoyque ledit Parlement les aye justifiées en quelque façon par son arrest dont je vous envoye copie : mais les condamnations seront inutiles s'il n'y a un ordre du Roy pour les faire payer par logemens de troupes, dont je vous ay escrit amplement par ma dernière, ce que j'estime necessaire non pas seulement afin qu'un pays qui a aussy trempé dans la rebellion ne demeure pas sans punition, mais aussy pour la descharge de S. M., car le fermier, sans cela, aura son recours contre elle pour les grands frais qu'il a avancés, dont il ne scauroit estre payé autrement que par les condamnations des communautez.

Après que j'auray jugé ces séditieux, j'iray à Dacqs faire l'establissement des bureaux : cependant je donne tous les ordres nécessaires pour faire vivre les troupes comme il faut et qu'elles soient le moins à charge qu'il se pourra au pays.

Je suis, Monsieur..... PELLOT.

CXXV.
1665. — 22 AOUT.
(Biblioth. nation. Mélanges Colbert. vol. 131, f° 547.)

M. PELLOT A M. COLBERT.

Monsieur,... Je tenterai pour voir si la ville de Bayonne voudra députer vers S. M. pour réformer la maison de ville. Les habitans ont fait pendre deux seditieux : mais ce n'est pas assez. Il y en a que je leur ay indiquez qui sont plus coupables, et ils doivent prendre cette occasion pour purger leur ville de quelques gens emportez et mal intentionnez. Faisant justice ainsi de tous costez et dans de différents tribunaux, l'on doibt espèrer que l'on esteindra ainsi ce feu de sédition et que l'on pourra donner de la seureté aux bureaux et brigades que l'on veut establir, ce que je tascherai de faire le plus advantageusement qui se pourra pour la ferme du convoy....

Quant à La Burguerie et autres officiers d'Hagetmau de M. le mareschal de Gramont, il n'y a eu aucune abolition pour eux ni pour les autres coupables des désordres. Il est vray que S. M. en a accordé une pour les vallées de Lavedan[1]; mais elle ne s'est pas estendue plus loing, et l'on leur a fait ceste grace à cause qu'elles s'estoient engagées dans la rebellion plus par malheur et inconsidération que par dessein; qu'elles avoient suivi et n'avoient point commencé les désordres. Depuis on ne les a point inquiétées parce qu'elles se sont fort bien conduites et n'ont point receu Audijos ni ses complices, ni ont aucun commerce ni correspondance avec eux. Pour les coupables de Chalosse il n'en est pas de mesme, et surtout lesdits officiers de M. le mareschal de Gramont : ils sont les autheurs et les principales causes de tout le désordre. Nous ne voyons autre chose par les responses des complices d'Audijos dont vous avez eu quelque echantillon. Ils disent que le juge de M. le mareschal de Gramont, ce La Burguerie, son procureur d'office, son greffier, son concierge, publierent partout des lettres d'un nommé Le Roux, maistre d'hostel de M. le mareschal de Gramont, par lesquelles il leur faisoit scavoir, de la part de M. le mareschal et Mme la mareschale[2], qu'on avoit veu les plaintes et procès verbaux que l'on faisoit contre les gardes du convoy, qu'ils en avoient parlé aux fermiers qui les désavouoient, que c'estoit la mer à boire de prendre les voies de justice et que le plus court estoit de leur courre sus et de les chasser. Et adjoustant lesdits complices qu'ils croioient de faire une chose juste et agréable à M. le mareschal de Gramont et à Madame en les assassinant, et que les ordres contraires qui avoient depuis paru estoient mendiés.

Je ne doubte point que ces gens n'ayent abusé du nom de M. le

[1] Nous n'avons retrouvé aucune trace de ces lettres de pardon.
[2] Antoine de Gramont n'était encore que comte de Guiche et lieutenant général des armées lorsqu'il épousa, le 26 novembre 1634, une des nièces du cardinal de Richelieu, Françoise-Marguerite de Chivré du Plessis, fille d'Hector du Plessis, seigneur de Chivré, et de Marguerite de Conan. Le même jour étaient célébrés les mariages des deux autres nièces du cardinal avec les ducs d'Epernon et de Puylaurens. Voici, d'après Tallemant des Réaux, de quelle façon fut décidée l'alliance du comte de Guiche et de Mlle de Chivré. « Le cardinal de Richelieu, « voulant attraper (s'attacher) Puy-Laurens, dit au comte de Guiche : — « Je « vous avois promis Mlle de Pont-Chasteau la cadette, je suis bien fasché de ne « vous la pouvoir donner, et je vous prie de prendre en sa place Mlle du « Plessis-Chivray. » — Le comte de Guiche, qui a tousjours esté bon courtisan, « luy dit que c'estoit Son Eminence qu'il espousoit et non ses parents, et qu'il « prendroit celle qu'on luy donneroit. »

mareschal de Gramont; mais, quoyque je scache qu'il aye depuis donné des ordres fort précis et exprès pour les affaires du Roy, il ont esté inutiles, car il est facile de lascher la bride au peuple; mais, après, l'on ne le peut pas retenir [1]. Nous voyons aussy par les procez que les gentilshommes du pays se sont engagez dans cette rebellion par les mesmes mouvemens : du depuis tous n'ont rendu aucun service, n'ont donné aucun advis, n'ont point fait dire ce qu'ils scavoient, quoyque je les en aye fort pressez : ce qui est une continuation de complicité, il me semble, s'estant fait divers meurtres, pillages et incendies en Chalosse. Neanmoins je ne jugerai point lesdits officiers de M. le mareschal de Gramont, ni ledit La Burguerie, sans ordre. Je luy fais peur seulement, afin d'avoir quelques esclaircissements et quelques secours de luy.

Je tasche de prendre avec le parlement de Pau quelque expedient pour avoir des lumières des complices d'Audijos qu'il détient, croyant que, s'il les punit comme il faut, cela faira autant d'effet que si je faisois ce chastiment. Cependant l'on n'obmet aucun moyen pour attraper Audijos : tant plus l'on pénétre dans sa faction, plus l'on connoit que c'est un homme dangereux....

PELLOT.

Au Mont de Marsan, ce 22 août 1665.

CXXVI.

1665. — 23 AOUT.

(Archives de la ville de Bayonne, FF 584, p. 194.)

M. DE CHEVERRY A MM. LES ÉCHEVINS DE BAYONNE.

Messieurs, M. de Romatet vous aura sans doubte fait scavoir que vendredy dernier M. le mareschal m'aïant fait l'honeur de me rettenir à disner et de me doner à examiner une lettre de M. de St-Luc, escrite à la cour, avec celles de M. d'Artaignan, M. de Favas [2] et du commissaire quy a esté mettre les compagnies en

---

[1] On n'a eu que trop fréquemment à reconnaître la vérité de cette maxime.
[2] Etienne de Lalande, écuyer, seigneur de Favas (*alias* Fabars) et de Saint-Cricq du Gave, commandant pour le Roi du Château-Neuf de Bayonne par

possession dans les chasteaux, sur lesquelles le Roy vouloit l'advis de M. le mareschal, j'en advertis M. de Romatet, affin qu'à l'issue du disner nous peussions parler les deux ensemble à M. le mareschal et luy faire voir le mémoire quy a esté dressé pour la conservation de vos droits, en la garde des clefs de la vile et de doner l'ordre, en l'absence de M. d'Artaignan. Cela feust fait avec succès : et comme mondit seigneur me dit hyer s'estre fort entretenu avec M. Le Tellier sur ceste matière, ils avoient demeuré d'accord que la justice estoit de vostre costé. J'en donay à mesme temps cognoissance à M. de Romatet et convimes qu'il verroit ce matin M. Le Tellier et M. de Louvoy, son fils, s'il se pouvoit, comme il a fait et fort à propos. Il vous rendra raison de son fait. Il y a apparance que ceste affaire sera résolue demain.

J'ay veu, Messieurs, par votre lettre du 15, les deux exécutions qui ont esté faites sans trouble. L'occasion que j'ay eu d'escrire à M. l'intendant m'a donné lieu de mettre dans ma lettre un article, que mon nepveu[1] vous pourra monstrer, pour le suplier de se radoucir envers les autres accusés, quoyque je scache qu'eux et beaucoup d'autres ayent eu de pernicieux desseings contre nous, qui n'avons jamais eu qu'un très grand zèle pour l'honeur et le bien de la patrie.

Je suis de tout mon cœur, Messieurs, vostre très humble et très obeissant serviteur. DE CHEVERRY.

De Paris, le 23 aoust 1665.

CXXVII.

1665. — 26 AOUT.

(Biblioth. nation. Mélanges Colbert, vol. 131 *bis*, f° 630.)

M. PELLOT A M. COLBERT.

Monsieur,.... Je dresseray un projet d'abolition pour ceux qui ont trempé dans les séditions du pays de Chalosse et des environs

---

brevet du 3 février 1664. Il avait succédé dans ce commandement à noble Pierre de Lalande, son père, seigneur de Montaut, Labatut et autres lieux, pourvu de cette charge par lettre du 11 novembre 1627.

[1] Le sieur de Peyrelongue.

que je vous envoyerai incessamment, et aussy mes advis sur la réformation de la magistrature de Bayonne, ayant reçu la delibération de la ville sur ce sujet.

Les communautez du Béarn ont payé entièrement mes condamnations, qui montoient à 49,000 livres, suivant la distribution que j'en avois faite sur elles, tant en amendes, dommages interests que despens, sans que l'on ayt esté obligé d'y envoyer des troupes. Ainsy il n'y a plus rien à faire pour cela, s'il me semble : ce sera à elles d'avoir recours contre les coupables, ou de régaler cette somme sur elles, suyvant qu'elles l'aymeront le mieux. Si elles résolvent de s'adresser aux coupables, je croy qu'elles se donneront beaucoup d'affaires, outre qu'il y a peu d'habitans qui se puissent dire innocens.

Je n'en usay pas ainsy touchant les condamnations que j'ay données cy-devant contre le pays de Chalosse, car je n'en fis payer qu'une petite partie aux communautez et la plus grande aux coupables : mais il y avoit de la différence : car je voulus espargner les communautez qui payent la taille, ayant d'ailleurs des coupables en estat de satisfaire, ce qui n'est pas la mesme chose en Béarn....

PELLOT.

A Bordeaux, ce 26 aoust 1665.

CXXVIII.

1665. — 28 AOUT.

(Archives de Bayonne, FF 58, p. 140.)

M. PELLOT AUX ÉCHEVINS DE BAYONNE.

Messieurs, Je continue d'apprendre que vous avez soin que l'on face bonne justice des séditieux de vostre ville, à quoy je ne vous scaurois assez exhorter pour donner une utile sureté à vostre ville et des marques de vostre zèle et affection au service de S. M.

Je suis, Messieurs, vostre tres humble et obeissant serviteur.

PELLOT.

CXXIX.

1665. — 29 AOUT.

(Biblioth. nation. Mélanges Colbert, vol. 131 *bis*, f° 730.)

M. PELLOT A M. COLBERT.

Monsieur, Plus l'on examine cette rebellion, plus l'on la trouve d'importance et qu'elle a de suite. Le nommé Courtin, que j'ay fait arrester à Bayonne, est convaincu par sa confession et par tesmoignage qu'il avoit grande intelligence avec Audijos, qu'il luy avoit promis assistance et quantité de gens de la ville et qu'ils suivroient ses desseins et ses intentions. Il y a des preuves aussy contre le nommé Coutras que j'ay fait arrester à Bayonne, qu'il faisoit souvent voir des lettres de certains marchands de Paris qui lui mandoient que si Bayonne tenoit bon dans cette occasion et tesmoignoit de la fermeté, toute la Guienne suivroit et peut estre le reste de la France. L'on a descouvert que l'on a envoyé à beaucoup de particuliers diverses lettres tendant à esmotion. L'on m'a asseuré que l'on aura des preuves que les plus séditieux de la populace avoient fait complot d'assassiner les principaux habitans, se saisir des chasteaux et remettre la ville à Audijos qui prendroit ensuite son parti avec l'Anglois ou avec l'Espagnol. Ce qui est fort asseuré et que nous voions par la procédure que nous avons faicte en ce pays, c'est qu'on luy fournissoit force argent de Bayonne et qu'il en eut quelquefois cent pistolles[1]. Plus de deux cents personnes ont quitté Bayonne et par leur fuite ont fait connoistre leur complicité. Enfin les meilleurs et principaux habitans louent Dieu de ce que cette conspiration si dangereuse aye esté descouverte et jugent qu'elle pouvoit estre executée, n'estant pas les maistres de la populace, qui estoit insolente et puissante, n'ayant point esté réprimée dans tous les emportemens qu'elle avoit eus. Ils disent, outre cela, que c'est un grand bonheur que, par le moyen des choses que j'ay faites, l'on aye connu de

---

[1] Suivant M. P. Clément (*Lett., Inst. et Mém. de Colbert*), le louis d'or ou pistole valait, de 1648 à 1683, environ soixante francs de nos jours. Cent pistoles représenteraient donc 6,000 francs environ.

bonne heure le mal et que l'on aye du temps pour y remédier[1]. Ils agissent le mieux du monde pour scavoir la verité de tout ; à quoy je ne manque pas de les exhorter continuellement ; et quand j'iray à Dacqs, j'y ferai conduire ledit Courtin, afin de l'interroger moy-mesme : et cependant j'ay mandé que l'on diffère son jugement. L'on soubçonne fort Lalande[2], procureur du pays, d'estre de cette conspiration ; l'on n'en a pas pourtant encore des preuves. C'est un homme dont je vous ay fait mention par le mémoire que je vous ay envoyé sur Bayonne, il y a quelque temps. Il s'est fait chef et protecteur du peuple : il est inquiet et ambitieux et veut estre le maistre. Il fit, il y a un an, un disner à une maison de campagne où il convia les principaux et les plus seditieux du peuple, qui tous lui promirent amitié et service et d'estre pour luy dans les rencontres. Ainsi l'on juge qu'il est important pour le service du Roy que l'on l'exile par une lettre de cachet dans quelque lieu fort esloigné de Bayonne, et que, par son esloignement, la ville sera en repos et en seureté et que l'on demeslera mieux cette cabale parce que force gens parleront qui ne l'osent pas, par la crainte qu'ils ont de luy.

[1] On devine dans quel but l'intendant grossissait ainsi les faits. A ne lire que ses lettres, à n'écouter que ses rapports, on pourrait supposer qu'il a sauvé l'État du plus grand des périls. Audijos et les malheureux paysans entraînés dans sa révolte ne se doutaient certainement pas de l'importance que, pour faire valoir ses mesures sages et prévoyantes, M. Pellot leur accordait.

[2] La famille de Lalande de Luc, une des plus anciennes du Labourd, était alors représentée par trois frères remplissant diverses fonctions publiques et fils de M. Mᵉ André de La Lande, ancien conseiller du Roi et maître des ports, ponts et passages de la Basse-Guienne. L'aîné des trois, celui visé par M. Pellot, se nommait M. Mᵉ Jacques de La Lande, sieur de Luc et de Beriots, et était pourvu, depuis quelques années déjà, des deux charges de conseiller maître des ports, ponts et passages de Guienne et de procureur du Roi en la sénéchaussée des Lannes (*Arch. départ. de la Gironde*, C 3835). En 1641, il avait été nommé premier échevin de Bayonne, et en 1659 le conseil de ville l'avait député en cour. — La dénonciation de l'intendant, écoutée en haut lieu, valut à Jacques de La Lande un ordre d'exil. Cette disgrâce fut cependant de courte durée, car en 1669 il était de nouveau appelé par ses concitoyens au poste de premier échevin et il remplissait encore les fonctions de procureur du Roi lors de sa mort, arrivée le 16 décembre 1689. Il fut enterré avec pompe dans la chapelle Saint-Laurent de l'église cathédrale de Bayonne. Il avait épousé Claude d'Olce, nièce de l'évêque Jean d'Olce, qui, en 1660, avait béni à Saint-Jean-de-Luz le mariage du roi Louis XIV et de l'infante Marie-Thérèse. (*Arch. de la ville de Bayonne*, GG 17, 20 et 33.)

Cependant nous apprenons qu'Audijos est toujours à Salhen, chez Michel Joan : au moins il y estoit encore le 23 de ce mois, ce que vous pourrez voir par un procès-verbal qui y a esté dressé par ordre du premier président de Pau, lequel agit dans cette occasion avec beaucoup de zèle et d'affection. Ledit Michel Johan demanda à cet homme quand les vallées du Béarn vouloient faire revenir Audijos, auquel neanmoins, par quelque politique, ils ont fait deffenses et à ses gens de porter des armes. Il a trois ou quatre hommes avec luy [1] : il loge chez ce dit Michel Joan et ses gens au cabaret, qui payent fort bien. Il en a tantost plus et tantost moins, car ses gens vont et viennent encore dans le pays. Il me semble que c'est une espèce d'infraction à la paix de tenir ainsy à la veue de la France un scélérat qui a tant fait de maux et que l'on garde afin de luy donner occasion d'en faire de nouveaux. J'ay offert 12,000 livres si on vouloit me le remettre en vie, et je crois que S. M. le trouvera bon : mais je n'ai pas voulu passer cette somme L'on demande pour cela 12,000 escus [2], à quoy je n'ay pas voulu donner les mains sans ordre : sur quoy il vous plaira me faire scavoir les intentions de S. M.

J'ay envoyé un homme exprès en Arragon le demander au vice-roy et luy dire qu'il feroit une chose agréable à S. M., ou en tout cas qu'il le fist arrester et ne le fist remettre ensuite que suivant les ordres du roy d'Espagne. Je ne scai ce que ce voyage opèrera.

Le Parlement de Pau m'a remis les prisonniers, après les avoir

---

[1] C'était sans doute pour empêcher que le nombre des compagnons d'Audijos n'augmenta, que le marquis de Saint-Luc avait rendu une ordonnance prohibant toutes sortes de levées de gens de guerre. Voici ce qu'on lit dans le registre des délibérations de la ville de Bayonne, GG 27, f° 475 : « Conseil tenu le vendredi
« 28 aoust 1665. — Led. jour a esté faict lecture d'une lettre écrite par Mgr de
« Saint-Luc portant à ce qu'il soit peublié une ordonnance qu'il a adressée à la
« ville, faisant deffense à toutes personnes de quelle qualité et condition que ce
« soit de faire levée de gens de guerre, en cette ville ny jurisdiction d'icelle,
« sans l'ordre exprès du Roy, et de s'enroller soubz aucun cappitaine, aux peynes
« portées par lad. ordonnance, laquelle sera publiée à son de trompe et affichée
« par tous les endroicts ou besoing sera. »

[2] Toujours, d'après l'ouvrage déjà cité, la livre ou franc valait 5 fr. de nos jours ; l'écu d'or, 30 francs ; l'écu blanc ou d'argent, 18 francs. Douze mille livres représentaient donc soixante mille francs. Quoique la récompense promise fût réellement énorme, il ne se rencontra pas une âme assez cupide pour livrer celui que le peuple considérait comme son défenseur.

interrogez. Je les renvoyerai, afin qu'il les juge, et je crois bon que l'on fasse exemple de tous costez de ces seditieux. Ceux que je tiens, je *les condamneray* ¹, après demain sans faute : ensuite je m'en iray à Dacqs et vous manderay ce que j'estimeray qu'il faudra encore faire pour le service du Roy en ces pays.

Je suis, Monsieur, etc.

PELLOT.

Au Mont-de-Marsan, ce 29 aoust 1665.

Le sieur de Peyrelongue, nepveu de M. Cheverry, qui m'est venu voir icy de la part de ladite ville, m'a asseuré que tous les principaux habitans souhaitoient la reformation des officiers de ladite ville, ainsi que je vous l'ay mandé, et la suppression des magistrats populaires, sans quoy ils ne pouvoient pas bien respondre du peuple, et qu'à la première nomination il y aura grande caballe et division dans la ville, si S. M. n'y pourvoit. Sur quoy, comme cette nomination se doibt faire à la Notre-Dame de septembre qui vient, je manderai au corps de ville de surseoir cette nomination, afin que S. M. aye le temps de donner des ordres ; et comme la face des choses est changée par la cognoissance que l'on a de cette conspiration, j'estime que S. M. ne doibt plus différer de faire cette réformation, laquelle il m'a asseuré estre attendue et souhaitée de tous les principaux de la ville et des plus gens de bien.

CXXX.

1665. — 3 SEPTEMBRE.
(Archives de la ville de Bayonne, FF 584, p. 144.)

M. DE CHEVERRY A MM. LES ÉCHEVINS DE BAYONNE.

Messieurs, C'est avec beaucoup de joye que vostre lettre du 26 d'aoust m'a aprins que vous estes plainement persuadés des

¹ M. Pellot savait fort bien qu'il ne s'engageait pas à la légère : cinq jours après, le 3 septembre, il annonçait au ministre que les complices d'Audijos *avaient été condamnés*, deux à être roués vifs et trois à être pendus. L'exécution, ajoutait-il, s'était faite le 2 avec grand éclat, à Hagetmau, à l'endroit même où le sieur de Boisset, commandant des gardes du convoi, avait été assassiné. Les

vérités que je vous ay escrit il y a longtemps. Je n'ay gueres accoustume de m'attribuer des choses quy ne me soient bien deues, et de celles là je m'en prive le plus souvent, si l'on agist de bonne foy avec moy. Je loue Dieu, Messieurs, de ce que M. l'Intendant vous a confirmé ce que je vous ay mandé, que vous debviés à la bonté du Roy, par l'intercession de Mgr Colbert, quy est d'estre exempts de troupes et de droits nouveaux. Je souhaiterais de toute mon ame que quelques uns de nos habitants ne se feussent pas laissés préocuper malhureusement soubs un faux prétexte de liberté, que personne ne peut plus aymer que moy, lorsqu'elle s'establist avec rayson et sage conduite. Mais lorsque les sots et les ignorants se veulent mesler de conduire les grands desseings, il ne peut qu'en arriver de grands maux qui tombent indifferament sur tout le monde, ou, par un coup de la Providence de Dieu, les innocens en demeurent exempts et les coupables en sont les seuls punis. C'est asseurément celle là qui nous a conservé et qui donnera aux malintentionnés ce quy leur convient. Je n'ai pas laissé de prier pour eux et serais bien ayse que la justice se radoucit en leur faveur, pourveu que les gens d'honeur et de probité soient en plus d'asseurance qu'ils n'estoient durant la faction.

Vous aurés toute satisfaction dans le réglement que vous attendés. M. de Romatet se donne le soing de le faire expedier, M^{rs} les hommes d'armes y seront comprins. Mgr le mareschal de Gramont l'a ainsi demandé à ma suplication, par la prière que M. de Romatet et Dulivier m'en ont fait. Je crois que nous partirons ensemble mardy prochain.

Je suis, Messieurs, vostre très humble et tres obeissant serviteur.

DE CHEVERRY.

De Paris le 3e septembre 1665.

corps des suppliciés avaient été ensuite exposés partout où d'autres crimes avaient été commis. Les paysans, terminait l'intendant, paraissaient épouvantés de ces diverses exécutions. (*Mélanges*, vol. 131 *bis*, f° 884.)

CXXXI.
1665 — 3 SEPTEMBRE.
(Biblioth. nation. Mélanges Colbert, vol. 131 *bis*, f° 927.)

M. PELLOT A M. COLBERT.

Au Mont de Marsan, ce 3e septembre 1665.

Monsieur, Nous avons jugé les complices d'Audijos; il y en a deux qui ont esté condamnez à estre rouez tout vifs et trois à estre pendus. L'execution s'en fist hier avec grand esclat vers Hagetmau, à l'endroit ou Boisset, commandant les gardes du convoy, fut assassiné. Ensuite leurs corps ont esté exposez dans les endroits ou ils ont fait des assassinats[1]. Nous avons en mesme temps renvoyé trois de ces complices au parlement de Pau, qui n'auront pas, je crois, meilleur sort. J'achèveray de juger les autres accusez que nous tenons et les communautez de Béarn qui sont complices, et dimanche ou lundy je m'en iray à Dacqs faire l'establissement des bureaux : après quoy je renvoyeray partie des troupes. Mais il ne faudra pas laisser encore ce pays sans qu'il y en aye quelques unes.

Il faut espérer que ces exemples y establiront l'obeissance, mais plus encore la disposition du Béarn et de Bayonne de ne donner plus d'assistance à ces séditieux....

PELLOT.

---

[1] « Le 2 de septembre 1665, à Hagetmau, écrit Laborde-Péboué, a esté trois « criminels de pendus, deux de roués et un autre a esté estranglé, lequel estoit « mourt près de quinze jours auparavant et se nommait Pilate. Et environ le « demi septembre, les dragons ont fait une course jusqu'aux montagnes pour « chercher Audijos et autres criminels, et après avoir fait cette grande justice à « Hagetmau, M. l'intendant s'en est allé à Dax. On dit qu'il a fait pouser le « bureau de la gabelle et a demeuré à Dax environ vingt jours, et jusques à la « fin septembre et s'en est tourné à Saint-Seber et y a demeuré quelques jours ; « s'en est allé ensuite vers le cousté de Montauban, mais les gens de guerre sont « demeurés en Chalosse et font de grandes dépenses. » (*Journal*, p. 552.)

CXXXII.

1665. — 3 SEPTEMBRE.

(Archives de la ville de Bayonne, FF 584, p. 142.)

M. DE ROMATET A MM. LES ÉCHEVINS DE BAYONNE.

Messieurs, Je suis surprins de ce que vous me mandés par vostre lettre du 26 du passé que les troupes n'ont pas deslogé, car je ne vous ay point donné de faux advis et je suis bien assuré qu'il y a plus de quinze jours que les ordres pour le deslogement ont esté envoyés; pour ce qui est de l'execution de ces ordres je m'en remets aux puissances [1].

Je cognois par vostre mesme lettre que vous n'avés pas receu celle que je vous ay escrit le 13e dud. mois passé; c'est pourquoy je vous en envoye la minute que j'avois gardé affin que vous jugiés deux choses : la première que je n'ay pas esté négligent et la deuxiesme qu'il est fascheux que ceste lettre aye esté interceptée, outre qu'elle estoit accompagnée de quelques autres dont l'interception ne m'est pas fort agréable. Vous m'avés obligé de me laisser dans la liberté de me retirer, aussy ne me reste-t-il plus rien à faire de ce que vous m'avés recommandé, de manière que je pourray partir avec M. de Cheverry qui est encore icy, son corps déffendant, et j'espère que ce sera dans cinq ou six jours.

Je viens de vous dire qu'il ne me reste rien à faire, parce que j'ay enfin fait dresser l'ordonnance quy nous regle avec ceste nouvelle milice; si j'en eusse esté creu, ceste ordonnance eust esté plus estendue, mais encore n'est pas un petit advantage qu'après que ceux quy la devoyent dresser n'ont pas bien sceu en venir à bout, ils m'ayent permis de les redresser et de les bien mettre dans le fait. Ils me l'ont monstrée ce matin et comme on a voulcu régler toutes choses à la fois, sans s'arrester à votre seul interest, elle contient :

---

[1] Les ministres se plaisaient à leurrer le député de Bayonne d'un fol espoir. Les troupes royales devaient continuer à tenir garnison dans la ville, et les tracasseries de l'intendant étaient loin d'avoir pris fin.

Que les soldats du Chasteau-Vieux porteront les clefs aux portes de la ville pour en faire l'ouverture et fermure, ainsy qu'il estoit accoustumé, et qu'ils veilleront de mesmes sur les estrangers quy entrent dans la ville pour les mener au gouverneur, au lieutenant de Roy et en leur absence à celluy qui commandera dans la ville;

Que le *mot* sera baillé par le premier eschevin, ou celluy qui le représentera, lorsque le lieutenant de Roy sera absent et que le commandant du Chasteau-Vieux l'enverra prendre de luy;

Que les hommes d'armes feront les mesmes fonctions avec leurs archers qu'ils faisoyent par le passé et avant le licenciement de la morte paye. Et qu'enfin le commandant du Chasteau-Neuf sera tenu de reconnoistre et de recevoir les ordres de M. de Favas.

Voilla, Messieurs, la substance de ceste ordonnance de laquelle il vous plairra faire donner advis à Monsieur de Favas, et ne scay pas sy on y adjoustera ou sy on y ostera quelque chose avant la signer, ny ne scay non plus sy on me l'expediera ou sy on l'envoyera à Monsieur de St-Luc, comme il se doit apparemment. C'est ce que jay ordre d'aller scavoir ce soir icy chez Monsieur Le Tellier, a quoy je ne manqueray pas non plus qu'à vous faire tousjours cognoistre que je suis, Messieurs, vostre très humble et obeissant serviteur.

De Romatet.

De Paris, ce 3e septembre 1665.

Depuis que j'ay escrit cette lettre j'ay esté faire un tour chez Monsieur de Louvoy et, l'ayant trouvé seul, je luy ay fait présenter l'ordonnance, laquelle il la leue et raturée en quelques endroits, sans que j'aye peu remarquer quels; et ensuite a commandé qu'on la copiast et, apprès m'avoir dit qu'il la signeroit et qu'il l'envoyeroit ce soir à Monsieur de St-Luc ou à Monsieur Dartagnan, il m'a ordonné de me retirer. Si c'est à Monsieur de St-Luc, j'en auray un duplicata; mais sy c'est à Monsieur Dartagnan il vous sera aisé de l'avoir pour en faire des extraicts.

CXXXIII.

1665. — 5 SEPTEMBRE.

(Biblioth. nation. Mélanges Colbert, vol. 131 *bis*, f° 960.)

L'ÉVÊQUE DE LESCAR A M. COLBERT.

Monsieur, L'application singulière avec laquelle le Roy reigle par luy-mesme toutes les affaires de l'Estat, et les expériences advantageuses que j'ay faittes du support que trouvent de vous ceux qui sont obligés de recourir à la justice de Sa Majesté m'ont fait accepter avec quelque confiance une députation en cour de cette misérable province de Béarn, avec cinq autres de nos compatriotes, tant de la noblesse que du tiers estat [1]. Je croy mesme que le Parlement fera sa députation, puisque nous nous trouvons dans la mesme barque et que sa jurisdiction n'est pas moins blessée que les privilèges de la province violés par les nouveautés qui ont donné lieu à ma députation. Nous envoyons devant M. le baron de Laur, gentilhomme considérable par sa naissance et par son mérite [2], afin qu'il travaille à nous disposer les choses à une prompte expédition. J'ay voulu, Monsieur, vous donner par luy une légère connoissance du sujet de nos plaintes.

Cette province est un pays de coustume et de privilèges [3], et elle

---

[1] C'était en qualité de président des *États de Béarn* que l'évêque de Lescar s'adressait à Colbert. Les États de Béarn, composés des trois ordres, ne formaient cependant que deux corps : le clergé et la noblesse ou grand corps, et le tiers-état. Les États s'assemblaient annuellement, sous la présidence de l'évêque de Lescar, tantôt à Sauveterre, à Pau, à Lescar, à Morlaas. M. Léon Cadier, auteur de plusieurs ouvrages remarquables, a publié une fort belle étude sur *Les États de Béarn depuis leurs origines jusqu'au commencement du XVI° siècle*. (Paris, imprimerie nationale, 1888, in-8°.) — On trouvera encore dans Depping (tome I, p. 603) un *Mémoire* dressé en 1698 par l'intendant Pinon sur la composition, l'organisation et les fonctions des États de Béarn et de Basse-Navarre.

[2] Philippe-Henri de Laur, chevalier, baron de Lescun et de Bonnegarde, seigneur des Prés, Cours et Velligan en Boulonnais, gouverneur des ville et château d'Orthez, mort en 1705.

[3] « En sa qualité de pays d'État, écrit M. L. Soulice (*L'intendant Foucault
« et la révocation en Béarn*, Pau, 1885, in-8°), le Béarn jouissait, même depuis
« sa réunion à la France, de prérogatives qui lui étaient particulièrement chères.
« Aussi, l'institution des intendants fut-elle mal reçue dans la province, et
« Marca, investi le premier de ce titre, eut-il besoin de toute son habileté pour

a esté si jalouse jusqu'à présent d'en procurer l'observation que tous nos Roys, ayant approuvé un zèlle aussi légitime, luy en ont promis le maintien par un serment particulier. Avec ce bouclier, elle s'est toujours déffendue de toute sorte de nouveauté et de charge extraordinaire, et les Roys ont esté si touchés des remonstrances très humbles qu'elle a faittes à LL. MM. sur ce sujet, aux occasions qui s'en sont présentées, que nos privilèges ont esté conservés jusques aujourd'huy, cette province ne s'estant jamais rendue indigne de l'engagement où nos princes ont bien voulu se mettre de les maintenir. J'ay, Monsieur, cette gloire d'avoir porté au Roy la tres humble supplication de cette province pour obtenir de Sa Majesté un serment pareil à celuy de nos Roys, ses predecesseurs, pour la conservation de ses privilèges; et vous pourriés peut-estre, Monsieur, vous souvenir avec quel esclat Sa Majesté eut la bonté de faire ce serment entre mes mains, à Saint Jean de Lus[1].

Cette parolle royale, fortifiée d'un acte de religion aussi authentique, a esté le palladium de nostre fidelité tousjours inviolable vers nostre prince, et nous avoit empechés de craindre de tomber dans aucune des misères dont nous devions espérer d'estre garantis par l'effect de nos privilèges et par la religion du serment de nostre illustre monarque.

Deux de ses principaux priviléges sont que Sa Majesté nous fera rendre la justice dans la province mesme de Béarn, et qu'aucunes léttres, commissions, arrêts, etc., ne pourront estre executés dans la province qu'ils ne soient au préalable visés par le Parle-

---

« en exercer les fonctions sans susciter de conflits. Le président de Gassion, qui « lui succéda en 1640, ne sut point les éviter. Le Parlement lui reprochait « d'avoir accepté, sinon recherché, une charge qui empiétait sur sa juridiction et « portait atteinte à son autorité : les registres secrets nous ont conservé le récit « des scènes auxquelles cette compétition d'attributions donna naissance. » Dans toutes les contestations portées devant le trône, le pays, en rappelant l'édit d'union du Béarn et de la Navarre à la France, fait en 1620, n'omettait jamais d'ajouter que cette incorporation avait été consentie *sans néanmoins déroger aux fors, franchises, libertés, privilèges et droits appartenans aux habitans dudit royaume de Navarre et pays de Béarn.*

[1] En 1660. La confirmation des privilèges du pays devait se faire « à chaque « changement ou avènement des Rois à la couronne de France, pour, par ledit « pays, en jouir de règne en règne, sans limitation d'autres temps. »

ment, et que nos scindics n'en aient eu communication pour pouvoir y former leurs oppositions, au cas qu'il n'y ait rien qui blesse nos privilèges.

Contre le premier, M. Pellot, intendant en Guienne, a faict assigner par devant luy trente-quatre de nos communautés pour respondre à des interrogatoires qu'il leur veut faire au Mont de Marsan, en Guienne, où il est. Le sujet, ou si je l'ose dire, le prétexte de cette assignation est qu'Audejos a passé es paroisses assignées. Hélas! Monsieur, si le zèlle, la diligence et les frais mesmes avec lesquels tous les ordres et tous les magistrats de cette province se sont portés contre ce scélérat estoient connus, nous aurions plus de sujet de nous attendre à des applaudissemens que des punitions.

Dès qu'on a sceu que ce malheureux estoit déclaré criminel, et qu'on l'a sceu en quelque endroit de la province, on luy a couru sus et on l'a réduit à se réfugier en Espaigne. Oui, Monsieur, je puis vous dire avec vérité que ce ne sont pas les dragons du Roy qui ont chassé ce séditieux de cette province; mais c'est le Parlement, la noblesse, la milice et la populasse mesme qui s'est souslevée contre luy partout ou il a passé, après que le Parlement luy a faict connoistre ses crimes. Il est neanmoins vray qu'avant que ce félon eust esté déclaré criminel dans cette province, mesme par M. Pellot, il vint incognito dans quelqu'une de nos villes et y fit quelque petit séjour, les magistrats n'estant advertis de rien et ne se mettant point en peine de le descouvrir. Depuis la déclaration de son crime il a passé dans quelques hameaux ou les misérables païsans, effrayés par une troupe de 30 ou 40 brigands armés, leur ont fourni des vivres, comme ils en auroient fourni aux meurtriers de leurs pères, par l'effect de la force et violence de ces rebelles.

Contre le second privilège, M. le marquis de Sainct-Luc, lieutenant pour le Roy en Guyenne, et en cette qualité ayant neantmoins escrit qu'il avoit ordre du Roy de commander les troupes en Béarn en l'absence de M. le mareschal de Gramont et de M. le marquis de Poyanne, et sans avoir envoyé son ordre et sa commission pour la faire viser au Parlement et la faire publier pour la rendre notoire à la province, y a envoyé six compagnies de dragons : et non seulement M. de Sainct Luc s'est-il attribué ce pouvoir, mais encore M. Podevits en a envoyé une compagnie à Oloron, par une sienne ordonnance.

Ce sont des nouveautés qui destruisent nos priviléges et qui accablent cette pauvre province. J'auray l'honneur de vous le faire mieux connoistre de vive voix et de vous demander vostre protection auprès du Roy.

Je suis, Monsieur, etc....   J., *Évêque de Lescar* [1].

A Pau, ce 5ᵉ de septembre 1665.

CXXXIV.

1665. — 7 SEPTEMBRE.

(Archives de la ville de Bayonne, reg. BB 27, p. 481.)

NOUVELLES ARRESTATIONS OPÉRÉES A BAYONNE. — EXPULSION DE PLUSIEURS HABITANTS SOUPÇONNÉS D'ENTRETENIR DES RELATIONS AVEC AUDIJOS.

Du lundy, VIIᵉ septembre 1665.

Au conseil tenu ledit jour,

Le sieur premier eschevin a dit qu'il a receu de M. Pelot, intendant, ordre de capturer et de s'assurer des nommés Du Bourg, notaire de Port de Lanne [2], et de Gasté, cordonnier; lesquelles captures ont esté faictes et iceux mesmes conduits dans les prisons royaux et remis entre les mains de messieurs les gens du Roy pour en estre faict la procédure necessaire; de tout quoy il donne cognoissance au Corps, comme aussy que le sieur de Rol, député vers M. l'intandant et qui doibt partir, donnera ordre à la conduite de Courtin, prisonnier, qui doibt estre representé audit sieur intandant, suivant ses ordres, et pour l'escorte necessaire le capitaine Boniquart et les soldats du guet y iront;

Et le sieur de Naguille a raporté que, tant luy que le sieur

---

[1] Jean de Salies du Haut, abbé de La Honce, évêque de Lescar, avait succédé en 1658 à Jean Henri de Salettes. Il mourut le 15 avril 1681, à l'âge de 87 ans. « Humble et pieux, il défendit qu'on gravât aucun éloge sur sa tombe : on obéit « à ses désirs et on se contenta d'y inscrire son nom, son titre, son âge et le jour « de sa mort. » (*Histoire de la Gascogne*, par l'abbé Monlezun, tome V, p. 546.)

[2] Arrondissement de Dax, canton de Peyrehorade (Landes).

Duhalde, jurat, ont esté commis pour faire sortir hors la ville, par forme de bannissement, les nommés..... [1], à cause des tumultes et désordres qu'ils ont causé lorsque le hocquetton fut maltraitté, et à cause qu'ils menent mauvaise vie, dans leurs maisons, par l'introduction de personnes mal vivantes, et le délai de vuider estant escheu, il est à présent nécessaire de résoudre la voye à prendre.

A esté deliberé que les dits sieurs commissaires se transporteront aux maisons d'un chascun, à qui ils ont fait commandement de vuider la ville, et que ceux qui n'auront point obey seront contraincts de ce faire par bannissement publiq et esjection de leurs meubles sur la rue.

CXXXV.
1665. — 9 SEPTEMBRE.
(Biblioth. nation. Mélanges Colbert, vol. 131 *bis*, f° 983.)

M. PELLOT A M. COLBERT.

A Dacqs, le 9° septembre 1665.

Monsieur, J'ay condamné les communautez de Béarn à près de 40,000 livres d'amende, de dommages et interests et despens du fermier[2]. Elles sont disposées, à ce que je peux voir, à y satisfaire

---

[1] Les coupables ne sont pas nommés.

[2] Cette forte amende est tour à tour constatée par MM. L. La Caze (*Les libertés provinciales en Béarn*) et P. Courtiades (*Guide des baigneurs dans Salies*). « On pourrait, écrit le premier de ces auteurs, suivre par ordre de date
« l'anéantissement successif de toutes les libertés dont jouissait le pays.... A la
« fin du dix-septième siècle, une seule chose semblait manquer à la gloire des
« intendants et exciter leur zèle : la gabelle n'était pas introduite dans le Béarn.
« Pour obliger la province à demander le sel au Roi, l'intendant Pellot proposa
« de réunir la fontaine de Salies au domaine royal ou de la boucher; une révolte
« l'en empêcha, non en Béarn, mais à Bayonne, *la seule ville de France*, dit
« Pellot, *où les ordres du roi ne sont pas bien reconnus*, cette noble ville, vraie
« commune du Nord par sa forte organisation locale, qui ferma ses portes à la
« Saint-Barthélèmy ! Néanmoins quelques Béarnais furent compromis pour
« avoir secouru secrètement les bandes de l'aventurier Audijos, réfugiées dans
« les environs d'Oloron, et cités à comparaitre devant les tribunaux de Guyenne.
« C'était la première fois que les Béarnais étaient distraits de leurs juges natu-
« rels. En même temps, un régiment de dragons fut envoyé de Guyenne, sous le
« commandement du lieutenant de cette province, sans que la commission
« royale fut enregistrée par le parlement de Pau ; *et le Béarn fut frappé d'une
« amende de 49,000 livres à répartir entre les communautés.* »

si S. M. confirme mon jugement, et pour cet effet je l'envoyerai par le prochain ordinaire à M. de la Vrillière; le fermier n'ayant point d'autre recours, s'il lui manquoit, il reviendroit sur S. M. pour les grands frais qu'il a faits, lesquelz neanmoins j'ay tout à fait modérez. Le parlement de Pau a bien fait aussy son debvoir, car les trois complices que je luy ay renvoyez, il les a condamnez à estre rouez. L'on en a toute l'obligation à M. le premier Président, lequel continue d'agir avec beaucoup de conduitte, d'adresse et de zèle dans cette occasion, et il est bien à propos qu'il plaise à S. M. de luy temoigner qu'elle est particulierement satisfaite.

Nos derniers advis sont qu'Audijos, qui avoit quitté Salhen et estoit allé à 2 ou 3 lieues de là, à cause qu'il avoit appris que l'on avoit formé des desseins contre luy, est retourné à Salhen encore dans la maison de Michel Joan : mais il y est caché. Nous scavons néanmoins qu'il envoye de temps en temps des gens en France pour entretenir ses correspondances ou scavoir des nouvelles. Ainsy je crois que M. Podevits pourra entreprendre de l'enlever par force, quoyque son entreprise pourra peut estre ne pas réussir, à cause qu'il y a six ou sept lieues de montagnes à passer, et qu'il est bien difficile qu'il n'en aye advis. L'on est asseuré de faire une insulte pour le moins à Michel Joan sans aucun risque, et de le chastier ainsy de son audace de faire en quelque sorte une infraction à la paix en retirant ainsy hautement un scélérat armé et attroupé pour faire des courses et des parties en France, quoyque l'on l'aye souvent adverty de n'en user pas ainsy, et fait diverses instances pour le remettre à moy, et mesme je luy ay envoyé un homme exprès pour cela de la part de S. M....

PELLOT.

CXXXVI.

1665. — 16 SEPTEMBRE.

(Biblioth. nation. Mélanges Colbert, vol. 131 *bis* f° 1026.)

M. PELLOT A M. COLBERT.

Monsieur...., Nous prenons tous les jours de ces invisibles complices et compagnons d'Audijos; c'est aussi à quoy nous nous attachons principalement et à exterminer cette canaille [1]. Ce sont tous gens fort vigoureux et estrangement déterminez. L'on a arresté encore depuis peu un nommé Bordieu, un des principaux, qui a esté de tous les crimes. Pour les autres coupables, nous les laissons en paix et commencerons à faire connoistre que pourveu qu'ils servent et soient sages, l'on ne les recherchera plus.

M. Podevits a donné ses ordres pour prendre Audijos à Salhen, en Espagne, ou en un lieu qui est fort proche, où l'on assure qu'il est, et a si bien pris ses mesures que je ne crois pas que les troupes y puissent recevoir aucune insulte. L'entreprise debvoit estre executée hier au matin: nous en recevrons bientost des nouvelles.

J'ai interrogé le nommé Courtin, un des principaux coupables de Bayonne, que j'avois fait venir icy. Ce que je vois par ses reponces de la conspiration, et ce qui est constant, c'est que le nommé Plantier, complice d'Audijos, cabaloit les artisans et les principaux de la populace depuis le mois de décembre dernier pour les attirer dans le parti d'Audijos. Pour cet effet, ledict Plantier avoit fait divers voyages à Bayonne et pendant ledict temps caressoit les habitans, beuvoit et mangeoit avec eux, leur contoit des merveilles d'Audijos et de ce qu'il faisoit, les asseuroit

---

[1] Il importe de dire que peu d'intendants se montrèrent aussi inhumains que Pellot. En 1668, la partie du Roussillon connue sous le nom de Valespir fut aussi le siège d'une révolte provoquée par l'établissement de la gabelle. Dès les premiers symptômes, Colbert écrivit à Macqueron, intendant du Roussillon, qu'il allait envoyer des troupes dans la contrée et qu'il fallait sévir rigoureusement. Celui-ci, qui avait vivement désapprouvé la conduite de Pellot lors des troubles de la Chalosse, se montra également opposé aux vues du ministre: « M[rs] du « Conseil de Roussillon, écrivait-il à Colbert, ausquels j'ay fait lecture de « vostre lettre, estiment qu'on ne doibt se servir qu'à la dernière extrémité des « trouppes pour chastier les peuples et les lieux qui favorisent soubz main ces « miquelets, parceque, disent-ils, on a autant et plus de besoin d'industrie que « de force pour restablir l'authorité du Roy et la gabelle en ces contrées là; qu'il « seroit difficile, en se servant des troupes pour chastier les peuples d'empescher « qu'on ne confondist l'innocent avec le coulpable; et que si les Espagnols « fomentoyent et assistoyent indirectement ces miqueletz, comme il y a apparence qu'ils le feront, la perte de toute cette contrée du Valespir s'en pourroit « ensuivre. » La milice du pays, aidée de quelques troupes régulières, suffit pour apaiser cette insurrection. Il n'y eut ni exécution capitale, ni pendaison publique. Au mois d'avril 1669, l'intendant écrivait que les miquelets étaient entièrement soumis. « La douceur, l'indulgence et la persuasion avoient produit « le meilleur résultat. » (Voyez Depping, tome III, p. 176 et suiv.)

de ses bonnes intentions; que si Bayonne tenoit bon, tout le reste du pays suivroit; qu'il falloit plus tost tous périr que souffrir la gabelle. Et sur cela lesdits habitans promettoient qu'Audijos auroit toute asseurance dans Bayonne quand il y viendroit et qu'ils fairoint tout ce qu'ils pourroint pour l'appuyer; que dans ce tems là je voulus faire pendre quelques complices d'Audijos, ce que l'on empescha, et que trente ou quarante desdits habitans les accompagnèrent hors de la ville pour qu'ils feussent en seureté; qu'enfin Plantier vint à Bayonne quelques jours avant la dernière Feste Dieu, qu'il dit aux principaux qu'il leur fairoit voir Audijos quand ils voudroient, pour conférer avec lui, ce qu'ils acceptèrent s'estant touchez à la main; et se rendirent, au nombre de sept ou huit, dans un lieu esloigné de Bayonne d'une lieue, ou Audijos se trouva avec quinze ou vingt de sa troupe; que là ils beurent ensemble et convièrent avec instance Audijos de venir à Bayonne le jour de la Feste Dieu et que ce jour, pour célébrer la feste, il y a plus de 12 ou 1,500 hommes soubs les armes et lui promettoient qu'il y auroit force amis et toute asseurance. Mais Audijos ne voulut pas accepter ce parti, ni s'engager dans la ville, n'y croyant pas d'y trouver de la seureté; sur quoy ils se separèrent aprés que les dits habitans eurent promis à Audijos qu'ils luy donneroient bonne récompense, s'il continuoit de bien faire; qu'il y avoit plus de cinquante ou soixante habitans de cette faction, lesquels estoint bien en estat d'attirer grand nombre de peuple. Le dict Courtin peut parler avec certitude, car il estoit présent à tout, et estoit quasi de tous les complots et parties qui se faisoient : c'est un sergent de ville. Pour Plantier, c'est un des plus considérables complices d'Audijos, esprit scélérat et adroit, et que Courtin dépeint estre si persuasif que l'on ne se peut deffendre d'estre de ses sentimens. C'est celuy là qui alloit d'un costé et d'autre pour esmouvoir et chercher de l'argent pour Audijos. Nous taschons de l'avoir et luy promettons que l'on luy faira avoir grace afin de sçavoir la vérité de tout. M. l'evesque d'Aire, à qui il a esté, nous a fait espérer de nous le remettre en luy sauvant la vie : je ne scai si cela réussira [1].

[1] Vers la fin de l'année 1666, ce Plantier (et mieux Du Plantier), fait prisonnier par les dragons, fut tué suivant les uns, se suicida suivant les autres. (Voyez

J'establi icy les bureaux; j'y trouve quelques difficultez que j'espère surmonter; elles viennent de ce qu'un chacun ne veut point faire paroistre que l'on contribue à cet establissement qui est fort odieux; mais peu à peu l'on s'habitue à tout, et nous taschons de faire avaler le calice un peu par douceur, un peu par intimidation, en faisant connoistre que les choses ne peuvent pas estre autrement, tant pour la seureté des droits du Roy que pour celle des commis et gardes. Tant y a que dans peu de jours nous espèrons de mettre fin à tout et heureusement, car l'on commence d'estre desabusé de ces scelerats et à nous aider à en purger le pays.

Je suis, Monsieur,.... PELLOT.

A Dax, ce 12ᵉ septembre 1665.

CXXXVII.

1665. — 16 SEPTEMBRE.

(Biblioth. nation. Mélanges Colbert, vol. 131 *bis*, f° 1052.)

M. PELLOT A M. COLBERT.

Monsieur, L'entreprise des dragons pour enlever Audijos n'a pas réussi, M. Podevits n'est pas bien satisfait d'eux et me mande qu'ils n'ont pas executé ses ordres comme il faut [1].

Laborde-Péboué.) — Il est probable que, de même qu'Audijos, ce Duplantier était originaire de Coudures. On aura sans doute remarqué que parmi les signataires de la *délibération* prise par la communauté de Coudures le 14 juillet 1665 et rapportée ci-dessus, p. 264, figurait un Guirault Duplantier, maître tailleur.

[1] Quoique étranger, M. Podevits (de Podewiltz, d'après les Reg. de la guerre) était un parfait courtisan. Colbert ayant été nommé par le Roi, le 26 août précédent, grand trésorier de l'ordre du Saint-Esprit en remplacement du baron de Linières, M. Podevits lui adressait de Saint-Sever, le 6 septembre suivant, la lettre ci-après : « Monseigneur, Il est bien juste qu'estant vostre tres humble
« serviteur, comme je suis, que je prenne part à l'honneur que le Roy vous a
« fait de vous conférer la charge de trésorier de ses ordres. J'espère, Monsei-
« gneur, que vous ne trouverés pas mauvais que je m'interesse dans la joye
« publique de toute la France et que je vous souhaite ardemment mes vœux que
« cette nouvelle dignité, que vous aves si bien mérité par vos soins et par vostre
« labeur continuel pour le bien de tout l'Estat, soit accompagné bientost d'au-
« tres avantages plus grans et plus élevés. Je suis si bien persuadé que vous n'en
« demeurerez pas là, puisque le Roy ne peut jamais choisir une personne qui fust

Ils arrivèrent le 11, suivant l'ordre, à la pointe du jour, à un bois qui est à une petite lieu de Salhen; mais ils y demeurèrent vingt-quatre heures et se retirèrent sans rien faire, au lieu qu'ils debvoient pousser à l'endroit ou estoit Audijos, qui n'en sortit qu'à quatre heures après-midi, à ce que l'on asseure, sur ce que Michel Joan, ayant eu advis de cette marche, le fit sortir du lieu où il estoit et le fit sauver. Tant y a que l'on asseure que l'advis estoit très bon et que l'on ne le pouvoit manquer si l'on eust avancé à luy. Je ne scay pas quelles seront les raisons des officiers des dragons. Ils diront sans doubte qu'ils estoient fatiguez de la grande marche, qu'ils avoient laissé beaucoup de leurs gens par les chemins et qu'ils n'etoient pas en estat d'attaquer. M. Podevits s'informera bien de la verité de ce qui s'est passé, et rendra compte du destail à S. M.

J'ay fait icy l'establissement du bureau du convoy, et l'on commence à lever les droits sans contestation. Je jugeray le nommé Bordieu, un des complices d'Audijos, que nous tenons icy, et il ne sera pas traitté plus doucement que les autres. En voila quinze ou seize qui ont esté pendus, rouez ou tuez dans les occasions[1]; l'on taschera d'en trouver encore. Nous tenons aussi d'autres criminels qui sont des paroisses voisines d'icy, qui ont massacré des gens durant ces desordres, leur faisant croire qu'ils estoient gabelleurs; nous en fairons bonne justice, et j'estime qu'après tant de récidives qu'il faut user de severités.

Pour la Burguerie et les autres officiers de M. le mareschal de Gramont, j'attendray les ordres de S. M., suivant que vous me faites l'honneur de me le mander....

A Dax, ce 16 septembre 1665.   Pellot.

« plus digne ni plus capable que vous. Pour moy, je m'estimeray excessivement
« heureus si par mes tres humbles services je pouvois meriter l'honneur de vos
« bonnes graces et de pouvoir trouver les occasions de vous faire connoistre
« avec combien de respect je suis, Monseigneur, vostre tres humble et tres
« obeissant serviteur. (*Signé*) : Podevits. » (*Biblioth. nation. Mél. Colbert*, vol. 131 *bis*, f° 937.)

[1] Dix-neuf autres victimes doivent, ainsi qu'on le verra, être ajoutées à cette liste déjà bien longue. Dans ce chiffre ne sont pas compris les malheureux paysans tués par les soldats ou condamnés aux galères par l'intendant. A en croire Laborde-Péboué, c'est par *fournées* qu'on les envoyait à la chaîne.

CXXXVIII.

1665. — 17 SEPTEMBRE.

(Archives de la ville de Saint-Sever, reg. BB 4 [1].)

DÉLIBÉRATION DES OFFICIERS DU SIÈGE DE SAINT-SEVER, PROMETTANT DE COURRE SUR AUDIJOS ET SES COMPLICES.

Le dix-septiesme de septembre mil six cens soixante-cinq, estant assemblés dans la maison commune de la ville de Sainct-Sever, à la manière accoustumée : Messieurs de Barry, lieutenant général; de Batz, lieutenant particulier; de Marsan, lieutenant assesseur; Destoupignan et de La Houze, jurat et scindicq; Lacau, Dupoy et autres, bourgeois de lad. ville.

A esté deliberé [2] que nous soubsignés, promettons de courre Audijos et ses complices par toutes voies d'hostilité, de sonner le tocsin, les suivre de communauté en communauté, de nous joindre avec les pays voysins, affin de descouvrir leurs démarches et leurs retraictes et les pouvoir capturer et mettre entre les mains de Monseigneur l'intendant. Nous protestons que s'il arrive de pareilles violences dans l'étendue du présent siège, nous nous employrons de tout nostre pouvoir et raporterons tous nos soings pour empescher de si malheureuses suittes et pour en rechercher les autheurs avec toute l'exactitude et fidelitté possibles; et s'il se rencontroit jamais des personnes quy se missent en estat d'entreprendre de semblables attentats contre les particuliers, quels qu'ils soyent, nous les traiterons comme ennemis publics et leur courrons sus; et sy quelqu'un leur donne retraicte, ayde, support et assistance, nous les poursuivrons par toutes voyes, procurerons une punition exemplaire et fairons toutes diligences pour purger le pays de semblables pestes, ce que nous promettons pour tesmoigner au Roy, en la personne de Monseigneur l'intendant, que nous ne voulons jamais nous despartir du respect qui est dû aux ordres de Sa Majesté, contre lequel nous scavons qu'il n'est jamais permis,

---

[1] Copie transmise par M. Garrigues, professeur au collège de Saint-Sever.

[2] Les termes de cette délibération peuvent avoir été dictés par Pellot, qui, depuis quelque temps, faisait séjour, soit à Dax, soit à Saint-Sever.

au général ni au particulier, de réclamer, lors mesmes qu'on en recoit quelque grief, que par la seule voye des soubmissions et des humbles remonstrances.

(*Suivent les signatures.*)

CXXXIX.

1665. — 19 SEPTEMBRE.

(Biblioth. nation. Mélanges Colbert, vol. 131 *bis*, f° 1081.)

M. PELLOT A M. COLBERT.

A Dacqs, ce 19ᵉ septembre 1665.

Monsieur,... J'ay condamné icy avant hier un homme et une femme a estre pendus, qui doivent estre exécutez à Sendos[1], parroisse de ce pays, dans laquelle ils avoient contribué, avec les autres habitans, à massacrer cruellement dans une esmotion deux sergens qui alloient signifier mes ordres pour la verification des debtes, ausquels il firent croire qu'ils estoient des gabelleurs.

Le complice d'Audijos que nous tenons, dont je vous ay escrit, n'a eu que la peine des gallères perpetuelles. L'on a eu esgard qu'il n'a eu part qu'à peu de crimes, qu'il a bon corps, qu'il a dit

---

[1] Ancienne orthographe de Saint-Dos. Situé aujourd'hui dans le canton de Salies, ce bourg faisait partie du bailliage de Mu.

La condamnation de ces deux malheureux paraît devoir se rapporter à un soulèvement arrivé à Salies et villages environnants, le 11 juin 1665, et dont le *Journal de Laborde-Péboué* (p. 556) nous fournit le récit : « Je vous dirai « aussi que en Béarn y a eu de grands désordres, entr'autres choses le jour de « Saint-Barnabé de l'an 1665. Il y arriba une sédition entre le public à cause de « la gabelle, de sorte qu'à Salies, aux Geous de Lanneplan et en plusieurs autres « bielages, le menu puble se leva l'un contre l'autre, en accusant plusieurs « personnes d'être du parti des gabeleurs, et entr'autres à Salies accusèrent un « homme nommé.... et l'assiégèrent dans sa maison. Mais ne le trubant pas, « prendirent tout ce qu'ils trubèrent dans la dite maison et la pillèrent tout « entièrement. Ces nouvelles furent pourtées à M. l'Intendant qui estoit en « Chalosse, de sorte qu'il fit informer contre ceux qui avaient fait cette sédition, « et, pour faire la paix avec M. l'Intendant, fallut que le pays de Béarn donnast « audit M. l'Intendant 50,000 livres, et encore ne furent-ils pas en repos, car « les officiers du lieu de Béarn en ont décrété plusieurs et en ont tiré beaucoup « d'argent du mesme puble, de sorte que les actions dudit jour de Saint-Barnabé « 1665 coustent dans le Béarn plus de 150,000 livres. »

beaucoup de choses avec ingénuité qui pourront servir, et que nous ne manquons pas d'exemple. A Bayonne l'on doibt condamner aussi le nommé Courtin, dont vous avez entendu parler, qui est un des principaux autheurs des désordres qui y sont arrivez et qui avoit grande correspondance avec Audijos.

Comme ce ne seroit jamais fait qui voudroit punir tous les coupables, le désordre estant quasi général dans tous ces quartiers, pour mettre fin aux chastimens, l'on n'en donne pas à beaucoup de petits maux qui paroissent tels à cause qu'il y en a de plus grands, et l'on les dissimule, ou s'ils viennent à ma connoissance, je ne les chastie que par quelques légères amendes et des despens...

PELLOT.

CXL.
1665. — 24 SEPTEMBRE.
(Biblioth. nation. Mélanges Colbert, vol. 131 *bis*, f° 1152.)

M. PELLOT A M. COLBERT.

A Sainct-Sever, le 24° septembre 1665.

Monsieur, Je suis venu en cette ville pour conférer avec M. le premier Président de Pau et M. Podevits et voir ensemble ce qui reste à faire en ce pays pour le service du Roy.

Quoyque les exemples qui ont esté faits et les précautions que l'on prendra à l'advenir asseureront apparemment l'obeissance et l'establissement des bureaux en ces quartiers, neanmoins, comme les esprits sont fort obstinez et que ces grands désordres pourront peut estre laisser quelques restes, j'estime qu'il n'y aura point de danger que M. Podevits demeure en cette province cet hyver, en cas que S. M. n'en aye pas besoing ailleurs, et qu'il aye pouvoir d'assembler les troupes soubs l'authorité de M. de Sainct-Luc, s'il estoit nécessaire. Quand l'on scaura qu'il sera prest à marcher où il y aura du désordre, cela contiendra un chacun dans son debvoir.

L'entreprise pour enlever Audijos de chez Michel Joan n'ayant point réussi, comme je vous l'ay mandé, l'on n'en tentera plus par force, quand bien mesme l'on scauroit qu'il est à Salhen, car elle seroit inutile à cause de la difficulté des passages, et, qu'estant plus à présent sur ses gardes, il seroit adverti, outre que cela le fait trop valoir et luy donne de la reputation de faire tant de desseins ouvertement sur luy. L'on ne négligera pas neanmoins ceux de l'avoir par addresse. C'est un scélerat dont le parti commence a estre fort descrié, et qu'un chacun abbandonne. En faisant semblant de le négliger, il se destruira encore plus.

Je n'ay pas encore reçeu la lettre du Roy pour exiler le procureur du Roy de Bayonne[1] : aussitost que je l'auray, je le fairay rendre, ce qui donnera asseurément beaucoup de repos à cette ville là.

J'ay receu l'ordre du Roy pour faire payer le Béarn des condamnations que j'ay données contre luy, par logement de gens de guerre. Comme il voit à présent sa faute et qu'il la reconnoit, je crois qu'il ne faudra pas employer beaucoup de force pour l'obliger à satisfaire.

Je suis, Monsieur,....   PELLOT.

CXLI.
1665. — 28 SEPTEMBRE.
(Archives de la ville de Bayonne, CC 853, 111.)

M. PELLOT A MM. LES ÉCHEVINS, JURATS ET CONSEIL DE BAYONNE.

Messieurs, J'ay appris que vos marchands de sel l'enchérissent fort, n'en veulent pas voiturer à Dax et qu'en cela il peut y avoir de la cabale et du complot. Et comme telles voyes pourroient causer du désordre dans le pays, je crois que vous devez prendre garde : ce n'est pas que l'on veuille empescher la liberté du commerce, ny que les marchands vendent leurs denrées ce qu'ils pourront; mais il ne faut pas souffrir qu'il y ayt de mechans desseins.

Je suis, Messieurs, vostre très humble et obeissant serviteur.

PELLOT.

---

[1] Le sieur de La Lande de Luc.

On m'a aussi donné advis que les bateliers et marchans refusent à Dax de donner les declarations du sel qu'ils conduisent et qu'ils ont concerté ensemble pour ce subject. Comme ces declarations ne les chargent de rien et qu'elles ne sont que pour l'ordre du recouvrement des droits, il faudroit aussi, en tant qu'il sera de vous, les destourner de ces caballes.

Au Mont de Marsan, ce 28e septembre 1665.

CXLII.

1665. — 2 OCTOBRE.

(Biblioth. nation. Mélanges Colbert, vol. 132, fo 151.)

M. PELLOT A M. COLBERT.

Monsieur, Je ne scay ce que M. de Poyanne pourra dire pour s'excuser; mais j'estime que s'il n'a pas eu tout à fait le dessein d'entretenir une rebellion qui a esté si obstinée et qui a eu de si fascheuses suites que peut estre il ne prevoyoit pas, que l'on ne scauroit dire autre chose à sa descharge, si ce n'est qu'il a eu une grande et blasmable négligence, qu'il a eu trop grande complaisance pour le pays et a voulu, par l'obstacle que l'on donnoit aux bureaux, en empescher l'establissement et detourner l'aversion générale qu'il croyoit que l'appuy qu'il donneroit à cet establissement luy auroit attiré. Ainsy si S. M. le renvoye bientost dans le pays, comme l'on en parle, il luy faut bien faire connoistre sa faute et que, s'il n'agissoit avec vigueur et de bonne sorte à l'avenir, l'on n'auroit plus d'indulgence pour luy.

Nous avons aussi trouvé de nouvelles preuves contre le vicomte de Poudens : car, outre la part qu'il a eue aux premiers attroupemens et rébellions, il a eu trois conférences avec Audijos depuis le meurtre de Boisset, commandant les gardes du convoy, et de La Cassagne, brigadier, et l'incendie et pillage de sa maison, qui sont les crimes principaux et les plus esclattans. Ce sont les complices d'Audijos qui estoient présens, qui le confessent. Ainsy il y a de quoy faire son procez, si S. M. le veut. Il est d'autant plus blasmable d'en avoir ainsy usé estant scyndic de la noblesse du

Béarn. Depuis et vers le mois de juillet dernier, il a eu des ordres du Roy pour prendre Audijos..., mais M. le premier président de de Pau dit qu'il a de grandes conjectures pour faire voir qu'il n'est pas mesme allé de bon pied dans cette occasion, et que de laisser les autheurs impunis ce n'est pas remedier à la cause du mal.

J'estime que les habitans de Bayonne députeront vers S. M. pour la réformation de leurs magistrats : au moins tous les principaux qui me sont venus trouver m'ont témoigné le souhaitter ardemment, d'oster au peuple la part qu'il a au gouvernement, de le rendre plus soumis et de le mettre hors d'estat de pouvoir nuire, et bientost je vous en feray scavoir des nouvelles.

Je crois qu'outre cela il sera bon que S. M. prenne encore quelques seuretez dans Bayonne. Il y a deux chasteaux, le *chasteau Vieux* et le *chasteau Neuf*[1]. Dans le chasteau Vieux, où loge ordinairement M. le mareschal de Gramont, il y a deux compagnies d'infanterie et il y a une sortie hors la ville. Dans le chasteau Neuf, il n'y a point de sortie hors la ville et l'on n'y a mis qu'une compagnie d'infanterie, quoyqu'il soit plus grand que l'autre et mesme plus important, parce qu'il commande tout à fait la ville et est dans un endroit où il y a du peuple. Ainsi l'on juge qu'il sera bon d'y mettre encore une compagnie d'infanterie et qu'il sera fort à propos de luy donner une sortie hors la ville....

PELLOT.

A Sainct-Sever, le 2 octobre 1665.

---

[1] Édifié par les Romains, le château Vieux (*Castellum romairo*) fut en grande partie reconstruit et augmenté du donjon central sous l'épiscopat de Raymond de Martres.

Le château Neuf, reconnu nécessaire après la conquête de Bayonne par les Français, ne se composa tout d'abord que de deux grosses tours rondes, commandant la ville et la campagne : le château proprement dit ne fut définitivement achevé que sous Charles VIII.

CXLIII.

1665. — 4 OCTOBRE.

(Biblioth. nation. Mélanges Colbert, vol. 132, f° 192.)

M. PELLOT A M. COLBERT.

A Sainct Sever, le 4° octobre 1665.

Monsieur, Si l'entreprise contre Audijos a manqué, j'estime que les Espagnols ne se peuvent pas plaindre avec raison, car les troupes n'ont fait que paroistre sur la frontière et n'ont fait aucun domage à qui que ce soit. Mais je trouve que l'on a bien juste sujet de se plaindre d'eux, d'avoir donné si longtemps retraitte à un scélérat qui estoit attroupé et armé, et qu'ils ne gardoient qu'afin qu'il peust prendre son temps de faire des courses et des ravages en France. L'on dit qu'il n'est plus sur la frontière et qu'il s'est avancé en Espagne.

L'on me mande que ceux du Béarn ne payeront que par force : ainsy nous allons y envoyer des troupes, et l'arrest du conseil que vous me faites espérer sera bien nécessaire pour les désabuser qu'ils puissent se deffendre des condamnations que j'ay données contre eux....

PELLOT.

CXLIV.

1665. — 5 OCTOBRE.

(Archives de la ville de Bayonne, BB 110, p. 31.)

M. PELLOT A MM. LES ÉCHEVINS DE BAYONNE.

Messieurs, Sa Majesté estant informée qu'il y a des désordres dans le gouvernément de vostre ville, et souhaittant qu'elle soit réglée comme les autres villes de son royaume, m'a ordonné de vous escripre que vous eussiez à faire assembler les principaux habitants pour député vers Sa Majesté, affin que, sur les advis qui luy seront donnez, Elle puisse résoudre cette réformation en connoissance de cause ; et si vous voulez espargner les frais que cousteroit une députation, vous pourrez envoyer à Sa Majesté un mémoire, ample et instructif, de la manière dont vostre ville est gouvernée, et ce que l'on jugera nécessaire debvoir estre augmenté ou diminué pour vostre bien et repos et pour le service de S. M. dans le règlement qui se fera; ce pendant les consuls et jurats qui sont en charge exerceront. Quant à moy, dans cette occasion et dans toute autre, je vous feray toujours connoistre combien passionnément je suis, Messieurs, vostre très humble et très obeissant serviteur.

PELLOT [1].

A Bordeaux, ce 5 octobre 1665.

CXLV.
1665. — 12 OCTOBRE.
(Archives de la ville de Bayonne, BB 110, p. 31.)

M. PELLOT A MM. LES ÉCHEVINS DE BAYONNE.

Messieurs, Ce que j'ay à respondre à vostre dernière lettre c'est que vous devez prendre vostre résolution sur la volonté de Sa Majesté que je vous ay fait connoistre, touchant vostre magistrature, et que vous devez ensuite attendre ses ordres, sans songer à proceder à une nouvelle nomination. J'adjousteray encore que, comme par la déposition des complices, le désordre a esté plus grand que vous ne croyiez et a esté sur le point d'avoir de tres fâcheuses suittes, préjudiciables au service de Sa Majesté et à vostre repos et sureté particulière, que vous ne devez point vous relascher de la severité pour en punir les autheurs, et ceux qui y ont eu le plus de part; et comme parmi ce nombre l'on m'assure qu'il y a des *vignerons* et des *femmes*, il importe que la punition s'étende sur

---

[1] Le 12 octobre, le sieur Du Vergier de Bellay, premier échevin, donnait connaissance de cette lettre à la municipalité bayonnaise. Sur l'heure, on décidait que tous les bourgeois notables de la ville seraient convoqués pour le vendredi 18 octobre et que, en cette assemblée, on voterait les mesures à prendre contre cette nouvelle attaque de l'intendant. On trouvera, quelques pages plus loin, le procès-verbal de cette réunion.

tous, en sorte que Sa Majesté en soit entièrement satisfaite et que les peuples soient maintenus dans une parfaite obeissance.

Je suis, Messieurs, vostre très humble et très obeissant serviteur.

PELLOT.

A Bordeaux, ce 12ᵉ octobre 1665.

J'exempteray les habitans de la paroisse de Sᵗ Estienne de la contribution qu'ils fournissent à Dax, et envoyray pour cela une ordonnance au Sʳ Labaune, commis à la recette.

CXLVI.
1665. — 16 OCTOBRE.
(Biblioth. nation. Mélanges Colbert, vol. 132, f° 411.)

M. PELLOT A M. COLBERT.

Monsieur, L'on a pris encore depuis peu des complices d'Audijos : ils se livrent les uns les autres. L'on promet grace à ceux qui en usent ainsy, soubz le bon plaisir de S. M., et l'on ne s'attaque qu'à ceux qui ont trempé avec luy dans les meurtres et dans ses crimes : c'est le bon moyen pour exterminer cette canaille. Neantmoins tous nos advis portent, et l'on ne doubte pas qu'Audijos ne soit retourné en Chalosse : l'on ne temoigne pas de le croire, l'on fait pourtant soubz main toutes les diligences possibles pour le trouver. Je ne crois pas qu'il puisse faire grand mal à présent; car ayant perdu tous ses gens quasi, il aura de la peine d'en trouver et n'aura guères plus doresnavant le pays favorable.

Les communautés de Béarn, à ce que l'on me mande, se disposent à payer mes condemnations. Aussitost que cela sera, l'on fera partir la plus part des troupes et l'on laissera seulement dans la Chalosse deux compagnies de dragons, et dans Sᵗ Sever deux compagnies, et trois dans la ville de Dacqs, lesquelles troupes il n'y aura pas de danger qu'elles y demeurent cet hiver, s'il n'arrive autre chose, et si S. M. n'en a pas besoing ailleurs.

L'on a arresté par mes ordres, dans les vallées de Lavedan, M. Jean de Lanusse, prestre, que l'on a mis dans le chasteau de

Lourde. Il estoit un des principaux autheurs de la rebellion des vallées, alors que nous y fusmes, M. de St Luc et moy, mais qui, depuis l'abolition qui a esté donnée ausdictes vallées pour ce sujet, a eu, à ce que l'on prétend, grand commerce avec Audijos. L'on taschera d'en descouvrir la vérité; mais ce qui est de meilleur dans cette capture, c'est que les habitans des dictes vallées l'ont faicte sur mon ordre, ce qui marque leur parfaite et véritable soumission....

PELLOT.

De Bordeaux ce 16e octobre 1665.

CXLVII.

1665. — 18 OCTOBRE.

(Archives de la ville de Bayonne, BB 27, f° 507.)

LE CONSEIL DE VILLE DE BAYONNE, INVOQUANT L'ARRÊT RENDU PAR LE GRAND CONSEIL EN L'ANNÉE 1636, DÉCIDE QUE LE ROI SERA SUPPLIÉ DE N'APPORTER AUCUN CHANGEMENT DANS LE MODE D'ÉLECTION DE SES MAGISTRATS.

Du vendredy, 18 octobre 1665.

Au Conseil tenu ledit jour....

Le sieur Jean Du Vergier de Belay, premier échevin, a représenté que cette assemblée a esté convoquée pour satisfaire à l'ordre de Monseigneur l'Intendant, contenu dans la lettre qu'il a fait l'honneur d'escrire à la ville le sixiesme de ce mois, par laquelle il marque que le Roy, estant informé qu'il y a des désordres dans le gouvernement de ladite ville et souhaitant qu'elle soit réglée comme les autres villes de son royaume, S. M. entend qu'on deputte vers elle affin que sur les advis qui luy seront donnés par les depputés elle puisse résoudre une réformation avec coignoissance de cause, ou bien que si on désire espargner les frais d'une députation on envoye à S. M. un *Mémoire* ample et justificatif de la manière dont la ville est gouvernée et de ce que l'on jugera debvoir estre augmenté ou diminué pour le repos de la ville et pour le service de S. M., et ce pendant que les échevins et jurats qui sont en charge continuent d'exercer, de sorte qu'il est question d'aviser à ce qu'on doit faire pour satisfaire à la volonté du Roy et à l'ordre susdit de Monseigneur l'Intendant; sur quoy lecture ayant esté faicte de ladite lettre de Monseigneur l'Intendant, ensemble d'une autre subséquente du douziesme de ce dict mois, par laquelle Monseigneur faict cognoistre à la ville qu'on ne doibt point songer à une nouvelle eslection jusques a ce qu'on ayt satisfaict à l'ordre susdit et receu ceux de S. M. et, chascun des assistans ayant raisonné et oppiné à tour de rolle, leur raisonnement a esté que s'estant autrefois meu quelque contestation entre les bourgeois et les artisans de la ville sur le faict du gouvernement d'icelle et de l'ordre de la magistrature et des eslections en conséquence d'un certain règlement faict en l'année 1489 et y ayant eu sur ce procès au Conseil du Roy, tous les différens sur ce meus furent terminés en l'année 1636 par le moyen de certains articles servant de nouveaux règlemens qui furent dressés du commun consentement des bourgeois et habitans de la ville et homologués et authorisés par arrest dudict Conseil du deuxiesme de janvier audict an; despuis lequel temps lesdits bourgeois et habitans ont vécu paisiblement soubs la foi et aux termes dudict nouveau règlement sans qu'il y soit jamais arrivé aucune sorte de désordre ny de trouble au suject d'icelluy, ny aucun desdits bourgeois et habitans ay tesmoigné en estre mal satisfaict, — sur lequel dit raisonnement qui a esté commun et unanime, il a esté aussi deliberé unanimement et d'une commune voix que, pour tous mémoires du gouvernement de la ville, on envoirra au Roy ledit règlement de l'année 1636, lequel a esté inviolablement observé jusques à présent, et que la ville désire, soubs le bon plaisir de S. M., observer aussy à l'advenir sans qu'elle trouve qu'il y aye rien à adjouster ny diminuer, et que pour obtenir cette grace de Sa dite Majesté on suppliera Monseig^r l'Intendant de vouloir se rendre médiateur envers elle et luy remettre ledit règlement avec cette protestation que, s'il plaist au Roy de refformer ledit règlement et establir d'autres ordonnances pour le faict de leur magistrature ou du gouvernement de la ville que ceux qui sont portés par icelluy, on les recevra avec la mesme obeyssance qu'on a tousjours rendu aux commandemens de S. M.

CXLVIII.

1665. — 22 OCTOBRE.

(Biblioth. nation. Mélanges Colbert, vol. 139 *bis*, f° 602.)

M. PELLOT A M. COLBERT.

Monsieur...., Le sieur Saint-Paul, vice sénéschal des Lannes [1], estant homme qui s'est tousjours très mal acquitté de son employ et n'a faict aucun debvoir pendant ces derniers désordres de la Chalosse, qui est de son département, auquel il y avoit lieu ainsy de faire le procez, neanmoins, par un traittement plus doux, je l'ay obligé seulement de se deffaire de sa charge en faveur du sieur Laralde [2], qui est son lieutenant, lequel est homme de bonne naissance, très vigilant et très vigoureux, a fait force bonnes actions et a rendu tous les services que l'on pouvoit désirer de luy pendant le cours de ces séditions passées....

PELLOT.

A Bordeaux, ce 22 octobre 1665.

CXLIX.

1665. — 30 OCTOBRE.

(Biblioth. nation. Mélanges Colbert, vol. 139 *bis*, f° 740.)

M. PELLOT A M. COLBERT.

Monsieur...., Je vous envoye un nouveau mémoire touchant la magistrature de Bayonne, accompagné d'un nouveau projet

---

[1] David de Saint-Paul, conseiller du Roi et vice-sénéchal des Lannes, Bas-Albret, Soule et pays de Labourd. — La famille de Saint-Paul était grandement considérée pour son ancienneté, sa noblesse et ses services (Voy. *l'Armorial des Landes*, tome I, p. 299). Cette même charge de vice-sénéchal avait été successivement remplie par Bernard et Jean de Saint-Paul, père et grand-père de David.

[2] M. M° Arnaud de Larralde, écuyer, mort le 30 janvier 1675.
Pourvu par lettres données à Paris, le 9 janvier 1666, le sieur de Larralde prêtait serment de fidélité le 19 du même mois, devant les maréchaux de France, au siège général de la connétablie, à Paris. Dès le 16 novembre 1665, il avait versé entre les mains des receveurs des revenus casuels la somme de 1,320 livres pour la finance de cette charge, et celle de 432 livres pour le droit de marc d'or. (*Archiv. départ. de la Gironde*, Reg. des Trésoriers, C 3841, f° 5.)

d'arrest, de la délibération de la ville, une copie de la lettre qu'elle m'a escritte et un règlement du Conseil, fait en 1636, sur la nomination de leurs magistrats. Les habitans n'ont pas député vers S. M. pour éviter les frais d'une députation ; mais, par leur délibération, vous verrez comme ils s'en remettent à ce qu'il plaira à S. M. d'ordonner. J'ay adjousté quelque chose par ce mémoire et ce projet à ceux que vous avez receu cy-devant, comme vous pourrez remarquer, si vous prenez la peine de les confronter. Je les ay dressez entièrement sur les esclaircissemens et sentimens que m'ont donnez Messieurs de Cheverry, Lespés, lieutenant général[1], Peyrelongue et les principaux bourgeois et habitans qui s'ouvrirent à moy quand j'étois à Dacqs, qui tous demeurent d'accord que cette reformation est absolument nécessaire, tant pour le service du Roy que pour le repos de la ville, et une meilleure administration de son revenu. Ledit sieur de Cheverry, estant sur les lieux[2], a recounu que le mal estoit plus grand et plus à craindre que l'on ne s'estoit imaginé et qu'il estoit tres nécessaire d'y apporter de bons remèdes....

PELLOT.

Ce 30 octobre 1665.

CL.

1665. — 9 NOVEMBRE.

(Biblioth. nation. Mélanges Colbert, vol. 133, f° 182.)

M. PELLOT A M. COLBERT.

A Sainct-Sever, le 9 novembre 1665.

Monsieur, Comme l'on a veu que le calme est à présent dans le pays de Chalosse et pays circonvoisins, l'on les descharge de quasi

---

[1] Joseph de Lespés de Hureaux, dont on trouvera une longue lettre sous la date du 5 décembre 1665.

[2] M. de Cheverry était rentré à Bayonne depuis environ un mois. Le 25 septembre, « sur l'avis que la municipalité avait receu de sa prochaine arrivée », il fut délibéré en séance publique « que les sieurs de Rol, échevin, et de Harria« gue, jurat, iroient, au nom dudit corps, le saluer et le remercier de tout ce « qu'il avoit fait pour la ville. » (*Archiv. de Bayonne*, BB 27, f° 502.) Le 23 novembre suivant, le corps de ville décidait à l'unanimité qu'une *récompense de trois mille livres* serait offerte audit de Cheverry. (*Ibid.*, p. 519.)

toutes les troupes qui y estoient. Cependant l'on n'obmettra rien pour maintenir ledit pays dans la tranquillité, tant par l'abolition qu'on leur donnera que par la réformation de la magistrature de Bayonne et autres moyens que l'on pratiquera, à quoy l'arrivée de M. de Poyanne servira beaucoup, paroissant estre autrement disposé qu'il n'a esté. Ainsy, quand il plaira à S. M. oster les troupes de cette province, elle le pourra, en y laissant neantmoins celles qui y ont tousjours esté.

Quant à la dicte abolition, je vous en aurois deja envoyé le projet, mais c'est que l'on ne s'estoit pas encore déterminé au nombre des coupables que l'on juge debvoir estre reservez par ladicte abolition, tant pour Bayonne que pour la Chalosse, ce qu'il a fallu faire avec les principaux habitans de Bayonne et ceux qui ont soing des affaires du convoy, estant leur intérest, et nous estimons que le moins de coupables que l'on pourra réserver, ce sera le meilleur, d'autant que la plus part viennent à reconnoistre leur faute....

Pellot.

CLI.

1665. — 10 NOVEMBRE.

(Biblioth. nation. Mélanges Colbert, vol. 133, f° 240.)

M. DE LAVIE A M. COLBERT.

Monsieur, Ce feust pour moy un redoublement de mal de n'avoir peu vous rendre par le dernier ordinaire les tres humbles remerciemens que je doibs à la bonté qu'il vous a pleu me tesmoigner par la lettre dont vous m'avés honoré. La surprise violente d'une maladie qui se rendit extreme en peu de temps m'en ota la liberté, mais ne diminuera rien, Monsieur, de la reconnoissance que j'en auray tousjours. Je me tiendrais glorieusement récompensé de tout ce que j'ay peu porter de soin et d'affection dans l'affaire d'Audejos d'avoir peu mériter quelque approbation de vostre part. Vous aves voulu par un excès de générosité me prouver celle de S. M. pour ma conduite qui est le dernier advantage que se puisse proposer un sujet et un officier; vous vous estes engagé par ce premier bienfaict à un second qui est de ne vous pouvoir empescher de me regarder, s'il vous plaist, dorénavant, comme une personne que vous vous êtes acquise absolument par une grace de cette nature.

Nous avons eu despuis quelques jours de nouvelles alarmes du retour de ce malheureux dans le royaume. Il est bien asseuré qu'il a disparu en Espagne, ce qui se confirme beaucoup avec d'autres circonstances des lieux où il a paru la vérité de son retour. Il ne se faict pourtant aulcun bruict de luy despuis sept ou huict jours, ce qui me fait espérer que ce ne sera rien et me faict douter s'il sera allés se cacher à Paris, comme quelqu'un a dict, ou s'il sera sorti du royaume par l'autre extremité. Nous ne relaschons rien de nos soins pour y veiller et pour le faire prendre s'il paroist, et comme peu de jours nous éclaircirons la dessus, je me permets de la bonté de S. M. qu'elle agréera que, suivant la congnoissance que j'en ay donnée à M. Du Plessis, j'aille faire un tour pour revoir ma famille et mes affaires à Bordeaux, où, sans cette occasion, beaucoup de necessaire de mes vignes m'appeloient il y a long tems. Je vous y demande la continuation de vos faveurs et celle d'estre creu de vous comme je le seray toute ma vie, avec respect et reconnoissance, Monsieur, vostre très humble et très obeissant serviteur.

LAVIE.

De Pau, ce 10ᵉ novembre 1665.

CLII.

1665. — 16 NOVEMBRE.

(Biblioth. nation. Mélanges Colbert, vol. 133, f⁰ 382.)

M. PELLOT A M. COLBERT.

Monsieur,... Je vous envoyeray sans faute, l'ordinaire prochain, le projet d'abolition pour ceux du pays de Chalosse et pays circonvoisins. J'ay différé jusques à présent parce que les habitans de Bayonne ont souhaitté qu'elle ne parust pas sitost et qu'il falloit attendre les noms de certains compagnons d'Audijos qui ont reconnu leurs fautes, afin qu'il y en aye moins d'exceptez par l'abolition. Je ne doubte pas qu'elle n'achève (avec les autres précautions que l'on prend) d'affermir la tranquillité dans lesdicts pays : car quoy qu'on dise qu'Audijos y soit rentré, je crois que, dans la disposition où tout le monde est à présent, qu'il ne se fera pas grand mal, qu'il aura peu de gens pour luy et qu'il sera pris ou bien tost chassé. Ainsy l'on ne laissera pas de descharger ledit pays de troupes et le laisser sur sa bonne foy pour voir comme il fera.

PELLOT.

A Sainct-Sever, le 16 novembre 1665.

CLIII.

1665. — 20 NOVEMBRE.

(Biblioth. nation. Mélanges Colbert, vol. 133, f°, 466.)

M. PELLOT A M. COLBERT.

Je vous envoye, Monsieur, le projet d'une abolition que j'ay dressé en faveur des habitans de Chalosse et pays circonvoisins. J'ay fait une deduction sommaire du faict, en obmettant quantité de circonstances. J'ay excepté seulement Audijos et trois ou quatre pour le pays de Chalosse, qui sont les principaux et les plus dangereux, et pour Bayonne, cinq ou six que m'ont nommé les habitans les mieux intentionnez, ausquels il faut croire, puisque c'est leur fait et qu'ils ont la garde de la ville et doivent connoistre ceux qui en peuvent troubler le repos. J'ay cru n'en devoir excepter que fort peu et en destacher tous les autres qui estoient de leur bande et qui sont la plus part desja venu reconnoistre leur faute, afin que le reste fut moins à craindre et ne peust pas former une troupe qui pourroit encore peut-estre faire du mal. J'ay fait mention de ceux qui ont bien servi, et mesme de ceux de M. de Poyanne, afin de les obliger tous à continuer si l'occasion s'en présentoit. J'ay deschargé les coupables des condamnations données tant par la cour des Aides de Guienne que par mes jugemens donnez l'année dernière en faveur des anciens fermiers, parce qu'ils n'ont fait pour cela aucunes diligences dans le temps, qu'il n'y en a quasi rien eu de payé et que j'estime qu'il faut laisser le pays en repos. Mais pour les condamnations données, tant par le Parlement de Pau que par les officiers de Bayonne, que celles qui sont portées par mes jugemens rendus la présente année, j'estime qu'elles doibvent estre acquittées, parcequ'il n'en est quasi rien du de reste, qu'on est résolu et disposé à y satisfaire complètement; que ce qui est dû l'est en partie aux gens qui ont souffert du dommage pour l'interest du Roy et que les officiers de Bayonne m'ont prié, pour ce qui les regarde, que leurs habitans n'en fussent pas exempts,... laquelle abolition achèvera d'affermir ledit pays dans l'obeissance et le repos. Mais comme M. Podevits le quitte, et que S. M. aura besoin de ses troupes ailleurs et que ledit Audijos est assez obstiné pour y retourner et tascher d'y apporter, s'il peut, du désordre, j'estime qu'il sera bon que S. M. donne des ordres à M. le marquis de St Luc et à M. le marquis de Poyanne pour destacher des compagnies qui sont en garnison à Dacqs, Bayonne, Lourde, Navarreins et Sainct-Jean-Pied-de-Port, des hommes, scavoir : douze à quinze hommes par chacune des dites compagnies qui sont dans lesdites places, pour s'en servir quand ils en auroient besoing. Il faudra, outre cela, que S. M. eust agréable de leur mander qu'ils eussent à agir d'un concert entier dans cette occasion et qu'elle chargeast principalement et expressement M. de Poyanne de tenir ces pays en repos et en seureté, cé qu'il faira sans doubte à présent, s'il le peut. Je ne parle pas seulement du Béarn et de la Basse Navarre, dont il est gouverneur, mais j'entens aussi de la Chalosse et autres pays circonvoisins, quoyque du gouvernement de Guienne, où peut survenir du désordre, puisqu'il est gouverneur de Dacqs et St Sever, qu'il y a beaucoup de terres, de biens, de crédit et d'auttorité et qu'il est tousjours sur les lieux.

Le bruit qu'Audijos soit retourné dans ledit pays ne se confirme pas. Si cela est, il faut qu'il soit bien caché, car l'on l'a cherché de tous costez, et peut estre ç'a esté pour faire une tentative et voir comme il y seroit receu : mais j'estime qu'il n'y pourra plus faire grand mal, car l'on luy a osté quasi tous ses gens, et le pays ne luy est plus favorable. L'on me mande aussy de différents endroits qu'il a eu diverses conférences avec le vice roy de Navarre, ce qui pourroit bien estre, car les Espagnolz donnent assez facilement dans semblables desseins peu fondez, et pourroient bien hazarder quelque argent pour essayer s'il ne feroit point quelque chose, outre que je vois, par des lettres de ce Michel Joan, dont l'on a parlé diverses fois, et d'autres qui sont venues d'Espagne, qu'ils taschent de le faire passer pour un homme d'importance et extraordinaire; mais j'espere que, s'ils ont ces pensées, qu'ils se tromperont dans leurs mesures et se trouveront abusez....

PELLOT.

Au Mont de Marsan, ce 20ᵉ novembre 1665.

CLIV.
1665. — 23 NOVEMBRE.
(Biblioth. nation. Mélanges Colbert, vol. 133, f° 529.)

M. DE LAVIE A M. COLBERT.

A Bordeaux, ce 23ᵉ novembre 1665.

Monsieur, Je croirais manquer à mon devoir si je ne vous rendois conte du voyage que je suis venu faire en ce païs pour y voir ma famille et y donner quelque ordre à mes affaires ruinées par mes absences. Jé ne seray pas parti du Béarn dans un temps où nous avions receu quelques alarmes que le misérable Audejos y estoit revenu, si je n'eusse eu certitude qu'il n'y estoit pas. J'ay dict à Monsieur Pellot, arrivant en cette ville, qu'un des complices de ce bandit, qui avoit prins son nom et formé quelque attroupement, fut tué trois jours avant mon départ. Il s'appeloit Prim, et avoit été decreté et par le parlement de Pau et par Monsieur Pellot, et un homme, auquel il avoit faict du mal et menacoit d'en faire davantage, le voulant saisir en vertu de ces décrets, le tua, asses mal dans la forme, mais non pas sans qu'il eut mérité de périr ainsin. Je crois donc pouvoir repondre, Monsieur, qu'Audejos n'est point en Béarn et qu'il n'y trouvera point de retraicte, et ce qui reste de sa faction ne subciste plus que par la crainte du chastiment qui oblige quelques miserables de sa troupe à se tenir unis et à chercher quelques lieus à se cacher. L'amnistie dissipera sans doute ces misérables restes, dans laquelle je soubscrips fort aux sentimens de M. Pellot qu'il suffit d'excepter trois ou quatre des attroupés; mais je n'ay peu traicter avec luy l'article des autheurs et soutiens secrets de l'entreprise dont Audejos n'estoit que l'executeur, et croy, Monsieur, qu'il y a beaucoup à délibérer s'il n'en faudroit pas excepter quelqu'un. On m'a fort pressé de m'accomoder avec ceux que nous avions décrétés, à quoy j'ai répondu que, quand ils auroient faict leur paix avec S. M., je n'aurois aucune difficulté à reprendre avec eux la mesme amitié dans laquelle nous estions auparavant. J'eus l'idée d'en digérer ces choses avec Monsieur l'intendant avant vous en importuner; mais l'ayant trenvé sur son départ, j'ay faict cette faulte d'oublier cet article important dans les entretiens que j'ay eu avec luy; j'en tire, Monsieur, cet advantage que cela me sert d'occasion à vous renouveller les protestations du respect avec lequel je serois toute ma vie, Monsieur, vostre tres humble et tres obeissant serviteur.

LAVIE.

CLV.
1665. — 23-24 NOVEMBRE.
(Archiv. com. de Bagnères-de-Bigorre, Reg. consulaires E, fos 345, 347.)

ASSEMBLÉE GÉNÉRALE DES DÉPUTÉS DU CARTERONAGE DE BAGNÈRES-DE-BIGORRE POUR AVISER AUX MOYENS DE SE SAISIR DE LA PERSONNE D'AUDIJOS, S'IL PÉNÈTRE DANS UNE DES COMMUNAUTÉS.

Le vingt-troysiesme novembre mil six cens soixante-cinq, estant assamblés dans la maison de ville de Baignères, Mess. Bérot, Berné, Rousse et Caparroy, consuls; Mess. d'Escouttes, Chelles-Berot, Bourgelles, Coma, S. Courtade, J. Lannes, Grasset, P. Courtade, Abbadie et Toula;

Présidant à la dicte assamblée Monsieur Berné, conseiller du Roy, juge et magistrat royal de la ville de Baignères; acistant, M. Gaye, soubstitut de Mons. le procureur général du Roy.

A esté représanté par les sieurs consuls comme ils ont receu lettre ier au soir sur le tart des pars de Messieurs Delhes et Peyrefitte, scindicz du païs de Bigorre, par laquelle est donné advis comme M. Poeydebis a donné cognoessance auxdits sieurs scindicz comme Audigos est entré en Chalosse, et en cas arriveret en Bigorre qu'on se saisie de sa personne suivant les ordres du Roy, et il seroit à propos d'en donner cognoessance au carteron de nostre communaulté et de fere convocquer icelluy à la maison de ville;

Sur quoy a esté deliberé par la dicte assemblée que les Messieurs de consuls feront assembler le carteron pour demain 24me novembre et escriront et manderont par messagers expres aux communaultés dépendantes dudict carteron pour leur donner cognessance du contenu de la lettre mandé par lesdicts sieurs scindicz, affin que lesdictes communaultés puissent satisfaire au contenu de ladicte lettre.

(*Suivent les signatures.*)

Et le 24me novembre 1665, estant assemblés dans la maison de ville de Baignères, Messieurs Bérot, Berné, Arqué, Rousse, Caparroy et Pepoey, consuls, et la plus senne partie du conseil particulier de la présente ville avec les messieurs-deputés des communaultés du carteronage quy dépand de la présent ville, scavoer: Messieurs Carrrère, garde, et Daris, députés de la communaulté de Campan[1]; Arnauld Penne, consul, et Jean Cariton, députés de la communaulté d'Asté[2]; Arnauld Gachassin et Jean Lauyé, députés de la communaulté de Gerde[3]; Domenge Doat, consul et député de la communaulté de Pousac[4]; Bernard Domec, député de la communaulté d'Ordisan[5]; Jean Casanave, consul et député de la communaulté d'Argellès[6]; Jean d'Escollan, consul et

---

[1] Gros bourg, situé à 6 kil. de Bagnères, dans la magnifique vallée à laquelle il a donné son nom.
[2] Petit village compris aujourd'hui dans le canton de Campan.
[3] Autre commune du même canton.
[4] Pouzac, beau village, sur la grande route de Tarbes à Bagnères.
[5] Arrondissement et canton de Bagnères.
[6] A 6 kil. de Bagnères et dans le même canton.

Jean Pocques-Descollan, députés de la communaulté de Merilhan [1]; Ramond Carrère, consul et député de la communauté de Bonnemaison; Bernard Lespalle, député de la communaulté d'Escotz [2]; Benard Lanne, dict Berard, consul et député de la communaulté de Trebons [3]; Domenge Debout, consul et député de la communaulté de Labassère [4]; Alexandre Laborde, garde, et Pey Coussié, députés de la communaulté de Baudéan [5];

A esté represanté par les sieurs consuls aux Messieurs députés des communaultés cy-dessus énoncés comme ils ont receu lettre de Messieurs les scindicz du païs de Bigorre, laquelle lettre leur a esté leue, qui s'agit comme d'Audeyos est arrivé en Chalosse, et en cas arriveret en la Bigorre, tant luy que ses adérans, qu'on le debt arrester en la part qu'y arrivera, en cas viendroet dans aulcune desdictes communaultés, suivant l'ordre du Roy privé, et en donner cognoissance auxdicts sieurs scindicz en cas cella arriveroet;

A esté deliberé par ladicte assemblée, veu la lettre mandée par les sieurs scindicz du païs de Bigorre et lecteure d'icelle faicte, que toute l'assemblée est demurée d'accord qu'ils ne logeront en aulcune de leur communaulté aulcune personne à eulx inconeue, et en cas ou il en arriveroet pour y louger aux dics lieux, qu'ils les arresteront pour après en donner cognoissance aux dictes communaultés pour prester main forte, attandeu que c'est affaire s'agit pour le service du Roy et que tout le peuple veult obeyr à ses ordonnances et que Monsieur Berrut, leur deputté, est prié, de pars ladicte assemblée, pour aller à Tarbes pour en fere le raport aux Mess. scindicz de la fidellité que lesdictes communaultés ont pour le service du Roy [6].

(Suivent les signatures.)

---

[1] Merilheu, commune du canton de Bagnères.
[2] Bonnemazon et Escots dépendent aujourd'hui du canton de Lannemezan.
[3] A 4 kil. de Bagnères et à 3 kil. de Montgaillard.
[4] Située à 6 kil. de Bagnères, cette commune possède des eaux minérales dont la vertu est universellement reconnue.
[5] Petit village compris aujourd'hui dans le canton de Campan.
[6] A la suite de cette délibération s'en trouve une seconde, non datée mais prise sans doute peu de jours après car elle complète celle ci-dessus rapportée:

CLVI.

1665. — 28 NOVEMBRE.

(Archiv. com. de La Bastide, Reg. des délibérations.)

MANDEMENT DU MARQUIS DE POYANNE, LIEUTENANT GÉNÉRAL EN BÉARN, ENJOIGNANT AUX HABITANS DE LA BASTIDE ET DE SAINT-DOS DE PROCÉDER SUR L'HEURE AU RASEMENT DE LA MAISON DE GOUEREN, LAQUELLE AVAIT SERVI DE REFUGE A AUDIJOS LORS DE SON COMBAT CONTRE LES DRAGONS DU ROI. — DÉLIBÉRATION PRISE EN CONSÉQUENCE PAR LES JURATS DE LA BASTIDE.

Lou vingt et hoeit de novembre 1665, esten assemblatz en la Maysou de ville deu present locq de Labastide[1], lous seignous de Caresse, de Clarmont, de Maïandie, de Taxoires, jurats; Daniel de Gouyon deu Tisné, de Bastenes, de Meniche et de Coudaing, depputatz; loudit seignou de Maïandie a proposat qu'esten en la bille de Saubaterre, per assistir aux Estatz, en calitat de jurat deu present locq, Monseignou lou marquis de Pouyanne, loctenen general deu Rey au Royaume de Navarre et Bearn, lous a remetut dues ordonnances en mas, de mediche tenour, per lasqualles es mandat aux juratz deu present locq et de Saint-Dos, de conjointement chausir tal nombre de personnes deusdits locqs per prosedir dens quoatte jours à la demolitiou deu Goueren deu present locq,

il est dit « qu'il sera escrit à tous les lieux dépendans du carteronage de lad.
« communaulté de ne louger aucunes personnes estrangères et à eux incogneues,
« qu'ilz ne sachent le nom et cognom d'icelles, et le lieu d'où elles sont, et d'en
« advertir la communaulté de ceste ville pour leur courre dessus, a paine d'en
« respondre en leur propre et privé nom et d'estre déclarés criminels de lèse-
« majesté, comme aussy inhibitions sont faictes à tous les hostes et cabaretiers
« de la présent ville de ne louger non plus aucunes personnes d'estrangiers, de
« nuict ny de jour, à eux incogneus, sans en advertir le sieur consul du quartier
« ou autre voisin plus proche, a paine d'en respondre en leur propre et privé
« nom; et en cas ou il seroit besoing d'aller sur lesdictes personnes incogneues,
« il est donné plain pouvoir au sieur de Gerde de prandre telles personnes à
« cheval et à pied, armés, que bon luy semblera, pour leur courre sus avec l'acis-
« tance du sieur consul du cartier ». (*Ibid.*, f° 281.)

[1] La Bastide-Villefranche ou La Bastide de Béarn, canton de Salies. Voyez ci-dessus p. 260. Après avoir quitté Salies, traversé le bourg de Caresse et franchi le gave d'Oloron sur le pont d'Auterrive, on aperçoit la tour de La Bastide. La distance entre ce village et Salies n'est que de 9 kilomètres.

et baillar adbis de nostres deligences, a paine d'en respoune en noste profig; — susque es nessasary de prosedir en toute diligence et remette l'ue de lasdites ordonnances ausdits de Saint-Dos, et laquoalle ordonnance es de la tenour seguente :

Henry, marquis de Poyanne et de Castelnau, conseiller du Roy en ses conseils, chevalier de ses ordres, lieutenant général et représentant la personne de S. M. en son royaume de Navarre et pays de Béarn,

Sur ce qui s'est passé dans la maison Goueren, de La Bastide de Béarn[1]*, et pour des raisons qui regardent le service du Roy, bien et soulagement des habitans dudit La Bastide et autres lieux circonvoysins, — nous ordonnons que ladite maison sera rasée, et à c'est effect faisons commandement aux jurats des lieux de Sainct-Dos et dudit Labastide, conjointement et de concert, choisir tel nombre de personnes qu'ils jugeront à propos pour faire la démolition de ladite maison et leur enjoinyons tres expressement d'y procéder dans quatre jours et nous donner advis de leurs diligences pour l'execution de nostre presente ordonnance, à paine de desobeissance et de nous respondre en leurs propres et privés noms du retardement.*

Fait à Sauvaterre, durant la tenue des Estatz de Béarn, le vingt et huictième novembre 1665.

Signé à l'original : Henry DE POYANNE,

Et plus bas : Par Monseigneur : LAVIGNE, *secrétaire.*

Sus que lous dits seignours jurats et depputats en axeptant la susdite ordounance et commissiou ab lou respect requerit, an

---

[1] Cette maison de *Goueren* ou de *Boëren*, sise à une petite distance de La Bastide, dans laquelle, on le sait, Audijos avait soutenu un véritable siège contre les dragons de M. de Saint-Luc, rappellerait, d'après M. Courtiades (*Guide des baigneurs dans Salies*), le souvenir d'une des plus noires trahisons de Jean de Foix, vicomte de Narbonne. Privé du royaume de Navarre, des comtés de Foix et de Bigorre et de la vicomté de Béarn par le testament de François Phœbus, Jean de Foix résolut d'empoisonner la jeune reine Catherine, désignée comme héritière de ces vastes domaines. Roger de Gramont et Jean de Gerderest entrèrent dans ce complot, et, suivant M. Courtiades, le traité intervenu entre les complices aurait été signé dans la maison de Boëren. Le récit d'André Favyn, rappelé par Olhagaray, Monlezun et plusieurs autres historiens, a été démenti, du moins en ce qui concerne la participation de l'un des coupables, par l'auteur de l'*Histoire et Généalogie de la maison de Gramont*, pp. 152 et suiv.

deliberat et es estat arrestat que la communautat sera assemblade per lou jour de douma, aus fins de lous baillar a entendre lou subiet de ladite ordounance et prosedir à l'exequtiou de quere dilheux[1] prochain, a hore de nau de maty, sus paine à chaque defaillen de dues livres mourlanes[2] et de respoune de leur propy deu retardement, et aus fins que lous juratz de Saint-Dos pousquen satisfar de lous costat, lue de lasdites ordonnances lous sera portade per Mastoumecq, gouarde, qui mandera ladite commune.

Et abienen lou lendouma, 29 deu present mes, ladite commune esten assemblade, an mandat lou dit de Mastoumecq, gouarde, qui a raportat haber baillat ladite ordounance a la molher[3] de Fleche, et sa nore[4], jurat de Saint-Dos, a cauze ere absent de sa maysou, l'ordounance susdite deudit seignour de Pouyanne et deusdits seignours jurats es estade baillade a entender ausdits habitans et mandats de se trouvar per far la susdite demolitiou au debant ladite maysou de Goueren lou jour de douma, trente deu present mes, sus las paines portades per non executiou et d'estat procédir per pugniratiou (?) contre lous defaillens per lou paguement.

Signés : De Taxoire, jurat ; Maiendie, jurat ; de Lacazette, jurat[5].

CLVII.

1665. — 30 NOVEMBRE.
(Biblioth. de la ville de Bayonne, reg. BB 27, p. 521.)

LE CONSEIL DE VILLE DE BAYONNE DÉCLARE S'OPPOSER A L'OUVERTURE D'UNE FAUSSE PORTE QUE L'INTENDANT AVAIT ORDONNÉ ÊTRE PRATIQUÉE AU CHATEAU NEUF.

Du lundy, 30e novembre 1665.

Au Conseil tenu ledit jour,

Le sieur premier eschevin a represanté à l'assemblée que le sieur intendant a envoyé des ordres pour une ouverture et fausse

---

[1] *Dilhuus, diluus, diluns,* lundi. (*Diction. béarnais.*)

[2] Deux livres monnaie de Morlaas. Elle avait cours dans tout le midi de la France. (*Ibid.*)

[3] *Moulhé, molher,* femme mariée, épouse. (*Ibid.*)

[4] *Nore, noure,* bru, belle-fille. (*Ibid.*)

[5] Copie transmise par M. Courtiades.

porte au chasteau Neuf, mesmes d'estandre ledit conduict tant dans la ville, du cotté des Lisses [1], que vers le collège [2] : que pour cest effect, ledit sieur intendant avoit envoyé un ingénieur pour faire ledit plan; que cella l'avoit obligé de s'informer auprès dudit ingénieur du dessaing qu'il prètant, lequel luy auroit promis de luy en bailler la forme et estat; ce qui l'a obligé de convoquer ladite assemblée, afin de résoudre à ceste affaire tres importante. Et après que un chascun a veu que l'interest du Roy et de la ville pouvoit estre choqué dans ceste nouveauté, puisque ceste fausse porte pouvoit aporter du domage à la ville, les habitans de laquelle ayant tousjours tesmoigné leur fidéllité à S. M. et l'ayant souvent prouvée en diverses rencontres ;

A esté resoleu qu'il sera présantement député vers le sieur intandant, auxquels députés seront délivrés les procès-verbaux, arrests, sentences et privileges que la ville a receus des Roys ; que lesdits sieurs deputez représenteront audit sieur intendant les entreprinses et trahisons que les ennemis de l'estat ont projeté et souvent medité de faire par la facilité et voye des fausses portes qui sont dans le chasteau de ceste ville, à quoy ils auroient réussi sans l'exacte et fidelle garde que les habitans y ont observé et la vigilance de messieurs du Corps de ville [3] ; que sy ceste fausse porte nouvelle s'ouvroit dans le chasteau Neuf, ainsi qu'il est ordonné, il en encourera de grands dangers et perils imminants à la ville, et que ledit sieur intendant sera prié de ne rien innover. Et dans le cas où il diroit que c'est la volonté du Roy, que les

---

[1] Lors de la construction du château Neuf, « la muraille qui avait protégé la « vieille ville jusqu'à cette époque, fut reportée plus loin, en alignement avec le « château : ainsi se forma dans l'intérieur même de la cité un nouveau quartier « qui prit le nom de *rue des Lisses* (depuis *Saint-André*) et du *Barat de* « *Panecau* (fossé de Panecau). » (*Les fortifications du vieux Bayonne*, par E. Ducéré, p. 23.)

[2] De même que le château Neuf, le *collège* était situé dans le quartier de Bayonne appelé Bourg-Neuf. C'est sur son emplacement qu'a été bâtie l'église Saint-André. (*Ibid.* p. 37.)

[3] La dernière tentative pour surprendre Bayonne remontait à l'année 1651. Un espagnol, nommé Pedro Monez, était parvenu à prendre les empreintes en cire des clefs du château Vieux. Une lettre interceptée et la dénonciation de sa logeuse, la femme Garay, firent découvrir le complot. Condamné à mort, la tête de Monez resta exposée pendant plusieurs jours sur un poteau élevé boulevard du Château-Vieux. Quant à la femme Garay, elle reçut une pension de 300 livres.

sieurs députés le suplieront d'octroyer une sursoyance, afin que les sieurs du Corps ayent le moyen de se pourveoir auprès de S. M. pour luy représenter les susdits inconvénients.

CLVIII.

1665. — 5 DÉCEMBRE.

(Biblioth. nation. Mélanges Colbert, vol. 134, f° 169.)

M. DE LESPÉS DE HUREAUX, LIEUTENANT GÉNÉRAL
DE BAYONNE, A M. COLBERT.

Monseigneur, Comme il a pleu au Roy de me laisser toute la connaissance de ce qui est arrivé en cette ville au sujet de quelques complices d'Audijeaux, et que M. l'intendant m'a tesmoigné que je debvois profiter de l'occasion de ces désordres affin de restablir l'authorité des magistrats et d'asseurer à l'advenir le repos public, j'estime qu'après avoir satisfait la justice du Roy des executions considérables et purgé la ville autant que j'ay peu des esprits séditieux par des bannissements et par des décrets, il est encore de mon debvoir, comme il est de l'interest de ma charge, de vous remonstrer que le vray moyen de tenir la ville en tranquilité c'est d'y establir l'ordre et de reigler parfaitement les jurisdictions du seneschal et du corps de ville. Je scay bien que les ordonnances du royaulme, qui sont observées par tout ailleurs, nous debvroient servir de reigle : mais comme le gouvernement de cette ville a esté jusques icy tout particulier et que les magistrats politiques y ont un pouvoir extraordinaire, ils n'ont jamais bien peu souffrir la supériorité du seneschal et ont tasché de se maintenir dans une espèce d'indépendance, laquelle a causé souvent de la confusion et faict naistre non seulement de la jalousie entre ces deux corps, mais aussy quelquefois de la division et des partialités dans la ville [1].

Nous n'avons peu jusqu'icy entrer dans les droicts de nos

---

[1] En regard de cette lettre, dont certaines revendications semblent justes, il convient de placer la délibération du corps de ville de Bayonne du 18 octobre 1665 et les lettres des députés de Naguille et de Romatet.

charges et ils ont usurpé ce qu'ils ont vouleu, parceque les conjonctures et les guerres leur ont été favorables ; mais en ce temps que les choses se réduisent dans le bon ordre et que le Roi tesmoigne vouloir reigler la forme du gouvernement et de la magistrature de cette ville, je ne dois, ce me semble, rien négliger : ainsy, Monseigneur, je vous demande très humblement cette grace que nous soyons compris dans le reiglement [1], et qu'il vous plaise d'estre informé de la manière dont nous vivons, affin de juger s'il n'est pas important pour le service du Roy et pour le bien mesme de la justice de faire un plus juste partage des honneurs et de l'authorité. Je prends la liberté de m'adresser à vous par cette voye secrètte, affin de mesnager l'union et la correspondance qui se trouve aujourd'huy parmi nous, car si j'allois directement au Roy par la voye d'une plainte ou d'une remonstrance ouverte, cela donneroit sans doubte quelque mal de cœur à nos magistrats et pourroit troubler nostre bonne intelligence, au lieu que s'il plaist au Roy de nous reigler comme de son propre mouvement, nous recevrons avec beaucoup de respect la loy qui nous sera faicte et il ne restera poinct d'aigreur en nos esprits.

Je me souviens qu'au temps que le Roy estoit à Sainct-Jean de Luz, S. M. nous fist ordonner de terminer quelques différends que nous avions, et nous primes expédient par devant M. Hotman [2] sur divers chefs, lesquels faisoient alors le subjet d'un procés; et M. Hotman ayant esté informé par occasion de tenir nos assemblées publicques et de procéder aux eslections des magistrats, il tesmoigna, aussi bien que déffunt M. d'Espernon, qu'il y avoit bien des choses à réformer à nostre advantage. Si vous trouvés, Monseigneur, que ceci soit de quelque importance, M. l'intendant, lequel est fort bien instruit des choses de Bayonne, pourroit prendre une connoissance plus particulière de ce qui nous regarde,

---

[1] Colbert était déjà occupé, de concert avec Lamoignon, Seguier, Pussort et plusieurs autres conseillers d'État, à la grande œuvre de la réformation de la justice. Le résultat de ces studieuses conférences fut, on le sait, la belle ordonnance civile du 20 avril 1667, et celle non moins importante, publiée en 1670, réglant l'instruction criminelle.

[2] Vincent Hotman de Fontenay, maître des requêtes et intendant des finances en 1669. De même que Pellot, il avait épousé une demoiselle Colbert, parente du ministre.

affin de donner son advis au Roy, sur lequel S. M. nous pourvoiera de tel règlement qu'il luy plaira....

De Hureaux [1].

Bayonne, ce 5e décembre 1665.

CLIX.

1665. — 23 DÉCEMBRE.

(Biblioth. nation. Mélanges Colbert, vol. 134 *bis*, f° 687.)

M. PELLOT A M. COLBERT.

A Montauban, ce 23e décembre 1665.

J'ay receu, Monsieur, vos lettres du 30 et 31 du passé et 5e de ce moys que vous m'avez fait l'honneur de m'escrire. Je contribueray en ce qui dépend de moy afin que les officiers de Bigorre ne facent aucune fonction présidiale ny prevostale, et que les affaires de cette nature aillent aux officiers d'Auch, puisque S. M., par la non satisfaction qu'elle a eue des Estats de Bigorre, le souhaitte ainsi [2]....

Si j'ai excepté, par le projet d'abolition que je vous ay envoyé, un nombre assez considérable des complices d'Audijos, c'est que les habitans de Bayonne m'en ont nommé la plus grande partie; mais comme j'aprens que la plus part de ces réservez reconnoissent leur faute et demandent grace, l'on va la leur faire par une nouvelle abolition.

---

[1] Joseph de Lespès de Hureaux, conseiller du roi, lieutenant général civil et criminel au sénéchal de Bayonne par provisions du 27 octobre 1654, et plus tard subdélégué de M. Daguesseau, intendant de Guienne, mort le 3 août 1707. Son père, Pierre de Lespès de Hureaux, avait été honoré, en juin 1654 « pour ses « rares mérites et les nombreux services rendus à l'Etat », d'un brevet de conseiller d'Etat. (*Arch. départ. de la Gironde*, B 85, f° 38.) — Le fils aîné de Joseph de Lespès, lui aussi lieutenant général au sénéchal de Bayonne, a publié en 1718 un *Mémoire* fort recherché sur la situation de la ville de Bayonne au point de vue judiciaire et commercial.

[2] Voir dans Depping *(Corresp. administ.*, tome II, p. 133), une lettre de l'évêque de Tarbes à Colbert, en date du 21 mars 1664, démontrant le danger de rétablir en Bigorre la justice prévôtale, dont la suppression avait été vivement réclamée par les États.

Il y en a parmi ce nombre deux qui ont fait assez de bruit et qui estoient des plus attachez à Audijos, qui sont venus à resipissence et qui ont fait leur déposition, qu'il est bon que vous voïez et dont je vous envoie copie. Ils disent, entre autres choses, que La Beaume, lieutenant de la colonelle de dragons, dont vous avez entendu parler assez souvens, qui manqua Audijos par sa faute et que nous avons tousjours soubçonné d'estre d'intelligence avec luy, estoient convenus ensemble que led. La Baume donneroit advis des entreprises que l'on pourroit former contre Audijos, et que luy Audijos et ses complices espargneroient les dragons quand ils les rencontreroient, pourveu qu'ils ne manquassent pas d'avoir leur manteau bleu [1], afin qu'on les peust connoistre; que c'estoit Borrit, prevost de Chalosse, qui fut pendu par mon jugement à Saint Sever, qui avoit fait cet accomodement, et que, pour marque de cela, les complices d'Audijos venoient souvent proche le quartier de La Baume, ce qu'il savoit, et qu'il ne leur disoit rien.

Ils font déclaration d'un autre fait qui est une entreprise sur ma personne par le nommé Pilate, qu'ils circonstancient assez, et dont j'avois entendu parler par différentes personnes.

Pour Audijos, il est vray que quelques gens m'on dit qu'il vouloit quitter sa vie et demandoit grâce; mais je leur ay fait faire responce seulement que le seul moyen pour cela ce seroit de se remettre à la miséricorde de S. M. Je n'ay point eu de responce de cela : mais s'il acceptoit ce party, ce que j'ay de la peine de croire, l'on en feroit ce que l'on voudroit. Quoy qu'il en soit je n'estime pas qu'il fasse plus grand mal, surtout M. le marquis de Poyanne estant disposé à present, comme il est, à faire ce qu'il doibt, et ne manquant point de force pour cela, s'il estoit necessaire, par le moyen des milices et des troupes qu'il peut tirer des garnisons, suyvant le pouvoir qu'on luy en donne.

J'envoye à M. Rouvière beaucoup d'estats pour les procureurs, notaires et sergeans de ces pays, et dans peu de jours je lui fourniray ce qui reste. Sur quoy, j'estime, Monsieur, touchant les

---

[1] Le P. Daniel *(Histoire de la milice française)*, qui rapporte de nombreux détails relatifs à l'institution du corps des dragons, ne donne que peu de renseignements sur leur costume. Il ne fait aucune mention du *manteau bleu* de ces troupes.

les notaires qui seront supprimez[1], qu'il sera bien à propos qu'il soit ordonné par S. M. qu'on leur oste leurs protocoles et minutes, après qu'inventaire en sera fait par les juges royaux des lieux, et qu'ils soient remis aux notaires reservez, afin que sur ce point il ne puisse point y avoir d'abus et de faussetez.

PELLOT.

CLX.
1665. — 28 DÉCEMBRE.
(Biblioth. nation. Mélanges Colbert, vol. 134 bis, f° 811.)

M. DE SAINT-LUC A M. COLBERT.

A Bordeaux, le 28° décembre 1665.

Monsieur, Un boucher a esté tué, dans sa maison, de nuict, dans le bourg de Samadet, au pays de Chalosse. Les officiers du Roy ont esté sur les lieux et n'ont peu descouvrir les coupables de cest assasinat, qui faict supposer que ce ne soit quelqu'un de ceux qui restent de la troupe d'Audijos[2]. J'ay envoyé en toute diligence sur les lieux un gentilhomme pour faire entendre aux gentilshommes et habitans de la paroisse, mesme à ceux de Sainct-Sever, que s'yls ne m'informent au plustost des autheurs de cette action que je m'en prendray à leur personne. J'en ay mesme escrit à M. de Poyanne afin que de son costé il travaille à descouvrir la chose. Cependant les deux compagnies de Navarre demeureront à Sainct-Sever attendant que vous m'ayés envoyer des ordres du Roy pour tirer des chasteaux et villes voisines les hommes qui seront nécessaires pour s'en servir dans le besoin contre les factieux. Je n'oublieray rien pour le repos du pays et

[1] En 1664, une déclaration royale avait ordonné la réduction du nombre des notaires : le clergé insista pour que cette mesure, depuis longtemps reconnue nécessaire, fût appliquée de préférence aux notaires faisant profession de la R. P. R.
[2] Voir la lettre de Pellot, du 30 décembre. — Laborde-Péboué écrit de son côté : « Le 17 de décembre 1665, depuis que les dragons sont esté partis de « Chalosse, une brigade de gens masqués et incognus sont allés de nuit à « Samadet et ont tué le boucher dudit Samadet, et s'en sont allés je ne say en « quelle part. » (Journal, p. 555.)

pour vous tesmoigner en toutes occasions que je suis véritablement, Monsieur, vostre tres humble et tres obeissant serviteur.

SAINCT-LUC.

CLXI.
1665. — 30 DÉCEMBRE.
(Biblioth. nation. Mélanges Colbert, vol. 134 *bis*, f° 837.)

M. PELLOT A M. COLBERT.

A Montauban, ce 30 décembre 1665.

Monsieur, J'ay receu l'abolition que vous avez pris la peine de m'envoyer pour les gens de Chalosse et pays circonvoisins, qui est bien conceue dans les termes qu'il faut. Je l'ay incontinent envoyée à Bordeaux pour estre vérifiée et la feray publier ensuite de tous costez [1]. Elle pourra achever de donner le repos à ce pays là, où il est bien difficile qu'il n'y aye encore quelques restes du feu qui y a duré si longtemps.

Des gens attroupez, au nombre de quinze ou seize, y ont fait un meurtre depuis peu et pillé quelques maisons. L'on dit que ce sont des gens d'Audijos et qu'il estoit de cette troupe, ce que l'on n'assure pas bien pourtant. L'homme qu'ils ont tué estoit un habitant du pays, qui n'avoit pas de commerce avec les gens du convoy : ce qui faict voir que ce sont des gens accoutumez aux mauvaises actions qui ont pris cette pente, qui ne s'attachent pas particulièrement contre les affaires du Roy, mais volent et pillent iudifféremment. Il faudra neantmoins continuer de faire ce que l'on pourra pour en purger le pays.

Pour cela j'estime qu'il sera bien à propos de charger de ce soin particulièrement M. le marquis de Poyanne, et que S. M. luy envoye un ordre par lequel elle luy mande qu'ayant appris qu'il s'est fait quelques nouveaux désordres dans la Chalosse, elle souhaite qu'il employe l'authorité qu'il a et que lui donnent ses

---

[1] Par suite de l'opposition formée par la ville de Bayonne, opposition que l'on trouvera quelques pages plus loin, ces premières lettres d'abolition ne furent pas soumises à l'enregistrement de la cour de Bordeaux.

charges pour establir le repos tout à fait dans ledit pays de Chalosse, en chasser ces canailles et procurer une entière seureté aux bureaux et gens du convoy ; qu'il voye avec M. le marquis de Saint Luc et moy ce qu'il faut faire pour cela et que l'on luy donnera les secours qu'il demandera et quy seront jugez necessaires. L'on ne le charge pas d'une chose impossible, car (comme j'ay eu l'honneur de vous mander) estant lieutenant de Roy du Béarn, gouverneur de la ville de Dacqs, de celle de Saint Sever, sénéchal des Lannes, ayant ses terres et force amis dans ces quartiers là et estant sur les lieux, il a en main ce qu'il faut pour s'y faire obeir, s'il s'y applique comme il doit; à quoy il se trouve engagé particulièrement, tant pour réparer ses manquemens qu'il fit dans la naissance de ces désordres que par la grace que S. M. luy a faite de luy accorder son retour.

Afin de luy ayder, il sera bon de luy donner des ordres pour assembler les milices, et tirer quand il voudra, ainsi que je vous l'ay mandé, un certain nombre de gens de guerre des garnisons voisines. Outre cela, il sera bien à propos d'y envoyer le prevost des Lannes avec sa compagnie, lequel, estant appuyé par quelques troupes et par l'authorité de M. le marquis de Poyanne, s'attachera particulièrement à prendre ces bandits et à leur faire incontinent le procez : et comme j'ay fait achepter la charge de prevost des Lannes au s^r de La Ralde, qui est homme fort hardi et affectionné, lequel est à Paris qui poursuit l'expédition de ses provisions et que j'ay pris la liberté de vous recommander, il faudra, s'il vous plait, le faire expédier promptement et le renvoyer sur les lieux. De cette manière l'on se reposera sur M. de Poyanne de ces affaires pour n'en entendre plus parler, et s'il souhaitte quelque chose davantage l'on lui accordera....

Je vous remercie très humblement, Monsieur, des graces que vous voulez bien faire dans les occasions au sieur de Mauvezin : quand S. M. voudra luy donner quelque employ, il s'en acquittera tres dignement.

Je suis avec respect, vostre tres humble et tres obeissant serviteur.

Pellot.

CLXII.

1666. — 4 JANVIER.

(Archives de la ville de Bayonne, carton EE 93, p. 24.)

M. DE LA VRILLIÈRE A M^rs LES ESCHEVINS, JURATS ET CONSEIL DE BAYONNE.

A Paris, ce 4 janvier 1666.

Messieurs, Je vous envoye, par ordre du Roy, celuy qu'il vous donne pour l'ouverture d'une porte au bastion de Nostre Dame de la ville de Bayonne[1]; et, comme sur cela Sa Majesté vous mande son intention, vous aurez à l'accomplir incessamment et à m'en donner advis pour luy en rendre compte.

Ce qu'attendant je demeure tousjours, Messieurs, vostre tres affectionné serviteur.

LAVRILLIÈRE.

CLXIII.

1666. — 16 JANVIER.

(Biblioth. de la ville de Bayonne, BB 27, p. 537.)

LE CONSEIL DE VILLE DE BAYONNE REFUSE D'ACCEPTER LES LETTRES D'ABOLITION PRÉPARÉES PAR L'INTENDANT, CES LETTRES IMPLIQUANT QUE TOUTE LA VILLE AVAIT ÉTÉ COUPABLE.

Du 16ᵉ janvier 1666.

Au Conseil tenu ledit jour,

Le sieur premier eschevin a représenté à l'assemblée que les lettres d'admnistie ou abolition des crimes comis aux derniers désordres

---

[1] Le bastion Notre-Dame, situé au devant du château Neuf, se trouvait à l'extrémité du boulevard appelé indistinctement Notre-Dame ou du Château-Neuf. Ce bastion avait été modifié par l'ingénieur Errard, envoyé en 1599 à Bayonne par le roi Henri IV. (*Les fortifications du vieux Bayonne, Ibid.*, p. 39.)

Pellot, qui ne pardonnait pas à la ville de Bayonne de contester ses ordres, avait invoqué le soulèvement et la mauvaise conduite d'une partie de ses habitants pour faire reconnaître la nécessité de disposer le château Neuf de telle façon qu'on pût au besoin utiliser cette forteresse contre la ville. Voir ci-dessus le *Conseil* tenu par le corps de ville de Bayonne, le 30 novembre 1665.

par quelques particuliers qui ont eu des habitudes avecq le nommé Daudijos, ont esté obtenues à la prière de Messieurs Pellot, intendant, de Sainct-Luc, lieutenant général de la province, de Poyanne, gouverneur de Dax, et de Lavie, premier président de Pau, et que cette admnistie ou abolition debvoit estre envoyée à Monsieur le procureur général à Bourdeaux pour en faire l'enregistrement au Parlement; mais comme ces dites lettres sont conçues dans des termes fort généraux, sans faire aucune distinction, ces termes généraux portant *admnistie au profit de la ville de Bayonne*, cela pourroit, à l'advenir, nuire à la ville, en y comprenant ceux qui ne sont coupables d'aulcuns crimes [1], les dictes lettres debvant seullement estre au subject des criminels, partie desquels ont esté executés corporellement ou figurativement, les autres banis, et d'autres se sont rendus fugitifs, quoyque, contre yceux, il aye esté procédé à jugement, ce quy fait qu'il luy semble que, pour l'interest et l'honneur de la ville, il est important que lesdictes lettres soient réformées;

Sur quoy, a esté deliberé et resoleu qu'il sera escrit à Monsieur l'intendant Pellot, lequel sera prié, avant faire faire aulcun enregistrement au Parlement desdictes lettres d'admnistie, qu'il soit seullement fait mention dans les dictes lettres des *coupables des crimes arrivés ès désordres derniers*.

CLXIV.

1666. — 22 JANVIER.

(Archiv. de la ville de Bayonne, carton EE 93, p. 25.)

M. PELLOT AUX ÉCHEVINS ET JURATS DE BAYONNE.

A Montauban, ce 22 janivier 1666.

Messieurs, L'on ne peut rien changer à l'abolition qui a esté envoyée aux Parlements de Bordeaux et de Pau, et ceste clause,

---

[1] Comme le fait très judicieusement remarquer M. O'Reilly (*Mémoires sur Claude Pellot*, tome I, p. 513), pourquoi un pardon à tous quand quelques-uns seulement avaient failli?

de tous les habitans de vostre ville, ne vous doit pas choquer[1], puisqu'elle ne regarde que les coulpables, et non pas ceux qui ont tousjours esté dans leur debvoir et dans l'obeissance, comme sont les principaux et les plus considérables de vostre ville, de la fidellité et affection desquels S. M. a esté satisfaicte dans ce rencontre comme dans tous les autres où il s'est agi de son service.

M. de Favas vous doit donner un ordre de S. M. qui vous fera coignoistre qu'elle persiste dans sa résolution de donner une fausse porte au chasteau Neuf de Bayonne, à l'execution duquel je feray travailler incessamment.

Je suis, Messieurs, vostre tres humble et obeissant serviteur.

Pellot.

CLXV.

1666. — 29 janvier.

(Archives de Bayonne, reg. BB 27, f° 543.)

Opposition formée par le conseil de ville de Bayonne aux lettres d'abolition préparées par l'intendant Pellot, lesdites lettres portant que toute la ville avait été coupable. — Nomination de deux députés pour représenter au roi les risques que ferait courir a la ville l'ouverture de la fausse porte du bastion Notre-Dame.

Du vendredy, 29e janvier 1666.

Conseil tenu extraordinairement ledit jour, à une heure de relevée, par le sieur Du Vergier de Belay, premier eschevin; de Naguille, de Jougla, de Jupin, de Rol, etc.... ez présences de Messieurs les bourgeois convocqués et de Messieurs les officiers du Roy appelés...

Le sieur premier eschevin a représanté qu'il vient de recepvoir une lettre de la part de Monsieur l'Intendant de la province qui a

---

[1] Si Pellot eut satisfaction sur plusieurs points, il eut également de nombreux insuccès. Bayonne, *cette seule ville de France, où,* d'après lui, *les ordres du Roy n'étoient pas bien connus,* devait, par sa prudence et son habileté, faire échouer la plus grande partie de ses combinaisons. De même qu'il fut obligé de donner contre-ordre pour la fausse porte, de même l'intendant devait modifier les termes de l'abolition qu'il avait lui-même préparée.

obligé le Corps de faire ladite convocation pour les participer de l'intantion portée par ladite lettre, dattée du 22 du courant, faisant mantion de l'abolition et pardon que le Roy fait aux habitans des pays de Chalosse, Béarn et Bayonne, laquelle abolition ne se doibt pas estandre sur tout le général, mais seulement contre les coupables desdits lieux, ainsi que ledit sieur Intandant le fait comprendre par sa dite lettre, et que d'ailleurs le sieur de Favas leur fera voir les ordres du Roy pour faire travailler incessamment à faire la fausse porte du bastion Notre-Dame ; — et comme ladite assemblée estoit encore au bas de la maison-commune, ledit sieur de Favas seroit arrivé, accompaigné de quelques officiers des chasteaux, et auroit, au sieur premier eschevin, randu une lettre de cachet, avec une demonstration tout colère et des parolles aigres, peu civilles et mal digérées : et quoiqu'il fut repondu audit sieur de Favas, ez présence des bourgeois, que le premier eschevin en communiqueroit avecq eux et lui seroit fait responce, néantmoings ledit sieur de Favas, continuant ses termes aigres, répartit qu'on résolut ce qu'on voudroit, mais que, dès demain prochain il feroit travailler à l'ouverture de ladite fausse porte. Sur quoy lesdits sieurs bourgeois estant montés au haut de ladite maison commune, le premier eschevin a fait voir à l'assemblée ladite lettre de cachet, dattée du 4 du présent mois ;

Ouy sur ce le syndicq substitué et après sa réquisition, l'assemblée ayant déliberé sur le tout, a esté résoleu qu'il sera escript au sieur Brun, procureur de la ville à Bourdeaux, pour s'opposer, sur le nom du sieur syndicq, à l'enregistrement des lettres d'abolition aux termes couchés par icelle, *à la réserve des criminels*, et qu'il sera député en Cour pour que lesdites lettres soient réformées, attendu mesmes que dans la comprise de la généralité, le sénéchal de Bayonne ny le corps de magistrats n'y sont exceptez, non plus que lesdits bourgeois et habitans qui n'ont nullement excédés, ny ne se sont randus coupables, conséquamment que lesdites lettres d'abolition sont inutiles à leur regard ; et quant à ce qui concerne la lettre de cachet randue par le sieur de Favas, pour faire l'ouverture de la fausse porte, il lui sera fait un acte d'opposition par un notaire, au nom du sindicq de la ville, laquelle contiendra que l'interest du Roy est brèché par ceste ouverture, attandu que les ennemis de l'Estat pourroient par cest endroit avoir des intelligences et faire quelque surprinse désagréable à la ville, ainsi qu'il s'est veu en pareilz endroitz ; comme aussi que ledit acte d'opposition sera notiffié à l'ingénieur et autres qu'il appartiendra, et qu'il en sera escript au plustost en Cour de tout ce dessus, et qu'il sera aussi verbalisé contre le sieur Favas de son estrange procédé et de ses emportemens lors de la présentation de la lettre ;

Et au mesme temps a esté procédé par ladite assemblée à la nomination et choix des députés en Cour, et par pluralité de voix ont esté choisis : Me Zacharie de Romatet, Me Mathieu Du Vergier, advocat, et Peyrelongue, jurat[1].

CLXVI.
1666. — 9 FÉVRIER.
(Archives de la ville de Bayonne, EE 93, 26.)

M. PELLOT A MM. LES ÉCHEVINS, JURATS ET CONSEIL DE BAYONNE.

Messieurs, Je ne scay pas si vous avez de nouvelles raisons pour vous opposer à la fausse porte du chasteau Neuf de Bayonne, mais je vous puis asseurer que toutes celles que vos députez me dirent icy je les ay fort particulierement desduicte à Sa Majesté, et que neantmoins, après les avoir examinées, elle ne les a pas trouvées considérables, et sur icelles elle a résolu l'ordre qui vous a esté rendu, Sa Majesté jugeant qu'ayant mis une garnison dans un chasteau de vostre ville, elle doit avoir, comme il se pratique ordinairement, une entrée et sortie libre hors la ville. Sur quoy je n'ay à adjouster autre chose, si ce n'est que l'ordre de Sa Majesté ne souffre point de retardemens et que M. de Fabas est obligé de l'executé incessamment, estant persuadé que vous ne vous départirez point de ce que vous debvès faire dans cette occasion

---

[1] Les sieurs Du Vergier et Peyrelongue n'ayant pu, en raison de leurs affaires particulières, accepter le mandat qui leur était confié, la municipalité Bayonnaise, dans le Conseil tenu le vendredi 5 février, déclara que deux députés suffiraient ; en conséquence elle confirma la nomination de Zacharie de Romatet et lui adjoignit pour collègue l'échevin Naguille. (*Arch. de Bayonne*, BB 27, f° 549.)

comme dans toute autre, et que vous me croirez tousjours, Messieurs, vostre très humble et obeissant serviteur.

A Montauban, ce 9 febvrier 1666. PELLOT.

CXLVII.
1666. — 9 FÉVRIER.
(Archives de la ville de Bayonne, carton EE 93, p. 33.)

ORDONNANCE DE M. PELLOT ENJOIGNANT AU SIEUR DE FAVAS, GOUVERNEUR DU CHATEAU NEUF DE BAYONNE, DE HATER LES LES TRAVAUX DE LA FAUSSE PORTE DUDIT CHATEAU, MALGRÉ L'OPPOSITION FORMÉE PAR LE CONSEIL DE VILLE DE BAYONNE.

Claude Pellot, seigneur de Port-David et Sendat, conseiller du Roy en ses conseils, maistre des requestes ordinaire de son hostel et intendant de justice, police et finances de la généralité de Guyenne,

Veu l'acte d'opposition formé par le sindicq de la ville de Bayonne à l'ouverture de la fausse porte du chasteau Neuf de Bayonne ordonné d'estre faite par ordre du Roy adressant aux eschevins et jurats de la dite ville, en date, la sus dite opposition, du 31me janvier dernier, signifiée au sieur de Favas, gouverneur dudit chasteau, — Nous, attandu l'ordre que lesdits eschevins et jurats ont recu de Sa Majesté touchant l'ouverture de la dite porte et les ordres expres reiterés que nous avons reçu d'y faire travailler incessamment, sans avoir esgard à la dite opposition, — Ordonnons qu'il sera passé outre à l'ouverture de la dite fausse porte, dont la garnison, qui est dans le chasteau Neuf, se chargera de la garde, ensemble du bastion Nostre Dame; enjoignons aux architectes et maistres maçons d'y travailler incessamment, et au sieur Du Vergier, premier eschevin, et aux autres eschevins et jurats de la dite ville de Bayonne de tenir la main à l'execution dudit ordre et de nostre presante ordonnance, à peyne de desobeyssance et d'en estre responsables en leurs propres et privés noms.

Fait à Montauban, ce neufvième jour de febvrier de l'année mille six cens soixante six. PELLOT.

Par mon dit seigneur : DE GENNET.

Le quatriesme jourt du mois de mars 1666, je me suis transportté, par l'ordre de Monsieur Fauvas, gouberneur du chasteau Neuf de la ville de Bayonne, au logis de Monsieur Du Verger, premier eschevin de la dite ville de Bayonne, pour luy signiffier la ditte ordonnance, et je l'ay expedié parlant à madamoiselle sa fame pour la randre à monsieur son mary. Présans : Antoine Marsolié et Arnaud Dufay, et moy me suis soussigné.

E. Faure.

CLXVIII.

1666. — 18 FÉVRIER.

(Archiv. de la ville de Bayonne, cart. EE 93, p. 30.)

LE MARÉCHAL DE GRAMONT A MESSIEURS DU CORPS DE VILLE DE BAYONNE.

A Paris, le 18e février 1666.

Messieurs, Aussy tot que j'eus receu vostre lettre et veu celles que vous m'avez envoyées ouvertes pour Mess. de Colbert et de La Vrillière, j'ay trouvé fort à propos qu'elles leur fussent rendues, m'ayant semblé qu'elles estoient conformes à la manière ordinaire dont vous avez accoutume d'agir pour ce qui regarde le service du Roy. J'ay cru aussy, par la raison de mon devoir et l'affection que j'ay toujours eue pour vostre ville, estre obligé d'entretenir amplement S. M. sur le sujet de l'ouverture de la porte dont est question. Elle a escouté favorablement vos raisons et attendra qu'elles luy soient plus amplement déduites par les députés que je luy ay dit estre en chemin pour la venir trouver. Cependant je vous diray la mesme chose que j'ay desja escrite à Mons. le premier eschevin, que je ne prens nul interest à cette affaire, sinon celuy du service du Roy. Il me paroist quelle est de nulle utilité et de très dangereuse conséquence et qui pouroit produire des suittes facheuses. Mais comme Bayonne est au Roy, et qu'il a plus d'interest que tout autre à sa conservation, il jugera aussy mieux que personne le bien et le mal que peuvent produire de pareilles nouveautés. Quant au sieur de Favas, si sa pensée est de se rendre fort considérable par l'ouverture de cette porte, dont il paroit qu'il se rend un tres apre solliciteur, je puis dès cette heure luy donner parolle, et à vous aussy, qu'il se trompera fort dans son calcul, de quoy je me cache si peu que je luy escris la mesme chose, et vous renouvelle les assurances d'estre en toutes occasions, Messieurs, vostre tres affectionné serviteur.

M^{al} duc DE GRAMONT.

CLXIX.

1666. — 20 FÉVRIER.

(Archives de la ville de Bayonne, carton EE 93, p. 31.)

M. DE LA VRILLIÈRE A MM. LES ÉCHEVINS DE BAYONNE.

A St Germain en Laye, ce xxe febvrier 1666.

Messieurs, Je n'ay pas manqué de donner comte au Roy de l'opposition par vous faicte à l'ouverture d'une nouvelle porte au bastion Nostre Dame à Bayonne, et de ce que vous m'avez mandé sur ce sujet par vostre lettre du 4 de ce mois, et comme S. M., après les preuves qu'elle a receues de vostre zèlle et de vostre fidelité, est persuadée que vous n'avez arresté l'execution de son ordre qu'à bonne intention, et non pas par esprit de contradiction et de desobeissance, elle a eu bien agréable la proposition que vous faictes de desduire vos raisons avant que l'on mette la main à cest ouvrage, et pour cest effect le Roy trouve bon d'attendre les deputés que vous faictes estat d'envoyer. Vous les ferez donc partir incessamment pour se rendre icy au plus tost, affin qu'après les avoir ouys, S. M. prenne sa résolution. Cependant je vous suplieray de croire que je suis toujours, Messieurs, vostre tres affectionné serviteur.

LAVRILLIÈRE.

CLXX.

1666. — 26 FÉVRIER.

(Archives de la ville de Bayonne, carton EE f° 93, p. 32.)

MM. LES DÉPUTÉS DE NAGUILLE ET DE ROMATET AU CORPS DE VILLE DE BAYONNE.

De Bordeaux, le 26° febvrier 1666.

Messieurs, Nous allons, pour ne perdre point de tamps, nous embarquer dans une heure pour Blaye, d'où nous partirons demain, Dieu aydant, dans un carrosse extraordinaire que nous trouvons heureusement. Dès que nous serons arrivés à la Cour, nous travaillerons a esluder l'execution de ce dernier ordre du Roy que M. de Favas a obtenu et dont M. le premier eschevin nous a envoyé coppie, et fairons voir l'impossibilité ou vous estes d'y satisffaire et l'inutilité de la place que ce capitaine veut rendre si considérable.

Nous eusmes hyer l'honneur de voir M. de St Luc et de l'entretenir de toutes choses l'espace d'une heure. Il nous escouta et nous parla avec ses marques ordinaires de bonté, et nous sommes bien trompés s'il n'a donné grande créance à ce que nous luy avons dict sur toutes les choses dont nous luy avons parlé, et particulièrement sur celluy qui regarde la garnison du château Neuf, sur le subjet de laquelle il vous escrivit, il y a quelques jours[1], avec

---

[1] Voici la lettre de M. de Saint-Luc, adressée de Bordeaux, le 13 du même mois de février, à la municipalité bayonnaise : « Messieurs, Je vous envoye les « ordonnances du Roy et la mienne, par lesquelles vous verrés que les intentions « de S. M. sont qu'on traitte hostilement les Anglois. Vous verrés aussy qu'Elle « donne à ceux qui sont dans ses Estats trois mois de délay pour en sortir avec « leurs effets. Vous fairés publier le tout en la manière accoustumée et prendrés « les seuretés nécessaires pour n'estre pas surpris sur vostre coste, ainsy que « j'en escrits à M. d'Artaignan, avec qui vous en conférerés. Je l'ay chargé « aussy de vous faire entendre l'interest que vous aves de ne rien entreprendre « de violant contre les officiers et soldats du château Neuf. Je ne pourrois pas « dissimuler vostre conduite dont ils font de tres grandes plaintes, jusques à ce « point que le sieur Dairecourt a esté attaqué à la porte du St-Esprit. Je vous « charge d'en faire justice, autrement je la fairay faire exemplairement. Si vous « avés des plaintes à faire contr'eux, j'en fairay la punition. Au surplus, vostre « peuple usant des menaces comme ils font contre ceste garnison, ne doubtés « pas que S. M. ne prene résolution de pourvoir à la seureté de ses troupes. « Voyés M. Dartaignan et que touts ces desmelés n'ayent aucune suitte « contraire au service du Roy et à la tranquillité de vostre ville. Je suis, « Messieurs, etc.... SAINCT-LUC. » (*Arch. de Bayonne*, EE 93, p. 27.)

quelque marque d'indignation, de quoy nous vous assurons qu'il est présentement bien esloigné. C'est ce qu'ont à vous dire pour ceste fois, Messieurs, vos tres humbles et tres obeissans serviteurs.

NAGUILLE,
DE ROMATET.

CLXXI.

1666. — 11 MARS.

(Archives de la ville de Bayonne, carton EE 93, p. 34.)

M. PELLOT A MM. LES ÉCHEVINS ET JURATS DE BAYONNE.

A Agen, ce XIe mars 1666.

Messieurs, Sur la copie de la lettre de M. de la Vrillière que vous m'avez envoyée, j'escris à M. Favas de laisser l'ouvrage de la fausse porte du chasteau Neuf de Bayonne dans l'estat ou il est, sans l'avancer davantage, attendant une plus expresse résolution de S. M. Cependant je vous puis asseurer que je seray toujours, Messieurs, vostre tres humble et tres obeissant serviteur.

PELLOT.

CLXXII.

1666. — 11 MARS.

(Archives de la ville de Bayonne, carton EE 93, p. 35.)

LES DÉPUTÉS DE NAGUILLE ET DE ROMATET AU CORPS DE VILLE DE BAYONNE.

A Paris, ce XIe mars 1666.

Messieurs, Nous arrivasmes hier en ceste ville résolus d'en partir ce matin pour Sainct-Germain, mais nous avons trouvé à propos de changer de desseing apprès que nous avons sceu que Monseigneur le maréchal de Gramont doit, sans faillir, venir demain disner à Paris, que Monsieur Colbert doit pareillement s'y rendre ce mesme jour et y rester jusques vers la fin de la sepmaine prochaine, c'est à dire jusques au retour du Roy, qui partira sapmedy, treiziesme de ce mois, pour Compiègne, où il sera quatre ou cincq jours. Nous avons cependant fait quelques visites, où nous avons apprins que Monseigneur le maréchal a obtenu la sursoyance que nous avions demandé par nos lettres, qu'il vous l'a fait scavoir et qu'il a escrit à Monsieur de Favas une lettre qui ne luy a pas esté agréable. Nous tascherons de faire le reste sans perdre de temps et sans nous attacher à quoy que ce soit au monde qu'aux affaires de la ville.

Il ne fault pas obmettre de vous dire que nous avons ce matin veu Monsieur de La Vrillière et Monsieur le comte de Toulonjon[1], quy revinst hier de Sainct-Germain. Ils ont, l'un et l'autre, receu nos complimens avec des marques bien sensibles de plaisir et de civillité, et apprès que le premier a demeuré d'accord avec nous que nostre opposition à l'ouverture de la fausse porte est raisonnable, il nous a promis tout le secours qui peut déppendre de luy en touttes nos affaires; et pour Monsieur de Toulonjon, il nous a dit qu'il a fort appuyé ceste mesme opposition à la Cour et suggeré à Monseigneur le mareschal des raisons particulières quy sont de sa cognoissance, lesquelles il appuyera en tous temps et en tous lieux. Tout cecy vaudra ce qu'il pourra, mais nous vous assurons bien que vous n'estes pas peu obligés à l'amitié de ces deux seigneurs.

Nous sommes trop nouveaux à Paris pour vous escripre des nouvelles, ny vous dire autre choze pour ceste heure, sy ce n'est que nous sommes tousjours, Messieurs, vos très humbles et très obeissans serviteurs.

NAGUILLE,
DE ROMATET.

---

[1] Henri de Gramont, comte de Toulongeon. Voyez ci-dessus, p. 170.

CLXXIII.

1666. — 14 MARS.

(Archives de la ville de Bayonne, carton EE 93, p. 36.)

MM. LES DÉPUTÉS DE NAGUILLE ET DE ROMATET AU CORPS DE VILLE DE BAYONNE.

A Paris, ce 14e mars 1666.

Messieurs, Nous avons veu par vostre lettre du 3e de ce mois les desmarches de Monsieur de Favas jusques à ce jour là, mais quoy que nous n'ayons pas receu de vos nouvelles par le courrier qui est arrivé hier au soir, nous avons sceu, tant par une lettre d'un bourgeois de la ville que par le récit que vient de nous faire Madame la maréchalle de Gramont, le train que ceste affaire prinst les 4 et 5e dudit mois.

Dès le moment que nous eusmes receu vostre dite lettre du 3e, qui feust le douziesme appres midy, nous feusmes complimenter Monsieur le maréchal de Gramont, lequel ne se contenta pas du rapport que nous luy fismes de la conduitte de Monsieur Favas, mais il voulleust en lire la description dans vostre lettre, et ensuitte nous tesmoigna qu'il ne faisoit point de difficulté que le desmenti n'en demeurast à ce facheux adversaire. Il nous promist ensuitte de nous presanter au Roy à son retour de Compiègne, quy sera vendredy prochain, dix neufiesme de ce moys, et nous a cependant dit de voir et de salluer Monsieur de Colbert, quy est en ville despuis hier au soir, sans néanmoins luy parler à fonds jusques à ce que nous soyons fortiffiés de son appuy, duquel il nous a tesmoigné que nous devions assurément faire estat.

Nous ne manquerons pas de voir, dès demain matin, Monsieur Colbert, s'il se peut, ne l'ayant peu aujourd'huy parce qu'il n'est jamais visible le dimanche. Et pour ce quy est de M. de la Vrillière, comme nous luy avons rapporté les saillies de M. de Favas, en la manière que nous les avons apprinses, et que nous luy avons prié de vouloir escripre ung mot audit sieur de Favas pour luy confirmer la volonté du Roy concernant la sursoyance de l'ouverture de la fausse porte, il nous a fait cognoistre qu'il ne le pouvoit pas sans l'ordre expres de S. M., et nous a exhorté d'eviter sur touttes choses la viollence et de faire peu d'estat de ces saillies, lesquelles il nous a fait espérer qu'on arrestera facilement aussy tost que le Roy sera de retour à Sainct-Germain, n'y ayant rien du tout à faire jusques alors, quand mesmes nous prendrions la poste pour aller à Compiègne, parce que S. M. n'a point de conseil auprès d'elle pour prendre des resolutions sur ceste affaire. A quoy mon dict sieur de la Vrillière a adjousté que nous ne devions point du tout nous allarmer de ceste ouverture de fausse porte sy elle estoit faicte au prejudice de sa lettre, d'autant qu'on la fairoit incontinent murer sans aucune difficulté, à moins que le Roy la juge necessaire.

En vous escrivant ceste lettre et tout tard, nous avons receu vostre despeche du 6ᵉ de ce mois, où nous avons trouvé les mesmes choses que nous avions desja apprinses par ville, sans que nous y puissions remédier jusques au retour du Roy par les raisons que nous vennons de vous desduire. Nous adjousterons seullement que ce seroit une extremité bien facheuse, et pour vous et pour nous, sy vous en veniés aux mains pour empescher ceste maudite ouverture de fausse porte.

Nous nous sommes servis d'un blancq seing pour faire responce à la lettre de M. de Louvoys, mais nous n'avons peu la rendre parce qu'il est occupé à la reveue des gens de guerre quy se fait à Compiègne. Ce sera à son retour que nous le verrons, et, dès aussitost que l'affaire de la fausse porte sera vuidée, nous ne manquerons pas d'agir pour les autres [affaires], et nous n'oublierons point assurement celle de l'eslection et de la liberté de M. le procureur du Roy; mais pour ce qui est de la liberté du commerce des huilles de ballaine, quelques marchands nous ont faict cognoistre qu'il seroit inutille d'en parler à presant pour des raisons qui seroient long de vous dire. Nous ne laisserons pas de voir ceux quy sont indiqués dans le billet de M. de Harriague et resterons tousjours, Messieurs, vos très humbles et tres obeissans serviteurs.

NAGUILLE,
DE ROMATET.

CLXXIV.

1666. — 18 MARS.

(Archives de la ville de Bayonne, EE 93, p. 37.)

MM. LES DÉPUTÉS DE NAGUILLE ET DE ROMATET AU CORPS DE VILLE DE BAYONNE.

De Paris, le 18e mars 1666.

Messieurs, En l'absence du Roy quy, comme nous vous avons escript, partist sapmedy pour aller faire la reveue de ses trouppes à Compiègne [1], nous avons veu M. Colbert, lequel nous a remis à St Germain, où S. M. devant se rendre demain vendredy, nous nous y trouverons aussy en mesme temps pour ne perdre pas un moment à la poursuitte de nos affaires. Il est important que vous nous envoyez un ample devis des réparations à faire aux fortifications de la ville, où vous mettrez aussi la disette des munitions de guerre et de bouche. Nous ne pouvons, sans ceste pièce, parler à fonds de nos necessités. Envoyez-nous pareillement, s'il vous plaist, coppie du dernier règlement des eslections à la magistrature : nous attandons cependant le plan entier de la ville, lequel nous est absolument necessaire, et sommes tousjours, Messieurs, vos tres humbles et tres obeissans serviteurs.

NAGUILLE,
DE ROMATET.

CLXXV.

1666. — 25 MARS.

(Archives de la ville de Bayonne, carton EE 93, p. 38.)

MM. LES DÉPUTÉS DE NAGUILLE ET DE ROMATET AU CORPS DE VILLE DE BAYONNE.

A St Germain en Laye, ce 25e mars 1666.

Messieurs, Vous aves pu apprendre, par celle que l'un de nous a escript à Monsieur le premier eschevin le 21e de ce mois, en quoy

---

[1] Depuis la mort de la reine mère, Louis XIV « ne s'occupoit plus que des « affaires qui regardoient la guerre. » De Fontainebleau, il se rendait tantôt à Compiègne, tantôt au camp de Moret, visitant chaque jour les troupes et ne les laissant jamais oisives. (*Mémoires de Mlle de Montpensier*, année 1666.)

nous en estions pour l'affaire de la fausse porte, qui est la seulle que nous avons creu debvoir tenter, d'abord comme la plus pressante. Maintenant nous vous dirons que nous n'avons pu rien advancer tous ces jours icy, parce que Monsieur Colbert n'a pas esté du sentiment que ceste affaire feust rapportée par autre que Monsieur de la Vrillière (quy a esté incommodé à Paris), d'autant que c'est par luy mesme que vous avez receu, tant l'ordre du Roy concernant ladite fausse porte que la sursoyance de cest ouvrage, et voicy encore un autre subject de longueur que nous n'avions pu prévoir, c'est que S. M. va aujourd'hui à Versailles pour trois jours, pendant lesquels il ne se tiendra nul conseil. Sans ce voïage, nous espérions que demain Monsieur de la Vrillière seroit venu à la Cour, pour se trouver au Conseil des despeches[1] quy se debvoit tenir, et qu'il y eut esbauché ceste affaire de la fausse porte. Pour ce qui est des autres, nos amis ne sont point du tout d'advis que nous en entamions aucune jusques à ce que celle-cy soit vuidée. Nous irons demain faire un tour à Paris, attendant le retour de S. M., pour presser Monsieur de la Vrillière de nous venir rendre justice lundy ou mardy prochain, ou pour prendre autrement nos mesures en cas que son incommodité continue.

Comme nous vous escrivions ceste lettre, nous en avons receu une de M. le premier eschevin qui nous marque la sursoyance que M. Pellot a ordonnée à Monsieur de Favas, et l'envoy du plan de la ville à Monsieur le mareschal par Monsieur d'Artagnan. L'une et l'autre de ces nouvelles nous a beaucoup réjouy, puisque la première vous donne du calme attendant que le Roy règle la chose, et que sans ce plan Monsieur le mareschal ne trouvoit pas à propos de nous présenter au Roy. Il part tout présentement pour Versailles sans l'avoir receu : mais Monsieur Payen, son secretaire, part aussy pour Paris pour y aller prendre ledit plan et le luy porter avec une coppie de nostre requeste, affin qu'il puisse

---

[1] Le Conseil de ou plutôt des dépêches était une des sections du Conseil du Roi ou Conseil d'État. Y assistaient : le Roi, le chancelier, le chef du Conseil des finances, les ministres d'État et les quatre secrétaires d'État. On y examinait les affaires qui avaient trait à l'administration intérieure, et chaque secrétaire d'État était chargé d'expédier *les dépêches*, selon ses attributions ou selon les provinces qui formaient son département. (A. de Boislisle, *Mémoires de Saint-Simon*, t. II.)

prendre son temps pour deschiffrer ledit plan et examiner ladite requeste avec S. M., au retour de laquelle nous tacherons de faire le reste au plus tost, appréhendant beaucoup que Monsieur l'intendant n'ay prévenu l'esprit de Monsieur Colbert, quy seroit ung point très facheux. Nous sommes tousjours, Messieurs, vos très humbles et tres obeissans serviteurs.

NAGUILLE,
DE ROMATET.

CLXXVI.
1666. — 1er AVRIL.
(Archives de la ville de Bayonne, carton EE 93, p. 40.)

MM. LES DÉPUTÉS DE NAGUILLE ET DE ROMATET AU CORPS DE VILLE DE BAYONNE.

A St Germain, ce 1er avril 1666.

Messieurs, Nous nous trouvons obligés de vous dire que lundy dernier l'affaire de la fausse porte fut mise dans ung point ou nous avions lieu d'espèrer qu'elle seroit terminée favorablement dans le Conseil qui se tinst ce jour là, sur les trois heures après midy, puisque nous avions eu l'honneur d'en parler au Roy, à Monsieur Colbert et à tous ces autres Messieurs qui composent ledit Conseil, qu'ils avoient tous veu nostre requeste et l'avoient trouvé raisonnable, et qu'enfin Monsieur le mareschal de Gramont s'estoit donné la peyne de discutter amplement l'affaire avec S. M. et avecq Messieurs Colbert, de Villeroy et Le Tellier, c'est à dire avecq chacun en particulier, apprès nous avoir tesmoigné que les interests de Bayonne le touchoient sensiblement et qu'il vouloit venir mourir avecq nous. Mais enfin, Messieurs, il arriva que M. de la Vrillière, quy porte aussi nos interests avec affection, ayant voulu rapporter l'affaire, le Roy l'interrompit, luy disant qu'il scavoit ce que c'estoit et qu'il y voulloit penser; de manière qu'il nous faut attandre avecq impatience qu'il plaise à S. M. résoudre la chose dans un autre Conseil. C'est ce que nous presserons autant que nous le pourrons faire sans nous rendre importuns, et préparerons cependant nos mémoires pour les autres affaires que vous nous avés recommandés, pour lesquelles nous avons nécessairement besoing des pièces dont nous vous avons parlé il y a desja quelques jours, scavoir du règlement concernant l'eslection des magistrats et du devis du mauvais estat de la ville.

Nous restons tousjours, Messieurs, vos tres humbles et tres obeissans serviteurs.

NAGUILLE,
DE ROMATET.

CLXXVII.

1666. — 11 AVRIL.

(Archives de la ville de Bayonne, carton EE 93, p. 42.)

MM. LES DÉPUTÉS DE NAGUILLE ET DE ROMATET AU CORPS DE VILLE DE BAYONNE.

A Paris, ce 11e avril 1666.

Messieurs, Nous sommes bien fachés de ne pouvoir pas vous annoncer avec une absollue certitude une nouvelle de quoy vous avés desja esté felicités : nous voullons bien espérer qu'elle sera suivie et que le Roy aura faict considération sur les raisons que nous avons opposé au desseing de la fausse porte. Mais c'est de quoy S. M. ne nous a pas encore fait l'honneur de s'expliquer avecq nous, ny de déclairer sa resolution, soit à Monsieur le mareschal, quy lui a bien parlé de ceste affaire, ou à Monsieur de la Vrillière quy a rapporté nostre requeste au Conseil. Nous irons demain à Versailles pour une seconde fois, affin de voir si la chose est résolue en la manière que Monsieur de Louvois l'a escripte à Monsieur de St Luc, et d'entamer en suitte nos autres affaires. Cependant nous avons tenté le gay pour Monsieur le procureur du Roy avecq bien de l'application, mais nous trouvons en un mot que son rappel dépend de Monsieur l'intendant de la province. C'est pourquoy nous sommes appres à luy faire escrire de bonne encre par ses parens. Nous vous donnerons de plus amples nouvelles par le prochain [ordinaire] de ceste affaire et des autres, et resterons tousjours, Messieurs, vos tres humbles et tres obeissans serviteurs.

NAGUILLE,
DE ROMATET.

CLXXVIII.
1666. — 22 AVRIL.
(Biblioth. nation. Mélanges Colbert, vol. 137, f° 416.)

M. PELLOT A M. COLBERT.

A Bordeaux, ce 22° avril 1666.

Je respondray, Monsieur, à vos lettres des III, IX et XI de ce mois, que vous m'avez fait l'honneur de m'escrire. Les habitans de Bayonne m'ont escrit et me demandent mes bons offices afin que S. M. aggrée les raisons qu'ils représentent pour empescher l'ouverture de la fausse porte du chasteau Neuf de leur ville, et que je leur sois favorable dans leurs autres affaires. Je ne manqueray pas de leur respondre dans le sens que vous m'avez fait la grace de me le mander et que j'escriray en leur faveur.

Puisque vous le trouvez bon, je vous envoyerai les projets des arrests de liquidation des debtes des communautez tous dressez et mesmes les expéditions en parchemin avec un mémoire fort succint et en gros du retranchement desdites debtes et des moyens que que l'on prend pour les payer. Mais ce ne sera que pour les principales communautez, jusqu'à ce que je scache si S. M. approuve l'expédient que je vous ay escrit pour faire que ce travail soit bientot achevé et que les peuples en profitent....

L'on fera achever au meilleur marché qu'il se pourra les cazernes et bastimens des chasteaux de Lourdes, Dax et Bayonne, et l'on ne fera que ce qui est absolument nécessaire. Mais comme je vous ay mandé, ces ouvrages coustent plus qu'ailleurs, à cause de la situation des lieux.

Le pays de Chalosse aura une grande satisfaction de la démolition de la Poissière[1] de M. le marquis de Poyanne et oubliera par ce moyen ses maux passez. Je feray connoistre fort honnestetement au Père Meynier qu'il se peut retirer et que S. M. n'est pas dans le dessein de lui continuer la pension qu'il avoit de feu Monseigneur le prince de Conty pour la poursuite des affaires contre ceux de la R. P. R.

J'ay receu la commission pour la réformation des fonds de ces deux généralités, avec une instruction : à quoy je travailleray sans perte de temps. Mais je vous prie, Monsieur, de m'envoyer quelque homme qui soit experimenté dans ces sortes d'affaires pour luy donner la commission de procureur du Roy, et, s'il se pouvoit, qui eut travaillé dans celles de Paris. Ainsi les choses en iront mieux et plus vite, car ce sont matières nouvelles pour moy.

Je partiray sans faute d'icy lundy pour aller à Blaye, et de là à Xaintes. Je ne seray guères que douze ou quinze jours à mon voyage, et en suite je m'en reviendray en cette ville. Je seray toujours, avec tout le respect possible, etc....

PELLOT.

CLXXIX.

1666. — 29 AVRIL.

(Archives de la ville de Bayonne, carton FF 93, p. 43.)

MM. LES DÉPUTÉS DE NAGUILLE ET DE ROMATET AU CORPS DE VILLE DE BAYONNE.

A Paris, ce 29e avril 1666.

Messieurs, Nous voicy hors des festes et dans un temps ou nous devrions estre à Sainct-Germain pour presser l'issue de l'affaire de la fausse porte[2], mais nous avons esté obligés de différer ce

---

[1] Sans doute *poissonnière*, lieu où l'on pêche le poisson.
[2] Ces inexplicables retards, connus du sieur de Favas, permettaient au capitaine du château Neuf de faire peu de cas de l'opposition formée par la ville. Dès le 7 avril, la municipalité, exaspérée par la conduite de cet officier, avait pris les résolutions suivantes : « Le sieur premier eschevin a représenté
« qu'il y a plusieurs personnes d'honneur de la ville qui l'ont adverty que le
« sieur de Favas, capitaine du chasteau Neuf, au lieu de se contenter d'avoir
« désobligé la ville, au dernier point, ainsy qu'il est de la connoissance de toute

voiage jusqu'a demain parceque le Roy est aujourd'hui venu disner chez Monsieur le mareschal de Gramont, quy a superbement regallé Sa Majesté, Monsieur, Madame et quelques autres seigneurs et dames de la Cour[1]. Nous ne perdrons point assurément de temps à ceste poursuite, de laquelle il nous faut necessairement attendre la fin avant qu'entreprendre de pousser les autres affaires pour lesquelles nous nous tenons cependant prestz. Nous vous donnerons advis de tout ce quy se passe et resterons toujours, Messieurs, vos très humbles et tres obeissant serviteurs.

NAGUILLE,
DE ROMATET.

CLXXX.

1666. — 20 MAI.

(Archives de la ville de Bayonne, carton EE 93, p. 44.)

MM. LES DÉPUTÉS DE NAGUILLE ET DE ROMATET AU CORPS DE VILLE DE BAYONNE.

Dé Paris, le 20ᵉ may 1666.

Messieurs, Vous ne devez pas doubter que nous ne ressentions nostre bonne part du chagrin que nous peuvent causer aux uns et aux autres les longueurs qu'on porte à nostre expédition au subjet de la fausse porte. Vous les avez touttes apprinses par les lettres que nous vous avons escript et à monsieur le premier eschevin. La dernière feust dimanche 16ᵉ, où nous disions que Monsieur Colbert nous avoit remis au premier Conseil, et que nous debvions venir

---

« la ville, il se porte à des extravagances extraordinaires, offensant en divers « lieux non seulement des personnes d'honneur mais encore le corps des « magistrats, avec des injures qu'il profère contre eux, tout à fait indignes à « une personne d'honneur; Et ouy sur ce le scindic de la ville, a esté délibéré « qu'il sera escrit à M. Brun, procureur de la ville à Bourdeaux, pour qu'il « présente une requeste en la Cour, sous le nom dudit scindic, aux fins d'avoir « une permission d'informer des dites injures par un sergent et un notaire. » (Reg. des délibérations, t. XXVII, p. 572.)

[1] L'hôtel de Gramont, disparu aujourd'hui, était situé rue Neuve-Saint-Augustin. Il fut vendu, en 1749, pour 450,000 francs, par le duc Antoine VII.

en ceste ville pour l'en solliciter sans relache, si bien que, n'ayant rien peu conclure, nous le suivons encore à St Germain dès ce momant pour luy en demander une fin.

Comme les despenses sont excessives, particulièrement à la suitte de la Cour, et que nostre premier fondz a manqué, nous avons esté obligez de prendre *trois cens escus :* l'un de nous a donné sa lettre de change à Monsieur Louis Simonet sur Monsieur Maron : elle est à deux usances pour vous donner du temps d'y sattisfaire avec plus de facillité.

Nous sommes, Messieurs, vos tres humbles et très obeissans serviteurs.

NAGUILLE,
DE ROMATET.

CLXXXI.

1666. — 27 MAI.

(Archives de la ville de Bayonne, carton EE 93, p. 45.)

MM. LES DÉPUTÉS NAGUILLE ET DE ROMATET AU CORPS DE VILLE DE BAYONNE.

A St Germain, ce 27e may 1666.

Messieurs, Il nous facheroit de vous dire encore une fois que l'affaire de la fausse porte n'est pas expédiée, si nous ne pouvions en mesme temps vous assurer que le 22e de ce mois elle feust pour une dernière fois agittée devant le Roy et décidée tout a fait en nostre faveur. C'est ce quy nous feust dit le lendemain par un de Messieurs les ministres qui estoit au Conseil et confirmé ensuitte *asses intelligiblement* par les discours que nous ont tenu Monsieur Colbert et M. de Fenssanbercq, son commis; et comme despuis ce temps là mon dit sieur Colbert nous remest chaque jour au premier moment de son loisir à régler ceste affaire par une ordonnance qu'il veust dresser luy mesme, et que nous avons subjet d'appréhander que ces remises pourroient aller loing, outre que Sa Majesté veut, dans peu de jours, s'aller divertir à Versailles, et de là à Fontainebleau et à Chambort, d'où on croit mesme qu'il ira faire un tour à La Rochelle[1], toutes ces choses, jointes à l'advis que nous a donné M. de Cheverry des bons sentimens de Monsieur Pellot, nous ont obligé de ne plus différer de parler amplement de touttes nos affaires, c'est à dire de nostre eslection, de la misère de la ville et de la liberté de Monsieur le procureur du Roy, et si nous ne nous flattons pas, nous avons esté escoutés assez favorablement, et il nous a paru qu'on ne veut pas nous retenir longtemps dans la poursuitte de ces affaires, et peut estre ne retarde on pas l'expedition de la première que pour les règler toutes par une mesme ordonnance. Nous faisons cependant de nostre mieux pour faire voir touttes nos necessités à Sa Majesté et nous procurer de quoy y pourvoir largement. Il en arrivera ce qu'il plairra au bon Dieu, mais nous aurons ceste consolation que nous n'aurons rien oublié et que nous aurons agy avecq toute la vigueur et tout le soing dont peuvent estre capables, Messieurs, vos tres humbles et tres obeissans serviteurs.

NAGUILLE,
DE ROMATET.

CLXXXII.
1666. — 27 MAI.
(Archives de la ville de Bayonne, reg. BB 27, p. 618.)

LETTRE DU ROY PORTANT PERMISSION DE FAIRE ESLECTION DE MAGISTRATS EN LA VILLE DE BAYONNE.

A nos chers et bien amés les eschevins, jurats, conseillers et habitans de nostre ville de Bayonne.

DE PAR LE ROY,

Chers et bien amés, Ayant bien eu agréable les instances quy nous ont esté faictes de vostre part pour l'eslection de vos magistrats, qui a esté despuis peu surcise par nos ordres, nous

---

[1] Ces divers déplacements sont également annoncés par Gui Patin dans une lettre adressée à son ami Falconnet, le 28 mai 1666. (*Lettres de Gui Patin*, édition Reveillé-Parise, tome III, p. 597). — Voyez encore le *Journal d'Olivier Lefèvre d'Ormesson*, tome II, p. 461.

vous faisons cette lettre pour vous dire que comme nous prenons une entière confiance en vostre fidelité, nous vous permettons de procéder à la dite eslection suivant les formes accoustumées, en admettant toutes fois dans les dites charges des personnes de la qualité requise et affectionnées tant à nostre service qu'à vostre repos commun. A quoy nous vous exortons.

Donné à Sainct-Germain-en-Laye, le XXVIIe mai 1666.

Louis.
Phelipeaux.

CLXXXIII.
1666. — 27 MAI.
(Archives de la ville de Bayonne, reg. BB 27, p. 618.)

LETTRE DU ROY CONTENANT REVOCQUATION DE LA FAULCE PORTE.

A nos chers et bien amés les eschevins, jurats, conseillers et habitans de nostre ville de Bayonne.

DE PAR LE ROY,

Chers et bien amés, Nous avons examiné les tres humbles remonstrances et supplications qui nous ont esté portées de vostre part par vos depputtez pour ne point faire construire la faulce porte que nous avions ordonné estre faicte au chasteau Neuf, affin que la garnizon y peut entrer et sortir sans passer par la dicte ville, et y ayant eu esgard, apres avoir consideré ce qui est en cela de nostre service, prenant dailheurs une entière confiance en vostre fidelité et affection, nous envoyons ordre au sieur Favas, capitaine au dit chasteau, pour faire cesser incontinant le travail qui avoit esté commencé à la dicte porte et icelle remettre en l'estat qu'elle estoit auparavant, sur quoy nous avons bien voulu vous faire cette lettre pour vous en donner advis et vous dire de faire tousjours vostre debvoir pour vous conserver en nostre obeyssance, en faisant continuer la garde du bastion de Nostre-Dame, ainsy que vous avez faict jusques a présent affin de prévenir toutes entreprises sur nostre dicte ville contre nostre dict service, vous asseurant que nous donnant de nouvelles preuves de vostre zèle nous vous ferons ressentir les effets de nostre bienveillance aux occasions quy s'en présenteront.

Donné à Sainct-Germain-en-Laye, le xxviie mai 1666.

Louis.
Phelipeaux.

CLXXXIV.

1666. — 30 MAI.

(Archives de la ville de Bayonne, carton EE 93, p. 46.)

MM. LES DÉPUTÉS DE NAGUILLE ET DE ROMATET AU CORPS DE VILLE DE BAYONNE.

De Paris, ce 30e may 1666.

Messieurs, Nous voullons bien croire que ceste lettre ne vous sera pas plustost rendue que vous recevrés aussy les ordres ou les lettres de cachet du Roy, dont l'un de nous a parlé à Monsieur le premier eschevin par le dernier courrier. On nous a maltraités en ce qu'on a refusé de nous les desllivrer, apprès ce que nous y avons fait. Mais enfin c'est Monsieur l'Intendant qui en doit disposer ainsi qu'il verra à propos, c'est à dire qu'on entend que vous le recognoissés pour vostre bienfaiteur et que vous ayez tousjours une parfaicte soubzmission pour touttes les choses qui vous viendront de sa part[1].

Nous avions esperé qu'on adjouteroit à ces ordres quy nous sont tous favorables (et qui regardent la fausse porte, l'eslection et le rappel de Monsieur le procureur du Roy), un arrest ou une ordonnance pour régler nostre demande concernant les necessités de la ville, mais on a trouvé ce morceau un peu dur, et nous craignons qu'il y aura de la façon à le faire digérer. Nous préttandons pourtant y travailler sans cesse, et suivre, à cest effect, la cour à Fontainebleau, où elle va dans trois jours : présentement elle se divertit à Versailles. Il ne faut pas, s'il vous

---

[1] Avec quel juste orgueil les députés annoncent le résultat de leurs démarches, et combien ce succès sera pénible pour l'intendant, chargé d'en faire part aux échevins.

plaist, de vostre part, espargner les complimens envers Monsieur l'Intendant, affin qu'il vous desparte son secours dans ceste rencontre.

L'un de nous avoit laissé en partant à Monsieur le scindicq un mémoire servant de moien pour avoir des pièces sur l'affaire de la coustume : nous avons quelque nouveau sujet d'espérer quelque chose sy vous voullez tout de bon y faire travailler. Monsieur le scindicq vous en instruira. C'est à dire, Messieurs, qu'il ne faut pas s'endormir : avec cela il faudra aussi, s'il vous plaist, nous envoyer les originaux des comptes et le procès verbal de Monsieur l'Intendant qui sont tous ensemble dans un des armoires des archives. De nostre costé nous agirons de la manière que vous pouvez raisonnablement attendre, Messieurs, de vos très humbles et très obeissans serviteurs.

NAGUILLE,
DE ROMATET.

CLXXXV.

1666. — 5 JUIN.

(Archives de la ville de Bayonne, carton EE 93, p. 47.)

M. PELLOT AUX ÉCHEVINS ET JURATS DE BAYONNE

A Agen, le 5e juin 1666.

Messieurs, Je vous envoye les ordres du Roy [1], tant pour remettre la fausse porte du chasteau Neuf de Bayonne dans l'estat ou elle estoit, que pour lever la surséance touchant la nomination de vos magistrats et pour rappeler le sieur procureur du Roy de vostre ville. A quoy je n'ay rien à adjouster, si ce n'est que je suis bien aise [2] de la satisfaction que vous avez sur ce sujet et que je vous tesmoigneray toujours que je suis, Messieurs, vostre tres humble et obeissant serviteur.

PELLOT.

[1] Voir ci-dessus, à la date du 27 mai.
[2] Faut-il croire vraiment à ce bon sentiment ?

CLXXXVI.
1666. — 5 JUIN.
(Biblioth. nation. Mélanges Colbert, vol. 138, f° 231.)

M. PELLOT A M. COLBERT.

Monsieur,.... Je ne vous escris plus de la Chalosse parceque les choses y vont bien et que S. M. s'en repose sur M. le marquis de Poyanne, qui est sur les lieux, qui a toute l'authorité qu'il faut et auquel nous avons offert, M. de St Luc et moy, de donner tous les secours et ordres qui seront necessaires et qu'il pourra désirer. Neanmoins Audijos y paraist encore de temps en temps, quoy qu'il n'entreprenne rien, ou à cause que le pays se lasse de ces désordres, ou parceque j'apprends qu'il est dans le dessein de demander sa grace, si on la luy veut faire. Cependant M. le marquis de Poyanne a fait quelques desseins de le faire arrester d'une maniere ou d'autre; mais ils n'ont pas réussi, ou parceque ceux qui y ont été employez pour ce sujet ne sont pas assez de bon pied, ou à cause de l'affection que l'on a encore dans ledit pays pour ledit Audijos et des intelligences qu'il y conserve. Si l'on vouloit se tirer cette espine du pied, l'on pourroit lui donner une abolition et quelque employ hors du royaume, afin que l'on n'en parle plus. Si S. M. a agréable cette proposition, vous me fairez la grace de me le faire sçavoir, et l'on laissera mesnager la chose à M. le marquis de Poyanne, qui la faira, s'il se peut, d'une manière que l'authorité du Roy ne sera pas blessée. Ce n'est pas que, à ce que l'on me mande, ce coquin a de l'insolence et de plus grandes prétentions ; mais s'il n'estoit satisfait de ces offres, l'on ne songeroit plus qu'à le pousser et à tascher de l'attraper dans un temps ou un autre et peut estre cela mettroit le pays contre luy, qui a du pénétrant, pour son accomodement, quand il verra qu'il ne le veut pas.....

PELLOT.

D'Agen, le 5 juin 1666.

CLXXXVII.

1666. — 10 JUIN.

(Archives de la ville de Bayonne, carton EE, 93, p. 48.)

MM. LES DÉPUTÉS DE NAGUILLE ET DE ROMATET AU CORPS DE VILLE DE BAYONNE.

Paris ce 10° juin 1666.

Messieurs, Nous serions desja à Fontainebleau pour la poursuitte de l'affaire de la coustume si Monsieur le mareschal ne nous avoit retenus à Paris. Il veut porter ceste affaire, de mesme qu'il a appuyé celle de la fausse porte, et il s'est donné la peine d'en conférer diverses fois avecq nous; mais comme les festes de la Pentecoste approchent et qu'il n'y a pas apparence de pouvoir rien avancer à la Cour jusques à ce qu'elles soient passées, nous restons encore icy pour trois ou quatre jours, affin d'esviter une double despanse et une fatigue inutile, et attendant de vos nouvelles pour estre instruits du succès des ordres favorables quy ont esté envoyés il y a quinze jours à Monsieur Pelot pour toutes les autres affaires. Nous ne sommes pas cependant oysifs, car les pièces et les raisons avecq quoy nous devons fleschir le Roy et nous procurer le bien que nous poursuivons nous occupent assez, outre que nous avons fait escrire à Monsieur l'Intendant sur ce subject, il y a onze jours, et que nous attendons pareillement sa responce. Nous estimons que de vostre costé vous aures imploré son secours sur le mesme subject, puisqu'il vous paroist qu'il ne peut que vous estre utile dans l'extreme necessité ou la ville se trouve, et que c'est à force de remèdes qu'il faut essayer de guérir de ce mal. Il n'en sera pas assurément espargné aucun de la part, Messieurs, de vos tres humbles et tres obeissans serviteurs.

NAGUILLE,
DE ROMATET.

CLXXXVIII.

1666. — 11 juin.

(Archives de la ville de Bayonne, carton FF 85, p. 71.)

M. PELLOT AUX ÉCHEVINS ET JURATS DE BAYONNE.

A Agen, ce XIe juin 1666.

Messieurs, Puisque vous jugez qu'on ne peut pas tirer d'affaires les habitants de Bayonne qui sont réservez par l'abolition, sans une nouvelle abolition, il faut laisser les choses en cest estat, jusques à ce que l'on voye s'il est à propos de la demander à S. M.; et cependant, pour l'interest de son service, vous devez empescher que ces réservez ne paroissent dans vostre ville.

Je suis,...

PELLOT.

CLXXXIX.

1666. — 11 juin.

(Archives de la ville de Bayonne, reg. BB 27, f° 599.)

DÉLIBÉRATION DU CONSEIL DE VILLE DE BAYONNE TOUCHANT LES LETTRES DE CACHET DU ROY.

Du vendredy, 11e du mois de juin 1666.

Au Conseil tenu ledit jour....

Sur la lecture des lettres qui ont esté escrites par les députés qui sont en Cour et les lettres de cachet de S. M. que M. Pellot, intendant, a envoyées à la ville, — a esté deliberé que Messieurs du Conseil secret seroient convoqués pour ce jourd'huy à deux heures apres midy, pour résoudre et prendre advis de ce qu'il conviendra faire pour le mieux touchant lesdites lettres;

Et advenant ladicte des deux heures après midy, lesdits sieurs du Conseil secret estant assemblés, le sieur premier eschevin auroit faict sçavoir que, par l'ordinaire quy est arrivé le matin le corps a receu trois lettres de cachet de S. M.[1] que M. Pelot, intendant de la province, leur a adressées par ordre de Sa dicte M., la premiere portant revocquation de l'ordonnance par Elle donnée precedemment au sieur de Favas, cappitaine du chasteau Neuf de ceste ville, d'ouvrir la faulce porte qui respond au bastion de Nostre Dame, et que son intention est que tous travaux cessent et ladite faulce porte remise au premier estat. De laquelle lettre lecture en ayant esté faicte et sur ce deliberé, feut resoleu que ladicte lettre sera nottiffiée au dict sieur de Favas par un acte qui luy sera faict à la requeste du syndic de la ville par un notaire royal, et le sommera de satisfere à la volonté du Roy et remettre les choses au premier estat, conformément à ladicte lettre de cachet, dans la huitaine, avec les protestations au cas requises;

Quant à la seconde lettre de cachet quy concerne le rappel de M. Me Jacques de Lalande, procureur de Roy au seneschal de ceste ville, ayant esté aussy leue en ladicte assemblée; attendu que par icelle S. M. considère beaucoup la ville, a esté deliberé que ladicte lettre sera transcrite dans ce livre pour marque de mémoire à l'advenir, et, ce faict, remise entre les mains de la damoyselle femme dudict sieur procureur du Roy;

Et au regard de la troisiesme lettre de cachet escrite par S. M. à ladicte ville, portant permission de procéder a l'eslection des magistrats (surcize depuis le mois de septembre dernier), en la manière accoustumée, ayant esté leue, — fut deliberé, qu'avant procéder à ladicte eslection, tous les bourgeois et artisans quy ont esté eschevins, jurats et conseillers magistrats seront convocqués pour lundy prochain, 14e de ce mois, à huit heures du matin, aux fins de leur faire scavoir la volonté du Roy, et ce faict, résoudre le jour qu'il conviendra pour procéder à ladicte eslection;

Ce faict, le mesme sieur premier eschevin a représenté à ladicte assemblée que Messieurs de Naguille et de Romatet, depputés de la ville en Cour, marquent, par une de leurs lettres, le

---

[1] Voir ci-dessus les deux lettres du Roi, portant la date du 27 mai 1666. — La troisième, celle relative au procureur Jacques de La Lande, ne fut pas, par un sentiment de délicatesse et de discrétion qui honore la ville, transcrite sur le registre BB 27.

désir qu'ils ont de se retirer, ou au moins un d'eux, puisqu'il ne reste à vuider des affaires de leur députation que celuy quy concerne la *Coustume* et divers fonds pour subvenir aux grandes charges et necessités de la ville. Et comme ceste affaire est de longue haleine, estant deux depputes en Cour, cela causeroit à la ville de grands fraix et de plus possible qu'on reussiroit mieux auprès de Monsieur l'intendant, quy est le seul qui peut mieux servir la ville auprès du Roy et de Monsieur Colbert, surintendant; — Sur ce a esté délibéré au regard du chef quy concerne lesdits depputés qu'il leur sera escrit de faire tous leurs efforts pour obtenir de S. M. la restitution de la coustume, ou du moins les 20,000 liv. d'octroy que la ville souloit avoir annuellement, avec les arrerages despuis qu'elle leur fust ostée; et s'ils reconnoissent que cette affaire tire de longueur et qu'il n'y aye pas apparence de réussir, le Corps laisse à leur prudance la liberté de demeurer ou de se retirer, soit l'un d'eux ou les deux, ainsy qu'ils aviseront pour le mieux; et au regard dudict sieur Pelot, intendant, a esté résoleu qu'il sera depputé vers luy pour le remercier des biens qu'il a procurés à la ville, et le prier de continuer d'appuyer la ville envers Monsieur Colbert pour qu'elle aye de quoy subsister pour l'advenir, lequel depputé portera avec luy ung destail des necessités et charges d'icelle et le fera voir audict sieur [1].

CXC.

1666. — 13 JUILLET.

(Biblioth. nation. Mélanges Colbert, vol. 138 *bis*, f° 855.)

LE MARQUIS DE POYANNE A M. COLBERT.

Monsieur, S'il se pouvoit adjouter quelque chose au zèle et à la passion que j'ay pour executer les volontés du Roy dans la prise

[1] Désigné pour se rendre auprès de l'intendant et solliciter la *continuation de sa protection*, le sieur de Rol rendait compte au Conseil, le 28 juillet suivant, de sa mission. Il avait trouvé, dit-il, M. Pellot à Agen, mais si pressé de regagner Bordeaux qu'il avait obtenu à grand'peine quelques minutes d'audience, souvent interrompue par les appels de madame l'intendante. Pellot avait déclaré sèchement ne pouvoir rien : seul, M. Colbert devait décider. (*Arch. de Bayonne* BB 27, f° 649.)

d'Audijos, je vous assure, Monsieur, que la letre que vous m'aves fait l'honneur de m'escrire du 3ᵉ de ce mois feroit cet effect; mais je ne scaurois aporter plus de soing et de diligence que je fais pour attraper ce voleur qui se cache sy bien dans les bois que je n'ay peu jusques icy le descouvrir. C'est à quoy je travaille incessamment et je vous asseure, Monsieur, que je n'espargneray ny ma peine, ny mon bien, pour donner en ce rencontre à Sa Majesté une marque de l'obeissance que je lui doibs. C'est de quoy je vous supplie tres humblement de vouloir estre persuadé, aussy bien que de la passion avec laquelle je suis parfaitement, Monsieur, vostre tres humble et tres obeissant serviteur.

Henry DE POYANNE.

A Sᵗ Sever, ce 13 juillet 1666.

CXCI.

1666. — 2 AOUT.

(Biblioth. nation. Mélanges Colbert, vol. 169, f° 21.)

M. PELLOT A M. COLBERT.

Monsieur, ... Alors qu'Audijos et ses complices ont recommencé à faire de nouveaux crimes en Chalosse, le Parlement de Bordeaux y a envoyé un commissaire, qui est le sieur Du Bourg, conseiller[1], lequel est maintenant sur les lieux, fondé sur ce que l'abolition y ayant esté verifiée, il debvoit prendre connoissance de ce qui est arrivé ensuite. Mais M. le marquis de Poyanne me mande que la procedure de ce commissaire va en de grandes longueurs et quoy qu'il aye des prisonniers, il ne peut tirer aucune lumière de ce qui

---

[1] M. Mᵉ Joseph Du Bourg avait été pourvu, le 12 mai 1645, de l'office de conseiller au Parlement de Bordeaux, tenu précédemment par son père, Dominique Du Bourg. (*Archiv. départ. de la Gironde*, reg. B 57, f° 108.)

Les lettres d'abolition « pour les gens de Chalosse et pays circonvoisins » avaient enlevé à Pellot tout droit de juridiction sur les *amnistiés*. Il ne pouvait juger que les *réservés*. C'est pour ce motif que la Cour de Bordeaux avait député le conseiller Du Bourg auprès de M. de Poyanne. — Les registres du Parlement de Bordeaux ne renferment, ni les lettres d'amnistie, ni la commission de Joseph Du Bourg.

s'est passé, par la lenteur et trop de douceur dont il use. Ainsy, Monsieur, afin que l'on fasse une plus prompte justice, j'escris à M. de La Vrillière de faire donner un arrest, si S. M. l'a agréable, qui me renvoye le chastiment de ces crimes commis depuis l'abolition [1]....

PELLOT.

A Bordeaux, ce 2 aoust 1666.

CXCII.
1666. — 6 AOUT.
(Biblioth. nation. Mélanges Colbert, vol. 139, f° 79.)

M. PELLOT A M. COLBERT.

A Bordeaux, ce 6 août 1666.

M. Le Tellier m'a envoyé le nouveau règlement qui a esté faict pour l'ustensille des troupes à raison d'un sou par fantassin et de deux sous par cavallier, que je fairois executter dorénavant. Il y a quelques petites difficultés sur lesquelles je le consulte. J'apprens aussi par votre dernière qu'il y aura peu de passages de troupes jusques au mois de novembre, sur quoy l'on prendra ses mesures pour la fourniture de l'estape et les lieux où elle est establie auront ainsi à s'aviser; ce n'est que quand l'on maintiendra les choses

[1] D'après le journal de Laborde-Péboué, le conseiller Du Bourg aurait cependant fait preuve de célérité et de rigueur : « Environ la mi-juillet 1666, M. de « Poyanne est arribé à Saint-Sever avec un commissaire qui se nomme M. Du- « bourg, et ils ont fait plusieurs prisonniers, les accusants d'être participants « aux bouleries et aultres mauvaises actions, et entr'autres, le 10 août 1666, « en a esté pendu un d'iceux nommé lou pourqué de Samadet. — Et le 17 dudit « aoust 1666, M. de Poyanne et M. Dubourg ont fait prendre la mère d'Audigeos « et une sœur dudit Audigeos, et ont aussi prins de prestres, savoir : M. le curé « et M. le bicaire de Montgaillard et le curé de Bapus, et ont tout mené à « Saint-Sever et aussi plusieurs autres prisonniers qui sont bien tous gardés « audit Saint-Sever par des gens de guerre. »

Complétant ces derniers renseignements, Laborde-Péboué ajoute à la page suivante : « On m'a dit que les prestres qui estoient prisonniers dudit Saint-Sever « sont esté mis en liberté, et aussi la mère et sœur dudit Audigeos ont esté mis « en liberté, mais huit hommes de ceux qui estoient prisonniers sont esté « condamnés aux galères. »

dans le bon ordre que les passages de troupes n'incommoderont guère le pays.

Sur l'advis qu'avoit donné M. le marquis de Poyanne, M. le marquis de Sainct-Luc a fait arrester dans un chasteau, proche de cette ville, un des principaux complices d'Audijos, qui a esté de tous les crimes commis devant et après l'abolition. Il ne s'estoit retiré dans ledit chasteau que depuis trois ou quatre jours et l'on ne voit pas que celuy qui en est le maistre, qui est un conseiller de la Cour des Aydes, en eust connoissance, mais que ledit complice y avoit esté receu par son frère, qui est au service dudit conseiller. L'on voit par là, et par ce que M. de Poyanne fait tous les jours, qu'il n'obmet rien pour exécuter les ordres du Roy et exterminer tous ces bandits de Chalosse. Mais il continue de me mander que l'on ne doibt pas attendre de ce commissaire du Parlement une trop bonne et prompte justice. Ainsi, Monsieur, il faudra, si l'on l'aggrée, m'envoyer au plus tost l'arrest que je demande pour prendre connoissance de ces affaires.

Je ne scaurois pas m'empescher, Monsieur, de vous importuner quelquefois pour les gens de ce pays. M. l'abbé de La Lanne[1] a donné la démission de son abbaye en faveur de son nepveu[2], qui est à Paris, et en sollicite le brevet. Tous ses parens d'icy[3] m'ont prié de luy rendre de bons offices auprès de vous. Je vous dirai dans la verité que sa famille, qui est considérable dans cette ville, a tousjours esté assez attachée au service du Roy; que l'oncle, quoique vieux de soixante et quatre ou soixante cinq ans, se porte

---

[1] Messire Léon de La Lanne, conseiller du Roi en ses Conseils d'État et privé, abbé de Saint-Ferme, doyen de Saint-Seurin, puis de Saint-André de Bordeaux, prieur de Mons, Belliet, Monheur et Flaujagues, mort le 22 février 1677.

[2] Messire Léon de La Lanne, abbé de Saint-Ferme en 1667, évêque de Dax en 1681 et de Bayonne en 1688, mort au château de Tustal, le 9 août 1688.

[3] La famille de La Lanne, l'une des plus riches et des mieux apparentées de la province de Guienne, avait alors pour chef le frère aîné du doyen de Saint-André, le président Sarran de La Lanne, baron de Villandraut, destitué et condamné à mort, *pour crime de rognure de pistoles*, par arrêt du 30 janvier 1640. Rétabli en 1645, Pellot faisait de lui, en 1663, le portrait suivant : SARRAN DE LA LANNE, *président à mortier; autrefois entreprenant et dangereux, à présent tombé dans une si grande faiblesse d'esprit et de corps qu'il est incapable de toutes choses. Le sieur de Virelade, son gendre, est reçeu en survivance.*

bien, et que l'abbaye vaut cinq ou six mille livres de rentes. Je suis avec respect, Monsieur, etc....

PELLOT.

CXCIII.

1666. — 9 AOUT.

(Biblioth. nation. Mélanges Colbert, vol. 139, f° 142.)

M. PELLOT A M. COLBERT.

Monsieur,... J'ay interrogé le complice d'Audijos, qui s'appelle Baillet, et que nous avons arresté icy proche, ainsy que j'ay eu l'honneur de vous le mander. Dans les deux premiers interrogatoires il a tout désavoué; mais l'ayant fort pressé, il a enfin tout confessé depuis l'abolition. Les principaux qui restoient de cette bande sous Audijos sont: Plantier, qui est fort dangeureux et celuy qui fit la rébellion de Bayonne, et ledit Baillet, lesquels agissoient pour commander des entreprises, quand Audijos leur ordonnoit. Depuis le mois de décembre dernier que ledit Audijos revint d'Espagne, il a tousjours demeuré à Couture, lieu de sa naissance, dans un jardin de sa mère et dans les bois et taillis voisins, peu accompagné et ordinairement de deux ou trois personnes seulement. Quand il avoit besoin de gens, lesdits Plantier et Baillet lui en amassoient de six ou sept parroisses proches, et, tout au plus, jusqu'au nombre de trente ou quarante. Quoy qu'il ne parust guère ouvertement dans ce canton là, neantmoins les habitans ne pouvoient ignorer qu'il y fut. Il n'avoit pas trop d'argent, mais il n'en manquoit pas pour subsister, et l'on ne voit pas qu'il en eut que celuy qu'il retiroit des denrées et hardes qu'il avoit enlevées et ne manquant point d'achepteurs. Il pouvoit encore recevoir de l'argent du costé de Plantier, qui taschoit d'en tirer de divers endroits par crainte ou par affection. Depuis son retour en Chalosse, il n'a point attaqué les gens du convoy; mais il s'est attaché à tuer et à piller ceux du pays qu'il a cru donner des advis contre lui, et tousjours les faisant passer pour gabelleurs, et cela pour intimider et se faire craindre[1]. Il a conservé de la correspondance avec des gentilshommes et curez du pays, ce que l'on approfondira davantage.

Comme cette dernière fois, les troupes sont revenues dans le pays et que l'on a vu que M. de Poyanne faisoit de son mieux, lesdits Audijos, Plantier et Baillet se trouvèrent fort embarrassez. Le premier dist qu'il vouloit se faire religieux : du Plantier dist qu'il trouveroit bien sa retraite, et celuy que nous tenons prit le party de venir dans un chasteau d'un conseiller de la Cour des Aydes, où il fut pris, où il avoit son frère. Il croit pourtant qu'Audijos et Plantier sont encore dans ledit pays, cachez en quelque endroict. L'on scait tous ceux qui ont retombé dans des crimes depuis l'abolition. Ainsy il y a espérance à présent que l'on esteindra tout à fait cette faction : mais il ne faut point faire de quartier, et ce commissaire du Parlement, qui est sur les lieux, va fort lentement et mollement, à ce que me mande continuellement M. de Poyanne[2]. Ainsy il faudra m'envoyer l'arrest. Outre cela, il sera necessaire de laisser quelque temps des troupes dans le pays...

PELLOT.

A Bordeaux, ce 9ᵉ aoust 1666.

---

[1] Laborde-Péboué constate en effet que diverses *bouleries et pillages* furent commis à diverses reprises par *les gens incognus*, notamment le 18 juin 1666, chez un riche marchand d'Hagetmau, et, le 25 juillet suivant, en une maison de Castelnau-de-Tursan et dans une autre habitation sise à Arzacq. Après quoi, tous ces gens s'en allèrent, ajoute le chroniqueur : « Je ne sais en quelle part. « Toutefois, on dit que Audigeos est passé en Espagne et n'estoit pas à ces « bouleries. »

[2] Le conseiller Du Bourg, tout débonnaire que le montre l'intendant, condamna *à la roue* le malheureux Baillet. Laborde-Péboué nous fournit encore le récit de cette exécution : « Et le 20 septembre 1666, un homme des prisons
« de Saint-Seber a esté roué au lieu nommé à La Loubère de Saint-Seber, et le
« même jour le baylet de M. de Justes de Marcotte, de Doazit, allait, avec une
« paire de bœufs et la charette, chargé du blé au dit Saint-Seber, faisant pour
« son maitre. On le contraint, étant arribé au dit Saint-Seber, de trainer le dit
« criminel sur sa charette jusqu'au supplice, et en outre l'on le fit attendre
« jusques au lendemain pour le pourter à Hagetmau, auquel lieu il a esté mis
« sur une roue sur un champ ensemencé de millet qui estoit à M. Lagruellet ;
« c'etait tout auprès de l'auspital de Haget. Le dit criminel avait le nom Ballet,
« fils de Vielle, et a demeuré sur la roue deux jours, et puis a esté enterré de
« nuit dans le dit champ de millet ; et le dit boubier, qui avoit pourté le dit
« Ballet, s'en retourna de Haget à Saint-Seber pour charger ledit blé. »
(*Journal*, p. 559.)

CXCIV.

1666. — 29 AOUT.

(Archives de la ville de Bayonne, carton EE 93, p. 50.)

LE MARÉCHAL DUC DE GRAMONT A MESSIEURS DU CORPS DE VILLE DE BAYONNE.

Du bois de Vincennes, ce 29e aoust 1666.

Messieurs, Je n'ay pas voulu laisser partir vos députés sans leur rendre la justice quy leur est deue. Je vous diray donc qu'ils ont agi pour la ville avecq tout le soing et la chaleur qu'on pouvoit attendre de bons concitoyens, et que le tout a esté accompagné de prudence, ce que vous serez bien ayses d'apprendre de moy, quy n'ayt pas accoustumé de donner de fausses louanges, et les ay chargés de vous entretenir de beaucoup de particularités, et, me remettant à eux, je vous asseureroy que je suis tousjours, du meilleur de mon cœur, Messieurs, vostre tres affectionné serviteur.

Mal duc DE GRAMONT [1].

CXCV.

1666. — 10 OCTOBRE.

(Biblioth. nation. Mélanges Colbert, vol. 141, fo 298 [2].)

M. PELLOT A M. DE COLBERT.

J'ay reçeu, Monsieur, en mesme temps, vos deux lettres des 10 et 25 du mois passé et deux du 1er de ce mois que vous m'avez fait

---

[1] Le 27 septembre, les sieurs de Romatet et de Naguille, arrivés depuis peu à Bayonne, se présentoient devant le Conseil et lui « rapportoient par le menu ce « qu'ils avoient fait durant leur députation; après quoi, ils remettoient sur le « bureau les comptes de leur voyage et de leur séjour à Paris; — le Corps les « ayant remerciés des peines et soings qu'ils avoient prins, les sieurs de « Cruchette, échevin, et de Heguy, jurat, auroient été commis pour vérifier les-« dits comptes. » (Archiv. de la ville de Bayonne, BB 27, fo 716.)

[2] Quoique étrangère en partie à notre sujet, nous avons cru devoir rapporter en son entier cette longue lettre de Pellot, d'abord parce qu'elle a été négligée par M. Depping, ensuite parce qu'elle offre un intéressant tableau du sud-ouest de la France au XVIIe siècle.

l'honneur de m'escrire, avec des lettres de M. l'évêque de Montauban[1] et un Mémoire qu'il vous a envoyé sur le sujet de la réduction de la Cour des Aydes de cette ville.

Je vais travailler incessamment au département des tailles de ces deux généralités, maintenant que j'ay receu les commissions. Je commenceray par cette généralité puisque j'y suis, et feray en sorte que les impositions se feront avec esgalité et auray un soin particulier que le recouvrement se fera avec le moins de frais qu'il se pourra et donneray pour cela de nouveaux ordres.

Je vous ay mandé, Monsieur, comme le sieur Froidour[2] m'estoit venu trouver, que nous avions conféré ensemble sur le sujet de sa commission pour les foretz et quel estoit son projet pour s'en bien acquitter. Il a commencé la réformation des foretz de mon département, qui sont assez proches d'icy, qu'il a trouvé bien desgradées. C'est son dessein et il ne manquera pas d'asseoir les ventes pour l'année prochaine dans les endroits les plus abroutis[3] et qui ont plus besoin d'estre recepés[4] et pour empescher à l'advenir de pareils abroutissemens[5], d'y establir les gardes nécessaires, ce que je luy recommande particulièrement, et je vous rendray compte de ce que nous ferons.

[1] Pierre III de Bertier, docteur de Sorbonne, prédicateur ordinaire du Roi et de la Reine, abbé de Lieu-Restauré, au diocèse de Soissons, et de Belval, au diocèse de Reims, évêque d'Utique *in partibus infidelium*, avait été nommé, le 9 janvier 1634, coadjuteur, avec future succession, d'Anne de Murviel, évêque de Montauban. Il occupa ce siège jusqu'au 28 juin 1674. D'une charité qui faisait l'admiration de ses ennemis, ce prélat employa toute sa fortune à venir en aide aux ouvriers pauvres. (*Documents historiques sur le Tarn-et-Garonne*, par F. Moulenq, tome I, p. 56.)

[2] Louis de Froidour, chevalier, seigneur de Serisy, successivement conseiller du Roi, président et lieutenant général civil et criminel au bailliage et en la maîtrise des eaux et forêts du comté de Marle et de la Fère, procureur du Roi pour la réformation des forêts de l'Ile-de-France (1662), commissaire dans le Languedoc (1666), et enfin grand maître enquesteur et général réformateur à Toulouse pour le Languedoc, la Haute-Guyenne, le Béarn, la Basse-Navarre, le pays de Soule, le Labour, etc., (mars 1673). On a de lui : *Instruction pour les ventes des bois du Roi*, Toulouse, 1668, in-8° ; — *Description des travaux pour la communication des deux mers*, ibid., 1671, in-8° ; — *Règlement concernant les forêts du pays de Bigorre*, ibid., 1685, in-8°.

[3] C'est-à-dire broutés par les bestiaux ou le gibier. (*Diction. de Littré*.)

[4] Terme de jardinage, qui signifie couper un plant près de terre, pour lui faire pousser des jets plus forts que ceux qu'on a retranchés. (*Ibid.*)

[5] L'abroutissement finit par faire périr les arbres. (*Ibid.*)

Quand je feray le département des tailles, je verray tous les receveurs et commis des tailles et les principaux esleus et examineray avec eux les meilleurs expediens que l'on pourra prendre pour empescher les desordres qui se font dans les saisies et ventes des bestiaux et si l'expedient qu'on pratique en Normandie de donner un escu pour une vache saisie et à proportion des autres bestiaux pourra estre d'usage en ces pays où il est bien necessaire de trouver quelque remede efficace pour ce sujet, car il y a plus de mal qu'en aucun endroit du royaume. Mais je ne sache pas que les lettres que j'ay envoyées pour empescher les executions violentes et que l'on ne fit point de saisies de bestiaux pour la taille ayent empesché le recouvrement et produit aucun meschant effect. Au contraire, elles ont arresté beaucoup d'abus qui se commettoient, car l'on ne fait gueres payer la taille que par logemens.

J'ay vu les lettres et memoires que vous a envoyes M. l'évesque de Montauban sur la reduction de la Cour des Aydes, par lesquelles il mande que dans le nombre des reservez la plus grande part, depuis quatre ans, n'a pas residé à Montauban quinze jours; que la réduction oste plus de cent familles catholiques à la ville; que la Cour des Aydes a esté mis à Montauban au lieu d'une citadelle que l'on y vouloit establir[1]; que luy, ny son clergé, ny seront pas doresnavant en seureté, et que le sieur Marsilhac[2] a esté conservé à prix d'argent, et tout cela *sur son honneur et sur sa conscience*, qui est sa phrase ordinaire. Je ne veux pas discuter toutes ces hardies allégations par le détail, ce qui me seroit facile; car cela vous seroit trop ennuyeux, outre que je vous ay esclaircy cy devant assez au long sur ce sujet. Mais, Monsieur, je vous diray seulement que M. l'évesque de Montauban s'est tout à fait esloigné de la verité en tout ce qu'il a annoncé, que je l'en ay fait demeurer

---

[1] D'après M. Moulenq (*Documents historiques*, ibid.), Pierre de Bertier avait obtenu, en 1661, la translation à Montauban de la Cour des Aides de Cahors, dans le but d'augmenter le nombre des catholiques et de rendre leur parti plus fort, ce à quoi il travaillait depuis longtemps avec une persistance qui ne se démentit jamais. Aussi s'était-il attiré la haine des protestants, et l'on raconte que, à la suite d'une émeute des écoliers de la religion contre les Jésuites, il fut pendu en effigie à la porte d'une grange de l'évêché.

[2] Conseiller à la Cour des Aides de Montauban. Voici la note fournie par Pellot sur ce magistrat : MARCILLAC, *a esté marchand, homme d'honneur et riche, mais qui n'entend pas les affaires encore*. (Depping, II, p. 121.)

d'accord, et que, s'il en estoit necessaire, je l'obligerois de se retracter encore devant vous, en prenant pour excuse, comme il a faict, qu'un évesque, alarmé de ce qu'on diminue son troupeau, n'est pas bien moderé dans son ressentiment. M. l'évesque de Montauban est un grand prélat et de grand mérite, mais il est connu de vous. Il se pique plustot d'employer des figures de rethorique, quand elles luy viennent en mains et d'exagérer, que de dire les choses comme elles sont. Et quoique je l'ay tousjours ménagé comme une damoyselle et fait tout ce que j'ay pu pour sa satisfaction (comme vous le pouvez scavoir, vous ayant, Monsieur, quelquefois importuné sur son sujet), il est bien difficile de le contenter tout à fait, car tous les jours il fait de nouvelles demandes; néantmoins, quand M. le marquis de Sainct-Luc sera icy, que nous attendons de jour à autre, nous résoudrons ensemble, ainsy que je vous l'ay mandé, s'il y aura lieu au restablissement d'un président et quatre conseillers, et j'ay cru que, dans le rang qu'il tient dans la province et ayant part dans cette affaire, il ne faloit rien résoudre qu'avec sa participation, aussi bien que celle de M. l'evesque de Montauban, afin que tout le monde fut content.

Je vous ay desja escrit sur le sujet de M. Cheverry. Il a grand tort de se plaindre que je luy ay osté la subdélégation de Bayonne, car outre que les habitans de Bayonne ont député avec instance vers moy afin que je la donnasse à un autre, disant qu'il leur estoit suspect, qu'il avoit des comptes à rendre luy mesme et une prétention de deux ou de trois mille livres de pension par an sur la ville, c'est que j'ay des lettres par lesquelles il me mande qu'il souhaiteroit d'estre deschargé de cette commission, qu'elle luy fait de la peine et qu'il est obligé de ne la presser pas. Ce n'est pas que s'il veut, ainsy que je luy ay escrit, je ne le commette conjointement avec l'abbé de Saint-Martin Barres, et si vous l'agreez, Monsieur, il sera bon que vous preniez la peine de mander audit sieur de Chevry de donner tous les esclaircissemens et lumières qu'il pourra avoir dans ces affaires [1].

---

[1] M. de Cheverry fut en effet commis, avec l'abbé de Saint-Martin Barés, pour examiner les comptes de la ville de Bayonne. Celle-ci fit de nouveau difficulté de lui reconnaître ce droit. Le différend ayant été soumis à l'arbitrage de l'évêque de Bayonne, ce prélat conseilla vivement à la ville de ne plus faire d'opposition.

Cela n'est pas concevable comme beaucoup de gens et surtout de ceux de ces pays avancent hardiment et contre la verité les choses. Il est bien difficile, dans la grande quantité d'affaires que l'on entreprend, qui touchent et blessent tant de gens, que beaucoup ne se plaignent et de diverses manières. Mais, Monsieur, quand vous aurez quelque doute sur ma conduite, j'espère, quand vous me ferez la grace de m'en advertir, de vous esclaircir et vous satisfaire entièrement, n'ayant dans mon employ autre but que celuy du service de Sa Majesté et de mériter la confiance que vous avez en moy, et pour cela travaillant sans relache et sans interruption, avec tout l'ordre possible et un desinteressement entier, et veillant incessamment à ceux quy travaillent avec moy, afin qu'ils agissent avec mesmes principes.

J'ay donné audit sieur Chevery toutes les assistances qu'il a souhaitées de moy pour le dessechement des Lannes pour faire escouler les eaux au Boucau-Vieux, et essayer si l'on y pouvoit faire une retraite pour quelques vaisseaux; mais ces travaux ne produisent pas, s'il me semble, grand fruit[1]. Je verray avec luy si une imposition sur le pays pourra estre de quelque utilité sur ce sujet.

L'on ne s'est pas exempté, Monsieur, de faire moins de despenses dans les réparations qui ont esté entreprises pour les chasteaux de Bayonne, Dax et autres places. L'on a fait les choses avec toute l'économie possible. Les réparations des chasteaux de Bayonne, qui ont beaucoup plus cousté que les autres, ont esté faictes par les soins du sieur Peyrelongue, nepveu dudit sieur de Chevery, et j'y avois envoyé un maistre architecte habile afin que l'on ne fit que la despence nécessaire. Je n'ay rien tant recom-

---

Son avis fut adopté et la vérification consentie. — Le reg. BB 27, si souvent cité, contient (pp. 822 à 833) l'état des créances, revenus et dettes de la ville: ce document est des plus intéressants et mériterait d'être publié. On peut encore consulter la liasse CC 779 : *Moyens de récusation présentés par la ville contre M. de Cheverry, subdélégué de Mgr l'intendant pour la révision des dettes ; procès verbal dressé, en réponse, par de Cheverry ; état des dettes de la ville extrait du procès verbal de MM. de Cheverry et de Saint-Martin; arrest du Conseil d'État, du 18 juillet 1667, sur la vérification et liquidation des dettes de la ville de Bayonne*, etc....

[1] Voir ci-dessus, p. 140, la note biographique consacrée à David de Cheverry. — Consulter encore Depping, tome IV, p. 63.

mandé que le mesnage[1], et je n'ay pas pu mieux faire. Ce qu'il y aura à faire doresnavant, c'est que l'on n'entreprendra plus aucune despenses sans vous donner avis à combien elles pourront revenir et que l'on n'aye les fonds, afin que nous ayons vos ordres précis et qu'ils ne puissent pas estre outrepassés.

L'on a laissé sauver à Saint-Sever huit de ces voleurs et coureurs de la Chalosse, condamnez aux galères par le commissaire du Parlement de Bordeaux, qui avoient esté mis dans les prisons par les ordres de M. le marquis de Poyanne[2], pour lesquels je craignois, car j'avois donné ordre pour les faire traduire à Auvillar, d'où il ne s'en sauve point. Cela vient de ce que les ordres n'ont pas esté bien donnés et n'ont pas esté bien executés. M. de Poyanne en est bien fasché et fait tout ce qu'il peut pour les faire ratraper, ce qui sera assez difficile. Il a fait prendre, par le moyen du vicomte de Poudens, un nommé Joannique, qui est des principaux complices d'Audijos. Je luy ay mandé de me l'envoyer, aussi bien que les autres coupables, qu'il pourra faire prendre, dont j'espère qu'il ne mesarrivera pas quand ils seront à ma disposition.

Un parent d'Audijos m'est venu trouver icy et m'a dit qu'Audijos ne se peut résoudre d'aller en Amérique, mais qu'il sortira de France et fera sa déclaration de n'y revenir jamais qu'alors que Sa Majesté luy voudra faire misericorde, et, en cas qu'il y manque, qu'il consent que tous ses parens et amys luy courent dessus, et m'a demandé pour cela un sauf conduit pour sortir hors de France. Mais je ne luy ay pas voulu donner, n'ayant pouvoir que de luy donner seureté pour aller en Amérique. Si Sa Majesté a agréable qu'on luy donne ce passeport pour sortir hors de France, ce parent, qui est un gentilhomme, asseure qu'il tiendra sa parole et je crois qu'il n'y auroit pas grand inconvénient. Le seul qui pourroit se rencontrer ce seroit, qu'ayant ce passeport, il pourroit le monstrer dans les pays estrangers pour en tirer advantage

---

[1] C'est-à-dire l'économie.

[2] « Des huit prisonniers condamnés aux galères, six se sont échappés de la « prison et s'en sont allés je ne say en quelle part. Ça esté fait le premier « octobre 1666, et de nuict, et ont battu la geolière. » (*Journal de Laborde-Péboué*, p. 560.)

et faire voir qu'il n'est point sorti de France en criminel[1].

Il y avoit une bande de vingt ou trente voleurs qui couroient les environs de Pamiers, voloient et tuoient hautement, ostoient la seureté du pays, et mesmes, suscitez par quelques faux nobles, estoient venus à ce point d'audace que d'entrer dans Pamiers, où ils avoient arraché, dans les carrefours, des arrests du Conseil et mes ordonnances, qui y estoient affichés pour cette recherche. M. Dumas, juge mage de Pamiers, a fait prendre quatre, qui estoient les chefs et les principaux, en a fait pendre deux, et les deux autres il les debvoit juger, et ainsy a dissipé entièrement cette bande. C'est un fort honneste homme que vous scavez, Monsieur, que j'ay tiré de la Cour des Aydes de Montauban pour luy faire avoir cette charge, qui agit avec beaucoup de zèle, de conduite et d'intelligence, et qui mérite d'estre appuyé.

Dans ces contrées eslognées et frontières il faut tousjours les tenir en bride. Ainsi, Monsieur, quand il vous plaira de faire expedier les ordres pour donner le commandement de la garnison de la Cour à Monsieur le vicomte de Conserans et en faire sortir le sieur de Maisonville, il tiendra dans le devoir ce canton qui est assez fascheux, et M. l'evesque de Conserans en demeure d'accord. Le fonds de l'entretien de cette garnison est imposé l'année prochaine dans l'élection de Comminge, ce qui fera qu'elle ne sera plus à la charge du Roy, tant qu'on croira qu'on debvra la conserver dans ledit pays.

Les Grands-Jours du Puy[2] font beaucoup d'effet en Rouergue, qui est de leur juridiction. Ils procèdent contre le comte de Queylus et le baron de Sayvenssa, qui sont deux gentilshommes de ce pays là des plus puissans, qui passent pour les plus violens et contre lesquels il y a le plus de plaintes. Le premier est père du marquis de Pestel, qui a servi et a espousé la fille de feu M. Faber,

---

[1] N'ayant pu s'emparer du rebelle, ni par la force, ni par la ruse, ni par la trahison, Pellot voulait cependant paraître être resté vainqueur. Cette satisfaction lui fut encore refusée.

[2] Les chambres des Grands-Jours furent instituées « afin de punir les crimes, « et particulièrement les empêchemens faits en la levée des deniers du Roy et « les impositions faites sur les peuples par les gentilshommes. » (*Mémoire autographe de Colbert, portant la date de 1661*, P. Clément, t. VII, p. 197.) — La déclaration royale établissant les Grands-Jours au Puy-en-Velay avait été signée à Vincennes, le 3 août 1664. (*Ibid.*, t. VI, p. 24.)

mareschal de France. Monsieur le procureur général me demande que je face apuyer leurs ordres et leurs jugements par les troupes, ce que je feray et leur donneray toute l'assistance qui dépendra de moy, afin qu'ils puissent rendre une justice utile et exemplaire. Mais il y a des conseillers du Parlement de Tholoze qui n'ont gueres fait moins d'injustice et de violances dans ce canton là que ces gentilshommes, qui sont le sieur Cambon, qui estoit conseiller et est mort depuis peu, et son fils, le sieur de Currières, et le sieur Dejean, conseiller. Ainsi, Monsieur, cela seroit un grand exemple si l'on voyoit que ces Messieurs fissent quelque justice de leurs confrères, ou au moins s'ils les obligeoient à faire raison ; cela feroit autant pour le moins de fruict que ce qu'ils font contre les gentils-hommes. Si vous trouvez à propos, Monsieur, d'en escrire un mot audit sieur procureur général il est bien zelé et bien intentionné, et mesmes que les poursuites se facent plutost contre les principaux que contre les autres et avec beaucoup de modération et sans passion, car les conseillers qui ont du bien en ces pays là pourroient bien agir quelquefois par ce principe et n'ont pas le mesme destachement que les conseillers du Parlement de Paris, et j'apprends que ces poursuites donnent fort l'alarme et font déserter beaucoup de gens.

Comme les faux nobles de ce canton là sont fort animez contre le sieur Duchesne, commis de l'eslection de Millau, et le sieur La Motte Monlausseur, qui est mon subdélégué, à cause qu'ils font cette recherche contre eux avec beaucoup d'exactitude, je scay qu'ils ont porté divers mémoires contre lesdits sieurs Duchesne et Monlauseur audit sieur procureur général, qui sont sans fondement, les ayant vus et examinez m'ayant esté envoyez. Ainsy, Monsieur, il vous plaira escrire audit sieur procureur général afin qu'ils ne soient point inquietez, autrement cela ruineroit entièrement les affaires du Roy et les recouvremens ; et s'il y a des mémoires et des informations, qu'il les envoye au conseil ou à moy, l'on en fera bonne justice s'ils se trouvent en faute, ce que je ne crois pas. L'on est persuadé que je n'en pardonne pas quand elles viennent à ma connoissance....

Je seray toute ma vie Monsieur....   PELLOT.

A Bordeaux, ce 10 octobre 1666.

CXCVI.

1666. — 24 NOVEMBRE.
(Biblioth. nation. Mélanges Colbert, vol. 142, f° 171.)

M. PELLOT A M. COLBERT.

A Montauban, ce 24 novembre 1666.

J'ay receu, Monsieur, vos lettres des 5, 7 et 8 de ce mois, que vous m'avés fait l'honneur de m'escrire. Nous avons conféré ensemble, le sieur Bauyn[1], qui est icy, et moy, touchant les taxes des réservez de cette Cour des Aydes, et nous avons jugé qu'il falloit réduire celles des présidens à xıı^m liv., celles des conseillers à vı^m liv., et, qu'outre cela, il y avoit de la justice de donner quelques desdommagemens au procureur général dont l'on supprime une charge sans le rembourser et des gages considérables qui y estoient attachez, sans que sa fonction s'augmente, et qu'il est bien à propos de donner quelque gratification sur la taxe à M. Le Franc[2], second président, qui est un homme de mérite et qui a tousjours très bien servy. Quand ledit sieur Bauyn sera de retour à Paris, il vous proposera les choses et les expediens afin que vous preniez la peine de les régler. Cependant la déclaration de cette suppression s'executte ponctuellement, et l'on taschera de restablir le sieur Grimal[3], que M. l'evesque de Montauban recommande tant, en la place de quelque réservé qui n'aura pas payé sa taxe.

Mais pour establir plus de catholiques dans cette ville, qui ne diminuent point neantmoins par cette suppression, je vous envoye un projet d'arrest pour obliger les trésoriers de France d'y résider par la perte de leurs gages et le don qui en sera fait à l'hospital, s'ils ne justifient de leur residence actuelle (réelle?) pendant huict

---

[1] Prosper Bauyn, seigneur d'Angervilliers, maître de la Chambre aux deniers, mort le 18 juin 1700.

[2] « LEFRANC, a du scavoir, de l'habilité, de l'esprit et de l'honneur dans son « mestier, mais a beaucoup de vanité. Il n'est pas des plus accommodez. C'est « assurément de tous les présidents celui qui mérite plustost d'estre réservé. » (*Note de Pellot*, Depping, II, pp. 117 et 120.)

[3] « GRIMAL, a bon sens, peu de scavoir et ne manque pas de bien. Mériteroit « d'estre des réservez. » (*Ibid.*, pp. 119 et 121.)

mois, par un certificat de l'evesque et de l'intendant. Ainsi ils ne pourront point s'exempter d'y demeurer. M. l'evesque approuve fort cet expédient, et, si S. M. l'aggrée, l'on establira icy par ce moyen douze ou quinze familles d'importance qui valent plus que toute la Cour des Aydes.

L'on ne proposera rien autre à Audijos que de luy donner seureté en Amérique, et en cas qu'il n'accepte pas ce party l'on continuera de le poursuivre à outrance, lui et ses complices, comme fait M. le marquis de Poyanne, qui s'est chargé de cette affaire et qui a tout ce qu'il faut pour cela....

M. Doat[1], président des comptes au Parlement de Pau, travailloit dans le Rouergue a faire rendre des hommages et passer des reconnoissances à ceux qui relèvent du domaine et de ladite Chambre des Comptes, dans l'Armagnac et autres lieux, et y employoit des subdéléguez. Mais comme tous ces officiers faisoient de grands frais aux peuples, que l'on ne voyoit pas bien l'utilité de leur travail, et que, par un arrest du Conseil, j'ay la connoissance des affaires du Domaine et ordre de faire un papier terrier, j'ay surcis leurs commissions jusqu'à nouvel ordre....

Je pars d'icy sans faute dimanche pour aller à Agen, faire les départemens de la généralité de Bordeaux.

Je serais tousjours avec un très grand respect, vostre tres humble et tres obeissant serviteur.

PELLOT.

---

[1] « DE DOUAT, second président, homme habile, qui a du scavoir et qui ne « manque pas de bien. » (*Ibid.*, p. 116.) — Le président Jean de Doat mourut à Pau, en 1683. Ce fut lui qui reçut mission de Colbert de parcourir les provinces du Midi pour y faire copier tous les anciens titres concernant l'histoire de nos pays. Les pièces ainsi transcrites formèrent plus de 40 volumes. « Cette « abondante récolte, qui fut encore augmentée par la suite, fait aujourd'hui un « des plus importants recueils de manuscrits modernes de la bibliothèque de « S. M., d'autant plus précieux pour les familles nobles et pour les communautés « que, dans le cas où les originaux viendroient à se perdre, ces copies faites et « collationnées en vertu de lettres patentes ne seroient pas moins authentiques. » (Le Prince, *Essai historique sur la bibliothèque du Roi.*) Qui de nos lecteurs n'a connaissance du fonds Doat, à la Bibliothèque nationale?

CXCVII.

1666. — 28 DÉCEMBRE.
(Archives de la ville de Bayonne, BB 585, p. 50.)

M. DE POYANNE A MESSIEURS LES ÉCHEVINS DE LA VILLE DE BAYONNE.

Messieurs, Je veux croire que vous avez assez de bonté pour m'obliger dans une affaire qui regarde le service du Roy et repos de ce pays. Le nommé Plantier, cammarade d'Audijos, après y avoir faictz mille maux a esté à la fin pris et tué[1], et comme il importe d'en faire une exemple, je vous supplie très humblement de m'envoyer par ce porteur le maistre des haultes œuvres, affin qu'il soit mis sur une roue à laquelle il avoit esté condamné.

Je veux croire, Messieurs, que vous ne me reffuserez pas une faveur sy juste que la mienne, laquelle je vous demande avec la mesme passion que je suis, Messieurs, vostre tres humble serviteur.

Henry DE POYANNE.

A St Sever, ce XXVIII décembre 1666.

CXCVIII.

1667. — 4 JANVIER.
(Archives de la ville de Bayonne, FF 585, p. 54.)

M. DE POYANNE A MESSIEURS LES ÉCHEVINS DE LA VILLE DE BAYONNE.

Messieurs, Vous tesmoignez tant d'affection pour le service du Roy et pour tout ce qui le regarde, que vous en devez estre louez et estimez de tout le monde. Pour moy, en mon particulier, je vous

---

[1] « Je bous dis aussi que le 27 de décembre 1666, un homme, nommé Duplan-
« tier, qui avait esté ci-devant agent de M. l'evesque d'Aire, fils d'Aire et marié
« à Cerres de Dessus, lequel avait esté longtemps y a décrété à cause qu'il avoit
« esté ci-devant compagnon dudit Audigeos, et estant retiré audit Cerres de
« Dessus, ledit 27 décembre 1666, il a esté prins et tué par des gens que je ne
« say point, et a esté porté tout mort à Saint-Sever ; et quelques uns disent qu'il
« s'est tué lui-même. Mais enfin, le 3 de janvier 1667, il a esté mis et pourté sur
« une poutence par la main d'un bourreau. » (*Journal de Laborde-Péboué*,
p. 564.)

ay bien de l'obligation de m'avoir presté vostre executeur de justice pour punir des criminels qui troubloient le repos de ce pays, et sy en revanche vous avés affaire de moy ou de mes services, je vous feray cognoistre en touttes occasions que je suis, Messieurs, vostre tres humble serviteur.

Henry De Poyanne.

A St Sever, ce 4 janvier 1667.

CXCIX.
1667. — 7 JANVIER.
(Biblioth. nation. Mélanges Colbert, vol. 143 f° 38.)

M. PELLOT A M. COLBERT.

A Agen, ce 7e janvier 1667.

J'ay receu, Monsieur, les responces de la plus part des principales villes de mon département, touchant les deffences qui ont esté faictes pour empescher la fabrique et le débit des demy-castors[1], par lesquelles j'apprends que les dittes défenses seront fort bien executées et que, dans le temps porté, il n'y aura plus de débit de cette marchandise.....

Les prévosts qui sont vers les costes de la mer[2] montent à cheval et se tiennent sur les passages pour empescher les deserteurs de l'armée navale : il y en a desja quelques uns qui ont esté arrestez et que l'on a mené à Aurillac. Comme du pays de Labourt les capitaines de vaisseaux peuvent tirer plus de matelots que d'aucun autre endroit de mon département[3], qu'ils sont adroits

---

[1] Le chapeau demi-castor, dont la fabrication ne fut permise en France qu'en 1707, était fait de laine de vigogne, à laquelle on ajoutait une partie seulement de poil de castor. (*Encycl. méthod.*, Commerce.)

[2] Les prévôts de la marine, dont la date d'institution n'est pas bien connue, avaient été établis pour juger des crimes commis par les gens de mer. Une ordonnance de 1674 donna aux prévôts et à leurs lieutenants l'entrée des conseils de guerre, mais sans voix délibérative. Un édit d'avril 1704 établit ces tribunaux à poste fixe dans les villes de Brest, Rochefort, Toulon, Marseille, Dunkerque, Le Havre, Port-Louis et Bayonne.

[3] Sur l'enrôlement des matelots basques, engagés volontairement ou pris de force, consultez Depping, t. I, pp. 818 et suiv., et t. III, p. 412, et P. Clément, t. II, p. 204, et t. III, pp. 261 et suiv.

et hardis, peu qu'ils entendent le françois, qu'il leur est facile de se sauver par les montagnes et d'autres endroits en Espagne, où ils sont assez recherchez et ont de l'employ, aussi je charge particulièrement le sieur La Ralde, vice seneschal, de faire son debvoir, lequel y est bien disposé; et d'autant qu'il faudra qu'il garde beaucoup d'endroits et qu'ainsi il face de la dépense, j'obligeray le pays de Labourt de contribuer pour la subsistance de ses gens quelque chose, ce qu'il fera volontiers, sans qu'il en couste rien à S. M.....

La maison episcopale de M. l'evesque de Bazas[1] a esté bruslée entièrement, avec tout ce qu'il y avoit de plus précieux, ce qui l'a obligé d'avoir recours à S. M. afin d'esmouvoir sa charité, et je ne me suis pas pu, Monsieur, deffendre de donner une lettre de recommandation pour vous en faveur de ce prélat, qui est homme de mérite, et lequel, n'estant pas d'ailleurs accommodé, ne pourra jamais se relever de cette perte, sans quelque secours.

M. le marquis de Poyanne m'a confirmé la nouvelle que Plantier a esté tué, et m'a mandé comme la chose s'est passée. Sur un advis aussi qu'il m'a donné, j'ay fait arrester, dans la généralité de Montauban, un nommé La Forcade[2], qui estoit pareillement des complices d'Audijos, des plus scélérats, et qui avoit esté de tous les crimes qui ont esté commis depuis l'abolition. Il avoit changé de nom. L'on a bien demeslé la chose, et cela est d'un grand exemple de voir que ceux qui ont abusé ainsi de la clémence de S. M. n'eschapent pas à sa justice et soient poursuivis et recherchez par tout. M. de Poyanne agit dans cette occasion avec tout le zèle et l'attachement que l'on peut désirer.

J'ay receu, Monsieur, votre lettre du 24ᵉ décembre dernier, que vous m'avez fait l'honneur de m'escrire, à laquelle je n'ay autre chose à respondre, et seray toute ma vie à vous.

PELLOT.

[1] Samuel Martineau de Turé, mort dans son château de Gans, le 24 mai suivant. — Une petite partie du palais épiscopal résista seule aux flammes. Jacques Joseph de Gourgue, nommé évêque de Bazas en 1682, consacra tous ses soins à la restauration du palais.

[2] Ce Laforcade, natif de Tursan, d'après Laborde-Péboué, fut roué publiquement à Hagetmau, le 22 juin 1667. (*Journal*, p. 565.)

M. l'abbé de Sainct-Martin Barrés me mande que, faute d'ordres, il ne fait pas de difficultés que beaucoup de matelots du pays de Labourt ne passent par terre en Espagne, pour servir dans les vaisseaux dudit Roy d'Espagne, à cause des ordres qui ont esté donnez pour fermer les ports de France, et des déffenses qui sont faites aux matelots d'en sortir. Ainsi, Monsieur, j'estime qu'il est bien à propos que S. M. donne un ordre portant deffenses à tous maistres de vaisseaux, officiers de la marine et autres matelots dudit pays de Labourt, de sortir hors du royaume sans passeport du sieur d'Urtubie, seneschal dudit pays [1], visé par ledit sieur abbé de Saint-Martin Barrés, à peine de désobeissance, ou bien du sieur La Lande, lieutenant de l'admirauté [2].

PELLOT.

CC.
1667. — 27 NOVEMBRE.
(Archiv. de la ville de Bayonne, carton 93, p. 18.)

M. PELLOT AUX ÉCHEVINS ET JURATS DE BAYONNE.

Messieurs, M. le comte de Guiche [3] et M. le comte de Toulonjon m'ont parlé pour les exceptez de l'amnistie qui sont de votre ville. Mandez moi si l'on peut, sans danger, leur accorder une abolition [4].

Je suis, Messieurs,.... PELLOT.

---

[1] Pellot commet ici une légère erreur. — Salvat d'Alsatte, vicomte d'Urtubie et baron de Garro, mort le 9 janvier 1684, était, non *sénéchal*, mais bailli du pays de Labourd et capitaine des mille hommes destinés à la garde et conservation de la frontière. Ses lettres de provision portent la date du 15 décembre 1654. (*Archiv. départ. de la Gironde*, C 3842, f° 4.)

[2] Messire Jean de Lalande, écuyer, conseiller du Roi et lieutenant général en l'amirauté de Guyenne au siège de Bayonne. « Le 22 novembre 1685, ledit « seigneur a été enterré dans l'église cathédrale de cette ville, s'étant noyé la « veille dans un ruisseau du lieu de Gattari (Guétary?), allant à Saint-Jean-de-« Luz pour exécuter les ordres du Roy ». (*Archiv. de la ville de Bayonne*, GG, 29.)

[3] Arnaud de Gramont, comte de Guiche, fils aîné du maréchal, mort à Creutznach, près Mayence, le 29 novembre 1673, âgé de 36 ans.

[4] *Réponse du Corps de ville à M. Pellot, intendant*: « Bayonne, le 3° décem-« bre 1667, Monseigneur,.... Au regard des exceptés de l'admistie, nous ne

CCI.

1670. — 22 JUILLET.

(Imprimé. Journal de Laborde-Péboué, p. 573.)

DÉSORDRE A SAINT-AUBIN ET SAUBRIGUES.

.... Et advenant le dimanche 22 juillet 1670, M. de Monqucq, curé de Saint-Aubin [1], voulut publier quelque mandement de la part de M. l'evêque d'Aire [2], et la plupart du puble de Saint-Aubin, qui estant alors à la sainte messe, crurent fermement qu'il boulut publier tout à fait la gabelle [3], et par ce moyen estre perdus.

« pouvons pas respondre à l'advenir de la conduite de ceux à quy S. M. pourra
« les despartir, mais bien seulement que son authorité est parfaitement reconnue
« d'un chacun en cette ville et qu'elle y règne avec toute la force quy luy est
« dheue dans le général et particulier de noz habitants. C'est le tesmoignage
« que peuvent rendre à vostre Grandeur ses très humbles.... » (*Archiv. de la ville de Bayonne*, BB 72.)

[1] Arrondissement de Saint-Sever, canton de Mugron.

Les mesures rigoureuses prises tour à tour par l'intendant Pellot et le marquis de Poyanne avaient eu pour résultat d'étouffer en Chalosse toute idée de révolte ouverte : aussi Audijos se tenait-il prudemment à l'écart, attendant l'occasion de reprendre les armes. La mort de M. de Poyanne, survenue le 3 février 1667, et la nomination de Pellot au poste de premier président de Normandie (janvier 1669) n'apportèrent aucun changement dans ce *statu quo*. Cependant l'annonce d'un impôt nouveau, ou la création dans quelque bourgade d'un bureau du convoi, avaient le don de surexciter la foule : malheur alors à l'imprudent porteur de nouvelles. Rarement il échappait à la colère populaire : témoin le malheureux desservant de Saint-Aubin.

[2] Bertrand de Sariac.

[3] En 1669-1670, l'augmentation des droits de gabelle, la confection du canal de Riquet, les dons gratuits, la création de nouvelles charges dans toutes les communautés, le rachat et la revente d'une grande quantité de droits, avaient jeté le Languedoc dans la plus profonde misère. Bientôt le diocèse de Viviers, à la voix d'un homme, se leva presque tout entier contre les employés de l'administration financière. « Né dans cette partie de la province, Jacques *Roure* avait
« vu les commissaires exacteurs parcourir toutes les communautés, et exiger, les
« armes à la main, le paiement des impôts : il avait vu une foule de familles,
« réduites à la dernière extrémité, abandonner leurs demeures et aller chercher,
« dans d'autres provinces, un asile et du pain. Il adressa des discours véhémens
« aux habitans ; il les engagea à se lever en masse et à repousser les agents du
« fisc, qui, disait-on, allaient faire la répartition de nouveaux impôts. Aucune
« pensée politique n'avait influé sur la détermination de cet homme, qui croyait
« servir le Roi en proscrivant les traitans et les fermiers. Il prit le titre de
« *Généralissime des peuples oppressés*, et bientôt il fut à la tête de nombreux
« mécontents. Presque toutes les villes du diocèse de Viviers furent occupées
« par les bandes populaires qui l'avaient reconnu pour chef, et ce fut au cri de

Le peuble, et surtout les femmes et filles qui estaient là, commencèrent à crier contre ledit curé et lui tirèrent plusieurs coups de pierre en faisant son prosne, de sorte qu'il quitta et fut contraint de se mettre dans la sacristie; et s'il n'eut été M. de Saint-Germain

« *Vive le Roi!* qu'il mit en fuite les commis des fermes, et les gardes, et les
« officiers des gabelles. L'alarme fut grande. Le comte de Roure et le marquis
« de Castries accoururent, suivis de quelques gentilshommes et des milices qu'ils
« purent rassembler. Le premier attaqua, le 25 juillet, les rebelles qui, au nombre
« de quatre mille, avaient pris position à Ville-Dieu ; le second leur enleva
« plusieurs postes importans, ainsi que le château où s'était établi leur quartier
« principal. Les séditieux furent bientôt convaincus que toute résistance était
« désormais impossible, et ils employèrent la médiation de leurs curés, qui, le
« 11 août, allèrent trouver les généraux pour obtenir l'oubli du passé. Une
« amnistie fut accordée au commun des séditieux : mais les chefs, les instiga-
« teurs de l'émeute ne furent point compris dans cet acte. Le présidial de Nîmes,
« ayant à sa tête l'intendant Claude de Bezons, condamna à divers supplices
« seize personnes : dans le nombre se trouvaient le lieutenant et le secrétaire du
« général des prétendus rebelles. »

Après avoir eu tout d'abord le dessein d'aller se jeter aux pieds du Roi et d'implorer sa clémence pour lui et ses compagnons, après avoir essayé d'engager le Parlement de Toulouse à entrer dans ses vues, Jacques *Roure*, averti qu'il serait infailliblement arrêté, résolut de passer en Espagne. Était-il appelé en ce pays par Audijos ? Se rendit-il auprès de cet autre martyr de la cause populaire pour concerter avec lui un mouvement d'ensemble ? La question nous paraît bien difficile à résoudre. Quoi qu'il en soit, le marquis de Saint-Luc, connaissant les projets de *Roure*, donna ordre de l'arrêter s'il essayait de franchir la frontière. Ce malheureux, reconnu à Saint-Jean-de-Pied-de-Port, fut aussitôt saisi et enfermé dans la citadelle. Voici en quels termes cette capture fut annoncée, le 7 septembre 1670, au gouverneur de la Basse-Guienne :

M. de Saint-Pée au marquis de Saint-Luc.

« Monseigneur, ma réponse à la lettre que vous m'avés faict l'honneur de m'es-
« crire, du 25ᵐᵉ du mois passé, vous aura apris que m'ayan esté rendeu en ce
« lieu, qui est en Basse-Navarre, j'avois pris les précautions necessaires pour faire
« arrester le nommé *Roure*, prœtandeu général des rebelles du Vivarés, s'il passoit
« en ces quartiers, et que j'avois envoyé ordre à Bayonne, et dans les passages de
« Labour, pour qu'on s'en saisit en cas qu'il prist ceste route là. Je viens d'ap-
« prendre, Monseigneur, que M. du Jac, commandant dans la citadelle de Saint-
« Jean-de-Pied-de-Porc, à qui j'avois donné advis de la chose, avec les marques
« désignées dans la vostre pour recognoistre ledit *Roure*, a arresté un homme qui
« vouloit passer en Espagne, qui lui ressemble fort sy ce n'est luy mesme. Il est de
« grande taille, rousseau, marqueté des rousseurs jusques au bout des ongles et
« portant une perruque noire. Il s'est dit âgé d'environ 30 ans, il n'a voulu dire
« d'ou il est natif, sinon qu'il estoit du pays d'Albigeois. Interrogé sur son nom, il
« a respondeu qu'il se nommoit Anne-François Villar : on luy a trouvé un pistolet,
« au-dessus du canon duquel il y a gravé *J. Roure*, une espée tranchante du costé
« et une scie de l'autre : n'ayant point de papiers sur luy ny de l'argent que pour
« se conduire jusques à Pampelune, où il a dit avoir un frère. Il paroit homme de

de Labeyrie, qui estoit là, et qui empescha, il y aurait eu plus grand désordre. Et de fait le curé n'acheva point la sainte messe et demeurèrent là, en cette counteste, jusqu'à ce qu'il fut fort bespe [1]; et, dans peu de jours après, le prevost (de) Dax y bient, et en fit huit de prisonniers, qui estaient la plupart d'eux d'iceux innocents dudict désordre, lesquels prisonniers en sourtirent dans deux mois. Mais c'est après avoir fait grandes dépenses, et du depuis il y en a eu plusieurs qui ont eu assignation....

On m'a dit aussi que à Saubrigues [2], au diocèse d'Ax, il y a eu désordres pour le même cas, et en y a, dudit Saubrigues, deux ou trois d'enfermés.

CCII.

1674. — 30 NOVEMBRE.

(Lett., Instruct. et Mém. de Colbert, publiés par P. Clément, t. II, 1re partie, p. 363.

M. COLBERT A M. DE SÈVE, INTENDANT A BORDEAUX.

Monsieur, Pour réponse à vos lettres des 17, 19 et 21 de ce mois, aussy tost que le sieur Le Maigre aura remis en mes mains

« résolution : il est arrivé à Saint-Jean de son pied. Voyla, Monsieur, tout ce que « j'ay peu en apprendre, dont j'ay creu devoir vous rendre compte par le messager « qui part aujourd'hui de Bayonne. J'ay sceu que le commandant de la citadelle « de Sainct-Jean l'a mis dans un cachot.... » (*Bibliothèque nation. Mélanges Colbert*, vol. 155, f° 201.)
Conduit à Montpellier, Jacques Roure fut condamné à subir le supplice de la roue. « Le corps de ce malheureux resta vingt jours sur la roue sans se gâter, « ni se corrompre, soit que cela vint ou de la force de son tempéramment, ou « des premiers froids du mois de novembre. Quoi qu'il en soit, la populace le « regarda avec vénération, d'autant plus qu'il avait été toujours bon catholique : « elle courut en foule à Castelnau où il avait été exposé, et la superstition fut si « grande que plusieurs coupaient des morceaux de sa chemise pour les garder « soigneusement. De sorte qu'il ne fallut pas moins d'une ordonnance de « l'évêque et de l'intendant pour les arrester. » (Menard, *Histoire de la ville de Nismes*, tome VI ; d'Aigrefeuille, *Histoire de la ville de Montpellier*, p. 438 ; *Histoire générale de Languedoc*, par dom de Vic et dom Vaissette, continuée par A. du Mège, tome X, p. 181.)

[1] C'est-à-dire fort tard.
[2] Canton de Saint-Vincent-de-Tyrosse, arrondissement de Dax.

les recepissés et acquits de toutes les dépenses qui ont esté faites cet esté en Guyenne, j'expedieray les ordonnances pour les fonds. Ainsi, ce sera une affaire qui sera bientost entierement achevée.

Sur tout ce que vous m'escrivez concernant la ville de Bayonne, je vous avoue que je vois assez clairement, par tout ce que vous m'en avez écrit depuis cinq ou six mois, combien cette ville est mal disposée : mais il est bien difficile, dans le temps où nous sommes, de pouvoir la remettre dans le devoir, en cas qu'elle s'en fust écartée. Il faut seulement s'appliquer à couler le temps et, autant que possible, ne rien émouvoir. C'est pourquoy il est necessaire que vous disiez aux principaux employés au recouvrement du droit du papier timbré qu'ils n'innovent rien dans cette ville là et qu'ils continuent de se servir de l'ancien timbre sans se servir du nouveau. Comme elle est à l'extremité du royaume et presque entièrement séparée de toutes les provinces qui luy sont mesmes les plus voisines, il y a lieu d'espérer que cela ne tirera à aucune conséquence pour les autres [1].

Je vous renvoye le mémoire sur les difficultés du nouveau papier timbré, avec les résolutions que le Roy a prises, lesquelles vous ferez executer.

A l'égard d'Audijos, vous avez bien fait de promettre mille écus [2] à celuy qui le livrera. Mais il faut aller plus loin, et, pour cet effet, je donne ordre au s^r Le Maigre de vous fournir jusqu'à 600 pistoles [3], pour les distribuer ainsy que vous estimerez à propos, de concert avec M. le mareschal d'Albret, pour pouvoir prendre cet homme. Si vous estimez mesme qu'il fust necessaire de promettre davantage à

---

[1] Bayonne n'était pas la seule ville du royaume qui renferma des mécontents. La Bretagne, le Périgord servirent tour à tour de scène à de graves désordres. L'année suivante (1675), à Bordeaux, l'impôt sur le papier timbré et le tabac et la marque établie sur les métaux, achevèrent d'irriter le peuple, qui déjà avait vu d'un fort mauvais œil les travaux entrepris au château Trompette. Une émeute des plus sérieuses éclata au cri de : *Vive le roi sans gabelle !* « Ces sédi- « tieux, enflez de leur rage, se livrèrent aux crimes les plus atroces, tuant, « démolissant jusques à la maison du domaine du Roy. » Une amnistie, en faveur *du peuple de la ville de Bordeaux et banlieue d'icelle,* fut signée par le Roi au mois d'avril 1675.

[2] Environ 3,000 francs.

[3] 6,000 francs.

ceux qui pourraient le prendre, vous pouvez le faire sans difficulté et estre assuré que le Roy fera executer ce que vous aurez promis[1]...

COLBERT.

Saint-Germain, 30 novembre 1674.

CCIII.

1675. — 29 JANVIER.

(Lett., Instruct. et Mém. de Colbert, publiés par P. Clément, tome III, p. 365.)

M. DE SÈVE A M. COLBERT.

Monseigneur, Audijos s'est enfin déterminé à entrer dans la vallée d'Azun[2]. Il a été suivi d'environ cent cinquante bandits, et

---

[1] Il y avait à ce moment près de dix années que la révolte des Lannes avait éclaté, et le gouverneur, malgré l'envoi de troupes nombreuses, malgré son appel à toutes les trahisons, n'avait pu se rendre maître d'Audijos.

[2] « Les montagnes de la valée d'Azun, qui sont de grande étendue, tiennent « par la part de midi à celles d'Aragon ; d'occident, aux montagnes de la valée « d'Ossau, en Béarn ; et de septentrion, aux montagnes de la valée de Sales. En « la valée d'Azun sont enclos ces sept villages : Arrens, Marsous, Bun, Aucun, « Gaillages, Arcisans Dessus et Sireix. Communement les habitans d'Azun sont « judicieux, mais pourtant il ne manque pas d'y avoir plusieurs faineans, meur- « triers et sanguinaires, à cause de la licence qu'ils se donnent de porter armes « en l'absence du magistrat, qui n'a l'accez libre dans les montagnes éloignées « [de] sept grandes lieues de la ville de Tarbe, siège de la justice. Leur princi- « pale rage s'exerce parmi eux, car envers les étrangers ils sont plus humains, « pourvu qu'on ne les irrite. Ils trafiquent avec les Espagnols par le passage de « la Horguete. » (*Sommaire description du païs et comté de Bigorre, Ibid.*, p. 11.)

On monte à la Hourquette, ajoute en note M. G. Balencie, le savant annotateur de cette *Chronique*, en suivant le chemin muletier qui se trouve entre la chapelle de Poueylaün et le pic du Midi d'Arrens : on rencontre sur ce passage les *Pierres de Saint-Martin*, indiquant la limite de la France et de l'Espagne, et, de là, *on descend au village de Sallent dans l'Aragon*

Ce fut pendant ce long séjour d'Audijos dans l'Aragon, que les Espagnols, qui déjà avaient prêté la main et favorisé la révolte des miquelets du Valespir et du Roussillon, essayèrent de gagner à la cause du gentilhomme landais un allié puissant dont ils espéraient pouvoir tirer un concours actif et dévoué. Jean-François d'Antin, fils aîné du seigneur d'Ourout, gouverneur de Lourdes (*voyez ci-dessus p. 161*), officier dans le régiment de Picardie, avait été fait prisonnier par les Espagnols en Roussillon et conduit à Tarragone. Le gouverneur de la province, qui connaissait l'influence et la considération dont jouissait la famille d'Antin parmi les montagnards du Lavedan, l'accueillit avec les plus grands égards et vint même le voir dans sa prison. « Il me donna bien à penser, raconte « celui-ci, ne m'ayant parlé que de batailles où nous avions esté batus, et obligés « à nous osté des places, que tous les francés se rebellect, que le Lavedan estet

son premier exploit a été d'assassiner le curé de Marsous, son frère, syndic de la vallée, et un petit garçon de quatorze à quinze ans, après le meurtre desquels et l'incendie de la maison, ayant voulu à Arrens faire les mêmes violences, le peuple prit les armes et l'obligea de se retirer.

Les nouvelles que j'ay reçues ce matin marquent qu'il est à Chayre[1] et Biair[2], qui sont deux villages de la même vallée. Il a perdu deux de ses soldats, un troisième est extremement blessé.

Je suis persuadé que le meurtre d'un prêtre, fait de sang-froid, décrira fort la conduite d'Audijos parmi ces peuples.....

DE SÈVE.

CCIV.

1675. — JUILLET.
(Archives départ. de la Gironde. Arrêts du Parlement.)

LETTRES D'ABOLITION EN FAVEUR DU Sr AUDIJOS ET DE SES COMPLICES.

Louis, par la grace de Dieu, roy de France et de Navarre, à tous présents et à venir, salut :

Le..... Audijos, de nostre pays de.....[3], s'estant oublié, non

« sous l'oubéissance d'Espagne, ou estet Audijos avec quatre ou cinq mille hom-
« mes. Le lendemain il me dit qu'il ne tenet qu'à moy de faire ma fortune, qu'il
« avet ordre de la Reyne et de dom Juan de me faire tel parti que je demande-
« ret. Je restés enfermé quatre jours sans voir autre que lui, et ayant répondeu
« à ses sollicitations toujours comme je devès, et n'ayant pu gaigner rien sur
« moy par des honneurs, promesses et menasses, il se retira. M'ayant envoyé
« d'autres gens, je refusés de les voir. Il se passa dans ce temps là trois
« semaines ou un moys, m'ayant mis en liberté sur ma parolle pour tascher, par
« honneur qu'on me feset et bons traitements, de voir si je serés assez lache
« pour prendre les armes contre mon Roy. » Mais Jean-François continuant à refuser son concours, les Espagnols l'enfermèrent dans le château et ne consentirent à son échange que vingt-deux mois après. (*Petits mémoires de Germain d'Antin, seigneur d'Ourout, Ibid.*, pp. 20 et 61.)

[1] Sans doute Sère, aujourd'hui Sère-Lanso ou ez-Angles, dans la vallée de l'Extreme de Salles, arrondissement d'Argelès.

[2] Fief dépendant de la seigneurie de Vieuzac (même vallée), laquelle seigneurie appartenait aux d'Antin d'Ourout.

[3] Les Archives de la ville de Bayonne (FF, 518, p. 35) possèdent une copie de ces lettres d'abolition. Dans cette copie, de même que dans l'original transcrit ci-dessus, le prénom et le pays natal d'Audijos ne sont pas indiqués.

seulement dans la fidellité qu'il nous doibt comme nostre subject, mais aussy laissé persuader à quelques mal intentionnés au bien de cet Estat et de nostre service, il auroit faict divers voyages en Espagne et se seroit engagé dans le party de nos ennemis, en telle sorte qu'ayant commis beaucoup de crimes et suscité plusieurs rebellions et soulèvements dans nostre province de Guienne, et notamment du costé de nostre frontière de Bayonne, pays de Bearn, Bigorre et vallée de Lavedan, nous aurions, par arrest de nostre Conseil du huict febvrier dernier, ordonné au sieur de Sève, conseiller en nos Conseils, maistre des requestes ordinaire de nostre hostel et commissaire départy en nostre province de Guyenne, de faire et parfaire le procès tant audict Audijos qu'à ceux qui se trouveront complices de sa rébellion, félonie et autres crimes; mais comme depuis peu il auroit reconnu sa faute et recherché les moyens de nous rendre quelque service considérable pour mériter le pardon de ses crimes, avec assurance qu'il ne s'esloignera jamais de l'obeissance qu'il nous doibt; — A ces causes et autres à ce nous mouvans, voulant uzer en son endroict de nostre clémence et bonté, et preferer misericorde à rigueur de justice, de nostre grace specialle, plaine puissance et authorite royalle, nous avons quitté, remis, pardonné, estaint et aboli, quittons, remettons, pardonnons, esteignons et abolissons, par ces presentes signées de nostre main, audit Audijos et ses adhérans, les crimes de rébellion, felonie, soulèvement par luy suscités, prise d'armes contre nostre service et tous autres cas généralement quelconques qu'ils peuvent avoir commis, et ce en quelque sorte et maniere que ce soit, avec toutes peines, amandes et offense corporelle et criminelle, en quoy et pour rayson de ce ils pourroient estre encourus envers nous et justice, mettant à cette fin au néant tous decrets de deffaut, contumace, jugements et arrets, si aucuns s'en sont ensuivis; remettant, tant ledit Audijos que ses adhérans, en leur bonne fame et renommée dans leurs pays et en leurs biens, non d'ailleurs confisqués; imposant sur ce silence perpetuel à nos procureurs generaux, leurs substitus et à tous autres, à la charge toutefois par ledit Audijos et ses adherans d'abandonner le party des Espagnols et de tous autres nos ennemis, mesmes à toutes pratiques et negotiations contre nostre dit service; — Si donnons en mandement à nos amez et feaux les gens tenant nostre Cour de Parlement de Bourdeaux et autres que besoin sera, intendans de justice, sièges présidiaux et tous autres nos juges et officiers qu'il appartiendra, que ces presentes nos lettres d'abolition ils ayent à faire lire, publier et registrer, et de tout le contenu en icelles faire jouir et uzer plainement et paisiblement ledit Audijos et ses adhérans, cessant et faisant cesser tous troubles et empeschemens au contraire, car tel est nostre plaisir, et afin que ce soit chose ferme et stable à tous jours, nous avons fait mettre nostre scel à ces dites présentes, sauf en autre chose nostre droict et l'autruy en toutes.

Donné à Versailles, au mois de juillet, l'an de grace mil six cent soixante quinze et de nostre règne le trente troisième.

Signé par le Roy; Philipaux, visa d'Alegre, et scellé du grand sceau de cire verthe avec les lacqs de soyes verthe et rouge.

———

Extrait des registres de la Cour de Parlement de Bourdeaux.

Apprès que lecture et publiquation a esté judicierement faicte des lettres d'abolition[1] accordées par Sa Majesté à..... Audijos, de nostre pays de..... et à ses adhérans, pour raison des crimes de rebellion, felonie, soulèvemens suscités par ledit Audijos, port d'armes contre son service et tous autres cas générallement quelconques, que, tant luy que ses adhérans, peuvent avoir commis en quelque sorte et manière que ce soit, avec toute peine, amande, offence corporelle et criminelle en quoy et pour raison de ce ils pourroient estre encourus envers sadite Majesté et justice, données à Versailles au mois de juillet dernier, signées Louis, et plus bas sur le reply, par le Roy: Philipaux, et viza Dalegre, sellées du grand scel de France en cire verthe sur lacqs de soyes de couleur verthe et rouge, — *estant ledit Audijos présent en l'audience, teste nue et à genoux, les fers aux pieds, interpellé, moyennant serment,*

---

[1] L'*abolition* supposait toujours l'existence du crime; mais si les lettres étaient obtenues avant le jugement, elles mettaient l'instance pendante au néant. Elle différait de l'*amnistie* en ce que, malgré une précédente *abolition*, une accusation pouvait toujours être reprise, tandis qu'une *amnistie* en détruisait le corps même à jamais.

la main levée, a dict avoir obtenu lesd. lettres, qu'elles contiennent verité et qu'il entend s'en ayder,

Ouy sur ce Faure, advocat dudit Audijos et de ses adhérans, ensemble Dalon pour le procureur général du Roy, et en ce eue mure délibération, — La Cour, faisant droit sur la réquisition du procureur général du Roy, a ordonné et ordonne que ledit Audijos et ses adhérans jouiront de l'effect des dites lettres d'abolition, conformément à la volonté de Sa Majesté, à la charge neanmoins par ledit Audijos de nommer dans huictaine ses adhérans au greffe de ladite Cour.

Donné à Bourdeaux, en Parlement, le vingtième septembre mil six cens septante cinq, en l'audience de la grand-Chambre tenue extraordinairement en robe rouge [1].

CCV.

1675. — 3 AOUT.

(Archives municipales de Vic-Bigorre, R, liasse n° 8.
Communiqué par M. N. Rosapelly.)

DÉLIBERATION DES ESTATS PORTANT ORDRE DE LEVER DES GENS POUR ALLER A LA MONTAGNE CONTRE AUDIJOS, ET QUE LA VILLE DE VIC ET SON CARTERON FOURNISSE 45 HOMMES.

Suivant la délibération des Estats du penultieme du mois de juillet dernier [2], Messieurs les consuls de la ville de Vic bailleront quarante cinq hommes bien armés et bien choisis, pour aller contre Audiyos; lesquels ils prendront tant de lad. ville de Vic que du carteronage d'icelle; et ceux qui seront choisis par lesd.

---

[1] L'expédition de ces lettres, déposée aux archives de la ville de Bayonne, contient encore la mention suivante :

« Extraict de partie des adhérants du sieur Audijos, dénommés dans la « déclaration par lui faite au greffe de la Cour le vingt sixième dudit mois de « septembre 1675, les nommés Georges *Chandar*, Jean *Demasse*, dict *La Violette*, « Pierre *Lajus*, dict *La Violette*, et le nommé *Boucheron*, habitans de Bayonne. »

[2] Il est probable que la délibération dont il est question dans ce document avait été prise sur l'avis donné aux communautés frontières de la rentrée en France du rebelle Audijos. Le projet d'amnistie n'était pas encore connu.

consuls, comme plus propres à servir dans ceste occasion, seront constraints d'obeir à peine de cinquante livres ; et on les tiendra prest à marcher à toute heure qu'ils seront advertis. Ce 3me aost 1675.

NICARD, Scindic du pays.

CCVI.
1676. — 21 AVRIL.
(Archives de la ville de Bayonne, FF 518, pièce 34.)

ENREGISTREMENT DES LETTRES DE PARDON ET DE REMISE EN BONNE FAME D'AUCUNS COMPLICES D'AUDIJOS.

L'an mil six cens soixante seize et le vingt unième jour du mois d'avril, en la ville de Bayonne, dans le parquet et auditoire royal de lad. ville, l'audiance tenant par devant nous Joseph de Lespès, seigneur de Hureaux, conseiller du Roy, lieutenant général civil et criminel en la sénéchaussée des Lannes au siège de la même ville, a paru :

Me Saubat de Cheverry, licencié ez droictz, advocat en la Cour, — lequel, pour George Chanda, maistre thonnelier ; David Massé dit Laviolette, chapelier ; Pierre de Lajus et Jean Boucheron, maistres faiseurs de rames, les tous habitans de la dite ville,

Nous auroit remonstré que le Sr Audijos ayant excité des mouvemens en l'année 1665 dans la Chalosse et Béarn, soubz prétexte du bien public, ses émissères répendirent leur venin jusque en ceste ville et aux environs, et, se prévalans de la faiblesse des espritz, s'acquirent quelque créance parmy les peubles et alumèrent un feu que la force des punitions et la prudence des personnes constituées en authorité eurent quelque peine à esteindre, et ses parties s'estant laissées surprendre en quelque façon aux adresses dud. Audijos et de ses emissères, ils se trouvèrent insensiblement engagés dans le crime, en sorte qu'ayant pleu au Roy d'uzer de clémence et d'accorder une abolition généralle, soubz la réservation d'un nombre de personnes, ils furent sy malheureux d'estre compris et designés nommément dans cette réservation, à suitte de laquelle ils ont passé dix ans entiers dans une retraitte honteuse, comme des membres pourris de la societé civile et comme des morts parmy des vivants, n'ayant quazy point respirer l'air de la ville, quoiqu'ils y demeurassent cachés dans le secret de leurs maisons, et ce pendant que Audijos et ses principaux complices, s'estans oubliez de leur devoir et fidelité au Roy, s'abandonnoient à des crimes plus grandz que les premiers, s'estant retirés en Espaigne et y prendre party contre le service du Roy, d'où ils ont de temps en temps fait des courses et taschés d'exciter de nouveaux mouvemens dans les frontières de France, sans que lesd. Chanda, Massé, Lajus et Boucheron ayent jamais eu aucune part dans cette mauvaise conduite ny entretenu le moindre commerce avec led. Audijos, ny ses adhérans, mais au contraire par leur repentir et les souffrances qu'ils ont supportés humblement, comme une peine de leur imprudence, il auroient en quelque façon expié leur crime; et en effect Sa Majesté estoit sur le poinct de leur en accorder un oubly entier jusques là que nous avions eu ordre d'envoyer sur ce nostre avis; mais comme dans le mesme temps led. Audijos auroit reconnu sa faute et recherché les moyens de rendre quelque service considérable pour mériter le pardon de ses crimes, — Sa Majesté, uzant de sa clemence ordinaire, luy auroit accordé et à ses adherans une abolition et amnistie générale de tous les actes criminelz qu'ils ont commiz depuis le commencement de leur rebellion et ce par ses lettres des mois de juillet dernier, adressées pour l'enregistrement tant au Parlement de Guienne, lors seant à Bourdeaux, qu'à tous autres cours de justice, chascune pour ce qui les concerne; — Lesquelles lettres, ayant été présentées par Audijos mesme aud. Parlement, elles ont y esté registrées et entérinées, tant pour luy que pour tous ses adhérans, par arrest du quinzième septembre dernier [1], portant qu'il nommeroit dans huictaine, au greffe de la Cour, tous ses complices et adhérans, ce qu'il auroit faict, se souvenant de l'engagement ou il avoit faict entrer lesd. Chanda, Laviolette, Lajus et Boucheron, et des depanses qu'il leur auroit causé par ses adresses et leur trop grande credulité, il les auroit compris dans

---

[1] Le 20 septembre. Voyez ci-dessus.

l'estat par luy fourni des noms de ses adhérans, ainsy qu'il se justifie par l'extraict qu'ilz en ont levé avec led. arrest d'enregistrement; — et désirans poursuivre un pareil enregistrement en ceste audiance, ils ont le tout communiqué en bonne forme à Mre Jacques de La Lande, procureur du Roy, et attant auront requis led. de Cheverry qu'il nous pleust ordonner la lecture desd. lettres et ensuite l'enregistrement, pour jouir, par ses parties, de l'effect d'icelles ;

Sur quoy et après que lecture a esté faite des susd. lettres et que lesd. Chanda, Massé et Boucheron, sont entrés en jugement et enquis par nous, lieutenant général, sy le contenu aux lettres est véritable et s'ils entendent se servir desd. lettres, — ils ont dict, les uns après les autres, qu'ilz ont esté cy devant assés malheureux afin de se trouver envelopez dans les désordres qu'excitèrent dans ce païs cy led. Audijos et ses emissères, soubz pretexte du bien publicq et de la liberté géneralle, et qu'ilz n'y entrèrent que par faiblesse, ayans estés attirés à quelque conferance avec le mesme Audijos, mais qu'ils n'ont jamais suivy son party ny adhéré à sesd. menées depuis qu'il se retira en Espaigne et prins le party des armes contre le service de Sa Majesté, n'ayant, ilz, eu depuis ce temps là le moindre commerce avec luy, ny aucune part dans ses crimes ; — qu'au surplus ils entendent profiter de la clemence du Roy et se servir desd. lettres pour le regard seullement de ce qui se passa en ceste ville en l'année 1665 et de l'entretenu qu'ilz eurent avec led. Audijos contre les deffenses de Sa Majesté;

Ouy le procureur du Roy, qui a consenty en l'enregistrement requis par led. de Cheverry, par nous lieutenant général susdit auroit esté octroyé acte de la lecture desd. lettres d'abolition et du consentement dud. procureur du Roy, — ordonne que lesd. lettres seront registrées es registres de la cour de céans et que lesd. Chanda, Massé, Lajus et Boucheron jouiront de l'effect d'icelles, conformément à la volonté de Sa Majesté.

PIÈCES JUSTIFICATIVES

EXTRAIT DES REGISTRES PAROISSIAUX

DE LA COMMUNE DE COUDURES [1].

I.

Mariage de Jeanne Daudejos et de Jean de Bourdeau.

1636.

La bénédiction nuptiale a esté administrée dans l'église de Coudures par moy soubsigné à M⁰ Jean de Bourdeau, notaire royal de la paroisse d'Urgons, et à Jeanne d'Audeyos, *damoyselle*, de la présente paroisse, et ce sur le certificat de la proclamation de troys annonces, sans opposition et portant licence de recepvoir ladicte bénédiction par le premier prebstre auctorisé que le sieur Du Martin, archiprestre d'Urgons, en a expédié le vingt septiesme aoust mil six cens trente six, laquelle benediction leur fut administrée en présence de M⁰ Bertrand de Cloche, advocat, Pierre-Arnault Dubourdieu, juges des terres de Monsieur de Gramont, Jean et Jean Daudeyos, *père et grand-père* de ladite Daudeyos et de plusieurs aultres, le trente uniesme d'aoust mil six cens trente-six [2].

Signé : JUSTES, curé.

---

[1] Ces registres remontent à l'année 1626. Le premier va de cette date à 1645, mais les années 1632 à 1635 manquent. Le second registre s'étend de 1649 à 1654. Ici existe encore une très grande lacune, car le troisième registre commence au 1ᵉʳ mars 1671 pour s'arrêter au 8 décembre 1679. Depuis, ils paraissent avoir été régulièrement tenus.

[2] Après la mort des deux frères Bernard et Jacques d'Audijos, les descendants du notaire Jean de Bourdeau et de d⁰ˡˡᵉ Jeanne d'Audijos ajoutèrent à leur nom de Bourdeau celui d'Audijos. De là est venue sans doute l'erreur commise par M. le vicomte de Gallard et signalée page v de notre *Introduction*.

II.

Naissance de Jacques d'Audejos.

1637.

Le premier jour de mars 1637, fust baptisé Jacques d'Audeyeos[1], fils de Jean d'Audiyos, sieur de Renung, et de Diane de Talasac, dans l'église Saint-Martin de Coudures.

Parrain : Arnauld Dubourdieu, juge d'Arzac et lieutenant pour le comte de Gramont et de Guichen.

Marraine : N. de Laccamoire. *(Signature illisible.)*

III.

Naissance de Jean II de Bourdeau.

1640.

Jean de Bourdeau, fils de M° Jean de Bourdeau, notaire royal et juge d'Urgons, et de damoyselle Jeanne Daudeyos, nasquit le septiesme may et fut baptisé en l'église paroissialle de Coudures le neufviesme du mesme mois 1640. Ses parrain et marraine sont : Monsieur Daudeyos, *sieur de Renung*, et damoiselle Diane de Talasac. Le baptesme a esté faict par moy soubssigné.

Signé : Justes.

IV.

Naissance d'Anne d'Audejos.

1640.

Anne Daudeyos, fille de Jehan Daudeyos, sieur de Renung, et de damoyselle Diaime de Talazac, nasquit le cinquiesme septembre mil six

---

[1] Ce Jacques d'Audijos était le frère cadet de Bernard : il devint plus tard capitaine de dragons dans le régiment de ce dernier et mourut à Coudures en 1683.

Nous n'avons pu retrouver l'acte de naissance de notre héros Bernard : il avait dû venir au monde vers 1634 ou 1635.

cens quarante et fust baptisée le sixiesme dans l'église St Martin de Codures, estant parrin M° Bernard Du Martin, notaire royal, et marraine damoyselle Anne de Sanguinet, femme de M° Arnaud Dubourdieu, juge d'Arzac, les tous de la présente parroisse, et fust baptisée par moy prebstre soubsigné.

Signé : DUPLANTIER, prebstre.

V.

Décès de Jean Ier d'Audejos.

1646.

Jean Daudeyos *vieux* décéda le neufviesme juin 1646 et fut ensevely dans l'esglise St Martin de Codures moyennant dix livres pour luy seul et sans conséquence, les claviers en ayant retiré obligation : l'office funèbre fut faict par moy.

Signé : TAULNES, prebstre.

VI.

Décès de Jean II d'Audejos.

1648.

Jean Daudeyos, *escuyer*, deceda le vingt et deuxiesme novembre 1648 et fut le lendemain ensevely dans l'esglise Sainct Martin de Codures, ayant achepté, ses héritiers, le droit de sépulture aux claviers pour luy tant seulement. L'office funéral fut faict par moy.

Signé : TAULNES, prebstre.

VII.

Mariage de Bernard d'Audejos et de Jeanne-Marie Dubourdieu.

1676.

Le vingt huitiesme jour du moys de janvier en l'année 1676, j'ay donné la benediction nuptiale à *noble* Bernard d'Audeyos, *colonel de quatre compagnies de dragons*, et demoiselle Jeanne-Marie Dubourdieu, mes parroissiens, ledit sieur d'Audeyos étant en pouvoir de mère, *aagé d'environ quarante ans*, et ladite demoiselle jouyssante de ses droits et aagée de vingt trois ans, et ce après la publication d'un ban et opposition fait à icelluy à cause du quatrième degré de parenté où ils se sont trouvés estre, lesquels empeschemans ont esté levés en leur faveur par Monseigneur l'Évesque d'Ayre, par sa dispense dattée du vingt huitiesme du présant, signée *Joannes Ludovicus, Epûs Adurensium*, et plus bas, *de mandato illustrissimi et rever^{mi} dni. dni. Adurensium, Ep. dni mei*, Foussier, — a moy exhibée par ledit sieur d'Audeyos, et incontinent retirée, faite ladite cérémonie, ez prœsances de dem^{elle} Diane de Talazac, noble Jacques d'Audeyos, capitaine d'une compagnie franche de dragons, Me Pierre de Lacamoire, lieutenant de la mareschaussée des Lannes, Jean Destenave, Jacques Duvignau, maître chirurgien, habitans du présent bourg, et Me Jean Ducassou, juge d'Arzac, y habitant, et Me Michel de St Genes, prebtre de la ville de Saint Sever, qui ont signé avec nous.

Signé : Daudeyos; *J. Dubourdieu*[1]; *Bruchs Audeyos;* DUVIGNAU; LACAMOIRE; DUCASSE; DESTENAVE; SAINCT GENÈS; MARIANDE, curé.

VIII.

Acte de décès de Diane de Talazac.

1678.

Dem^{elle} Diane de Talasac Daudeyos décéda le vingt unièsme jour du mois d'aoust en l'année mille six cens soixante dix huit, et son corps feut ensevely le lendemain vingt deuxième dans la nef de l'eglise par la permission qu'on en eut de nous et de nos marguilliers, sans tirer à conséquence. L'office luy feut fait aussy par nous, curé soussigné, es præsances de Me Christophe de Lacouture et Jacques Duvignau, m^e chirurgien, du présent bourg, qui ont signé avec nous.

Signé : LACOUTURE; DUVIGNAU; MARIANDE, curé.

[1] Dans les actes qui suivent, Jeanne-Marie Dubourdieu, soit qu'elle figure comme partie ou assistante, signe toujours : *J. M. Dubourdieu Daudejos, colonelle.*

IX.

Acte de mariage de Jeanne Marie Dubourdieu, veuve en premières noces de Bernard d'Audejos, et de noble Antonin de la Salle de Bordes.

1683.

Le 27me jour du moys de février en l'année mille six cens quatre vingt trois, nous, curé soussigné, avons conjoincts au mariage noble Anthonin de la Salle Bordes, baron d'Ossages, et y habitant au diocèse Dax, eagé de trente deux ans ou environ et estant en son pouvoir, et dame Jeanne Dubourdieu, nostre parroissiène [1], eagée de trente ans ou environ, jouyssante aussi de ses droits, et ce après les publications ordinaires de leur mariage faites tant icy dans nostre église de Coudures que dans celle d'Ossages, sans opposition comme il nous a pareu par le certificat de Me Lous Céjan, archiprestre dudit lieu d'Ossages, en datte du dixièsme du courant, signé de luy, et en présence des soussignés.

Signé : de Bordes ; J. M. DUBOURDIEU ; Navailles ROUSTAN ; ROQUADE ; Bruch AUDEYOS ; SAINCT CRISTAUX ; de CÈS ; du CASSE, et MARIANDE, curé.

X.

Décès de Jacques d'Audejos.

1683.

Jacques d'Audeyos, jadis capitaine d'une compagnie de dragons du Roy, décéda le 17e jour du moys de septembre en l'année 1683, et son corps feut ensevely dans la nef de l'église de par la permission que nous soussignés curé et marguillier de ladite église de Coudures en avons donné, sans que cela puisse tirer à conséquence pour les siens à l'avenir : présents à ce, Estienne de Lafite, régent ; Bernard de Capbern, notaire royal, et Jacques Duvignau, m^e chirurgien, tous habitans du présent lieu qui ont signé.

De MARIANDE, curé.

---

[1] Elle est dite pour la première fois « veufve à feu M^{re} d'Audijos, colonel « d'un régiment de dragons quand vivoit », dans un acte baptistaire portant la date du 3 août 1678.

XI.

Décès d'Anne d'Audejos.

1725.

Le 21ᵉ du moys de may 1725, décéda damoiselle Anne Daudeyos, âgée de quatre-vingt-quatre ans ou environ, et fut inhumée dans l'église St Martin de Codures, le mesme jour, mois et an que dessus, par moy soubsigné : présents, Jean de Palazo ; Benoit et Arnaud de Capbern, habitans dudit Codures, qui ont signé aveq moy.

Signé : PALAZO ; CAPBERN ; CAPBERN, et J. CASTAIGNES, curé.

GÉNÉALOGIE

DE LA FAMILLE D'AUDIJOS

I. Jean D'AUDIJOS, Ier du nom, dit *le Vieux*, habitant de la commune de Coudures, figure comme témoin, depuis 1635, dans de nombreux actes dressés par le curé de cette paroisse. Il est nommé et signe en 1636 l'acte de mariage de sa petite-fille, Jeanne d'Audijos, avec Mᵉ Jean de Bourdeau, notaire royal d'Urgons. Jean Ier décéda à Coudures, le 9 juin 1646, et fut ensebeli dans l'église paroissiale de ce lieu, placée sous le vocable de saint Martin. Il avait pris alliance *(vers 1590?)* avec delle Jeanne DU BOURDIEU, sœur de Mᵉ Arnauld Du Bourdieu, juge d'Arzac et lieutenant du comte de Gramont, en la baronnie d'Hagetmau, dont il eut :

1. JEAN, qui suit;
2. JEANNE D'AUDIJOS, était déjà alliée, en 1636, à Jean DESTENAVE, marchand de Coudures. Elle mourut le 17 novembre 1650;
3. BARBE D'AUDIJOS, vivait célibataire en 1636;
4. MADELEINE D'AUDIJOS, mariée, avant 1636, à Étienne DURIS, marchand de Coudures.

II. Jean D'AUDIJOS, IIe du nom, est toujours qualifié, dans les registres de Coudures, *écuyer*, et parfois *sieur de Renung*[1]. Il décéda en cette commune, le 22 novembre 1648, et, d'après les actes dans lesquels il figure, il paraît avoir contracté deux mariages : le premier, vers 1615-1620, avec N....; le second, vers 1634-1635, avec delle Diane DE TALAZAC-BAHUS, fille de Philibert de Talazac, écuyer, baron de Bahus, sei-

---

[1] La seigneurie de Renung avait précédemment appartenu aux Foix-Candale-Doazit.

gneur de Béon, et de dame Isabeau de Foix-Candale-Doazit. — Diane de Talazac mourut à Coudures, le 20 août 1678.

Il eut du premier lit :

    1. JEANNE ;

Du deuxième lit :

    1. BERNARD ;
    2. JACQUES ;
    3. ANNE.

III. Jeanne D'AUDIJOS épousa dans l'église Saint-Martin de Coudures, le 31 août 1636, en présence de son père et de son aïeul, Mᵉ Jean DE BOURDEAU, notaire royal et juge de la paroisse d'Urgons.

III. *Bernard d'AUDIJOS, né vers 1635-1636, colonel de quatre compagnies de dragons. Mort avant août 1678. Allié, le 22 janvier 1676, à* dem*ᵉˡˡᵉ Jeanne-Marie* DU BOURDIEU. Restée veuve, celle-ci épousa, en secondes noces, le 27 février 1683, Antonin de La Salle de Bordes, baron d'Ossages.

III. Jacques D'AUDIJOS, écuyer, baptisé à Coudures, le 1ᵉʳ mars 1637, capitaine d'une compagnie franche de dragons, en 1676. — Mort à Coudures, le 17 septembre 1683. *(Il signait :* BRUCH AUDEYOS.*)* Il était célibataire et paraît n'avoir pris aucune part aux troubles de la Chalosse.

III. Anne D'AUDIJOS, née à Coudures, le 5 septembre 1640, morte célibataire en cette commune, *la dernière de son nom,* le 21 mai 1725.

---

² Le 25 avril 1729, Pierre *Bourdeau,* sieur Daudijos, baptisé le 6 mars 1693, avocat en Parlement, recevait les provisions de conseiller du Roi et de lieutenant général au siège de Saint-Sever, en remplacement de Louis de Barry, décédé. (*Archiv. départ. de la Gironde,* B 81, f° 127.) — Pierre *de Bourdeau d'Audijos* mourut à Saint-Sever, le 28 août 1762, laissant à sa survivance trois enfants. (Voyez l'*Armorial des Landes,* tome III, pp. 361 et 876.)

ALLIANCES
ET PARENTÉS DES D'AUDIJOS

I. Jacques DE FOIX-CANDALE, baron de DOAZIT, etc. Il épousa Jeanne DE BELCIER, et en eut :

1. SARRAN ;
2. PIERRE, auteur des barons du Lau ;
3. ODETTE, épousa, vers 1600-1605, Messire Jacques DE MÉRITEINS[1], chevalier, baron de Gayrosse, Lagor et autres places, gouverneur de Sauveterre, mort sans postérité en 1633. Sa succession échut à son neveu Jacques de Mériteins ;
4. LÉONORE ;
5. DIANE, morte sans alliance ;
6. ISABEAU.

II. SARRAN DE FOIX-CANDALE, seigneur et baron de Doazit, Montgaillard, Sorbets, Renung et autres places, syndic de la noblesse de Marsan. Testa le vingt-deux février 1669. Allié, le 14 août 1608, à Denise D'AUSSOLE, dont il eut :

III. Jean-François DE FOIX-CANDALE, baron de Doazit, mort avant son père, marié, le 8 juillet 1642, à Louise DE VIDART, décédée en 1679, dont il eut :

IV. Joseph-Henri DE FOIX-CANDALE, baron de Doazit, qui épousa, le 16 mars 1673, Marie D'ESSENAULT.

---

[1] Françoise de Mériteins, sœur de Jacques et de Bertrand, avait épousé, le 4 octobre 1592, François DE POUDENX, baron dudit lieu.

II. Pierre DE FOIX-CANDALE, auteur des barons *du Lau*, marié, le 14 mai 1617, à Jeanne DE SARAUTE, dont il eut :

III. Jean DE FOIX-CANDALE, baron du Lau, qui épousa, le 11 septembre 1670, Jeanne DE PECHPEIROU-BEAUCAIRE.

II. Léonore DE FOIX-CANDALE, mariée : 1° à noble Jacques DE MONTAUT, seigneur de Louvie et de Barzun [1] ; 2° à noble Bertrand DE MÉRITEINS, seigneur de Peyre, capitaine en chef au régiment de Beaumont et frère cadet du baron de Gayrosse. Par son testament du 21 mai 1627, Léonore instituait héritier son fils issu du second lit, qui suit :

III. Jacques DE MÉRITEINS, chevalier, baron de Lagor, Gayrosse, seigneur de Peyre, Arbus, etc., épousa, le 12 avril 1636, Louise DU PEYRÉ, sœur d'Armand-Jean du Peyré, comte DE TROISVILLES, capitaine lieutenant des mousquetaires, gouverneur de Foix, sénéchal de Marsan, etc. De cette union :

IV. Marie-Madeleine DE MÉRITEINS-LAGOR, héritière de cette branche, alliée, le 20 septembre 1653, à Jean-Jacques DE MONT-RÉAL, chevalier, baron de Moneins, etc.

II. Isabeau DE FOIX-CANDALE, alliée, vers 1610, à noble Philibert DE TALAZAC, baron de Bahus, seigneur de Béon et autres places, auquel elle donna entre autres enfants :

III. Diane DE TALAZAC-BAHUS, mariée, vers 1634-1635, à Jean D'AUDIJOS, II° du nom, sieur de Renung, qui fut père de :

IV. Bernard D'AUDIJOS, né à Coudures vers 1634-1635, *colonel de quatre compagnies de dragons*, mort avant août 1678.

---

[1] De cette première union naquit une fille, Jeanne de Montaut, dame de Barzun et de Louvie, qui prit alliance, le 23 janvier 1624, avec César DE MESPLÉS, seigneur d'Esquiule, mestre de camp d'un régiment entretenu.

BREF ESTAT

DES RECETTES ET DÉPENSES DE L'ANNÉE 1643,

QUI EST LA DERNIÈRE DU RÈGNE DE LOUIS XIII,

SOUS LE MINISTÈRE DU CARDINAL DE RICHELIEU,

ET LA PREMIÈRE DE CELUI DE LOUIS XIV.

(Extrait d'un manuscrit qui est dans le cabinet de M. le duc de Richelieu, qui a pour titre : LE SECRET DES FINANCES DU ROYAUME.*)*

RECETTES :	PRODUITS :
Rentes des biens fonds, terres, bois et seigneuries appartenant au Roy	18,700,000 l.
Cens et autres	850,000
Lods et ventes	260,000
Droits d'aubaine, quint et requint	250,000
Droits de reliefs et rachapts	595,000
Nouveaux acquets	705,000
Droits de forfaiture	40,000
Droits de régale	820,000
La Paulette	1,540,000
Exploits ou amandes	143,000
Fermes des rivières, pesches et chasses	348,000
Taille des pays d'élection	26,995,000
Subventions des pays d'estat	3,500,000
Subvention de la généralité de Metz et pays conquis	1,450,000
A reporter.	56,196,000

Report.	56,196,000 l.
Taxes générales.	7,500,000
Ustanciles et fourrages.	2,900,000
Taxe pour la subsistance des milices et des troupes de nouvelle création.	6,000,000
Vingt-cinquiesme denier des biens du royaume	8,000,000
Dons gratuits des pays d'estat.	1,800,000
Décimes et dons gratuits du clergé	8,550,000
Produit des monnoyes	600,000
Les Aydes.	3,700,000
Les Gabelles	**2,300,000**
Les Douanes.	2,800,000
Les entrées de Paris et autres villes du royaume . . .	7,395,000
Peages royaux, bacs et batteaux.	695,000
Postes et messageries.	2,600,000
Coches et diligences	1,800,000
Produits des colonies.	1,400,000
Revenus casuels et extraordinaires	1,493,000
	115,729,000 l.
Emprunt fait par le cardinal de Richelieu au nom du Roy	8,000,000
Total général de la Recette.	123,729,000 l.

Dépenses :

Pour toutes les dépenses concernant la maison du Roy et celle de la Reyne, les menus plaisirs de Leurs Majestés, l'argenterie, le comptant ez mains du Roy, les aumones et bonnes œuvres, les batiments du Roy, la dépense des écuries.	6,800,000 l.
Ambassadeurs, pensions étrangères et affaires secrètes.	3,720,000
Pensions des princes et princesses.	1,830,000
Pour toutes les pensions en général sur le Trésor Royal.	4,200,000
Au trésorier des Lignes Suisses et Grisons.	280,000
A reporter.	16,230,000 l.

RECETTES ET DÉPENSES DE 1642.

Report	16,230,000 l.
Appointements du premier ministre, des secrétaires d'Estat, conseillers ez conseils du Roy employés dans le ministère	1,577,000
Solde des troupes de la maison du Roy à cheval	3,680,000
Solde des gardes françaises, gardes suisses et cent suisses	4,120,000
Pour toutes les dépenses concernant les troupes en général et la guerre; l'artillerie, la marine, les galères, les fortifications et les appointemens des maréchaux de France, officiers généraux des armées, gouverneurs des provinces et des places, états majors d'iceux et gratifications aux troupes et autres dépenses concernant les armées	67,565,600
Appointements des intendants de commerce et de tous les employés	1,400,000
Appointements des intendants départis dans les provinces, des trésoriers de France et de finances, des receveurs généraux des finances et autres receveurs et contrôleurs et tous les employés en général pour le recouvrement des finances, compris les frais de régie du 28me denier	6,700,000
Gages des présidents, conseillers des Parlements, Cours souveraines du Royaume, officiers de justices royales, etc.	6,945,000
Dépenses des prisons royales et affaires de police	1,600,000
Autres prisons	500,000
Rentes perpétuelles	800,000
Dépenses extraordinaires de la Cour	780,000
Affaires secrètes du gouvernement au-dedans du royaume	1,600,000
Dépenses extraordinaires et casuelles	3,500,000
Total général de la dépense	117,597,600 l.

Raport de la recette et dépense de l'année 1643.

Recettes . . . . 115,729,000 ⎫
Emprunt. . . . .   8,000,000 ⎬ 123,729,000 l.
Dépenses. 117,597,600

Partant, la recette excède la dépense de . . . .   6,131,400 l.

Laquelle somme de 6,131,400 l. reste en caisse, au Trésor Royal, pour estre employée à faire des préparatifs de guerre pour la campagne suivante [1].

[1] Bibliothèque de l'Arsenal, ms. 4489.

AUDIJOS-DRAGONS.

On lit dans le manuscrit 4510 de la Bibliothèque de l'Arsenal, à Paris, ayant pour titre : *Portefeuille de la guerre : État des régiments de dragons.*

« XIV⁰ RÉGIMENT.

« Un gentilhomme gascon, nommé *Audigeau*, de beaucoup d'esprit « et de valeur, après avoir été au service de France, passa en Espagne ; « ensuite il revint en France, où il se fit chef de bandits. Mais ayant « fait sa paix le 13 mars 1676, le Roi lui permit de lever un régiment « de ces mêmes bandits dont il étoit chef. Il ne fut d'abord que de deux « compagnies, et à la fin de 1676 il fut augmenté de deux autres. Ces « compagnies étoient de soixante dragons chacune.

« Audigeau mourut à Messine. Le Roi donna le régiment au baron « d'Asfeld et l'augmenta de quatre compagnies franches : il fut, avec « son mestre de camp, à la défense de Bonn. »

Cette courte notice demande quelques explications complémentaires.

Louis XIV avait une affection toute particulière pour le corps des dragons, de création toute récente en 1676. Il avait été enthousiasmé de leurs actions hardies et extraordinaires pendant la campagne de 1667, et en récompense il leur avait accordé un état-major et certains privilèges qui en faisaient une arme à part, fort recherchée par la jeune noblesse. Le duc de Lauzun, colonel général des dragons dès 1661, et l'habile ministre Louvois partageaient le goût du Roi. Ils augmentèrent considérablement ce corps, si bien que, en 1678, à la paix de Nimègue, alors qu'une grande partie de la cavalerie était licenciée, quatorze régiments de dragons restèrent sur pied.

Réputés tout d'abord du corps de l'infanterie, la base du service des dragons était à pied. Ils ne se servaient de leurs chevaux que dans les étapes et pour se transporter plus rapidement d'un endroit à un autre. Mais bientôt Lauzun obtint leur séparation de l'infanterie et la faveur d'en former un corps tout à fait distinct. En 1670, on les trouve, dans l'ordre des batailles, placés sur les ailes de la cavalerie. Enfin, le premier décembre 1689, le Roi décidait qu'à l'avenir les dragons rouleraient avec la cavalerie, sauf cependant dans les sièges, où ils devaient prendre la gauche de l'infanterie.

L'uniforme des dragons était plein d'originalité. Chaussés de longues guêtres de cuir par-dessus leurs bas blancs, ils étaient coiffés d'un bonnet pointu qui leur retombait sur une épaule. Ce bonnet était garni, autour de la tête, d'un bourrelet ou turban de fourrure. Comme armes, ils avaient le sabre, le fusil à baïonnette, plus petit que celui de l'infanterie, et un seul pistolet.

Leur traitement avait été réglé par l'ordonnance de juillet 1670[1]. Outre sa paie de capitaine, le colonel ou mestre de camp recevait 300 l. par mois; le capitaine, 100 l.; le lieutenant, 75 l.; la cornette, 50 l.[2]; le maréchal des logis, 30 l.; chaque dragon, 18 l.

Une levée de soixante dragons ayant été ordonnée en 1676 pour former une compagnie nouvelle dans le régiment de Fimarçon, le capitaine du Mirail touchait à cet effet du Trésor 7,545 l. Le reçu de cet officier porte que cette somme devait être employée : 100 l. pour la levée de chaque dragon; 15 sols par jour pour leur nourriture; 4 l. 10 sols pour celle du capitaine, et 20 l. pour le manteau et le bonnet de chaque homme[3]. D'autres documents permettent d'affirmer que la somme accordée par le Roi pour la levée d'une compagnie de dragons n'excédait, en aucun cas, 7,500 l.

Quoique la cavalerie n'ait été habillée d'une manière uniforme que depuis 1690[4], le manuscrit déjà cité semble indiquer que le régiment dont Audijos fut le premier colonel portait l'habit vert, avec revers ou parements rouges[5]. Le manteau était de même couleur que l'habit. Dans

---

[1] Arsenal, ms. 4522.
[2] Aboli en septembre 1684, ce grade fut remplacé par celui de sous-lieutenant.
[3] Arsenal, ms. 4521.
[4] Jusqu'à cette date la tenue était entièrement livrée à la fantaisie des mestres de camp. Seuls, le choix des armes, la taille et la couleur des chevaux (gris pour les dragons) étaient sévèrement contrôlés.
[5] En septembre 1697, à la revue générale des troupes, passée par Louis XIV au camp de Coudun, ce régiment portait encore le même uniforme, mais embelli

les corps autres que les royaux, les tambours étaient revêtus de la livrée du mestre de camp, avec le collet, les revers et les parements de la couleur distinctive du régiment. De même pour les housses et chaperons de l'équipage du cheval. Néanmoins le galon était partout blanc.

L'étendard s'appelait *guidon*. Il était rectangulaire : l'un des petits côtés était appliqué à la hampe ; le bord opposé, découpé en deux demi-cercles, restait flottant.

En 1763, tous les dragons prirent l'habit vert, la veste et la culotte chamois, le manteau gris-blanc et le célèbre casque à la Schomberg. Très fiers de leur nouvelle coiffure, les dragons prétendaient pouvoir se présenter partout casque en tête, même dans les églises. Une circulaire du ministre Choiseul, datée de 1765, stipule que « les devoirs de la « décence et de l'édification exigent que les dragons lèvent leurs casques « et aient la teste nue à l'église avec le reste des fidèles. »

Le prix d'un régiment de dragons variait entre 80 et 100,000 livres. Dangeau nous apprend qu'en avril 1693 le Roi en avait fixé le prix, pour les non royaux, à 12,000 écus. Mais cette ordonnance ne reçut jamais d'exécution. La même année, « le petit comte de Nogent, » capitaine de cavalerie, obtenait de Louis XIV l'agrément du régiment *Royal-dragons :* il le payait 40,000 écus au marquis d'Alègre [1]. En 1702, le marquis de Gévaudan vendait le sien au comte de Vassé, moyennant 82,000 livres ; deux ans après, le chevalier d'Asfeld cédait son régiment pour 84,000 livres [2].

Sous Louis XV, écrit à son tour le duc de Luynes [3], ces prix avaient encore augmenté. Ainsi la charge de colonel général des dragons valait 500,000 livres, et rapportait 25,000 livres plus les produits casuels. Celle de mestre de camp général, qui ne donnait que 8,000 livres et le casuel, trouvait facilement acquéreur à 250,000 livres.

Ces deux officiers généraux jouissaient, dans leur arme, des mêmes

---

de boutons et de boutonnières or. Le *Mercure Galant*, à qui nous empruntons ce détail, ajoute que les officiers étaient fort parés.

Fimarçon avait également l'habit vert, mais avec parement de même couleur ; *Royal*, portait l'habit bleu, avec revers rouge ; *Colonel-général* et *Mestre de camp général*, rouge avec revers bleu ; *Denonville*, *Listenois* et *de Fay*, rouge avec parements rouge. Les autres régiments n'avaient pas encore d'uniforme arrêté.

[1] *Mémoires du marquis de Sourches*, qui ajoute, en parlant du comte de Nogent : « Il étoit extraordinairement petit, mais joli et plein de feu. »

[2] Arsenal, ms. 6630.

[3] *Mémoires*, tome VIII, p. 465, et tome XIII, p. 136.

droits et prérogatives que les officiers de même titre dans la cavalerie.

Nous avons dit que Lauzun fut le premier colonel général des dragons. Il ne conserva pas longtemps cette charge, car en 1669 il la cédait au marquis de Rannes[1]. A son tour celui-ci avait pour successeur, en 1678, le duc de Boufflers. Appelé au commandement du régiment des gardes françaises, le duc, toujours avec l'agrément du Roi, résignait en 1691 ses fonctions de colonel général en faveur du comte de Tessé, déjà mestre de camp général des dragons. Le prix de vente fut fixé à 400,000 livres[2].

Le 6 septembre 1698, le Roi, entouré de toute sa Cour, passait à Compiègne une grande revue de ses troupes. Il fut surpris, au moment du défilé des régiments, de ne point voir le colonel général des dragons coiffé du *bonnet* réglementaire, avec lequel il devait le saluer, et, rentré à Versailles, il en fit la remarque.

Désolé de sa maladresse, craignant déjà de tomber en disgrâce, le comte de Tessé se hâte de courir chez Lauzun : il le croyait, en la circonstance, homme de bon conseil et comptait sur lui pour réparer sa faute. Saint-Simon, avec sa verve moqueuse, nous apprend quel fut le résultat de cette grave conférence :

« Ce bonnet de Tessé, pour saluer le Roi, fut la suite d'une malice
« noire que lui fit M. de Lauzun, pour qui la charge de colonel général
« des dragons avoit été érigée. Il lui demanda comment il prétendoit
« saluer le Roi à la teste des dragons, et, après bien des demi discours,
« il lui apprit avec autorité qu'il étoit de sa charge de saluer en cette
« occasion *avec un chapeau gris*.

« Tessé, ravi, envoie à Paris, et se sent fort obligé d'un avis si impor-
« tant, d'une chose qui ne lui seroit jamais venue dans l'idée. Dès que
« son chapeau gris fut arrivé, paré de cocardes et de plumes, il le porta
« au lever du Roi, et y surprit la compagnie d'un ornement devenu si
« extraordinaire, dont il dit la raison à chacun qui la lui demanda. La
« porte ouverte, le Roi n'eut pas plutost aperçu ce chapeau gris, dont
« Tessé se pavanoit et qu'il présentoit en avant, que, choqué de cette
« couleur qu'il haïssoit tellement aux chapeaux qu'il en avoit détruit
« l'usage, il demanda à Tessé de quoi il s'étoit avisé avec ce beau
« chapeau. Tessé, souriant et piétonnant, marmottoit entre ses dents, et
« Lauzun qui étoit resté tout exprès, rioit sous cape. Enfin, poussé par
« deux ou trois questions du Roi, l'une sur l'autre et d'un ton assez

---

[1] Nicolas d'Argouges, tué le 13 juillet 1678 d'un coup de canon au combat de Seckingen.

[2] *Journal de Dangeau*. Edition Feuillet de Conches.

« sérieux, il expliqua l'usage de ce chapeau. Mais il fut bien étonné
« quand il s'entendit demander où diable il avoit pris cela, et tout
« aussitôt son ami Lauzun s'écoula. Tessé le cita et le Roi lui répondit
« que Lauzun s'étoit moqué de lui, et qu'il lui conseilloit d'envoyer
« tout à l'heure ce chapeau gris au général des Prémontrés.

« Celui des dragons ne demanda pas son reste et ne fut pas sitôt
« délivré de la risée et des plaisanteries des courtisans [1]. »

Ce fut seulement à partir de la paix de Ryswich que les chefs de corps furent choisis dans la grande noblesse titrée. Presque tous de la plus extrême jeunesse, ils étaient doublés de colonels en second, vieux soldats très expérimentés, dont la réputation de bravoure était depuis longtemps établie. Mais jusqu'en juillet 1695, la plupart *des régiments de gentilshommes*, autrement dit *régiments gris*, avaient pour chefs de simples soldats de fortune, parvenus à ce poste élevé à grands coups d'épée. Ces régiments n'avaient pas de rang fixe : ils suivaient l'ancienneté de leurs mestres de camp. De là des conflits sans nombre, parfois très graves, que Louvois réprimait durement. Ceux dont le Roi était colonel titulaire, ou ceux qui étaient la propriété de la Reine et des princes du sang, formaient toujours en campagne têtes de brigades. La fixité des rangs ne fut réellement acquise que lorsque les corps furent mis sous des titres de province.

Reconnu en principe par le Roi, le régiment d'Audijos ne fut définitivement admis que le 4 octobre 1676 parmi les troupes régulières. Ce même jour, Louis XIV signait deux autres nominations de mestres de camp de dragons. La première était celle du marquis de Barbezières (Charles-Louis de Chémerault); la seconde, celle du chevalier de Ganges (François de Vissec de Latude). Devenu en 1774 la propriété du comte de Provence, *Barbezières-dragons* prenait alors le titre de *Monsieur* et avait rang aussitôt après *Dauphin-dragons*. Quant au régiment du chevalier de Ganges, levé aux frais des États du Languedoc pour la défense des côtes, il était réformé en août 1679.

Ces nominations portaient à quatorze le nombre des régiments de dragons alors sur pied. Voici le rang qu'ils occupaient et les noms des officiers qui les commandaient :

Royal : *mestre de camp-commandant*, marquis de Boufflers (Louis-François).

---

[1] *Journal de Dangeau, ibid.*

Depuis colonel général des dragons, colonel du régiment des gardes françaises, duc, pair et maréchal de France.

Colonel-général : *Mestre de camp commandant*, marquis de Tilladet (Gabriel de Cassagnet).

Reçu chevalier de Malte en 1647, il servit d'abord dans les gardes françaises. Nommé en avril 1669 mestre de camp commandant du régiment *Colonel-général*, il se distingua à Seneff, à Dinan, à Huy, à Limbourg, à Condé, à Bouchain, à Aire, fut promu brigadier en 1675, maréchal de camp en 1677 et lieutenant général en 1688.

Mestre de camp général : Comte de Tessé (René de Froulay), depuis colonel général des dragons, lieutenant général des armées en 1692, maréchal de France en 1703, général des galères en 1712, ambassadeur en Espagne, etc...

Denonville (Jacques René de Brizay, vicomte de).
En 1684, il fut appelé au gouvernement général du Canada et de la Nouvelle France. « Le roi, écrit Dangeau, lui donna 24,000 l. d'appoin-« tements et lui acheta son régiment 20,000 écus, pour en faire le régi-« ment de la *Reine-dragons*. » A son retour, en 1689, il fut fait sous-gouverneur du duc de Bourgogne et maréchal de camp.

Listenois (Pierre de Beauffremont, marquis de).
Élevé enfant d'honneur du roi d'Espagne Charles II, il entra au service de France après la conquête de la Franche-Comté et devint colonel de deux régiments (un d'infanterie et un de cavalerie), bailli d'Aval et chevalier d'honneur au Parlement de Besançon.

Fimarçon (Jacques de Cassagnet-Tilladet, chevalier de).
Il était exempt des gardes du corps lorsqu'il reçut du Roi, le 14 septembre 1673, l'autorisation de lever un régiment de dragons. Employé aussitôt dans les Flandres, le chevalier fut tué à la bataille de Saint-Denis, le 14 août 1678, à la tête de son régiment.

Saint-Sandoux (Antoine de Ribière de), servait depuis dix-neuf ans dans les gardes françaises lorsqu'il fut promu major de ce régiment, en 1670. Il fut le premier de ce grade à obtenir que les fonctions de major général de l'armée fussent jointes à son titre, et ce fut en cette double qualité qu'il fit les campagnes de 1671 à 1673. Appelé l'année suivante au gouvernement de Tournay, il obtint en 1675 l'autorisation de lever un régiment de dragons, *à la tête duquel il se rendit redoutable par les courses et expéditions qu'il faisoit dans le pays ennemi*[1].

La Bretesche (Esprit de Jousseaume, marquis de La).

Gouverneur et lieutenant général de Poitiers, brigadier des armées en 1683, maréchal de camp en 1688, lieutenant général en 1693. Il eut pendant plusieurs années le commandement général de toute la Lorraine allemande.

Longueval (François-Annibal, comte de).

D'abord cadet dans les gardes du corps, puis aide de camp du grand Condé, il devint plus tard brigadier de cavalerie, et en 1698 lieutenant général. Son régiment de dragons eut, par la suite, le Dauphin pour colonel titulaire.

Bursard (Jacques de).

Longtemps capitaine d'une compagnie franche, levée et équipée à ses frais, à la tête de laquelle il accomplit plusieurs actions d'éclat. Le comte de Dreux-Nancré ayant obtenu du Roi l'agrément de lever un régiment de dragons, M. de Bursard lui acheta ce droit à beaux deniers comptants.

Audijos (Bernard d').

Barbezières (Charles-Louis de Chemérault, marquis de).

Ganges ou Languedoc : François de Vissec de Latude, chevalier de Ganges [2].

On a vu avec quelle bravoure Audijos commanda ses dragons pendant les années 1676 et 1677. Après sa mort, le Roi donna ce régiment

---

[1] Lamoral Le Pipre de Neufville. — *Abrégé chromologique de toutes les troupes de France.*

[2] Nous avons cru devoir donner quelques détails biographiques sur les mestres de camp commandant, en 1676, les régiments de dragons, afin de bien démontrer que le roi, en honorant Audijos d'une charge de colonel, l'estimait à l'égal des plus braves capitaines de son temps. On peut donc supposer que, doué de vertus éminemment guerrières, bien vu par son maître, notre héros, s'il n'avait si promptement trouvé la mort sur le champ de bataille, serait arrivé aux grades les plus élevés de l'armée.

à Alexis Bidal, baron d'AsFELD, l'un des frères du futur maréchal de France de ce nom. Chargé, au mois d'octobre 1681, de s'emparer d'une redoute placée en avant du pont de Strasbourg, cet officier s'avance à la tête de son régiment, renverse l'ennemi et se saisit si rapidement de la redoute que pas un seul de ses hommes ne fut atteint par le feu des assiégés. Nommé peu après gouverneur de Bonn, il gagne cette ville, et, aidé de ses dragons, soutient avec la dernière vigueur le siège de cette place contre le prince Charles de Lorraine : il ne consentit à capituler qu'à la dernière extrémité et avec tous les honneurs militaires. Il mourut la même année à Aix-la-Chapelle, où il s'était rendu pour faire soigner ses blessures.

Remplacé aussitôt par son frère Benoît (7 novembre 1689), le régiment, avec son nouveau chef, se distingue aux batailles de Fleurus, de Steinkerque et de Neerwinden. En 1695, chaque capitaine reçoit du Roi, à titre de gratification exceptionnelle, une somme de 3,000 l., leurs chevaux ayant été tués ou mangés dans Namur et leurs bagages pillés par les ennemis [2].

Devenu la propriété du chevalier d'HAUTEFORT (8 avril 1696), le régiment assiste au siège d'Ath en 1697, occupe Gueldre en 1701, se signale à Nimègue en 1702 et sert avec bravoure aux sièges de Brissach et de Landau, ainsi qu'à la bataille de Spire. En 1704, il empêche l'ennemi de faire le siège de Chambéry et a la plus grande part dans la réduction de Suze et la soumission des Vaudois. Il continue à se distinguer dans la campagne de Nice, s'empare de Chivasso et assiste en 1706 à la bataille de Turin.

Le 20 mars 1709, il passe sous les ordres du comte de SAUMERY, avec lequel il sert la même année sur le Rhin et en Espagne, en 1719.

De 1733 à 1735, on trouve ce régiment en Allemagne, où il prend part aux sièges de Kehl et de Philisbourg, et aux combats d'Ettingen et de Klausen. Il était, depuis le 3 mai 1731, devenu la propriété de Louis Michel de Chamillart, comte DE LA SUZE. Celui-ci le cède à son tour, le 8 juin 1744, au marquis D'ASFELD (Claude-Étienne), fils unique du maréchal de France et neveu des deux Bidal qui l'avaient commandé.

Envoyé dans les Flandres en 1745 et 1746, il passe l'année suivante sur les côtes de Bretagne. Rappelé bientôt à l'armée de Flandre, il assiste à toutes les campagnes de la fin du règne de Louis XV et se fait remarquer dans de nombreuses rencontres.

---

[1] *Mémoires du marquis de Sourches.*

Entre temps il a pour colonel ou mestre de camp :

Le 1er février 1749, Amable-Gaspard, vicomte DE THIANGES [1] ;

Le 20 février 1761, Louis-Jacques de Chapt, dit le chevalier DE RASTIGNAC [2] ;

Le 30 novembre 1764, Antonin-Louis, marquis DE BELSUNCE [3] ;

Le 11 novembre 1782, Louis-Philippe, comte DE SEGUR [4] ;

Le 3 novembre 1785, Joseph-Alexandre, vicomte DE SEGUR [5].

Le régiment tenait garnison à Pont-à-Mousson lorsqu'un ordre du Roi, daté du 17 mars 1788, le transforma en régiment de chasseurs, sous le titre de *Chasseurs du Hainaut.*

Sous la Révolution et l'Empire, il prend le nom de *5me chasseurs.* Versé dans l'armée de Masséna, il a alors pour colonel le chef de brigade CORBINEAU, qui, à la tête de son régiment, est grièvement blessé à Hohenlinden. On le retrouve en Espagne de 1808 à 1811. Il fait ensuite les campagnes de Russie et de Saxe, se signale en 1813 à Leipzig, sous les ordres de son nouveau chef, Joseph BAILLOT, et aussi à Bar-sur-Aube, à Arcis et à Saint-Dizier. En février 1814, il combat à Navarreins, et quelque temps après à Toulouse.

A la Restauration, il prend le titre de *Chasseurs d'Angoulême* et va tenir garnison à Libourne. Licencié après Waterloo, son fonds est versé dans le *9me chasseurs* nouveau, appelé aussi *Chasseurs de la Dordogne.* Enfin, en 1831, ce régiment devient définitivement le *4me chasseurs.*

---

[1] Chevalier de Saint-Louis en 1757, brigadier de cavalerie le 1er mai 1757, maréchal de camp le 20 février 1761 et lieutenant général en 1780.

[2] Mort en fonctions.

[3] Successivement gouverneur et grand sénéchal d'Agenois et du Condomois, lieutenant général des armées et menin du Dauphin. En 1757, à la bataille d'Hastembeck, il avait reçu deux coups de feu dans le bras.

[4] Depuis ministre plénipotentiaire en Russie, conseiller d'État en 1803, sénateur, pair de France, l'un des quarante de l'Académie française, mort en 1830. (Consulter la *Biographie Michaud.*)

[5] Il s'adonna depuis aux belles-lettres et publia de nombreux ouvrages. (Voir également la *Biographie Michaud.*)

TABLE DES MATIÈRES

INTRODUCTION.

Aperçu historique sur les anciens impôts. — *La gabelle.* — Répartition et levée de ce subside. — *Pays de grande et petite gabelle; pays rédimés ou eximés; pays francs.* — Colbert décide que la gabelle sera installée dans les *pays francs* du Sud-Ouest. — Les populations se soulèvent dans les Lannes, la Chalosse, le Labourd, le Béarn et la Bigorre. — AUDIJOS reconnu chef des rebelles. — Biographie de ce partisan. — Aidé de quelques paysans, il résiste pendant de longs mois aux troupes royales envoyées contre lui. — Abandonné après huit années de lutte, traqué de tous côtés, sa tête mise à prix, il passe en Espagne. — Il offre de se soumettre. — Le roi l'absout et le nomme colonel d'un régiment de dragons de son nom. — Envoyé en Italie, il est tué devant Messine.

PREMIÈRE PARTIE.

UNE RÉVOLTE A BAYONNE EN L'ANNÉE 1641.

I et II. — 1641. — Mémoire du fermier du Domaine, touchant le bureau de perception que le Roi avait déclaré devoir être installé à Bayonne. — Procès-verbal relatant la révolte des habitants de cette ville et les mauvais traitements infligés aux émissaires du Roi 1

III. — 1641, 7 juin. — Les échevins de Bayonne informent le cardinal de Richelieu des désordres arrivés en leur ville et députent auprès du Roi leur évêque et trois notables bourgeois. 17

IV. — 1641, 7 juin. — Le comte de Gramont à Richelieu. Même sujet. 18

V. — 1641, 12 juin. — Les députés de Bayonne aux échevins de cette ville. Compte rendu de leur mission. 18

VI. — 1641, 16 juin. — Le député de Segure aux mêmes. 19

VII. — 1641, 16 juin. — L'évêque de Bayonne aux mêmes. 20

VIII. — 1641, 16 juin. — Le cardinal de Richelieu aux mêmes. 21

IX. — 1641, 19 juin. — Les députés de Bayonne aux mêmes. 22

X. — 1641, 20 juin. — Le cardinal de Richelieu au comte de Gramont. 26

XI. — 1641, 19 juillet. — Les échevins de Bayonne au cardinal ministre. 27

XII. — 1641, août. — Lettres royales portant amnistie en faveur des Bayonnais. 28

DEUXIÈME PARTIE.

RÉVOLTE DANS LES LANNES.

I. — 1657. — Requête présentée au Grand Conseil par le fermier du convoi de Bordeaux, contre les faux sauniers ; les droits du Roi ne peuvent être perçus dans toute leur étendue ; les Lannes, le Labourd, le Béarn et une partie de la Bigorre, approvisionnés de sel par la fontaine de Salies, refusent de payer l'impôt établi sous le nom de *gabelle;* arrêt du Conseil décrétant les peines les plus sévères contre les faux sauniers de la sénéchaussée des Lannes et commettant le sieur de Maniban, président en la Cour des Aides de Guyenne, pour procéder à l'installation des bureaux de la gabelle.

II. — 1657, 12 avril. — Commission royale délivrée au sieur de Maniban.

TROISIÈME PARTIE.

RÉVOLTE EN CHALOSSE, LABOURD, BÉARN ET BIGORRE.

AUDIJOS.
1660-1676.

I. — 1660, 3 octobre. — De Cheverry au corps de ville de Bayonne. — Il a été de nouveau question au Conseil du Roi d'établir la gabelle dans les Lannes et d'installer un bureau de perception à Bayonne. 39

II. — 1660, 17 octobre. — Du même. — Le surintendant paraît avoir ajourné l'exécution de la seconde partie de son projet. 41

III. — 1660, 19 octobre. — Les échevins de Bayonne à de Cheverry. — L'installation des bureaux doit se faire à Mont-de-Marsan et à Dax ; le dommage sera aussi considérable pour le commerce de Bayonne 42

IV. — 1660, 23 octobre. — Des mêmes. — Ils ont résolu de solliciter l'appui des ducs de Gramont et d'Épernon, afin d'obtenir que ces bureaux ne soient pas créés 44

V. — 1660, octobre. — Le corps de ville de Bayonne au maréchal de Gramont 45

VI. — 1660, octobre. — Au duc d'Épernon. 47

VII. — 1660, octobre. — De Cheverry au corps de ville. — L'affaire paraît être en bonne voie en ce qui regarde Bayonne. 48

VIII. — 1660, 20 novembre. — Du même. — Confirmation des nouvelles précédentes. 49

IX. — 1660, 19 décembre. — Du même 50

X. — 1661, 20 février. — Du même. — Que la ville se rassure : le surintendant Fouquet a promis qu'il ne serait apporté aucune innovation dans l'ancien état de choses 52

XI. — 1661, 2 mars. — Du même. — L'expédition des lettres patentes est retardée par la maladie du cardinal Mazarin. 53

XII. — 1661, 13 mars. — Du même. — Grave nouvelle : Colbert est nommé intendant des finances ; on doit tout redouter de ses projets. 54

XIII. — 1661, 9 juin. — Du même. — Le surintendant ne s'est pas encore prononcé sur la taxe que doit payer la ville. 55

XIV. — 1661, 10 septembre. — Du sieur Martenot. — Par ordre du Roi, Fouquet et ses amis ont été arrêtés ; il ignore le sort réservé à M. de Cheverry, qui était également un des fidèles du surintendant . . . . , . . . 58

XV. — 1662, 9 janvier. — Bail, en faveur du sieur Gervaizot, des droits de l'ancien convoi de Bordeaux et *de celui à établir à Bayonne et au Boucau vieux*. 60

XVI. — 1663, 26 Juin. — Délibération de la communauté de Saint-Sever portant qu'il sera envoyé vers Messieurs de Bayonne pour les supplier de se joindre à elle afin d'obtenir du Roi la suppression du bureau de la gabelle installé à Mont-de-Marsan. 102

XVII. — 1663, 29 juin-16 juillet. — Conseil extraordinaire tenu par le corps de ville de Bayonne en apprenant la création d'un bureau de gabelle à Mont-de-Marsan. Envoi à la cour d'un député. 103

XVIII. — 1663, 9 juillet. — De Pontac, premier président au parlement de Bordeaux à Messieurs de Bayonne. — Il ne peut rien pour eux, mais leur conseille de s'adresser directement au Roi.

XIX. — 1664, 31 mars. — Pellot à Colbert. — La ville de Salies réclame l'entière liberté de la fontaine d'eau salée qu'elle exploite depuis 400 ans. Ses titres ne lui paraissent pas bien fondés. 108

XX. — 1664, 26 mai. — Du même. — Une sédition vient d'éclater à Hagetmau ; plusieurs gardes du convoi ont été tués ou blessés 111

XXI. — 1664, 6 juin. — Le Roi au corps de ville de Bayonne. — Les droits de *Coutume* lui sont enlevés ; il devra rendre compte de l'emploi de ces deniers durant les vingt dernières années. 112

TABLE DES MATIÈRES.

XXII. — 1664, 14 juin. — Le conseil de ville de Bayonne à Colbert. — La décision royale l'a grandement surpris, la ville ayant toujours eu la libre disposition de ses revenus : néanmoins, comme le dévouement de la population bayonnaise à la royauté est immuable, le corps de ville obéira 113

XXIII. — 1664, 28 juin. — Pellot au corps de ville de Bayonne. — Il a nommé le sieur Dublet pour faire la perception des droits de *Coutume*. 115

XXIV. — 1664, 25 juillet. — Pellot à Colbert. — Il part pour Hagetmau, où il se propose de faire une justice exemplaire................ 116

XXV. — 1664, 6 août. — Du même. — La sédition, dont Hagetmau a été le siège, est plus considérable qu'on ne le supposait ; une répression sévère est absolument nécessaire.................... 116

XXVI. — 1664, 13 août. — Du même. On instruit l'affaire d'Hagetmau ; il est avéré que la noblesse a favorisé cette rébellion............ 118

XXVII. — 1664, 20 août. — Du même. — Deux séditieux ont été pendus, deux envoyés aux galères, les autres, contumaces, condamnés à la roue. Ces exécutions rendront les populations plus réservées............ 119

XXVIII. — 1664, 1 octobre. — De Boisset, capitaine commandant les brigades des Landes, aux intéressés du convoi de Bordeaux à Paris. — Procès-verbal relatant l'assassinat de deux gardes du convoi par les adhérents du sieur D'AUDIJOS........................... 121

XXIX. — 1664, 3 octobre. — Pellot à Colbert. — Confirmation de la dépêche précédente. AUDIJOS a pris le commandement du mouvement insurrectionnel. On prétend qu'il a assassiné le curé de Coudures. Il est urgent que l'on envoie de nouvelles troupes........................ 125

XXX. — 1664, 7 octobre. — Du même. — Il continue de prendre les mesures nécessaires pour étouffer l'insurrection................ 127

XXXI. — 1664, 11 octobre. — Du même. — Desbordes, l'un des séditieux, a été roué en place publique..................... 127

XXXII. — 1664. — 31 octobre. — Du même. — La sédition se propage ; le commandant Boisset et un de ses gardes ont été assassinés. AUDIJOS est bien le chef de ce mouvement. Sa capture est absolument nécessaire. . 128

XXXIII. — 1664, 3 novembre. — Du même. — Les troupes demandées sont arrivées depuis déjà quelques jours, mais Audijos reste insaisissable. Bayonne, qui paraît être complice de cette émeute, doit être châtiée........ 130

XXXIV. — 1664, 5 novembre. — Arrêt du grand Conseil reconnaissant que la fontaine d'eau salée sise à Salies appartient en propre à cette ville, mais interdisant à cette dernière, jusqu'à nouvel ordre, la vente du sel dans la Bigorre, l'Armagnac et le Marsan................. 132

XXXV. — 1664, 17 novembre. — Pellot à Colbert. — Il s'occupe des divers projets élaborés par le ministre. On ne néglige rien pour s'emparer d'Audijos. 137

XXXVI. — 1664, 2 décembre. — Du même. — M. de Poyanne a reçu des ordres exprès pour poursuivre Audijos jusqu'en Béarn......... 139

TABLE DES MATIÈRES.   459

XXXVII. — 1664, 29 décembre. — Du même. — L'insurrection gagne du terrain ; de nouvelles troupes sont nécessaires. La fontaine d'eau salée de Salies doit être détruite ou déclarée propriété royale.   140

XXXVIII. — 1665, 3 janvier. — Saint-Luc au commandant des dragons en Chalosse. — Il y va de son honneur de s'emparer d'Audijos.   142

XXXIX. — 1665, 9 janvier. — Du même à Colbert. — Les ordres sont donnés ; Audijos et ses complices seront réduits.   143

XL. — 1665, 14 janvier. — Pellot au même. — Audijos continue ses courses ; il est maintenant en Béarn.   144

XLI. — 1665, 16 janvier. — Saint-Luc à Colbert. — Il va envoyer de nouvelles troupes en Chalosse ; lui-même ira se mettre à leur tête   145

XLII. — 1665, 19 janvier. — Du même. — Les ordres de départ des troupes sont donnés ; à son tour il quitte Bordeaux   146

XLIII. — 1665, 21 janvier. — Pellot à Colbert. — Il faut traiter sévèrement Bayonne, qui soutient les rebelles ; les plaintes du maréchal de Gramont, comme seigneur d'Hagetmau, lui semblent exagérées ; néanmoins il avisera.   147

XLIV. — 1665, 26 janvier. — Saint-Luc à Colbert. — Il lui fait parvenir le contrôle des nouvelles troupes envoyées en Chalosse.   151

XLV. — Détail de ces troupes.   152

XLVI. — 1665, 30 janvier. — Pellot à Colbert. — Hagetmau, où il avait logé des troupes, sera soulagé ; ainsi le duc de Gramont sera satisfait .   154

XLVII. — 1665, 5 février. — Du même. — Les prétentions de Bayonne, touchant l'emploi des fonds de la *Coutume* durant les vingt dernières années, ne sont pas justifiées. Il faut punir cette ville en y établissant les bureaux du convoi.   156

XLVIII. — 1665, 25 février. — Saint-Luc à Colbert. — Son arrivée à Mont-de-Marsan a mis en fuite Audijos. Les vallées du Lavedan se soulèvent en faveur de ce dernier   158

XLIX. — 1665, 28 février. — L'évêque de Tarbes au surintendant de la duchesse douairière d'Orléans. — Les habitants du Lavedan ont donné asile à Audijos et se prononcent ouvertement pour lui. Malgré ses ordres, le clergé embrasse la cause des révoltés. On résistera donc aux troupes royales. Il prévoit la ruine et la désolation de ces vallées.   161

L. — 1665, 1 mars. — Pellot à Colbert. — Il accompagne le marquis de Saint-Luc en Bigorre. Audijos, prévenu de la marche des troupes, est retourné en Béarn, où il a été reçu et acclamé comme un libérateur.   164

LI. — 1665, 5 mars. — Saint-Luc à Colbert. — Il lui annonce son arrivée à Tarbes.   165

LII. — 1665, 13 mars. — Pellot à Colbert. — Les troupes royales se concentrent à Lourdes ; les habitants des vallées paraissent vouloir résister. .   167

LIII. — 1665, 16 mars. — Du même. — Après un simulacre de résistance, le Lavedan fait annoncer qu'il est prêt à déposer les armes.   169

LIV. — 1665, 20 mars. — Saint-Luc à Colbert. — Grâce à l'entremise du comte de Toulongeon, les vallées ont fait leur soumission ; il a placé une garnison au château de Lourdes 170

LV. — 1665, 20 mars. — Pellot au même. — Confirmation des nouvelles précédentes 172

LVI. — 1665, 24 mars. — Du même. — S'il n'avait pas fait preuve de vigueur, M. de Saint-Luc aurait été incapable de mener cette campagne à bonne fin. Ne parlait-il pas d'un accomodement avec les rebelles ? Grâce à lui, cette honte a pu être évitée ; les montagnards se sont soumis, et pour démontrer la puissance du Roi, il a fait arrêter six de leurs députés. 175

LVII. — 1665, 1 avril. — Du même. — Il est de retour en Chalosse et possède les preuves que la noblesse de ce pays soutient Audijos de son argent. Celui-ci est toujours en Béarn ; cependant, s'étant risqué du côté de Coudures, il a été attaqué par les gardes ; deux de ceux-ci ont été tués. 179

LVIII. — 1665, 4 avril. — Saint-Luc au même. — Il profite de son séjour à Bayonne et à Saint-Jean-de-Luz pour calmer l'esprit des populations. Audijos jouit en ces contrées d'un fort grand crédit. 181

LIX. — 1665, 8-13 avril. — Délibération du Conseil de ville de Bayonne, autorisant la publication de l'ordonnance rendue par M. de Saint-Luc et enjoignant à tout bon citoyen de dénoncer la retraite d'Audijos et de ses complices 185

LX. — 1665, 12 avril. — Délibération des officiers du siège de Saint-Sever, ordonnant aux habitants de cette sénéchaussée de courir sus à Audijos et à ses complices. 188

LXI. — 1665, 15 avril. — Pellot à Colbert. — Il continue les procédures contre les séditieux de la Chalosse. 189

LXII. — 1665, 28 avril-4 mai. — Arrestation à Bayonne, sur l'ordre de l'intendant, d'un soi-disant complice d'Audijos. Soulèvement réprimé par la municipalité de cette ville. 190

LXIII. — 1665, 2 mai. — Pellot aux échevins de Bayonne. — Il regrette que le corps de ville n'ait pas montré plus de vigueur 195

LXIV. — 1665, 2 mai. — Saint-Luc aux mêmes. — Semblables regrets. 196

LXV. — 1665, 3 mai. — Pellot à Colbert. — Il a rendu son jugement contre les séditieux de Chalosse : le prévôt Borrit a été pendu, d'autres accusés ont été condamnés à diverses peines. La complicité du Béarn s'accentue de plus en plus : Audijos y trouve une retraite assurée. De son côté, Michel Joan lui donne le plus grand appui : de là, la persistante audace du rebelle. A Bayonne, où une émeute vient d'éclater, les magistrats ont fait preuve de la plus grande mollesse. Il est nécessaire que des troupes viennent tenir garnison en cette ville. 196

LXVI. — 1665, 6 mai. — Du même au même. — Confirmation des nouvelles précédentes ; pour étouffer le *feu caché*, il faut réduire Bayonne et priver Salies de sa fontaine. 203

LXVII. — 1665, 9 mai. — Les échevins de Bayonne à Colbert. — Ils envoient au ministre le procès-verbal des événements survenus en leur ville; leur conduite a été celle de fidèles serviteurs du Roi. 205

LXVIII. — 1665, 9 mai. — Pellot à Colbert. — Il persiste dans son sentiment : le Roi doit s'emparer de la fontaine de Salies, et Bayonne doit être châtié. 206

LXIX. — 1665, 9 mai. — Le duc de Gramont aux échevins de Bayonne. — Leur conduite a été celle de loyaux sujets ; il continuera à défendre leurs intérêts. 208

LXX. — 1655, 10 mai. — Pellot à Colbert. — Des députés Bayonnais sont venus le trouver pour lui faire part des dispositions du corps de ville. Un changement de municipalité s'impose. Il sera, croit-il, accepté. 208

LXXI. — 1665, 15 mai. — Le jurat Peyrelongue rend compte de sa mission auprès de l'intendant. Le corps de ville décide qu'une information sera ouverte contre les fauteurs des derniers troubles 209

LXXII. — 1665, 15 mai. — Ordonnance du corps de ville de Bayonne faisant défense aux cabaretiers de recevoir plus de dix à douze personnes à la fois et de laisser chanter la chanson d'Audijos, déclaré criminel de lèse-majesté. 211

LXXIII. — 1665, 15 Mai. — Saint-Luc aux échevins de Bayonne. — Il a reçu leur procès-verbal ; il compte sur leur dévouement au Roi pour châtier les coupables 213

LXXIV. — 1665, 17 mai. — De Cheverry aux mêmes. — Il présentera leur défense à M. Colbert. Cependant une sévère répression est nécessaire. . 214

LXXV. — 1665, 20 mai. — Pellot à Colbert. — Il a été informé que les habitants de la Chalosse voulaient députer auprès du roi l'évêque d'Aire et le lieutenant-général de Saint-Sever. S'il est donné suite à ce projet, il compte que le ministre ne verra dans cette démarche qu'une nouvelle preuve de la complicité du pays avec Audijos. 215

LXXVI. — 1665, 21 mai. — De Cheverry aux échevins de Bayonne. — Malgré son chaleureux plaidoyer, il a été décidé que deux vieux régiments seraient dirigés sur la province et qu'une garnison serait mise dans Bayonne. 217

LXXVII. — 1665, 23 mai. — De Combabessouze, secrétaire de M. de Saint-Luc, aux mêmes. — Le marquis paraît pénétré de leur bon vouloir ; il est nécessaire qu'ils persistent dans cette ligne de conduite. 220

LXXVIII. — 1665, 27 mai. — Assemblée générale des principaux habitants de la ville de Saint-Sever, dans laquelle il est décidé que, pour apaiser la colère de Dieu, *les courses de taureaux, existantes de tous tems en la dite cité, demeureront à jamais supprimées.* 220

LXXIX. — 1665, 29 mai. — Pellot à Colbert. — Il continue à donner les instructions les plus sévères pour poursuivre Audijos. 223

LXXX. — 1665, 31 mai. — Ordre du Roi au vicomte de Poudenx de s'assurer du nommé Audijos et de ses complices. 224

LXXXI. — 1665, 6 juin. — Le corps de ville de Bayonne à de Cheverry. — Toutes les mesures ont été prises pour s'emparer des partisans d'Audijos ; ils espèrent que le Roi, qui ne peut douter de la fidélité de la ville, leur épargnera la honte d'une garnison étrangère. 225

LXXXII. — 1665, 8 juin. — Saint-Luc aux échevins de Bayonne. — Qu'ils persistent dans leurs résolutions et le Roi leur saura gré de leur sévérité. 228

LXXXIII. — 1665, 12 juin. — Pellot à Colbert. — Il attend les ordres du ministre pour agir à la fois contre Bayonne et contre Salies. 229

LXXXIV. — 1665, 15 juin. — Saint-Luc à Colbert. — Audijos a de nouveau attaqué les troupes royales; un dragon a été tué et d'autres blessés. . 230

LXXXV. — 1665, 20 juin. — Le corps de ville de Bayonne à Colbert. — Il a décidé de bannir une douzaine de familles comme ayant entretenu des relations avec Audijos. Il croit que cette sévère répression mettra la ville à l'abri de la garnison dont elle est menacée. 231

LXXXVI. — 1665, 20 juin. — Vœu solennel des habitants de Saint-Sever, afin d'obtenir la miséricorde de Dieu. La ville est placée sous la protection de l'Enfant Jésus. 232

LXXXVII. — 1665, 2 juillet. — De Cheverry aux échevins de Bayonne. — La nouvelle se confirme que des troupes sont dirigées sur la province. 235

LXXXVIII. — 1665, 2 juillet. — Pellot à Colbert. — Les pouvoirs généraux du marquis de Saint-Luc ne lui permettent pas de commander les troupes envoyées en Béarn. Pour éviter tout conflit, un ordre particulier du Roi est indispensable 235

LXXXIX. — 1665, 3 juillet. — De Cheverry à Colbert. — Les décisions prises dans le Conseil du Roi lui donnent l'audace d'intervenir dans le débat. Il rappelle au ministre l'inviolable fidélité des Basques dans toutes les guerres contre l'Espagne; de son côté, Bayonne n'a jamais forfait à sa fière devise : *Numquam polluta;* un passé si honorable n'aura-t-il donc pas raison d'imputations mal fondées ? 237

XC. — 1665, 24 juin-3 juillet. — De Borda à de Cheverry. — L'annonce que de nouvelles troupes sont dirigées sur les Landes et la Chalosse le remplit de douleur. Le pays, déjà si ravagé, ne pourra supporter ces charges. L'intérêt commun des populations du Sud-Ouest est manifeste; le Roi doit les confondre toutes dans sa bienveillance 243

XCI. — 1665, 6 juillet. — Pellot à Colbert. — Les troupes se dirigent sur Bayonne. — Propose d'installer les bureaux du convoi dans cette ville sous certaines conditions. Zèle de M. de Poyanne et du parlement de Navarre. Détails concernant son administration 247

XCII. — 1665, 6 juillet. — De Cheverry aux échevins de Bayonne. — A remis un nouveau mémoire à Colbert; ménager l'intendant. 253

XCIII. — 1665, 7 juillet. — Pellot aux mêmes. — Le Roi ne prétend rien innover dans leur ville; c'est à tort qu'on parle de gabelle 255

XCIV. — 1665, 10 juillet. — Du même à Colbert. — Lui adresse un projet de réforme sur la maison de ville de Bayonne; celle-ci députe vers le Roi. 255

XCV. — 1665, 10 juillet. — Saint-Luc au même. — Les dragons et Audijos se sont rencontrés à La Bastide. Attend des détails. 256

TABLE DES MATIÈRES. 463

XCVI. — 1665, 12 juillet. — De Cheverry aux échevins de Bayonne. — Est encore sans nouvelles. 258

XCVII. — 1665, 12 juillet. — Pellot à Colbert. — Audijos a été surpris par un parti de dragons; retranché dans une vieille maison, il a soutenu un véritable siège et s'est enfui après avoir forcé un poste. Une enquête sur la conduite des officiers est nécessaire. 259

XCVIII. — 1665, 13 juillet. — Saint-Luc au même. — Confirme la lettre précédente 263

XCIX. — 1665, 14 juillet. — Délibération de la communauté de Coudures au sujet des dépenses et des dégâts commis par les troupes royales. . . . 264

C. — 1665, 15 juillet. — De Cheverry aux échevins de Bayonne. — Aucune décision n'a encore été prise. Approuve le choix de M. de Romatet comme député. 270

CI. — 1665, 22 juillet. — Pellot aux mêmes. — Trois compagnies d'infanterie marchent sur Bayonne; préparer leur installation 271

CII. — 1665, 26 juillet. — De Cheverry aux mêmes. — Il espère que son mémoire sera favorablement accueilli 272

CIII. — 1665, 26 juillet. — Pellot à Colbert. — M. de Saint-Luc ne peut commander en Béarn sans un ordre particulier. Pilate, lieutenant d'Audijos, a succombé à ses blessures 273

CIV. — 1665, 28 juillet. — Les habitants de Saint-Sever décident, en assemblée générale, les mesures à prendre pour capturer Audijos et ses partisans. 276

CV. — 1665, 30 juillet. — De Poudenx à Colbert. — Ne néglige aucun expédient pour s'emparer d'Audijos; on peut compter sur son zèle . . . 278

CVI. — 1665, 30 juillet. — De Cheverry aux échevins de Bayonne. — Le député de Romatet est arrivé à Paris; il a déjà vu le ministre 279

CVII. — 1665, 31 juillet. — Pellot à Colbert. — Audijos s'est retiré à Salhen, sur la frontière espagnole, dans la maison d'un gentilhomme, Miquel Joan. 279

CVIII. — 1665, 2 août. — Romatet aux échevins de Bayonne. — Le ministre n'a rien voulu décider sans en référer au Roi. 282

CIX. — 1665, 3 août. — Pellot à Colbert. — L'office de maire de Bayonne devrait être rétabli et offert à M. de Cheverry. M. de Lavie a fait arrêter le capitaine Cirgos, soupçonné de favoriser le parti d'Audijos. Celui-ci est toujours à Salhen. 283

CX. — 1665, 5 août. — De Poudenx à Colbert. — M. de Lavie ne cesse d'empiéter sur sa charge; communique au ministre la lettre adressée par ce magistrat aux jurats d'Oloron. 286

CXI. — 1665, 5 août. — Les consuls de Bagnères-de-Bigorre décrètent l'armement d'une compagnie de vingt hommes destinée à poursuivre Audijos. 288

CXII. — 1665, 6 août. — Cheverry aux échevins de Bayonne. — Soutenir les

31

intérêts des villes voisines est fort beau, mais il importe avant tout de songer au salut de leurs compatriotes. 289

CXIII. — 1665, 6 août. — Romatet aux mêmes. — Le Conseil du Roi n'a encore rien décidé 291

CXIV. — 1665, 6 août. — Lavie à Colbert. — Ses soins, sa vigilance ont débarrassé le pays du rebelle Audijos; des jaloux s'attribuent ce résultat; il lui est personnel. 294

CXV. — 1665, 7 août. — Pellot aux échevins de Bayonne. — Le Roi leur reconnaît le droit et le pouvoir de juger les fauteurs de la dernière émeute. La plus grande sévérité doit présider à leurs décisions. 297

CXVI. — 1665, 8 août. — Du même à Colbert. — Un changement dans l'administration de la ville de Bayonne s'impose; attend pour cela une décision du Roi. Se rend à Mont-de-Marsan pour juger les coupables. 298

CXVII. — 1665, 10 août. — Du même. — Le parlement de Navarre refuse de lui livrer les prisonniers qu'il a faits; cette jalousie de juridiction produit le plus mauvais effet. 299

CXVIII. — 1665, 12 août. — Poudenx à Saint-Luc. — L'entreprise des dragons sur Salhen n'a pu réussir. Ces échecs successifs grossissent la renommée d'Audijos et en font un personnage. 300

CXIX. — 1665, 13 août. — Cheverry aux échevins de Bayonne. — Trop temporiser nuit; leur députation aurait dû être décidée beaucoup plus tôt. 301

CXX. — 1665, 13 août. — De Romatet aux mêmes. — Il ne peut obtenir aucune solution; est réduit à l'inaction. 302

CXXI. — 1665, 14 août. — Deux complices d'Audijos sont exécutés à Bayonne. 305

CXXII. — 1665, 15 août. — De Borda à Colbert. — Éloquent plaidoyer en faveur de la ville de Dax 306

CXXIII. — 1665, 19 août. — Saint-Luc aux échevins de Bayonne. — Félicitations au sujet de leur sévérité. 312

CXXIV. — 1665, 20 août. — Pellot à Colbert. — Le parlement de Navarre persiste à vouloir juger ses prisonniers; ce refus le met dans un grand embarras. 312

CXXV. — 1665, 22 août. — Du même. — La procédure contre les coupables se continue. Mais on ne peut rien contre les officiers d'Hagetmau qui relèvent seulement du maréchal de Gramont 313

CXXVI. — 1665, 23 août. — De Cheverry aux échevins de Bayonne. — L'entrée des troupes n'a pu être empêchée; mais ils conservent le droit de donner *le mot* 315

CXXVII. — 1665, 26 août. — Pellot à Colbert. — Il prépare un projet d'abolition pour la Chalosse. Les communautés de Béarn ont acquitté les amendes auxquelles elles avaient été condamnées. 316

CXXVIII. — 1665, 28 août. — Du même aux échevins de Bayonne. — Leur sévérité n'est que justice; il importe de prouver leur zèle 317

TABLE DES MATIÈRES.

CXXIX. — 1665, 29 août. — Du même à Colbert. — Deux complices d'Audijos ont été arrêtés à Bayonne. Leurs dépositions compromettent gravement le s^r de Lalande, procureur du Roi en cette ville ; le bon exemple exige que celui-ci soit exilé. Audijos est toujours à Salhen. Une prime de 12,000 livres est offerte à qui le livrera. Le peu de sécurité qui règne à Bayonne l'oblige à différer l'élection de ses magistrats. 318

CXXX. — 1665, 3 septembre. — De Cheverry aux échevins de Bayonne. — La ville doit s'estimer très heureuse que le châtiment dont elle était menacée se soit borné à l'envoi de quelques troupes. ....!......... 321

CXXXI. — 1665, 3 septembre. — Pellot à Colbert. — Deux complices d'Audijos ont été roués vifs ; trois autres ont été pendus 323

CXXXII. — 1665, 3 septembre. — De Romatet aux échevins de Bayonne. — Confirmation des nouvelles données par le sieur de Cheverry 324

CXXXIII. — 1665, 5 septembre. — L'évêque de Lescar à Colbert. — Il a été choisi par les États de Béarn pour représenter au Roi que les privilèges du pays sont violés sans pudeur par l'intendant. 326

CXXXIV. — 1665, 7 septembre. — Nouvelles arrestations opérées à Bayonne. — Plusieurs habitants soupçonnés d'entretenir des relations avec Audijos sont expulsés 329

CXXXV. — 1665, 9 septembre. — Pellot à Colbert. — Le Parlement de Navarre a condamné trois séditieux à la roue. Audijos est toujours à Salhen. M. de Podewiltz doit essayer de l'enlever 330

CXXXVI. — 1665, 16 septembre. — Du même. — Chaque jour on arrête des mutins. Courtin, l'un d'eux, a fourni de nombreux détails sur les menées d'Audijos et de sa bande. 331

CXXXVII. — 1665, 16 septembre. — Du même. — La tentative de M. de Podewiltz sur Salhen a complètement échoué. 334

CXXXVIII. — 1665, 17 septembre. — Les officiers du siège de Saint-Sever renouvellent leur promesse de courre sur Audijos et ses complices ... 336

CXXXIX. — 1665, 19 septembre. — Pellot à Colbert. — Deux séditieux, un homme et une femme, ont été pendus ; un troisième a été condamné aux galères. 337

CXL. — 1665, 24 septembre. — Du même. — Le calme renaît ; on peut songer à renvoyer quelques troupes. 338

CXLI. — 1665, 28 septembre. — Du même aux échevins de Bayonne. — Les marchands de sel de leur ville se sont donné le mot pour enchérir cette marchandise ; il ne souffrira aucune entente de ce genre. 339

CXLII. — 1665, 2 octobre. — Du même à Colbert. — Les aveux arrachés aux coupables démontrent la complicité de MM. de Poyanne et de Poudenx au début de l'insurrection ; depuis, ils se sont amendés 340

CXLIII. — 1665, 4 octobre. — Du même. — Les plaintes des Espagnols, touchant la violation de leur territoire, ne reposent sur aucun fondement. L'entreprise de Salhen ne leur a pas causé de dommage. 341

CXLIV. — 1665, 5 octobre. — Le même aux échevins de Bayonne. — Il est urgent qu'ils fassent tenir au Roi un *mémoire* expliquant la façon dont la ville est gouvernée. 343

CXLV. — 1665, 12 octobre. — Du même. — Leur sévérité ne doit pas faiblir un seul instant ; tout coupable doit être puni 343

CXLVI. — 1665, 16 octobre. — Du même à Colbert. — On croit qu'Audijos est revenu en Chalosse ; le pays est tranquille. Il a fait enfermer au château de Lourdes un prêtre du Lavedan, principal auteur de la révolte de ces vallées 344

CXLVII. — 1665, 18 octobre. — Le corps de ville de Bayonne décide qu'il députera auprès du Roi afin qu'il ne soit rien changé dans son genre d'administration. 345

CXLVIII. — 1665, 22 octobre. — Pellot à Colbert. — Il a relevé le sieur de Saint-Paul de ses fonctions de vice-sénéchal des Lannes et accordé cet office au sieur de Larralde 347

CXLIX. — 1665, 30 octobre. — Du même. — Il prépare un mémoire sur les divers offices de justice séant à Bayonne. 347

CL. — 1665, 9 novembre. — Du même. — Le pays paraissant entièrement pacifié, il va s'occuper de la rédaction des lettres d'abolition. 348

CLI. — 1665, 10 novembre. — Lavie à Colbert. — Remerciements pour la lettre flatteuse qui lui a été adressée. 349

CLII. — 1665, 16 novembre. — Pellot à Colbert. — Il travaille à la rédaction des lettres d'abolition. 350

CLIII. — 1665, 20 novembre. — Du même. — Lui adresse le projet de ces lettres, desquelles il n'a excepté qu'Audijos et quelques autres séditieux. 351

CLIV. — 1665, 23 novembre. — Lavie à Colbert. — Un nommé Prim, décrété par le parlement de Navarre, a été tué dans un rassemblement. 353

CLV. — 1665, 23-24 novembre. — Délibération du carteronage de Bagnères-de-Bigorre sur les mesures à prendre dans le cas où Audijos pénétrerait sur son territoire 354

CLVI. — 1665, 28 novembre. — Ordonnance du marquis de Poyanne décrétant la démolition de la maison appelée *Gouëren*. 357

CLVII. — 1665, 30 novembre. — Opposition formée par le corps de ville de Bayonne à l'ouverture d'une fausse porte dans le château Neuf. 359

CLVIII. — 1665, 5 décembre. — Lespès de Hureaux à Colbert. — Expose la nécessité de réformer l'administration de la ville de Bayonne. 361

CLIX. — 1665, 23 décembre. — Pellot à Colbert. — Audijos paraît disposé à solliciter sa grâce. 362

CLX. — 1665, 28 décembre. — Saint-Luc au même. — Un boucher a été tué à Samadet ; le meurtrier ferait, dit-on, partie de la bande d'Audijos. . 365

CLXI. — 1665, 30 décembre. — Pellot au même. — En dépit de l'assassinat de Samadet, le pays semble pacifié ; on pourrait le décharger des troupes qui y sont cantonnées. 366

TABLE DES MATIÈRES. 467

CLXII. — 1666, 4 janvier. — M. de La Vrillière notifie au corps de ville de Bayonne l'ordre du Roi touchant l'ouverture de la fausse porte..... 368

CLXIII. — 1666, 16 janvier. — Opposition formée par les échevins de Bayonne à l'enregistrement des lettres d'abolition rédigées par Pellot. 369

CLXIV. — 1666, 22 janvier. — Pellot aux échevins de Bayonne. — La rédaction des lettres d'abolition ne peut porter atteinte à leur honneur, qui est toujours resté à l'abri du soupçon.................. 369

CLXV. — 1666, 29 janvier. — Délibération du corps de ville de Bayonne maintenant son opposition et nommant deux députés *pour aller vers le Roi*. 370

CLXVI. — 1666, 9 février. — Pellot aux échevins de Bayonne. — Confirmation de l'ordre d'ouverture de la fausse porte............... 372

CLXVII. — 1666, 9 février. — Ordonnance adressée dans ce sens par l'intendant au commandant de château Neuf................. 373

CLXVIII. — 1666, 18 février. — Le maréchal de Gramont aux échevins de Bayonne. — Approuve leur conduite et va en référer au Roi 374

CLXIX. — 1666, 20 février. — La Vrillière aux mêmes. — Les engage à députer auprès du Roi......................... 375

CLXX. — 1666, 20 février. — Les députés bayonnais aux mêmes. — En traversant Bordeaux ils ont vu M. de Saint-Luc, qui est fort bien disposé pour la ville................................ 376

CLXXI. — 1666, 11 mars. — Pellot aux mêmes. — A donné l'ordre à M. de Favas de suspendre les travaux d'ouverture de la fausse porte..... 377

CLXXII. — 1666, 11 mars. — Les députés bayonnais aux mêmes. — Récit de leurs démarches......................... 377

CLXXIII. — 1666, 14 mars. — Des mêmes............... 379

CLXXIV. — 1666, 18 mars. — Des mêmes............... 381

CLXXV. — 1666, 25 mars. — Des mêmes................ 381

CLXXVI. — 1666, 1 avril. — Des mêmes................ 383

CLXXVII. — 1666, 11 avril. — Des mêmes 384

CLXXVIII. — 1666, 22 avril. — Pellot à Colbert. — Détails sur son administration 385

CLXXIX. — 1666, 29 avril. — Les députés bayonnais aux échevins de Bayonne. — Ils continuent à s'occuper du sujet de leur députation... 386

CLXXX. — 1666, 20 mai. — Des mêmes................ 387

CLXXXI. — 1666, 27 mai. — Des mêmes............... 388

CLXXXII. — 1666, 27 mai. — Lettre du Roi autorisant le corps de ville de Bayonne à procéder comme d'habitude à l'élection de ses magistrats.. 389

CLXXXIII. — 1666, 27 mai. — Ordre du Roi s'opposant à l'ouverture de la fausse porte............................... 390

CLXXXIV. — 1666, 30 mai. — Les députés bayonnais aux mêmes. — Leur députation a été couronnée par le plus brillant succès 391

CLXXXV. — 1666, 5 juin. — Pellot aux mêmes. — Notification des deux ordres du Roi. 392

CLXXXVI. — 1666, 5 juin. — Le même à Colbert. — Propose de donner un emploi à Audijos hors du royaume. 393

CLXXXVII. — 1666, 10 juin. — Les députés bayonnais aux échevins de Bayonne. — L'affaire de la *Coutume* paraissant devoir traîner en longueur, ils sollicitent la permission de se retirer. 394

CLXXXVIII. — 1666, 11 juin. — Pellot aux mêmes. — L'abolition doit recevoir son plein effet dans toute la province, sauf pour les *réservés*. . 395

CLXXXIX. — 1666, 11 juin. — Lecture des lettres du Roi est faite en séance publique par le corps de ville de Bayonne. 395

CXC. — 1666, 13 juillet. — Poyanne à Colbert. — Nouvelle assurance de son zèle. 397

CXCI. — 1666, 2 août. — Pellot au même. — Le parlement de Bordeaux a détaché en Chalosse un de ses membres pour parfaire le procès aux rebelles. 398

CXCII. — 1666, 6 août. — Du même. — Un des principaux complices d'Audijos, nommé Baillet, a été arrêté. 399

CXCIII. — 1666, 9 août. — Du même. — Révélations de ce mutin. . . 401

CXCIV. — 1666, 29 août. — Le maréchal de Gramont aux échevins de Bayonne. — Éloges sur la belle conduite de leurs députés. 403

CXCV. — 1666, 10 octobre. — Pellot à Colbert. — Détails sur son administration. Son différend avec M. de Cheverry. Johannique, l'un des derniers compagnons d'Audijos, a été capturé. Il se pourrait que celui-ci accepte un passeport pour l'Amérique. Les Grands Jours du Puy. 403

CXCVI. — 1666, 24 novembre. — Du même. — Aucune autre proposition ne sera faite à Audijos; s'il n'accepte pas, on le poursuivra à outrance. . . 411

CXCVII. — 1666, 28 décembre. — Poyanne aux échevins de Bayonne. — Demande qu'on lui prête l'exécuteur des hautes œuvres de la ville. . . 413

CXCVIII. — 1667, 4 janvier. — Du même. — Chaleureux remerciements. 413

CXCIX. — 1667, 7 janvier. — Pellot à Colbert. — La Forcade, l'un des principaux lieutenants d'Audijos, a été pris; on s'occupe de son jugement. 414

CC. — 1667, 27 novembre. — Du même aux échevins de Bayonne. — Demande, si l'on peut, sans danger pour la sécurité publique, accorder une abolition générale aux premiers *exceptés*. 416

CCI. — 1670, 22 juillet. — Soulèvement à Saint-Aubin et à Saubrigues. 417

CCII. — 1674, 30 novembre. — Colbert à de Sève. — Il l'autorise à disposer d'une somme de 600 pistoles pour activer la capture d'Audijos. 419

CCIII. — 1675, 29 janvier. — De Sève à Colbert. — A la tête d'une bande de cinquante partisans, Audijos a pénétré dans la vallée d'Azun et y a commis les plus graves désordres. 421

CCIV. — 1675, juillet. — Lettres royales portant abolition en faveur d'Audijos et de ses complices. 422

CCV. — 1675, 3 août. — Les consuls de Vic donnent ordre de lever une compagnie de quarante-cinq hommes pour aller combattre Audijos dans la montagne 425

CCVI. — 1675, 21 avril. — Les lettres de pardon accordées à Audijos et à ses adhérents sont enregistrées en séance publique au siège de Bayonne. 426

PIÈCES JUSTIFICATIVES.

I. — Extrait des registres paroissiaux de la commune de Coudures. . . 431
II. — Généalogie de la famille d'Audijos. 437
III. — Alliances et parentés des d'Audijos. 439
IV. — Bref estat des recettes et dépenses de l'année 1643 441
V. — Notice sur le régiment AUDIJOS-DRAGONS. 445

TABLE ANALYTIQUE

A

Abbadie (N.), bourgeois de Bagnères-de-Bigorre, 354.

Agenais (L'), approvisionné de sel par les faux sauniers des Lannes, 36.

Aire (Ville d'), siège d'un bureau de perception de la *Ferme de Bordeaux*, 34.

Albret (César-Phébus d'), maréchal de France et gouverneur de Bordeaux, exige que le château de Lourdes, dont il est capitaine, soit affranchi de la garnison qui y a été placée par Pellot, 249.

Albret (Pays d'), approvisionné de sel par les faux-sauniers des Lannes, 36.

Aligre (N. d'), conseiller au grand Conseil, 133.

Amou (Jean d'), bailli du pays de Labourd, 239.

Angers (Château d'). — Le surintendant Fouquet y est conduit après son arrestation, 58.

Angoumois (L'), *pays rédimé* ou *eximé*, Int. III.

Anne d'Autriche, reine de France, 293.

Antin (Germain d'), seigneur d'Ourout, syndic de la noblesse de Bigorre et lieutenant du sénéchal de Bigorre dans le Lavedan, 161. — Ses *Petits Mémoires*, ibid.

Armagnac (L'), approvisionné de sel par les faux-sauniers des Lannes, 36.

Ariet (N. d'), greffier de la communauté de Saint-Sever, 102.

Aroue (Valentin d'), vicomte de Saint-Martin, alcade du pays d'Arberoue, 19, 21.

Arrodet (N.), bourgeois de Bagnères-de-Bigorre, 288.

Artagnan (Charles de Batz-Castelmore d'), lieutenant de la 1re compagnie des mousquetaires, 155.

Artagnan (Henri de Montesquiou, seig^r d'), lieutenant au gouvernement de la ville de Bayonne, est avisé de l'arrivée devant cette ville du navire du Roi l'*Espérance*, 8. — Se rend à son bord, pour engager le capitaine Grenier à renoncer à son projet et à sortir de la rivière, 9. — Renouvelle deux fois cette démarche, 11 et 14. — Concourt à l'apaisement de la révolte de Bayonne, 15. — Communique au capitaine Grenier l'ordre du comte de Gramont de lever l'ancre sans aucun retard, 16.

Asfeld (Alexis-Bidal, baron d'), colonel d'un régiment de dragons de son nom, 452.

Asfeld (Benoît-Bidal, baron d'), colonel d'un régiment de dragons de son nom, 452.

Asfeld (Claude-Étienne-Bidal, marquis d'), colonel d'un régiment de dragons de son nom, 452.

ASTARAC (Paule d'), veuve du comte d'Espenan, 159.

Aubagnan, seigneurie située dans le canton d'Hagetmau, 122.

AUDEYOS. — Voy. *Audijos*.

AUDIGEOS. — Voy. *Audijos*.

AUDIJOS (Bernard d'), chef des révoltés des Lannes, *Notice*, Introd. IV et 122. — Est accusé de l'assassinat de trois gardes du convoi, 123. — Condamné par contumace à la roue, il court le pays à la tête d'une troupe de mutins, 125. — Pellot lui impute le meurtre du curé de Coudures, 125. — Le commandant Boisset est tué dans un combat livré à sa troupe, 128. — Passe en Béarn, où il est accueilli avec faveur, 131. — Revient sur Hagetmau et y commet de nouveaux désordres, 140. — Se réfugie en Espagne, 145. — Fait une nouvelle apparition en Chalosse, 151. — Passe en Lavedan à l'arrivée des troupes royales, 159. — Sa bande, composée de *soldats aguerris*, l'y rejoint, 163. — 6,000 montagnards prennent les armes en sa faveur et refusent de le livrer, 165. — Franchissant le col de Betharam, il revient en Béarn, 171. — Traverse Nay et Lescar et regagne la Chalosse, où il livre de nouveaux combats aux gardes du convoi, 180. — Plusieurs habitants de Bayonne se prononcent pour lui, 181. — Est proclamé criminel de lèse-majesté, 185. — Retourne à Salhen, chez Miquel Joan, 186. — Les officiers du siège de Saint-Sever donnent ordre de courir sur sa troupe, 188. — Un de ses partisans est arrêté à Bayonne, 190. — La populace se soulève et le fait évader, 192. — Le prévôt royal de Saint-Sever est pendu comme étant son complice, 196. — Il quitte Salhen et arrive à Montaner, 198. — Entre en Béarn et séjourne à Thèze, 199. — Organise diverses courses contre les gardes, 204, 211 et 224. — Secondé par Pilate, son lieutenant, il défait un parti de dragons, 230. — Fait, dit-on, poignarder diverses personnes qui l'avaient dénoncé, 231. — Reçoit un renfort de 40 hommes de la Basse-Navarre, *ibid*. — S'établit non loin d'Orthez et déjoue les entreprises du marquis de Poyanne, 248. — Surpris par un corps de dragons, il soutient un siège dans une maison de La Bastide, force un poste et gagne la forêt de Mixe, 259. — Causes de son animosité contre les dragons, 273. — Le présidial de Saint-Sever se déclare contre lui, 276. — Il revient à Salhen, 279. — Miquel Joan refuse de le livrer, 280. — Le capitaine Cirgos, soupçonné de complicité, est emprisonné, 284. — A son tour, la vallée d'Ossau s'engage à marcher contre lui, 287. De même le *carteronage* de Bagnères-de-Bigorre, 288. — Échec du vicomte de Poudenx dans son entreprise sur Salhen, 300. — Deux mutins sont exécutés à Bayonne, 305. — Leurs révélations au cours du procès, 318. — Nouveau séjour d'Audijos à Salhen, 320. — Une prime de 12,000 liv. est offerte à qui le livrera vivant, *ibid*. — Cinq autres complices sont exécutés à Hagetmau, 323. — Deux sont conduits dans les prisons de Bayonne; plusieurs sont expulsés, 329. — Trois sont condamnés à la roue par le Parlement de Navarre, 331. — Révélations de Courtin, 332. — Échec de l'entreprise tentée par les dragons sur Salhen, 334. — Assassinat du boucher de Samadet, 365. — Un emploi *hors du royaume* est offert à Audijos, 393. — Baillet, son lieutenant, est arrêté, 400. — Détails sur l'insurrection de la Chalosse, 401. — Baillet est condamné à la roue, 402. — Joannique, autre mutin, est capturé, 407. — Audijos refuse de partir pour l'Amérique, 408. — Offre, en échange de sa grâce, de ne plus rentrer en France, 408. — Il est décidé qu'il sera poursuivi à outrance, 412. — Plantier, son bras droit, est tué dans un combat; son corps est roué, 413. — La Forcade subit le même sort, 415. — Colbert ouvre un crédit de 600 pistoles pour arriver à sa capture, 420. — A la tête de 150 partisans, Audijos pénètre dans la vallée d'Azun et y commet de graves désordres, 421. — Des lettres d'abolition lui sont expédiées, 422. — Comparaît devant le Parlement de Bordeaux et jure fidélité au Roi, 424. — Ses complices reçoivent également des lettres de rémission, 426.

AUDIJOS (Famille d'). Actes paroissiaux tirés de la commune de Coudures, 431. — Généalogie, 437. — Alliances et parentés, 439.

Audijos-Dragons (Régiment d'). Int., XI, XII. — Notice historique sur ce corps, 445.

Aunis (L'), *pays rédimé ou eximé.* — Int., III.

Auvergne (L'), *pays rédimé ou eximé.* — Int., III.

Auvillars (Tarn-et-Garonne), approvisionné de sel par les faux-sauniers des Lannes, 36.

Azun (Vallée d') (H.-P.). — Audijos y pénètre à la tête de nombreux partisans et y commet de graves désordres, 421.

B

Bagnères-de-Bigorre (H.-P.) — Les consuls décrètent l'armement d'une compagnie de vingt hommes, destinée à poursuivre Audijos dans la montagne, 288. — Autres mesures prises dans le même but, 354.

Bail à ferme des droits du *convoi et comptablie de Bordeaux.* — Teneur des lettres patentes de 1662, 60 et suiv.

BAILLET (N.), l'un des lieutenants d'Audijos, est arrêté dans un château près de Bordeaux, 400. — Interrogé par Pellot, il fournit de curieux détails sur l'insurrection de la Chalosse, 401. — Il est condamné à la roue et exécuté à Hagetmau, 402.

BAILLOT (Joseph), colonel du 5me chasseurs, 453.

Baïse (La). — Travaux entrepris pour la canalisation de cette rivière, 137.

BARBEZIÈRES (Charles-Louis de Chemérault, marquis de), colonel d'un régiment de dragons de son nom, 451.

BARRY (Louis de), baron de Batz, lieutenant général au siège de Saint-Sever, accusé d'être favorable à Audijos, 206. — Pellot met garnison dans ses châteaux et le condamne à une forte amende, 207.

Bastille (Château de la), prison d'État. — Le surintendant Fouquet y est enfermé, 58.

BATZ (N. de), jurat de Saint-Sever, signe en cette qualité diverses délibérations, 102, 234.

BATZ (N. de), lieutenant particulier au siège de Saint-Sever, 336.

BAUDOUIN, *alias* BOUDOUIN (M^e), avocat au conseil, 66.

BAUYN, seigneur d'Angervillers (Prosper), maître de la chambre aux deniers, 411.

Bayonne (Le corps de ville de). — Apaise par sa fermeté un soulèvement des habitants, 9. — Sa lettre au cardinal de Richelieu, 17. — Député auprès du Roi, 18. — Obtient des lettres d'amnistie, 28. — Charge le sieur de Cheverry de ses revendications auprès du grand conseil, 39. — Sollicite l'appui des ducs de Gramont et d'Épernon, 45 et 47. — Obtient un sursis, 49. — Député à nouveau auprès du Roi au sujet du bureau de Mont-de-Marsan, 103. — Échoue, 106. — Est informé que les droits de *coutume* sont retirés à la ville, 112. — Belle réponse adressée à Colbert, 113. — Le sieur Dublet est chargé de percevoir ces droits au nom du Roi, 115. — Offre un beau cheval d'Espagne au marquis de Saint-Luc, 185. — Fait arrêter, sur l'ordre de Pellot, un complice d'Audijos, 190. — Nouveau soulèvement des habitants, 191. — Belle conduite du corps de ville, 193. — Blâmé par l'intendant, 196. — Et par le marquis de Saint-Luc, 196. — Adresse un procès-verbal de cette affaire à tous les *puissants*, 205. — Félicitations du maréchal de Gramont, 208. — Rapport de Peyrelongue, député auprès de l'intendant, 209. — Fait défense aux cabaretiers de recevoir plus de dix personnes et de laisser chanter la chanson d'Audijos, 211. — Reçoit l'ordre de poursuivre vivement les complices d'Audijos, 213. — Mesures prises contre ceux-ci, 225. — Approuvées par le marquis de Saint-Luc, 228. — Proteste contre l'envoi des troupes vers Bayonne, 231. — Fait exécuter en place publique deux complices d'Audijos, 305. — Nouvelles félicitations du marquis de Saint-Luc, 312. — Est avisé par Pellot de modifications à apporter dans l'administration des affaires, 342. — Proteste et décide qu'il en référera au Roi, 345. — S'oppose également à l'ouverture d'une fausse porte au château Neuf, 359. — Reçoit un ordre à ce sujet du ministre de la guerre, 368. — Refuse d'accepter la rédaction des lettres d'abolition préparées par Pellot, 369. — Députe sur ces différents sujets auprès du Roi, 370. — Départ de MM. de Romatet et de Naguille, 372. — Nouvel ordre de Pellot, 372. — Le maréchal de Gramont leur promet son appui, 374. — Est autorisé par le Roi à procéder comme d'habitude à ses élections, 389. — Révocation de l'ordre touchant la fausse porte, 390. — L'intendant confirme ces dépêches, 392. — Délibération publique à ce sujet, 395. — — Lettres de pardon accordées aux personnes compromises dans la rébellion d'Audijos, 426.

Bayonne (Les échevins de). — Voir Bayonne (Le corps de ville).

Bayonne (Ville de). — Le cardinal de Richelieu veut y installer la gabelle, 1. — Révolte d'une partie de ses habitants, 8. — Le Roi amnistie les coupables, 28. — Le faux-saunage s'y pratique sur une très vaste échelle, 33 et 36. — *Don gratuit* que la ville est obligée de fournir au Roi chaque année, 51. — Son territoire est compris dans la ferme du *convoi de Bordeaux*, 60. — Sa part dans les droits de *coutume* lui est retirée, 112. — Est obligée de souscrire pour 30,000 livres dans la compagnie des Indes orientales, 147. — Pellot refuse d'approuver ses états de dépenses, 156. — Le marquis de Saint-Luc y fait son entrée comme gouverneur de la Basse Guienne, 180. — Y fait publier une ordonnance enjoignant de dénoncer la retraite d'Audijos, 186. — Plus de deux cents personnes, compromises dans cette rébellion, quittent la ville, 318. — Plusieurs autres sont expulsées, 330. — Lettres générales de pardon, 426.

Bazadais (Le), approvisionné de sel par les faux-sauniers des Lannes, 36.

Béarn (Les états de), députent vers le Roi pour se plaindre de la violation des privilèges du pays, 326.

Béarn (Le), *pays franc*, Int., III. — Se livre au *faux-saunage*, 5, 6. — Prend part à la révolte d'Audijos, 39 et suiv. — Plusieurs de ses communautés sont condamnées par Pellot à payer de fortes amendes, 317.

Bec (Abbaye du), donnée au fils du ministre Colbert, 158.

BEDACIER (Thomas), receveur des droits du Roi, 7.

BEDOUIT (N.), garde du convoi, 123.

Belle-Ile-en-Mer, place forte. — Le Roi

s'en empare après l'arrestation de Fouquet, 58.

BELSUNCE (Antonin-Louis, marquis de), colonel d'un régiment de dragons de son nom, 453.

BERNÉ (N.), conseiller et juge royal de Bagnères-de-Bigorre, 354.

BÉROT (N.), consul de Bagnères-de-Bigorre, signe en cette qualité diverses délibérations, 288, 354.

BERRUT (N.), député de la sénéchaussée de Bagnères-de-Bigorre, 356.

BERRYER (Louis), conseiller d'État, 138.

BERTIER (Pierre de), évêque de Montauban, 404. — Obtient le transfert en cette ville de la cour des Aides de Cahors, 405. — Opinion de Pellot sur ce prélat, 406.

Betharam (B.-P.), 171.

Bidache (B.-P.), siège d'une petite principauté appartenant aux ducs de Gramont, 10.

Bigorre (La), *pays rédimé ou eximé*, Int.. III. — Approvisionné de sel par les faux-sauniers des Lannes, 36. — Prend part à la révolte d'Audijos, 39 et suiv.

BLANCHECOSTE (N.), garde de la brigade d'Aire, 36.

Blaye (Château de) (Gironde). Colbert y fait faire de grandes réparations, 275.

Blaye (Ville de), exempte de certains impôts, 69.

BOISLÈVE (Claude de), arrêté en même temps que le surintendant Fouquet, 59.

BOISSET (N. de), capitaine commandant la brigade des Lannes, informe les intéressés du *convoi* du combat livré à Hagetmau contre les *Invisibles*, 121. — Procès-verbal de cette rencontre, 122. — Est tué avec un de ses gardes par les mutins, 128. — Pellot l'accuse de mollesse dans sa poursuite contre Audijos, 129.

BONICART (N.), capitaine du guet de Bayonne, 195.

BONNEAU (Pierre), receveur du *convoi de Bordeaux*, 12, 13, 17, 65.

BORDA (Bertrand de), lieutenant général au présidial de Dax, supplie M. de Cheverry de soutenir les intérêts de cette ville, 243. — Expose à Colbert les préjudices que l'impôt sur le sel cause aux habitants des Lannes : défense éloquente adressée au ministre, 306.

Bordeaux (Bourgeois de). Leurs privilèges, 87. — Contrôle et vérification ordonnée par Colbert, 87, 88.

BORDIER (N.), conseiller rapporteur au grand conseil, 36.

BORRIT (Pierre de), prévôt royal de la ville de Saint-Sever, convaincu de complicité dans la rébellion d'Audijos, est pendu, 196, 197.

BORRY (N. de), jurat de Saint-Sever, signe en cette qualité la délibération du 26 juin 1663, 102, 103.

Bosc (N.), bourgeois de Bagnères-de-de-Bigorre, 288.

BOTERE (Arnaud de), bourgeois de Bayonne, 213.

Boucau (*Le*) (B.-P.). Le capitaine Grenier jette l'ancre dans sa rade, 7. — Y débarque avec quelques-uns de ses hommes, 13. — Ses habitants sont assujettis aux droits du *convoi de Bordeaux*, 60 et suiv.

BOUCHERON (Jean), maître faiseur de rames de Bayonne, compromis dans la rébellion d'Audijos, obtient des lettres de rémission, 426.

BOUFFLERS (Louis-François, duc de), colonel général des dragons, 448.

BOURGELLA (N.), bourgeois de Bagnères-de-Bigorre, 288, 354.

BOURDEAUX (Antoine de), ambassadeur en Angleterre et chancelier de la reine Anne d'Autriche. — Int., IV, V.

BRAQUE (N. de), surintendant de la douairière d'Orléans, 160.

Brocas. — Voy. *Castelnau*.

Brouage (Charente-Inf.), siège d'un bureau de la *Ferme de Bordeaux*, 7. — Droits d'entrée et de sortie perçus sur les marchandises, 76, 77, 80.

BRUANT DES CARRIÈRES (Louis), arrêté en même temps que le surintendant Fouquet, 59.

BURSARD (Jacques de), colonel d'un régiment de dragons de son nom, 451.

BUSSET (N.), enlève un garde de la brigade d'Aire, 35.

C

CABANES (N. de), bourgeois de Saint-Sever, 234.

CADROY (N. de), bourgeois de Bayonne, 190.

CAMBON (N.), conseiller au parlement de Toulouse, 410.

CAMPET (N. de), bourgeois de Saint-Sever, 234.

CAPARROY (N.), consul de Bagnères-de-Bigorre, 354.

CAPTAN (N. de), jurat de Saint-Sever, signe en cette qualité diverses délibérations, 102 et 234.

CARITON (Jean), député de la communauté d'Asté (H.-P.), 355.

Carmes déchaussés de Bordeaux (Les) cèdent une partie des dépendances de leur couvent pour l'agrandissement du château Trompette, 274. — Obtiennent 30,000 liv. d'indemnité, 280.

CARRÈRE (N.), conseiller magistrat de Bayonne, 194.

CARRÈRE (N.), garde de la communauté de Campan, 355.

CARRÈRE (Raimond), consul et député de la communauté de Bonnemazon, 356.

CAZANAVE (Jean), consul et député de la communauté d'Argelès, 355.

CASENAVE (N.), trompette de la ville de Bayonne, 188, 213.

CASTELMORE (Jean de Batz de), 155.

CASTELNAU (Jean-Charles de), seigneur de Jupoy et baron de Brocas, 122, 123.

CASTELNAU (N.), syndic du corps de ville de Bayonne, signe en cette qualité diverses délibérations prises par cette municipalité, 185, 190.

CAUBOUS (N, de), consul de Bagnères-de-Bigorre, est choisi pour commander la compagnie levée par cette ville et destinée à la poursuite d'Audijos, 288.

Chalosse (La), contrée relevant de la sénéchaussée des Lannes et siège de la révolte dont Audijos fut le chef, 39 et suiv.

CHANDA (George), maître tonnelier de Bayonne, compromis dans la rébellion d'Audijos, obtient des lettres de rémission, 426.

CHARTIER (M°), avocat au conseil, 66.

Chasseurs d'Angoulême (Régiment des), précédemment *Audijos-Dragons*, 453.

Chasseurs de la Dordogne (Régiment des), précédemment *Audijos-Dragons*, 453.

Chasseurs du Hainaut (Régiment des), autrefois *Audijos-Dragons*, 453.

Château Trompette (Le), fort situé à Bordeaux, sur les bords de la rivière, 275.

CHELLES-BÉROT (N.), bourgeois de Bagnères-de-Bigorre, 354.

CHERIGNY (Jean de), l'un des receveurs du *convoi de Bordeaux*, 12, 13, 17.

CHEVERRY (David de), avocat et bourgeois de Bayonne, est député par le conseil de cette ville auprès du Roi et du cardinal de Richelieu, 19. — Sa mission, 20. — Sa correspondance, 39. — *Notice*, 40. — Est chargé de négocier l'affaire de la gabelle, 42. — Obtient un sursis du surintendant Fouquet, 49. — Accompagne celui-ci au voyage de Nantes, 58. — Présente à Colbert un placet rédigé par les échevins de Bayonne, 214. — Agit de son côté, 217. — Sa visite au ministre, 218. — Annonce aux échevins la marche des troupes vers Bayonne, 235. — Adresse au ministre un chaleureux plaidoyer en faveur des Basques et de la ville de Bayonne, 237. — Informe ses compatriotes de la remise de ce placet, 253. — Introduit auprès de Colbert le député bayonnais de Romatet, 279. — Appuie ses revendications, 282. — Est proposé par Pellot pour remplir les fonctions de maire de la ville de Bayonne, 283. — Sollicite l'intervention du maréchal de Gramont, 315. — Annonce à la ville le bon succès de sa négociation, 322.

Chéze (N. de), jurat de Saint-Sever, 234.

Ciboure (B.-P.). — Les jurats de cette localité refusent de prendre un intérêt dans la compagnie des *Indes Orientales*, 184.

Cirgos (N. dit le capitaine), accusé de complicité dans la révolte d'Audijos, est emprisonné sur l'ordre du parlement de Navarre, 284.

Colbert (J.-B.), secrétaire d'État, décide que la *gabelle* sera établie dans les Lannes, Introd., iii. — Charge Pellot de l'organisation de ce service, iv. — Prend séance au Conseil en qualité d'intendant des finances, 55. — S'applique à augmenter le rendement des impôts, 60 et suiv. — Autorise l'intendant de Sèze à offrir 600 pistoles à qui livrera Audijos, 420.

Colbert (Jacques-Nicolas), docteur de Sorbonne, abbé du Bec et depuis archevêque de Rouen, 158.

Coma (N.), bourgeois de Bagnères-de-Bigorre, 354.

Combabessouze (N. de), secrétaire du marquis de Saint-Luc, 187, 220.

Comminges (Le), *pays rédimé* ou *eximé*, Int., iii.

Condomois (Le), approvisionné de sel par les faux-sauniers des Lannes, 36.

*Confrérie de l'*Enfant sacré de Jésus, instituée par les habitants de Saint-Sever, 233.

Conserans (Alexandre de Mauléon de Foix de), 155.

Conserans (François-Denis de Mauléon de Foix, chevalier de), 154.

Conserans (Paul-Gabriel de Mauléon de Foix, vicomte de), 154.

Conserans (Pays de), 154.

Convoi de Bayonne et du Boucau-Vieux, droits compris dans la *Ferme de Bordeaux*, 67, 68, 75. — Voir aussi *Droits de convoi*.

Convoi de Bordeaux, droits compris dans la *Ferme de Bordeaux*. — Voy. ce mot.

Corbineau (N.), colonel du *cinquième Chasseurs*, 453.

Costodoat (N.), garde du convoi, 123.

Coudroy (N. de), jurat de Saint-Sever, 234.

Coudroy (Pierre de), lieutenant criminel au siège de Saint-Sever, accusé par Pellot d'être favorable à Audijos, 206. — Est condamné à payer une forte amende, 207.

Coudures (Landes), seigneurie relevant du comté de Louvigny et appartenant au duc de Gramont. — Le curé de cette paroisse est tué par les révoltés, 125. — L'intendant y fait loger une compagnie de dragons, 126. — Dégâts commis par cette troupe, constatés en assemblée publique, 264. — Audijos y fait son séjour habituel, 311, 366 et 378.

Cour des Aides de Guyenne, 138.

Cour des Aides de Montauban. — Sa translation de Cahors à Montauban, 404. — Le nombre de ses officiers est réduit, 405.

Courtade (P.), bourgeois de Bagnères-de-Bigorre, 354.

Courtade (S.), bourgeois de Bagnères-de-Bigorre, 354.

Courtin (N.), l'un des complices d'Audijos, est arrêté à Bayonne sur l'ordre de Pellot, 318. — Interrogé par l'intendant, il dévoile les projets de son chef, 332.

Coussié (Pey), député de la communauté de Baudéan (H.-P.), 356.

Coutras (N.), l'un des complices

d'Audijos, est arrêté à Bayonne sur l'ordre de Pellot, 318.

Coutume (Droits de) levés dans la ville de Bayonne : le Roi unit au domaine la partie perçue par la ville, 112, 115, 391, 392, 394, 397.

D

Daccarette (Denis), bourgeois de Bayonne, est député par cette ville vers le Roi et le cardinal de Richelieu, 18. — Ses démarches, 19 et suiv.

Daguerre (N.), jurat de Bayonne, 103.

Daiherre (N.), jurat de Bayonne, 103.

Dandaldeguy (Gilles), bourgeois et banquier de Bordeaux, 25.

Darcet (N.), bourgeois de Saint-Sever, 234.

Dargain (Pierre), trompette ordinaire de la ville de Bayonne, 213.

Daris (N.), député de la communauté de Campan (H.-P.), 355.

Darriet (B.), trésorier de la communauté de Saint-Sever, signe en cette qualité la délibération du 20 juin 1663, 102.

Daubarède (N.), garde du convoi, 123.

Daujou, pilote gagé de Bayonne, l'un des promoteurs de la révolte de cette ville, 13.

Dayherre (Michel), bourgeois de Bayonne, 190.

Dax (Landes), siège d'un bureau de perception des droits du *convoi*, 1 et 85. — Se livre au trafic du faux-saunage, 33 et 36.

Debout (Domenge), consul et député de la communauté de Labassère (H.-P.), 356.

Decastou (N.), garde de la brigade d'Aire, 36.

Dejean (N.), conseiller au Parlement de Toulouse, 410.

Demont (N.), consul de Bagnères-de-Bigorre, 288.

Denonville (Jacques-René de Brizay, vicomte de), colonel d'un régiment de dragons de son nom, 450.

Desbordes (N.), boucher d'Hagetmau et l'un des partisans d'Audijos, est condamné à la roue, 127.

Desjardins (N.), ordonnateur des travaux sur le Lot, 136, 137.

Dessalles (N.), garde du convoi, 123.

Destenave (Jean), commis-greffier de la communauté de Coudures, 265.

Destenave (N.), prêtre, prébendier de Coudures, 269.

Detchenique (N.), bourgeois et jurat de Bayonne, signe en cette dernière qualité diverses délibérations du conseil de ville de Bayonne, 190, 213.

Detcheverry. — Voyez *Cheverry (de)*.

Deyma (Jean), bourgeois de Bayonne, 190.

Doat (Domenge), consul et député de la communauté de Pouzac, 355.

Doat (Jean de), second président au parlement de Navarre, 412.

Domec (Bernard), député de la communauté d'Ordisan, 355.

Dordoy (N.), greffier du corps de ville de Bayonne, 188, 232.

Droits de convoi et comptablie de Bordeaux, bail de 1662, 60 et suiv. — Voyez encore *Ferme de Bordeaux*.

Droits de convoi, ou droits d'entrée et de sortie perçus par les fermiers du domaine sur les marchandises suivantes : avoine, 72, 73, 79. — Blé, 71, 72, 78, 79. — Châtaignes, 73. — Cire, 74. — Drogueries, 74. — Eaux-de-vie, 71, 77. — Épiceries, 74. — Froment, 71, 72, 78, 79. — Légumes, 72, 73, 79. — Meteil, 72, 79. — Miel, 73, 74. — Noix, 73. — Orge, 72, 73, 79. — Prunes, 71. — Résine, 75. — Seigle, 72, 79. — Sel, 74, 80. — Vin, 73, 74, 76, 77. — Vin *dit* de ville, 69. — Vin *du haut pays*, 70. — Vinaigre, 70, 71, 78.

Dubarat (Mᵉ Jean), marchand de Coudures, 265.

Dubarat (Ramonet), marchand de Coudures, 265.
Dublet (N.), est chargé par l'intendant Pellot de percevoir au nom du Roi les *droits de coutume* levés précédemment par la ville de Bayonne, 115.
Du Bourg (M. M° Joseph), conseiller au Parlement de Bordeaux, est chargé par cette compagnie de se rendre en Chalosse pour y parfaire le procès des coupables, 398. — Condamne au supplice de la roue, Baillet, l'un des lieutenants d'Audijos, 402. — Et aux galères une dizaine de *voleurs et coureurs du pays*, 408.
Du Bourg (N.), notaire à Port-de-Lanne, arrêté comme complice de la rébellion d'Audijos, est conduit dans les prisons de Bayonne, 329.
Dubrocq (N.), conseiller magistrat bayonnais, 193.
Duclos (N.), garde du convoi, tué par les révoltés des Landes, 121, 122, 123.
Ducom (N.), consul de Bagnères-de-Bigorre, 288.
Dufay (Arnaud), bourgeois de Bayonne, 374.
Dufourcq (François), fermier du domaine royal en Béarn, 134.
Duhart (N.), conseiller magistrat bayonnais, 193.
Duhalde (N.), jurat de Bayonne, 185.
Dumartin (M° Bernard), syndic de la communauté de Coudures, 265.
Dumartin, dit de Marquéze (Ramonet), marchand de Coudures, 265.
Dumas (N.), juge-mage de Pamiers, est loué par Pellot, 409.
Dumoret (N.), bourgeois de Bagnères-de-Bigorre, 288.
Duplantier (Guirault), maître tailleur à Coudures, 265.
Duplantier (Ramond), marchand de Coudures, 265.
Duplantier. — Voy. *Plantier*.
Duplomb (N.), prêtre, curé de Coudures, 269.

Dupoy (M° Arnault), notaire royal à Coudures, 264.
Dupoy (N.), bourgeois de Saint-Sever, 337.
Duprat (N.), conseiller magistrat bayonnais, 193.
Du Sault (Jean), bourgeois de Bayonne, 8.
Du Sault (N.), avocat général au Parlement de Bordeaux, 31.
Duvergier (Mathieu), avocat et bourgeois de Bayonne, 190.
Duvergier (N.), clerc assesseur de la ville de Bayonne, 103.
Duvergier de Belay (N.), premier échevin de Bayonne, préside en cette qualité aux diverses délibérations de la municipalité de cette ville, 185, 190, 209, 345, 351, 389.
Duvergier de Joanis (Pierre), avocat et premier échevin de Bayonne, se rend auprès du capitaine Grenier pour l'engager à lever l'ancre, 14. — Signe diverses délibérations prises par la municipalité de cette ville, 103, 190.
Duvignau (Jacques), maître chirurgien de Coudures, 265.

E

Effiat (Antoine Ruzé, seigneur d'), surintendant des finances, et depuis maréchal de France, 308.
Épernon (Bernard de Nogaret de la Valette et de Foix, duc d'), gouverneur de Guienne; est supplié par la ville de Bayonne d'obtenir du Roi l'exonération pour le Labourd du droit de gabelle, 47. — Montre peu d'empressement dans cette négociation, 50.
Escollan (Jean d'), consul et député de la communauté de Mérilheu (H.-P.), 356.
Escouttes (N. d'), bourgeois de Bagnères-de-Bigorre, 354.

Espérance (L'), navire du Roi, commandé par le capitaine Grenier. — Voy. *ce nom*.

ESTIRAC (H.-P.), seigneurie appartenant au maréchal de Gramont; Audijos y est très bien accueilli, 180.

ESTOUPIGNAN (N. d'), bourgeois et jurat de Saint-Sever, signe en cette qualité diverses délibérations prises par cette municipalité, 234, 336.

ETCHEVERRY (D'). — Voy. *Cheverry (de)*.

F

Faux-saunage, importance et extension de ce trafic dans le sud-ouest de la France, 4, 5, 33, 35, 36.

Faux-sauniers (Les) du Béarn et des Lannes organisent, malgré les édits, un service régulier et approvisionnent de sel le Bordelais, le Bazadais, l'Albret, le Bigorre, l'Armagnac, le Condomois, etc., 33 et suiv. — Peines dont sont frappés ceux qui se livrent à ce trafic, 83. — Saisie de leur matériel, 86, 87.

FAVAS (Étienne de Lalande, seigneur de), commandant pour le Roi au château Neuf de Bayonne, 315. — Avise le conseil de ville qu'il a ordre de faire faire une fausse porte au bastion N.-D., 371. — Opposition des magistrats bayonnais, 372. — Ordonnance de l'intendant confirmant cette ouverture, 373. — Députation envoyée au Roi par le corps de ville, 374. — Lettre de surséance de Pellot, 377. — Ordre du Roi de remettre les choses en l'état primitif, 390.

FAUVAS. — Voy. *Favas*.

Ferme de Bordeaux, ou *Ferme du convoi de Bordeaux*. — Portion des impôts levés dans le ressort du Parlement de cette ville et donnés en adjudication à un administrateur ou *fermier* chargé de les percevoir à ses risques et périls. — Bail de 1662, 60 et suiv. — Voy. encore *Fermiers du convoi*.

Fermiers du convoi, adjudicataires des revenus dus au Roi : Voy. Gaillard (Jean), Gervaizot (Pierre), Gueslain (Pierre), La Perelle (Robert), Le Gendre (François), Le Mire (Claude), Le Moyne (Antoine).

Fermiers du domaine royal : leur façon de percevoir, 60. — Colbert désapprouvait leur conduite, 62. — Leurs droits, leurs pouvoirs, leurs franchises, 83 et suiv. — Autorité donnée à leurs subordonnés, 84, 85, 99, 101.

FILHON (N.), garde du convoi, 123.

FIMARCON (Jacques de Cassagnet-Tilladet, chevalier de), colonel d'un régiment de dragons de son nom, 450.

Foix (Le comté de), *pays rédimé* ou *eximé*, Int. III.

FONTEBRIDE (N.), garde du convoi, 123.

FONTRAILLES (Louis d'Astarac, vicomte de), refuse de prendre un intérêt dans la société des *Indes-Orientales*, 148. — Sa lettre à l'intendant Pellot, 149. — Chasse un des gardes du marquis de Saint-Luc, 159.

FOUQUET (François), évêque de Bayonne, parvient, aidé du comte de Gramont, à apaiser *l'émotion* provoquée à Bayonne par l'arrivée du navire l'*Espérance*, 15. — Belle conduite de ce prélat, 16. — Est député auprès du Roi et du cardinal de Richelieu, 19. — Présente à Louis XIII et à son ministre la défense de Bayonne et obtient que les habitants de cette ville ne seront pas inquiétés, 21. — Reçoit, à cette occasion, une abbaye et une somme de 3,000 liv. argent, 23.

FOUQUET (Nicolas), surintendant des finances, 24, 40, 43, 49. — Est arrêté à Nantes, 58 et 59.

Fouquet (Marie-Madeleine de Castille, femme de Nicolas), est exilée à Limoges, 59.

Fort (N.), bourgeois de Saint-Sever, 234.

Froidour (Louis de), grand maître enquêteur et réformateur dans le Languedoc, la Haute-Guienne, etc., 404.

G

Gabelle, impôt sur le sel : son établissement, Int. i. — Perception singulière de ce subside, ii et suiv. — Fait partie des droits compris dans la *Ferme de Bordeaux*. — Voy. ce mot.

Gachassin (Arnaud), député de la communauté de Gerde (H.-P.), 355.

Gaillard (Jean), fermier du *convoi de Bordeaux*, 1.

Gallard (Vicomte H. de) (*cité*), Int. v.

Ganges (François de Vissec de Latude, chevalier de), colonel d'un régiment de dragons de son nom, 451.

Gascogne (La), *pays rédimé* ou *eximé*, Int. iii. — Pourvu de sel par les faux-sauniers, 6, 7.

Gassion (Pierre, marquis de), président au parlement de Navarre et engagiste de divers *puits salants*, 133.

Gasté (N.), cordonnier, arrêté comme complice de la rébellion d'Audijos, est conduit dans les prisons de Bayonne, 329.

Gaye (N.), substitut du procureur général du Roi au siège de Bagnères-de-Bigorre, 354.

Geaune (Landes), Audijos y est accueilli, 180.

Gervaizot (Pierre), bourgeois de Paris et fermier du *convoi de Bordeaux* : teneur de son bail, 66.

Gestas (N. de), bourgeois de Bayonne, 190.

Gouëren (La Bastide Villefranche), (B.-P.) : nom de la maison dans laquelle Audijos soutient un combat contre deux cents dragons, 260. — Sa démolition est ordonnée par le marquis de Poyanne, 357.

Gourville (Jean-Hérault de), compris dans la disgrâce du surintendant Fouquet, 59.

Gramont (Antoine II, comte puis duc de), gouverneur et maire perpétuel de Bayonne ; est avisé par le Roi de la prochaine installation à Bayonne d'un bureau du convoi, 2. — Reçoit avis de l'arrivée du navire *l'Espérance*, 8. — Lettre qu'il adresse au capitaine Grenier, 11. — Lui expédie son secrétaire Robillard, pour l'engager à s'éloigner de Bayonne, 12. — Se rend en cette ville aux premières nouvelles de l'insurrection et parvient à apaiser les révoltés, 14. — Donne l'ordre au capitaine Grenier de lever l'ancre, 16. — Informe le cardinal de Richelieu des mesures prises, 18. — Le ministre ratifie sa conduite, 26.

Gramont (Antoine III, duc de), maréchal de France, d'abord connu sous le nom de comte de Guiche. — Lettre que lui adresse le cardinal de Richelieu, 26, *note*. — Est supplié par la ville de Bayonne d'obtenir du Roi que le Labourd soit affranchi du droit de gabelle, 45. — Le surintendant Fouquet accorde un sursis, 49. — Aux premiers bruits de révolte, donne l'ordre à ses gens de repousser les *attroupez*, sans toutefois s'unir aux troupes et aux gardes du convoi, 141. — Exige que ces derniers délogent d'Hagetmau, 149. — Se plaint de la conduite de Pellot et exige qu'il constate les dégâts commis par les dragons, 155. — Couvre le Béarn, dont il est gouverneur, de sa protection, 161 et 165. — Félicite le corps de ville de Bayonne de sa belle conduite lors des événements survenus dans leur cité, 208. — Prend sa défense auprès du Roi et de Colbert, 211 et 237. — Intervient de nouveau dans l'affaire de la fausse porte ordonnée par Pellot, 374. — Présente les députés bayonnais au Roi et obtient pour eux gain de cause, 389 et 390. — Certifie au corps de ville que ses deux envoyés ont chaudement soutenu les intérêts de Bayonne, 403.

GRAMONT (Françoise-Marguerite de Chivré du Plessis, maréchale de), 314.

Grands Jours du Puy (Les). Affaires soumises à leur juridiction, 409.

GRASSET (N.), bourgeois de Bagnères-de-Bigorre, 354.

Grenade (Landes). — Pellot y fait loger une compagnie de dragons, 126.

GRENIER DU HAMET (N. de), commandant du navire royal l'*Espérance*. — Reçoit ordre du cardinal de Richelieu de se rendre à Bayonne avec son navire équipé en guerre, et de prêter main-forte au fermier du *convoi* pour l'installation dans cette ville d'un bureau de perception, 3. — Son arrivée dans la rivière l'Adour, 7. — Émotion qu'il provoque dans Bayonne, 8. — Refuse de lever l'ancre, 9. — Persiste dans sa décision, à moins d'un ordre formel du Roi, 12. — Livre un combat aux insurgés bayonnais, 13. — Consent, sur l'invitation écrite du comte de Gramont, à sortir de la rade de Bayonne et à gagner le large, 16.

GRIHON, *alias* Grenon (Pierre), receveur du *convoi de Bordeaux*, 12, 13, 17.

GRIMOARD (Louis de), président à mortier au Parlement de Bordeaux, 137.

GRIMAL (N. de), proposé pour une charge de conseiller à la Cour des Aides de Montauban, 411.

GUESLAIN (Pierre), fermier général du convoi de Bordeaux, 61 et 62, 65.

GUICHE (Antoine III de Gramont, comte de), maréchal de France. — Voy. *Gramont.*

GUICHE (Arnaud de Gramont, comte de), fils aîné du maréchal, 416.

H

Hagetmau (Landes), chef-lieu de la baronnie de ce nom, appartenant au maréchal duc de Gramont. — Sert d'entrepôt au commerce des faux-sauniers, 35. — Ses habitants se soulèvent contre les gardes du *convoi* et livrent un combat meurtrier, 111. — Deux compagnies de dragons y viennent tenir garnison, 116. — L'intendant Pellot se rend en cette ville, 116. — A la demande du duc de Gramont, il constate les dégâts commis par les dragons, 117. — Desbordes, l'un des fidèles d'Audijos, y est roué en place publique, 128. — Reste le principal foyer de la révolte : de nouveaux désordres y sont commis par les *invisibles*, 140. — Les gardes du convoi délogent du château et sortent du territoire de la baronnie, 149. — Pilate, autre lieutenant d'Audijos, quoique ayant succombé à ses blessures, est étranglé sur la place publique, 274. — Cinq autres partisans y sont exécutés, 323. — Quoique la complicité des officiers de cette ville soit surabondamment démontrée, Pellot ne peut rien contre eux sans un ordre particulier du Roi, 351.

HARRAN (de), greffier du corps de ville de Bayonne, 17.

HARRIAGUE (N.), jurat de Bayonne, 185.

HARRIET (N. d'), jurat de Bayonne, 103.

HAUTEFORT (N. chevalier d'), colonel d'un régiment de dragons de son nom, 452.

Hendaye (B.-P.). — Colbert fait restaurer la tour élevée pour assurer la sécurité des pêcheurs français, 181, 182. — Le sieur de Lisle y commande, 184.

Heugas (Landes), siège d'un bureau du convoi, 244.

Hody (N. de), syndic substitué de la communauté de Bayonne, 105.

Hondarast (James), pilote de Bayonne, 8. — Soupçonné d'être gabeleur, il est maltraité par les habitants, 10.

Hotman de Fontenay (Vincent), intendant des finances, 362.

Houn (*La*), nom donné à la source d'eau salée appartenant à la ville de Salies, 135.

I

Ibusty (N. d'), jurat de Bayonne, 103.

Impositions domaniales, anciennes et nouvelles, 81 et suiv.

Indes Orientales (*Compagnie des*), rétablie par Colbert, 131, 137, 144. — La ville de Bayonne souscrit pour 30,000 livres, 147. — Les bourgeois de Bordeaux élisent un caissier destiné à recevoir leurs cotisations, 151. — Les jurats de Saint-Jean-de-Luz et de Cibourre refusent de s'y intéresser, 183. — Le corps de ville de Bayonne souscrit pour 10,000 écus, 184.

Invisibles (Les), surnom donné aux partisans d'Audijos.

Isle-d'Oloron (Charente-Inf.). — Droits d'entrée et de sortie perçus dans cette localité, 76, 80.

J

Jacquier (N.) munitionnaire, compris dans la disgrâce du surintendant Fouquet, 59.

Jambons de Bayonne offerts en présent au Roi et à la Reine, 56 et 57. — Et à M. de Cheverry, 58.

Jasses (Jean de Casamajor, baron de), conseiller au parlement de Navarre et député des États de Béarn, 135.

Joannique (N.), lieutenant d'Audijos, est arrêté par les soins du vicomte de Poudenx, 408.

Jouanies (De). — Voy. *Duvergier de Joanis*.

Jougla (N. de), bourgeois et échevin de Bayonne, signe en cette qualité diverses délibérations, 185, 190.

Juge (N. de), bourgeois de Saint-Sever, 234.

Junca (N. de), avocat et jurat d'Oloron, reçoit des ordres du premier président de Lavie au sujet de l'arrestation d'Audijos, 286.

Juncalas (canton de Lourdes, H.-P.). Le curé de cette commune, partisan d'Audijos, engage les habitants du Lavedan à le protéger, 162.

Jupin (N. de), échevin de Bayonne, signe en cette qualité diverses délibérations prises par cette municipalité, 185, 190.

L

La Bastide-Villefranche (B.-P.).— Une rencontre meurtrière a lieu dans les environs, entre Audijos et un parti de dragons, 260. — Ses habitants sont décrétés, par le marquis de Poyanne, pour démolir la maison connue sous le nom de Goueren, 357.

Labat (M° Bernard de), praticien de Coudures, 265.

Labat (N. de), avocat au siège de Saint-Sever, député par cette ville auprès de la communauté de Bayonne, 102, 103.

Labat (N. de), bourgeois de Saint-Sever, 234.

LABAT (N.), bourgeois de Bagnères-de-Bigorre, 288.

LA BAUME (N. de), lieutenant de la colonelle du régiment Podewitz-dragons, attaque Audijos à La Bastide-Villefranche, 260. — Est repoussé, 261. — Abus commis par lui durant son séjour à Coudures, 265. — Pellot l'accuse d'avoir pactisé avec Audijos, 364.

LABORDE (Alexandre), garde et député de la communauté de Baudéan (H.-P.), 356.

LABORDE (N. de), bourgeois de Saint-Sever, 234.

LABORDE (N. de), jurat de Saint-Sever, signe en cette qualité la délibération du 26 juin 1663, 102, 234.

LABORDE (N. de), échevin et bourgeois de Bayonne, signe en cette qualité diverses décisions prises par la municipalité de cette ville, 185, 190, 209.

LABORDE PÉBOUÉ (*Journal de*), publié par le baron de Cauna, cité : 102, 107, 111, 117, 118, 120, 123, 125, 129, 140, 197, 323, 334, 335, 337, 365, 399, 402.

Labourd (Le), pays franc. — Int., III. — Se livre au *faux-saunage*, 4. — Prend une part active à la révolte d'Audijos, 39 et suiv.

LA BRETESCHE (Esprit de Jousseaume, marquis de), colonel d'un régiment de dragons de son nom, 451.

LA BURGUERIE (N.), procureur du maréchal de Gramont, dans la baronnie d'Hagetmau, 313. — Complice de la rébellion d'Audijos, 314. — Ne peut être jugé par Pellot sans un ordre particulier, 315.

LACAU (N.), bourgeois de Saint-Sever, 336.

LACAZE (N.), garde du convoi, 123.

LACAZETTE (N. de), jurat de La Bastide-Villefranche (B.-P.), 359.

LACOUR (N.), garde du convoi, 123.

La Cour (Château de), situé dans le Couserans, 154.

LADMIRAT (N.), jurat de Bayonne, signe en cette qualité diverses délibérations prises par cette municipalité, 185, 190.

LAFARGUE, (Arnault de), maître-chirurgien de Coudures, 265.

LAFONT-GRASSET (N.), bourgeois de Bagnères-de-Bigorre, 288.

LAFORCADE (N.), l'un des nombreux complices d'Audijos, arrêté sur l'ordre de Pellot, est roué publiquement à Hagetmau, 415.

LA FOREST (N. de), lieutenant commandant le régiment de dragons envoyé à la poursuite d'Audijos, 161. — A ordre de s'emparer de celui-ci, *mort ou vif*, 162.

LAGARDE (N.), garde du convoi de Bordeaux, 123.

LA GARENNE (N.), garde de la brigade d'Aire, 34 et suiv.

LA HOUZE (N. de), bourgeois et syndic de la communauté de Saint-Sever, 234, 336.

LAJUS (Pierre de), maître faiseur de rames de Bayonne, compromis dans la rébellion d'Audijos, obtient des lettres de rémission, 426.

La Magistère (Tarn-et-Garonne), siège d'un bureau de la Ferme de Bordeaux, 73.

LAMEIGNÈRE, dit Cabilot (Jean de), bourgeois de Coudures, 265.

LA LANDE (M. Me Jacques de), bourgeois de Bayonne et procureur du Roi au sénéchal de cette ville, 8. — Est gravement compromis dans la rébellion d'Audijos, 319. — Pellot demande et obtient contre lui une lettre d'exil, *ibid*. — Est rappelé sur un ordre du Roi et rétabli dans ses fonctions, 396.

LALANDE (Me Jean de), lieutenant général au siège de Bayonne, 416.

LALANDE DE GAYON (N. de), bourgeois de Bayonne, 190.

LA LANDE DE LUC (N. de), échevin de Bayonne, est député auprès du Roi pour obtenir la suppression du bureau de la gabelle installé à Mont-de-Marsan, 106. — Il échoue dans sa mission, 106, 107.

La Lanne (Mᵉ Léon de), conseiller du Roi et abbé de Saint-Ferme, 400.
La Lanne (Mᵒ Léon de), évêque de Dax, puis de Bayonne, 400.
Lanne, dit Berard (Bernard), consul et député de la communauté de Trebons, 356.
Lanne (N.), bourgeois de Bagnères-de-Bigorre, 288, 354.
Lannes (Jean), citoyen de Bayonne, 188, 213.
Lannes (Sénéchaussée des). — Révolte occasionnée par l'impôt appelé *gabelle*, 33 et suiv.
Lanusse (Mᵉ Jean de), prêtre et curé de la vallée du Lavedan, est arrêté sur l'ordre de Pellot comme étant l'un des principaux auteurs de la rébellion des montagnards, 344. — Est enfermé au château de Lourdes, 345.
La Palisse (N.), commandant en chef des gardes du convoi, 139, 140.
Laporterie (Mᵒ Bernard de), marchand de Coudures, 265.
Larhède (N. de), bourgeois de Saint-Sever, 234.
La Rochelle (Charente-Inf.). — Droits d'entrée et de sortie perçus en cette ville, 75, 77.
Laroque (N. de), jurat de Saint-Sever, 234.
Larralde (Arnaud de), écuyer, est pourvu de la charge de vice-sénéchal des Lannes, 347.
Larrère (N. de), conseiller magistrat de Bayonne, 213.
Larribau (Jean), garde du convoi, blessé dans une rencontre avec les révoltés des Landes, 123.
Larrieu (N. de), clerc assesseur du conseil de ville de Bayonne, 185.
Lartet. — Voy. *Ponsan*.
Lartigue (N. de), syndic de la communauté de Saint-Sever, signe en cette qualité la délibération du 26 juin 1663, 102.
Lasserre (N. de), syndic de la communauté de Saint-Sever, 234.
La Teste-de-Buch (Gironde), siège d'un bureau de la ferme de Bordeaux, 6, 7.
La Tremblade (Charente-Inf.). — Droits d'entrée et de sortie payés en cette localité, 77, 80.
Laur (Philippe-Henri de), baron de Lescun, gouverneur d'Orthez, fait partie de la députation que les États de Béarn envoient au Roi, 326.
Lauson (N. de), intendant de Guienne, 33.
Lauyé (Jean), député de la communauté de Gerde (H.-P.), 355.
Lauzun (Antoine Nompar de Caumont, duc de), colonel général des dragons, 445, 446, 448.
Lavarenne (N.), garde du convoi, 123.
Lavedan (Pays du). — Audijos, poursuivi par le marquis de Saint-Luc, s'y retire, 159. — Les habitants et une grande partie du clergé de ce pays prennent cause pour lui, 161. — Six mille hommes armés gardent les passages conduisant aux vallées, 166. — Le comte de Toulongeon, sénéchal de Bigorre, s'interpose et les engage à déposer les armes, 170. — Ils font leur soumission, 171. — Reçoivent le marquis de Saint-Luc, 174. — Lui envoient quinze des leurs pour l'assurer de leur fidélité au Roi, 176. — Six d'entre eux sont arrêtés sur l'ordre de l'intendant, 178. — Une abolition générale est accordée au pays, 314.
Lavie (Thibaud de), premier président au parlement de Navarre : déploie le plus grand zèle dans la poursuite des complices d'Audijos, 284. — Est sur ce point en rivalité avec le vicomte de Poudenx, syndic de la noblesse de Béarn, 285. — Adresse aux jurats d'Oloron des ordres contraires à ceux donnés par le vicomte, 286. — Assure le ministre de son bon vouloir et de celui de sa compagnie, 294. — Refuse au nom du Parlement de livrer à Pellot les prisonniers arrêtés par ses soins,

réclamant le droit de juger seul les coupables, 295. — Trois de ceux-ci sont condamnés à la roue, 331. — Les troubles étant apaisés, il se rend à Bordeaux, 349. — Un nommé Prim, décrété d'arrestation comme complice d'Audijos, est tué dans un attroupement, 363. — Voy. *Navarre* (Parlement de).

LA VRILLIÈRE (Louis-Phélipeaux, marquis, puis duc de), secrétaire d'État, 107, 155, 159.

LE CAMUS (Étienne), surintendant des bâtiments, 169.

LE FRANC (N.), président à la Cour des Aides de Montauban, 411.

LE GENDRE (François), bourgeois de Paris, adjudicataire des fermes royales, 63.

LELIÈVRE (Antoine), maître chirurgien, est appelé pour constater les blessures reçues par les gardes du convoi dans les combats contre les rebelles des Landes, 123 et suiv.

LE MAIGRE (N.), receveur général des finances à Bordeaux, 146.

LE MIRE (Claude), fermier du *convoi de Bordeaux*, 2.

LEMOYNE (Antoine), bourgeois de Paris, adjudicataire des fermes royales, 63, 64, 65, 66.

LE ROUX (N.), maître d'hôtel du maréchal de Gramont, 314.

Lescar (B.-P.). — Audijos y est accueilli, 180.

LESCOSSAN (N.), enlève un garde de la brigade d'Aire, 35.

LESPALLE (Bernard), député de la communauté d'Escots, 356.

LESPÈS (N. de), jurat de Saint-Sever, 234.

LESPÈS (N. de), lieutenant général au siège de Saint-Sever, signe en cette qualité la délibération du 26 juin 1663, 102, 103.

LESPÈS DE HUREAUX (Joseph de), lieutenant général au siège de Bayonne, 348. — Démontre à Colbert la nécessité de modifier l'administration de la ville de Bayonne, 362.

LE TELLIER (Michel), secrétaire d'État, 55 et 292.

Limousin (Le), *pays rédimé* ou *eximé*. — Int. III.

LIONNE (Hugues de), secrétaire d'État, 292.

LISLE (N. de), capitaine de la tour d'Hendaye, 184.

LISTENOIS (Pierre de Beauffremont, marquis de), colonel d'un régiment de dragons de son nom, 450.

LONGUEVAL (François-Annibal, comte de), colonel d'un régiment de dragons de son nom, 451.

Lot (Rivière) : travaux entrepris pour rendre cette rivière navigable, 136.
— Sa canalisation est activement poussée, 247.

Lourdes (H.-P.), capitale des vallées du Lavedan : une grande quantité de troupes y est dirigée pour s'emparer d'Audijos, réfugié dans les vallées, 161. — Elles prennent position dans cette ville, 164. — Les montagnards s'étant soumis, une compagnie du régiment *royal* est laissée dans le château, 172. — Le maréchal d'Albret, capitaine du château de Lourdes, exige le départ de cette garnison, 249.

Louvigny (comté de), appartenant au duc de Gramont, 112.

LOUVOIS (François-Michel Le Tellier, marquis de), ministre de la guerre, 143.

LOYAC (N. de), rédige, concurremment avec l'intendant Pellot, le projet d'annexion de la fontaine de Salies au domaine royal, 189.

LURBE (Clément de), prêtre et *official* du diocèse d'Oloron, 287.

M

MAISONVILLE (N. de), capitaine de la garnison du château de La Cour, 409.

MAJENDIE (N. de), jurat de La Bastide-Villefranche (B.-P.), 359.

MALIER DU HOUSSAY (Claude), évêque de Tarbes, informe M. de Braque de l'arrivée d'Audijos dans les vallées du Lavedan, et du mauvais esprit du clergé de cette petite contrée, 160.

MANIBAN (Gui de), conseiller du Roi et président de la Cour des Aides de Guyenne, reçoit mission de se transporter dans les Landes, d'instruire contre les faux-sauniers et de présider à l'installation des gardes du convoi, 36 et suiv.

MANSE (N.), bourgeois de Bagnères-de-Bigorre, 288.

MAQUERON (N. de), secrétaire du chancelier Le Tellier, 243.

Marans (Charente-Inf.). — Droits d'entrée et de sortie perçus dans cette ville, 75.

MARASSÉ (N.), maréchal des logis des dragons, guide l'expédition de La Bastide-Villefranche, 259.

MARCILLAC (N. de), conseiller à la Cour des Aides de Montauban, 405.

Marennes (Charente-Inf.). — Droits d'entrée et de sortie perçus dans cette ville, 76, 77.

Marine (Régiment de la), 152. — Une de ses compagnies est dirigée sur la Chalosse, 153.

Marmande (Lot-et-Garonne), siège d'un bureau de ferme, 73.

MARMIESSE (Bernard de), évêque de Conserans, 154.

MARRAINH (N. de), bourgeois de Saint-Sever, 234.

MARSAN (Bertrand), maître régent de Coudures, 265.

MARSAN (N. de), jurat de Saint-Sever, signe en cette qualité diverses délibérations prises par cette ville, 102, 234.

MARSAN (N. de), lieutenant assesseur au siège de Saint-Sever, 336.

MARSOLIÉ (Antoine), bourgeois de Bayonne, 374.

MARTENOT (N.), avocat au Parlement de Bordeaux et chargé d'affaires de la ville de Bayonne à Paris, 40, 43, 45, 50, 55. — Annonce aux échevins de Bayonne l'arrestation du surintendant Fouquet, 58.

MARTINEAU DE TURÉ (Samuel), évêque de Bazas. — Sa maison épiscopale est détruite par un incendie, 415.

MASSÉ, dit LAVIOLETTE (David), chapelier de Bayonne, compromis dans la rébellion d'Audijos, obtient des lettres de rémission, 426.

MATTEREL (N.), secrétaire général du département de la marine, 42.

MAUPEOU (Marie de), femme de François Fouquet, 23.

MAYNET (N.), marchand et bourgeois de Bayonne, l'un des promoteurs de la révolte de cette ville, 13.

MAYTIE (Arnaud-François de), évêque d'Oloron, 287.

MAZARIN (cardinal et ministre d'État), donne l'ordre d'imposer la gabelle dans les Landes, Introd. III et 40. — Sa maladie, sa mort, 53, 54 et 56.

MAZARIN (Armand-Charles de la Porte, duc de), 218.

MERLET (N.), avocat au Conseil, 64.

Mesureurs de sel (Compagnie dite des). 92, 93.

MIBIELLE (Ramond de), jurat de Coudures, 264, 265.

MICHEL *ou* MIQUEL JOAN, gentilhomme espagnol, engage les montagnards du Lavedan à défendre Audijos, 171. — Leur fournit de l'argent et des munitions, 172. — Donne asile à diverses reprises dans sa maison de Salhen à Audijos et à ses fidèles, 186. — Sa complicité est dénoncée à Pellot, 200. — Une entreprise est tentée contre sa maison, 334, 338 et 342. — Repousse les offres de trahison qui lui sont faites au nom de l'intendant, 347.

Mixe (Forêt de) (B.-P.). — Audijos y cherche un refuge après le combat de La Bastide-Villefranche, 260, 261.

Moissac (Tarn-et-Garonne), siège d'un bureau de la ferme de Bordeaux, 73.

Monho (N. de), greffier du corps de ville de Bayonne, 213.

Monpesat (N.), bourgeois de Bagnères-de-Bigorre, 288.

Monqucq (N. de), curé de Saint-Aubin (Landes), 417.

Montaner, village des B.-P., donne asile à Audijos, 199.

Mont-de-Marsan (Landes), un bureau destiné à la perception des droits du convoi y est établi, 1 et 2. — Sert d'entrepôt aux faux-sauniers, 4. — Se livre elle-même au faux-saunage, 33 et 36. — Pellot veut y placer un bureau pour la gabelle, 85. — Refus de la municipalité, 140.

Montesquieu (J.-B. de Secondat, baron de), président à mortier au Parlement de Bordeaux, 137.

Montesquiou (Henri de). — Voy. *Artagnan*.

Moraçin (N. de), échevin de Bayonne, 103.

Mornay (Charente-Inf.). — Droits d'entrée et de sortie payés dans cette localité, 77.

Mortagne (Charente-Inf.). — Droits d'entrée et de sortie perçus dans cette localité, 76, 80.

Mounerot (N. et N.), banquiers à Paris, compris dans la disgrâce du surintendant Fouquet, 59.

N

Naguille (Antoine-David de), bourgeois et échevin de Bayonne, est député par la municipalité auprès de Pellot, 131. — Contresigne, comme échevin, diverses délibérations prises par le corps de ville, 185, 190, 191. — Est envoyé à Paris avec le sieur de Romatet pour présenter au Roi les doléances de la ville au sujet de la fausse porte ordonnée par l'intendant, 372. — Détails sur leur visite à M. de Saint-Luc, à Bordeaux, 376. — Premières démarches à Paris, 377. — Le maréchal de Gramont doit les présenter au Roi, 379. — Conférences avec le ministre, 381 à 385, 386 à 389. — Obtiennent gain de cause, 389 et 390. — Sont autorisés à poursuivre la conclusion des autres affaires de la ville, 396. — Est de retour à Bayonne, 403.

Nantes (Ville de). — Louis XIV déclare vouloir y tenir les États de Bretagne, 58. — Le surintendant Fouquet est arrêté en cette ville, *Ibid.*

Navarre (*Parlement de*) décrète Audijos de bonne prise, 199. — Autorise Pellot à faire des courses en Béarn contre les complices de cette rébellion, 224. — Ordonne l'arrestation du capitaine Cirgos, soupçonné d'intelligence avec Audijos, 284. — Refuse de remettre à l'intendant Pellot les gens qu'il a fait emprisonner, 299. — Condamne à la roue trois de ces coupables, 331. — Voy. au mot *Lavie*.

Nay (B.-P.). — Audijos y est accueilli, 180.

Nogent (N. de), capitaine d'une compagnie de dragons. — Ses déprédations à Coudures, 267.

Nyert (Pierre de), premier valet de chambre du Roi, est chargé d'offrir à son maître, de la part du corps de ville de Bayonne, une douzaine d'excellents jambons, 56.

Nyert (Mme de), femme du précédent, *Notice*, 57.

O

Olivier (N.), huissier du Conseil, 63, 64.

Onnès (N.), syndic de la communauté de Saint-Sever, 234.

Orthez (B.-P.), ayant reçu plusieurs fois Audijos, est obligé de subir une garnison, 144.

Ossau (Vallée d'), B.-P., 280. — Audijos la traverse en se rendant à Salhen, 280.

P

Palasso (Ramonet de), bourgeois de Coudures, 265.
Pays de grande et de petite gabelle, Introd. ii, iii.
Pays francs, c'est-à-dire exempts de la *gabelle*. — Voy. *Béarn, Labourd, Soule*.
Pays rédimés ou *eximés*, c'est-à-dire ayant racheté le droit de gabelle. Voy. *Angoumois, Aunis, Auvergne, Bigorre, Comminges, Foix, Gascogne, Limousin, Périgord, Poitou* et *Saintonge*.
Péages (droits de), rachetés par les fermiers, 91, 92.
Pelisson Fontanier (Paul), arrêté en même temps que le surintendant Fouquet, 59.
Pellot (Claude), seigneur de Port-David, intendant en Guienne, est chargé par Colbert d'installer la gabelle dans sa généralité, Introd., iii. — Demande des instructions sur l'annexion au domaine de la fontaine de Salies, 108. — *Notice* sur cet intendant, 110. — Informe le ministre qu'un commencement de révolte a eu lieu à Hagetmau et que plusieurs gardes du convoi ont été tués ou blessés, 111. — Charge le sieur Dublet de percevoir les droits de *coutume* levés dans Bayonne, 115. — Envoie deux compagnies de dragons à Hagetmau, 116. — Arrive en cette ville, d'où il adresse divers rapports au ministre, 116 et 118. — Fait pendre deux coupables et en expédie deux autres aux galères, 119. — Audijos, reconnu comme étant le chef de ces révoltés, est condamné à la roue par contumace, 119. — La rébellion prenant de vastes proportions, il envoie des troupes à Coudures et à Grenade, 125 et 127. — Desbordes, séditieux, est roué, 127. — Boisset, commandant la brigade des Landes, et un de ses gardes sont tués par les *invisibles*, 128 et 129. — Un complot est tramé contre lui : l'assassin l'abordera déguisé en pèlerin ou en gueux, 130. — Demande que M. de Poyanne, lieutenant du Roi en Béarn, reçoive l'ordre de donner la chasse à Audijos, 131. — Entretient Colbert des divers travaux faits dans l'étendue de son intendance, 136. — Sollicite un ordre pour faire arrêter Audijos lorsque celui-ci voudra franchir la frontière, 138. — Fait nommer le sieur La Palisse au commandement des gardes du convoi, 139. — De nouveaux désordres ont lieu à Hagetmau, 140. — Orthez ayant donné asile à Audijos recevra une garnison, 144. — Les bourgeois de Bordeaux et la noblesse de Guienne ne montrent aucun enthousiasme pour la compagnie des Indes Orientales, 148. — Le maréchal de Gramont exige que les gardes du convoi délogent d'Hagetmau, 149. — A fait tout son possible pour être agréable au duc, 155. — A examiné les comptes de la ville de Bayonne et refuse de les approuver, 156. — Réclame de nouveau la réunion de la fontaine de Salies au domaine royal, 158. — Les troupes envoyées contre Audijos, arrivées à Lourdes, ont trouvé les vallées du Lavedan gardées par les habitants, 164. — Propose d'installer les bureaux du convoi à Bayonne ; en échange on fera à cette ville certains avantages, 166. — Ne perdra aucune occasion *de condamner des gens aux galères*, 168. — Le déploiement de forces ordonné par le marquis de Saint-Luc engagera sans doute les habitants du Lavedan à déposer les armes, 169. — Se plaint du manque

d'énergie de ce général, 172. — La médiation du comte de Toulongeon aurait du être repoussée, les habitants méritant d'être châtiés, 175. — Malgré l'engagement du marquis de Saint-Luc, il a fait arrêter six des députés qui étaient venus porter des paroles de paix, 178. — L'instruction du procès fait aux partisans d'Audijos est reprise, 179 et 189. — Un des complices est arrêté à Bayonne, 190. — La populace se soulève à cette occasion, 192. — Blâme le corps de ville de Bayonne de son peu de fermeté, 195. — Fait pendre le prévôt royal de Saint-Sever, 196. — D'autres coupables sont condamnés à diverses peines, 197. — Audijos traverse Montaner pour se rendre en Béarn, 198. — Sa complicité avec Miquel Joan dans le soulèvement des vallées du Lavedan est parfaitement établie, 200. — Récit erronné de l'émeute de Bayonne, 202. — Cette ville doit être punie, 203. — Continuation de la procédure contre la Chalosse, 206. — Des députés bayonnais le sollicitent pour changer l'*ordre de la maison de ville*, 209. — Députation probable de l'évêque d'Aire et du lieutenant général de Saint-Sever, 215. — Obtient du parlement de Pau de faire poursuivre en Béarn les complices d'Audijos, 223. — Est d'avis d'imposer une garnison à Bayonne, 229. — Des troupes vont être dirigées sur cette ville ; prépare les étapes ; un ordre particulier est nécessaire à M. de Saint-Luc pour commander en Béarn, 236. — Le marquis de Poyanne et le parlement de Pau déploient un très grand zèle, 239. — Ils ont fait de nombreux prisonniers, 247. — De la recherche des faux nobles, 250. — Adresse un projet d'arrêt pour réformer l'administration municipale de Bayonne, 255. — Deux cents dragons ont surpris Audijos à La Bastide-Villefranche ; après une vigoureuse résistance, celui-ci force un poste et gagne la forêt de Mixe ; la conduite des officiers de dragons ne semble pas très régulière ; il va procéder à une enquête, 259. — Informe la municipalité de Bayonne de l'arrivée de trois compagnies destinées à tenir garnison en leur ville, 271. — Pilate, lieutenant d'Audijos, avant de succomber à ses blessures, a fait d'importantes révélations, 273. — Rappelle le quai projeté au-devant du château Trompette, à Bordeaux, 275. — A fait offrir vainement de l'argent à Miquel Joan pour livrer Audijos, 279. — L'office de maire de Bayonne devrait être rétabli, 283. — MM. de Lavie, Poyanne et Poudenx rivalisent de zèle ; de nouvelles arrestations ont été faites, 284. — Les échevins de Bayonne sont confirmés dans leur droit de juger les meneurs des dernières émotions, 297. — Se rend à Mont-de-Marsan pour y juger les complices d'Audijos, 298. — Le parlement de Navarre refuse de livrer ses prisonniers, 299 et 312. — La culpabilité des officiers d'Hagetmau est démontrée ; impossibilité de les punir, 314. — Prépare un projet d'abolition pour le pays de Chalosse, 316. — Les communautés de Béarn ont payé 49,000 liv., montant de leurs condamnations, 317. — Félicite Bayonne sur l'exécution des deux séditieux, 317. — Courtin et Coutras, complices d'Audijos, arrêtés à Bayonne, ont fait des aveux complets ; La Lande, procureur du Roi en cette ville, est sérieusement compromis, 318. — 12,000 livres sont offertes à qui livrera Audijos *vivant*, 320. — Cinq coupables sont exécutés à Hagetmau, 323. — Trois autres sont condamnés à la roue par le parlement de Navarre, 331. — M. de Podewiltz échoue complètement dans sa tentative sur Salhen,

334. — Exécutions et condamnations d'autres complices, 337. — Mesures à prendre pour pacifier la province, 338. — Les marchands de sel de Bayonne font preuve du plus mauvais vouloir, 339. — La complicité de MM. de Poyanne et Poudenx, au début de la rébellion d'Audijos, est établie, 340. — Est nécessaire de prendre des sûretés contre Bayonne, 341. — Engage les habitants à députer près du Roi ou à lui adresser un mémoire sur les changements à opérer dans leur maison de ville, 343. — Redoute le retour d'Audijos, 344. — Relève de ses fonctions le vice-sénéchal des Lannes, 347. — Mémoire sur la maison de ville de Bayonne, 348. — La province paraissant pacifiée, les troupes vont être renvoyées, 348. — Adresse un projet d'abolition générale, n'exceptant qu'Audijos et une dizaine de ses complices, 350 et 351. — Celui-ci paraît disposé à solliciter sa grâce, 364. — Va faire publier les lettres d'abolition concernant le pays de Chalosse, 366. — Opposition formée à leur teneur par la ville de Bayonne, 368. — Explications fournies par l'intendant, 370. — Ordre au corps de ville de Bayonne d'ouvrir une fausse porte au bastion N. D., 372. — Ordonnance délivrée à ce sujet au sieur de Favas, 373. — Lettre de surséance, 377. — Détails sur les affaires de l'intendance, 385. — Le corps de ville de Bayonne est autorisé par le Roi à procéder aux élections en la façon accoutumée ; révocation de l'ordre d'ouverture de la fausse porte, 392. — Offre à Audijos de quitter le royaume, 393. — Éconduit le sieur de Rol, député bayonnais, 397. — Un conseiller au Parlement est envoyé en Chalosse par la cour de Bordeaux pour parfaire le procès aux coupables, 398. — Lenteur de cette procédure, 399.

— Arrestation de Baillet, 401. — Rapport sur les affaires de la généralité, 403. — Joannique est capturé, 407. — Audijos refuse de passer en Amérique, 408. — Offre sa soumission à certaines conditions, 409. — Elles sont repoussées et ordre est donné de le poursuivre à outrance, 412. — Affaires concernant la généralité, 414. — Arrestation de La Fourcade, l'un des lieutenants d'Audijos, 415.

PENNE (Arnaud), consul de la communauté d'Asté (H.-P.), 355.

PERELLE (Robert de la), fermier général du convoi et comptablie de Bordeaux, 33 et suiv. — Teneur de son bail, 62 et suiv., 65.

Périgord (Le), *pays rédimé* ou *eximé*, Introd., III.

PETIT (Pierre), sergent à bord du navire l'*Espérance*, 13.

Peyrehorade (Landes), reçoit en garnison deux régiments chargés de protéger les receveurs de la *gabelle*, 52.

PEYRELONGUE (Pierre de), jurat de Bayonne, signe en cette qualité diverses délibérations prises par la municipalité de cette ville, 52, 55. — Est député vers l'intendant Pellot, 195 et 205. — Rapport sur sa mission, 209. — Écrit à Pellot que ses compatriotes réclament une prompte réforme dans l'administration de leur ville, 321. — Est chargé de surveiller les réparations ordonnées par Colbert aux châteaux de Bayonne, 407.

Picardie (Régiment de), 155.

PICHON (Bernard de), seigneur de Longueville, président à mortier au parlement de Bordeaux, 138.

Piémont (Régiment de), 152. — Deux de ses compagnies sont dirigées sur la Chalosse, 153.

PILATE (N.), l'un des lieutenants d'Audijos, est accusé par le commandant Boisset de participation dans l'assassinat de trois gardes du convoi, 123. — Est fait prisonnier dans le combat livré contre les dragons à La Bastide Villefranche, 261. — Il succombe à ses blessures ; transporté à Hagetmau, il est, *quoique mourt*, étranglé en place publique, 274.

PLANTIER (N.), l'un des lieutenants d'Audijos, est dénoncé par Courtin comme l'agent le plus actif de cette rébellion, 332. — Il est tué dans un combat livré aux dragons, 333. — Son corps, porté à Saint-Sever, est roué en place publique, 413.

POCQUES-DESCOLLAN (Jean), député de la communauté de Mérilheu, 356.

PODEWILTZ (Henri comte de), colonel du régiment de dragons chargé d'opérer en Chalosse, 261. — *Notice* sur ce régiment, 273. — Le mestre de camp reprend le commandement de ce corps, 274. — A la sollicitation de Pellot, essaie d'enlever Audijos à Salhen (Espagne), où le partisan s'est réfugié, 284. — Échoue dans cette entreprise, 334. — D'après Pellot, ce régiment aurait, au début de la campagne, pactisé avec Audijos, 340.

Poitou (Le), *pays rédimé* ou *eximé*, Introd., III.

PONSAN (Guy-Pierre de), sieur de Lartet, 122, 123.

PONTAC (Arnaud de), premier président au parlement de Bordeaux, 137, 138. — Sa lettre au corps de ville de Bayonne, 107.

POUDENX (Bernard, vicomte de), syndic de la noblesse des États de Béarn ; Pellot le soupçonne d'avoir des rapports suivis avec Audijos, 204. — Reçoit un ordre particulier du Roi lui enjoignant de s'assurer de la personne du rebelle, 224. — Sa lettre au ministre Colbert, 278. — Pellot loue sa conduite, 281. — Se plaint au ministre que le premier président de Lavie empiète sur ses fonctions de syndic, 286. — Lui envoie copie de la lettre adressée par ce magistrat aux jurats d'Oloron, 287. — De concert avec le sieur de Nogeant, il tente une entreprise contre Salhen, où s'est réfugié Audijos, mais il échoue dans son projet, 300. — Fait arrêter Joannique, l'un des lieutenants d'Audijos, 408.

POYANNE (Henri de Baylens, marquis de), lieutenant du Roi en Navarre et Béarn. Pellot demande que cet officier reçoive ordre exprès de poursuivre Audijos lorsque celui-ci se retire en Béarn, 131. — Est soupçonné de favoriser les menées du rebelle, 140. — Pellot requiert contre lui une lettre du Roi, 204. — Paraît décidé à poursuivre les séditieux, 248. — Montre un très grand zèle, 284. — Ordonne que la maison de Goueren, à La Bastide Villefranche, où Audijos a soutenu un siège contre les dragons, soit entièrement démolie, 357. — Adresse à Colbert l'assurance de son entier dévouement, 397. — Fait arrêter, près de Bordeaux, le sieur Baillet, l'un des lieutenants d'Audijos, 400. — Joannique, autre lieutenant, a le même sort, 408. — Demande au corps de ville de Bayonne qu'on lui prête le maître des hautes œuvres afin de pouvoir faire rouer Plantier, 413. — Remercie la ville de son obligeance, 414.

PRIM (N.), poursuivi comme complice d'Audijos, est tué dans un attroupement, 353.

PROJAN frères (N. et N. de), enlèvent un garde de la brigade d'Aire, 35.

PRUGUES (Henri de), capitaine des gardes du marquis de Saint-Luc, 170.

PRUGUES (N. chevalier de). — Les *Invisibles* projettent de piller sa maison, 122.

Q

Quercy (Le), approvisionné de sel par les faux-sauniers des Lannes, 36.

R

Rannes (Nicolas d'Argouges, marquis de), colonel général des dragons, 448.
Rastignac (Louis-Jacques de Chapt, chevalier de), colonel d'un régiment de dragons de son nom, 453.
Ré (Ile de), siège d'un bureau de la ferme de Bordeaux, 6.
Riberou (Charente-Inf.). — Droits d'entrée et de sortie perçus dans cette localité, 76, 80.
Richelieu (Cardinal duc de), décide que la gabelle sera imposée dans les Lannes, Introd., III. — Ordonne au capitaine Grenier d'équiper un navire et de se transporter à Bayonne pour y installer un bureau, 3. — Révolte que cette mesure provoque, 17. — Apaisée difficilement par les soins de la municipalité et du comte de Gramont, 18. — Obtient que le Roi accepte la justification présentée par la ville, 21. — Fait part de cette décision au comte de Gramont, 26. — Reçoit les remerciements des échevins bayonnais, 27.
Rivet (Pierre), bourgeois de Paris, adjudicataire de la ferme du convoi de Bordeaux, 62 et 63.
Rivière-Verdun (Pays de), approvisionné de sel par les faux-sauniers des Lannes, 36.
Rol (N. de), échevin de Bayonne, 213. — Député par le corps de ville auprès de Pellot, échoue dans sa mission, 397.
Romatet (Zacharie de), avocat et bourgeois de Bayonne, 190. — Est député par le corps de ville pour obtenir du Roi que les troupes envoyées dans la province n'entrent pas dans Bayonne, et que la ville conserve le droit de juger les fauteurs des derniers troubles, 270. — Son entrevue avec Colbert, 279. — Le ministre refuse de lui faire connaître les ordres concernant Bayonne, 282. — Néanmoins il espère que la ville aura satisfaction, 291. — Les troupes entreront dans Bayonne, mais la municipalité conserve le droit de donner le mot et de juger les coupables. — L'ordonnance royale fixant ce nouveau règlement a été expédiée à l'intendant, 324. — Est de nouveau député vers le Roi au sujet de la fausse porte ordonnée par Pellot, 372. — Sa visite à M. de Saint-Luc, à Bordeaux, 376. — Ses démarches à Paris, 377. — Le maréchal de Gramont doit le présenter au Roi, 379. — Continue ses démarches, 381 à 385, 386 à 389. — Obtient gain de cause, 390. — Est autorisé à poursuivre la solution d'autres affaires, 396. — Est de retour à Bayonne, 403.
Robillard (N.), secrétaire du comte de Gramont, 11, 12.
Roure (Jacques), *généralissime* des révoltés du Languedoc, 417, note. — Est arrêté à Saint-Jean-Pied-de-Port, 418. — Conduit à Montpellier, il y subit le supplice de la roue, 419.
Rousse (N.), consul de Bagnères-de-Bigorre, signe en cette qualité diverses délibérations, 288 et 354.
Royal (Régiment), 152. — Une de ses compagnies est dirigée sur la Chalosse, 153.
Royan (Charente-Inf.). — Droits d'entrée et de sortie perçus en cette ville, 75.

S

Saint-Aubin (Landes); troubles causés par un faux bruit de *gabelle*, 417.
Saint-Dos (B.-P.); un homme et une femme, condamnés par Pellot, sont pendus dans cette localité, 337. — Les habitants de cette commune

sont requis par le marquis de Poyanne pour procéder à la démolition de la maison appelée *Gouëren*, 357.

Saint-Esprit, faubourg de Bayonne, 15.

Saint-Jean-de-Luz (B.-P.), 44, 45. — Les jurats refusent de prendre un intérêt dans la compagnie des Indes Orientales, 184.

Saint-Jean-Pied-de-Port, ville ressortant du gouvernement de Bayonne, 10.

Saint-Justin (Ville de), département des Landes, 35, 210.

SAINT-LUC (François d'Espinay, marquis de), lieutenant général des armées et commandant pour le Roi dans la Basse-Guienne, 139. — Adresse une lettre de reproches au capitaine de dragons chargé de la poursuite d'Audijos, 142. — Avise Colbert qu'il a reçu de Louvois l'ordre de faire marcher des troupes sur la Chalosse, 143. — Il en prendra lui-même le commandement, si sa présence est jugée nécessaire, 145. — Publie une ordonnance portant la saisie d'Audijos, *mort ou vif*, *Ibid*. — Informe le ministre de l'assassinat d'un garde-sel ; continue à prendre des mesures de répression, 146. — Etat des troupes qu'il expédie en Chalosse, 151. — Son arrivée oblige Audijos à se réfugier en Lavedan, 159. — Il le poursuit jusqu'à Lourdes, mais six mille montagnards armés gardent l'entrée des vallées, 165. — Attend de nouvelles troupes et espère que leur venue en imposera aux rebelles, 166. — Grâce à la médiation du comte de Toulongeon, les montagnards déposent les armes, 170. — Il renvoie une partie des troupes et se dirige du côté de Bayonne, où les malintentionnés s'agitent, 172. — Trouve le Labourd en pleine effervescence, provoquée surtout par les nouvelles que répandent les Espagnols, 181. — Fait l'éloge du sieur de Saint-Martin Barez, 183. — Reproche au corps de ville de Bayonne son manque d'énergie, 196. — L'engage à poursuivre et à punir sévèrement les complices d'Audijos, 213. — Avise le ministre qu'une rencontre meurtrière a eu lieu à Hagetmau entre les dragons et les révoltés commandés par Audijos et son lieutenant Pilate, 230. — Reçoit la nouvelle qu'Audijos est assiégé par deux cents dragons dans une maison de La Bastide, 256. — Note sur les marchands de Bordeaux, 257. — Après une lutte acharnée, Audijos a pu forcer un poste et se jeter dans la forêt de Mixe, 263. — Félicite la ville de Bayonne du châtiment infligé à certains complices d'Audijos, 312. — Un nouveau meurtre a eu lieu à Samadet ; on l'impute à Audijos, 365.

SAINT-MARTIN (Pierre), citoyen de Bayonne, 188.

SAINT-MARTIN BAREZ (Daniel de), maréchal de camp, aumônier de la reine, abbé de La Caze-Dieu, chevalier de l'ordre de Saint-Michel et commissaire du roi de France auprès de S. M. Espagnole, 182. — Est chargé conjointement avec le sieur de Cheverry de la vérification des dettes de la ville de Bayonne, 406.

SAINT-PAUL (David de), vice-sénéchal des Lannes ; Pellot l'oblige à se défaire de sa charge, 347.

Saint-Romain (Charente) ; droits d'entrée et de sortie payés en cette localité, 77.

SAINT-SANDOUX (Antoine de Ribière de), colonel d'un régiment de dragons de son nom, 450.

Saint-Savin (H.-P.), abbaye de bénédictins, 171.

Saint-Sever (Landes). — Les officiers de ce siège adressent des députés au corps de ville de Bayonne pour obtenir, conjointement avec lui, la suppression du bureau de Mont-de-Marsan, 102. — Ordonnent aux habitants de la sénéchaussée de s'unir entre eux et de *courre* sur Audijos et ses complices, 188. — Pour apaiser la colère de Dieu et mettre une fin aux malheurs qui les accablent, les habitants déclarent que les courses de taureaux n'auront plus lieu dans leur ville, 220. — Frappés d'impôts de toute sorte, flétris dans leur honneur, ils se placent sous la protection directe de l'*Enfant Jésus*, instituent une confrérie de ce nom et font vœu d'assister en corps tous les ans à la messe qui sera célébrée le 25 juin en l'honneur dudit *Enfant Jésus*, 232. — Les députés choisis par les différents sièges de la sénéchaussée décident les mesures à prendre en commun pour s'emparer d'Audijos et de ses partisans, 276. — A la demande de Pellot, ils signent de nouveau l'engagement de *courre* sur le rebelle et ses complices, 336.

Saint-Seurin d'Uzet (Charente-Inf.). — Droits d'entrée et de sortie perçus en cette localité, 75, 80.

Saintonge (La), *pays rédimé* ou *eximé*, Int., III. — Pourvu de sel par les faux-sauniers, 6, 7.

Salhen, village de la frontière espagnole. — Audijos s'y réfugie à différentes reprises, 186, 200, 281, 284, 320. — Pellot organise une expédition contre cette localité, mais sans succès, 331, 338, 342.

Salies (Ville de) (B.-P.) — Pellot propose d'annexer au domaine la fontaine d'eau salée dont les habitants ont eu de tout temps la propriété et la jouissance, 108. — Obtient un arrêt du grand Conseil reconnaissant cette propriété, 132 et suiv. — Malgré la décision royale, Pellot insiste auprès de Colbert pour procéder à cette annexion, 249, 284, 317.

SALIES DU HAUT (Jean de), évêque de Lescar et président des *États de Béarn*, informe Colbert qu'il est député avec cinq autres membres desdits États pour se plaindre au Roi de ce que les privilèges du pays, confirmés par lui, sont à tout instant violés par Pellot, 326.

SALOMON (Henri-François de), seigneur de Virelade et président à mortier au parlement de Bordeaux, 137.

Samadet (Landes). — Un boucher y est assassiné par les *invisibles*, 365 et 366.

SARIAC (Bertrand de), évêque d'Aire, 154. — S'entremet en faveur des révoltés de Chalosse, 197.

Saubrigues (Landes). — Troubles provoqués par un faux bruit de gabelle, 419.

Sault-de-Navailles (B.-P.). — Pellot y fait loger une compagnie de dragons, 130.

SAUMERY (N. comte de), colonel d'un régiment de dragons de son nom, 452.

SEGUIER (Pierre), chancelier de France, 19.

SEGUR (Joseph-Alexandre, vicomte de), colonel d'un régiment de dragons de son nom, 453.

SEGUR (Louis-Philippe, comte de), colonel d'un régiment de dragons de son nom, 453.

SEGURE (Pierre de), député par la ville de Bayonne auprès du Roi et du cardinal de Richelieu, 19. — Résultat de sa mission, 20 et suiv.

Sel (Impôt sur le). — Voy. *Gabelle*.

SÈRE (N. de), conseiller au grand conseil, 133.

SÈRE (N. de), intendant en Guienne. — Colbert met à sa disposition une somme de 600 pistoles pour activer la capture d'Audijos, 420. — Annonce au ministre que ce dernier a pénétré dans la vallée d'Azun et y a commis plusieurs assassinats, 421. — Quelques-uns de ses compagnons ont été tués ou blessés, 422.

Sibourre. — Voy. *Ciboure*.

Socoa (Fort de), 239.

SORT (N. de), jurat de Saint-Sever, signe en cette qualité la délibération du 26 juin 1663, 102.

Soubise (Charente-Inf.); droits d'entrée et de sortie perçus dans cette localité, 75.

Soule (La), pays franc, Int., III. — Se livre au *faux-saunage*, 4, 5.

T

TALAZAC-BAHUS (Diane de), mère de Bernard d'Audijos, Introd., V.

Taille (La), impôt levé sur les roturiers, 155.

Talmont (Vendée). — Droits d'entrée et de sortie perçus en cette ville, 75.

Tartas (Landes), siège d'un bureau de perception de la *ferme de Bordeaux*, 1. — Se livre au faux-saunage, 33 et 36.

TAUSIN (N. de), jurat de Saint-Sever, 234.

TAXOIRE (N. de), jurat de La Bastide-Villefranche (B.-P.), 359.

TESSÉ (René de Froulay, comte de), colonel général des dragons, 450.

THÈAS (N...), consul de Bagnères-de-Bigorre, 288.

Thèse, petit village des B.-P., accueille chaleureusement Audijos, 199.

THIANGES (Amable-Gaspard, vicomte de), colonel d'un régiment de dragons de son nom, 453.

TILLADET (Gabriel de Cassagnet, marquis de), mestre de camp commandant du régiment colonel général dragons, 450.

Tonnay-Charente (Charente-Inf.). — Droits d'entrée et de sortie payés dans cette localité, 77.

TOULA (N.), bourgeois de Bagnères-de-Bigorre, 354.

TOULONGEON (Henri de Gramont, comte de), lieutenant général des armées et sénéchal du comté de Bigorre, intervient auprès des montagnards du Lavedan et obtient qu'ils déposent les armes, 170. — Cette médiation déplaît à Pellot, 175. — Malgré ces difficultés, le comte mène son projet à bonne fin et le marquis de Saint-Luc est reçu dans les vallées, 178.

Tour des Chaînes (La), bâtiment enclavé dans les anciennes fortifications de la ville de Bayonne, 15.

Traite des Charantes et Marans (Mise aux enchères et adjudication de la), 60 et suiv. — Comprise dans la ferme de Bordeaux, 67 et 68, 81 et suiv.

TUBEUF (Jacques), intendant des finances, 24.

TURLAN (N.), enlève un garde de la brigade d'Aire, 35.

U

URBAN, tailleur d'habits, mis à mort, comme *gabeleur*, par les Bayonnais révoltés, 15.

Urgons (Landes), 122.

URTUBIE (Salvat d'Alsatte, vicomte d'), bailli du pays de Labourd, 416.

Ustarits (B.-P.), 240.

V

Vaisseaux étrangers (Droits perçus sur les), 96, 97.

Vaux-le-Vicomte, château appartenant au surintendant Fouquet, 59.

VERDIER (N.), enlève un garde de la brigade d'Aire, 35.

VERTHAMON (François de), intendant de Guienne, 25, 34, 241.

Vic (La ville de), lève une compagnie de 45 hommes destinée à marcher contre Audijos, 425.

Viellar (Château de), 35.

VILLERY (Jean), garde du convoi, tué par les révoltés des Landes, 121, 122, 123.

W

WESCOMB (Jean), bourgeois de Bayonne, 190.

WESCOMB (N.), échevin de Bayonne, 103. — Député par cette ville auprès de l'intendant Pellot, 131.

FIN.

www.ingramcontent.com/pod-product-compliance
Lightning Source LLC
Chambersburg PA
CBHW051133230426
43670CB00007B/791